30년 전쟁

오늘의 유럽을 낳은 최초의 영토 전쟁 1618~1648

지은이
C. V. 웨지우드(1910~1997) 혁신과 지성을 존중하는 영국 가정에서 태어났다. 아버지는 도공 조시아 웨지우드의 직계 후손으로 런던과 노스이스턴 철도의 경영자였고, 어머니는 소설가이자 여행 작가였다. 옥스퍼드대학교에서 근현대사를 전공한 뒤, 학자의 길을 걷지 않고 저술을 택했다. 16~17세기 유럽사에 정통했던 웨지우드는 서른이 채 되기 전에 《30년 전쟁》(1938)을 펴냈다. 이후로도 꾸준한 저술 활동을 통해 영국에서 명성을 떨치는 역사가로 자리 잡았는데, 그 공로에 힘입어 1969년에 여성으로서는 세 번째로 영국의 문화 훈장인 메리트 훈장을 받았다.

옮긴이
남경태 서울대학교 사회학과 졸업. 한국의 대표적 인문학 전문 번역가이자 저술가이다. 1980년대에는 사회과학 고전들을 번역하는 데 주력했고, 1990년대부터는 인문학의 대중화에 관심을 두고 역사와 철학에 관한 책을 쓰거나 번역하고 있다. 옮긴 책으로는 《문학과 예술의 문화사 1840~1900》, 《비잔티움 연대기》, 《선생님이 가르쳐준 거짓말》 등이 있고, 지은 책으로는 《개념어 사전》, 《역사 – 사람이 알아야 할 모든 것》, 《종횡무진 한국사》, 《종횡무진 서양사》 등이 있다.

THE THIRTY YEARS WAR
Copyright © 1938, Estate of C.V. Wedgwood
Copyright © 2005 by Anthony Grafton

All rights reserved.

Korean Translation Copyright © Humanist Publishing Group 2011.

이 책의 한국어판 저작권은 밀크우드 에이전시를 통해 The Wiley Agency와 독점계약한 (주)휴머니스트 출판그룹에 있습니다. 저작권법에 의해 한국 내에서 보호를 받는 저작물이므로 무단 전재와 복제를 금합니다.

오늘의 유럽을 낳은
최초의 영토전쟁

30년 전쟁

THE THIRTY YEARS WAR

1618~1648

C. V. 웨지우드 지음 · 남경태 옮김

Humanist

■ 일러두기

1. 이 책은 C. V. 웨지우드(C.V. Wedgwood, 1910~1997)가 저술한 《The Thirty Years War》를 번역한 것이다. 《The Thirty Years War》는 초판이 나온 1938년 이래 현재까지 여러 출판사를 거치며 꾸준히 출간되었다. 이 책은 2005년에 출간된 New York Review Book의 책을 번역하였다.
2. 웨지우드의 서문은 1956년에 쓴 것과 1963년에 쓴 것을 수록하였다.
3. 옮긴이가 붙인 설명은 본문보다 작은 크기의 글자로 적어서 괄호 안에 넣고 '옮긴이'라고 명시하였다. 등장인물의 생몰연도는 독자의 이해를 돕기 위해 편집부에서 덧붙였다.
4. 본문에 나오는 외국 인명과 지명은 국립국어원 외래어표기법을 따랐다.

THE THIRTY YEARS WAR 1618~1648　　　　　　　| 차례 |

1963년판 서문 6
1956년판 서문 8
옮긴이의 글: 유럽의 근대를 형성한 30년 전쟁 11
추천의 글: 웨지우드 서사의 최고봉 18

1장	독일과 유럽: 1618년	25
2장	보헤미아의 왕위: 1617~19년	97
3장	에스파냐의 경보, 독일의 경종: 1619~21년	137
4장	페르디난트 황제와 막시밀리안 선제후: 1621~25년	183
5장	발트 해를 향해: 1625~28년	253
6장	교착: 1628~30년	291
7장	스웨덴 왕: 1630~32년	335
8장	뤼첸에서 뇌르틀링겐까지, 그리고 그 이후: 1632~35년	415
9장	라인 쟁탈전: 1635~39년	487
10장	에스파냐의 몰락: 1639~43년	527
11장	평화를 향해: 1643~48년	565
12장	평화 이후	615

- **본문의 주** 644
- **참고문헌** 706
- **합스부르크 왕조의 혼맥도** 708
- **대표적인 신교 왕조들의 가계도** 709
- **찾아보기** 710

| 1963년판 서문 |

  역사서는 대개 서술된 시기의 사정을 반영하게 마련이다. 내가 이 책을 쓴 1930년대 후반은 대공황의 여파가 크고, 독일에 히틀러 정권이 수립되고, 에스파냐 내전이 터져 굶주린 사람, 쫓겨난 사람, 박해받는 사람, 추방된 사람들이 온갖 어려움을 겪고 불안에 떨던 시기였다. 그래서 이 책은 인간의 고통을 주요한 주제로 삼을 수밖에 없었다. 이 점에 대해서는 후회가 없다. 30년 전쟁이 초래한 고통은 필설로 다 할 수 없을 정도였다. 나는 정책이 사람들의 삶에 어떤 영향을 미치는지 보여주는 것이 역사의 중요한 교육적 목적이라고 생각한다. 그러나 다른 한편으로는 30년 전쟁과 그 결과가 독일 역사의 인기 있는 신화로 자리 잡았다는 사실도 잊으면 안 된다. 사람들은 흔히 경제적이고 도덕적이고 사회적인 모든 재앙이 이 분쟁의 결과와 관련이 있다고 생각하는데, 이런 과장된 견해는 옳지 못하다. 전쟁의 장기적 결과는 독일 각 지역에 따라 다르므로 일반화는 금물이다. 하지만 전쟁이 일어나기 오래전부터 독일

이 경제적 쇠퇴를 겪었다는 것은 분명하다. 그렇게 보면 제국의 정치적 와해는 전쟁의 결과라기보다 원인이다. 이 책의 앞부분과 뒷부분에는 세 가지 문제가 논의되어 있다. 아무쪼록 독자들은 이 부분을 읽을 때 전쟁의 직접적 파괴와 고통을 다룬 다른 장들의 내용과 무관하게 판단하기를 바라는 마음이다.

지금 판본에서 나는 잘못된 사실을 세 군데 바로잡았다. 만년에 이른 지금, 이상주의와 확신에 찼던 젊은 시절에 인물과 동기에 관해 단언했던 내용을 좀 더 신중한 자세로 수정하고 싶은 유혹도 들었지만, 그것은 포기하기로 했다. 인물들에 대한 과거의 내 평가를 현재까지 엄격히 고수하지는 않더라도 이 책의 전반적 흐름을 바꿀 생각은 없다. 내가 보기에 이 암울한 전쟁은 편협하고 비열한 마음을 가진 사람들이 고위직에 있을 때 어떤 위험과 재앙이 일어날 수 있는지 잘 보여주는 생생한 교훈이다.

1963, 런던
C. V. 웨지우드

| 1956년판 서문 |

역사는 그것이 서술된 시대를 반영하며 동시에 다른 분야의 저술과도 연관된다. 역사가의 재료는 소설가나 시인의 재료보다 훨씬 더 제한적이지만, 역사가도 소설가나 시인과 마찬가지로 자신이 살아온 경험과 자기 시대의 특유한 상상력을 동원해 재료를 이해하고 제시한다.

그렇다고 해서 역사가의 결과물이 옳지 않다거나 부정확한 것은 아니다. 다만 편파적인 것은 어쩔 수 없다. 역사가는 자신의 관점과 자신이 살아가는 시대의 특성에 따라 불가피하게 주제의 특정한 측면에 더 관심을 기울이게 된다. 그는 어떤 측면이 중요하다는 생각에서 그것을 더욱 강조하며, 자신의 상상력이나 경험의 바깥에 있는 다른 측면은 소홀히 하게 된다.

나는 1930년대에 이 책을 썼다. 국내에서는 공황에 시달리고 해외에서는 긴장이 고조되던 상황이었다. 그런 탓에 그 불행한 시기의 선입견이 책 전체에 배어 있다. 또한 나는 이 책을 쓸 때 침체되고 버려진 지역의 사정, 200만 명에 달하는 국내의 실업자와 독일에서 온 유대인, 자유주의 망명객 등 뿌리 뽑힌 사람들이 겪는 고통을 늘 의식하고 있었다. 책을 쓸 무렵의 시대적 아픔이 있었기에 내게는 30년 전쟁에서 집을 잃고 굶주린 사람들, 좌절하고 외로운 사람들의 곤경이 특별히 생생하게 다가왔다. 이와 같은 사람들의 고통이 이 책의 주요한 주제 가운데 하나가 되었다.

그 점을 후회하지는 않는다. 어느 정도의 과장과 역경, 선전을 감안한다 해도 전쟁이 초래한 인간의 고통이 엄청난 것이었다는 증거는 충분하다. 내 생각은 20년 전이나 지금이나 달라지지 않았다. 정치사가의 과제는 정책이 피지배층의 삶에 미치는 영향을 보여주고, 독자가 상상을 통해 과거의 사건에 참여하고 희생된 수많은 사람들에게 공감하도록 하는 데 있다.

그러나 또 한 가지 고려해야 할 측면이 있다. 독일 역사를 바라보는 전통적인 견해에서 볼 때 30년 전쟁이 빚어낸 고통은 다소 특별한 위상을 차지한다. 이 전쟁은 이후 독일의 경제·도덕·민족·사회에 일어난 거의 모든 재앙의 원인으로 간주된다. 어림잡아 그 전쟁으로 독일 문명은 200년이나 퇴보했다고 단언한다. 하지만 내 생각은 다르다. 내가 보기에 30년 전쟁이 독일 역사에 미친 영향은 그동안 지나치게, 심지어 유해하다고 할 만큼 과장되었다. 전쟁 이전까지 독일은 오랜 기간에 걸쳐 경제적 쇠퇴를 겪었으며, 독일의 정치적 붕괴는 전쟁의 결과라기보다 원인이었다. 전쟁의 후유증은 일반적으로 설명되는 것만큼 광범위하거나 지속적이지 않았고, 그렇게 비참하지도 않았다. 나는 이 책 전반에 걸쳐 독일을 다룬 모든 대목에서 그 점을 밝히고자 했으며, 독자들에게도 전쟁에서 부각된 직접적인 파괴나 물리적 고통에 빠지지 않는 균형 잡힌 시각을 요구하고 싶다.

참고문헌에서 나는 몇 가지 특별한 문제에 관한 심층적인 연구를 제안했지만, 지난 20년간 전쟁에 관한 내 견해를 전체적으로 바꾸게 할 만한 중대한 연구는 접하지 못했다. 솔직히 말해 내가 주제를 선택하고 설명하는 방식은 1930년대의 분위기와 상당한 관련이 있었다. 1차 세계대전의 영향권에서 자란 내 세대의 사람들은 설령 잘못된 생각이라 해도 모든 전쟁이 불필요하다는 굳은 신념을 갖고 있었다. 지금은 나도 모든 전쟁이 무용하다고 여기지는 않지만 30년 전쟁만큼은 여전히 그런 전쟁이었다고 믿는다. 30년 전쟁은 일어날 필요가 없었고, 중요한 문제를 해결하지도 못했다. 물론 에스파냐 대신 프랑스가 서유럽의 강국으로 등장한 것은 서구 세계의 역사에 나름의 의미를 가진다. 하지만 그것은 훨씬 적은 희생을 치르고도 가능한 일이었으며, 사태에 별로 관련이 없는 독일인들이 굳이 한 세대에 걸쳐 싸울 필요는 없었다. 심지어 독일 바깥의 몇몇 유능한 정치인들이 전쟁의 경로를 지배하면서 독일 내부의 정치인은 아무도 그 흐름을 제지하지 못했다. 이따금씩 교착 상태에 빠지면서 질질 끈 전쟁의 양상은, 내가 보기에 편협하고 옹졸한 인물이 고위직에 오를 경우 언제든 재발할 수 있는 위험과 재앙임을 알려주는 명확한 교훈이다.

1956
C. V. 웨지우드

| 옮긴이의 글 |

유럽의 근대를 형성한 30년 전쟁

역사는 아이러니다. 언뜻 보면 역사는 수많은 행위자들의 의식적 활동으로 이루어지는 듯하다. 건국, 정복, 외교, 제도, 발명 등이 전부 그렇다. 하지만 다른 측면에서 보면 역사는 어느 개인의 의지와도 무관하게 흘러간다. 당대에는 개인의 동기와 이해관계가 모든 것을 말해주는 듯싶지만 그런 것들은 결국 역사의 큰 흐름 속에 묻혀버린다. 거창하게 말하면, 역사의 무대에서는 무수한 개별 의지들이 등장하고 충돌하지만 전체적인 방향은 어느 개별 의지도 따르지 않는다. 말하자면 일종의 역사적 무의식 혹은 법칙이 작용한다고 할까?

역사에서 보는 숱한 개별 행위자들의 활동 가운데 가장 농도가 짙은 것이 전쟁이다. 인류 역사에서 전쟁은 중요한 고비마다 역사의 물줄기를 결정적으로 바꾸는 역할을 했다. 그러나 전쟁은 개인의 결정과 의지에 따라 일어나고 전개되지만, 역사적 무의식처럼 전쟁이 역사에 남긴 영향은 어느 개인의 결정이나 의지와 무관하다. 무엇보다 전쟁 자체의 생리가 그렇다. 역사적 사건들 중에서 가장 적은 사람이 원하지만 역사적 흐름에 가장 큰 결과를 미치는 게 바로 전쟁이니까.

싫든 좋든 전쟁은 역사를 바라보는 가장 주요한 창문이다. 역사를 건너야 할 강에 비유한다면 전쟁은 역사의 강을 가장 쉽게 건너게 해주는 좋은 징검다리다. 19세기의 군사 전략가 클라우제비츠(Clausewitz)가 말했듯이 전쟁은 고도의 정치 행위다. 전쟁은 모순을 해결하는 가장 주요한 수단이었던 것은 물론, 때로는 역사적 사건의 원인을 이루기도 했고 때로는 결과가 되기도 했다.

전쟁이 개인의 의지와 이해관계를 반영하는 개인적 활동의 소산이라는 점, 따라서 고도의 정치 행위이자 역사를 이해하는 가장 중요한 열쇠라는 점, 그러나 전쟁의 결과는 역사적 무의식에 속한다는 점, 전쟁의 이와 같은 다양한 측면을 총체적으로 보여주는 것이 바로 30년 전쟁이다.

유럽 세계에 관한 한 전쟁이라는 징검다리에서 가장 중요한 다릿돌을 꼽으라면 17세기의 30년 전쟁을 꼽아야 할 것이다. 이 전쟁은 수천 년의 유럽 역사 전체를 결론짓는 마지막 단계의 출발점이었고, 오늘날의 유럽 세계를 직접적으로 형성한 사건이기 때문이다.

기원후 5세기에 로마제국이 해체된 이래 유럽은 중세로 접어들면서 종교적으로 그리스도교권으로 통일되었고, 동시에 정치적으로는 수많은 소국들로 갈라진 분열 체제를 이루었다. 대체로 중세 전반기에는 교회가 구심점 역할을 하면서 통일성의 측면이 강했던 반면, 후반기에는 교회가 쇠락하고 세속 군주들이 힘을 얻으면서 분권화·분열화의 조짐이 뚜렷해졌다. 이윽고 중세 해체기에 들어서는 르네상스, 발견의 시대, 종교개혁이라는 세 가지 매머드급 격변이 거의 동시적으로 폭발했고, 중세 1천 년 내내 통합의 구심점이었던 교회 권력은 정신적·물질적으로 파탄에 이르렀다.

중세 후기의 교회와 그 정점인 로마 교황은 말하자면 오늘날의 UN과 같았다. 원심력이 작용하는 분열된 세계에서 최소한의 구심력을 담당하며, 중세 각국의 다양한 이해관계를 조정하고 국제 분쟁을 해결하는 역할이었다. 게다가 단점과 결함마저 오늘날의 UN과 닮았다. 현대의 UN이 자주 강대국의 의지에 끌려다니듯이 중세의 교황은 세속 군주들보다 서열상으로는 위에 있었으면서도 강력한 군주의 눈치를 보았고 수시로 정략적 결탁을 일삼았다(이 결탁을 위해 교황은 중세 왕실의 중요한 외교 방식이었던 자녀들의 정략결혼도 마다하지 않았다). 오늘날 UN이 그 권위를 전폭적으로 승인할 수도 없지만 그렇다고 아예 무시해버릴 수도 없는 모호한 실체이듯이, 중세의 교황도 세속 군주들이 마냥 의지할 수도 없고 완전히 등질 수도 없는 모호한 존재였다.

실제로는 강력한 통제력을 갖지 못했으면서도 최소한의 통합을 위해 반드시 필요한 존재가 중세의 교황과 교회, 그리고 현대의 UN이라면 그런 조정자가 부재할 때 어떤 상황이 닥칠지는 불을 보듯 뻔할 것이다. 바로 그런 상황이 17세기 초 30년 전쟁으로 시작되었고, 20세기 중반 2차 세계대전으로 현대의 교황, UN이 탄생하면서 종결되었다. 그 사이의 300년은 유럽 문명에서 처음이자 마지막으로 대규모 국제전이 잇달았던 격랑의 시기였다. 이 시기의 유럽 역사는 전쟁을 열거하는 것만으로도 간단히 정리된다. 30년 전쟁과 같은 시기에 영국 시민혁명을 낳은 영국 내전, 17세기 중반의 아우크스부르크 동맹전쟁, 후반의 에스파냐 왕위계승전쟁, 18세기 중반의 오스트리아 왕위계승전쟁, 곧이은 7년 전쟁, 영국-프랑스의 아메리카 쟁탈전과 그 결론인 미국 독립혁명, 그리고 프랑스 혁명에 뒤이은 19세기 초의 나폴레옹 전쟁, 19세기 내내 벌어진 제국주의 열강의 식민지 쟁탈전, 그것을 마무리한 20세기 초의 1차 세계대전, 여기서 패전한 국가들이 파시즘으로 재무장하면서 다시 한 번 도전한 2차 세계대전이 그것이다. 가히 전란으로 얼룩진 시기였지만 그 진통 속에서 유럽 문명은 국가와 시민사회의 조합이라는 체제상의 정답을 찾아냈고, 그 정치적 표현으로 의회민주주의와 경제적 표현으로 자본주의를 발달시켰다. 30년 전쟁은 그 거대한 변혁의 첫 단추에 해당한다.

17세기 초는 종교개혁의 후유증이 남아 있던 시절이었으므로 30년 전쟁은 종교 전쟁으로 시작해서 영토 전쟁으로 끝난다. 그런 점에서 이 전쟁은 중세 전쟁에서 근대 전쟁으로의 연결고리가 된다. 이후 20세기까지의 전쟁들은 예외 없이 국민국가들이 영토와 부를 놓고 벌이는 전쟁이다.

그렇다면 30년 전쟁의 전개 과정을 대단히 섬세하고도 상세하게 서술하고 있는 이 책이 독일의 상황으로 시작하고 내내 독일을 주요 무대로 삼은 것은 충분히 이해할 수 있다. 종교개혁으로 교회가 권위를 잃고 추락한 뒤 유럽 세계에는 외교적 조정자가 사라졌다. 그러자 프랑스처럼 맨 먼저 국민국가를 이루고 영토 확장에 눈독을 들인 국가가 등장하는가 하면, 반대로 중세 유럽의 중심이자 종교개혁의 발원지였던 탓에 구체제의 굴레를 벗지 못하고 온갖 모순이 집약된 지역도 있었다. 그곳이 바로 독일이다.

종교개혁의 열풍이 일단락되면서 독일에서는 1555년 아우크스부르크 종교화의를 통해 신앙의 자유가 허용되었다. 그러나 그 자유는 루터파에만 국한되고 칼뱅파를 비롯한 다른 신교 종파는 제외되었는데, 이 불씨가 결국 30년 전쟁의 도화선이 된다. 예수회의 활동이 활발해지면서 가톨릭 세력이 재무장하고 나서자 불안을 느낀 칼뱅파는 1608년 팔츠 선제후인 프리드리히 5세를 중심으로 신교연합을 결성한다(선제후란 신성로마제국의 황제를 선출할 수 있는 권한을 가진 제후인데, 트리어·마인츠·쾰른 대주교, 작센 공작, 라인의 팔츠 백작, 브란덴부르크 변경백, 보헤미아 왕, 이렇게 일곱 명이었다. 이들이 모두 이 책에서 중요한 역할을 한다). 이에 맞서 가톨릭 측은 그 이듬해 가톨릭동맹을 결성한다. 일촉즉발의 기운이 감도는 가운데 1617년에 보헤미아의 왕이 된 페르디난트 2세가 신교도를 탄압하자 보헤미아의 귀족들은 그를 거부하고 프리드리히 5세를 보헤미아 왕으로 추대한다. 이것이 30년 전쟁의 직접적인 원인이다.

시작은 그랬으나 전쟁이 진행될수록 종교의 명분은 뒷전으로 나앉고, 유럽 각국의 국익이 점점 중요하게 대두된다. 마침 오스트리아 합스부르크 왕실이 에스파냐로 분가해 있던 탓에 아메리카의 막대한 부로 유럽 최강국이 된 에스파냐가 먼저 개입한다. 이리하여 가톨릭 측의 승리로 전쟁이 끝나는가 싶을 때 신교 측의 구원투수로 덴마크와 스웨덴이 개입한다. 후반부에 들어서는 숨은 막후 조종자인 프랑스의 리슐리외가 직접 나서면서 전쟁은 더욱 혼탁해지고 전장인 독일의 고통은 더욱 가중된다.

이 과정을 지은이는 드라마처럼 생생하게 재현하고 있다. 학술적인 역사서를 겨냥하지 않았기에 이 책에서 지은이는 영국을 제외한 유럽 세계 전역이 관련된 30년 전쟁의 복마전 같은 사건들을 풀어내고, 무수한 등장인물들의 얽히고설킨 관계, 각 개인의 성격과 심리를 보여주고 때로는 숨은 의도를 대담하게 추측한다. 어찌 보면 유럽판《삼국지》라고 할 만큼 웅장한 활극이자 대하사극이다. 웨지우드는 이십대 후반의 여성이라고는 믿기지 않을 만큼 노련한 솜씨로 복잡하고 굵직한 역사적 사건을 주제로 삼아 현대의 고전을 엮어냈다.

지은이가 보는 30년 전쟁은 한마디로 불필요한 비극이다. 이 책은 이런 말로 끝난다. "전쟁은 아무런 문제도 해결하지 못했다. 직접적이든 간접적이든 전쟁의 결과는 부정적이고 처참했다. 도덕이 무너지고, 경제가 붕괴하고, 사회가 타락하고, 대의가 흔들리고, 결과가 훼손된 그 전쟁은 유럽 역사의 무의미한 분쟁을 드러내는 대표적인 사례였다. …… 전쟁은 또 다른 전쟁을 부를 뿐이라는 사실을 당시 그들은 깨닫지 못했고, 그 뒤로도 알지 못했다." 하지만 지은이가 이 책을 쓴 시기(1930년대)는 1차 세계대전이 끝난 뒤였고, 아직 그 '무의미한 분쟁'의 최고봉이 한 차례 더 남아 있던 때였다.

그로부터 한 세기 가까이 더 지난 지금의 시점에서, 그리고 동양의 우리가 보는 관점에서 30년 전쟁의 의미는 조금 다르다. 이 전쟁은 당대에도 역사적 필연이었고, 400년쯤 뒤인 지금 돌이켜보면 더더욱 역사적 필연이었다. 또한 전쟁 자체는 참극이지만, 30년 전쟁을 필두로 이후 유럽 세계의 대규모 국제전은 전쟁의 결과를 국제 조약으로 수렴하는 근대적 관행을 낳았다. 에스파냐 왕위계승전쟁-위트레흐트 조약, 오스트리아 왕위계승전쟁-엑스라샤펠 조약, 7년 전쟁-후베르투스부르크 조약, 나폴레옹 전쟁-빈 회의, 1차 세계대전-베르사유 조약, 2차 세계대

전-UN의 성립, 이와 같은 전쟁과 조약의 관행은 유럽 세계를 개방적이고 성숙한 체제로 발전시켰으며, 결국 서구 중심의 세계 질서를 확립하는 데 결정적으로 기여했다.

특히 국제관계와 외교의 개념이 없었던 동아시아 세계가 문물에서 앞섰으면서도 서양의 제국주의 열강에게 속수무책으로 당했던 것은 체제상에서 뒤졌던 탓이 크다. 그런 점에서 우리는 이 책을 통해 지은이의 반성과는 또 다른 의미의 반성을 하게 된다.

2011, 봄
남경태

| 추천의 글 |

웨지우드 서사의 최고봉

《30년 전쟁》이 발간되었을 때 베로니카 웨지우드는 서른도 채 안 된 나이였다. 하지만 이 책은 내용에서나 문체에서나 미숙한 느낌을 전혀 찾아볼 수 없다. 웨지우드는 대여섯 개 국어의 원본 문헌들을 꼼꼼히 뒤져가며 광산에서 석탄을 캐듯이 사실들을 직접 캐냈다. 하지만 그보다 더 놀라운 것은 1618년부터 1648년까지 벌어진 거칠고 혼란스러운 전쟁의 명확한 스토리라인을 제시한다는 점이다. 이 전쟁은 극심한 고통과 재앙의 이면에 10여 개국의 복잡한 궁정 정치와 협상이 얽혀 있어 국제적 배경을 잘 알아야만 이해할 수 있다.

웨지우드의 우아하고 부드러우면서도 역동적이고 명료한 문장은 음침한 군주들의 속내는 물론이고 비참하게 죽어간 용병들, 가축과 곡식을 빼앗긴 농민들의 불행도 생생하게 그려낸다. 앞부분에서 그녀는 전쟁 초기의 인상적인 사건인 프라하 사건을 상세하게 서술한다. 보헤미아 가톨릭 귀족들이 흐라드차니 성의 창문에서 아래로 내던져진 일은 잊을 수 없을 만큼 특별한 이야기다. 당시 그들은 간신히 목숨을 건져— 마침 떨어진 곳에는 쓰레기 더미가 있었다—몰래 도망쳤다. 웨지우드는 마치 현장에 있었던 것처럼 그 장면을 묘사한다. "슬라바타는 쏟아지는 빗발 속에서 성모 마리아를 부르며 창틀을 움켜쥐고 버텼다. 그때 누군가 그를 때리자 그는 그만 정신을 잃고 피 묻은 손을 놓았다." 이렇게 그녀는 섬세한 안목으로 과거의 인물과 장면을 살아 숨 쉬게 만들며, 인간의 악행과 어리석음, 파괴 본능이 빚어낸 황폐하고 비참한 이야기를 역동적으로 전한다.

젊은 저자는 바로크풍의 화려함과 비참함이 공존하는 17세기 독일 세계를 깊이 통찰하면서 당대의 두드러진 사건들을 인상적으로 소개하고 있다. 그녀가 무엇보다도 강조하는 것은 인물이다. 그녀는 그 당시 위대한 지도자들이 모든 중대한 결단을 내렸다고 말한다. "정보의 전달이 여의치 않은 탓에 여론이 지배 세력에게까지 전해지지 않았던" 그 시대의 정보 체계를 감안하면, 인물에 비중을 두는 그녀의 방식은 충분히 온당하다. 간략하면서도 철저한 연구와 역사적 사건들의 상세하고 흥미로운 설명을 통해 그녀는 당시의 도시와 나라, 군사 조직과 전술의 발전, 신학과 마녀사냥에 관해 소상히 알려준다. 하지만 웨지우드는 전쟁을 설명하려는 게 아니라 전쟁 이야기를 전하려 한다. 그녀의 주장에 따르면, 전쟁에 참여한 대다수 병사들은 특별한 목적이 없었고 전쟁의 경로와 결과도 주로 우연에 의해 결정되었다. 그녀의 최종적 판단은 마치 라틴식 묘비명처럼 들린다. "도덕이 무너지고, 경제가 붕괴하고, 사회가 타락하고, 대의가 흔들리고, 결과가 훼손된 그 전쟁은 유럽 역사의 무의미한 분쟁을 드러내는 대표적인 사례였다." 여기서 웨지우드의 어조는 빅토리

아직 명징함과 18세기적 명확함을 보여주지만, 전쟁에 중대한 의미가 전혀 없다는 단호한 비판은 근본적으로 현대적이며, 그녀의 시대에 적합했을 뿐 아니라 지금 우리의 목소리보다 더욱 성숙한 목소리다.

학자이자 저술가로서 웨지우드의 자질은 성장 과정을 통해서도 알 수 있다. 도자기를 만드는 대기업 가문에서 태어난 그녀는 철도회사의 중역인 아버지를 따라 어릴 때부터 여행을 많이 다녔다. 또한 자신이 무척 좋아했던 런던의 사립학교를 다니며, 여러 명의 가정교사에게서 교육을 받았다. 웨지우드는 옥스퍼드에 진학하기 전에 독일어와 프랑스어 공부에 몰두했다. 대학에서 그녀는 젊은 강사였던 A. L. 로우즈(A. L. Rowse)에게 깊은 인상을 주었고, 학위 취득 시험(고전학)과 역사에서 두각을 나타냈다. 그녀는 그리스도교 사회주의자이자 사회경제사의 선구적 학자였던 R. H. 토니(R. H. Tawney)의 지도를 받으며 학위논문을 썼다. 그녀의 학문적 미래는 탄탄했고, 한때 옥스퍼드의 서머빌 칼리지에서 강의를 맡기도 했다. 하지만 웨지우드는 답답한 학계에 머물러 있을 수 없었다. 그 세대의 젊은이들이 흔히 그랬듯이, 그녀는 위대한 빅토리아인들의 종교적·정치적 가치관에 대해서는 회의적이었지만, 그들의 끝없는 호기심과 용기를 빼닮았다. 그녀는 어릴 때부터 역사책을 손에서 놓지 않았고, 책으로 가득한 아버지의 서재에서 살다시피 했다. 그녀 자신이 밝히는 어린 시절의 회상은 이렇다.

열두 살 무렵 나는 엄청나게 빠른 속도로 글을 썼다. 엷은 줄이 그어져 있는 '매머드'라는 200쪽짜리 4절판 크기의 특별한 공책이 있었는데, 눈 깜짝할 사이에 다 써버리곤 했다.

웨지우드의 아버지는 딸의 글 쓰는 속도를 좀 늦추기 위해 역사를 써보라고 권했다. 그는 아버지로서 현명한 충고를 했다. "글을 잘 못 쓰는 사람도 훌륭한 역사가가 될 수 있단다." 딸이 옥스퍼드를 졸업하자 그는 자신의 연고를 이용해 딸의 앞길에 도움을 주었다. 당시 케임브리지에 있던 그의 친구들 중에는 G. E. 무어(G. E. Moore), 랠프 본 윌리엄스(Ralph Vaughan Williams), 역사가인 G. M. 트레블리언(G. M. Trevelyan) 등 저명한 인물들이 많았다. 웨지우드가 트레블리언과 주말을 보낼 때 그는 그녀에게 따분하고 분석적인 학위논문을 포기하고 그 대신 영국에 절대주의 정권을 수립하려는 찰스 1세를 '전폭적으로' 지지하는 정책을 구사했던 스트래퍼드 백작 토머스 웬트워스(Thomas Wentworth)의 전기를 써보라고 권했다. 웨지우드는 이 작업에 필요한 1차 자료를 검토하고 크게 기뻐했다. 존 닐(John Neale)의 도움으로 초고를 수정한 뒤 그녀는 베드 메타(Ved Mehta)에게 '아주 여성적이고 감성적으로' 썼다고 말했다. 이 예리하고 명쾌한 책은 1641년 장기의회(Long Parliament, 1640년 찰스 1세가 전비를 마련하기 위해 소집한 의회로 13년이나 질질 끌었기에 이런 명칭이 붙었다 : 옮긴이)에서 처형된 뒤 많은 역사가들의 경멸을 받았던 한 정치인의 경력에 동정심을 품게 했다.

1935년 출판업자 조너선 케이프(Jonathan Cape)에 의해 첫 책이 발간된 뒤 웨지우드는 내내 저술가의 길을 걸었다. 특히 그녀는 역사 전문 저술가로 명성이 높았다. 《스트래퍼드(Strafford)》가 나온 뒤 불과 3년 만에 간행된 《30년 전쟁》은 그녀의 학식과 판단력을 입증해주었고, 많은 독자에게서 사랑을 받았다. 인세 수입이 달릴 때면—그런 경우가 잦았다—웨지우드는 여권주의 주간지 《시대와 조류(Time and Tide)》와 《데

일리 텔레그래프(Daily Telegraph)》에 기고하거나 엘리아스 카네티(Elias Canetti)의《화형(Auto da Fé)》같은 책들을 번역했다. 그녀는 학계에서 강조하는 '왜'의 역사에 반대하고, 늘 '어떻게'의 역사에 주력했다. 이를테면 영국 내전 같은 중대한 사건에 관한 구조적·사회적·경제적 설명 대신 상세하고 선명한 이야기를 전하는 것이다. 그녀는 계획하고 있던 세 권의 책 가운데 두 권을 영국 내전에 할애해 왕당파의 입장에서 훌륭하게 다루었다.

웨지우드는 학계의 대다수 저명한 역사가들과 달리 옛 문헌을 무척 사랑했다. 그녀가 말하는 고서의 매력은 이렇다.

> 오래된 문서의 접히고 펴진 흔적만큼 세월의 틈을 잘 메워주는 것은 없다. 문서의 잉크가 채 마르지 않았을 때 달라붙던 미세한 모래 입자들은 300년의 세월이 지나면서 떨어져나가 어제의 먼지가 된다.

웨지우드가 스트래퍼드의 전기를 펴낸 지 한 세대가 지났을 무렵, 그의 개인 문서가 공개되자 그녀는 그것을 다 읽고 자신의 원저작을 대폭 수정했다. 그녀의 탐구 열정은 단지 문헌에서 새로운 사실을 찾아내는 데만 그치지 않았다. 웨지우드는 과거에 관한 최고의 이야기를 전한다는 관심을 내내 유지했다. 1990년대에 새로운 사회문화사가 구상되고 세상에 선보이기 오래전에 그녀는 이미 버지니아 울프(Virginia Woolf)처럼 간결하고도 강렬한 글쓰기로 1639년 찰스 1세가 자신의 마지막 크리스마스 가면극에서 입었던 의상과, 오랫동안 잊혔던 노상강도의 말과 몸짓을 묘사하면서 독자들에게 과거를 눈앞에 보는 것처럼 생생하게 되살려주었다.

　무엇보다도 웨지우드는 항상 인도주의를 견지했다. 그녀는 스승 격이었던 토니나 동료 언론인 베라 브리튼(Vera Brittain)과 같은 위대한 인도주의적 지식인들의 특징인 기발함과 다양함 그리고 불행까지 사랑했다. 17세기 독일의 무의미한 고통을 통해 그녀는 자신이 직접 경험한 20세기 독일의 전쟁과 인플레이션을 표현했다. 1944년 로렌스 고잉(Lawrence Gowing)이 묘사했듯이 붉은 머리에 높은 이마, 혜안을 가진 이 강인하면서도 따스한 여성은 젊은 시절에 유민과 난센 여권(Nansen passport, 1차 세계대전 후 국제연맹이 난민에게 발급해준 임시여권: 옮긴이)의 시대를 보냈다. 그녀는 2차 세계대전에서도 영국의 난민들을 위해 지칠 줄 모르고 일했으며, 이후 영국과 세계에서 특별한 참여 시민으로 존경을 받았다. 그 시대의 가장 위대한 이야기 역사가였던 웨지우드는 엄밀하고 인도적인 견지에서 복잡한 이야기를 전했다. 그녀의 저작이 보여주는 엄정한 완결성과 명징성은 그녀가 영웅으로 삼았던 에드워드 기번(Edward Gibbon)의 저작을 연상케 한다. 하지만 그녀는 로마제국의 역사를 저술한 그 냉철한 역사가조차 평정심을 잃었음 직한 과거와 현재의 끔찍한 공포를 놀랄 만큼 선명하게 통찰하고 그려냈다. 《30년 전쟁》은 그녀가 남긴 서사의 최고봉이다.

2005, 앤서니 그래프턴
(프린스턴 대학교 역사학과 교수)

THE THIRTY YEARS WAR 1618~1648

| 1장 |

독일과 유럽: 1618년

그대1의 옷을 차지하기 위해 얼마나 많은 자들이 주위에 늘어서 있는가? 그들은 그대가 파멸하는 순간만을 기다린다고 이미 공언하지 않았던가? 그대는 번영이 언제까지 지속되리라고 생각하는가? 바로 스피놀라가 원할 때까지이리라. ─팸플릿, 1620년

1

1618년은 유럽 역사에서 흔히 볼 수 있는 불안정한 무장 중립 상태와 다를 바 없었다. 짙은 전운이 감도는 가운데 정치적 분규가 간헐적으로 터져나왔다. 그럴 때마다 외교관들은 사안의 경중을 저울질하기 바빴고, 정치인들은 앞날을 이리저리 예측했다. 상인들은 불안한 시장과 교역을 걱정했다. 반면, 문명이라는 육중한 구조를 떠받치고 있는 4천만 명의 농민들은 지배자들의 행위에 아랑곳하지 않은 채 여느 때처럼 밭을 갈고 밀짚을 묶었다.

런던에 온 에스파냐 대사는 월터 롤리(Walter Raleigh, 1552~1618, 아메리카 개발 문제를 놓고 에스파냐와 적대를 빚은 영국의 탐험가: 옮긴이)의 목숨을 요구했고, 궁전 주변에 모여든 사람들은 우유부단한 왕이 롤리를 구하지 못한다며 항의했다. 헤이그에서는 두 종교 파벌의 대립이 재발해 폭동으로 번졌고, 침묵공 빌렘(Willem de Zwijger, 1533~1584)의 미망인이 저잣거리에서 야유를 샀다. 프랑스와 에스파냐의 관계가 극한으로 치달으면서 양국 정부는 이탈리아와 오스트리아 사이의 중요한 고갯길인 발텔리나의 소유권을 주장했다. 파리에서는 곧바로 불화가 커져 유럽 전쟁이 터지지 않을까 우려했다.2 마드리드에서는 얼마 전에 있었던 안(Anne d'Autriche, 1601~1666) 공주와 젊은 프랑스 왕의 결혼이 어떤 결과를 초래할지 촉각을 곤두세우고 있었다. 열일곱 살의 루이 13세(Louis XIII, 1601~1643)는 에스파냐 신부가 가져온 지참금에 콧방귀를 뀌었다.3 언제든 이 불완전한 결혼이 깨지면 프랑스 왕실과 에스파냐 왕실 간에 남은 마지막 우호의 보증도 사라질 판이었다. 에스파냐 왕의 오스트리아 친척들은 빈의 젊은 대공과 프랑스 공주의 결혼을 제안했다.4 하지만 파리의 섭정 정부(1617년까지 루이 13세의 어머니 마리 드 메디시스가 섭정을 맡았다: 옮긴이)는 그 제안을 무시하고 오스트리아와 에스파냐 두 왕실의 공공연한 적인 사보이 공작의 맏아들과 결혼 협상에 들어갔다.

베네치아 공화국 정부를 타도하려던 에스파냐의 계획이 탄로 나고 발텔리나에서 신교도 봉기가 일어나자 이탈리아는 전쟁의 소용돌이에 휘말렸다. 북유럽에서는 야심에 찬 스웨덴 왕이 러시아의 차르에게서 에스토니아와 리보니아를 탈취하고, 네덜란드와 굳건한 동맹을 추진해5 두 나라가 공동으로 유럽 북부 해역을 장악하려 했다. 프라하에서는 인기를 잃은 가톨릭 정부가 때마침 일어난 신교도의 봉기로 타도되었다.

국제 정계는 일촉즉발의 위기 상태였으므로 그 사건들 중 어느 하나라도 뇌관이 될 가능성은 충분했다. 내막을 잘 아는 사람들은 전쟁이 불가피하다고 믿었다. 다만 직접적인 원인과 분쟁의 범위만 불확실할 따름이었다. 정치를 분열시킨 유형무형의 적대는 이미 명확해졌다.

1618년 5월 23일은 프라하에서 폭동이 일어난 날인데, 전통적으로 30년 전쟁이 발발한 날로 간주된다. 하지만 그로부터 17개월이 지나기 전까지는 사태에 깊숙이 관련된 나라들의 지도자들조차 바로 그 폭동이 전쟁의 신호탄이었다는 사실을 확실히 알지 못했다. 그 몇 개월 동안 보헤미아 사태는 서서히 유럽의 여러 가지 문제들과 연관되었다. 전쟁은 그런 정황에서 유발되었다.

2

지난 100년 동안 활발한 정치 활동을 가로막았던 행정적·물리적 장애가 어느 정도 제거된 덕분에 사정이 크게 달라졌다. 17세기의 메커니즘을 이해하지 못하면 그 시기의 정치를 평가하기가 어렵다. 정부의 일상 업무는 짜임새가 없었고, 정치인들은 별다른 지원도 받지 못하고 활동했다. 단적으로 말해 효율성과 충성심은 찾아보기 어려웠으며, 대다수 정치인들은 자금과 정보의 항구적인 누수가 불가피하다는 전제에서 활동해야 했다.

당시 유럽의 외교 속도는 통신과 교통의 중요한 수단인 말이 달리는 속도와 같았다. 정치적 필연성이 자연의 무의미한 개입에 종속되어 있었던 셈이다. 강풍이 불거나 폭설이 내리기만 해도 국제적 위기가 완화되거나 가속될 수 있었다. 그럴 경우 중대한 결정은 연기될 수밖에 없었다. 때로는 고위 당국자에게 전갈을 전할 여유도 없이 현장에서 판단을 내려야 하는 긴박한 순간이 닥치기도 했다.

정보의 전달이 여의치 않은 탓에 여론이 지배 세력에게까지 전해지지 않았다. 농민들은 주변에서 일어나는 사태를 거의 모르는 채 외부에서 온 고통을 묵묵히 견디며 살다가 더 이상 참을 수 없을 때가 되어서야 폭동을 일으켰다. 도시에서는 정보가 어느 정도 확산되고 초보적인 여론의 표출도 가능했으나, 정치적 정보를 흡수하고 이용할 수 있는 것은 부유층과 지식인층뿐이었다. 대다수 사람들은 힘도 없고 무지하고 무관심했다. 대체로 개별 정치인의 공적 행위와 사적 특성이 균형을 이루지 못했고, 왕조의 야심이 유럽의 외교관계를 지배했다.

삶의 불안과 불편은 지배자의 무책임을 조장했다. 지배자들이 벌이는 전쟁은 주로 군대들끼리만 싸웠으므로 당장 급격한 변동을 초래하지는 않았다. 전장이 된 지역이 아니면 민간인들의 삶은 달라질 게 없었다. 전쟁이 오래 지속되어 전비를 염출하기 위해 사유재산에 특별세가 부과되기 전까지는 그런대로 견딜 만했다. 전장 지역에서도 전쟁 초기에는 오늘날의 균형 잡힌 문명에 비해 전쟁의 영향이 그다지 크지 않았다. 살인, 강간, 약탈, 고문, 기근은 전시만큼은 아니더라도 일상생활 속에 거의 상존했으므로 끔찍할 정도의 일은 아니었다. 폭력을 수반한 약탈은 평화기에도 흔했고, 죄인을 재판할 때는 늘 고문이 자행되었다. 죄인은 보통 많은 군중이 보는 앞에서 오랫동안 고통받은 뒤 처형되었다. 역병과 기근도 무차별적으로 덮치는 게 다반사였다.

지식인도 거칠기는 마찬가지였다. 예의를 가장한 태도의 이면에는 야만적인 면모가 감춰져 있었다. 술주정과 학대는 각계각층을 망라하고 무척 흔한 일이었다. 법은 정의롭기보다 가혹했고, 행정은 효율성보다 폭력에 의지했으며, 자선은 사람들의 요구에 전혀 미치지 못했다. 생활의 불편은 언급할 필요조차 없을 만큼 너무도 자연스러웠다. 겨울의 추위와 여름의 더위 앞에 유럽인들은 완전히 무기력했다. 겨울을 나기에는 주택이 너무 습하고 엉성했으며, 여름을 보내기에는 환기가 잘되지 않았다. 왕자나 거지나 마찬가지로 거리의 음식물 찌꺼기 냄새와 주택의 불결한 하수시설에 익숙했다. 쓰레기 구덩이에 쌓여 있는 썩은 고기를 먹는 새들과 교수대에 매달린 채 썩어가는 시신은 흔한 풍경이었다. 드레스덴에서 프라하까지 여행한 어떤 사람은 이런 기록을 남겼다. "약 150개의 교수대와 형거(刑車)를 보았다. 죄수들이 매달려 있었는데, 일부는 죽은 지 얼마 안 되었고 일부는 썩어가고 있었다. 살인자의 시신들은 형거에 사지가 찢겨나간 상태였다."6

그런 사회에서 전쟁의 압력이 격화되고 상당 기간 지속된 뒤에야 민중의 입에서 함성이 터져나왔다. 그때쯤이면 이미 사태는 걷잡을 수 없었다.

프랑스, 영국, 에스파냐, 독일—이 거대한 복합체들은 17세기에 이미 모습을 드러냈다. 민족의식을 가진 집단은 존재했으나 민족을 구성하는 개인들의 결합도는 그다지 높지 않았다. 모든 민족들이 경계가 모호하고, 여러 소수 민족으로 다시 세분되었다. 어떤 직업의 경우에는 현대의 시선으로 보기에도 놀랄 만큼 유동성이 큰 경우도 있었다. 이를테면 프랑스 군인이 프랑스에 맞서는 군대를 지휘하는 것을 누구도 이상하게 여기지 않았다. 대의와 종교, 심지어 자신을 고용한 주인에게 충성하는 것이 조국에 충성하는 것보다 더 큰 존경을 받았다. 그럼에도 불구하고 국가에 대한 귀속감은 점점 더 정치적으로 중요해졌다. 벤 존슨(Ben Jonson, 1572~1637)은 이렇게 썼다. "모든 사람은 자신의 나라를 사랑해야만 한다. 이와 반대되는 주장을 하는 사람도 말은 그렇게 해도 가슴은 조국에 있다."

그러나 민족 감정은 주로 군주에 의해 이용되는 경우가 많았다. 일부 예외를 제외하면, 유럽 외교에서는 민족과 국가보다 왕조가 더 중요했다. 국제 정책의 중추는 왕실 간의 통혼이었고, 그 동력은 군주 개인의 의지나 왕실의 이해관계였다. 현실적으로 보면 프랑스와 에스파냐라는 지칭은 부르봉 왕조와 합스부르크 왕조라는 말을 달리 쓴 것에 불과했다.

한편, 사회의 토대가 바뀌면서 지배자는 새로운 문제에 직면했다. 서유럽 나라들은 대부분 귀족정치의 정부 형태를 취했고, 토지가 곧 권력인 사회였다. 그런데 토지 대신 화폐가 실질적인 힘으로 등장한 상황에서도 그런 체제가 온존되었다. 정치권력을 장악한 소수는 그 권력을 행사하는 데 필요한 부를 갖지 못한 반면, 상인계급은 재력은 갖추었으나 권력을 갖지 못했다. 따라서 양측의 대립은 점차 빈번해졌다.

토지에서 독립된 계급이 성장함에 따라 농민층이 쇠퇴하기 시작했다. 영주와 소작인의 상호 의무에 기반을 둔 봉건제에서 농노의 지위는 확실히 낮은 편이었다. 봉건제가 붕괴의 조짐을 보이면서 농민은 불만의 목소리를 높였다. 그 무렵, 지주계급과 지배계급은 농노의 노동을 이용해 화폐를 획득하며, 소유한 토지를 더 수익이 좋은 농장으로 개조하려 했다.

봉건제는 모든 사람이 토지와 연결되고 지주가 생계를 보장해주는 세계를 전제로 하고 있었다. 이런 전제가 현실과 괴리를 빚게 되자 새로운 의무가 교회와 국가에 지워졌다. 하지만 운송과 교통이 느리고 열악한 데다 화폐가 부족한 탓에 중앙정부는 갈수록 커지는 부담을 감당할 수 있는 메커니즘을 만들어낼 수 없었다. 그래서 국가는 기존의 기관들에게 점차 권력을 위임하게 되었다. 영국에서는 치안판사, 스웨덴에서는 교구 사제나 지역 지주, 프랑스에서는 촌장이나 시장, 폴란드와 덴마크, 독일에서는 귀족이 정부의 역할을 분담했다. 결국 어떤 정부도 다른 세력의 도움을 받지 않으면 정책을 집행할 수 없는 상황에 이르렀다. 그에 따라 폴란드, 독일, 덴마크 귀족과 영국의 젠트리(gentry, 영국의 지방

귀족: 옮긴이)는 재력을 토대로 중앙정부를 능가하는 권력을 얻었고, 지주계급과 상인계급의 불균형이 시정되었다.

하지만 입법부와 행정부 권력은 유기적으로 결합되지 못했고, 공적 자금의 용도도 명확히 규정되지 않았다. 세금제도는 주로 예전의 군역을 대체하는 과정에서 발전했기 때문에, 대중들의 인식에는 화폐에 대한 수요가 전쟁이라는 비상사태와 불가분하게 결부되었다. 공공사업을 위한 조세 관념은 아직 생겨나지 않았다. 수백 년 동안 성장해온 대의 기구인 의회—Parliament(영국), Estates(프랑스), Stande(독일), Cortes(에스파냐)—는 위기가 발생해야만 화폐 수요가 정당하다고 여겼으므로 정부의 일상적인 업무 수행을 도우려 하지 않았다. 이런 이해 차이에서 한 가지 나쁜 관행이 생겨났다. 지배자들은 분별없이 세수입을 예견하고, 왕실 토지를 팔거나 특권을 저당 잡혔다. 이 때문에 중앙정부의 힘은 더욱 약화되었다.

이러한 혼란은 17세기 초 중간계급이 대체로 지배자를 싫어하고 의심하게 된 이유를 설명해준다. 그들의 신랄한 반응은 정책에 대한 지속적인 반대와 간헐적인 폭동으로 나타났다. 과도기는 언제나 부실하게 마련이다. 그 시대의 지배적인 요구는 효율성이었다. 사회 불안이 팽배한 상황에서, 영향력을 행사하는 위치에 있는 소수 집단들은 평화와 질서를 가져다줄 수만 있다면 어떤 정부든 환영할 태세였다.

이렇게 볼 때 중간계급이 정치적 발언권을 요구하게 된 근원적인 요인은 자유주의적 원칙에 기인한 것이라기보다는 효율적인 정부에 대한 갈망 때문이었다. 옳고 그름, 신의 명령, 인간의 타고난 자질에 관한 이론들은 인간이 진심으로 자신의 목숨을 바칠 수 있는 구호와 상징을 만들어냈다. 그에 따르면 도끼를 든 영국 왕이 물레를 돌리는 오스트리아의 농부보다 나을 이유가 없었다. 그러나 결국 어떤 정부든 성공과 실패는 행정 기구의 효율성에 달려 있었다. 잘못되었다고 생각하는 정부 아래서 편안하게 살기보다 올바르다고 생각하는 정부 아래서 불편하게 사는 것을 더 좋아할 만큼 고결한 사람은 거의 없다. 보헤미아의 대의정부가 실패한 이유는 타도한 전제정치보다 행정에 크게 서툴렀기 때문이다. 영국의 스튜어트 왕조가 무너진 이유도 신이 내린 왕권이 취약했기 때문이 아니라 정부가 무능했기 때문이다.

3

30년 전쟁 직전은 그 이전에 비해 한결 도덕적이었으나 신앙이 더 독실한 시기는 아니었다. 그 전세기 중반에 시작된 르네상스 물질주의에 대한 반발은 이 무렵 최고조에 달했다. 부활한 종교적 심성이 사회의 근저까지 파고들었다. 정치를 무의미하게 여기고 공적 사건들을 알지 못하는 사람들에게는 종교가 곧 현실이었다.

신학 논쟁은 각계각층의 큰 관심을 끄는 중대 사안이었다. 설교는 사람들에게 정치적 방향을 지시했고, 도덕적인 종교 책자는 사람들의 여가를 빼앗았다. 가톨릭교도들 사이에서 성인 숭배는 그전까지 수백 년간 유례가 없을 정도로 성행했으며, 대중만이 아니라 지식인에게도 대단히 중요한 경험으로 간주되었다. 또다시 기적이 일상생활을 희망으로 빛나게 해주었다. 변화하는 현실 세계, 붕괴하는 옛 전통, 불충분한 장례 관습으로 인해 사람들은 설명 불가능한 영적 세계에 이끌렸다. 교회의 넓은 품에 안기지 못한 사람들은 신비주의 종교에 빠졌다. 장미십자회(Rosicrucian, 14세기 신비주의자인 로젠크로이츠의 사상을 계승한 기독교 신비주의 단체. 장미와 십자가가 결합된 문양을 상징으로 썼다 : 옮긴이)가 독일에서 프랑스로 슬금슬금 들어왔고, 에스파냐에서는 일루미나티(Illuminati, 16세기 에스파냐에서 생겨난 기독교 신비주의 단체. '빛'을 받은 사람은 외적인 종교 규범이 필요 없다고 보았다 : 옮긴이)가 활개를 쳤다. 지식인들은 마법을 두려워했고, 서민들 사이에는 악마 숭배가 퍼졌다. 스코틀랜드 북부 황무지에서부터 지중해의 섬에까지 흑마술이 맹위를 떨쳐 사나운 켈트족뿐만 아니라, 억압 속에서 살아가는 러시아, 폴란드, 보헤미아 농민들을 복수심에 불타는 테러 상태에 빠뜨렸다. 심지어 지각 있는 독일 상인과 둔감한 켄트의 자작농도 흑마술에 빠졌다.

  미신을 더욱 조장한 것은 모든 기이한 일들을 즉각 기록하고 과장하는 팸플릿이었다. 지식인들도 자주 근거 없는 공포에 사로잡혔다. 뷔르템베르크의 어느 저명한 학자는 자기 형제의 죽음이 '강도나 유령'의 소행이라고 주장했다.7 안할트의 현명하고 냉철한 젊은 군주는 놀라거나 의심스러워하는 기색조차 전혀 없이 일기장에 유령을 보았노라고 썼다.8 브란덴부르크 선제후 가문은 죽음이 다가왔을 때 '흰옷을 입은 여인'이 나타나 경고해준다고 굳게 믿었다. 어느 시동이 쓸데없이 참견하자 그 여인이 그의 따귀를 때리고 너는 곧 죽을 것이라고 말했다는 이야기도 있었다.9 바이에른 공작은 아내가 아이를 낳지 못하자 불임의 저주에 걸렸다고 믿고 아내에게서 악령을 몰아내는 의식을 치렀다.10

  점성술을 과학처럼 숭상하는 것도 유행이었다. 케플러(Johannes Kepler, 1571~1630)는 농담과 분노가 뒤섞인 어조로, 천문학자가 하는 일은 천문학의 '모자라고 어린 딸'인 점성술의 어리석음을 바로잡아주는 것이라고 주장했다.11 그는 불안한 시대에 신앙을 추구하기보다 현실 세계의 구조와 전망을 모색한 소수의 예민한 사상가들 중 한 사람이었다. 16세기 후반에는 파도바, 바젤, 몽펠리에, 뷔르츠부르크에 해부학교가 세워졌다. 1603년 르마, 1619년 로스토크에서는 자연사 연구 단체를 설립하려는 시도가 있었다.12 코펜하겐의 젊은 계몽 군주는 덴마크의 모든 학교에서 물리학, 수학, 자연과학을 가르치라고 촉구했다. 하비(William Harvey, 1578~1657)가 혈액 순환을 발견한 뒤 불과 몇 년 사이에 의학이 크게 발전했으며, 지구가 태양의 주위를 돈다는 갈릴레오(Galileo Galilei, 1564~1642)의 주장으로 현실 세계의 연구도 혁명적으로 변화했다.

갈릴레오의 발견 이전에도 신앙과 과학의 대립은 어느 정도 인정되었다. 루터(Martin Luther, 1483~1546)는 '매춘부의 이성'을 강력히 부정했다. 철학과 과학, 합리적 사유는 계시된 신앙의 인도를 받는 한에서만 안전하다는 생각이 일반적이었다. 진리는 신의 직접적인 계시에서만 나올 수 있었다. 과학적 사실은 인간이 자신의 힘으로 만들어낸 증거에 바탕을 두고 있으므로 악마의 계산된 속임수일 수도 있었다. 인간 정신의 자연적 보수성은 교회가 새로운 견해에 반대하는 데 힘을 실어주었다. 인간은 의심스러운 것에 대한 원인이 아니라 확실성을 원했다. 그런데 과학적 발견은 매일 걸어다니는 땅덩어리와 늘 보는 신체에 대해 낯선 이론으로 설명하면서 당혹감을 안겨주었다. 그래서 인간은 종교의 확신에 더욱 열정적으로 매달렸다.

17세기 초만큼 교회가 강력해 보인 적은 일찍이 없었다. 하지만 그 뒤 불과 한 세대 만에 교회는 정치적 패권을 빼앗기고 말았다. 이미 1618년 당시에 교회의 몰락은 잠재되어 있었다. 근본적 문제는 계시적 신앙과 합리적 신앙의 대립이었으나, 이와 관련된 위기의식은 아직 교회를 단합시킬 만큼 고조되지는 않았다. 오히려 그 문제보다 덜 중요한 가톨릭과 신교의 문제가 크게 대두되면서 교회는 이미 내부 붕괴 상황에 처했다.

피상적으로는 유럽에 가톨릭과 신교, 이렇게 두 종교가 있는 듯 보였지만, 신교는 사실상 분열된 상태였기 때문에 종교적으로 유럽은 세 가지 적대적인 진영으로 갈라져 있었다. 종교개혁을 이끈 대표적인 지도자는 루터와 칼뱅(Jean Calvin, 1509~1564) 두 사람이었다. 이들의 교의(敎義)에 따라, 혹은 더 정확히 말하면 교의의 정치적 영향력에 따라 신교는 두 파로 분열되었는데, 두 지도자를 계승하려 했을 뿐 보완하려 하지는 않았다.

이성적이기보다는 감정을 앞세웠던 루터는 지배계급의 야망에 쉽사리 희생되었다. 세속 지배자들이 그의 교의를 환영한 이유는 교황의 간섭에서 벗어날 수 있었기 때문이다. 결국 홀로 서기에는 힘이 너무 약했던 새로운 교파는 이내 국가의 하수인이 되고 말았다. 종교적인 힘은 파괴되지 않았으나 세속 권력에 부분적으로 사로잡혔다. 하지만 새 교회는 군주들의 보호와 상인들의 인정을 받은 덕분에 부를 누렸고 교도들에게서 존경을 얻었다. 루터교를 비난하려는 것은 아니다. 인간은 아주 고상한 이유에서든 아주 천한 이유에서든 자신의 이익을 추구하게 마련이다. 게다가 군주들과 백성들은 그냥 냉소적인 태도로 루터교를 받아들인 것이 아니었다. 그들은 믿고 싶었기 때문에 확고히 믿었으며,

욕망이 아니라 믿음에 마음을 두었다. 그들 중에는 신앙을 위해 목숨을 바친 사람도 있었다.

교황이 처음에 신교를 거부한 것은 예상치 못한 방향에서 중대한 영향을 미쳤다. 세속 군주들이 즉각 신교의 입장을 수용해 종교 권력과의 해묵은 분쟁을 시작한 것이다. 신교 교회는 국가의 비호 아래 자리를 굳힌 뒤부터 새로운 종교적 반발을 거의 용인하지 않았지만, 어쨌든 그로 인해 가톨릭 그리스도교권의 통일성이 무너지고 신앙에 대한 자유로운 판단력을 행사할 수 있는 길이 열렸다.

신앙에 대한 루터의 문제 제기는 결국 사회의 특정 부문과 관련된 종교 문제만 해결한 셈이었다. 새로운 신앙이 탄생하자 대중의 불안이 완화되기는커녕 더 심화되었다. 또한 새로운 신앙도 곧바로 지배 권력의 정치적 목적에 이용되는 바람에, 가톨릭교회에 비해 종교적 우월함을 전혀 보여주지 못했다. 가톨릭교와 신교로 양분된 유럽은 루터의 작품이 아니라 다른 두 사람이 서로 적대적 진영에서 활동한 결과였다. 칼뱅은 1536년에 《그리스도교 강요(Christianae Religionis Institutio)》를 펴냈고, 이그나티우스 로욜라(Ignatius Loyola, 1491~1556)는 그에 앞서 2년 전에 예수회를 설립했다.

루터는 신앙을 인간의 근간이자 위안이라고 보았으며, 더 이상 침묵할 수 없었기에 사람들 앞에 나섰다. 그에 비해 칼뱅은 신앙을 신의 이성이 드러난 계시라고 보았으며, 성서에 나오는 신의 섭리이자, 인간의 물질적 욕구와 무관한 본래의 선한 행위라고 여겼다. 칼뱅교의 근본은 은총과 예정의 교리였다. 이에 따르면 각 개인이 장차 천국에 갈 것인지, 지옥에 갈 것인지 그 궁극적 운명은 전능한 신에 의해 예정되어 있다. 즉 인간은 태어나면서부터 신의 은총을 받았는지, 받지 못했는지가 결정되어 있다는 것이다.

이 엄격한 교리는 위안을 주지는 못했지만 교리상에서 루터교에 비해 한층 뛰어났다. 칼뱅교는 단지 새로운 신학일 뿐 아니라 새로운 정치 이론이기도 했다. 칼뱅은 장로회를 창설하고, 공동체의 도덕적 안녕과 목사들의 통제권을 평신도들에게 맡겼다. 신을 맨 위에 놓고 사제보다 공동체를 앞세우는 이 새로운 신정(神政)은 권위적이고 대의적인 원리와 공동체에 대한 개인의 책임 이론을 결합했다. 이런 조직과 교리가 확산되자 유럽의 군주 정부들은 나름의 정치 구조를 갖춘 종교의 도전을 받게 되었다.

르네상스 시대에 가톨릭교회가 마주했던 거센 문화 혁명을 주도한 사람들의 윤리는 조잡하고 생뚱맞았다. 당시 로마의 성직자들은 교황이 예술을 후원하는 데 유럽의 군주들보다 조금이라도 앞서야 한다는 알프스 너머 야만인들의 주장을 무시했다. 이제 더 강력해진 외부로부터의 공세에 대처하는 유일한 해법은 내부 개혁뿐이었다. 이 점에서 가톨릭교회는 아직 죽지 않았다는 것을 보여주었다.

내부 개혁의 첫 단계로 1524년 로마에서 테아티노 수도회가 창립되었다. 이 선구적인 수도회는 금욕을 내세우지는 않았으나, 구성원들은 순결·청빈·순명의 3대 서원을 했다. 그들은 세속 사제로서 명상과 공부를 하는 한편, 일반인들 사이에서 설교하고 일했다. 구성원의 자격은 귀족 가문 출신으로만 한정했으며, 창립자들은 수도회를 새로운 신앙의 힘으로 무장한 사제 훈련장으로 이용하고자 했다. 그런 탓에 사회적 영향력은 크지 않았다. 수도회의 신학교는 성직자를 위한 학교라기보다 장래의 교회 지도자를 양성하는 기관이었다. 이렇게 가톨릭의 반(反)종교개혁은 일선의 교구 사제들이 아니라 주교, 추기경, 교황을 끌어들였다.

1534년 예수회가 설립되면서부터 반종교개혁이 본격적으로 시작되었다. 예수회는 어떤 의미에서 대규모의 군대 조직과 같았다. 최종적인 형태를 보면, 고도로 훈련된 사람들이 서열화되어 상관에게 무조건 복종하고 총회장의 지휘를 받는 구조였다. 조직 방식도 기본적으로 군대나 다를 바 없었다. 가톨릭교회가 트리엔트 공의회를 통해 무장투쟁에 나섰을 때 그 전투력을 담당한 것이 바로 예수회였다. 예수회는 어떤 수단을 사용하든, 어떤 인적 희생을 치르든, 지구상의 어떤 곳이든 신앙의 전파를 최우선의 목적으로 삼았다. 예수회의 영향으로 에스파냐에서 처음 설치된 종교재판소는 이후 로마에도 세워져 이단을 색출하고 근절하는 강력한 도구가 되었다.

칼뱅교는 독일, 폴란드, 보헤미아, 오스트리아, 헝가리, 프랑스에 뿌리를 내렸다. 하지만 처음에 얻었던 성과를 유지할 만한 힘은 없었다. 신흥 종교는 예수회의 교리처럼 전통 속으로 깊이 파고들지 못했다. 게다가 예수회는 소명을 위해 선발된 인원들이었다. 칼뱅교는 널리 퍼지면서 중앙조직도 없이 여기저기 공동체들이 산재하는 이질적인 집단으로 변했다. 신흥 이단들 중 칼뱅교가 가장 활동적이고 강력하기는 했지만, 예수회가 로마교회를 위해 활약한 것만큼 신교 신앙을 옹호하고 전파하지는 못했다. 그들은 신교의 호전적 좌익을 형성했으며, 예수회는 가톨릭의 호전적 우익을 형성했다. 그러나 예수회는 비교적 통일적인 대의를 옹호한 반면 칼뱅교는 동료 신교도, 특히 루터파를 교황파보다도 더 혐오했다.

가톨릭교회 내부에서 예수회에 강력히 반대한 세력은 카푸치노 수도회뿐이었는데, 이 반대도 노골적인 증오보다는 경쟁의 형태를 취했다. 프란체스코 수도회의 개혁 분파인 카푸치노회는 예수회보다 몇 년 앞서 설립되었으나 반종교개혁의 노선에 확고한 영향을 미치는 데는 실패했다. 하지만 17세기 벽두에 그들은 선교의 열정에서 예수회에 크게 뒤지지 않았으며, 정치적 술책을 이해하는 데는 훨씬 더 앞섰다. 외교에 능한 그들은 힘센 가톨릭 군주들의 비공식적인 중재 역할을 맡았다. 그에 비해 예수회는 늘 실질적인 신앙의 전파와 젊은이들의 교육에 관심이 컸으며, 그 일에 만족했다. 만약 이 두 수도회가 함께 활동했다면 충분한 자원으로 이단에 맞서 가톨릭 그리스도교권을 통합할 수 있었을 것이다. 그러나 세월이 흐르는 동안 서로 간의 경쟁은 적대로 발전해, 유럽의 가톨릭 국가들 간의 관계를 가깝게 하기는커녕 더욱 멀어지게 만들었다. 예수회가 에스파냐와 오스트리아에서 세력을 떨치고, 카푸치노회가 프랑스를 근거지로 한 것은 의미심장한 사실이다.

이런 식으로 가톨릭교회에도 균열이 생겼다. 두드러져 보이지는 않았지만 실제로는 신교의 두 종파만큼이나 심각한 균열이었다. 로마교회와 이단 사이에 갈등이 일어나게 되면, 이해관계에 따라 양측 모두 파벌들의 구성이 크게 달라질 수밖에 없었다.

한편, 대립하는 종파들 간의 증오는 더욱 격화되었다. 자신이 사는 나라의 종교와 다른 종교를 가진 사람들은 늘 위험에 처했다. 폴란드의 신교 목사들은 언제 목숨을 잃을지 모르는 상황이었다. 보헤미아, 오스트리아, 바이에른에서는 가톨릭 사제들이 무장을 했다.[13] 여행자들도

위험하기는 마찬가지였다. 루체른과 슈바르츠발트에서는 신교 상인들이 체포되어 화형을 당했다.14

종교개혁 초기에 가톨릭 지배자들은 약점을 가진 탓에 신교 신민들에게 상당한 양보를 해야 했다. 그래서 적어도 공식적으로는 신교 국가 내의 가톨릭 공동체보다 가톨릭 국가 내의 신교 공동체가 더 많았다. 이탈리아와 에스파냐를 제외하고 거의 모든 가톨릭 국가들은 내부의 신교 공동체를 용인했다. 당연히 가톨릭 측은 점점 불만과 위기를 느꼈다. 반면에 신교 측은 자신들의 특권을 약간만 침해당해도 공식적으로 신교 정부를 통해 항의를 표출했다.

충돌의 가능성은 상존했다. 가톨릭은 전통이 더 오래되고 더 통합적인 신앙이었으므로 당연히 그 분쟁에서 승리해야 했다. 하지만 종교개혁 이후 불과 한 세기가 지난 시점에 가톨릭교회는 그리스도교권을 재통합한다는 꿈을 버렸다. 가톨릭이 재통합에 실패한 것은 단일한 원인으로 설명할 수는 없지만 한 가지 두드러진 원인은 있다. 교회의 운명이 오스트리아 왕실과 긴밀하게 얽히면서 왕실의 영토 욕심이 가톨릭교회를 옹호했어야 할 세력들을 분열시켰던 것이다.

4

1618년 당시 유럽의 최강자는 단연 합스부르크 왕조였다. 그들은 "오스트리아는 세계를 지배할 운명이다(Austriae est imperatura orbi universo)"라는 구호를 자랑스럽게 내세웠다. 당시 일반적인 유럽인들이 생각하던 세계의 범위 내에서 볼 때 그 구호는 근거 없는 허풍이 아니었다.

합스부르크 왕조는 오스트리아와 티롤, 슈타이어마르크(스티리아), 케른텐(카린티아), 카르니올라(크라인), 투르크가 장악한 지역을 제외한 헝가리 전역, 슐레지엔(실롱스크), 모라비아, 라우지츠(루사티아), 보헤미아를 소유하고 있었다. 서쪽으로는 부르고뉴, 저지대 지방(Low Countries, 오늘날 베네룩스 3국이 위치한 라인 강 하류 지역: 옮긴이), 알자스 일부까지 영토로 거느렸으며, 이탈리아에서는 밀라노 공국, 피날레와 피옴비노의 봉토, 이탈리아 반도 남부와 시칠리아, 사르데냐를 아우르는 나폴리 왕국이 합스부르크의 소유였다. 또한 에스파냐와 포르투갈 왕실도 합스부르크 가문으로, 신세계의 칠레, 페루, 브라질, 멕시코를 장악하고 있었다.

그들은 정복보다 정략결혼으로 강국을 일구었다. 하지만 통혼할 만한 상속녀가 없을 경우에는 가문 내의 통혼을 통해 유대를 강화했다. 그래서 군주들끼리 서로 장인이자 사위가 되고 처남이자 매부가 되는 등 인척관계가 이중 삼중으로 얽혔다.15

이와 같은 권력 집중은 주변 군주들의 질시를 부를 수도 있었다. 하지만 1618년 이전까지 반세기 동안 합스부르크 왕조는 두 가지 기조를 바탕으로 정책을 구사함으로써 경쟁자들의 적의를 무마시켰다. 합스부르크 군주들은 절대주의와 가톨릭교회에 대해 비타협적인 태도를 견지했다. 이 신념을 철저히 추구한 덕분에 외부 세계는 합스부르크 가문을 신뢰하게 되었다.

가문의 수장은 장자 혈통인 에스파냐 왕이었다. 그에 따라 합스부르크의 정책은 강력한 가톨릭 우익으로서, 이그나티우스와 예수회의 노선을 취했다. 가문의 이해관계가 에스파냐 왕의 이해관계에 종속되자 유럽에서 가장 오랜 불화가 부각되었다. 프랑스와 에스파냐의 지배자들은 서로 300년 동안이나 반목하고 있었다. 이제 에스파냐 왕이 합스부르크 가문의 수장으로서 이탈리아 전역, 라인 강 상류와 저지대 지방을 장악하게 되자 프랑스는 사방에서 위협을 받게 되었다.

16세기 말에 에스파냐 왕이 프랑스의 왕권을 통제하기 위해 프랑스의 내정에 지속적으로 개입한 것은 불에 기름을 부은 격이었다. 하지만 그 시도는 실패로 돌아가고, 나바라의 앙리(Henri IV, 1553~1610)가 프랑스 왕위에 올라 새로운 부르봉 왕조를 열었다. 1610년 경쟁을 재개할 준비를 갖추었을 무렵 앙리는 암살되고 말았다. 뒤이어 들어선 프랑스의 섭정 정부는 그의 계획을 실행할 만한 힘이 없었다. 결국 프랑스는 에스파냐와 강화를 맺고, 소년 왕 루이 13세는 에스파냐 공주와 결혼했다. 이 일시적이고 불안정한 우호는 부르봉과 합스부르크의 잠재된 적대를 은폐했을 뿐 변화시키지는 못했다. 이것은 당시 유럽 상황에서 가장 중요한 변수였다.

당면한 문제는 네덜란드의 반란이었다. 네덜란드 북부의 신교 지역은 네덜란드 연방을 형성해 에스파냐의 펠리페 2세(Felipe II, 1527~1598)에게 반기를 들었다. 40년간의 전쟁 끝에 1609년 그들은 다음 왕인 펠리페 3세(Felipe III, 1578~1621)와 강화 조약을 맺고 독립과 향후 12년 동안의 휴전을 얻어냈다. 하지만 네덜란드 지역은 포기하기에 너무도 중요했으므로 에스파냐 정부는 휴전 기간을 평화의 서곡으로 여기지 않고 반란을 최종적으로 진압하기 위한 준비 기간으로 활용했다. 1621년 휴전이 끝나자 곧바로 유럽의 위기가 심화되었다. 모든 신교 군주들은 자유 공화국의 소멸을 막고 합스부르크 왕조와 가톨릭교회의 승리를 저지하기 위해 나섰다.

부르봉과 합스부르크의 숨겨진 적의, 에스파냐 왕의 임박한 네덜란드 공격, 이 두 요인이 1618년 유럽 정치인들의 행동을 지배했다.

유럽 정치인들에게 에스파냐는 수수께끼였다. 그들은 끊임없이 에스파냐의 약점을 이야기하면서, 동시에 늘 그 힘을 경계했다. "그 정부는 나날이 약해진다. …… 점점 더 뚜렷하게 보인다. 그 나라의 현명한 사람이라면 기꺼이 그 점을 인정하고 한탄할 것이다. …… 그들은 게으르기 짝이 없어 국가 중대사를 제대로 돌보지 않는다. …… 그러니 전 세계를 향해 문이 활짝 열려 있을 수밖에 없다." 1605년 초 어느 영국인이 한 말인데, 네덜란드와 이탈리아에서 온 여행자들도 그의 견해에 동감했다.16 그러나 영국 왕은 에스파냐와의 동맹을 집요하게 추구했다. 독일의 팸플릿 저자들은 에스파냐를 성직자들이 판치는 쇠락한 나라라고 꼬집으면서도, 동시에 그 쇠락한 에스파냐가 육성한 라인 강변의 대군과 비밀 요새를 자랑스럽게 이야기했다.17

진실은 그 중간이었다. 에스파냐에서 시작된 경제적 쇠퇴는 점차 가속되었고, 인구도 특히 카스티야의 경우 크게 감소했다. 정부의 경제 정책은 공업과 농업에서 두루 비효율적이었고, 재정 정책은 전무했다. 지난 수십 년간 왕실 경비가 너무 늘어난 탓에 세금의 상당 부분이 왕실 금고를 거치지 않고 곧바로 왕실 채권자에게로 넘어갔다. 1607년 정부는 50년 동안 벌써 네 번째로 채무 이행을 거부했으나 가장 짧은 유예기간을 확보하는 데 그쳤다. 성직자에게 재정 부담을 면제해준 결과 중간층과 농민의 압박이 더 심해졌고, 경제 회복의 가능성은 더 희박해졌다. 그러나 비록 쇠퇴하는 중이라 해도 에스파냐는 역시 작은 나라들이 상대할 수 없는 대국이었다. 영국은 에스파냐보다 더 번영했으나 국력은 1/4에 불과했고, 프랑스는 에스파냐 같은 대국을 상대해야 하는 위기를 맞았을 때 가용 자원을 전부 동원할 능력이 없었다. 쇠약해진 에스파냐 정부가 믿는 것은 네 가지였다. 신세계에서 오는 은과 북이탈리아에서의 병력 충원, 네덜란드 남부의 충성심, 제노바 군인 암브로조 스피놀라(Ambrogio Spinola, 1569~1630)였다.[18] 유럽 최고를 자랑하는 군대의 급료로 사용할 페루의 금과 은은 아직 남아 있었다.[19] 플랑드르에 주둔한 에스파냐 군대는 네덜란드를 재정복할 참이었다. 번영하는 네덜란드 북부를 탈환한다면 에스파냐 제국 전체의 경제 회복도 가능할 터였다.

에스파냐 군대의 기지가 있는 네덜란드 남부 지역은 1609년 북부와 전쟁을 벌인 뒤 타격을 입고 점점 에스파냐에 의존하게 되었다. 그로 인해 어쨌거나 네덜란드 남부는 번영을 맞이했다. 펠리페 2세의 딸인 이사벨(Isabel Clara Eugenia, 1566~1633) 공주가 사촌인 알브레히트(Albrecht VII, 1559~1621) 대공과 결혼할 때 가져온 지참금에 힘입어 남부 지역은 대공이 죽을 때까지 형식적으로 독립을 유지했다. 하지만 대공 부부가 후사를 두지 못한 탓에 네덜란드 남부는 에스파냐 왕실의 휘하로 복귀할 운명이었다. 비록 부부는 현지 출신의 관리들을 임용하고 국가적 자존심을 유지하려 애썼지만, 결국에는 상속자가 될 에스파냐 왕에게 맞춰 정책을 펼칠 수밖에 없었다.[20]

적극적이고, 관대하고, 자비롭고, 정의로운 부부는 오랫동안 국민들을 위해 헌신했으며, 대대적인 종교 부흥으로 국민들의 생활에 활기를 주고 그들을 통합시켰다. 지적이고 풍요한 궁정의 분위기 덕분에 당시 에스파냐령 네덜란드의 수도였던 브뤼셀은 유럽 예술의 중심지로 발돋움했다. 군대도 좋은 훈련과 대우를 받으면서 일시적으로나마 전국에 걸쳐 경제 활동에 상당한 도움이 되었다. 인자한 기품을 가진 이사벨 대공비는 백성들의 큰 사랑을 받았다.21 그녀의 인기는 곧 정부의 인기였다. 그렇듯 활기찬 분위기와 독립을 누리는 동안 네덜란드 남부 국민들에게 미래가 없다는 사실은 은폐되었다.

네덜란드의 남부와 북부를 가르는 경계는 자의적인 선이었다. 단지 네덜란드인이 유지할 수 있는 최선의 방어선에 불과했다. 종교나 언어의 차이에 따른 분리와는 무관하다는 점에서 이 경계선 자체가 잠재된 갈등을 상징하고 있었다. 경계선 남쪽의 플랑드르와 브라반트에서는 네덜란드어를 썼다. 북쪽의 홀란트, 젤란트, 위트레흐트에도 가톨릭교도들이 있었고, 남쪽에도 신교도들이 있었다.22 휴전은 민족이나 신앙의 문제를 전혀 해결하지 못했으며, 공격에 대한 부담은 제거했어도 반란 세력이 다시 규합할 가능성을 완전히 없애지는 못했다.

남쪽의 에스파냐령 네덜란드는 내적 약점을 안고 있었으나 그래도 국민의 지지를 받는 강력한 정부 아래 결집되었다. 하지만 연방을 구성한 북쪽의 7개 주는 연방의 이점을 알면서도 저마다 특권을 요구했다. 게다가 가톨릭 소수파는 비밀리에 3개 주에서 위협적으로 성장하고 있었으며, 신교 세력은 서로 적대적인 두 파벌로 분열되어 있었다. 유일한 통합 요소는 침묵공 빌렘의 아들인 오라녜 공 마우리츠(Maurits van Oranje, 1567~1625)가 만들어냈다. 그는 군대의 지휘자이자, 7개 주 가운데 5개 주의 스타드호우데르(stadhouder, 15~18세기 네덜란드의 최고 행정관. 선출직이었다가 나중에는 세습직이 되었으나 1795년 네덜란드가 공화국으로 바뀌면서 사라졌다 : 옮긴이)였다. 그런 만큼 그에게는 적이 없지 않았다. 정적들은 그가 왕위에 야심이 있다고 의심했으며, 나라가 합스부르크의 독재를 피하려다가 오라녜 가문의 수중에 들어가게 될지 모른다고 우려했다. 신교 국민들을 분열시킨 두 종파는 각각 마우리츠 공을 지지하는 세력과 반대하는 세력과 대략 일치했다. 조만간 충돌이 벌어질 것은 명백했다.

내적 위험은 외적 위협으로 더욱 고조되었다. 네덜란드의 무역이 비약적으로 성장하자 한때 굳은 동맹관계였던 영국이 반발하고, 덴마크와 스웨덴도 뒤를 이었다. 농토의 대부분이 낙농에 투입되어 있었으므로 연방은 곡식은 폴란드와 덴마크에, 목재는 노르웨이에 의존했다. 나라의 경제력이 도시의 몇몇 성공한 기업들에게 몰리면서 국민들 대다수는 빈곤에 시달리고 불만이 가득했다.

북방의 3대 열강 중 가장 중요한 국가인 영국은 1618년 당시 제 코가 석 자인지라 유럽의 사태에 간섭할 여유가 없었다. 영국의 지배계급은 신교 성향이 워낙 강한 데다가 절대주의를 철저히 반대했기 때문에 에스파냐와 동맹을 맺을 수 없었다. 또한 경제적 우려 때문에 네덜란드를 지원하기도 어려운 처지였다.

반면, 북방의 다른 두 강국인 스웨덴과 덴마크, 그리고 덴마크의 속국인 노르웨이는 침묵하려 하지 않았다. 두 나라는 루터파였다. 두 나라 모두 왕실의 중앙권력이 야심찬 귀족들의 간섭을 받았는데, 마침 걸출한 군주가 등장해 상인계급의 지원으로 귀족 세력을 억누르려 하고 있었다. 두 군주 가운데 스웨덴의 젊은 왕 구스타프 2세 아돌프(Gustav II

Adolf, 1594~1632)가 더 큰 성공을 거둘 가능성이 높았다. 그의 아버지가 이미 귀족 세력을 어느 정도 제압해놓은 데다, 그는 러시아의 차르를 격파해 국내 상인들에게 남쪽 발트 해의 중요한 세력권을 확보해주었기 때문이다. 그 반면 덴마크의 크리스티안 4세(Christian IV, 1577~1648)는 발트 해의 통로가 되는 해협을 장악하고 지나는 모든 선박에게서 통행료를 챙겨 왕실의 권력을 크게 강화했다. 게다가 그는 홀슈타인의 대영주로서 북독일에 중요한 발판을 갖고 있었다.

또 다른 북방의 세력도 있었다. 바로 한자동맹(Hansa)이었다. 과거에 무역항들의 중요한 연합체였던 한자동맹은 번영하는 소속 도시들이 동맹의 통제에서 빠져나가면서 점차 힘을 잃고 있었다.

덴마크, 스웨덴, 한자동맹은 모두 서로를 질시하면서, 네덜란드와도 경쟁하는 관계였다. 일시적으로는 동맹을 맺을 수도 있었지만 공동으로 합스부르크에 대적하기란 불가능했다.

발트 해의 또 다른 나라인 폴란드는 북유럽과 중부 유럽 양측과 모두 연계를 맺고 있었다. 폴란드는 동쪽으로 러시아와 투르크, 남쪽으로 합스부르크 왕조의 영토인 슐레지엔, 헝가리와 접하고 있었으므로 폴란드 왕 지그문트 3세(Zygmunt III, 1566~1632)는 북쪽과 남쪽의 왕조들과 두루 관계를 맺었다. 스웨덴 왕 요한 3세(Johan III, 1537~1592)의 아들인 그는 스웨덴 왕위를 물려받았으나 종교 때문에 스웨덴을 잃었다. 독실한 가톨릭교도로 예수회에 속한 그의 신앙과 정책 —그는 신교가 지배하는 폴란드 의회와 정면으로 대립했다— 은 합스부르크와 동맹을 맺는 쪽으로 기울고 있었다. 그는 이미 두 차례나 합스부르크 가문에서 아내를 맞아들였다.

이렇게 북방의 왕국들이 분열된 상황에서 폴란드의 지그문트는 사태를 예의주시했다. 네덜란드는 내분이 심하고 국민들이 지배자를 신뢰하지 않았다. 에스파냐 왕은 휴전 기간이 끝나면 곧바로 네덜란드를 정복하려 들 게 뻔했다. 그럴 경우 그 사이에 위치한 프랑스는 북동부의 합스부르크 영토를 탈환하려 할 가능성이 높았다. 따라서 프랑스 정부는 누구보다도 네덜란드의 몰락을 막으려 애쓸 터였다.

1618년경 프랑스는 종교 전쟁의 상처를 치유하고 영국, 독일, 이탈리아, 에스파냐에 포도주와 곡물을 수출해 상당한 부를 축적한 상태였다. 남부 항구들은 베네치아, 제노바와 경쟁하면서 레반트 무역(레반트는 동부 지중해를 가리키는 고대의 명칭인데, 동방의 물자가 시리아 해안까지 육로로 수송되면 여기서 북이탈리아 상인들이 유럽으로 가져가 큰 수익을 올렸다: 옮긴이)에 뛰어들어 유럽 굴지의 설탕, 비단, 향료 시장을 형성하고 있었다. 수입과 수출 관세로 왕실 재정이 풍부해지자 왕권도 강화되었다. 한편, 경제가 번성해지자 무역과 농업에 종사하는 국민들은 더 이상 고분고분하지 않았고, 지주인 귀족들의 비판적이고 반항적인 태도도 더욱 심해졌다. 그사이 상당한 규모로 특권층을 이루고 있던 신교 소수파는 가톨릭 정부에 반대하고 외국 열강의 간섭을 환영했다. 이와 같은 내적 위험이 상존하는 가운데 외적 위험이 더해졌다. 에스파냐와 오스트리아의 외교관들이 사보이와 로렌 같은 변방 주의 지배자들과 수시로 접촉하면서 프랑스를 어느 쪽에서 공략하는 게 좋을지 저울질하고 있었던 것이다.

그러나 프랑스 정부에게는 중요한 잠재적 동맹이 있었다. 가톨릭 그리스도교권의 수장으로서 교황은 당연히 합스부르크 왕조의 호전적인 가톨릭 종교 정책을 환영해야 했지만, 이탈리아의 지배자라는 입장에서 그는 에스파냐가 이탈리아와 유럽 전역에 세력을 구축하는 것이 별로 달갑지 않았다. 따라서 교황이 에스파냐의 경쟁자인 프랑스를 지지하게 되는 건 자연스러운 일이었다. 가톨릭 세력을 대표하는 두 강국의 경쟁으로 유럽의 종교 진영이 갈리게 되었으니, 교황의 최대 임무는 당연히 두 나라의 분쟁을 화해시키고 가톨릭 세계를 내적으로 통합하는 것이었다. 그러나 교황에게는 그럴 만한 종교적 권위도, 정치적 방책도 없었다. 오히려 바티칸은 점점 합스부르크에서 멀어져 부르봉 쪽으로 다가갔다.

이따금 프랑스 정부도 사보이 공작이나 베네치아 공화국과의 동맹을 주도했다. 둘 다 중요한 상대였다. 프랑스에서 이탈리아로 가는 알프스의 고개들을 장악하고 있던 사보이 공작 카를로 에마누엘레 1세(Carlo Emanuele I, 1562~1630)는 합스부르크와 부르봉 양측의 열렬한 구애를 받았다. 그는 성향으로 보면 부르봉 쪽이었으나 겁이 많은 탓에 마지못해 합스부르크에게 굴복했다. 그 반면 베네치아 공화국의 영토는 발텔리나와 45킬로미터나 국경을 맞대고 있었다. 발텔리나 계곡은 합스부르크 제국 전체에서 아주 중대한 축이었다. 이곳을 통해 북이탈리아에서 인력과 돈이 라인 강과 인 강 상류까지 전달되고, 거기서 다시 오스트리아나 네덜란드로 전해졌다. 합스부르크 제국은 에스파냐의 돈과 군대로 유지되었으므로 발텔리나가 차단되면 제국이 붕괴될 판이었다. 따라서 베네치아 공화국이 합스부르크 왕조에 강력히 맞선 것은 당연했다. 슈타이어마르크 대공(후일의 독일 황제 페르디난트 2세)과 에스파냐 왕이 베네치아에게 역공을 당하기 전에 먼저 베네치아를 타도하려 했던 것도 마찬가지 이유에서였다.

에스파냐는 단독으로 발텔리나를 장악하려 했으나 인근의 스위스 연방과 적대하는 것은 적지 않은 부담이었다. 그리종 혹은 그라우뷘덴(회색동맹)이라 불리던 스위스의 주들이 계곡의 북쪽 사면과 접경해 있었던 것이다. 에스파냐는 그리종에 지지 세력을 구축하는 것으로 만족했다. 곧이어 프랑스도 그대로 따랐다. 이 계곡은 합스부르크 왕조의 방어망 가운데 가장 취약한 곳으로, 이곳을 차지하면 그 자체로도 가치가 있을 뿐 아니라 향후 20년간 정치에 큰 도움이 될 터였다.

에스파냐에서 폴란드까지, 프랑스에서 스웨덴령 핀란드의 동쪽 경계와 발트 해의 동결항(凍結港)들까지 유럽 정치의 주요 무대는 독일이었다. 독일 지역에는 독립 소국들의 방대한 집단이 신성로마제국이라는 명칭으로 뭉쳐 중부 유럽의 지리적·정치적 중심을 이루고 있었다. 합스부르크 왕조와 부르봉 왕조의 경쟁, 에스파냐 왕과 네덜란드의 경쟁, 가톨릭과 신교의 경쟁에서 독일의 역할은 대단히 중요했다. 각국 정부는 그 점을 깨닫고 저마다 이 분열된 나라에서 세력을 구축하기 위해 애썼다.

에스파냐 왕은 군대와 돈을 북이탈리아에서 네덜란드로 쉽게 수송하려면 라인 강이 필요했다. 프랑스 왕과 네덜란드도 에스파냐의 물자를 차단하기 위해 라인 강 주변의 동맹 세력이 필요했다. 또 스웨덴 왕과 덴마크 왕은 발트 해 연안에 동맹 세력을 구축해 서로 다투었고, 폴란드 왕이나 네덜란드와도 싸웠다. 교황은 독일에 합스부르크 황제에 반대하는 가톨릭 세력을 형성하고자 했으며, 사보이 공작은 황제로 선출되기 위한 공작을 꾸몄다.

로마, 밀라노, 바르샤바, 마드리드, 브뤼셀, 헤이그, 파리, 런던, 스톡홀름, 코펜하겐, 토리노, 베네치아, 베른, 취리히, 쿠어 등 각지의 관심은 온통 제국에 쏠려 있었다. 최대 현안은 합스부르크 왕조와 부르봉 왕조의 관계였고, 곧장 터질 것으로 예상되는 사건은 에스파냐 왕과 북부 네덜란드 공화파의 다툼이었다. 그러나 실제로 전쟁을 몰고 온 것은 프라하에서 일어난 반란과 라인 지역 군주의 행동이었다. 그 이유를 알려면 독일의 지리와 정치를 반드시 이해해야 한다.

5

독일의 불행을 초래한 원인은 첫째는 지리적 특성이고, 둘째는 정치적 전통이었다. 아주 오래전부터 독일은 나라라기보다 수많은 부족과 군대가 오가는 통로였다. 그러한 이동의 물결이 멈춘 뒤에도 유럽 상인들은 고대의 습관을 버리지 않았다.

독일에는 프랑크푸르트암마인, 프랑크푸르트안데어오데르, 라이프치히, 뉘른베르크, 아우크스부르크 등 대규모 물자 집산지를 잇는 교차로가 많았다. 서인도의 설탕은 함부르크의 정제소로 모였고, 러시아의 모피는 라이프치히, 절인 생선은 뤼베크에 집산되었다. 동방의 비단과 향료는 아우크스부르크를 거쳐 베네치아에 모였으며, 구리, 소금, 철, 사암, 곡식은 엘베 강과 오데르 강으로 수송되었다. 에스파냐와 영국의 양모는 독일에서 직조되어 유럽 시장에서 에스파냐와 영국의 직물과 경쟁했고, 무적함대를 건조할 목재는 단치히(그단스크)에서 선적되었다. 상인들과 여행자들의 끊임없는 왕래는 독일의 발전에 다른 어떤 단일한 요인보다 더 지대한 영향을 미쳤다. 상업은 독일의 존재 근거였으며, 독일에는 유럽의 어느 나라보다 도시들이 조밀하게 발달했다. 독일 문명은 소도시를 중심으로 발달했으나, 상인들이 활발하게 활동하고 외국인들이 라이프치히와 프랑크푸르트의 시장으로 모여든 덕분에 독일인들의 관심은 일찍부터 나라 밖으로 쏠렸다.

독일의 정치적 전통은 지리적 가능성에서 비롯된 발전을 강조했다. 원래 샤를마뉴(Charlemagne, 742?~814, 프랑스와 독일의 공동 건국자에 해당하는 프랑크의 왕: 옮긴이)가 부활시킨 로마제국은 유명무실한 제국이 아니었다. 그는 라인 강과 알프스 양측 지역에까지 이르는 광대한 영토를 다스렸다. 그러나 황제 직위가 작센 왕계로 넘어가면서 제국의 영토는 독일 전역과 프랑스와 이탈리아의 일부 지역에 국한되었고, '로마제국'이라는 명칭도 그 의미가 퇴색되었다. 제국 영역에 대한 고전적·중세적 관념과 이론들이 실제 상황과 충돌을 빚으면서 15세기경에 '신성로마제국'이라는 명칭에 '독일 민족의'라는 변명조의 수식어가 추가되기에 이르렀다. 하지만 뒤늦게 독일을 강조해봤자 아무 소용이 없었다. 독일 지배자들은 고전적 전통과 권력욕을 좇아 이탈리아 정복에 눈길을 두었다. 독일이라는 국가는 불행하게도 애초부터 신성로마제국 속에 깊이 잠겨 있었던 것이다.

독일 지배자들은 보편적인 권력의 환영을 좇은 나머지 국가 권력을 장악할 기회를 잃었다. 그래서 독일의 봉건제는 중앙정부에 흡수되지 않고 완전히 분해되어버렸다. 중앙정부의 관행과 약점은 작은 정치 단위들이 전체에 통합되는 대신 자립을 택하게 만들었다. 심지어 어느 황제는 자신이 '왕 중의 왕'(예수를 가리키는 표현: 옮긴이)이라는 신성모

독적인 농담을 하기도 했다.23 외국 지배자들도 제국 내에 봉토를 소유했다. 이를테면 덴마크 왕은 홀슈타인의 공작이었으며, '부르고뉴 지구'라고 알려진 제국 영역 내의 산재한 넓은 영지들은 에스파냐 왕의 지배 아래 사실상 독립을 누렸다. 브란덴부르크 선제후는 황제의 직속 가신이었으나 제국 외부에 토지를 보유하고 황제의 권력으로부터 벗어나 있었다. 이런 체제는 이미 오래전부터 일반적인 국가의 개념으로 포괄될 수 없었다.

합스부르크가 오랜 왕위 계승을 거쳐 제위까지 차지한 것은 위험을 크게 심화시켰다. 상속 토지에 대해 막강한 권력을 가진 그들은 하위 군주들을 통솔하는 게 아니라 협박했다. 그렇잖아도 중앙집권화를 한사코 거부하는 군주들이었으니 합스부르크 같은 강력한 왕조에 반대하는 것은 당연했다. 에스파냐 왕위와 제위가 결합된 것은 최종적인 재앙이었다. 황제가 에스파냐 왕에게서 지원을 얻어 자신의 권위에 저항하는 군주들을 억압하자 군주들은 에스파냐의 적, 특히 프랑스 왕에게 도움을 호소했다. 독일 군주들은 조금씩 독일을 외국 경쟁자들의 전장으로 내주기 시작했다.

한편, 내부의 분열은 점점 더 심화되었다. 세기가 바뀔 때까지도—헤센-카셀의 경우 1628년까지—제국에서는 장자상속제가 확립되지 않았다. 군주들은 아들들에게 땅을 나눠주고 독립적인 권리를 부여했다.24 그래서 한 지역에 대여섯 개의 소국들이 흥기하기도 했다. 이 나라들은 제각기 독립을 누리며 작은 도시 구역을 중심지로 삼았다. 군주의 수도와 궁궐이 겨우 왕실 사냥터를 갖춘 마을 하나에 불과한 경우도 많았다. 이런 지역들은 대개 자체의 명칭과 더불어 본국의 명칭을 병기했으므로 제국의 지명에는 헤센-카셀, 헤센-다름슈타트, 바덴-바덴, 바덴-두를라흐 등 여러 지명이 중첩된 것이 많았다. 선제후령 팔츠(Pfalz, 선제후의 영지: 옮긴이), 즉 라인팔츠에서 갈라져 나온 츠바이브뤼켄, 노이베르크, 침메른, 줄츠바흐 같은 공국들도 마찬가지 경우였다. 또한 영국의 에식스보다 약간 큰 안할트 같은 작은 나라에도 1618년에 체르프스트, 데사우, 베른부르크, 쾨텐의 네 공국이 있었다.

이러한 군주국들 사이에 크고 작은 자유시들이 산재해 있었다. 이 도시들은 황제 이외에 누구의 간섭도 받지 않았다. 뉘른베르크나 울름처럼 한 지역 전체를 차지한 도시들이 있는가 하면, 노르트하우젠이나 베츨라르처럼 작은 과수원과 정원 주변에 성벽을 두른 정도의 도시들도 있었다. 심지어 독립 촌락도 있었다. 이렇게 혼란스러운 편제 속에서도 교회, 수도원, 군주-주교구는 독자적인 권리를 누렸다. 그 구성도 뮌스터와 같이 조밀한 곳에서부터 프라이징과 같이 영지가 100킬로미터 이상 넓게 뻗은 곳까지 다양했다.

그밖에도 사소한 개별 정부들이 무수히 많았다. 독립 기사와 백작도 독자적으로 나라를 선포할 수 있었다. 예를 들어 괴츠 폰 베를리힝겐(Götz von Berlichingen, 1480~1562, 여러 군주들 밑에서 장군으로 활약했고 농민 반란을 이끌기도 한, '중세 최후의 기사' 같은 인물: 옮긴이)은 "신, 황제, 그리고 나 자신에게만 복종한다"라고 선언했다. 이런 군주들 가운데 어느 정도의 재산과 토지를 갖고서 독립을 내세운 사람들은 200명쯤이었고, 경제적 위치가 영국의 젠트리에 불과한 사람들은 2천 명이나 되었다. 2,100만 명의 인구[25]가 2천여 개에 달하는 독자적인 정부의 지배를 받은 셈이다. 황제 휘하의 하위 귀족, 기사, 독립 소작인은 각자 자신의 터전에서 이리저리 동맹을 맺거나, 주변 지역의 강력한 지배자와 연계를 맺었다. 하지만 그런 편제까지 감안한다 해도 독일에는 서로 다투는 정부들이 300개가 넘었다.

제국 정부의 구조로 그런 상황을 통제하기란 불가능했다. 원칙적으로 황제는 모든 독립 지배자들을 불러 제국의회를 개최해, 자신의 구상을 포고하고 동의를 얻어 법을 제정할 수 있었다. 일반적인 법이나 세금은 제국의회에서 통과되지 않으면 실효성이 없었다. 하지만 의회가 소집될 때마다 늘 서열과 투표권을 놓고 소모적인 논쟁이 벌어졌다. 한 지역을 여러 군주가 나눠 가지고 있을 경우에는 의회에서 몇 표를 행사할 수 있는지가 불확실했다. 예컨대 브라운슈바이크의 네 구역은 다 합쳐 두 표를 행사했으나, 역시 넷으로 쪼개진 안할트의 대표들은 한 표를 공유해야 했다.26 영토 분할을 놓고 분쟁이 발생했을 때도 경쟁자들은 당연히 동등한 권리를 요구했다. 이럴 경우 의회 내에서는 불만이 표출되고 밖에서는 유혈 사태가 일어났다.

기본적으로 제국의회는 자문 기구로, 투표권은 고위 군주와 성직자에게만 주어졌다. 그래서 소수의 군주들이 다수의 투표권을 장악하고 동료들과 하위 군주들을 가차 없이 짓밟았다. 당연히 일부 군주들은 자신이 직접 동의하지 않은 결정에는 따르지 않겠다고 주장했다. 이런 문제 때문에 의회는 제국 전체의 입법 기구라는 기능을 전혀 수행하지 못했다. 만약 황제가 독일을 실질적으로 통치하고 싶다면 다른 입법 수단을 찾아야 했다. 결국 황제는 포고령에 의한 통치를 선택해, 왕조의 위신이 통하는 곳에서 명령을 강제로 집행했다. 그런 통치가 일상화되었지만, 황제가 의회와 무관하게 전횡을 한다는 비난은 온당치 않았다. 의회에 바탕을 둔 통치는 사실상 불가능했으니까.

 황제는 의회에 구속되지 않을 수는 있었지만, 선제후단의 통제에서는 벗어날 수 없었다. 황제가 사망했을 경우 대개 다음 황제는 혈통에 따라 이미 정해져 있었으나, 그래도 선제후들에 의해 황제 선출 의식이 엄격하게 진행되었다. 선제후 일곱 명은 제국의 진정한 통치자였다. 그들이 아니면 황제가 선출될 수 없었고, 그들의 동의 없이는 의회도 소집될 수 없었다. 선제후 의장은 황제조차 모르게 회의를 소집할 수 있었으며, 거기서 반포된 명령은 황제의 승인 없이도 구속력을 가졌다. 선제후단의 또 한 가지 특징은 합스부르크 왕조의 통제에서 완전히 벗어나 있었다는 점이다. 선제후는 모두 일곱 명이었으나 정규 회의에는 여섯 명만 참여할 수 있었다. 선제후 가운데 한 명인 보헤미아 왕은 제국의 군주가 아니라 이웃의 독립 군주였기 때문에, 황제를 선출하는 데는 표를 행사했어도 제국의 대소사를 처리하는 자리에는 참여하지 못했다. 제위는 오래전부터 합스부르크 왕조의 몫이었다. 그래서 합스부르크는 항상 황제 선출에서 유리한 입장이었으나 일단 제위에 오른 뒤에는 선제후단의 결정을 통제할 수 없었다. 황제는 세금을 신설하거나 낡은 세금제도를 개혁할 때, 토지를 처분하거나 몰수할 때, 동맹을 맺거나 전쟁을 선포할 때 반드시 의회를 소집해서 논의해야 했으며, 독자적인 결정권을 행사할 수 없었다.

 입법만이 아니라 재정과 군사 조직도 황제가 거의 관장하지 못했다. 행정상으로 제국은 10개 지구로 나뉘었고, 각 지구마다 지역 의회와 선출된 의장이 있었다. 한 지구가 외부의 공격을 받을 경우 의장은 인근의 두 지구에 지원을 요청할 수 있으며, 셋이 힘을 합쳐도 방어하지 못하면 다시 두 지구를 더 끌어들일 수 있었다. 그래도 상황이 나아지지 않을 경우에는 다섯 지구가 마인츠 선제후에게 의회 소집을 부탁해 프랑크푸르트에서 의회의 주요 성원들이 모여 제국대표자회의(Deputationstag)를 열었다. 여기서 공격당한 지구를 지원하자는 결정이 내려지면 황제에게 제국의회의 소집을 요청했다. 이와 같은 거추장스러운 절차 때문에 제국의 절반이 전란에 휘말릴 때까지 황제에게 보고가 이루어지지 않는 경우도 있었다.

이렇게 여러 지구로 나뉘어 있던 탓에 중앙권력의 힘이 약화되고 조직상의 문제도 해결되지 못했다. 각 지구와 소속 의원들의 관계도 불확실했으므로 혼란이 끊이지 않았다. 자연히 각 지구의 방어 문제와 통화 체계, 평화 유지의 책임을 놓고 자주 다툼이 벌어졌다. 게다가 각 지구의 의장은 원칙적으로는 제국의 관리로서 그 임무에 충실해야 했으나, 실제로는 지역 군주들 가운데 가장 힘센 군주가 맡아 자신의 개인적 견해에 따라 정책을 구사하는 경우가 많았다. 따라서 황제의 칙령도 쉽게 무시되었으며, 아무도 지구 의장의 뜻을 거스르지 못했다. 의장의 직책은 지배 군주가 이미 가진 권력을 더 증강시켜줄 따름이었다.

그나마 황제가 어느 정도 개입할 수 있는 분야는 사법이었으나, 여기서도 개입의 폭은 크지 않았다. 대개 지역 군주가 최종적인 심판권을 행사하는 경우가 많았고, 그런 사건 외에 지역 법원에서 올라온 모든 항소건을 제국대법원(Reichskammergericht)에서 처리했다. 특권을 가진 지배자가 판결을 거부하거나 연기할 경우에는 제국대법원이 사건을 맡았지만, 이것도 군주의 힘이 약하고 중앙권력이 지역으로부터 강력한 지지를 받을 때만 가능했다. 그밖에 제국대법원에 제출되는 사건은 황제의 직속 가신들 간에 분쟁이 벌어지거나 무력으로 평화가 침해된 경우였다. 군사 분쟁이 일어났을 때 황제는 제국군을 파견해 반란을 진압할 권리를 갖고 있었다.

제국대법원은 스물네 명의 재판관과 대법원장 한 명으로 구성되었다. 합스부르크 가문이 황제, 오스트리아 대공, 부르고뉴 공작과 함께 여섯 석을 차지했고, 나머지 열여덟 석은 각 지구를 다스리는 군주와 의장들의 몫이었다. 선제후 한 명, 군주 두 명, 독립 백작 한 명, 고위 성직자 한 명, 자유시의 대표, 마인츠 선제후와 황제의 전권대사가 매년 한 차례 회의를 열어 제국대법원의 판결을 검토하고 독일의 성문법에 포함시켰다. 하지만 1608년 신교 대법원장이 선출되자 가톨릭 재판관들은 대법원장의 재판권을 거부했다. 이후 그 해결 불가능한 문제가 해결될 때까지 일체의 사법 절차가 중단되었다.

사법 기능의 중단은 황제의 권력을 강화시켰다. 황제는 지배 군주의 계승이나 상속에 관한 분쟁이 벌어질 경우 제국대법원에서 사건을 넘겨받아 직접 처리할 수 있는 권한이 있었다. 황제 직속의 상설 법정인 제국자문회의(Reichshofrat)는 황제의 자문관들로만 구성되었으며, 군주의 계승과 특권에 관한 문제를 처리하고 황제의 직속 가신이 저지른 범죄를 판결했다. 제국대법원은 반란을 일으키거나 평화를 깨뜨려 제국 전체의 안녕을 위협한 죄인만 심판할 수 있었다. 제국대법원이 위축되자 자연히 제국자문회의의 권한이 커졌다.

제국 헌법은 법전의 형태를 갖추고 있지는 않았다. 따라서 황제가 선출될 때마다 새 황제에게 신민들의 특권을 장황하게 밝혀놓은 문서를 읽어주며 그에 맹세하도록 하는 서약식이 거행되었다. 황제는 제국의회의 동의를 얻어야만 통치 행위가 가능했다. 외국인을 황실 관리로 임명하거나, 선전포고를 하거나, 신민의 권익을 박탈하는 황실의 금지 조치를 내리려면 전반적인 합의가 필요했다. 이러한 서약 혹은 각서의 내용은 황제 선출 때마다 매번 약간씩 달라졌으며, 모든 조항은 아니더라도 상당수의 조항이 바뀌었다. 황제의 권력은 궁극적으로 무력이 아니라 헌법에 의존했다.

제국군은 필요할 때마다 개별 국가들에서 모집되었고, 군대의 급료는 의회에서 가결된 재원으로 지급했다. 정부 보조금은 '로마식 월급(Roman months)'이라는 묘한 명칭으로 불렸는데, 군대가 한 달 동안 사용하는 비용으로 12만 8천 굴덴(gulden, 네덜란드, 독일, 오스트리아의 옛 금화와 은화: 옮긴이)을 지원했다. 하지만 황제의 권위에 도전하는 분쟁을 처리하기 위한 최후의 조치로 군대를 동원해야 할 경우에는 황제 자신이 보유한 개인 재원으로 군대를 모집해야 했다. 다행히 합스부르크 왕조의 재원은 역대 어느 황실보다 많았기 때문에 합스부르크 황제들은 제위를 비교적 잘 유지했다.

1618년 당시 고령의 마티아스 황제(Matthias, 1557~1619)의 뒤를 이을 차기 황제가 그때까지도 결정되지 않은 채 제위가 공석인 상황이었지만 합스부르크 왕조는 재집권에 대한 희망을 버리지 않았다. 황제라는 인물에 대한 은근한 존경심은 독일의 전통을 고수하려는 사람들뿐만 아니라 '독일의 자유(German Liberties)'를 열렬히 주장하는 사람들 사이에서도 여전히 남아 있었다. 영리한 황제들은 자주 그 감정을 이용하곤 했다.

'독일의 자유'라는 구호는 이미 16세기에 널리 퍼졌다. 이것은 이론적으로는 제국의 개개 지배자의 법적 권리를 의미했지만, 실은 군주들의 변덕이나 이해관계와 관련돼 있었다. 군주들이 각자 자신의 동기에 따라 처신한다 해도 개인적 위신에 문제가 되지 않는다는 것을 노골적으로 표방한 입장이었다. 그에 대응해 황제를 중심으로 한 더 작은 규모의 권위주의 집단들은 '정의'를 구호로 내세웠다. 강조점은 저마다 달라서 어디서는 정부였는가 하면 또 어디서는 독립이었다. 결국 이런 상황은 한계점에 다다를 수밖에 없었다.

만약 황제와 신하들 간의 대립이 명확히 드러났다면 재앙의 규모는 그리 크지 않았을 것이다. 그들의 대립이 명확하지 않았던 것이 바로 독일의 숙명이었다. 자유시들이 군주들에 대해 느끼는 두려움은 군주들이 황제에 대해 느끼는 두려움보다 한층 더 심했다. 자유시들은 '독일의 자유'라는 원칙에 동조했으나 군주들도 과연 진심으로 동조하는지는 회의적이었다. 특히 시민들은 과거에 상전으로 모셨던 지주 귀족들을 의심했다. 그래서 믿지 못할 집단과 행동을 같이해 뭔가를 얻어내려 애쓰느니 차라리 지금 이대로가 더 낫다고 여겼다. 그 반면 교회의 가톨릭 지배자들은 가톨릭 황제의 편을 들었다. 그들은 황제가 적대적이고 때로는 이단적인 군주들로부터 자신들을 보호해주리라고 믿었다. 이렇게 지주, 시민, 성직자, 농민이 각자 계급의식을 고도로 발전시킨 탓에 공공의 이익보다 분파적 이해관계가 더 중시되었다. 또한 각 집단들이 따로 군사 조직을 거느리게 되면서 그렇잖아도 위험한 상황이 더욱 악화되었다.

하지만 파벌들 간의 정치적 분립은 그다지 엄격하지 않았다. 일부 자유시들은 상업적 이해관계에서 서로 적대하기도 했다. 예컨대 린다우와 브레겐츠는 상대 항구에 들렀던 선박을 받아들이지 않았으며, 뤼베크는 함부르크의 번영을 못마땅하게 여겼다. 힘이 약한 군주는 강한 이웃에게 겁을 먹고 황제에게 보호를 구했다. 작센, 헤센, 바덴을 지배한 왕조들처럼, 계승 분쟁이 일어나면 황실 자체도 분열되었다. 사적인 두려움과 사소한 이해관계가 독일의 자유를 지지하는 세력을 서로 다투는 수많은 파벌들로 갈라놓았다.

이 수많은 독립 군주, 성직자, 백작, 기사, 귀족들 가운데 유럽 정치에서 명성을 떨친 사람은 10여 명에 불과했다. 이 저명한 인물들을 중심으로 제국의 여러 정치인들이 개미떼처럼 집단을 이루고 있었다. 외교적으로 모호한 위치에 있던 대부분의 정치인들은 유럽 무대에서는 하찮은 신세였지만 국내에서는 거물급이었다. 그들의 지위는 보잘것없으면서도 당당했으며, 그들의 정치 활동은 이해관계에 따라 품위 있는 외교에서 막후의 음모까지, 화려한 허세에서 인색한 태도까지 오락가락했다.

서열이 가장 높은 이들은 단연 일곱 선제후였다. 선제후의 우두머리인 마인츠 선제후는 쾰른 선제후, 트리어 선제후와 함께 독일의 모든 군주들보다 서열이 앞섰다. 이 세 선제후는 제국 정부에서 가톨릭교회의 이익을 대변했으며, 이들의 권위는 정치권력보다 전통을 바탕으로 하고 있었다. 나머지 네 선제후는 세속 군주로서, 보헤미아 왕, 라인팔츠 백작, 작센 공작, 브란덴부르크 변경백(邊境伯, Markgraf)이었다(여러 가지 작위가 나오지만 형식상 제국 체제였기에 봉건적 서열을 확인해주는 것일 뿐, 실제 정치적인 차이는 거의 없다. 세속 군주들은 전부 자신의 영토에서는 '왕'이었다. 그 '왕'이 공작이면 공국, 백작이면 백국이라 불리는 식이었

다: 옮긴이).

보헤미아와 헝가리의 왕위는 근 한 세기 동안이나 합스부르크 가문이 독차지했다. 황실을 제외하면 독일에서 서열 1위의 세속 군주는 팔츠 선제후였다. 이 직함은 오랜 세대에 걸쳐 남독일의 비텔스바흐(Wittelsbach) 가문이 상속했다(한때 황실 가문이기도 했다). 팔츠 선제후는 네카어 강변의 하이델베르크를 수도로 삼고, 슈파이어, 보름스, 마인츠, 트리어 주교들의 토지가 산재한 모젤 강, 자르 강, 라인 강 사이 삼각형 모양의 부유한 포도주 산지를 소유했다. 이곳은 라인팔츠 혹은 니더팔츠라고 불렸다. 또한 팔츠 선제후는 도나우 강과 보헤미아 숲 사이의 비교적 가난한 농촌 지구인 오버팔츠도 소유했다. 더 부유한 다른 군주들도 있었지만, 팔츠 선제후는 독일의 두 요처인 라인 강변과 도나우 강변을 차지하고 있었기 때문에 마음만 먹으면 여기저기 산재한 합스부르크 가문 소유의 영지들 간의 연락을 위협할 수 있었다.

작센 선제후는 드레스덴을 수도로 삼고, 엘베 강과 물데 강의 비옥한 평원을 다스렸다. 부유하고 인구가 많은 지역으로, 동유럽의 상업 중심지인 라이프치히가 부의 원천이었다. 라이프치히는 자유시가 아니라 선제후의 소중한 재산이었다. 상속권이 없는 가문의 큰집 혈통은 본국에서 서쪽으로 뻗은 비교적 중요하지 않은 작센 지역—고타, 바이마르, 알텐부르크—를 차지했다.

마지막으로 브란덴부르크 선제후는 가장 넓지만 가장 가난한 영토를 거느렸다. 이 지역은 독일 북동부의 모래밭으로 무역을 할 만한 해안도 없었다. 엘베 강과 오데르 강에서 물을 얻을 수 있었으나 이 두 강의 어귀는 각각 자유시인 함부르크와 별개의 공국인 포메른(포모제)에 속했다. 수도는 목재로 세운 소도시 베를린이었고, 1만 명도 안 되는 농업 인구가 살았다. 1618년에 이르러서야 선제후는 프로이센과 아름다운 도시 쾨니히스베르크(칼리닌그라드)를 물려받았다. 비스와(비스툴라) 강 너머의 이 외딴 지역은 제국의 영토가 아니라 폴란드 왕실의 봉토였다.

선제후들 이외에 고위 서열의 군주들이 몇 명 더 있었다. 바이에른 공작은 1,200제곱킬로미터에 달하는 영지와 100만 명에 가까운 신민을 거느린 거물이었다. 팔츠 선제후의 먼 친척인 그는 비텔스바흐 가문의 작은집 혈통의 수장이었으며, 그의 영토는 오스트리아와 중부 독일 군주들에게 보루와 같은 역할을 했다. 바이에른 공국은 주로 농업 지역이었고, 도시가 몇 개 있었다. 수도인 뮌헨에는 공작의 새 궁전과 대성당, 웅장한 성문이 있었지만, 수도라기보다 지나치게 커진 산촌처럼 보였다.

그밖에 슈투트가르트를 수도로 삼은 뷔르템베르크 공작, 그리고 바덴 변경백과 헤센 방백(方伯, Landgraf)도 비중 있는 군주들이었다. 로렌 공작은 프랑스로 가는 관문들 중 하나를 지배했으므로 제국 내 정치권에서보다 유럽 외교계에서 더 중요한 인물이었다. 브라운슈바이크 공작, 벨프 왕조의 군주, 더 동쪽의 메클렌부르크와 포메른 공작은 제국 북부의 정치를 관장했다.

6

주류에 속하는 군주들의 이해관계에 맞서는 수많은 흐름들이 존재한 탓에 제국의 개혁을 담당할 양대 세력이 형성되기 어려웠다면, 개혁을 최종적으로 불가능하게 만든 것은 바로 종교 분열이었다.

그동안 붕괴하는 제국에 통합성을 부여한 것은 공통의 신앙이었다. 그러나 신교가 동맹관계에 있던 공국들을 흩어놓고, 야심찬 군주들이 그 틈을 타 황제에게 반기를 들자 수백 년간의 전통이 무너졌다. 1555년 아우크스부르크 종교화의에서 '군주의 종교는 곧 나라의 종교(cujus regio ejus religio)'라는 원칙이 채택된 뒤, 각 군주가 가톨릭인지 루터교인지 신앙고백을 하면 그에 따르지 않는 신민들은 나라를 떠나야 했다. 이 특별한 타협은 각국 내에서는 종교적 통합의 전통을 살려냈으나 제국에는 파괴적인 영향을 미쳤다.

그렇잖아도 심해지고 있던 군주들과 제국의 분열은 종교적 차이로 더욱 확연해졌다. 가톨릭 신앙의 합스부르크 가문은 신교 신민들에게 인기가 없었던 반면, 북독일에서는 루터파가 많은 주교구를 장악하면서 군주들의 영토 지배력을 증강시켰다. 하지만 종교화의 이후 몇 년도 안 되어 등장한 칼뱅교는 이러한 분열을 해결할 가능성을 완전히 없애버렸다.

루터파의 어느 작가는 "칼뱅파의 용이 그 무시무시한 마호메트교를 잉태했다"라고 썼다.[27] 일부 독일 지배자들이 새로운 신앙을 채택하고 퍼뜨리는 데 광적인 열정을 보인 탓에 그 주장에 어느 정도 일리가 있어 보였다. 특히 팔츠 선제후는 성변화(聖變化, transubstantiation, 그리스도교 의식에서 성체, 즉 빵과 포도주를 예수의 살과 피라고 믿는 것: 옮긴이)를 곧이곧대로 믿지 않는다고 공언했다. 그는 큰 소리로 야유하면서 성체를 찢어버렸다. "그대는 얼마나 훌륭한 신인가! 나보다 강하다고 생각하나? 어디 두고 보라지!"[28] 비밀 집회에서 그는 주석 대야를 세례

반으로 썼고, 자신이 사용하는 나무잔으로 성체를 담아 사람들에게 나누어주었다.29 심지어 헤센-카셀의 영주들은 성사에서 질기기 짝이 없는 빵을 사용해 사람들은 그 빵을 무엇으로 만들었는지 누구나 알 수 있었다.30

루터파는 두 배로 충격을 받았다. 그들은 과거처럼 고대 신앙의 상징들을 크게 존경하지는 않았지만 여전히 예배의 외적 표시로 존중했고, 아우크스부르크 종교화의가 자신들에게 자유를 가져다주었다고 믿었다. 따라서 그들은 칼뱅파가 신교 운동 전체를 불신하는 것에 대해 크게 우려했으며, 칼뱅파가 단호한 자세로 개종을 시작하자 잔뜩 겁을 집어먹었다. '군주의 종교는 곧 나라의 종교'라는 종교화의의 결정 내용에는 한 가지 수정이 필요했다. 이 결정에 따르면 영지 지배권을 가진 고위 성직자나 수도원장, 주교나 대주교는 신교로 개종할 경우 토지를 보유할 수 없었다. 그러나 칼뱅파는 '교회유보권(教會留保權, Ecclesiastical Reservation)'이라는 중요한 규칙을 받아들이지 않았다. 또한 그들은 아우크스부르크 종교화의의 결정은 루터파 이외의 신교 신앙에는 전혀 적용되지 않는다고 보았다.

루터파는 이제 그들의 존립 근거인 종교화의 자체가 전복될까 봐 두려워했다. 자기편이 아니면 전부 적이라고 공언하는 데다 황제의 칙령까지 무시하는 칼뱅파의 태도는 가톨릭만이 아니라 루터파에게도 큰 위협이었다. 두 종파 사이에서 군주들은 어느 쪽을 따를지 결정하지 못하고 망설였다. 강경한 가톨릭 세력과 반대편에 위치한 칼뱅파 사이에서 점차 핵심 세력이 형성되고 있었다.

가톨릭, 루터교, 칼뱅교에는 한 가지 공통적인 요소가 있었다. 군주들이 자신들의 권력을 강화하는 수단으로 각각의 종교를 이용한다는 점이었다. 이 점은 모든 면에서 절대주의 원칙을 엄격히 고수하는 합스부르크 왕조에게는 지극히 당연했지만, 자유를 요구하는 군주들이 그러는 것은 너무 노골적으로 앞뒤가 안 맞는 행동이었다. 그들은 자신의 백성들에게 허락하지 않는 것을 황제에게 요구하고 있었다. 자유주의 운동과 상인과 농민의 격렬한 봉기는 아래로부터의 반란과 위로부터의 억압 사이에 끼인 이 불운한 지배자들에게 커다란 위협이었다. 한편에서는 군주들과 황제의 다툼, 다른 한편에서는 군주들과 백성들의 다툼이 진행되면서 군주들은 한 손에는 자유의 횃불을 움켜쥐고, 다른 손에는 독재의 칼을 뽑아들었다.

양심의 자유를 요구한 사람들과 정치적 자유를 요구한 사람들 간의 무의식적이고 본능적인 동맹은 무참히 깨졌다. 개혁 군주들의 종교 정책은 그 자연스러운 문제를 왜곡시켰으며, 가톨릭 권위주의 국가들과 신교 국가들의 적대를 제거하지 못한 채 덮어두고 말았다. 그사이 가톨릭 세력은 힘을 얻었다. 그들의 지위는 여전히 명확한 반면 신교의 지위는 칼뱅파나 루터파나 할 것 없이 자가당착에 빠졌다.

지배자들의 변덕이나 양심은 신민들의 복지를 크게 침해했다. 작센, 브란덴부르크, 팔츠의 지배자들이 루터파와 칼뱅파 사이를 오락가락한 결과, 약탈과 망명, 폭력이 뒤따랐다. 팔츠에서는 한 칼뱅파 섭정이 비명을 지르며 한사코 거부하는 어린 루터파 왕위 계승자를 칼뱅파 비밀 집회에 끌고 갔다.[31] 바덴에서는 군주가 갓난아기를 후사로 남기고 죽자 섭정이 그의 아내를 투옥하고 아기를 납치해 자신의 신앙으로 교육했다.[32] 브란덴부르크에서는 선제후가 대학에 칼뱅교의 교리를 허용하느니 차라리 대학을 불태워버리겠다고 선언했다.33 그럼에도 불구하고 그의 계승자는 칼뱅파가 되었고, 베를린에 목사를 초빙했다. 성난 루터파 군중이 그 목사의 집으로 쳐들어가 집안을 철저히 약탈한 탓에 목사는 다음 성금요일(부활절 직전의 금요일: 옮긴이)에 유일하게 남은 밝은 녹색 속옷을 입은 채로 설교를 해야 했다.34

지식인의 에너지는 상스러운 책을 집필하는 데 쓰였고, 대중들은 그 책들을 맹목적으로 수용했다. 칼뱅파는 충실한 신도들에게 폭력을 권했으며, 잔인한 내용의 찬송가에 크게 환호했다. 가톨릭과 루터파도 마찬가지로 마냥 순수하지만은 않았다. 도처에서 무력이 곧 참된 신앙의 증거였다. 루터파는 베를린 거리에서 칼뱅파를 공격했다. 바이에른의 가톨릭 사제들은 화기를 동원해 자위에 나섰다. 드레스덴에서는 군중이 이탈리아 가톨릭교도의 장례식을 방해하고, 관을 부숴버렸다. 프랑크푸르트암마인의 거리에서는 신교 목사와 가톨릭 사제가 드잡이를 벌였다. 슈타이어마르크에서는 칼뱅파의 예배 모임에 변장한 예수회 회원이 끼어들어와 예배자의 손에서 기도서를 재빨리 낚아채 가톨릭 일과 기도서와 바꿔놓는 일이 자주 벌어졌다.35

언제 어디서나 그런 일이 일어났던 것은 아니다. 비교적 평화로운 시기도 있었고, 조용한 지역도 있었다. 세 종교 사이에 통혼이 이루어지기도 했고, 우호관계를 유지하기도 했으며, 차분한 토론도 벌어졌다. 하지만 안정적이지는 않았다. 개인으로 보면 관용적인 사람도 있었고, 무관심한 사람도 있었다. 지역의 사제나 목사는 종파와 무관하게 모두가 존경했다. 그러나 도처에 가연성 물질이 너무 많았고, 화재를 막기에는 중앙권력이 너무 약하거나 편파적이었다.

7

행정이 만성적으로 삐걱대고 도덕적 바탕이 무너지면서 독일 사회의 지적 평판도 나빠졌다. 물론 시대를 풍미한 위인이 없었던 것은 아니다. 작센의 음악가 하인리히 쉬츠(Heinrich Schütz, 1585~1672), 슐레지엔의 시인 마르틴 오피츠(Martin Opitz, 1597~1639), 아우크스부르크의 건축가 엘리아스 홀(Elias Holl, 1573~1646), 뷔르템베르크의 신학자 요한 발렌틴 안드레아(Johann Valentin Andreae, 1586~1654)가 명성을 떨쳤다. 하지만 이런 인물들은 극소수에 불과했으며, 그 때문에 더욱 두드러져 보였다. 지배계급을 중심으로 교육을 진흥하고 독일 문화를 촉진하려는 운동이 있었으나 그 결과는 미미했다. 독일의 지적·사회적 수준은 프랑스와 에스파냐에 비해 뒤졌고, 정치도 마찬가지였다. 황실의 예법과 예술, 의상 등은 에스파냐를 모델로 삼았고, 슈투트가르트와 하이델베르크의 궁정에서는 프랑스를 모델로 했다. 드레스덴과 베를린은 외국의 간섭을 수치로 여긴 탓에 지적 퇴보를 면치 못했다. 음악과 춤, 시는 이탈리아에서, 그림은 저지대 지방에서, 소설과 복식은 프랑스에서, 연극과 배우는 영국에서 수입했다. 마르틴 오피츠는 독일어를 문학적 수단으로 채택해야 한다고 강력히 주장하면서도 독자에게 읽히기 위해 라틴어로 시를 썼다. 헤센의 어느 왕녀는 이탈리아어로 우아한 시를 읊었고, 팔츠 선제후는 프랑스어로 연애편지를 썼으며, 영국인인 그의 아내는 독일어를 배울 필요가 전혀 없다고 여겼다.

이 시기에 독일은 그저 먹고 마시는 것 외에 유럽에서 명성을 떨치는 게 하나도 없었다. 프랑스인은 "소도 목이 마르지 않을 때는 물을 마시지 않는데, 독일인만 그때부터 마시기 시작한다"라고 빈정거렸다. 에스파냐와 이탈리아에서 온 여행자들도 독일에서 계급을 막론하고 부자라면 누구나 브라스밴드의 시끄러운 연주를 들으며 몇 시간이고 먹고 마시는 것을 보고 엄청난 식욕에 비해 대화의 기술이 부족한 데 크게 놀랐다.36 독일인들도 그런 비난을 부인하지 않았다. 당시 독일에는 "우리 독일인은 돈을 뱃속에 쏟아붓는다"라는 속담이 있었다.37 어느 쾌활한 군주는 친구들에게 편지를 보내면서 말미에 늘 "흠뻑 취하라(Valete et inebriamini)"라는 문구를 덧붙였다.38 헤센 방백은 금주 협회를 설립했으나, 협회의 초대 회장은 과음으로 죽었다.39 '경건공'이라는 별명을 가진 뷔르템베르크의 루트비히(Ludwig, 1554~1593) 공작은 술내기에서 도전자 두 명을 인사불성으로 만들고도 끄떡없이 그들을 돼지가 끄는 수레에 태워 집으로 돌려보냈다.40 사회 각계각층이 악습에 물들었다. 베를린의 젊은 신사는 거나하게 취해 비틀거리며 집에 돌아가던 길에 무고한 시민들의 집에 쳐들어가 그들을 거리로 내쫓았다. 헤센의 어느 농민이 결혼식 피로연에 쓴 비용은 그가 1년 동안 모은 돈보다도 많았다. 신부 측 하객들은 대부분 이미 취한 상태로 교회에 도착했다.41 바이에른과 포메른의 정부는 여러 차례 그런 작태를 금지하는 법을 제정했으나 헛수고였다.42

　이것은 분별 있는 독일인이라면 자랑스러워할 만한 일은 아니었다. 하지만 충실한 애국자들은 나라 전체가 육류와 포도주를 즐기는 것을 찬양했다. 그들은 타키투스(Tacitus, 56?~120?)의 말을 빌려 조상들도 똑같이 살았다고 주장했다. 후대에 최고조에 이르게 되는 독일 특유의 인종적 민족주의의 싹은 이미 16세기에 시작되었던 것이다. 아르미니우스(Arminius, 기원전 18, 17~기원후 21, 로마에 맞서 싸운 1세기 게르만족의 지도자: 옮긴이)는 헤르만(Hermann)이라는 독일식 이름으로 바뀌어 민족적 영웅으로 숭배되었다. 어느 학자는 독일 민족 전체의 조상이 노아가 대홍수 이후에 낳은 넷째 아들이라는 것을 증명하려 애썼다.43 '토이치(Teutsch)'라는 말은 강직하고 용감한 사람을 가리켰으며, 대중의 지지를 얻고자 하는 지배자는 독일의 혈통과 가치관을 가진 것처럼 사칭해야 했다. 독일이 국가로서 존속하고 문화적·정치적 생명력을 잃지 않을 수 있었던 것은 아마 이와 같은 민족적 자존심 덕분일 것이다.

독일의 지적 퇴보에는 사회의 에너지가 종교적 갈등으로 흡수된 것보다 더 깊은 원인이 있었다. 위대한 독일을 낳은 상황이 점차 사라져 가고 있었던 것이다. 독일의 문화는 도시에 있었으나 도시가 붕괴하고 있었다. 정치적 혼란 속에서 물자의 운송이 불확실해지고, 이탈리아의 상업이 쇠퇴하자 독일의 무역은 크게 위축되었다. 게다가 독일의 화폐는 전혀 믿을 게 못 되었다. 수많은 지역 주조소에서 멋대로 찍어낸 화폐를 통제할 만한 실질적인 중앙권력이 존재하지 않았다. 군주, 도시, 성직자들은 마음대로 화폐를 주조해 이익을 챙겼다. 작센 왕조는 주조소를 마흔다섯 곳이나 소유했고, 브라운슈바이크 공작도 마흔 곳을 소유했다. 또 슐레지엔에는 열여덟 곳, 라인 강 하류 구역에는 예순일곱 곳이 있었다.44

또한 독일은 신용이 하락하고 대형 금융업체들이 위험한 투기로 연달아 무너졌다. 아우크스부르크의 만리히 회사는 이미 1573년에 도산했고, 1년 뒤에는 하우크도 그 뒤를 따랐다. 더 큰 업체인 벨저는 1614년에 붕괴했고, 세계적 명성을 날리던 푸거 금융 가문도 그 폭풍을 견디지 못

하고 800만 굴덴이 넘는 손실을 입은 뒤 곧바로 회사를 정리했다.45

스웨덴, 네덜란드, 덴마크의 경쟁은 한자동맹을 더욱 옥죄었다. 독일에서는 함부르크와 프랑크푸르트암마인만이 안정과 번영을 누렸다.

농촌의 사정은 도시보다 더 나빴다. 농민 전쟁 이후 농민과 지주는 예전처럼 상호 의무에 충실하려 하지 않고 서로 적대하는 관계가 되었다. 지주들은 기회만 닿으면 권력을 확장하려 애썼고, 농노제가 변함없이 유지되거나 확대되었다.46 북독일의 교회 토지가 민간 소유로 바뀐 것도 불만의 원인이었다. 농민들은 비록 오래전부터 신교를 택했지만 새로운 평신도 지주에게 예전의 주교와 수도원장에게 하던 것처럼 충성하려고 하지는 않았기 때문이다.47 자유로운 소지주, '기사' 계급의 도덕성도 크게 하락했다. 대체로 기사는 게으르고 무책임하고 강압적인 지주였다. 사냥을 좋아하는 귀족들 때문에 농민들은 사납고 위험한 짐승들을 사냥감으로 놔두어야 했다. 게다가 농민들은 영주의 사냥 파티에 동원되어 무료 봉사를 하고, 그 과정에서 농사를 망치는 것도 감내해야만 했다.48

빈곤, 정치 불안, 종교 분열, 이해관계의 충돌, 이런 요인들이 전쟁의 불길을 당겼다. 불길을 키울 재료는 풍부했다.

1608년 도나우 강의 자유시인 도나우뵈르트에서 가톨릭과 신교 사이에 충돌이 일어나 제국이 몇 달 동안 재앙의 위기에 몰렸다. 제국자문회의는 황제의 승인을 얻어 도나우뵈르트의 자유시 특권을 박탈하고, 신교도가 불법으로 차지한 교회를 원래대로 가톨릭 측에 돌려주었다. 이 칙령은 신교 독일에서 거센 분노를 유발했다. 지도자만 등장했다면 곧 전쟁이 터졌을 것이다. 그러나 다른 도시들이 가톨릭 군주의 편을 들지 않고, 루터파도 칼뱅파의 편을 들지 않았기 때문에 가톨릭과 신교 양측의 다툼은 이내 잦아들었다.

1609년에는 보헤미아에서 봉기가 일어나 황제는 보헤미아에 종교의 자유를 보장할 수밖에 없었다. 하지만 그 사건은 황제의 권위를 약화시킨 것 이외에 다른 직접적인 결과를 초래하지는 않았다.

1610년 클레베-윌리히 공작이 후사 없이 죽은 뒤 세 번째이자 최악의 위기가 발생했다. 그의 영지와 윌리히, 클레베, 마르크, 베르크, 라벤스베르크 등의 주들은 네덜란드 접경에서 쾰른까지 라인 강변에서 집단을 형성했다. 이 지역은 합스부르크 왕조만이 아니라 그 적들에게도 중요한 군사 기지였다. 여기서 서로 다툼을 벌이던 두 신교 군주가 황제에게 판결을 의뢰하자 황제는 결정을 내리기 전에 일단 병력을 보내 그곳을 장악했다. 대규모 충돌을 방지하려면 그렇게 하지 않을 수 없었지만, 두 군주는 그 조치를 황제가 제국의 영토로 장악하려는 시도로 해석했다. 프랑스의 앙리 4세는, 네덜란드와의 싸움에서 유리한 고지를 점령하기 위해 그 요충지를 호시탐탐 노리던 에스파냐 왕이 황제를 자극한 것이라고 추측했다. 그래서 앙리 4세는 독일의 한 세력과 동맹을 맺고 공격을 준비했으나 공교롭게도 때마침 암살되면서 유럽 전쟁은 또다시 연기되었다. 지도자가 사라지자 협상이 지루하게 이어지다가 이윽고 두 신교 군주 중 한 사람인 노이부르크 공작이 가톨릭으로 개종해 문제를 해결하려 했다. 그의 경쟁자인 브란덴부르크 선제후는 반대편 신교 세력의 지지를 얻으려는 속셈에서 루터파에서 칼뱅파가 되었으나 그 때문에 여러 가지 개인적인 어려움에 처했다. 결국 일시적 안정을 위해 윌리히와 베르크를 노이부르크 공작에게 넘겨줄 수밖에 없었고, 선제후에게는 클레베, 마르크, 라벤스베르크만 남았다.

    제국은 한 차례 위기를 넘길 때마다 점점 더 약화되었다. 지배자들은 자신의 안전만 도모했다. 개개 군주들은 튼튼한 방어가 절실했다. 1610년 한 여행자는 아주 작은 도시에도 강력한 무기가 있는 것을 보고 놀랐다.49 어느 영국인 관광객은 공작의 궁전 경내에서 험한 꼴을 당하며 쫓겨난 뒤 분노를 토로했다. "그 못난 군주들의 집은 창과 도끼와 활로 무장한 엄숙하고 고리타분한 표정의 병사들이 엄중히 지키고 있어, 위풍당당한 권력자의 자유롭고 고상한 궁정이라기보다는 마치 감옥처럼 보인다."50 무력과 동맹관계가 얽혀 적대의 그물이 촘촘히 엮이자 아무리 유능한 정치가라 해도 언제 어떻게 사이가 틀어져 누가 어느 측에 서게 될지 전혀 알 수가 없었다. 황제의 주요 자문관은 솔로몬도 독일의 문제를 해결하지 못할 것이라고 말했다.51 제국의 안팎에서 모든 외교관들은 각자 자신의 견해에 따라 행동하면서 곧 다가올 불가피한 폭발을 기다렸다.

8

    1610년대가 끝날 무렵 제국은 여전히 두 개의 암초 사이에서 표류하고 있었다. 1621년 네덜란드의 휴전이 끝나면 곧 독일에서 전쟁이 발발하리라는 믿음이 유럽에 널리 퍼졌다.

    에스파냐 군대를 지휘하는 제노바 출신의 장군 암브로조 스피놀라는 네덜란드 공격 작전을 세심하게 수립했다. 북이탈리아 평원의 병력을 플랑드르에 투입하고 밀라노에서 브라반트까지 연락 체계를 유지할 수 있다면 승리가 가능했다. 네덜란드의 힘과 돈이 무한정 넘쳐나지는 않을 터였다. 스피놀라는 제노바와 발텔리나를 통해 에스파냐로부터 금이 계속 공급되고, 북이탈리아 주민들을 총알받이로 내세우면 적이 지쳐 나가떨어질 것이라고 여겼다. 밀라노에서 브라반트까지 가는 길은 발텔리나를 넘어 보덴(콘스탄츠) 호의 북쪽 연안을 따라가다가 알자스를 지난 뒤, 라인 강의 왼쪽을 따라 북동쪽으로 가톨릭 주교구 스트라스부르를 통과해야 했다. 라인 강 하류 일대는 퀼른과 트리어의 주교, 윌리히와 베르크의 신임 공작 등 우호적인 지배자들이 장악하고 있었다. 그러나 스트라스부르와 트리어의 잘 정돈된 토지들 사이에는 칼뱅파 군주가 차지한 80킬로미터 길이의 팔츠 영토가 있었다. 이 군주가 네덜란드와 동맹을 맺고 있는 한 라인 강을 따라가는 길은 위험했다. 그렇다면 에스파냐의 병력과 돈은 해로로 운송해야 하는데, 그것은 스피놀라의 계획에서 일정상 큰 차질을 빚었다. 따라서 그는 라인팔츠 지역을 반드시 정복해야 했다.

그는 라인팔츠를 유럽 정책의 주춧돌로 삼고, 그곳의 젊은 지배자를 외교적 음모의 전면에 내세운다는 구상을 세웠다. 하지만 이 계획은 오래전부터 반대파의 의심을 받았다. 팔츠 선제후는 혼자가 아니었다. 자유시 도나우뵈르트에 대한 황제의 조치로 독일 도시들이 공포에 휩싸인 데다, 황제 측 군주들의 클레베 점령으로 신교 군주들이 더 심각한 공포에 시달리자 팔츠 선제후의 신하들은 몇몇 군주들과 도시들이 서로 적대를 중지하고, '연합' 형태의 동맹체를 이루어야 한다고 간언했다. 원칙적으로 신교연합은 칼뱅파가 주도했다. 라인팔츠는 독일에서 합스부르크 왕조에 반대하는 세력의 중심이었으므로 누구도 무시할 수 없었다. 곧바로 베네치아가 도덕적 지지를, 네덜란드가 재정적 지원을 보냈다. 영국 왕도 외동딸을 팔츠 선제후에게 시집보냈다.

　　17세기 초에 왕실 간의 결혼이 영국식으로 치러진다면 세간에 물의를 일으키기에 충분했다. 당시 영국 왕 제임스 1세(James I, 1566~1625)의 딸 엘리자베스(Elizabeth, 1596~1662) 공주는 유럽 최고의 신붓감으로 주가를 날렸다. 프랑스와 에스파냐의 왕위 계승자, 스웨덴 왕 등 청혼자도 많았다. 독일 선제후들은 그 청혼자들과 굳이 대립하려 하지 않았으므로 신랑 측은 마지막까지도 결혼 외교가 실패할까 봐 전전긍긍했다. 신교 결혼을 편파적으로 두둔하는 분위기였지만, 웨일스 공은 강력히 반대했다. 왕과 대신들, 신부와 런던 시민들은 쾌활한 젊은 구혼자에게 주저 없이 환호를 보냈다. 이 모두가 팔츠 외교가 승리하는 데 밑거름이 되었다. 하지만 승리의 대가는 보잘것없었다. 동맹 세력들의 목적이 제각각이었기 때문이다. 유럽의 정치인들은 팔츠 선제후를 합스부르크 문제의 축으로, 네덜란드와 신교 정부들의 필수적인 동맹자로 보았다. 즉, 그들이 보기에 팔츠 선제후는 대단히 중요한 볼모이긴 하지만, 어디까지나 볼모에 불과한 존재였다. 그러나 제국 내부에서 그는 신교 세력의 지도자로서 독일의 자유를 수호하는 위치에 있었다. 선제후와 그의 신하들은 독일인이었다. 그들의 사고방식에서 주요한 걱정거리는 황제를 굴복시켜 독일에서 군주권과 종교적 자유를 확립하는 것이었다. 그들에게 부르봉 왕조와 합스부르크 왕조의 적대와 임박한 네덜란드 전쟁은 단지 외국 열강의 지지를 확보하기 위해 묘안으로 꺼내든 카드에 불과했다.

　　선제후와 그의 친구들이 보기에 폭풍의 중심은 마드리드, 파리, 브뤼셀 혹은 헤이그가 아니라 프라하였다. 그 이유는 간단했다. 황제 마티아스는 노인인 데다 후사가 없었다. 합스부르크의 제위 계승이 끊어질 경우, 이참에 새로 다음 황제를 선출할 터였다. 선제후단에서 우위를 보이는 신교 측에게는 영향력을 발휘할 아주 좋은 기회였다. 가톨릭 선제후는 마인츠, 트리어, 쾰른의 세 명으로 모두 주교였다. 신교 선제후도 작센, 브란덴부르크, 팔츠의 세 명이었다. 그리고 일곱째 선제후가 보헤미아 왕이었다. 과거 여러 차례의 선거에서 보헤미아 왕위는 늘 가톨릭과 합스부르크가 독차지했다. 하지만 보헤미아 왕은 세습직이 아니라 선출직이었고, 당시 보헤미아는 신교가 다수였다. 만약 어느 대담한 독일 군주가 보헤미아에서 반란을 획책해 왕위를 차지한다면, 왕위와 함께 황제 선출권도 합스부르크 가문에게서 빼앗아 선제후단에서 신교 세력이 가톨릭에 4 대 3으로 앞서게 될 터였다.

　이런 여러 가지 징후들은 팔츠 선제후가 결혼할 무렵까지는 크게 대두되지 않았다.[52] 동맹을 체결한 사람들은 모두 보헤미아 계획을 알고 있었다. 하지만 선제후의 신하들이 영국의 제임스 1세가 그 계획의 실행을 도와줄 것이라고 당연시하는 동안, 보헤미아 왕은 독일의 촌뜨기들이 유럽의 현실 정치에 가담하지는 않을 것이라고 생각했다.

　문제는 두 가지였다. 유럽의 외교는 마드리드, 파리, 브뤼셀, 헤이그를 중심으로 폭넓게 전개되었고, 독일의 외교는 황제와 보헤미아 왕을 중심으로 돌아갔다. 이 둘을 연결하는 인물, 그리고 양측에 모두 중요한 인물이 바로 팔츠 선제후였다. 유럽 역사에서 한 사람의 어깨에 그렇게 중대한 짐이 지워진 경우는 거의 없었다.

　1618년 팔츠 선제후 프리드리히 5세(Friedrich V, 1596~1632)는 스

물두 살이었고, 재위 9년째를 맞았다. 호리호리하고 탄탄한 몸매에 잘생긴 외모와 아름다운 눈을 가진 매력적인 젊은이였다.53 이따금 우울증에 빠지는 것을 제외하면 그는 온화하고 쾌활하고 사교적이었다. 점잖고 신실하며, 분노와 증오를 모르는 성품이었지만, 동시에 결단력은 부족했다. 그는 사냥이나 테니스, 수영을 즐기며 침대에서 한가로이 뒹구는 것도 좋아했지만, 자신의 책무를 성실하게 수행하려 애썼다.54 짓궂은 운명의 여신은 그에게 악덕을 주지는 않았으나 지배 군주에게 가장 쓸모없는 온갖 미덕을 주었다. 그는 몸도 마음도 강인하지 못했다. 유약한 성격을 고치고 열렬히 대의를 추구하라는 고상한 교육을 받았지만55 그 결과 그나마 남아 있던 개성마저 사라져버렸다.

침묵공 빌렘의 딸인 그의 어머니는 엄청난 인내심으로 병약하고 술주정뱅이인 남편을 위해 헌신했다. 하지만 그녀는 아들을 변덕스러운 아버지에게서 떼어놓기 위해 부용 공작 앙리(Henri de La Tour d'Auvergne, 1555~1623)에게 시집간 스당의 여동생에게로 보내 교육을 맡겼다. 공작은 프랑스 칼뱅파의 공인된 지도자였다.

아버지가 사망했을 때 열네 살의 수줍은 소년 프리드리히는 하이델베르크에서 살고 있었다. 그의 교육에는 그 자신의 노력과 더불어 아버지의 총신인 안할트 공 크리스티안 1세(Christian I, 1568~1630)가 도움을 주었다. 감수성이 예민하고 다정다감한 성격의 젊은 군주는 원로들이 원하는 방향으로 자신을 개조했으며, 그들이 계획한 임무를 절대적으로 신뢰하고 그들의 판단을 따랐다. 또한 부용 공작에게서 배운 제2의 본성에 따라 자신의 담당 목사나 안할트 공에게 조언을 구했다.

하지만 그 사람들은 유럽의 위기에 대처하는 데 필요한 자질을 갖추지 못했다. 부용 공작은 전통적인 귀족답게 용맹스럽고 야심에 찬 기사였으나 지혜로운 사람은 아니었다. 담당 목사 슐츠(Schultz)도 마찬가지로, 학문적 편견이 아주 심한 데다 양심적인 주인에게서 얻어낸 권력에 취해 있던 인물이었다.

세 사람 중 가장 중요한 인물인 안할트의 크리스티안은 그 자신도 군주의 신분이었으나 안할트-베른부르크의 소국을 신하들에게 맡기고 팔츠를 무대로 삼아 자신의 재능을 꽃피웠다. 작은 키에 붉은 더벅머리의 그는 늘 확신에 차서 행동했다.56 군대, 행정, 외교에서 그는 탁월한 능력을 발휘했다. 영국 왕실과의 결혼을 이뤄낸 것도 그의 솜씨다! 하지만 그는 훗날 영국 왕이 득일 전쟁에 자신도 모르게 발을 들여놓게 되었다는 것을 알게 되면 결국 자신의 속셈이 드러나리라는 것을 고려하지 않았다. 안할트 공은 영국, 네덜란드 연방, 독일 군주들, 그리고 나중에 사보이 공작을 상대로 외교를 벌이면서 한 가지 간단한 원칙을 견지했다. 그것은 바로 늘 모든 약속을 믿는다는 원칙이었다. 독일이 위기에 봉착하면 동맹자들이 각자의 과제를 해결한 다음 그의 목적을 이루는 데 도움을 주리라는 게 그의 계산이었다. 그러나 그 계산은 보기 좋게 빗나갔다. 막상 위기가 닥치자 그가 애써 관계를 맺었던 동맹자들은 아무도 나서지 않았다.

안할트 공은 독일 바깥에서는 영국과의 통혼을, 독일 안에서는 신교연합을 결성하는 데 수완을 발휘했다. 도나우뵈르트 판결이 빚은 혼란에 힘입어 그는 신교연합을 결성하고 이후에도 내내 유지했다. 그러나 안할트의 크리스티안은 확신을 주는 인물은 못 되었다. 신교연합의 군주와 도시들은 그가 팔츠 선제후의 지위를 강화하기 위해 신교의 대의와 독일의 자유를 악용한다고 의심했다. 안할트 공의 수중에 완전히 장악되어 있던 팔츠 선제후는 점점 커지는 의심을 무마할 능력이 없었다. 사람 좋고 어수룩한 것이 프리드리히의 불운이었다. 그의 동맹자들은 그를 적극적으로 지지하지도, 그와 결별할 만한 계기도 찾지 못한 채 그와 함께 혼돈 속을 헤맸다.

안할트 공의 속이 뻔히 보이는 술수에 대한 한 가지 변명은 그가 자기 자신마저 속였다는 점이다. 그가 그 상황을 지배했다는 것은 누구도 부인할 수 없다. 자신감 이외에 그는 주군의 존경을 얻을 만한 또 한 가지 자질을 갖고 있었다. 그는 사생활에서 도덕의 표상이었다. 누구보다도 헌신적인 남편이자 사랑받는 아버지였다. 그의 가정 생활은 모든 독일 군주들의 귀감이 될 만했다. 그런 까닭에 선제후는 당대의 온갖 관례를 어기고 자신의 신하를 '아버지(Mon père)'라고 불렀으며, 자신을 낮추어 '당신에게 복종하는 비천한 아들'로 자칭했다.57

또 한 가지 감안해야 할 영향력은 팔츠 선제후의 가정 내에 있었다. 바로 그의 아내인 엘리자베스였다. 이 영국인 공주는 쾌활하고 활기찬 데다 개성과 지성, 미모를 갖춘 여인이었다. 이미 사라져버린 영화만을 보여줄 뿐인 빛바랜 초상화로는 그녀의 사랑스러움을 제대로 알 수 없다. 당대 사람들을 놀래고 홀렸던 그녀의 갈색 머리, 살짝 홍조 띤 뺨, 날쌘 동작, 영리하고 예민한 안목, 재치 있는 화술, '엉뚱한 유머'는 이제 영원히 볼 수 없다. 그녀가 쓴 편지들만이 남아 그녀의 면모를 단편적으로 말해준다. 그녀의 화려하고 가벼워 보이는 겉모습 아래에는 고집과 자존심에서 나오는 강인한 의지와 용기가 있었다.

지극히 세속적인 이유로 맺어진 두 사람의 결혼 계약은 순식간에 사랑의 결합으로 바뀌었다. 엘리자베스는 남편의 독일어를 경멸하고 배우려 하지 않았을 뿐 아니라 걸핏하면 시댁 식구들과 다툼을 벌여 난감한 상황을 만들었지만, 선제후와는 늘 신혼처럼 정답게 살았다. 당시 유행하는 연애소설에 나오는 애칭을 남편에게 붙여주기도 했으며,58 아기자기한 선물도 하고 즐겁게 말다툼을 벌였다가 화해하기도 했다. 하지만 정치적 상황은 낭만적인 분위기와 거리가 멀었고, 팔츠 선제후는 그렇게 살 팔자가 못 되었다.

유럽의 신교 세력과 독일의 자유를 지지하는 세력은 프리드리히 5세와 그의 우아한 하이델베르크 궁정에 거는 기대가 컸다. 반면, 합스부르크 왕조의 정치적·종교적 사명을 믿는 세력은 현직 황제의 친척인 페르디난트(Ferdinand II, 1578~1637) 대공의 따분한 궁정이 있는 슈타이어마르크의 그라츠에 기대를 걸고 있었다. 펠리페 2세가 죽은 뒤 합스부르크 가문에는 유능한 인재가 사라졌다. 혈통상으로 그의 계승자인 에스파냐 왕 펠리페 3세는 평범하고 하찮은 인물이었다. 펠리페 2세의 딸 이사벨은 남편 알브레히트 대공과 함께 네덜란드를 다스리는 재원이었으나 여성이라는 점과 후사가 없다는 점 때문에 합스부르크 왕조의 정치에서 지도적인 역할을 맡지 못했다. 그녀의 친척인 늙은 황제 마티아스는 오로지 자신이 편안하게 무덤에 갈 때까지 위기를 미루는 것만이 유일한 소망이었다. 황제 역시 후사를 두지 못했으므로 합스부르크 가문은 그의 친척인 슈타이어마르크의 페르디난트를 계승자로 발탁해 두었다. 펠리페 3세에게서 이 후보에 대한 지지를 얻어내는 데는 상당한 대가가 필요했다. 페르디난트는 자신이 황제로 선출될 경우 합스부르크의 알자스 봉토를 에스파냐 친척들에게 양도하겠다는 약속을 했다.

이것은 에스파냐 왕이 네덜란드 전쟁에 필요한 병력을 수송하는 데 최대한의 도움을 주겠다는 약속이나 다름없었다. 스피놀라는 그 계약이 실제로 체결되기 오래전에 이미 계약 조건에 대한 협상을 끝내놓았다.[59] 또다시 독일의 내부 문제가 유럽 사태와 연동되었다.

펠리페 2세의 대자(代子)[60]인 페르디난트는 일찍부터 대부(代父)가 시작한 사업을 완수하겠다는 각오를 다졌다. 교회에 대한 사명은 어린 시절 잉골슈타트의 예수회 학교에 다닐 때부터 그에게 뿌리 깊이 박혀 있었다. 훗날 그는 로마와 로레토로 순례여행을 가서 독일의 이단을 박멸하겠다는 서약을 했다고 알려졌으나 그것은 잘못 알려진 사실이다.[61] 그는 그런 서약을 할 필요가 없었다. 그는 이미 가톨릭 교도로서 자신의 신앙에 대해 절대적으로 확신하고 있었으며, 그가 배운 사명은 숨을 쉬는 것처럼 그에게 자연스러운 일이었기 때문이다.

성년이 되자마자 그는 신교도들의 눈치도 보지 않고 확신에 찬 태도로 슈타이어마르크에 가톨릭을 강요했다. 그 지역의 신교도는 소수파였지만, 그 규모가 상당했기 때문에 그의 아버지는 감히 그들을 공격할 마음을 먹지 못했다. 그러나 페르디난트는 특유의 과감함으로 승부를 걸었다. 모든 것을 잃더라도 결코 이단을 용인하지 않겠노라고 선언하기도 했거니와, 영리한 그는 자신의 권력이 가톨릭 신앙의 확대에 달려 있다는 것을 잘 알고 있었다. 그의 가문에서는 대체로 세속 정부에 반대하는 세력을 신교도라고 믿었는데, 터무니없는 생각은 아니었다.[62]

페르디난트의 정책은 교활하면서도 대담했다. 그는 신교도의 권리를 야금야금 빼앗고, 젊은 세대를 교육과 선전으로 회유했다. 그가 점점 고삐를 조여가자 이윽고 신교도들은 저항할 수단을 잃었다는 것을 깨달왔다. 그러나 이미 때는 늦었다. 슈타이어마르크에서 페르디난트의 정책이 성공한 것은 독일에 중대한 경고였다. 1555년의 아우크스부르크 종교화의는 형식적인 것에 그쳤을 뿐 엄중한 감독하에 집행되지는 못했다. 만약 황제가 화의를 아예 무시하기로 마음먹었다면 어떻게 됐을까?

1618년 마흔 살의 페르디난트 대공은 불그스름한 얼굴과 자그마한 체구에 쾌활하고 다정한 태도로 모든 사람에게 따스한 미소를 짓는 사람이었다. 주근깨가 있는 얼굴과 시력이 좋지 않은 튀어나온 연푸른색 눈은 솔직하고 선한 인상을 주었으나, 연한 갈색 머리에다 뚱뚱한 몸으로 부산을 떠는 태도는 그다지 좋게 보이지 않았다. 게다가 특유의 허물없는 행동거지는 조신들과 하인들이 이용해 먹기에 딱 알맞았다. 친구나 적이나 대공만큼 대하기에 편한 사람은 없다고 이구동성으로 말했다. 슈타이어마르크에서 그의 통치는 훌륭하고 자비로웠다. 그는 병자와 가난한 자를 돌보는 공공사업을 시작하고, 법정에서 빈민을 무료로 변호하는 규정도 만들었다. 그의 박애는 무한했다. 그는 비천한 신민들의 처지를 외면하지 않고, 그들의 개인적 곤경에 친절한 관심을 보였다. 그가 특히 열정을 보인 것은 교회였다. 그는 신앙심이 투철했으며, 매주 서너 차례씩 교회를 찾았다. 자식들이나 아내와의 관계도 대단히 행복했다. 그러나 병적일 만큼 금욕적인 습관은 그렇지 않았다면 평범했을 그의 사생활에 예상치 못한 빛을 드리웠다.63

여론으로나, 사견으로나 대공이 높은 평가를 받은 부분은 그의 사람됨이지 능력이 아니었다. 그 시대 사람들은 그를 그저 후덕하기만 한 사람으로 만만하게 보았으며, 총리인 한스 울리히 폰 에겐베르크(Hans Ulrich von Eggenberg, 1568~1634)의 손에 놀아나는 선량한 바보라고 여겼다. 하지만 끌려다니는 듯한 페르디난트의 태도는 허허실실이었다. 젊은 시절에 그는 예수회에서 양심을 지키고 싶으면 정치적 결정의 책임을 남에게 전가하라고 배웠다.64 그는 고해 신부에게서 정치적 자문을 얻지는 않은 듯하다. 그는 교회에 복종하긴 했지만 한 추기경에게 폭력을 가한 적도 있고, 스스로 옳다고 믿는 것을 추구하기 위해 교황을 거스르기도 했다. 평생에 걸쳐 그는 여러 차례 실패를 이익으로 전화시키고, 엄청나게 위험한 상황에서 예상치 못한 안전을 이끌어냈으며, 패배로부터 승리를 낚아챘다. 하지만 그 시대 사람들은 대수롭지 않게 여기며 단지 그의 운이 좋았을 뿐이라고 말했다.65 그것이 행운이라면 실로 대단한 행운이었다.

페르디난트의 온화한 태도와 무자비한 정책 사이의 모순에 당혹감을 느낀 사람들은 그가 정치적으로 꼭두각시에 불과했다는 식으로 설명하려 했다. 하지만 꼭두각시가 어떻게 그런 뛰어난 수완과 일관성을 가질 수 있는지는 설명하지 못했다. 이 일반적인 견해를 지지하는 유일한 증거는 페르디난트와 에겐베르크의 관계였다. 대공이 총리의 상냥한 태도와 안정된 성격, 명확한 판단력에 크게 이끌린 것은 사실이다. 에겐베르크가 병에 걸렸을 때도 페르디난트는 자주 그의 병상까지 찾아가 국정을 의논했다.66 하지만 이것은 페르디난트가 에겐베르크의 동의를 얻어 행동했다는 것을 말해주는 증거일 뿐, 에겐베르크가 페르디난트의 정책을 대신 수립했다는 증거는 아니다. 훗날 다른 대신이 에겐베르크의 자리를 차지하게 되었을 때도 페르디난트의 정책은 달라지지 않았다. 페르디난트가 다른 누구보다 그를 더 신뢰하고, 그의 조언을 구했다는 점은 분명하다. 그러나 두 사람의 관계는 프리드리히 선제후와 안할트의 크리스티안처럼 일방적인 의존관계와는 달랐다.

개인적인 선량함과 정치적인 무자비함은 사실 서로 배타적인 것이 아니다. 설령 페르디난트의 능력이 대화나 글을 통해 드러나지 않았다 해도 그가 아무 일도 하지 않았다는 증거는 없다. 사실 사람들은 페르디난트 같은 인물의 등장을 한편으로 바라면서 다른 한편으로는 두려워했다. 사람들은 페르디난트가 자신의 왕조와 예수회의 도구로서, 이단을 근절하겠다는 신성한 맹세에 일로매진하는 인물이며, 배후에 있는 호전적 가톨릭의 막강한 힘 외에는 그에게 아무런 의지도 없다고 믿었다. 그러면서도 사람들은 그가 합스부르크 가문의 역사상 누구보다도 대담하고 단호한 인물이라는 것에 두려움을 느꼈다.

9

슈타이어마르크의 페르디난트는 차기 황제 후보였고, 팔츠 선제후 프리드리히는 독일의 자유 세력을 이끄는 지도자였다. 그러나 두 사람 다 독일 민족의 연대를 지지하지는 않았다. 이 양 극단의 인물 사이에 독일과 이해관계가 일치하는 두 사람이 있었다. 작센 선제후 요한 게오르크(Johann Georg I, 1585~1656)와 바이에른 공작 막시밀리안(Maximilian I, 1573~1651)이었다. 이들이 중도적 입장을 취하지 않고 어느 한 측으로 기울었더라면 판세가 결정적으로 갈렸을 것이다. 또한 두 사람이 힘을 합쳤더라면 신성로마제국의 난파로부터 독일을 구해낼 수 있었을 것이다.

서른을 갓 넘긴 작센 선제후 요한 게오르크는 금발에다 크고 각진 얼굴에 혈색이 좋은 사람이었다. 그의 인생관은 보수적이고 애국적이었다. 풍습에 따라 그는 수염을 기르고 머리털을 바짝 깎았으며, 프랑스어는 한마디도 하지 못했다.67 그의 옷은 훌륭한 그리스도교도이자 가문의 가장에 걸맞게 화려함과 소박함이 조화를 이루었고,68 그의 식탁에는 토착 과일과 사냥한 짐승의 고기와 맥주가 풍성하게 올랐다. 매주 세 차례 그는 궁정 조신들과 함께 설교를 듣고 루터파의 예식에 따라 이루어지는 성찬식에 참여했다.69 요한 게오르크는 늘 자신의 원칙을 확고히 견지했으며, 억압적인 국내 분위기에서 사생활도 나무랄 데 없었다.70 사냥광이었으나 문화에도 밝아 보석과 금 세공품에 조예가 깊었다. 그리고 무엇보다 음악을 몹시 사랑했다.71 그의 후원으로 하인리히 쉬츠는 독일과 이탈리아 양식을 멋지게 섞어 후대에 길이 남는 음악을 만들어냈다.

이러한 문화적 면모에도 불구하고 요한 게오르크는 독일 전통의 요란한 술잔치도 즐겼다. 팔츠의 프리드리히와 슈타이어마르크의 페르디난트처럼 프랑스나 에스파냐의 영향을 받은 사람들이 보기에는 아주 놀랄 만한 풍습이었다. 외국풍의 우아함을 경멸한 요한 게오르크는 일곱 시간이나 연속해서 전통 음식과 맥주를 먹어치운 적도 있다고 전해진다. 대화라고는 말 대신 맥주를 더 가져오라는 신호로 난쟁이의 뺨을 후려치거나 잔에 남은 찌꺼기를 하인의 머리에 붓는 것이 고작이었다.72 하지만 그는 주정뱅이는 아니었다. 취하지 않았을 때 그의 두뇌는 명철하기 그지없었다. 술을 마시는 것은 그저 습관이었으며, 약점이라기보다는 사교성을 보여주는 증거였다. 그래도 그는 술을 너무 많이, 너무 자주 마셨다. 나중에는 터무니없는 정치적 결정을 해놓고서는 그때마다 너무 많이 마신 탓이라고 말하는 게 습관이 되었다. 어느 대사가 남긴 문서에는 이런 대목이 강조돼 있다. "그는 포도주 때문에 약간 열이 오르기 시작했다. 내가 보기에 상당히 취한 듯했다."73 그래서 외교가 더욱 어려워졌다.

그러나 그가 술에 취했든 안 취했든 간에 수수께끼 같은 인물이란 점에서는 별반 달라질 게 없었다. 그가 어느 측을 지지할지는 아무도 알지 못했다. 요한 게오르크로서는 자신이 어느 측을 더 선호하는지 두 세력이 계속 추측만 하도록 놔두는 편이 나았다. 하지만 안타깝게도 그 역시 다른 이들과 마찬가지로 사태가 어떻게 될지, 누구 편을 들어야 할지 알지 못했다. 그가 절실히 원한 것은 평화와 상업의 번영 그리고 독일의 통합이었다. 프리드리히나 페르디난트와 달리 그는 종교적 사명감에 불타지도 않았고, 불확실한 미래의 이익을 위해 현재의 안위를 희생하고 싶지도 않았다. 독일 민족의 신성로마제국이 붕괴 위기에 처해 있는 것을 보고 그는 어떻게든 제국을 지탱하는 것 이외에 다른 해결책을 알지 못했다. 제국을 해체하려는 독일의 자유 세력과 합스부르크 절대주의 세력 사이에서 그는 전통적 성격의 연대를 지지했다. 처음부터 끝까지 그는 입헌주의자였다.

세 지도자들 가운데 가장 영리한 사람을 꼽으라면 단연 요한 게오르크겠지만, 그는 페르디난트처럼 자신감에 넘치지도, 프리드리히처럼 남들을 신뢰하지도 않았다. 그는 모든 사안의 양면을 꼼꼼히 살피면서도 용기 있게 선택하지 못하는 유형이었다. 막상 행동에 나서면 현명하고 정직하고 건설적이었으나 행동에 나서기까지 언제나 시간이 오래 걸렸다.

그의 아내와 궁정 목사는 결정적인 것은 아니었지만 그에게 큰 영향을 미쳤다. 선제후 부인 마그달레나 시빌레(Magdalena Sibylle, 1586~1659)는 고매하고, 정숙하고, 온화한, 전통적인 내조형 여인이었다. 하지만 그녀는 편협한 식견으로 루터교가 옳으며, 하층민들은 본분을 지켜야 하고, 공공 금식이 정치적 위기를 타개하는 수단이라고 믿었다. 그래도 그녀는 아이들과 가정을 잘 다스렸고, 남편과 백성들 사이에 긴밀한 공감대가 이루어지도록 한몫 거들었다. 그녀는 왕가의 위신을 세우는 데 중간층의 기준이 중요하다는 것을 인식한 최초의 왕녀였다.74

궁정 목사인 마티아스 회에(Matthias Hoë, 1580~1645) 박사는 격정적인 성격을 지닌 귀족 혈통의 빈 출신으로, 가톨릭 교도들 사이에서 교육을 받은 탓에 가톨릭 측의 견해를 어느 정도 받아들이고 있었다.75 그는 칼뱅교도들이 교리상의 잘못을 40배나 더 많이 저지른다고 말했다.76 그러나 그는 신실한 신교도였고, 자신이 섬기는 주인처럼 입헌주의자였다. 작가로서는 문제가 많았어도 웅변 실력은 뛰어났던 그는 특히 16세기에 처음 선보인 인쇄술에 큰 열정을 보였으며,77 독일 전역에 논객으로 명성을 떨쳤다. 칼뱅파는 그의 이름을 이용해 그를 호헤프리스터(Hohepriester, 제사장)라고 놀렸다.78 지적 허영심이 강하고, 사회적으로 배타적이었던 박식한 박사는 비웃음을 사기 쉬운 대상이었다. 그는 이렇게 말했다고 전한다. "신께서 내게 내려주신 위대하고 고결한 재능에 대해서는 아무리 감사해도 충분하지 않다."79

후대의 평가는 요한 게오르크와 그의 신하들을 좋게 여기지 않는다. 그들은 모호한 체제를 옹호하고 백성들을 분열시켰을 뿐 아니라 별로 보람 없는 과업을 추구하면서 그나마도 제대로 수행하지 못했다. 하지만 선제후는 다가올 앞날에 필요한 몇 가지 비범한 자질을 갖고 있었다. 그는 언제나 정직했고, 늘 속내를 다 털어놓았다. 또한 진심으로 독일의 평화와 안녕을 위해 애썼다. 때로 작센을 최우선으로 여기고, 필요 이상으로 많은 것을 차지했더라도 잘못은 그의 시대에 있었다. 적어도 그는 외국인에게 도움을 요청하지는 않았다. 역사에는 그가 1620년에 신교도를, 1631년에 황제를, 1635년에 스웨덴을 배신한 것으로 기록되어 있다. 하지만 사실 그는 적과 동맹이 어지러이 뒤얽힌 상황에서 일관된 정책을 견지한 거의 유일한 지배자였다. 만약 그가 다른 인물이었더라면, 조국을 재앙으로부터 구해낼 중용의 길을 찾았을지도 모른다. 요한 게오르크가 위대한 인물이 아니었다는 점이 독일 역사의 커다란 비극이다.

바이에른의 막시밀리안은 선제후가 아니었으나 독일 군주들 가운데 외국에서 명성이 가장 높았다. 팔츠 선제후의 먼 친척으로, 그 역시 비텔스바흐 가문에 속했다. 당시 이 가문은 독일의 일부 지역에서 전통이 약한 합스부르크 가문보다 더 두터운 신망을 자랑했다. 그 시대 사람들의 견해에 따르면, 그는 독일에서 가장 유능한 군주였다. 지략이 풍부하고 인내심이 강한 데다 계산에 밝았던 그는 아버지가 퇴위한 이후 20여 년 동안 바이에른을 통치했다. 1618년 당시 마흔다섯 살이 된 그는 유럽에서 가장 큰 성공을 거두었으나 호감이 가는 지배자는 아니었다. 그는 절약과 엄격한 관리로 상당한 부를 축적해 바이에른 영주들을 지배하고 그들의 모임을 주도했다. 또한 다른 권력자와 동맹을 맺을 때에도 항상 노른자위를 차지하고 공동의 정책을 지시하는 입장이었다.

냉정하면서도 인정이 많고, 정의와 도덕을 엄격하게 지켰던 막시밀리안은 까다로운 정치적 과제를 해결하기 위해 최선을 다했다. 병원을 설립하고, 빈민 구호를 조직하고, 교육과 예술을 장려했으며, 견실하고 유능한 통치로 백성들에게 안전감을 주었다. 그러나 간통을 저지른 자는 사형에 처했을 뿐만 아니라, 매년 범죄자들 일부를 노예로 팔고, 고문을 가해 마녀를 심문하도록 했다. 전국적인 징병을 통해 상비군을 조직하고, 나아가 그는 신민들의 지극히 사적인 관심사에도 간섭했다. 이를테면 귀족을 포함해 누구도 쉰다섯 살이 되기 전까지는 마차를 소유하지 못하게 했다. 기병대용 말을 육성하고 백성들에게 승마술을 익히게 하려는 조치였다. 또한 3년 뒤에는 복식에 관해 일곱 가지 제한 조치를 내렸다. 그에 따라 신민들의 복장은 좀 더 점잖아지고, 전시에도 실용적으로 변했다. 그는 일체의 범죄를 소탕하고자 했다. 농민들의 부도덕함에 크게 놀란 그는 춤을 금지하고, 남녀 노동자들이 한집에서 잠을 자서는 안 된다고 주장했다. 가난한 사람은 오락을 즐길 여유가 없을 뿐만 아니라, 가난에 대한 책임이 꼭 가난한 자에게만 있는 것은 아니라는 생각이 그에게는 없었다.[80] 전 유럽이 그의 인색함을 조롱했다.[81] 그는 군주의 자리에서 물러난 사람에게 지나치게 많은 돈을 주어서는 안 된다는 이유로 연로한 아버지에게 주는 생활비를 삭감했으며, 종복들에게도 쥐꼬리만 한 급료를 주면서 권위와 공포로 다스렸다.

막시밀리안은 정치에서만이 아니라 생김새도 그다지 매력이 없었다. 운명은 가혹하게도 그에게 보잘것없는 외모를 주었다. 그는 쥐색 머리털과 창백한 안색에 깡마르고 키가 작았으며, 인두편도 질환으로 발음이 어눌하고 용모가 추했다. 행동거지가 정중하고 언변이 뛰어나며 지식이 풍부했으나, 그의 새된 목소리는 익숙하지 않은 사람들을 놀라게 했다. 로렌의 왕녀를 아내로 둔 덕분에 그는 프랑스 복식을 좋아했지만, 그 우아한 의상으로도 타고난 결점을 감출 수는 없었다.82

작센의 요한 게오르크에 비해 막시밀리안은 더 유능하고 정치적 영향력이 컸으나 작센 선제후의 품위를 지켜준 철저한 정직성을 갖지는 못했다. 그는 실수를 피하려는 나머지 어떤 일에도 전력을 기울이는 법이 없었으며, 그런 탓에 그를 따르는 사람들에게 헛된 희망을 심어주었다. 요한 게오르크처럼 그도 독일의 공익을 도모하기 위해 진심으로 애썼지만, 요한 게오르크와 달리 그에게는 명확한 정책 방향과 정확한 판단력이 있었다. 요한 게오르크와 마찬가지로 사적 이익을 앞세울 때 그가 내세운 변명은 초라하기 그지없었다. 이런 측면에서 작센 선제후와 바이에른 공작은 둘 다 조국을 저버렸다고 할 수 있다. 특히 막시밀리안은 더 후안무치한 이기주의로 일관했다. 다른 사람들에게는 늘 전체의 이익을 위해서는 개인의 이익을 희생해야 한다고 역설해놓고서 정작 자신의 이익은 무엇보다도 소중히 여긴 사람이었다.

막시밀리안은 통혼을 통해 페르디난트 대공과 이중으로 동맹을 맺고,83 치세 초기에 반종교개혁을 열렬히 지지했다. 독일 전역에서 그의 영토는 이단이 전혀 발을 딛지 못하는 곳으로 알려졌다.84 1608년 그는 도나우뵈르트 판결을 집행할 인물로 발탁되었다. 그가 이 과업을 즉각 수용한 것은 제국 측에 확실히 붙기 위해서였다. 독일의 자유를 수호하는 세력에게서 지지를 얻지 못하자 그는 자기 방어의 필요성에서 안할트의 크리스티안이 조직한 신교연합에 맞서 '가톨릭동맹'을 결성했다.

이후 그는 독일에 대한 에스파냐의 간섭이 커질 것을 우려해 정책을 바꾸었다. 우선 그는 합스부르크 가문의 군주들을 가톨릭동맹에서 전부 몰아냈다. 그 다음에 동맹을 해체하고, 자신의 영향력을 추종하는 군주들만으로 새 동맹을 구축했다. 그는 팔츠 선제후에게 보낸 편지에서 이 동맹을 순전히 체제를 유지하려는 정치적 결사체라고 표현하면서,85 종파를 초월해 신교연합과 통합하자고 제안했다. 이후 두 기구의 행보를 감안하면 당시 그 제안은 결코 터무니없는 게 아니었다. 그가 독일의 안녕을 위해 애쓰지 않았다고 할 수는 없다.

가톨릭과 신교는 차기 황제 선거에서 막시밀리안을 페르디난트의 대항마로 내세우려는 계획을 꾸몄다. 그는 신망과 명성이 두텁고 외국과의 위험한 연계가 없었다. 게다가 그는 바이에른 바깥에서는 신교를 특별히 적대하지 않았으며, 팔츠 선제후와 매우 돈독한 사이였다. 그 덕분에 그는 세 신교 선제후(팔츠, 작센, 브란덴부르크)의 지지를 얻었다. 또한 세 명의 라인 주교들 가운데 쾰른 선제후는 그의 형제였고, 마인츠 선제후는 팔츠 선제후를 두려워했으며, 트리어 선제후는 프랑스 궁정의 휘하에 있었다.86 그러므로 보헤미아 왕을 제외하면 전부 그의 편인 셈이었다. 그런데 1617년 6월 슈타이어마르크의 페르디난트가 보헤미아의 왕으로 선출되었다. 그에게서 왕위를 빼앗았다면……. 하지만 그것은 무의미하고 불가능한 추측이었다. 당시 막시밀리안은 아무런 결정도 내리지 않았기 때문이다. 그는 선택할 권한을 가졌으나 판단력보다 신중함을 더 앞세웠다. 결단성은 부족했어도 신중한 용기를 갖고 있었던 그는 언제 무엇을 위해 모험을 걸어야 하는지 알고 있었다.

독일의 군주들은 거의 다 저마다 속셈을 갖고 있었다. 브란덴부르크의 경우, 선제후 요한 지기스문트(Johann Sigismund, 1572~1619)는 칼뱅파였으나 백성들은 대부분 루터파였다. 선제후는 궁정의 음모에 휘둘리는 하찮은 노인이었다. 게다가 그는 얼마 전에 폴란드 왕의 봉토인 프로이센을 물려받았기 때문에 합스부르크 왕조가 수족처럼 부리는 폴란드 왕을 움직여 위협을 가해오지만 않는다면 합스부르크에 반기를 들 생각이 전혀 없었다. 전반적으로 그는 작센 선제후의 뒤를 조심스럽게 좇는 입장이었다.

세 명의 종교권 선제후 가운데 마인츠의 요한 슈바이크하르트(Johann Schweikhard, 1553~1626)는 지혜롭고 양심적이며 평화를 사랑하는 사람이었으나 선제후단 바깥에서의 영향력은 크지 않았다. 트리어 선제후 로타르 폰 메테르니히(Lothar von Metternich, 1551~1623)는 그 시기의 문헌을 상당히 뒤져봐도 이름을 찾기 어려울 만큼 미미한 인물이었다. 하지만 그의 성(姓)은 역사적인 명성을 갖고 있다. 바로 메테르니히(Metternich)였기 때문이다. 후대에 이 가문은 유명해지지만 그는 그 명성에 전혀 기여한 것이 없었다(19세기 초 빈 회의를 주재한 오스트리아의 유명한 외무장관이 바로 메테르니히다: 옮긴이). 쾰른 선제후 페르디난트 폰 바이에른(Ferdinand von Bayern, 1577~1650)도 바이에른 공작의 형제라는 점 외에는 중요하지 않았다.

빈의 마티아스 황제는 무덤을 향해 비틀비틀 걸어가고 있었다. 그는 자신이 죽은 뒤에 무시무시한 일이 벌어지리라고 암울하게 예측했다. 하지만 그는 어지러운 시기에 때맞춰 세상을 떠난다는 무력한 안도감조차 누리지 못했다. 유럽의 모든 사람들처럼 그도 위기의 폭발을 3년이나 잘못 계산했다. 전쟁의 신호탄은 1621년 4월 네덜란드 휴전이 끝나면서 터진 게 아니라, 1618년 5월 보헤미아에서 터졌던 것이다.

THE THIRTY YEARS WAR 1618~1648

| 2장 |

보헤미아의 왕위: 1617~19년

더욱이 우리는, 만약 이 정의로운 소명을 거부한다면 숱한 피를 흘리고 넓은 땅이 황폐해지리라는 것을 고려하지 않을 수 없었습니다.

-프리드리히 5세의 선언

1

보헤미아 왕국은 크지 않았으나 그 왕권에는 슐레지엔과 라우지츠 공국, 모라비아 변경국의 군주권까지 달려 있었다. 이 네 지역의 수도는 프라하, 브로추아프(브레슬라우), 바우첸, 브르노(브륀)로 각기 달랐고, 지배층과 법도 별개였다. 언어 또한 보헤미아에서는 독일어와 체코어, 슐레지엔에서는 독일어와 폴란드어, 라우지츠에서는 독일어와 벤드어, 모라비아에서는 슬로바키아어를 썼다.

이 네 지역 전부 혹은 어느 한 지역이 신성로마제국의 경계 내에 위치하는지는 확실하지 않았다.

가장 부유한 보헤미아가 다른 세 지역을 지배했다. 이곳에서는 유럽의 다른 지역에서 막 태동하기 시작한 신앙의 독립, 민족의 통합, 정치적 자유를 추구하는 운동이 일찍부터 발달했다. 체코인은 언어에서 독일인과 구분되었고, 종교와 기질에서 슬라브인과 달랐다. 자립심이 강하고 수완이 좋은 그들은 예부터 이재에 밝기로 유명했으며, 노동의 가치를 찬양하는 전통을 갖고 있었다. 그들은 비잔티움의 전도사들에게서 그리스도교를 배웠지만 예배 형식을 자신들에게 맞게 변형시켰다. 이후 가톨릭교회에 편입된 이후에도 그들은 예배를 볼 때 토착 언어를 사용하고, 자신들의 수호성인으로 그리스도교의 유명한 성인이 아니라 자신들의 왕이었던 바츨라프 1세(Václav I, 907~929)를 선택했다. 이처럼 보헤미아에서 왕의 지위와 권위는 다름 아닌 백성들의 애정에서 비롯되었다.

보헤미아인들은 아무래도 일찍부터 로마의 권위에 저항할 수밖에 없었다. 그 결과 두 명의 위대한 스승이 등장했다. 1417년 콘스탄츠 공의회에서 이단으로 몰려 화형을 당한 얀 후스(Jan Hus, 1372?~1415)와 프라하의 예로님(Jeroným Pražský, 1379~1416)이 그들이다. 이 개혁가들은 유죄 판결을 받았지만, 그들의 가르침을 계승한 체코인들은 얀 지슈카(Jan Žižka, 1360~1424)를 지도자로 삼아 타보르의 넓은 언덕에 요새를 세우고 나라를 재정복했다. 수십 년 뒤에 서유럽 최초의 비가톨릭계 왕인 게오르크 폰 포디브라트(Georg von Podiebrad, 1420~1471)가 보헤미아 전역에 후스의 신앙을 전파하고, 개혁의 상징으로 모든 교회의 정면에 성배 조각상을 설치했다. 새로운 신앙인 양형영성체주의(兩形領聖體主義, utraquism, 평신도들은 성화된 빵만 먹고 사제들은 빵과 포도주를 먹는 가톨릭교회식 성만찬을 개혁하려 한 운동 : 옮긴이)가 가톨릭과 다른 점은 성찬식에서 평신도에게 빵과 포도주, 두 종류를 다 제공한 점이었다. 그밖에는 가톨릭과 별로 다를 바 없었다. 50년 뒤 독일의 종교개혁이 유럽을 뒤흔들었을 때 루터파와 칼뱅파가 차례로 보헤미아에 전파되었다.

  이 무렵 보헤미아는 합스부르크 왕조의 수중에 들어갔다. 보헤미아 왕국은 제국의 중요한 자산이었다. 농업과 상업이 발달해 제국 행정에 필요한 총 비용의 절반 이상을 세금으로 거둘 수 있었기 때문이다.[1] 어느 여행자는 이렇게 감탄했다. "그곳에는 인간에게 필요한 모든 것이 있었다. …… 그 나라 자체가 마치 보물 창고나 곳간과도 같았다."[2] 체코인들이 왜 그토록 오랫동안 자신들의 재산을 가져다 다른 곳에 사용하는 합스부르크 가문의 왕들에게 복종했는지는 이해하기 어렵다. 더구나 군주가 세습되지 않고 선출되었던 점을 고려하면 그것은 아주 특이

한 현상이었다.

16세기 후반 보헤미아는 극히 암울한 혼돈에 처해 있었다. 양형영성체파, 루터파, 칼뱅파가 특권을 노리고 자기들끼리 싸우는 동안 합스부르크 가문의 왕들은 그 세 신앙을 관용하기만 하고 다시 가톨릭을 공식 신앙으로 채택했다. 그런 와중에 보헤미아의 쇠퇴가 시작되었다. 토지에 기반을 둔 옛 가치관은 좀처럼 사라지지 않았다. 1,400개나 되는 귀족 가문이 작은 나라를 서로 나누어 가진 채 저마다 이제는 불필요해진 사회적 특권을 요구했다.3 귀족들 가운데 루터파가 점차 증가하자 위기를 느낀 광신적 칼뱅파는 안전을 위해 합스부르크 가톨릭 정부에 붙었다. 게다가 귀족들은 시민층이나 농민층과도 사이가 틀어졌다.4

이러한 내부 분열은 합스부르크가 왕권을 유지하는 데 어느 정도 도움이 되었다. 하지만 종종 위기가 닥칠 때마다 보헤미아인들은 하나가 되었다. 1609년 황제 루돌프 2세(Rudolf II, 1552~1612)가 신교에 대한 관용을 취소하려 하자 신교 세력만이 아니라 가톨릭 귀족들도 특권의 침해라며 반대하고 나섰다. 대규모 반란 위협에 황제는 이른바 '황제의 칙서'를 반포해 신교 예배를 보장했다. 또한 신앙의 자유를 수호하기 위해 '옹호자들'이라는 기구가 결성되었다.

루돌프 황제는 프라하를 제국의 수도로 삼았다. 여기서 그는 자기 실험실의 아스트롤라베(astrolabe, 고대부터 사용된 천체 관측 기구: 옮긴이)와 천체도를 벗 삼아 점점 암울해지는 치세의 만년을 보냈다. 마구간에는 타지도 않은 말들이 가득했으며, 황제는 후궁들이 있는 침전을 거들떠보지도 않고 온종일 점성술사나 천문학자와 어울렸다. 그의 책상에는 결재해야 할 칙령과 문서가 몇 주일이나 먼지를 뒤집어쓴 채 놓여 있었다. 보헤미아의 루터파 귀족들은 마침내 황제의 퇴위를 강요하고 그의 동생인 마티아스를 제위에 올렸다.

한 익명의 정치가는 이렇게 썼다. "보헤미아인들은 가톨릭교회를 파괴하기 위해 온갖 노력을 기울였을 뿐, 마티아스를 위해서는 아무 일도 하지 않았다."[5] 실제로 루터파는 새 군주에게 은혜의 대가를 얻어내려 했으나 합스부르크 왕조의 가톨릭 전통이 워낙 강했다. 오래지 않아 마티아스는 '황제의 칙서'의 실제 조항까지는 아니더라도 그 정신을 침해했다. 또한 그는 거처를 빈으로 옮겼다. 배신감을 느낀 귀족과 시민들은 보헤미아가 오스트리아의 한 지방으로 전락해버렸다고 불만을 토로했다.[6] 그 보복으로 프라하 의회는 체코어를 모르는 사람은 보헤미아에 와서 살지 못하고 시민권도 얻지 못한다는 법을 통과시켰다.[7]

보헤미아 의회는 귀족, 시민, 농민의 세 계층으로 구성되었는데, 그중 귀족층만이 표결권이 있고, 나머지 두 계층은 조언 기구의 역할을 했다. 귀족의 기반은 오로지 토지였다. 토지를 잃으면 회의에 참여하고 표결하는 일체의 권리도 함께 잃었다. 거꾸로, 토지를 획득한 사람은 지주의 특권도 획득했다. 따라서 보헤미아 의회의 실질적인 구성원은 1,400명의 지주였다. 대부분 부농이었고, 농민과 시민 위원회의 조언에 따라 행동했다. 정부에 필요한 세금을 충당하는 농민과 시민은 표결권을 가진 귀족에게 지대한 영향력을 행사할 수 있었다. 특히 마흔두 곳의 자유시는 보헤미아 국가 경제의 근간이었으므로 그들의 호의를 확보하는 게 중요했다.[8]

지주들은 영주와 기사의 두 부류로 나뉘었는데, 영주는 두 표를 행사했다. 기사의 수는 영주의 세 배가량 되었다. 대의제의 원칙이 전혀 확립되지 않았기 때문에 보헤미아 의회에서 민주적인 정치 요소를 찾기는 매우 힘들다. 보헤미아보다 인구가 더 많은 영국에서는 상원과 하원을 다 합쳐도 의회의 규모가 보헤미아의 절반도 되지 않았다. 또한 지역대표제에 대한 기초적인 이해는 있었지만, 보헤미아처럼 여러 계층의 다양한 이해관계를 대변하려는 시도는 없었다. 보헤미아의 정치 체제에는 부패한 요소가 전혀 없었다.

보헤미아의 위험은 정치와 종교가 지나치게 활발하고 여러 종교와 계층의 요구가 상충한다는 점이었다. 국가의 독립을 주장하는 세력도 있었고, 종교적 자유를 쟁취하려는 세력도 있었으며, 중앙정부가 의회를 장악해야 한다고 보는 세력도 있었다. 이 세 가지 주장이 통합될 수 있었다면 좋았을 것이다. 그러나 시민들은 귀족들이 전시에 국가 지도자로 나섰다가 무장 반란을 일으켜 사익을 추구하지 않을까 두려워했다. 또한 생존하기도 벅찬 마당에 더 나은 미래를 위해 현재의 안전을 걸고 모험을 감행하기 어려운 자유 농민들은 탐욕스러운 시민과 억압적인 지주, 둘 다를 두려워했다. 루터파, 양형영성체파, 칼뱅파, 가톨릭은 각각 서로의 불관용을 두려워했다. 사실상 보헤미아의 독립을 위해서는, 여러 세력들 간의 균형을 유지해주고 있긴 하나 예전만큼 인기가 없는 하나의 왕조, 즉 합스부르크 왕을 폐위시켜야만 했다.

어쨌든 이 불편한 중립은 점차 끝을 향해 치닫고 있었다. 마티아스 황제는 후사가 없었으므로 제국과 보헤미아에서 그의 후계자는 정치적으로나 종교적으로나 이미 악명이 널리 알려진 슈타이어마르크의 페르디난트 대공이 될 공산이 컸다. 그렇게 되면 그는 슈타이어마르크에서 그랬던 것처럼 보헤미아의 신교와 국민의 지지를 받고 있는 정부를 철저히 짓밟을 게 뻔했다.

　1609년의 위기 상황에서처럼 보헤미아인들이 단결할 수 있을지는 미지수였다. 민족주의, 종교적 관용, 민주주의, 이 세 가지 지도 원칙은 오스트리아인이자 가톨릭 전제군주인 페르디난트와는 거리가 멀었다. 신앙의 자유를 기치로 내건다면, 이미 페르디난트에 맞서 단결한 독일 신교와 연합해야 했다. 민주 정치를 바란다면, 귀족과 시민들은 힘을 합쳐 미래의 왕에게 입헌주의적 개혁을 강요해야 했다. 민족주의를 원한다면, 보헤미아인들은 즉각 반란을 일으키고 전쟁을 불사해야 했다. 이 세 가지 관점은 각각 비슷한 수준의 지지를 얻었으나 노선을 결정할 만큼 어느 하나가 확실하게 앞서지는 못했다. 결국 모든 경계가 사적 이해관계와 지역적 다툼으로 모호해지고, 뒤에서 시간만 질질 끌던 보수적인 소심함에 짓눌려버렸다.

　현명한 사람이라면 공통의 슬로건을 찾아낼 수 있었을 것이다. 하지만 페르디난트 대공이 일찍부터 그 세 분야에 대한 보헤미아의 자유에 맞설 준비가 되어 있었던 데 반해, 보헤미아에는 페르디난트처럼 민족과 혈통, 신념을 결합할 만한 정치적 수완을 가진 사람이 없었다. 연령과 서열로 보면 신교 귀족의 지도자는 전통 있는 귀족인 슐리크 백작 요아힘 안드레아스(Joachim Andreas von Schlick, 1569~1621)였다. 종교적으로 루터파인 슐리크 백작은 평화를 사랑하는 훌륭한 귀족으로서, 법적 수단을 통해 동포들의 특권을 옹호하는 데 앞장서왔다. 그는 풍부한 학식과 용기를 가진 양심적인 인물이었으나 지도자감은 못 되었다. 지나치게 철학적인 사고방식과 풍부한 유머 감각도 문제였지만 재산이 너무 많았다. 그래서 그는 훌륭한 시민으로서의 전통을 뒤로하고 자식들의 안전이라는 견지에서 미래를 내다보았다.

슐리크의 이런 약점 때문에 정국의 주도권은 그보다 지체도 낮고 지혜도 모자란 인물에게로 넘어갔다. 투른 백작 하인리히 마티아스(Heinrich Matthias von Thurn, 1567~1640)는 혼란기에 어쩌다 지도자의 위치에 오르게 된 전형적인 인물이었다. 그는 의회에 자리를 갖게 해준 작은 영지와 더불어 보헤미아 바깥에도 자기 소유의 토지를 가진 독일어권 귀족으로, 체코어를 거의 알지 못했고 이탈리아에서 교육을 받았다. 처음에는 가톨릭의 영향권에 있었으나 나중에는 신교권에서 적극적으로 활동했다.9 군인인 그는 판단력이 빠르고 행동이 단호했으며, 슐리크에게 없는 자신감이 넘쳤다. 그는 스스로 외교관, 정치 지도자, 장군이라고 자부했으나 안타깝게도 그런 지위에 걸맞은 자질을 갖추지는 못했다. 그의 외교는 음모에 불과했고, 정치적 감각은 터무니없는 억측이었으며, 군인으로서의 활약도 허세에 지나지 않았다. 그는 용감하고, 그 자신의 기준에 따르면 존경을 받을 만한 인물이었으나 수완도, 인내도, 판단력도, 통찰력도 없었다. 게다가 그는 욕심이 많고 오만한 데다 허풍이 심해 따르는 사람은 많았어도 정작 친구는 거의 없었다.

원래 보헤미아의 지배자를 선출하는 문제는 보헤미아인들만의 관심사여야 했다. 그러나 보헤미아 왕이 신성로마제국의 선제후이고, 근 한 세기 동안 합스부르크의 영향을 받았다는 불행한 사실 때문에 보헤미아의 왕위 계승은 유럽 전체의 주목을 받았다. 물론 초점은 달랐다. 보헤미아인들은 국내 정치에 관심을 둔 반면, 다른 나라들은 황제를 선출할 한 표가 누구에게로 가는가에 관심을 보였다.

마티아스 황제가 폐위된 형 루돌프의 뒤를 이어 보헤미아 왕위에 오른 데는 강력한 신교 세력의 지원이 있었다. 그러나 재위 동안 신교 세력을 크게 실망시킨 탓에 향후 그의 후계가 다시 합스부르크 가문으로 이어질지는 대단히 불확실했다. 이 점을 의식한 그는 어떻게든 선거를 미루려 애썼으며, 심지어 왕위 계승을 확정하지 않기 위해 아내를 임신시킬 계획을 꾸미기도 했다. 하지만 온갖 방책에도 불구하고 마감시간은 다가오고 있었다. 1617년 늙고 병든 마티아스는 더 이상 늦출 수 없는 지경에 이르렀다.

사정은 합스부르크 왕조에게 좋게 돌아가지 않았다. 가문 내부에서도 페르디난트 대공은 보헤미아 왕으로 내세울 만한 위인이 아니라는 견해가 대두되었다. 사실 그는 신교가 압도적으로 우세하고 신교의 특권을 열렬히 바라는 나라에서 자신 있게 처신할 만한 지배자가 못 되었다. 에스파냐인들은 페르디난트를 내세우면 왕조에 재앙을 자초하는 것이나 다름없다고 당당하게 주장했다. 그렇다면 어디 다른 후보가 있을까? 다른 오스트리아 대공들은 나이가 너무 많아 앞날을 안심할 수 없었다. 맏이가 아직 십대 초반인 에스파냐 왕의 아들들 역시 신교 보헤미아인들에게는 마뜩지 않았다. 페르디난트 대공은 최소한 독일어라도 할 줄 알고 프라하에 와본 적이라도 있지만 마드리드에서 교육받은 외국인들은 그보다 나은 점이 없었다. 그러니 에스파냐의 왕자나 귀족을 보헤미아 왕위에 앉히는 것은 효과가 없었다. 1617년 6월 마드리드 정부는 페르디난트 대공이 알자스의 합스부르크 봉토에 대한 그의 권리를 에스파냐 왕실에 넘겨준다면, 그 대가로 자신들의 계획을 포기하기로 합의했다. 그에 따라 합스부르크 왕조가 페르디난트를 전폭적으로 지지해주는 대신 페르디난트는 보헤미아 왕으로서, 또 미래의 황제로서 에스파

나 군대가 독일 지역으로 들어갈 수 있도록 길을 내주겠다는 비밀 협정이 체결되었다.10

페르디난트 대공이 발탁되자 보헤미아 신교도와 합스부르크 왕조에 반대하는 유럽의 세력들도 경쟁 후보를 내세우려고 했다. 그러나 필요성은 절박해도 후보가 없었다. 안할트의 크리스티안 1세는 이미 5년 전부터 자신이 모시는 젊은 주군인 팔츠 선제후 프리드리히를 보헤미아 왕의 후보로 만들기 위해 애썼으나 뜻을 이룰 만큼 강력한 세력을 구축하지는 못했다. 프리드리히는 칼뱅파인 데다 경험도 부족하고, 유럽 군주들에게서 신임도 얻지 못했다. 루터파가 다수인 보헤미아 신교 세력은 당연히 그를 왕위에 앉히려는 계획을 탐탁해하지 않았다. 다른 후보는 이웃 군주인 작센의 요한 게오르크뿐이었다. 루터파인 데다 장년의 나이에 관용적인 지배자였던 그는 틀림없이 더 높은 점수를 받을 수 있을 터였다. 하지만 그는 한사코 그 제안을 뿌리쳤으므로 그의 이름을 내세우기는 불가능했다.

결국 더 나은 후보가 없었으므로 보헤미아 왕권은 신교 세력이 선거 자체를 거부하거나 새 왕이 받아들이지 못할 조건을 강요하지 않는 한 페르디난트에게 돌아가게 되었다. 투른 백작은 아마 할 수만 있었다면 그 선거를 막았을 것이다. 하지만 투른 백작은 의회 내에서 기사 신분에 불과했기 때문에 왕을 선출할 투표권을 갖지 못했다. 이 중대한 순간에 신교 세력의 지도권이 슐리크 백작에게 넘어갔다. 슐리크는 마티아스 황제처럼 결정을 미루는 전략을 구사했다. 곧장 위기에 대처하기보다 사태가 은근슬쩍 지나가기를 기다렸던 것이다. 1617년 6월 17일 페르디난트의 선출이 표결에 부쳐졌을 때 그는 이의를 제기하지 않고

페르디난트를 지지했다. 신교 귀족들은 당혹감을 느끼면서도 만장일치로 그의 결정을 따랐다.11

그 이튿날 의회에서는 철저한 가톨릭교도인 야로슬라프 마르티니츠(Jaroslav Martinitz, 1582~1649)와 빌헬름 슬라바타(Wilhelm Slavata, 1572~1652) 두 명을 제외한 전원이 새로 선출된 왕에게 루돌프 2세가 신교도들에게 약속한 '황제의 칙서'를 보장하라고 요구했다. 하지만 슬라바타는 신교도의 지도자 슐리크의 특별 조치가 신교 세력의 전반적 견해를 따른 게 아니라고 주장하면서 페르디난트에게 의회의 제안을 거부하라고 촉구했다. 슬라바타는 마침내 신교 세력을 향해 결정타를 날릴 때가 왔다고 판단했던 것이다. 마티아스 황제와 평화를 추구하는 그의 자문관 멜히오르 클레슬(Melchior Klesl, 1552~1630) 추기경은 생각이 달랐다. 이들은 페르디난트가 황제의 칙서를 진정으로 보장하리라고 믿었다. 설령 나중에 신교를 공격할 작정이라 해도 공공연히 그렇게 하지는 않으리라고 여겼다. 페르디난트 본인은 망설였다. 황제의 칙서를 준수할 마음은 애초부터 없었으나 과연 자신의 입장을 명확히 밝힐 만큼 상황이 유리한지는 확실치 않았다. 이단에게 종교 문제를 공식적으로 양보해야 한다고 생각하니 양심의 가책 때문에 괴로운 심정이었다. 하지만 그는 투른과 극단주의자들의 성향을 익히 알고 있었으므로 당장 손을 쓸 수는 없는 처지였다. 나중에 이 세력이 정부에 정면으로 반기를 든다면 신교의 특권을 철폐하는 구실로 삼을 수 있을 터였다. 고해 신부와 상의한 결과 그는 자신의 순수한 신앙심을 잠시 뒤로 밀어놓을 만한 정치적 필요성이 있다고 판단했다. 그 이튿날 그는 황제의 칙서를 공식적으로 보장했다.12

황제의 칙서를 단호히 거부할 경우 대규모 반란이 일어나리라는 것을 염두에 둔 페르디난트의 표리부동한 처신은 당시 상황을 제대로 파악한 행동이라고 할 수 없다. 그 당시 상황으로는 투른이 공격적이고 경솔하게 행동할 가능성이 여전히 남아 있었다. 그렇게 되면 신교 세력은 절망적인 분열 사태를 맞게 될 것이며, 그들끼리 서로 싸움이 붙게 되면 페르디난트는 유혈 사태 없이 신앙의 자유를 파괴할 수 있었을 것이다.

아마 당시 마티아스와 클레슬은 사태를 제대로 이해하지 못했을 것이다. 그러나 선거가 치러진 그해 가을에 두 가지 칙령이 반포되었다. 둘 다 헌법에 어긋나지는 않았으나 페르디난트가 이미 정부에 영향력을 행사하고 있다는 사실을 말해주는 칙령이었다. 첫째 칙령은 왕의 판관들에게 지역과 전국에서 열리는 모든 회의에 참석하라는 내용이었고, 둘째 칙령은 프라하의 언론을 왕실에서 검열하겠다는 내용이었다. 마티아스 황제는 그 직후에 프라하를 떠나면서 다섯 명의 총독대리를 임명했는데, 슬라바타와 마르티니츠는 포함되었으나 투른과 슐리크는 배제되었다.[13]

이렇게 의혹이 쌓여가는 분위기에서 두 가지 사건이 일어났다. 프라하 대주교구에 속한 클로스테르그라브라는 마을의 신교도들이 자체 교회를 건립하면서 자신들은 왕의 도시에서 살아가는 자유민이지 대주교의 수하가 아니라고 주장했다. 이 사건은 신앙의 자유를 요구하는 운동이 시민권 운동과 위험스럽게 융합되어 일어난 일이었다. 브라우나우라는 소도시에서도 그와 똑같은 일이 벌어졌다. 그곳의 신교도들은 자체 교회를 건립하는 과정에서 인근 수도원의 토지에서 나무를 훔쳤다. 두 사건에서 신교도들은 왕의 땅에 교회를 짓는다는 점을 강조하고, '황제의 칙서'에 그 권리가 명시적으로 보장되어 있다고 주장했다. 이에 대해 정부는 신교도에게 왕의 땅에 교회를 세울 권리가 있긴 하지만, 황제의 칙서에 왕이 그 땅을 양도하는 것까지 금지하고 있지는 않다고 맞섰다. 즉, 이 말은 왕이 나중에 자신의 토지를 교회에 기증할 경우 신교의 권리는 무효가 된다는 것이다. 신교도의 항의와 정부의 대응은 여러 가지 견해가 융합되어 있음을 보여주었다. 그것은 단지 신교와 가톨릭의 대립만이 아니라 신민 대 군주의 대립이기도 했다. 왕이 실제로 신민의 동의 없이 땅을 양도할 권리를 갖고 있는가? 보헤미아 신교도들은 그렇지 않다고 여겼다. 마티아스가 지난 5년간 이런 식으로 132개의 교구를 프라하 대주교구로 귀속시켰다는 사실을 잘 아는 그들은 더욱 강력히 반대했다.14

    마티아스는 빈으로 떠나면서 클로스테르그라브와 브라우나우 사람들이 계속 반대한다면 무력으로라도 다스리라는 명령을 내렸다. 가톨릭 총독대리들은 즉각 그 지시에 따라 거세게 저항하는 브라우나우 시민들을 체포했다. 그러자 분열되어 있던 보헤미아의 반대파들이 마치 자석에 끌리는 쇳가루처럼 모여들었다. 신교도들은 특권의 침해에 분개했고, 시민들은 자유 시민권이 훼손된 것에 불만을 품었으며, 귀족들은 교회 관할권이 축소될지 모른다는 생각에 펄쩍 뛰었다.

    투른은 보헤미아 전역에서 신교 관리들과 대표자들을 소집해 집회를 열고, 투옥된 사람들의 석방을 요구했다. 이 시위가 큰 효과를 거두지 못하자 그는 황제의 칙서 '옹호자들'에게 더 큰 규모의 신교 집회를 개최하라고 촉구했다. 1618년 3월에 그 두 번째 집회의 날짜가 두 달 뒤인 5월로 정해졌다. 그사이에 가톨릭과 신교 두 세력은 각자 많은 사람들, 특히 프라하 시민들의 지지를 얻기 위해 노력했다. 가톨릭의 선전 공세에도 불구하고, 5월 21일의 신교 집회는 각지에서 귀족, 유지, 시민들이 대거 모여 성황리에 개최되었다. 총독대리들은 집회를 해산하려 했으나 소용이 없었다. 그제야 슬라바타와 마르티니츠는 위기감을 느꼈다. 22일 밤 국무장관이 빈에 가서 도움을 청하기 위해 변장을 하고 탈출했다.15

하지만 이미 때는 늦었다. 그날 밤 투른은 주도적인 귀족들을 모아 행동 계획을 수립했다. 그는 슐리크의 반발을 억누르고, 슬라바타와 마르티니츠의 처형과 신교 비상정부의 수립을 요구했다. 프라하는 흥분의 도가니가 되었다. 이튿날 아침 신교 대표단은 수많은 군중을 거느리고 흐라드신의 왕궁으로 행진했다. 그들은 합스부르크의 상징인 날개를 활짝 편 독수리상이 굽어보는 대문을 지나 안뜰로 몰려갔다. 대표단의 지휘 아래 군중은 접견실을 통과해 총독대리들이 있는 작은 방으로 들어갔다. 슬라바타와 마르티니츠는 회의 탁자와 벽 사이에 꼼짝없이 갇혀버렸다. 앞에는 군중, 뒤에는 돌밭이었다. 최후의 순간이 왔음을 누구도 의심치 않았다.

무수한 손들이 두 사람을 높은 창가로 끌고 가더니 창문을 떼어내고 그들을 아래로 내던졌다. 마르티니츠가 먼저였다. "예수 마리아여, 살려주소서!" 그는 비명을 지르며 떨어졌다. 슬라바타는 쏟아지는 빗발 속에서 성모 마리아를 부르며 창틀을 움켜쥐고 버텼다. 그때 누군가 그를 때리자 그는 그만 정신을 잃고 피 묻은 손을 놓았다. 그들의 비서가 벌벌 떨면서 슐리크에게 매달려 살려달라고 외쳤다. 그러나 분위기에 완전히 취한 군중은 그를 들어올려 주인들처럼 보내버렸다.

군중 가운데 한 사람이 창밖을 내다보며 조롱했다. "너희의 마리아가 너희를 살려줄 수 있는지 어디 보자!" 그러나 잠시 후 그는 흥분과 놀라움이 뒤섞인 목소리로 외쳤다. "맙소사, 마리아가 그를 구했도다." 마르티니츠가 몸을 꿈틀거리고 있었던 것이다. 그때 옆의 창문에서 사다리가 불쑥 튀어나왔다. 마르티니츠와 비서는 돌멩이 세례를 받으며 사다리 쪽으로 다가갔다. 슬라바타의 하인들도 위험을 무릅쓰고 아래로 내려가 주인을 옮겼다. 슬라바타는 기절한 상태였으나 살아 있었다.16

세 사람의 목숨을 구한 그 특별한 사건은 보는 사람의 종교에 따라 거룩한 기적일 수도 있고, 우스꽝스러운 우연일 수도 있었다. 어쨌든 정치적으로 중요한 의미는 없었다. 마르티니츠는 그날 밤 변장을 하고 달아났으며, 슬라바타는 그를 옮겨놓은 누군가의 집에서 아픈 몸으로 갇혀 지냈다. 그날 밤 그의 아내는 투른 백작 부인 앞에서 무릎을 꿇고 남편을 살려달라고 애원했다. 투른 백작 부인은 나중에 또다시 혁명이 일어나 처지가 뒤바뀌면 똑같이 선처를 바란다는 조건을 걸고 슬라바타 백작 부인의 청을 들어주었다.17

살인이 벌어졌는지 그렇지 않은지 모호하지만 어쨌든 쿠데타는 성공했다. 투른이 많은 지지자들의 주장을 무시하고 처형을 요구했던 탓에, 그의 동맹자들은 총독대리들이 흐라드신 왕궁의 안뜰에 쌓여 있던 쓰레기더미 위로 떨어져 목숨을 건진 것에 위안을 느꼈다.

그 뒤 신속하게 국가 기구가 질서를 잡아갔다. 새 권력을 인정하는 데 동의한 관리들에게는 전부 원래의 지위를 약속하며, 처음에는 가톨릭 관리들을 교체하려 하지 않았다. 신교 집회에서 임명한 열세 명의 집정관으로 구성된 임시정부는 국비로 전국에서 1만 6천 명의 병력을 모집하기로 의결했다. 지휘권은 투른이 맡았다. 유럽의 계몽을 위해 그들은 반란의 대의를 설명하는 해명서를 반포했다.18 이렇게 민간정부의 연속성을 확립하고 전쟁의 가능성을 제거한 뒤 집회는 결성된 지 열흘, 반란을 일으킨 지 닷새 만에 해산되었다.

2

속도, 효율성, 적절성 측면에서 반란은 귀감이 될 만했다. 하지만 새 정부는 겉보기에는 순조로운 듯했지만 불길한 요소들을 감추고 있었다. 다양한 세력들을 억지로 결합시킨 힘은 오래가지 않았다. 임박했던 위기가 완화되자 통일전선은 곧바로 사분오열했다. 순수하게 종교적 자유를 위한 반란이었을까? 아니면 국가의 자유나 군주에 맞서는 신민의 권리를 위한 반란이었을까? 진실은 아무도 몰랐다. 하지만 각 세력은 저마다의 이익을 위해 남들의 이익을 희생시키려 했다.

사실 반란 중에도 각 세력이 완전히 단결돼 있지는 않았다. 슬라바타와 마르티니츠가 대표하는 가톨릭 극단주의는 소수파였으나 결코 만만히 볼 수 없는 세력이었다. 새 정부는 원래 반란에 동참한 모든 세력에게 동등한 권리를 부여하려 했지만 그것은 비현실적인 계획이었다. 가톨릭 귀족과 시민은 물론 가톨릭 도시들—부데요비체, 크룸로프, 플제니(필젠)—까지도 저항의 핵심이었기 때문이다.19

만약 투른이 직접 정부 지도자가 되어 동맹자들의 항의를 묵살하고 보헤미아의 독립 투쟁에 모든 힘을 집중했더라면, 그 반란은 적어도 보헤미아의 국가적 미래를 보장할 수 있었을 것이다. 그러나 입헌주의

적 전통이 워낙 강력한 데다, 투른은 그러한 전통을 무시할 수도 없었고 무시하려 하지도 않았다. 그는 군대의 지휘권을 갖고 있었으나 열세 명의 집정관으로부터 명령을 받아야 했다. 또한 집정관들 위에는 군수품을 보급할 권한을 가진 의회가 있었다. 투른은 기사의 신분으로 의회에서 의석을 차지하고 표결권을 행사했지만 집정관 직책은 거절했다. 아마 그는 보헤미아의 안위가 무력 방어 능력에 달려 있는 한 군대에 대한 집정관의 권력은 형식에 불과하다고 여긴 듯하다. 하지만 그 생각은 잘못이었다. 보헤미아 독립 투쟁의 13개월 동안 그는 다툼이 끊이지 않는 의회와 분열된 집정관들이 마지못해 내주는 자금에 의존해야 했다.[20]

가톨릭과의 내부 휴전은 일시에 깨졌다. 6월 9일 예수회가 나라에서 추방되었고[21] 한여름이 되기 전에 투른은 크룸로프를 공격해 정복했다. 온건한 클레슬의 조언에 따라 마티아스 황제는 처음에는 사면과 평화로운 논의를 제의했다.[22] 하지만 반란 세력은 그 제안을 일언지하에 거절해 유럽의 여론에 충격을 주었다. 이제 그들이 내세우는 종교의 자유는 단지 껍데기일 뿐이고, 그 안에는 정치적 동기가 숨어 있다는 사실이 명백해졌다.[23] 반란 세력은 서서히 유럽에서 벌어지고 있는 문제의 중대성을 따져보기 시작했다. 브뤼셀과 마드리드에서는 합스부르크의 권위가 위기에 처해 있었다. 페르디난트 대공의 왕위를 보존하기 위해 황급히 돈과 군대가 공급되었으며,[24] 그사이 파리의 교황 대사는 바티칸으로부터 프랑스 왕에게 보헤미아 가톨릭이 처한 위험을 각인시키라는 지시를 받았다.[25]

반란국의 선출된 왕으로서, 잃을 게 가장 많았던 페르디난트 대공이 무엇보다 바란 것은 즉각적인 성전의 개시였다. 그때까지도 가톨릭 세계의 열정은 식지 않고 있었다. 다만 마티아스가 아직 살아 있다는 점과 어떻게든 타협을 이루려는 클레슬 추기경의 끈질긴 노력이 걸림돌이었다. 1618년 7월 20일 페르디난트는 클레슬을 체포해 티롤의 요새에 감금했다. 분노한 황제가 항의했으나 헛수고였다. 페르디난트는 정중하게 사과했지만 추기경을 풀어주지는 않았다. 마티아스는 어쩔 수 없이 사촌의 강경한 태도에 뜻을 굽히고, 권력을 장악한 그의 정책에 따를 수밖에 없었다.

클레슬이 투옥된 지 한 달이 채 못 되어 제국군이 처음으로 보헤미아 국경을 넘었다. 병력과 장군은 플랑드르에서 오고, 돈은 에스파냐에서 왔다. 이에 맞서 반란 세력은 에스파냐와 플랑드르의 적들에게 지원을 요청할 수밖에 없었다. 익히 알려진 외교가로서의 자질을 장군으로서의 기량을 발휘하는 데 쓰려던 투른은 벌써부터 그런 조치를 취해놓았다. 그러나 프랑스의 왕 루이 13세는 지원 요청을 냉담하게 거절했다. 그는 그 반란의 정치적 의미를 제대로 이해하지 못했을 뿐 아니라, 신앙심이 돈독한 탓에 교회의 아들이 신교 반란자들을 도울 수는 없다고 여겼다.26

그 반면 팔츠 선제후인 프리드리히, 혹은 그의 총리인 안할트의 크리스티안만은 투른의 제안을 적극적으로 받아들였다. 6월이 가기 전에 프리드리히는 프라하에 대사를 파견했다. 황제가 화를 내며 항의하자 프리드리히는 반란자들을 설득해 타협에 나서도록 하려는 것뿐이라고 침착하게 설명했다. 이 때문에 그의 대사는 묘한 수단을 구사했다. 보헤미아인들에게 병력의 증강과 개선을 촉구하고, 안할트가 직접 군대를 지휘하도록 제안한 것이었다.27

그저 말만이 아니라 행동도 따랐다. 곧바로 하이델베르크에서 사보이 공작의 수도인 토리노로 특사를 파견해 공작이 거느린 대규모 용병 군대를 빌려달라고 요청했다. 합스부르크 가문의 숙적인 공작은 적을 공격할 좋은 기회라고 여기고 그 요청을 받아들였다. 곧 협상이 타결되었다. 군대를 보헤미아로 수송하고 유지하는 비용은 사보이 공작과 팔츠 선제후가 공동으로 부담하기로 했다.28 두 군주가 공동으로 마련한 군대는 곧바로 프라하에 도착했다. 제국군 중 일부는 이미 국경을 넘었고, 또 다른 군대가 뒤따를 차비를 갖추고 있었다. 신속하게 모집한 투른의 군대는 상당한 규모였으나 플랑드르의 직업 군대를 상대할 만한 경험은 부족했다. 사보이 공작과 팔츠 선제후가 제공한 고도로 훈련된 병력이 당시 유럽에서 명성을 떨치던 에른스트 폰 만스펠트(Ernst von Mansfeld, 1580~1626)의 지휘 아래 며칠 거리까지 다가오자 제국군은 더 이상 망설일 수 없는 상황이 되었다.

1618년 8월 28일 2차 제국군이 빈을 출발했다. 이틀 뒤에 보헤미아인들은 팔츠 선제후와 사보이 공작의 지원 제의를 받아들였다.29 9월 9일 두 침략군이 한데 뭉쳐 프라하로 행군하려 할 때 만스펠트가 온다는 소문이 전해졌다. 투른의 잦은 전초전에 시달리던 침략군은 부데요비체 방면으로 후퇴했고, 만스펠트는 2만의 병력으로 국경을 넘어 가톨릭 충성파의 가장 중요한 보루인 부유한 도시 플제니를 공략했다. 보헤미아 전역에서 다시 한 번 신교가 기세를 올렸다. 11월 21일 열다섯 시간의 필사적인 전투 끝에 플제니가 함락되었다.30 겨울이 깊어갈 무렵 본국 병력을 이끌던 투른과 슐리크는 부데요비체에서 플랑드르 군대에게 가로막힌 채 오스트리아 국경지대를 유린했다.

보헤미아는 위기를 모면했다. 한동안 누구도 앞날을 예측하지 못했다. 그러나 보헤미아는 오스트리아의 지배에서 벗어난 대신 팔츠 선제후와 사보이 공작의 수중에 들어갔다. 반란 세력은 자신들의 나라가 합스부르크 왕조에게 농락당하는 것을 싫어했으나 이제 합스부르크의 두 적에게 농락당할 판이었다. 보헤미아 한 나라의 문제가 서서히 유럽의 소용돌이 한복판으로 빨려 들어가고 있었다.

오스트리아 국경지대가 유린되는 동안 팔츠 선제후는 로텐부르크에서 신교연합 회의를 소집했다. 만약 프리드리히나 안할트의 크리스티안이 그 행동으로 축하를 받으리라고 기대했다면 그것은 큰 착각이었다. 신교연합의 군주들은 신중함이 용기보다 중요하다는 입장에서 그때까지의 모든 성과를 부정했다. 그들은 만스펠트의 공로를 보상하려 하지 않았을 뿐 아니라 반란 세력과 어떤 협정도 맺으려 하지 않았다. 공동의 군대를 육성하자는 프리드리히의 제안도 강력히 거부했다. 오히려 그들은 황제와 신민 양측에게 타협을 권하는 각서를 발표함으로써 어느 쪽으로도 기울지 않으려는 자세를 취했다.31

신교연합의 행동에 누구보다도 크게 놀란 사람은 바로 연합의 젊은 의장 팔츠 선제후였다. 프리드리히는 당시 로텐부르크에 모인 군주들과 달리 자신과 관련된 안할트의 책략을 전혀 모르고 있었다. 안할트의 크리스티안에게는 단 한 가지 목적밖에 없었다. 보헤미아에 프리드리히를 왕으로 선출해줄 세력을 육성하는 것이었다. 원래 그는 페르디난트가 보헤미아 왕으로 선출되기 전에 그 계획을 성사시키려 했으나 그것이 실패한 뒤32 반란 세력이 만들어준 새로운 기회를 움켜쥐었다. 신교연합의 군주들이 안할트의 책략을 간파해내는 데는 그다지 특별한 정치적 감각이 필요하지 않았다. 그들은 그 정책 자체를 반대했을 뿐 아니라, 그가 신교를 옹호한다고 미사여구를 늘어놓으면서 속임수를 쓰려 한다는 데 더 분노했다.

로텐부르크에 모인 군주들 가운데 프리드리히는 안할트를 신뢰하는 소수에 속했다. 처음부터 그는 보헤미아의 평화를 원했다. 이 문제에 관해 그가 황제와 영국 왕, 바이에른 공작에게 보낸 편지들33은 그다지 정직해 보이지는 않지만 적어도 그 의도만큼은 순수했다. 프리드리히는 성년의 나이인 스물한 살이었으나 자신이 모든 방면에서 깊이 신뢰하는 안할트를 대신할 만한 인물이 못 되었고, 그럴 의지도 없었다. 그럼에도 불구하고 그는 자신의 의무를 진지하게 받아들였다. 보헤미아의 반란은 그가 조심스럽게 구상해온 정책을 모든 측면에서 명확하게 해주었다. 그의 제안은 신교연합에서 군대를 육성하고 작센 선제후를 설득해 함께 마티아스 황제에게 항의하자는 것이었다. 그의 의도는 이런 식으로 독일의 신교도들이 단결했다는 것, 최후의 수단으로 무력을 사용할 태세를 갖추었음을 보여주려는 데 있었다. 그는 황제가 자신의 의도를 안다면 무력을 사용할 필요성도 없어지리라고 믿었다. 그러면 보헤미아에서 신교가 보장될 수 있을 테고, 향후 독일에서 있을지 모르는 강압적인 조치를 예방할 수도 있을 터였다.

프리드리히의 계획은 젊은 혈기와 낙관론의 소산이었다. 아마도 안할트는 칼뱅파에 대한 작센 선제후의 격렬한 적대를 고려할 때 그것은 전혀 비현실적인 구상이라고 설득했을 것이다. 하지만 프리드리히의 평화 계획이 통하지 않으리라고 설득하는 것과, 보헤미아 왕위를 획득하려는 계책만이 유일한 대안이라고 주장하는 것은 별개의 문제였다.

안할트는 프리드리히의 평범한 계획을 표면에 내세워 자신의 개인적 음모를 숨기기로 했다. 말하자면 주군의 양심을 이용하는 전략이었다. 그는 대사들에게 은밀히 지시를 내리고 프리드리히의 귀에 절대 들어가지 않도록 했다. 순진한 군주는 자신의 이름으로 벌어지는 사태를 전혀 눈치 채지 못했다.[34]

그러나 로텐부르크 회의 이후에는 계획을 숨기는 것이 쉽지 않았다. 프리드리히도 동료 군주들이 품은 의심의 배후에 뭔가가 있음을 느꼈던 것이다. 1618년 11월 안할트는 자신의 계획에서 주요한 역할을 하게 될 사람에게 솔직히 털어놓는 게 낫겠다고 판단했다.[35] 강한 사람이라면 아무리 심각한 위험에 처해 있다 해도 사태를 호전시킬 만한 힘이 있겠지만 프리드리히는 그럴 수 있는 인물이 아니었다. 또한 안할트에 대한 그의 신뢰가 잠시 흔들리기는 했지만 아예 사라지지는 않았다. 한편, 보헤미아인들은 팔츠 대사들의 계속되는 암시에 반응을 보였다. 투른은 그들에게, 만약 프리드리히에게 왕위를 제의한다면 그가 확실히 받아들일지 은근히 떠보았다.[36] 그 무렵 안할트는 오라녜 공에게 접근해 자신의 계획에 대한 지지를 구하고, 사보이 공작에게는 장차 제위 후보로 추대하겠다는 약속으로 선의를 확보했다.[37] 사태가 이렇게 돌아가는 동안 이 계획의 무기력한 얼굴마담인 프리드리히는 영문도 모르는 채 자신의 총리가 무모하게 조정하는 대로 나락을 향해 떠밀려가고 있었다.

유럽 전쟁에 대비해 분주하게 수순을 밟아나가던 안할트를 도운 동맹자는 안할트만큼이나 의심스러운 동기를 가진 인물이었다. 보헤미아를 지원하는 군대를 이끌었던 에른스트 폰 만스펠트는 룩셈부르크 총독을 지닌 페터 폰 만스펠트(Peter von Mansfeld, 1517~1604)라는 귀족의 서자였다. 그의 아버지는 궁정에서 그를 키울 때 서자인 아들이 가문을 대표하는 상속자인 것처럼 허세를 부리는 것을 가차 없이 억눌렀지만, 그는 나이가 들어서도 그런 개인적 감수성에서 끝내 벗어나지 못했다.38 출생과 교육은 그를 야심가로 만들었다. 전 세계는 그가 까먹을 굴이었고, 칼은 굴을 까기 위한 최고의 도구였다.

군사 활동은 그를 위한 무대였다. 대포와 머스킷(musket, 16세기 에스파냐에서 화승총을 개량해 만든 총: 옮긴이)이 개발된 상황에서 훈련되지 않은 농부들로 구성된 봉건적 군대는 거의 쓸모가 없었다. 전술을 정확하게 구사하려면 직업 군인이라야만 했다. 보병은 창병과 총병으로 이루어졌다. 총병은 주로 공격을 담당하고, 창병은 방어전에서 총병을 보호하는 역할을 했다. 머스킷의 성능이 꾸준히 개량됨에 따라 창병의 비중이 상대적으로 줄어들었으나, 17세기 초까지만 해도 보병대에서 총병과 창병의 비율은 엇비슷했다. 두 가지 무기를 능숙하게 다루려면 오랜 훈련이 필요했다. 기병은 전체 병력의 약 1/3을 차지하며 적어도 공격에서는 여전히 가장 중요한 병력이었다. 기병은 창으로 무장했으며, 일부는 권총도 소지했다. 보병대와 달리 기병대에서는 화력이 창을 급속히 대체하고 있었다. 총력전이 벌어질 경우 미숙한 기병은 차라리 없는 게 더 나았고, 능숙한 기병은 반드시 필요했다. 그만큼 기병의 복잡한 움직임은 군대 전체의 성패를 좌우했다.39 당시에는 어느 나라도 상비군을 충분히 훈련시킬 만한 징병 체계를 갖추고 있지 못했다. 전쟁이 터지자 현명한 정부는 즉각 직업적 지휘관을 고용했다.

직업적 지휘관은 보통 신속한 병력 충원과 훈련을 담당하는 소규모 장교단을 거느렸다. 이들은 민족이나 종교를 상관하지 않고 사회의 부랑자들이나 인구 과밀 지역의 잉여 인력들을 병력으로 모집했다. 예를 들어, 인구 문제가 덜 심각한 독일보다는 건강한 다산 종족을 부양할 만한 토지가 부족한 스위스와 북이탈리아에서 양질의 병력을 유치할 수 있었다. 모집된 병사들은 자신이 속한 군기(軍旗)에만 충성했다. 그들은 지도자 개인이나 국가에 서약한 게 아니라 깃발에 서약했다. 군기를 전투에서 적에게 빼앗길 경우 병사들은 그 군기를 따라갈 자유가 있었다.[40] 군기에 대한 충성도 늘 명확한 것은 아니었다. 전쟁 포로는 군기를 빼앗기는 것과 상관없이 대개 승자의 군대에 충원되었다. 또한 병사는 오로지 계약에만 종속되었다. 계약 기간이 끝나면 얼마든지 다른 군대에 복무할 수 있었다. 장교와 병력은 아무런 양심의 가책도 없이 자유롭게 이동했으며, 저녁이면 진영의 모닥불 앞에서 서로의 계약 조건을 스스럼없이 이야기했다. 황제의 군대는 두둑한 보수를 주었으나 "복무하기가 힘들고 습하거나 건조한 곳에서 자야 했다." 폴란드 군대는 보수가 더 나았지만 겨울에는 군대가 자체적으로 먹고살아야 했다. 네덜란드 군대도 보수가 괜찮았으나 거기서 복무하려면 한 달을 6~8주로 계산한다는 것을 알아야 했다. "연방[41] 군대는 안정적이기 때문에 가장 좋다. 부상을 입어 복무가 불가능해질 경우에도 같은 급료를 평생토록 받을 수 있다."[42]

군 사령관은 한겨울이나 야영 환경이 특별히 불편할 경우 탈영으로 인해 병력이 반감될 수 있다는 것을 늘 각오해야 했다. 원칙적으로 탈영병은 처형 대상이었지만, 많은 병사들이 이듬해 봄이 되면 전리품을 노리고 군대로 복귀했으므로 현명한 지휘관은 탈영의 죄를 꼬치꼬치

따져 사기를 저하시키지 않으려 했다.

만스펠트의 군사적 명성은 조직력에서 비롯되었다. 그다지 훌륭한 전술가는 아니었지만 그는 고용주의 돈을 최대한 활용해 병력을 충원하고 유지하는 수완이 뛰어났다. 그는 신속하게 병력을 모집하고 매우 합리적인 비용으로 군대를 운영했다. 하지만 고용주의 편에서 볼 때 합리적이었을 뿐 병력으로 모집된 농민들에게는 그렇지 않았다.

군대를 새로 모집하는 데는 기존의 군대를 유지하는 것보다 더 많은 돈이 들었기 때문에 용병 사령관은 전쟁이 끝나면 곧바로 휘하 병력을 이끌고 새 고용주를 찾아나섰다. 만스펠트 또한 그런 형편이었기 때문에 그에게 보헤미아 반란은 황야에서 발견한 등불이었다. 보헤미아에서 반란이 일어나지 않았다면 1618년에 그는 군대를 해산할 수밖에 없는 처지였다. 기본적으로 그는 야심이 크지 않았기 때문에 이후 그의 뒤를 이은 지휘관들보다 덜 위험한 모험가였다. 그의 소망은 단지 자신의 사회적 평판과 지위를 지키다가 노년에 작고 자유로운 공국으로 은퇴하는 것이었다. 이 목적을 위해서도 그는 그다지 주도면밀하게 행동하지 않았다. 그에게 미덕이 있다면 그것은 오로지 군인으로서의 미덕뿐이었다. 그는 용기와 인내, 규율로 명성을 떨쳤으나 그에 걸맞은 사회적 미덕을 갖추지는 못했다. 또한 그는 비열하다 싶을 정도로 보통 수준의 정직함도 갖추지 못한 인물이었다. 팔츠 선제후의 돈과 사보이 공작의 야심, 보헤미아의 반란과 독일 전역을 휩쓴 전쟁은 그가 자신의 욕망을 실현하는 도상에서 마주친 수많은 사건들에 불과했다. 그는 험준한 유럽 정치의 산맥을 바라보지 않고, 그저 개인적 목표를 향해 밟아 올라가야 할 발판만 눈여겨보았다.

플제니를 함락시킨 뒤 그해 겨울에 만스펠트는 병력을 숙영지에 놔두고 혼자 여행을 떠났다. 그는 하이델베르크를 거쳐 토리노로 가서 흥분에 휩싸인 사보이 공작을 만났다. 1619년 2월 사보이 공작은 프랑스 왕의 누이를 맏며느리로 맞아들였다. 이것을 프랑스 정부가 에스파냐 공격을 준비하는 징후라고 착각한 공작은 제위와 보헤미아 왕위를 자신이 차지하겠다고 나섰다. 그 일환으로 그는 팔츠 선제후에게 헝가리와 알자스를 내주었다.43 만스펠트는 유럽의 분할보다 당장 자기 군대의 급료가 더 걱정이었다. 그 문제는 3월에 하이델베르크에서 온 외교 수완이 뛰어난 안할트가 해결해주었다. 만스펠트는 후속 지원을 보장받고 보헤미아로 돌아갔으며, 사보이 공작은 8주가 넘는 외교전 끝에 안할트가 자기 구미에 맞게 구상한 동맹 조약을 만족스럽게 받아들였다. 만약 시간을 끌지 않고 그사이 사보이 공작이 팔츠 선제후를 지지했다면 틀림없이 제국을 차지했을 테고, 아마 보헤미아도 손에 넣었을 것이다.44

안할트가 공작의 주장에 내포된 약점을 간파하지 못한 것을 보면 공작의 열정이 그에게도 어느 정도 전해진 듯하다. 안할트는 신교연합이 얼마나 다루기 힘든지 알지 못했고, 영국 왕을 고려하지 않았다. 영국의 도움을 얻기 위해 대사를 보냈을 때 영국 왕 제임스는 보헤미아에 전혀 관심이 없다는 의사를 스코틀랜드 억양이 섞인 표준 영어와 베르길리우스의 3행짜리 시구를 통해 명확히 밝혔다.

뛰어난 지성을 지닌 대담하기 짝이 없는 젊은이여,
나는 드넓은 고원에 힘차게 올라
모든 이가 허우적대면서 몰락하는 광경을 지켜보리라.

제임스는 재치 있게 〈아이네이스(Aeneid)〉를 인용했으나 올바른 인용은 아니었다.45

안할트가 자신이 국제 동맹을 결성하고 있다고 섣부르게 상상하는 동안 페르디난트 대공은 합스부르크 왕조의 불안정한 지지를 확보하기 위해 애쓰고 있었다. 에스파냐 왕과 네덜란드 총독들은 보헤미아가 쉽게 진압될 수 있다는 믿음이 흔들리기 전까지는 기꺼이 그를 지원했다. 하지만 만스펠트의 개입으로 사정이 달라졌다. 1618년 봄에 보헤미아에서는 반란 세력이 강성했던 반면, 모라비아, 헝가리, 라우지츠, 오스트리아의 충성도는 약해지고 있었다.46 슐레지엔은 이미 반란 세력 측에 가담했다. 독일에서는 바이에른의 막시밀리안이 마침내 제위 경쟁에 나서기로 결심했다는 소문이 나돌았고, 브뤼셀에서는 페르디난트의 친척들이 미몽에서 깨어나, 막대한 비용을 치르며 무모하게 페르디난트를 지지하느니 차라리 그를 포기하는 게 더 낫지 않겠느냐는 의견이 고개를 들었다. 왕조의 관점에서, 자신들의 위신을 해칠 만한 약점을 지닌 데다 제위에 오를 가능성이 점점 줄어들고 있는 인물을 계속 지지하는 데 대한 반감이 작용한 것일까?

그 무렵 바이에른의 막시밀리안과 작센의 요한 게오르크는 마티아스가 죽기 전에 보헤미아 사태를 해결하기 위해 불철주야 노력하고 있었다. 반란이 진압되지 않은 상태에서 새 황제를 선출해야 하는 상황이 벌어진다면, 보헤미아 표를 획득하려는 팔츠 선제후 일파의 필사적인 노력을 당연히 경계해야 했다. 요한 게오르크와 막시밀리안은 반란 세력에게 군주들의 중재에 따르라고 부탁했다.47 요한 게오르크가 끈질기게 부탁하고 설득한 끝에 이윽고 반란 세력은 1619년 4월 에게르에서 열리는 총회에 대표단을 파견하기로 했다. 하지만 그의 노력은 헛수고로 돌아갔다. 회의가 열리기 전에 독일 통합의 마지막이자 연약한 고리가 끊어져버렸기 때문이다.

1619년 3월 20일 오전 9시 마티아스 황제가 숨을 거두었다.

3

상황이 바뀌자마자 보헤미아의 극단주의 세력이 즉각 우위를 점했다. 에게르에서 열리기로 예정되었던 회의는 소리 없이 무산되었다. 그들은 군대를 증강하고,48 빈 국고를 채우고, 모라비아와 라우지츠의 군주들을 반란에 끌어들이기 위해 애썼다. 가톨릭교도들 가운데 일부는 벌써 도피했으며, 그들이 소유했던 모든 땅은 승자의 몫이 되었다.49 브라우나우에서는 대수도원장이 간신히 목숨만 건져 달아났다.50 당시 투른은 보헤미아 내부의 균열을 몹시 두려워했기 때문에 일련의 조치에 아주 철저히 임했다. 모라비아와 오스트리아 국경지대의 촌락과 농장들은 황폐해졌다. 농민들은 재산을 빼앗고 농토를 유린하고 자식들을 징집해간 정부에 대해 격렬한 불만을 토로했다. 강제 징집한 투른의 본국 병력은 직업 군인이 아니어서 통솔하기가 힘들었다. 또한 그들은 병들고 굶주리고 반항적인 데다 급료도 받지 못했다. 시민들은 부자든 빈민이든 강제로 정부에 돈을 빌려줘야 했으며, 화폐 가치가 들쭉날쭉한 탓에 거래에서 손해를 입었다. 프라하에는 굶주리고 열병에 걸린 도망자들이 들끓었다.51

3월 27일 페르디난트는 반란 세력이 머리를 조아리고 선처를 구한다면 모든 일을 잊고 용서할 것이며, 그들의 특권도 보장하겠다고 제의했다.52 의회는 고민했으나 그를 믿으려 하지 않았다. 의회가 그 제안을 거절한 지 몇 주일 뒤 모라비아에서 자유를 외치는 노골적인 반란이 일어났다. 합스부르크 영토 내에서 격변이 시작되었다. 오버외스터라이히와 니더외스터라이히의 신교도들은 페르디난트를 격렬히 비판했고, 케른텐, 카르니올라, 슈타이어마르크는 폭동이 일어날 지경에 이르렀다.53

유럽의 상황은 페르디난트에게 점점 더 암울해졌다. 변덕스러운 프랑스 정부는 예전의 지원 의사를 철회했다.54 브뤼셀에서는 페르디난트를 포기하고, 알브레히트 대공에게 제위를 넘기는 문제를 논의했다.55 그는 비록 연로했으나 적어도 자신이 다스리는 지역만큼은 페르디난트보다 통제를 잘하고 있었다. 사람들은 자신의 전 영토가 반란에 휩싸인 판에 제위를 노리는 페르디난트를 '예수회에 빠진 어리석은 인물'56이라며 경멸하고 있었다.

한편, 봄이 되어 날씨가 풀리자 오스트리아에서 반란이 일어나리라는 희망을 안고 군대를 움직이기 시작한 투른은 모라비아에서 페르디난트의 동맹 세력을 전부 몰아내고 빈으로 행군했다. 빈에서 페르디난트는 니더외스터라이히의 의회를 소집하고 있었다. 의회는 그에게 예수회를 추방하고, 빈에 신교 교회를 세우고, 오스트리아에 자치를 실시하고, 보헤미아에 대한 전쟁을 즉각 중단하라고 요구했다.57 투른이 성벽 바깥에 모습을 드러낼 때까지도 의회는 논의를 계속하고 있었다.

페르디난트의 부족한 상상력과 맹목적인 신앙심은 오히려 그에게 도움이 되었다. 7주 동안 비 한 방울 없이 무더위가 지속된 날씨58는 긴장된 분위기에 신체적 고통을 더했으나 그는 예의 그 쾌활함을 잃지 않았다. 이따금 보헤미아 측의 포격으로 그의 서재까지 불안해졌을 때도 그는 여전히 침착했으며, 헝가리에 반란이 일어났다는 소문이 나돌아도 전혀 위축되지 않았다.59 고해 신부가 몇 마디 위로의 말을 하러 왔을 때 그는 십자가의 예수상 앞에 엎드려 있었다. 몸을 일으킨 뒤 그는 체념이 아니라 확신을 갖고 말했다. 혼자 십자가 앞에서 충고를 구하고 있었다면서 이제 정의를 위해 필요하다면 죽을 각오도 되어 있다는 것이었다. 훗날 빈 사람들이 단언했듯이 만약 십자가의 구세주가 그에게 말을 건넸더라면 페르디난트는 더할 나위 없이 평온한 마음으로 자신의 믿음을 확신했을 것이다.60

그때 분노한 의회 대표단이 들이닥쳤으나 그는 냉정을 잃지 않고 차분하게 대했다. 투른이 성문 밖까지 와 있었고, 빈 내부에서 폭동이 일어나 보헤미아 군대를 안으로 들어오게 할 수도 있었다. 또한 분노한 신민들의 항의가 언제 폭력으로 표출될지 모르는 상황이었다. 그것을 잘 알면서도 페르디난트는 그들의 요구에 응하지 않았다.61 의회 대표단의 불만스러운 목소리가 커졌을 때 갑자기 안마당에서 말발굽 소리가 들려왔다. 페르디난트의 동맹자들 가운데 적어도 한 명은 충성심이 남아 있었다. 바로 그의 동생인 티롤의 레오폴트 5세(Leopold V, 1586~1632)였다. 그가 구원군으로 파견한 기병 400명이 투른의 허술한 방어망을 피해 궁전의 안마당으로 들어온 것이다. 이들은 대표단을 체포하거나 도시를 위협할 의도는 없었다. 게다가 그런 일을 하기에는 규모가 너무 작았다. 하지만 그 깃발을 보는 것만으로도 의회 대표단은 당황한 나머지 페르디난트에게 주도권을 넘겨주었다.62 그의 믿음은 과연 헛되지 않았다.

2장 보헤미아의 왕위: 1617~19년

운명의 흐름이 바뀌었다. 나흘 뒤인 1619년 6월 10일 주력군을 거느리고 부데요비체로 행군하던 만스펠트는 자블라트라는 작은 마을 인근에서 제국군에게 가로막혔다. 그는 가까운 곳에 보헤미아 증원군이 있다는 믿음에서 필사적으로 척후병을 보내며 일곱 시간 동안 싸웠다. 이윽고 해질 무렵 희망을 포기했을 때는 이미 1,500명이 전사하거나 포로가 되었고, 장비의 대부분이 적의 수중으로 넘어갔다.63 전쟁의 승패에 익숙한 그는 즉각 부데요비체로 행군을 재개했다. 그러나 프라하 시민들은 겁에 질렸고, 본국 병력과 용병의 사기가 모두 크게 저하된 상태였다. 의회는 오스트리아에 있던 투른을 부르는 것 외에는 선택의 여지가 없었다. 이리하여 두 장군은 공포와 불만이 가득한 도시에서 함께 방어에 주력했다.

이 암담한 시기에 팔츠 선제후는 여전히 반란 세력의 가장 돈독한 친구였다. 자블라트 전투가 벌어진 날에 그는 작센 선제후에게 서신을 보내 보헤미아 사태가 해결될 때까지 황제 선출을 연기하자고 촉구했다.64 그에게는 공식적으로 밝히지 않은 복안이 있었다. 프랑크푸르트를 신교 병력으로 점거하고, 선거가 끝날 때까지 페르디난트가 오지 못하도록 막는 것이었다.65 이 계획에는 세 가지 문제점이 있었다. 첫째, 페르디난트의 대항마가 될 만한 후보가 없었다. 사보이 공작은 어리석었고, 바이에른의 막시밀리안은 후보 제안을 거절했다. 둘째, 작센의 요한 게오르크는 선거를 연기하지 않으려 할 터였다. 셋째, 프리드리히는 대담한 결단이 필요한 계획을 수행하기에 적합한 인물이 전혀 아니었다.

가톨릭 측이 거둔 첫 승리인 자블라트 전투는 보헤미아 바깥에 영항을 미쳤다. 다시 성전의 열기가 솟아올랐다. 추종자들은 예전에 페르디난트를 버릴 때와 똑같은 열정으로 페르디난트에게 모여들었다. 프랑스에서는 몇 주일 동안 의심의 눈초리를 거두지 못했으나 마침내 젊은 왕의 신앙심이 정치적 판단력을 눌렀다. 그는 트리어 선제후에게 압력을 가해 페르디난트가 황제로 선출되는 것을 돕기로 했다.66 독일에서는 바이에른의 막시밀리안이 지휘하는 가톨릭동맹이 보헤미아 사태에서 페르디난트를 지원하겠다고 선언했다.67

7월 말경에 선제후들과 선제후 대리인들이 황제 선출을 위해 프랑크푸르트에 모였다. 좋지 않은 소문으로 분위기는 무거웠다. 페르디난트가 거느린 기마대—그는 팔츠 선제후의 신통치 않은 매복 공격을 받았다—는 선제후들을 위압하려는 의도가 아니냐는 시민들의 비난을 받았다. 책략에 능한 쾰른 선제후는 선거일까지 인근 시골에서 벌어지는 사냥 여행에 페르디난트를 초청해 소란을 잠재웠다.68

그러던 중 1619년 7월 31일 라우지츠, 슐레지엔, 모라비아는 민족 통합과 신교 신앙 수호라는 미명 아래 보헤미아와 동맹을 체결했다.69 프리드리히 선제후는 암베르크의 햇볕 따스한 '작은 탑의 꼭대기'에서 아내에게 대책 없는 기쁨을 담은 편지를 썼다. "사람들이 여러 가지 사항에 합의했소. 페르디난트는 무척 불쾌할 거요."70 그는 안할트가 의혹을 씻어주자 다시금 안전하다는 확신에 빠져들었다.

페르디난트는 보헤미아의 동맹에 바짝 긴장했으나 더 나쁜 소식이 기다리고 있었다. 그의 영토 외곽에 또 다른 강적이 출현한 것이었다. 헝가리 북동부 국경에 위치한 작은 공국 트란실바니아는 합스부르크 영토와 투르크 사이에서 보루의 역할을 했다. 공국의 군주는 형식적으로는 헝가리 왕의 가신이었으나 실제로는 독립국이었고, 신민으로 하대하기에는 너무 귀중한 동맹이었다. 베틀렌 가보르(Bethlen Gabor)라는 이름으로 더 잘 알려진 가브리엘 베틀렌(Gabriel Bethlen, 1580~1629)이 1613년부터 트란실바니아의 군주였다. 그가 왕위에 오르기까지 온갖 술수와 음모가 난무했다. 그의 적들은 그가 살인도 저질렀다고 말했다. 그가 왕위를 유지한 방법은 거칠기 그지없었다. 내부의 불안을 모면하기 위해 거의 매년 흥분하기 쉬운 신민들을 이끌고 전쟁을 벌였기 때문이다. 훌륭한 군인이자 외교적 수완이 뛰어났던 그는 전쟁으로 변화를 유발하면서 투르크, 폴란드, 독일 황제와 차례로 동맹을 맺었다. 그는 칼뱅파였고, 나름대로 신앙이 무척 독실했으므로 보헤미아 신교도들의 고통에 자극을 받았다. 1619년 여름, 그는 원정에 나섰다. 페르디난트가 프랑크푸르트로 향할 무렵 그 까무잡잡하고 작은 타타르인은 충성스러운 병사들과 함께 헝가리 국경을 넘어 행군하는 중이었다. 인구의 절반이 신교도였던 헝가리는 그에 호응해 즉각 봉기했다. 각지에서 부재중인 페르디난트의 멍에를 벗어던지고 반란을 일으켰다. 몇 주일 뒤 투른은 이 새 친구와 연락을 취하고, 1619년 8월 20일 공격과 방어를 위한 동맹을 맺었다.

바로 그 이튿날 동맹 세력인 보헤미아, 라우지츠, 슐레지엔, 모라비아는 페르디난트의 왕위 선출은 무효이며, 그를 군주로 인정할 수 없다고 선언했다.71 프리드리히 선제후는 그 소식을 일찌감치 전해들었다. 그는 직접 프랑크푸르트에 가지 않고 보헤미아 국경에서 멀지 않은 오버팔츠에 머물러 사람들의 의심을 샀다. 그전 3주 동안 가졌던 자신의 확신이 물거품처럼 사라지자 그는 아내에게 반란 세력이 페르디난트를 폐위시켰다면서 어떻게 해야 할지 모르겠다고 불평하는 편지를 보냈다.72 선제후가 의심을 품은 것은 약간 늦었다. 하지만 안할트는 달랐다.

8월 26일 보헤미아인들은 이윽고 새 왕을 선출하기 위해 모였다. 거명된 다섯 명 가운데 유력한 후보는 작센 선제후와 팔츠 선제후 두 사람이었다. 슐리크 백작은 동포들을 덜 위험한 길로 인도하려는 마음에서 사람들에게 작센의 요한 게오르크를 선택하라고 촉구했다. 작센 선제후는 반란에 거의 동조하지 않았으나 그의 위신과 지혜는 함부로 얕잡아볼 수 없었다. 위급한 상황에서 그는 페르디난트와 이야기가 되는 인물이었다. 하지만 프리드리히를 선택하면 필사적인 전쟁이 벌어질 게 뻔했다. 그럴 경우 목숨이 걸린 것은 페르디난트가 아니라 보헤미아였다. 하지만 슐리크의 중용 노선은 또다시 가로막혔다. 베틀렌 가보르가 전장에 있고 페르디난트가 멀리 프랑크푸르트에 가 있는 동안 다시 극단주의자들이 정국의 주도권을 잡았다. 결국 프리드리히가 146표 대 7표로 왕으로 선출되었다.73

이틀 뒤 암울한 예측이 빗발치는 가운데 프랑크푸르트에서 황제 선출이 진행되었다. 보헤미아의 소식은 아직 프랑크푸르트에 전해지지 않았으나 시청사에 벌떼가 모이는 것을 보고 사람들은 불길한 징조라고 여겼다.74 페르디난트가 보헤미아 왕의 자격으로 선제후단에 들어갔을 때 반란 세력의 대표단이 항의했으나 이내 무마되고 행사가 속행되었다.75 보헤미아의 전통적인 왕관이 반란 세력의 수중에 있었기 때문에 그는 급히 새로 만든 왕관을 머리에 쓰고 있었다.

가톨릭 선제후 세 명은 주저 없이 페르디난트에게 표를 던졌고, 작센 선제후의 대사도 그렇게 했다. 그에게는 다른 대안이 없었다. 그의 주군은 그를 프랑크푸르트로 보내면서 이런 실망스러운 말을 남겼던 것이다. "아무런 이득도 없을 거야. 나는 페르디난트를 아니까." 그러면서도 다른 누구를 지지하라는 지시는 없었다. 당시 작센 선제후는 술에 취해 있었다고 전하지만, 그 판단은 냉정한 생각에서 나온 게 분명하다. 브란덴부르크 선제후의 대사는 다른 사람들이 하는 대로 따랐다. 뒤이어 팔츠 선제후의 대사가 지루한 논설을 펼쳤다. 그는 선제후에게서 절대로 페르디난트에게 투표하지 말라는 지시를 받았다. 그는 다른 일곱 명의 후보들이 다 터무니없다고 주장한 뒤 바이에른 공작에게 표를 던졌다.[76] 그러자 마인츠 대주교는 이미 바이에른 공작이 자신의 모든 표를 페르디난트에게 넘기기로 했다고 받아쳤다. 결국 팔츠 선제후의 대사는 자신의 투표를 취소하고 페르디난트에게 표를 던질 수밖에 없었다.

새로 선출된 황제가 보장해야 할 신민들의 법적 권리들이 기록된 두툼한 문서가 페르디난트에게 건네졌다. 그는 신속하게 문서를 훑어본 뒤 마치 춤이라도 추려는 것처럼 가벼운 동작으로 선서를 하러 앞으로 나갔다.[77] 바깥에서는 새 황제가 관례에 따라 발코니에 모습을 드러낼 때 환호를 보내기 위해 수많은 군중이 모여 있었다. 하지만 그가 군중 앞에 나서기 직전에 프라하의 소식이 전해졌다. 군중 가운데 일부가 술렁대기 시작했다. 사람들은 입에서 입으로 그 소식을 옮겼다. 페르디난트가 보헤미아에서 폐위되었다는 소식이었다.[78] 사람들의 목소리가 홍분에 휩싸여 소란스러워지는 가운데 군중들 위쪽의 큰 창들이 활짝 열렸다. 발코니에 페르디난트가 등장했다. 그는 보헤미아의 왕위에서 쫓겨났으나, 이제 되돌릴 수 없는 선거와 선서까지 마친 독일 민족의 신성로마황제였다.

4

보헤미아의 왕과 황제가 새로 선출되었다는 소식에 프리드리히 선제후는 곤혹스러워졌다. 둘 다 그가 미처 예측하지 못한 사태였던 것이다. 프랑크푸르트에서 그의 표는 페르디난트에게 갔는데, 거의 동시에 그는 페르디난트에게서 강제로 왕관을 빼앗은 처지가 되어버렸다. 경쟁자와 마찬가지로 그는 기도로 상황을 타개하려 했다. 하지만 경쟁자와 달리 그의 기도에는 응답이 없었다. 그저 낙담과 눈물뿐이었다.79

시간을 벌기 위해 프리드리히는 하이델베르크로 물러가 신하들과 신교연합의 군주들과 사태에 대해 의논했다. 궁정에서는 의견이 분분했다. 침묵공 빌렘의 딸인 그의 어머니조차 아들에게 보헤미아로 가지 말라고 신신당부했다. 신하들은 보헤미아 왕위를 거부할 이유를 열네 가지로, 반대로 받아들일 이유를 여섯 가지로 정리했다.80 반면, 궁정 목사는 보헤미아의 선택에서 신의 손을 보았다면서 프리드리히에게 왕위를 받아들이라고 강력히 촉구했다.81 젊은 선제후 부인 엘리자베스는 대담하게도 공개적으로 중립을 표방했지만, 세간에 전하는 이야기는 그와 다르다. 그 이야기에 따르면 그녀는 선제후와 구운 고기 요리를 먹느니 왕과 사우어크라우트(sauerkraut, 양배추를 절여 만든 독일식 김치: 옮긴이)를 먹겠노라고 자랑스럽게 말했다고 한다. 겉으로 드러난 행위가 어떻든 간에 그녀는 남편에게 보낸 편지에서 왕위를 받아들이라는 자신의 의사를 솔직하게 전했다.82 선제후의 침실에서 보헤미아 왕위에 관해 아무런 말도 없었으리라고는 믿기 어렵다. 더구나 엘리자베스는 페르디난트를 아주 무시했다. 아무렇지도 않게 이런 편지를 쓸 정도였다. "그는 눈이 하나밖에 없는데 그것마저도 별로 좋지 않아요. 아마 자기 옷을 살 돈도 없어 행색이 남루할 거예요."83

　9월 12일 신교연합이 로텐부르크에서 모임을 가졌을 때 참석한 대표들은 대부분 프리드리히에게 보헤미아에 간섭하지 말라고 충고했다. 안할트의 다른 동맹자들도 만만한 상대가 아니었다. 사보이 공작은 제위와 보헤미아 왕위를 둘 다 놓치자 격분한 나머지 모든 지원을 철회하겠다고 으름장을 놓았다. 베네치아 대표는 그 미친 모험에 돈을 투자하지 않겠다고 주장했다.84 네덜란드의 오라녜 공 마우리츠는 프리드리히를 밀어주었다. 그러나 네덜란드에서는 얼마 전 일시적으로 반오라녜파의 맥을 끊고 마우리츠를 사실상 독재자로 만들어준 혁명이 끝나지 않은 탓에 아직 정부의 힘이 약했다. 영국 왕은 보헤미아 반란이 일어난 뒤로 줄곧 사위의 정책에 유감의 뜻을 표하고 있었다. 헝가리에서는 충동적인 베틀렌 가보르가 충심 어린 격려의 전갈을 보내왔지만 그 변덕스러운 동맹자를 믿는 것은 경솔한 짓이었다.

　결국은 정치적 근거가 아니라 도덕적 근거에서 결정이 내려질 터였다. 17세기의 군주들은 도덕을 중시하는 교육을 받은 탓에 프리드리히 역시 보헤미아의 운명을 양심의 판단에 맡기기로 했다. 그는 명분상 반란 세력을 지지하는 것이 도덕적인지,85 황제에게 의무를 다하는 것이 신성한 일인지 둘 다 확신이 들지 않았다. 한편에는 독일 군주로서의 그의 충성심이 있었고, 다른 한편에는 보헤미아인들에게 무분별하게 일고 있는 그의 정책에 대한 기대감이 있었다. 만약 그가 페르디난트를 버린다면 그는 황제와 싸우는 게 아니라 제국의 경계 바깥에 있는 지역의 폐위된 왕과 싸우는 것이라고 변명할 수 있었다. 만약 그가 보헤미아를 버린다면 그는 자신을 믿어준 사람들을 배신하게 되는 것이었다. 전자는 뻔한 정치적 평계에 불과하고, 후자는 도덕적 배반이 된다. 1619년 9월 28일 그는 비밀리에 반란 세력에게 왕위를 받아들이겠다고 통지했다. 세간의 의혹이 무엇이든 간에 프리드리히가 이모부인 부용 공작에게 보낸 편지에서 자신의 진의를 드러냈다는 점만은 분명하다. "이것은 신께서 내리신 소명이므로 저는 따라야만 합니다. …… 저의 유일한 목적은 신과 교회를 섬기는 것입니다."[86]

프리드리히는 그때까지 한 명의 군주를 계산에 넣지 않았다. 그의 친척인 바이에른의 막시밀리안은 반란이 발발한 이래 내내 평화적 타결을 위해 노력해왔다. 그런데 프리드리히가 왕위를 받아들임으로써 그의 미약한 희망은 완전히 깨져버렸다. 게다가 독일의 보존을 위해 가톨릭동맹과 신교연합을 통합하려던 막시밀리안의 또 다른 계획도 물거품이 되었다.[87] 당연히 막시밀리안은 프리드리히에게 분노했다. 하지만 분노만으로 그가 적진으로 넘어간 것은 아니었다. 가톨릭교도로서 그는 신교도가 보헤미아 왕위에 오르는 것을 보고 싶지 않았다. 또한 독일 군주로서 그는 프리드리히가 에스파냐와 플랑드르에서 파견한 군대에게 패배하는 것을 보고 싶지도 않았다. 그는 이 난국에서 벗어날 방법을 찾아냈다. 페르디난트의 명분을 지지하는 측에 서서, 가톨릭동맹의 무력을 이용해 그에게 그의 적법한 왕국을 되돌려주는 것이었다. 그러면 보헤미아의 가톨릭교회를 구할 수 있게 될 것이고, 페르디난트는 독일의 가톨릭 군주들에게 큰 신세를 지게 되는 셈이었다.

여기서 그쳤더라면 훌륭한 방침이 되었을 것이다. 하지만 개인적이고 왕조적인 야심을 품은 데다, 젊고 자식도 잘 낳는 아내를 가진 잘

생긴 친척을 은근히 질시했던 탓에 그는 한 걸음 더 나아갔다. 가톨릭동맹의 지도자이자, 유럽 최고의 직업 군대를 보유한 덕분에 그는 페르디난트에게 동맹의 가격을 비싸게 부를 수 있었다. 1619년 10월 8일 그는 페르디난트와 협정을 맺었다. 보헤미아에서의 모든 작전에 관한 절대적 통제권을 갖되, 자신이 정복한 영토를 보상으로 취하지 않겠다고 서약했다.88 나아가 정치적 신중함이 아닌 개인적 야심을 앞세워 막시밀리안은 프리드리히가 패배할 경우 그의 선제후 직함을 자신이 차지한다는 비밀 조항을 달았다.

이 중대한 동맹이 체결될 무렵 프리드리히는 팔츠령 백성들의 애도 속에 하이델베르크를 나섰다. "팔츠령을 보헤미아로 가져가는구나." 그의 어머니는 이렇게 말하며 떠나는 아들을 지켜보았다. 하지만 그가 보헤미아로 가져가는 것은 팔츠령만이 아니었다. 에스파냐와 네덜란드의 휴전이 끝나가고 있는 시점에 네덜란드를 도와 라인 강을 방어해야 할 그가 자신의 위치를 이탈해 보헤미아에서 유령을 쫓으러, 합스부르크를 폐위시키고 에스파냐의 번개에 도전하러 떠나는 것이었다. 법적 자유와 종교적 자유의 대의에 따른다고 서약한 제국의 신교 세력 대표자가 보헤미아의 민족 봉기를 지원하러 떠나는 것이었다. 독일 군주가 슬라브 반란을 이끌기 위해 떠나는 것이었다. 10월 어느 날89 부슬부슬 내리는 이슬비를 맞으며 하이델베르크를 나선 프리드리히는 단지 팔츠령만을 보헤미아로 가져가는 게 아니라 독일의 운명과 유럽의 평화를 가져가고 있었다.

THE THIRTY YEARS WAR 1618~1648

| 3장 |

에스파냐의 경보, 독일의 경종:
1619~21년

그들이 보헤미아에서 원하는 만큼 잘 싸운다면 우리는 이 추운 지역에서 좋은 이웃이 될 것입니다.

—트리어 선제후

1

역사를 통틀어 하나의 행위가 이후의 사태에 결정적인 영향을 미친 사례를 꼽는다면, 그 강력한 후보는 프리드리히 선제후가 보헤미아 왕위를 수락한 일일 것이다. 보헤미아 왕위를 수락함으로써 프리드리히는 유럽 외교의 주역들을 한자리에 모았다. 또한 신교 독일의 이해관계에 합스부르크 왕조에게 적대적인 유럽 세력들의 이해관계를 결합시켰다. 팔츠 선제후로서 그는 예전부터 네덜란드의 저항과 에스파냐의 진출 사이에 위치한 보루였다. 그런데 이제 보헤미아 왕이 됨으로써 그는 제국의 침탈에 맞서 군주의 자유를 보호하는 역할까지 맡게 되었다. 그가 이 두 지위를 제대로 유지했다면 그의 영토는 라인 강에서 오데르 강까지 합스부르크의 침략을 저지하는 장벽이 되었을 것이다. 프랑스, 네덜란드, 덴마크, 스웨덴, 영국, 독일의 군주들은 결정적인 순간임을 알아차리고, 행동에 나서야 했다. 안할트의 계획에 따르면 이제 그 시간이 다가왔다.

안할트는 영리했다. 안스바흐에 있는 그의 동료도 "우리 손 안에는 세상을 뒤집을 수단이 있다"라고 선언할 만큼 사태를 제대로 인식하고 있었다. 빈에 있던 베네치아 대사는 독일 전역이 전장으로 변할 것이라고 내다보았고, 보헤미아의 반란 지도자들은 유럽 군주들의 행동을 예상하며 기다리고 있었다. 황제의 자문관들은 프랑스의 개입을 우려했고, 부용 공작은 프랑스의 개입을 요청하는 편지를 썼다.1 하지만 모두 한 가지 실수를 범했다. 인간적 요인을 계산에 넣지 않았던 것이다. 유럽 역사에서 한 사람의 대수롭지 않은 처신이 이처럼 당대에 심대한 영향을 끼친 적은 거의 없었다. 프리드리히는 지도자감이 아니었다. 그는 자신을 지도자로 만들려는 온갖 시도를 다 무위로 돌릴 정도로 별 의지가 없는 인물이었다. 인물보다 사건이 더 중요했다고 말하는 것은 소용없다. 결국 합스부르크의 적들은 프리드리히가 벌여놓은 다툼과 파멸에 끌려들 수밖에 없었다. 하지만 그렇게 무기력한 지도자를 완전히 신뢰하지 못한 그들은 프리드리히가 몰락할 때까지, 즉 그가 보헤미아와 팔츠령을 잃을 때까지 수십 년 동안 이미 틀어진 사태의 틈을 메우려 애쓰면서 끊임없이 망설였다.

프리드리히의 개인적 비극은 아주 혹독했다. 그가 보헤미아 왕위를 수락한 직후 잠시 나타났던 유리한 조짐들은 오히려 그 비극을 더욱 돋보이게 했다. 그의 기마대가 힘차게 보헤미아 국경을 향하는 동안 페르디난트는 프랑크푸르트에서 슈타이어마르크의 산지에 위치한 그라츠로 갔다. 그곳에서는 불치병에 걸린 그의 아들이 죽어가고 있었다. 잠시 황제 선출로 잠잠했던 불안한 소문이 다시 사방에서 들려오기 시작했다. 황제의 신하들 중에도 배반자가 있다는 소문이 나돌았다.[2] 슈타이어마르크에서도 불만이 일었다. 오스트리아와 헝가리의 신교도들이 보헤미아인들과 동맹을 맺은 것이었다.[3] 베틀렌 가보르는 그들과 병력을 합쳐 브라티슬라바(프레스부르크)를 점령하고, 급료를 받지 못해 사기가 저하된 페르디난트의 군대를 도나우 강 너머로 몰아냈다. 길게 뻗은 국경을 전부 방어하기란 불가능했으므로 가을이 가기 전에 그는 파죽지세로 빈을 향해 진군하면서 주변의 시골을 유린했다. 빈의 관리는 이제 신만이 오스트리아 왕가를 구할 수 있다고 보고했다.[4]

국경 너머의 사태도 페르디난트에게 불리하게 돌아갔다. 네덜란드, 덴마크,5 스웨덴, 베네치아 공화국은 프리드리히를 보헤미아 왕으로 승인했다. 부용 공작도 지원을 약속했고, 그리종의 산악 고지에 위치한 다보스에서 스위스인들은 발텔리나를 장악해 에스파냐의 증원군을 막겠다는 전갈을 보내왔다. 페르디난트의 매형이자 가까운 동맹자인 폴란드 왕은 의회의 반대로 슐레지엔을 견제하러 나서지 못했다.6

그사이 빈은 유랑민과 부상자가 득시글거리는 데다 전염병이 창궐하고 기근이 임박한 상태에서 베틀렌 가보르가 오기를 기다리고 있었다. 페르디난트는 죽어가는 아들의 곁을 떠나 황급히 수도로 달려갔다. 자신이 가야만 시민들의 사기를 진작시킬 수 있다는 생각에서였다. 폭우와 천둥에 뒤이어 가뭄으로 흉년이 들고, 늦여름의 열기가 오스트리아의 계곡마다 전염병을 옮겼다.7 공국 전역에서 페르디난트는 유랑민 무리들과 마주쳤다. 보헤미아, 헝가리, 오버외스터라이히에서 도망친 가톨릭 농민들, 약탈당한 수도원과 수녀원을 나온 수도사들과 수녀들이 진흙투성이 길가에서 무릎을 꿇은 채 가냘픈 손을 쳐들고 불안한 표정으로 그를 쳐다보았다. 그가 수도에 들어섰을 때는 이미 베틀렌 가보르가 성문 앞에 와 있었다. 나라의 동편은 온통 그에게 약탈당했다.8

페르디난트가 빈 시민들을 격려하며 애쓸 무렵 프리드리히는 프라하에서 열렬한 환대를 받았다. 그럴 만한 이유는 충분했다. 프리드리히는 국경을 넘기도 전에 보헤미아의 헌법을 보장하겠다고 했다.9 또한 안할트의 외교적 능력과 강력한 동맹을 얻을 수 있다는 희망도 적지 않은 힘이 되었다. 게다가 아름답고 젊은 왕비는 남편의 새 신민들이 있는 곳에서 아이를 낳기 위해 임신한 몸으로 힘든 여행을 했다. 이런 이유로 프리드리히의 첫 인상은 매우 좋았다. 그렇잖아도 쾌활한 도시로 이름이 높았던 프라하는 축제 분위기였다. 그러나 국경지대는 이미 황폐해졌고, 유랑민들이 거리 곳곳에서 천막을 치고 살았다.10

새 왕은 곧 무기나 병력을 마련할 자금이 없다는 것을 알게 되었다. 그런데도 도시 전체를 파란색과 은색으로 꾸미고, 의장병들에게 지슈카 시대의 의상을 제공하고, 분수에서 적포도주와 백포도주가 흘러나오게 하고, "신과 의회가 내게 왕관을 주었다"라는 문구가 새겨진 은화를 대량으로 제조하는 데 쓸 돈은 있었다. 왕과 왕비의 즐거운 입장과 각각 따로 치른 대관식, 왕권 교체를 찬양하는 도시의 병적인 명랑함은 처음부터 프리드리히를 현혹시키기에 충분했다. 들뜬 분위기에 한껏 취한 그는 12월 18일 깊은 밤에 아내가 아들을 낳았을 때 축하 종소리로 도시 전체를 잠에서 깨우고 싶은 마음을 가까스로 참았다.11

페르디난트의 불운과 경쟁자의 성공은 반비례했다. 프라하에서 갓 태어난 프리드리히의 아들, 라우지츠 공작 루프레히트(Ruprecht, 1619~1682)의 세례식이 준비되고 있을 무렵, 그라츠에서는 페르디난트의 병든 아들이 크리스마스이브에 세상을 떠났다.

하지만 조짐은 그냥 조짐에 그쳤다. 몇 주일이 몇 개월로 연장되어도 프리드리히가 바라는 신교 세력의 결집된 봉기는 일어나지 않았다.

신교연합의 군주들은 오랜 숙고 끝에 프리드리히의 군주권을 승인하는 데 동의했으나 그를 도우려고 나서지는 않았다. 신교의 열정이 처음 폭발한 독일의 도시들도 자금을 지원했을 뿐12 더 이상의 행동은 없었다. 잠시 트리어 선제후가 역사의 무대 위로 올라와 이렇게 말했다. "보헤미아에서 마음껏 싸우게 놔둬라. 우리는 계속 좋은 친구로 남을 테니까."13 그러고는 다시 낙관적인 방관자의 입장으로 되돌아갔다. 라인 지역의 군주들에 관한 한 그의 예언은 적중했다.

작센의 사정은 달랐다. 선제후 요한 게오르크는 반란 세력에 동조하지는 않았으나 그래도 그들이 새 왕을 선출한다면 자신을 선택할 것이라고 확신했다. 프라하에서 팔츠 세력이 얼마나 강력한지 제대로 알지 못했던 것이다. 그는 왕관을 거부하고 그 기회를 이용해 보헤미아의 신교 보호자로서 자리매김한 다음, 페르디난트에게 사태의 해결을 지시할 속셈이었다. 그런데 이제 그 희망은 사라지고, 대신 팔츠 선제후의 힘이 커질 가능성에 대비해야 하는 처지가 되었다.

요한 게오르크의 입장에서 동료 선제후가 보헤미아 왕위에 오르는 것을 차분하게 받아들일 수 있다면 그는 정말 사심 없는 정치가라고 할 수 있을 것이다. 프리드리히가 왕위를 계승하면 그는 보헤미아와 팔츠, 두 몫의 선제후 투표권을 장악하고, 엘베 강과 오데르 강 상류와 라인 강 중류 지역을 차지해 독일에서 가장 힘센 군주가 될 게 분명했다. 게다가 프리드리히의 누이 엘리자베트 샤를로테(Elisabeth Charlotte, 1597~1660)는 요한 게오르크가 극도로 경계하는 브란덴부르크 선제후인 호엔촐레른 가문의 게오르크 빌헬름(Georg Wilhelm, 1595~1640)과 결혼했다. 보헤미아에서 새로 왕을 선출하기 전에 그는 자신이 제국의 중재자라고 여겼다. 그러나 선출이 끝난 뒤에는 점점 강성해지는 북쪽의 브란덴부르크와 남쪽의 보헤미아 사이에서 고립될 위기에 처한 군주로 전락했다.14 요한 게오르크의 불안을 더욱 부채질한 사람은 궁정 목사인 성마른 회에였다. 그는 보헤미아 정부가 루터교를 버리고 적그리스도(Antichrist, 종말론에서 말하는 그리스도의 대적: 옮긴이) 칼뱅교로 넘어갔다고 비난했다. 그는 거기서 멈추지 않고 폐위된 페르디난트의 명분을 적극 지지하고 나섰다. "신이시여, 무례한 적들의 뺨을 세게 때려주시고, 그들의 이를 박살내주시고, 그들을 물러나게 하여 수치를 안겨주소서."15

안할트는 요한 게오르크의 태도에 당황했으나 아직 손쓸 여지는 남아 있었다. 그는 작센 선제후에게 또 한 가지 미끼를 던졌다. 프리드리히에게 독일의 신교 지배자들을 전부 불러 뉘른베르크에서 회의를 열게 한 것이었다. 사이가 좋지 않은 군주들도 평화를 바라는 의도에서 회의에 참석하리라는 게 그의 생각이었다. 만약 안할트가 프리드리히의 약점을 내놓고 선전할 계획이었다면 그 회의보다 더 좋은 기회도 없었을 것이다. 신교연합의 군주들 외에는 대표단을 파견한 군주들이 거의 없었다. 작센의 요한 게오르크는 당연히 반응을 보이지 않았다. 모인 사람들은 마지못해 프리드리히가 독일에 없는 동안에도 그의 라인 영토를 보장하겠다고 약속했지만 보헤미아 문제에 관해서는 아무런 결정도 내리려 하지 않았다. 그런 탓에 페르디난트 황제가 회의의 의도를 타진하기 위해 보낸 대리인은 대단히 만족스러운 소식을 갖고 빈에 돌아갈 수 있었다.16

뉘른베르크 모임은 프리드리히의 약점과 신교 군주들의 불화를 적나라하게 드러냈다. 반면, 몇 개월 뒤인 1620년 3월 페르디난트가 뮐하우젠에서 소집한 회의는 반대파의 힘과 단결을 잘 보여주었다. 그동안 프리드리히는 보헤미아 왕관을 황제에게서 빼앗은 게 아니라, 보헤미아 왕으로서의 자격을 상실한 오스트리아 대공에게서 되찾아온 것이라고 주장했다.17 그의 주장은 보헤미아가 제국의 경계 바깥에 위치한 독립국이라는 점에 기초하고 있었다. 따라서 프리드리히와 보헤미아 반란군은 외국 군주에 맞서 대외 전쟁을 벌인 것일 뿐, 제국의 평화를 해친 게 아니기 때문에 페르디난트는 황제의 권력으로 그를 응징할 수 없었다.

이 그럴듯한 주장은 뮐하우젠 회의에서 여지없이 무너졌다. 참석자는 바이에른의 막시밀리안, 가톨릭동맹, 요한 게오르크 작센 선제후의 대표단이었다. 여기서 페르디난트는 오버작센 지구에 속한 세속화된 주교구의 신앙에 간섭하지 않겠다고 약속함으로써 루터파와 가톨릭의 지지를 모두 얻었다. 그 대가로 그들은 보헤미아가 제국의 일부분이라고 규정했다. 따라서 프리드리히는 제국의 평화를 해쳤으므로 법에 의해 가혹한 징벌의 대상이 되었다. 4월 30일 프리드리히에게 6월 1일까지 보헤미아에서 물러나라는 황제의 명령이 반포되었다. 이 최후통첩을 거부하는 것은 곧 선전포고나 다름없었다. 1620년 6월 1일부터 독일의 모든 충성스러운 사람들은 공공의 평화를 의도적으로 파괴한 프리드리히를 반대해야 했다. 이제 황제는 황제이자 오스트리아 대공이자 보헤미아의 적법한 왕으로서 모든 무력을 동원해 반역자를 처단할 터였다.[18]

2

프리드리히의 위치는 독일에서도 취약했지만 유럽에서는 더 취약했다. 영국 왕은 사위의 즉위를 축하하면서도 유럽의 모든 군주들에게 자신은 그 계획을 지지하지도 않았고 심지어 알지도 못했다고 주장했다.[19] 런던 시민들은 새 왕의 영광을 빛내줄 무대를 마련하려 했고,[20] 영국 전역의 신교도들은 즉각 그의 명분에 동조해 자금을 모으기 시작했지만[21] 그 열정도 제임스 1세가 처음부터 가졌던 고집을 꺾지는 못했다.

"폐하께서는 프랑스 왕과 더불어 전력을 다해 그리스도교권의 안녕을 도모하고, 현재 독일에서 벌어지고 있는 소동을 진압하려 하십니다." 영국 대사는 격분한 프리드리히의 신하들에게 이렇게 해명했다.22 가까운 동맹자의 변절은 프리드리히의 다른 친구들을 낙담시켰다. 그들은 프리드리히가 가장 가까운 친척에게서조차 지지를 얻지 못할 정도라면 그의 명분에 분명 문제가 있다고 수군거렸다.23

덴마크 왕은 작센 선제후에게 프리드리히를 지원하라고 충고했지만,24 정작 그 자신은 합스부르크와의 무역 분쟁 때문에 보헤미아에 개입할 시간도 돈도 인력도 염출할 수 없었다. 스웨덴 왕 구스타프 아돌프는 프리드리히의 따뜻한 격려를 받고 브란덴부르크로 와서 선제후의 둘째딸을 아내로 맞아들였으나, 그 결혼이 독일 신교 세력을 위한 무장 개입으로 이어지지는 않았다. 폴란드 왕과 전쟁이 한창이었던 구스타프는 프리드리히에게 도움을 주기보다는 오히려 그의 도움을 받아야 할 처지였다.

베네치아는 가능한 한 에스파냐에서 독일로 수송되는 병력을 막아보겠다고 마지못해 동의했지만,25 실은 이탈리아에서 음모가 벌어질지 모른다는 두려움이 컸고, 더 이상 사업상의 이득이 없는 반란에 별로 관심도 없었다. 사보이 공작은 안할트가 약속했던 제위와 보헤미아 왕위를 둘 다 얻지 못한 것에 격분해26 만스펠트의 군대에 대한 자금 지원을 취소하고, 독일로 향하는 에스파냐 군대가 자신의 영토를 통과할 수 있도록 허락했다. 베틀렌 가보르는 트란실바니아 사태로 어쩔 수 없이 빈에 대한 포위를 풀었다. 그는 자신의 문제가 해결되자 프리드리히에게 동맹의 값을 높게 부르면서 피상적으로라도 충성을 받으려면 각종 직함과 지원금, 보수를 달라고 요구했다. 당시 그가 페르디난트와도 협상 중이었다는 것을 보헤미아 정부가 알았더라면 그 동맹이 너무 비싸다고 생각했을 것이다.27 그중에서도 최악의 사태는 그리종에서 갑작스런 봉기가 일어나 에스파냐에게 발텔리나를 열어준 것이었다.

그래도 안할트의 동맹자들 가운데 가장 중요한 네덜란드가 남아 있었다. 또 프리드리히를 버릴 만한 처지가 못 되는 우군들도 있었다. 그들은 만약 프리드리히가 패배해 그의 라인 영토가 위험해진다면 첫 번째로 당할 입장이었기 때문에 그를 위해 팔츠령을 방어하러 나설 터였다. 이것이 안할트의 구상이었으나 또다시 그의 판단은 빗나갔다. 네덜란드는 합스부르크의 힘을 약화시키기 위해 처음부터 반란을 조장했지만,28 프리드리히가 라인을 버리고 떠날 가능성은 고려하지 못했다. 게다가 신교연합의 변절은 더욱 예상하지 못했다. 이제 네덜란드는 에스파냐가 팔츠령을 침략할 경우 독자적으로 라인 지역을 방어해야 한다는 것을 깨달았으나, 그 막중한 책무를 받아들일 준비는 되어 있지 않았다. 독일을 분열시킨 두 종교 세력의 결정적 충돌은 우연히도 네덜란드 연방에서 일어난 마우리츠 공이 이끄는 중앙귀족과 홀란트의 분쟁과 때를 같이했다. 내부 혁명으로 마우리츠는 군사 독재자가 되었다. 그러나 아직 독재 체제가 확고하지 못했으므로 마우리츠는 에스파냐와의 휴전이 만료되기 전 남은 시간을 모두 권력을 공고히 하는 데 써야만 했다. 라인에서 경솔하게 처신해 전쟁을 부르는 모험은 피해야 했다. 만약 영국 왕과 신교연합의 지원을 받았다면 그는 행동에 나섰을 것이다. 하지만 당시로서는 라인란트가 위기에 처해 있다 해도 단독으로 행동하기는 어려웠다. 그래도 네덜란드 연방은 프리드리히에게 한 달에 5만 플로린(florin, 중세 유럽에서 사용된 금화와 은화: 옮긴이)을 제공하고[29] 소규모 병력을 파견해 보헤미아 군대를 지원하기로 결의했다. 이 정도로는 안할트가 고대하고 있던 도움에 못 미쳤다. 라인 지역과 관련해서 마우리츠는 쾰른 주교의 영토가 마주 보이는 우안에 일부 병력을 배치했다.[30] 아무리 상상해보아도 이것을 에스파냐에 대한 적대 행위라고 보기는 어려웠다. 어쨌든 마우리츠는 휴전의 남은 기간을 벌었다. 하지만 이 작은 제스처가 팔츠령도 구할지는 미지수였다.

3

유럽에는 행동에 나서느냐, 묵인하느냐에 따라 결정적인 변화를 일으킬 수 있는 지배자가 두 명 더 있었다. 에스파냐 왕과 프랑스 왕이었다. 안할트는 펠리페 3세가 페르디난트를 지지하는 것은 기정사실이므로 당연히 루이 13세가 프리드리히를 지지할 것이라 여겼다. 여기서 그는 또다시 인간적 요인을 고려하지 못했다.

프리드리히는 프랑스 정부의 지원을 끌어내기 위해 이모부인 부용 공작에게 의지했다. 하지만 부용은 신교도이자 왕권에 반기를 든 경력이 있는 집요하고 파렴치한 음모가였다. 그는 독실한 가톨릭으로 군주의 위신에 집착하고 의심 많은 분위기에서 자란 젊은 프랑스 왕의 신뢰를 얻어내기에 적합한 인물이 아니었다.[31] 왕이 총애하는 잘생기고 멍청한 뤼네 공작 샤를 달베르(Charles d'Albert, 1578~1621)는 그저 주군의 의견에 아첨하는 것으로 권력에 영합했다.

부용 공작은 말이 너무 많았다. 페르디난트가 폐위되기 전인 1619

년 초봄 프랑스 왕이 새로운 기사단을 창설했을 때 부용은 그만 말을 참지 못하고, 루이는 프랑스에서 기사단을 만들지만 자신은 독일에서 왕을 만든다고 실언했다.32 감춰야 했던 음모를 털어놓는 바람에 부용이 보헤미아 사건의 배후 조종자로 비쳤다. 실제로는 그렇지 않았지만, 부용이 떠벌린 대로라면 그는 루이가 프리드리히를 지지하도록 설득하지 못할 게 뻔했다. 일개 프랑스 귀족이 왕을 꼭두각시처럼 조종하고 있다는 생각은 젊은 군주의 등을 돌리게 하기에 딱 알맞았다.

음모로 가득한 궁정과 불만을 품은 백성들 사이에서 어정쩡한 태도를 취해왔던 대신들은 이윽고 프랑스 정부의 안위가 신교 신민들의 요구를 억압하는 데 달려 있다고 판단했다. 루이는 독실한 가톨릭이었다. 보헤미아의 선거 소식을 듣고 그는 즉각 교회를 위해 새 왕권을 용납하지 않겠다고 선언했다. 프리드리히가 파리에 대사들을 보냈을 때도 루이는 그들을 선제후의 사절로만 대우했다.

한편, 프리드리히의 아내 엘리자베스는 영국 왕위 계승 서열 2위였다. 만약 미혼인 데다 병약하기까지 한 웨일스 공이 죽는다면 몇 년 안가 보헤미아의 새 왕은 영국 왕도 겸하게 될 터였다. 그런 권력의 팽창은 이웃의 프랑스 왕에게 결코 반가운 일이 아니었다.33

그런데 만약 황제나 에스파냐 왕이 프리드리히의 반란을 구실로 삼아 라인팔츠를 장악한다면, 프랑스는 네덜란드 못지않게 불리한 처지에 놓일 수 있었다. 따라서 중간노선이 최선이었다. 1620년 초여름 파리에서 독일로 출발한 프랑스 사절단은 그 점을 염두에 두고 있었다.

울름에 이르렀을 때 사절단은 신교연합의 군주들이 소규모 군대를 거느리고 어떤 행동을 취해야 할지 망설이고 있는 것을 보았다. 강 맞은

편에서는 바이에른의 막시밀리안이 잘 훈련된 가톨릭동맹의 대규모 병력을 모아 페르디난트와 약속한 대로 보헤미아로 진군할 차비를 갖추고 있었다. 그 병력들이 어떻게 나올지 누구도 모르는 일촉즉발의 상황이었다. 어떤 군주도 프리드리히의 전쟁에 개입하고 싶지 않았으나, 모두들 막시밀리안이 자신을 공격하거나 자신의 영토를 침략할까 봐 두려워했다. 그래서 프랑스가 먼저 나서서, 신교연합이 가톨릭 군주들을 공격하지 않겠다고 약속하면 가톨릭동맹도 신교 국가들의 중립성을 존중하자는 제안을 했다. 바이에른의 막시밀리안은 선뜻 그 계획을 지지했다. 신교연합의 군주들도 무엇보다 안전과 책임의 면제를 원했으므로 그 제안에 쉽게 동의할 수 있었다. 이리하여 1620년 7월 3일 울름 조약이 체결되었다.34

프랑스의 외교에는 두 가지 전제가 깔려 있었다. 첫째는 프리드리히가 보헤미아를 온전히 차지할 수 없으리라는 전제였는데, 이것은 옳은 예측이었다. 둘째는 가톨릭동맹의 위협에서 벗어난 신교연합이 에스파냐의 공격으로부터 라인 지역을 방어하리라는 것이었다. 울름 조약의 목적은 프리드리히의 경거망동으로 인해 독일의 자유를 지지하는 세력에게 닥친 위험을 제거하려는 데 있었다. 즉, 프리드리히는 어리석음의 대가를 혼자서 치러야 하고, 합스부르크가 거둘 성과는 보헤미아에 국한되어야 했다. 프랑스 정부가 예상한 대로 신교연합이 행동했다면 그 방침은 매우 적절했을 것이다. 하지만 신교연합은 울름 조약을 구실로 완전히 손을 놓아버렸다. 프랑스 각료들은 프랑스의 외교가 라인 지역을 확보하지 못한 채 오히려 프리드리히의 적들을 저지할 마지막 장치를 제거해버렸다는 것을 깨달았으나, 때는 이미 늦었다.35

울름 조약이 체결될 바로 그 무렵 에스파냐령 네덜란드 총독들은 프랑스 왕에게 스피놀라가 팔츠령으로 진군하려 한다는 사실을 통지했다. 마드리드와 브뤼셀에서는 루이가 어떻게 대응할지를 놓고 의견이 분분했는데, 그는 독실한 가톨릭답게 그 소식을 듣고 불쾌한 기색을 드러내지 않았다.36 그의 신하들은 신교연합이 위기를 모면하리라고 철석같이 믿고 있었다. 하지만 울름을 떠나 빈으로 간 대사들의 보고는 달랐다. 황제의 궁정은 에스파냐의 뇌물로 부패했고, 황제는 에스파냐 대사의 수중에서 놀아나고 있으며, 프랑스가 추진한 중용과 타협책은 간신히 체면치레만 하고 있다는 전갈이었다.37 하지만 새로운 방침을 모색하기에는 때가 너무 늦었다. 프랑스에서는 태후의 음모(루이 13세의 어머니 마리 드 메디시스는 아들이 성년이 된 뒤에도 정치 개입을 시도했다: 옮긴이)와 위그노 봉기가 무르익어가고 있었기 때문이다. 프랑스 정부는 합스부르크 왕조의 진출을 가로막고 있던 마지막 장벽을 무심코 무너뜨린 뒤 그 후 3년 동안 유럽 정치에 얽혀들지 않았다.

한편, 합스부르크 왕조는 조금씩 힘을 결집해 폐위된 페르디난트를 지지하고 나섰다. 펠리페 3세는 처음에는 망설였다. 페르디난트에게 보헤미아를 탈환해 안겨준다 해도 과연 그가 제대로 나라를 장악할 수 있을지 회의적이었고, 에스파냐도 빈곤과 불만이 커지고 있는 상황이었기 때문이다. 그로서는 힘을 아껴두었다가 네덜란드 전쟁이 재개될 때 사용하고 싶었다.38 중심 무대에 더 가까운 네덜란드의 알브레히트 대공과 그의 신하들은 사태를 더욱 명확하게 파악하고 있었다. 그들이 보기에 프리드리히가 왕위를 차지한 것은 페르디난트의 명분을 새롭게 해주었다. 즉, 라인 지역에서 위험한 신교 기지가 다시는 생겨나지 않도록 팔츠령을 정복하는 구실이 된 것이다. 그러니 펠리페 3세의 무기력함 때문에 스피놀라의 원대한 전략에 차질을 빚을 수는 없었다.39

제네바 귀족이자 타고난 군인이었던 암브로조 스피놀라는 17세기 벽두에 네덜란드의 마우리츠 공을 상대로 한 전투에서 명성을 얻었다. 정치 풍자화가들은 커다란 거미가 거미줄로 신교 유럽을 덮으려는 모습으로 그를 묘사했다.40 실제로 그는 네덜란드와의 전쟁 이외에 다른 것은 거의 생각하지 않았다. 장차 자신의 운명이 어떻게 될지 알지 못한 채 먹고 자는 시간도 아껴가며 하루 열여덟 시간씩 일했다. 심지어 사재까지 털어 군대를 육성하는 데 주력했다.41 네덜란드와의 휴전 이후 11년 동안 그는 최종 승리를 위한 계획을 수립하는 데 골몰했다. 그에게 유럽은 자신의 문제, 즉 라인을 지배하겠다는 목적을 구현하기 위한 무대에 불과했다. 독일의 정정이 불안하다는 소문을 듣자마자 그는 가톨릭동맹의 군사 행동을 강력히 주장했다. 프리드리히가 왕으로 선출되었다는 소식이 전해지자 그는 곧바로 에스파냐와 에스파냐령 이탈리아, 밀라노, 네덜란드, 알자스에서 대규모 병력을 차출했다.42 3년 전인 1617년, 페르디난트는 알자스를 에스파냐에 넘기는 조건으로 황제 선출에서 에스파냐의 지원을 확보했다. 이제 군사적 도움이 절실한 상황에서 그는 에스파냐에 더 큰 것을 제의했다. 스피놀라는 프리드리히의 라인 영토를 정복한다면 그중 상당 부분이 에스파냐의 몫으로 떨어질 것이며, 자신이 보유한 군사력의 원천과 목표물 사이의 신교 장벽이 제거되리라는 것을 잘 알고 있었다.

프리드리히는 제국의 평화를 의도적으로 해쳤다는 이유로 영토를 몰수당했다. 그리고 황제는 그 영토를 자기 친구들에게 나눠주었다. 표면상으로는 나무랄 데 없었으나 실제로는 페르디난트가 제위에 오를 때 서약한 사항—독일 영토를 의회의 허가 없이 처분하지 않겠다는 서약43—에 모순되는 행동이었다. 그렇지만 사태의 법적 측면은 항상 실제로 몰수가 일어난 뒤에 고려하게 된다. 팔츠령을 침략하기로 한 결정은 1619년 후반에 브뤼셀에서 내려졌고,44 페르디난트와 에스파냐 정부의 조약은 1620년 2월에 체결되었다. 스피놀라에게 마침내 출병 허가가 떨어진 것은 그해 6월 23일 마드리드에서였다.45 그 명령이 떨어지기 전에 프랑스는 울름에서 조약을 성사시켰으며, 신교연합은 군대를 철수해 라인란트는 무주공산이 되었다.

4

팸플릿 저자들은 벌써 10년 전부터 에스파냐의 위협을 경고하고 있었다. 독일의 독립 군주들도 10년 넘게 그동안 제국의 힘이 커져 자신들의 자유를 침해할까 봐 우려했다. 안할트는 이런 우려 때문에 신교연합이라는 이름 아래 여러 군주들을 프리드리히 측으로 결집시켰다. 그런데 그들은 그 순간이 언제 닥칠지 그렇게도 예상하지 못했을까? 그 시기를 알 수 없었다 해도, 스피놀라, 페르디난트, 에스파냐 왕의 의도는 무엇이었을까?

군주들은 잘 알고 있었다. 황제의 궁정에서 페르디난트의 두 주요 자문관인 에겐베르크와 하라흐(Karl von Harrach, 1570~1628) 백작이 에스파냐의 통제를 받고 있다는 사실을 모르는 사람은 없었다.46 또한 에스파냐 대사인 오냐테(Oñate, 1566~1644)와 상의하지 않고서는 어떤 결정도 내려지지 않는다는 것도 상식이었다.47 군주들은 스피놀라가 병력을 모으고 있으며, 단지 심심풀이로 그러는 게 아니라는 사실도 분명히 알고 있었다.

신교연합의 군주들은 행동에 나서기를 두려워했다. 그들의 유일한 불안은 순진하게 개입했다가 프리드리히의 반발을 살지 모른다는 것이었다. 하지만 작센 선제후와 브란덴부르크 선제후, 바이에른 공작, 이 세 사람은 각각 루터파, 칼뱅파, 가톨릭을 대표하는 위치에 있으면서 체제의 굳건한 수호자라고 선언했다. 이들 중 아무도 체제가 위험에 처했다는 것을 인식하지 못했을까?

브란덴부르크 선제후는 변명이 가능했다. 가문의 맏아들이자 칼뱅파였던 게오르크 빌헬름은 1619년 크리스마스에 칼뱅파 아버지를 계승했다. 루터파인 그의 어머니는 맏아들을 폐위시키고 루터파 둘째 아들을 올리기 위해 작센의 요한 게오르크에게 도움을 요청했다. 신민들의 절반이 반기를 든 상황에서 젊은 선제후는 이웃의 폴란드 왕에게 손을 벌렸다. 그의 어머니는 아들의 동의도 구하지 않고 둘째딸을 폴란드 왕의 숙적인 스웨덴 왕과 결혼시켰다. 폴란드와 차단된 게오르크 빌헬름은 보헤미아인들을 지원해 그 대가로 그들의 도움을 얻고자 했다. 그러자 작센 선제후는 브란덴부르크를 침략해 루터파 백성 전체가 반란을 일으키게 만들겠다고 위협했다. 이제 게오르크 빌헬름에게는 한 가지 대안밖에 없었다. 요한 게오르크에게 달라붙어 그의 지시대로 따르는 것이었다.48

작센 선제후의 행동에는 다른 속셈이 있었다. 아무리 그가 프리드리히를 질시하고 자신이 왕위에 오르지 못한 것에 분개한다 하더라도 신교도이고 합법적 지배자로서 그는 가톨릭의 폭정에 맞서는 새 군주를 지지해야 했다. 독일의 자유를 중시한다면 프리드리히가 에스파냐와 플랑드르의 군대에게 짓밟히는 것을 가만히 두고 봐서는 안 되었다.

작센의 요한 게오르크는 사심 없는 정치가가 아니었다. 개인적인 이득을 탐하는 추한 면모는 그의 여러 가지 행동에서 엿볼 수 있었다. 하지만 독일의 자유를 존중하는 그의 마음은 진심이었다. 그는 프리드리히가 보헤미아 왕위를 찬탈함으로써 신교와 입헌주의 세력에게 결정적인 해를 입혔다고 보았다. 그러므로 그의 목적은 프리드리히의 대실수를 만회하는 것이었다. 그가 프리드리히를 버린 것은 그 때문이었다. 뮐하우젠 회의에서 그는 프리드리히의 왕위 찬탈을 반대했다. 그리고 그 직후에 페르디난트와 조약을 맺어, 무장 개입의 대가로 보헤미아에서 루터교를 보장받고 니더작센과 오버작센 지역의 모든 세속 교회 영토를 승인받았다. 프리드리히의 친구들은 그의 행동을 비정한 배신이라고 비난했지만 그에게는 정당화할 만한 구실이 있었다. 그가 에스파냐의 위험성을 알고 최선의 방어 조치—에스파냐의 지원을 불필요하게 만든 것—를 취했다는 것이다. 독일 신교의 무력을 이용해 페르디난트를 보헤미아의 합법적 군주로 복위시킨다면, 독일 군주의 충성심 덕분에 황제로서의 권위를 회복한 페르디난트는 자신의 가문과 에스파냐 군대의 도움으로 왕위를 되찾은 것보다 훨씬 더 우호적으로 나올 터였다.

이것은 사후 정당화의 논리만이 아니라 요한 게오르크가 행동에 나선 실제 이유였다. 하지만 불행히도 그는 왕조에 대한 야심이 정치적 직감보다 강했다. 보헤미아에서의 루터교 보장과 북독일의 세속화된 영토 승인은 요한 게오르크의 입헌주의, 신교 정책의 근간이었다. 하지만 안타깝게도 그는 여기서 멈추지 않고, 라우지츠를 작센에 넘기라는 요구를 내걸었다. 이 이기적인 조항은 거의 완벽했던 그의 입지에 흠집을 냈다.

가톨릭 진영에서 요한 게오르크에 해당하는 인물인 바이에른의 막시밀리안은 앞서 10월에 페르디난트와 조약을 맺고서 똑같은 행보를 보였다. 막시밀리안 역시 에스파냐의 무력이 아니라 독일의 무력으로 페르디난트를 복위시켜 그와의 관계에서 유리한 고지를 점하려 했으며, 왕조적 야심을 앞세워 프리드리히의 선제후령을 대가로 요구했다.

요한 게오르크와 막시밀리안은 서로 같은 생각을 가졌으나 왕조적 야심 때문에 동맹을 맺지 못했다. 요한 게오르크의 조약 내용을 전해들은 막시밀리안은 질시에 사로잡혔다. 결국 보헤미아 전쟁에서 그가 최고 지휘권을 맡고, 요한 게오르크는 슐레지엔과 라우지츠의 공략만 담당하기로 정해진 뒤에야 비로소 그는 만족했다.[49]

하지만 당장의 이익에 혈안이 된 이 편파적인 애국자들은 공동의 정책을 취소해버렸다. 두 사람은 영토와 직함을 놓고 페르디난트와 협상하면 오히려 그에게 위기에 처한 독일 제국을 마음대로 분할하고 재분배할 수 있는 권한을 주게 된다는 것을 깨닫지 못했다. 또한 두 사람은 페르디난트가 원하면 언제든 다시 에스파냐에 도움을 청할 수 있다는 것도 생각지 못했다. 결국 페르디난트는 그들에게 프리드리히의 라인 영토와 관련해 아무런 보장도 해주지 않았다.[50]

5

프리드리히의 비극은 결말을 향해 빠르게 내달렸다. 일부 가톨릭 예언자들은 그가 겨울 한 철 동안만 왕위에 있을 것이라며 그를 '겨울 왕'이라고 불렀다. 예언과 달리 그는 봄과 여름까지 버텼지만 매달 재앙의 새로운 전조가 나타났다. 1620년 초에 그는 새 왕국의 주요 지역을 방문했다. 브르노, 바우첸, 브로추아프에서는 열렬한 환영을 받았다. 하지만 올로모츠(올뮈츠)에서는 시 당국이 환영장을 농민과 군인들로 채우고, 가톨릭 유지들의 불참을 그가 눈치 채지 못하도록 했다. 프리드리히는 자신의 무리가 올로모츠의 교회를 모독했다는 이유로 그 도시의 신민들 가운데 절반이 그를 미워한다는 사실을 알지 못했다.[51] 그는 아무것도 모르는 채 왕비를 위해 사냥 준비를 하느라 분주했다. 날씨가 추워지면 아내를 프라하에 보내야 했기 때문이다. "혼자 침상에 누우면 무척 지루할 거요."[52] 편지에서 그는 이렇게 투덜댔다.

그러나 그는 조금씩 위험을 느끼기 시작했다. 브르노에 도착한 날 밤 소규모의 폴란드 군대가 페르디난트의 요청을 받고 국경을 넘어왔다. 그들이 불태운 마을의 불빛이 멀리서 지평선을 붉게 물들였다. 그는 엘리자베스에게 보낸 편지에서 그 사건을 언급하지 않고 그냥 몹시 피곤하다고만 썼다. "기분이 좋지 않소."[53]

기분이 나쁠 만한 이유는 충분했다. 그의 친구들이 도처에서 그에게 실망을 안겨주었고, 신민들의 열정도 그의 희망과 더불어 연기처럼 사라졌다. 신민들이 그를 왕으로 선출한 이유는 그의 인물이 좋아서가 아니라 그의 도움이 필요해서였다.[54] 하지만 그는 아무런 도움도 주지 못했다. 처음에는 사재를 털어 보헤미아의 병력을 7천 명이나 증강했지만,55 1620년 3월에는 멀리 런던 처가에까지 가서 돈을 빌려야 했다. 한여름에는 보석을 저당 잡히고 유대인과 가톨릭을 윽박질러 당장 필요한 돈을 염출했다.56 군대의 상태도 갈수록 나빠졌다. 병사들은 야영지에서 열병에 시달리고 돈도 없고 굶주림과 불안에 고통을 겪은 나머지 시골 지역을 약탈했다. 안할트가 간헐적으로 죄수들을 처형했으나 소용이 없었다. 농민들도 여기저기서 법을 어기고 봉기를 일으켰다.57 모병 체계도 무너졌다. 슐레지엔 지역은 겨우 기병 400명으로 버텼다. 모라비아의 올로모츠에서는 농민들을 모병했으나 지휘관이 없는 탓에 며칠 만에 다들 집으로 돌아가버렸다.58

군마와 병사뿐만 아니라 대포와 돈도 부족한 상황에서 에른스트 폰 만스펠트는 여전히 프리드리히의 이름으로 플제니를 점령하고 있었다. 여름에 그는 휘하 병사들의 급료 문제를 해결하기 위해 프라하로 갔다. 그런데 그가 자금 부족으로 해산한 연대가 약간의 거리를 두고 그를 추격했다. 분노한 장교들의 지휘로 병사들은 프라하로 쳐들어가 그의 숙소를 에워쌌다. 만스펠트는 손에 칼을 쥐고 간신히 빠져나와 왕실 경비대에 보호를 요청했다.59 해산된 병사들만 말썽을 부린 게 아니었다. 장교들도 온갖 구실을 이용해 점점 줄어드는 병력을 팽개치고 거리와 선술집을 활보했다.60

도시는 거의 소돔과 고모라처럼 변했다. 거리는 여전히 떠들썩한 분위기였으나 하늘에는 무거운 재앙이 뒤덮고 있었다. 귀족들의 집은 무도회와 파티로 흥청거렸고, 겨울에는 썰매를, 여름에는 목욕을 즐겼다. 왕 자신도 선홍색 외투에 노란색 깃을 꽂은 모자 차림으로 마차를 타고 시내를 돌아다녔다. 날씨가 따뜻해지자 그는 블타바 강에서 왕비와 귀부인들이 보는 가운데 완전히 벌거벗은 채 목욕했다. 프라하 시민들은 못마땅한 눈초리로 그 상스러운 광경을 지켜보았다.61 관광객들은 유쾌한 젊은 왕과 왕비가 "수많은 나그네들에게 공짜로 제공하는 풍성한 볼거리"를 흥미롭게 구경했으며, 호기심 많은 사람은 흐라드신 왕궁의 화려한 방들을 둘러보고 아기 왕자를 안아보기도 했다. 아기의 양모 신발을 슬쩍 벗겨 기념품으로 가져간 사람도 있었다.62

그렇게 순진하고 선의를 가진 지배자가 그처럼 빠른 시간에 미움을 사게 된 경우도 드물다. 프리드리히는 새 신민들의 사랑을 받고 싶었다. 하지만 그는 오히려 대신들에게는 경멸을, 백성들에게는 증오를 샀다. 신하들 앞에서 소심해지는 성격과 익숙지 않은 보헤미아어, 자신이 수호하겠다고 서약한 체제의 특질로 인해 프리드리히는 평소만큼의 지성도 보여주지 못했다. 뉘른베르크의 신교 모임에서 그는 한 대사의 질문에 암기해둔 엉뚱한 대답을 하기도 했다.63 보헤미아에서도 여러 가지 물의를 일으켰다. 그는 줄곧 모자를 쓰지 않은 채 조신들을 맞았으며, 그들이 질문할 때마다 안할트를 돌아보며 대답했다. 종종 손을 충분히 내밀지 않아 입맞춤을 받기 어려운 적도 있었고, 공식 석상에서 왕비를 상석에 앉히기도 했다. 게다가 왕비는 점잖은 보헤미아 남자라면 자기 아내에게 허용하지 않을 옷차림으로 사람들 앞에 나서기도 했다.64

그밖에도 그는 농노제를 폐지해야 한다고 주장한다든가, 새로운 충성 서약을 강요한다든가, 의회에 자신의 다섯 살짜리 아들을 계승자로 임명하라고 촉구해 정치 지도자들과 귀족들을 화나게 만들었다.65 또한 프라하의 풍기 문란을 금지하려는 터무니없는 조치로 백성들의 빈

축을 샀다.66 그중에서도 최악은 그들의 교회를 모독한 것이었다. 예수회의 대형 교회와 대성당에서 성화들을 무참히 떼어내는가 하면, 프리드리히의 목사는 하녀 두 명에게 성물을 가져오게 해서 땔감으로 썼다. 심지어 왕비는 성 바츨라프의 무덤을 열려고 했다는 소문도 전한다. 그녀는 블타바 강의 카를교 중간에 있는 벌거벗은 조각상을 철거하라고 지시했으나 그 명령은 집행되지 않았다. 시민들이 무장을 하고 십자가 구세주상의 신성모독을 가로막았기 때문이다.67

프리드리히 부부가 처신을 잘못했지만 신민들 또한 그들을 거의 돕지 않았다. 프리드리히의 신하들에 따르면, 군대와 정부의 운영을 맡은 보헤미아 관리들은 오로지 "자신들의 친지를 보살피는 데만 급급했다." 심지어 어떤 사람은 왕이 아침 7시에 회의를 소집하자 일찍 일어나는 것은 자신의 특권에 위배된다고 왕에게 말했다.68 정부 내에는 불만이 팽배했다. 나라가 어려워지자 귀족, 시민, 농민의 적대가 첨예해졌고, 궁정 안에서도 반역의 분위기가 보였다.69

이런 상황에서 1620년 7월 23일 바이에른의 막시밀리안은 휘하 장군인 틸리 백작 요한 체르클라에스(Johann t'Serclaes von Tilly, 1559~1632)가 지휘하는 가톨릭동맹의 병력 2만 5천 명70과 함께 오스트리아 국경을 넘었다. 각기 다른 언어를 쓰는 용병들이 예수회 설교사들의 격려를 받으며 행군했다. 대포 12문은 12사도의 이름을 땄고, 장군의 특별한 수호성인은 성모 마리아였다. 젊은 시절 틸리는 예수회에 가입하려 했으나 나중에 다른 분야에서 신을 위한 전쟁에 매진하기로 마음먹은 뒤 군막에서 평생을 보냈다. 도덕을 엄격히 지키며, 늘 수호성인에게 기도하는 삶을 살았던 그는 '갑옷을 입은 수사'라고 널리 알려졌다.71

막시밀리안은 먼저 많은 수의 신교 젠트리가 무장하고 있는 오스트리아를 확실히 장악하려 했다. 틸리의 군대가 들이닥치자 농민들은 챙길 수 있는 것은 모조리 다 챙겨서 달아났다. 막시밀리안은 여름이지만 한기가 도는 사나운 폭풍을 맞으며 버려진 나라를 행군했다. 길가에는 사람들이 마구잡이로 도살한 소와 돼지의 사체가 즐비했다.72 8월 4일 린츠에 이르러 그는 오스트리아 상류층의 항복을 받아냈다. 그들은 보헤미아의 도움을 받지 않으면 대규모 군대에 맞서 저항을 조직할 능력이 없었다.

그 무렵 스피놀라는 2만 5천 명에 가까운 병력73을 거느리고 플랑드르를 출발했다. 그 원정은 새로운 십자군으로 불릴 만큼 열렬한 신앙심을 보여주는 사건이었다.74 대열의 선두가 라인 지역을 향해 진군해 오자, 오라녜 공은 휴전을 깨기도 두렵고 군대를 저지할 능력도 없어 영국 왕에게 도움을 호소했다.75 이 절박한 순간에 제임스 1세는 호러스 비어(Horace Vere, 1565~1635)가 이끄는 2천 명의 지원군 연대가 그레이브센드에서 저지대 지방으로 출발하는 것을 허락했다.76 그와 동시에 그는 브뤼셀 정부에 서신을 보내 그 군대의 목적지를 물었으나, 8월 3일 모른다는 불성실한 답신을 받았다.77 라인 지역의 코블렌츠를 횡단하던 스피놀라가 보헤미아로 시선을 돌리자 불안에 떨던 서유럽 열강은 안도의 한숨을 내쉬었다. 하지만 그것은 적이 준동하지 못하도록 하려는 고도의 속임수였다. 8월 셋째 주에 스피놀라는 다시 라인으로 방향을 돌렸다. "스피놀라의 대군이 팔츠령을 향하고 있는지 따져보기에는 이제 너무 늦었다. 벌써 우리 문 앞에 도달했으니까." 팔츠 선제후의 어머니는 하이델베르크에서 이렇게 개탄했다.78 8월 19일 스피놀라는 마인츠를 점령했다. 당황한 오라녜 공은 그녀에게 위기에 처한 나라를 방어하라고 탄원했으나 헛수고였다. 신교연합의 군주들에게도 호소했으나 역시 헛수고였다. 영국 지원군 2천 명만이 라인까지 뚫고 와서 스피놀라의 외곽 기지를 침략하고, 핵심 요새인 프랑켄탈과 만하임을 점령했다.79 9월 5일 스피놀라는 라인 강을 건넜고, 10일에는 크로이츠나흐, 나흘 뒤에는 오펜하임을 손에 넣었다.80 멀리 보헤미아에서 그 사태를 바라보던 프리드리히는 가슴이 찢어질 듯했으나 다시 영국 왕에게 도움을 요청하는 것 이외에는 아무것도 할 수 없었다. 또 한 가지 그가 할 수 있는 일이라곤 신에게 호소하는 것뿐이었다. 엘리자베스에게 그는 이런 편지를 보냈다. "모든 것을 신께 맡기겠소. 신께서 내게 주시고 빼앗아가셨으니 다시 주실 수 있을 거요. 신의 이름으로 축복이 함께하기를."81

한편, 틸리는 린츠에서 나머지 제국군과 합류해 9월 26일에 보헤미아 국경을 넘었다. 그는 간발의 차이로 전장에 맨 먼저 도착했다. 10월 5일 작센 선제후가 북쪽에서 치고 내려오자 라우지츠의 수도인 바우첸은 별다른 싸움도 없이 항복했다.82 그 무렵 막시밀리안은 플제니에 항복을 요구했고, 만스펠트는 그와 협상을 시작했다. 프리드리히는 그에게 도시를 장악하라고 다그쳤다. 만스펠트는 마지못해 명령에 따랐으나 더 이상 적의 후방을 괴롭힐 생각은 없었다. 게다가 그는 파산한 주군을 섬기느라 부유한 군주이자 장래에 자신의 고용주가 될 막시밀리안에게서 신망을 잃을 어리석은 위인이 아니었다.83

후방의 플제니를 제압한 뒤 막시밀리안은 프라하로 향했다. 10월 중순에 그는 수도로부터 이틀 거리인 로키찬에서 프리드리히의 오합지졸 부대를 따라잡았다. 프리드리히는 몸소 군막에서 지내며 투른과 안할트의 격렬한 경쟁을 저지하려 했으나 성과를 거두지 못했다. 그런데 며칠 뒤 만스펠트가 직접 군막으로 찾아와 계약이 소멸되었다고 통지했다. 왕에게 계약을 갱신할 자금이 없으므로 자신은 의무로부터 해방되었다는 것이다.[84]

프리드리히는 헝가리를 다시 침략한 베틀렌 가보르를 여전히 신뢰하고 있었다. 그러나 보헤미아인들을 지원하기 위해 그가 파견한 병력은 도움은커녕 오히려 걸림돌이 되었다. 그들은 고삐 풀린 망아지처럼 약탈을 일삼아 농민들에게 희미하게나마 남아 있던 왕의 마지막 인기마저 없애버렸다. 심지어 그들은 동맹군을 공격했을 뿐 아니라 자기들끼리도 싸우며,[85] 포로들도 무참히 살해했다. 부상한 몸으로 오스트리아로 귀환하던 막시밀리안 측의 어느 대령은 포로로 잡혀 심한 학대를 받았다. 프리드리히가 뒤늦게 개입했으나, 결국 그는 며칠 뒤 죽고 말았다.[86]

그러는 동안 주변의 시골은 황폐해졌다. 텅 빈 마을, 불에 탄 농장, 굶어죽은 가축의 시체는 군대가 지나간 흔적을 잘 보여주었다. 가을에 폭풍이 여러 차례 지나간 뒤 일찍 겨울이 찾아왔다. 양 진영에서는 습한 날씨와 식량 부족으로 심한 감기와 열병이 번져 상당수의 병력이 목숨을 잃었다.

11월 4일 보헤미아군은 왕의 대관 기념일을 심드렁하게 경축했다. 병사들은 10월 말까지 급료를 받지 못하면 대규모 폭동을 일으키겠다고 위협했다. 다만 적이 가까이 있다는 사실 때문에 그 위협을 실행에 옮기지 못할 따름이었다.[87] 안할트와 투른은 뭔가 신속한 조치가 필요하다는 데 가까스로 합의했다. 왕은 왕대로 해산을 몇 주일 앞둔 아내가 있는 프라하의 동태에 촉각을 곤두세웠다.

프리드리히 측보다 심각함은 덜했지만 막시밀리안의 신하들과 제국군의 장군 부쿼이(Bucquoy, 1571~1621) 백작도 똑같은 회의에 휩싸였다. 여기서도 누가 최고 지휘권을 맡을지를 놓고 알력이 빚어졌다. 막시밀리안은 페르디난트와의 협상권을 가졌다는 이유로 자신이 맡아야 한다고 여긴 반면, 부쿼이는 오랫동안 독점해왔던 작전 통제권을 뜨내기에게 넘겨주려 하지 않았다. 페르디난트는 두 사람 중 누구라도 섭섭해하지 않도록 하기 위해, 군대의 유일한 총사령관은 언제나 자신의 운명을 주관하는 성모 마리아라고 공식적으로 선언했다.88 물론 그것으로 막시밀리안과 부쿼이 사이의 당면한 문제를 해결할 수는 없었다. 병사들은 지치고 굶주리고 전염병에 시달렸다. 부쿼이는 말에게 먹일 풀 한 포기조차 남아 있지 않은, 게다가 이미 적이 일부분을 점령한 지역을 가을 안개를 뚫으면서 행군하는 것은 어리석은 짓이라고 주장했다.89 그 반면 막시밀리안은 즉각 프라하를 공략해야 한다고 맞섰다. 수도를 점령하면 반란이 종식되리라는 게 그의 생각이었다. 군인이 아닌 그의 정치적 후각이 옳았다.

11월 5일 밤 보헤미아군은 수도를 방어하기 위해 은밀하게 철수했다. 제국군과 바이에른군은 우선 거치적거리는 막시밀리안의 수많은 짐마차들을 정돈한 뒤 곧바로 추격에 나섰다. 36시간 동안 두 군대는 거의 나란히 행군했다. 보헤미아군은 큰길로 갔고 적군은 숲길로 갔으나, 11월의 안개 때문에 서로 상대방을 명확히 볼 수 없었다. 7일 밤에 안할트는 프라하에서 몇 킬로미터 떨어진 곳에서 행군을 멈추었다. 행군하는 동안 내내 병사들에게 자신의 대의 혹은 보헤미아의 대의를 버리지 말라며 간곡하게 타이르던 왕은 서둘러 수도로 들어가 의회에 군대의 급료를 마련해달라고 간청했다. 얼마 뒤 안할트는 군막을 걷고 어둠을 틈타 군데군데 초크를 채취하는 백악갱들이 있는 빌라호라(하얀 산)의 넓은 고지로 군대를 이동시켰다. 추격해 오는 적군과 작은 시내를 사이에 둔 그곳에서 그는 무방비 상태의 수도를 내려다보았다. 새벽 1시쯤 안할트는 정상에 올랐다. 이미 그는 왕에게 전투의 조짐이 없다고 보고했다. 다음 날 아침을 대비한 명령을 내리지 않은 채, 그는 병사들에게 행군을 멈춘 곳에서 숙영하도록 했다. 실제로 그는 아무 일도 없을 것이라고 믿었다.

한편, 규율이 무너진 베틀렌 가보르의 군대는 한창 시골을 약탈하는 중이었다. 산기슭의 여기저기에서 농장들이 밤에도 환히 불타고 있었다. 그 불빛을 통해 가톨릭 측의 초병들은 보헤미아군이 빌라호라를 오르는 것을 보았다. 즉각 명령이 떨어졌고, 한밤중에 막시밀리안과 부쿼이는 추격을 개시했다.

11월 8일 여전히 안개가 자욱한 가운데 베틀렌 가보르의 군대가 보헤미아 진영으로 들이닥쳤다. 새벽 정찰에 나선 틸리의 병사들은 그들을 외곽 기지에서 몰아냈다. 안할트가 적들의 접근을 제대로 파악하기도 전에 적군은 시내를 건너 안할트의 총을 피할 수 있는 가파른 비탈을 은신처 삼아 조심스럽게 움직였다. 보헤미아 진영에서 불과 400미터밖에 떨어지지 않은 지점이었다.

안개는 좀처럼 걷히지 않았다. 안할트는 적들이 언덕에 가로막혀 보헤미아군의 규모와 위치를 확실히 파악할 수 없기 때문에 날씨가 개기 전까지는 공격하지 않으리라고 예상했다. 7~8시에 그는 황급히 병력을 산마루로 모아 전선을 1.5킬로미터 길이로 넓게 펼쳤다. 훗날 그 전투의 패배를 해명할 때 그는 아군 병력이 1만 5천 명, 적군이 4만 명이었다고 추산했다. 보헤미아군의 추산치는 사실에 가까웠지만 적군의 규모는 두 배로 오판했다.

안할트의 전선에서 맨 오른쪽에는 급조된 흉벽 앞에 '별'이라는 이름의 유원지가 있고, 맨 왼쪽에는 가파른 언덕과 습한 경작지가 있었다. 안할트는 기병대를 양 날개 쪽에, 보병대와 포병대를 중앙에 배치했지만 폭동을 지나치게 우려한 탓에 병력을 몇 개 부대로 나누고, 모병된 보헤미아 보병들 사이사이에 독일 기병들을 섞었다. 독일 병력의 대다수는 왼편, 보헤미아 병력은 오른편, 그리고 노란색 우단에 녹색 십자가와 'Diverti nescio(몰래 즐겨라)'라는 문구가 적힌 왕의 군기는 중앙에 배치했다. 약탈을 마치고 '별' 아래쪽에서 휴식 중인 베틀렌 가보르의 헝가리 병력은 언덕을 가로질러 왼편의 비슷한 위치에 자리 잡고 적의 측면을 공격하라는 명령을 받았다.

가톨릭 군대는 언덕의 낮은 사면에 골고루 배치되었다. 틸리가 이끄는 막시밀리안의 병력은 왼편에서 보헤미아군과 마주했고, 부쿼이의 오른편 병력은 독일군을 상대했다. 중앙에는 보병들을 둘로 나누어 배치하고, 뒤에서 소규모의 예비 기병대가 지원했다. 며칠 전의 전투에서 큰 부상을 입어 군대를 지휘할 수 없던 부쿼이는 보헤미아군이 고지를 차지한 유리한 상황이라 판단해 교전을 꺼렸다. 그는 언덕을 포위하고 프라하를 위협해 적을 아래로 끌어내리려 했다. 그러나 이 전투에 모든 것을 걸 각오를 한 막시밀리안은 적의 힘을 시험하기 위해 틸리에게 '별'에 있는 보헤미아군을 공격하게 했다. 적의 완강한 저항에 틸리가 후퇴했으나 막시밀리안은 포기하지 않았다. 그때 안개가 걷히자 급히 전시 회의가 소집되었다. 막시밀리안이 줄기차게 행동 개시를 부르짖는 바람에 부쿼이의 부관들도 마침내 뜻을 굽혔다. 지휘관들은 '성모 찬송가(Salve Regina)'를 듣고, '성모 마리아(Sancta Maria)'의 신성한 이름을 그날의 구호로 삼아 공격할 차비를 갖추었다.

　이렇게 공격이 늦어지자 안할트는 적의 공격 위치가 워낙 나쁜 탓에 그들이 싸우지 않고 물러갈 것이라고 판단했다. 그가 전혀 눈치 채지 못하고 있을 때, 틸리는 중앙에 배치한 대포의 지속적인 포격 지원을 받으며 언덕 위로 기습을 가했다. 처음에 보헤미아군은 제 위치를 지키며, 안할트의 용맹한 아들이 지휘를 맡은 우익에서 틸리를 저지했다. 그러는 동안 오른편의 제국군은 틸리의 공격을 지원했고, 중앙의 보병은 대포의 엄호를 받으며 언덕 위 고원을 장악하고 보헤미아 중앙군과 교전을 벌였다. 무장도 형편없었고 사기도 낮았던 중앙군은 곧 군기 두 개를 빼앗기고 퇴각했다. 전선이 무너지자 장교들은 칼을 휘두르며 병사들을 원래 위치에 복귀시키려 애썼다.

　그 순간 부쿼이 백작이 병상에서 일어나 말을 가져오게 했다. 부상한 몸으로 그는 제국군의 예비 병력을 이끌고 주력군을 지원하러 달려갔다. 보헤미아군의 우익에서 안할트의 아들은 두 차례나 상처를 입었음에도 굴하지 않고 적의 진영 한복판으로 뛰어들었다. 하지만 뒤에서 그의 병사들은 겁에 질려 대오를 무너뜨리며 달아났다. 맨 왼쪽의 헝가리군은 틸리의 첫 공격에 와해된 이후 블타바 강을 가로질러 필사적으로 도망쳤다. 지원을 받지 못한 보헤미아군의 좌익은 프라하 방면으로 뿔뿔이 흩어졌다. 안할트는 병사들을 다시 규합하기 위해 거친 목소리로 부르짖으며—나중에 그는 알렉산드로스, 카이사르, 샤를마뉴도 그렇게까지 하지는 못했을 것이라고 말했다—말을 타고 그들의 뒤를 쫓았다. 왕의 대형 깃발과 군기 100개, 그리고 대포를 모두 빼앗겼다. 산마루에서는 모라비아 경비대만이 '별' 흉벽 주변에서 한 사람도 항복하지 않고 제 위치를 지켰다.

프라하에서 왕과 왕비는 영국 대사 두 명과 함께 만찬을 즐겼다. 유쾌한 분위기에서 프리드리히는 전투가 없을 것이라고 장담했다. 적군은 너무 약해 곧 물러갈 것이다. 그는 그렇게 들었고, 들은 대로 믿는 성격이었다. 그럼에도 불구하고 그는 식사가 끝나면 말을 타고 나가 용감한 병사들을 살펴봐야겠다고 생각했다. 그는 성문을 지날 때 전장에서 오는 첫 도망자들과 마주쳤다. 무엇 때문에 그렇게 겁에 질렸는지 묻는 와중에 안할트가 헝클어진 차림으로 모습을 드러냈다. 왕이 전쟁의 패배를 처음 알게 된 순간이었다.90

회의에서는 그토록 거침없었던 안할트였지만 이제 그가 가진 해결책은 하나뿐이었다. 왕은 즉각 도망쳐야 했다. 하지만 프리드리히는 조각난 자신의 운명을 되찾기 위해 최후의 노력을 기울이기로 마음먹었다. 그는 안할트의 절망적인 조언을 무시하고, 신속하게 아내와 자식들을 데리고 블타바 강 건너편으로 갔다. 너무 서두르는 통에 막내 왕자를 하마터면 잊을 뻔했다. 왕비의 경박한 책들은 그대로 방에 남아 정복자들의 신앙심을 모욕했다.91 다행히 누군가 침착한 사람이 있어 왕관에 박혀 있던 보석들을 손 닿는 대로 일부나마 챙겨나왔다. 그 보석들은 그 후 여러 해 동안 바닥난 왕의 재정을 받쳐주는 주요한 수입원이 되었다. 강 맞은편의 새 도시에서 프리드리히는 회의를 소집해 사태를 논의했다. 왕도 왕비도—영국 대사는 왕비를 '우리의 축복받은 위풍당당한 부인'이라고 불렀다—두려운 기색은 전혀 보이지 않았다. 그들은 비록 수도를 떠나야 했지만, 그들이 신민들을 버린 게 아니라 신민들이 그들을 버린 것이었다.

프라하는 혼란의 도가니였다. 사람들은 전장에서 도망쳐오는 병사들 앞에서 가차 없이 성문을 닫아걸었다.92 병사들을 들이지 않는 이상 도시를 구할 희망은 없었다. 시민들은 자신들의 교회를 경멸하고 관습을 무시한 외국인 왕에게 증오의 화살을 돌렸다. 전투가 끝난 밤에 프리드리히의 최측근들은 자신들의 목숨도 경각에 달린 판이었으나, 왕에게 시민들이 면책을 얻어내기 위해 그를 승리한 적에게 넘겨주기 전에 어서 도망치라고 애원했다.93 보헤미아의 명분을 위해 프리드리히가 해야 할 일이 있다면 만스펠트에게 가담하거나 슐레지엔을 지키는 것뿐이었다. 아침 일찍 프리드리히는 엘리자베스와 몇몇 신하들만 데리고 슐레지엔의 브로추아프로 떠났다. 매우 화급한 순간이었다. 군중은 이미 그를 희생시키기로 작정했기 때문에 자칫하면 탈출이 불발로 끝날 뻔했다.94

총성이 한 방 울리는가 싶더니 도시는 무조건 항복했다. 바이에른의 막시밀리안은 그날 밤 지난해 프리드리히가 궁정으로 사용했던 궁궐에서 아내에게 편지를 썼다. 그 소식이 뮌헨에 전해진 것은 11월 13일이었다.95 23일에는 빈의 환희를 알리는 대포가 발사되었다.96 교회마다 감사의 찬송가가 울려퍼졌고, 그리스도의 십자가상 아래 제단에서는 성직자가 복수를 부르짖었다.

브로추아프에서 프리드리히는 권토중래를 꿈꾸었다. 그는 슐레지엔 의회97와 신교연합98에게 도움을 요청했다. 플젠니에는 아직 만스펠트의 병력이 있었으므로 돈만 마련한다면 그들을 다시 고용할 수 있었다. 헝가리에서 베틀렌 가보르의 군대를 불러오는 것도 가능했다. 하지만 문제는 돈이었다. 만스펠트는 움직이지 않았고, 베틀렌 가보르는 노획물을 거둬 트란실바니아로 달아나버렸다.

프리드리히는 절망적인 심정으로 지푸라기를 움켜쥐었다. 일단 침략자인 작센 선제후와 협상해보고, 다음에는 모라비아에서 저항을 조직할 참이었다. 그러나 12월 20일 모라비아마저 항복했다는 소식이 들려왔다. 그렇다고 가만히 앉아서 아내와 자식들을 사방의 적들에게 넘겨줄 수는 없는 노릇이었다. 그는 곁에 남아 있던 충신들을 해산시키고, 점점 가까워지고 있는 작센군과 바이에른군의 전선 사이에 위치한 브란덴부르크로 빠져나갔다. 슐레지엔은 정복자들의 처분에 맡긴 셈이었다.99

신민들과 친구들은 그 도망자를 버렸다. 투른의 맏아들은 전투 다음 날 3천 명의 병력과 함께 승자 측에 가담했고,100 안할트는 스웨덴으로 달아나 페르디난트 황제에게 그동안 잘못된 주군을 섬겼다면서 용서를 구하는 서신을 보냈다.101 가톨릭과 신교 팸플릿 저자들은 패배자를 용서하지 않았다. 집배원은 독일 전역에서 '지난 겨울에 왕이었던 젊은 이와 그의 처자식들'을 찾는 임무를 맡았다. 프리드리히는 '신앙이 없는 프리츠' 혹은 카드 패 가운데 가장 가치가 떨어지는 '하트의 왕'이라고 불렸는데, 후대의 기사도는 그 명칭을 이용해 그의 아내에게 '하트의 여왕'이라는 더 예쁜 의미를 부여했다.102

한편, 프라하에서는 전투 이튿날 오후 바이에른 공작이 페르디난트의 이름으로 보헤미아 집정관령의 항복을 접수했다. 그의 고해 신부는 약간 거리를 두고 벅찬 가슴으로 이단이 패배하는 광경을 지켜보았다. 고해 신부는 보헤미아인들의 낙담한 목소리나 공작의 나지막한 대답을 듣지는 못했지만, "각하의 말씀을 듣자마자 집정관들이 눈물을 흘리는 것"을 보았다.103

정복자들은 피정복자들에게 자비를 베풀지 않았다. 전투가 끝나고 일주일 동안 도시의 성문은 굳게 닫혔고, 병사들은 무슨 일이든 해도 좋다는 허가를 받았다. 원칙적으로는 반란자들만 대가를 치러야 했지만, 병사들이 프라하의 집집마다 다니면서 정치적 입장에 대한 교리문답을 할 수도 없었고 또 그래야 할 이유도 알지 못했다. 왈론인(Walloon, 벨기에 남부의 민족: 옮긴이), 프랑스인과 독일인, 폴란드인, 카자흐인과 아일랜드인104 등 각지에서 온 용병들은 고상한 방침 따위에 신경 쓰지 않았다. 유럽 최고 수준의 부유한 도시가 그들에게 날이면 날마다 개방되는 것은 아니지 않는가.

프리드리히의 가재도구를 잔뜩 실은 마차 여덟 대가 흐라드신 궁전의 성문을 가로막고 있었다. 탐욕스런 병사들은 마차에 달려들어 비단과 보석, 무기 등을 땅바닥에 마구 부려놓았다. 한 왈론인 병사는 그 가운데서 연푸른색 리본에 묶인 성 조지의 아름다운 장식물을 주워들었다. 그는 그것을 바이에른 공작에게 가져가서 수고의 대가로 1천 탈러(taler, 독일 지역에서 사용된 은화: 옮긴이)를 받았다. 그것은 패배한 왕이 갖고 있던 가터 훈장(무릎 부근에 매다는 훈장: 옮긴이)이었다. 이후 프리드리히는 적들의 조잡한 풍자화에서 대님이 없는 양말(가터란 원래 대님이라는 뜻이다: 옮긴이)을 발목에 걸고 있는 모습으로 등장했다.105

약탈이 채 끝나기도 전에 막시밀리안은 자기 몫의 전리품으로 프리드리히의 마구간에서 최상급 말들을 챙겨서 뮌헨으로 출발했다.106 성 카타리나 축일 아침 일찍 그는 자신의 수도에 도착했다. 신민들이 거리에서 그를 성대하게 환영했다. 대형 교회의 문 앞에 이르자 그는 말에서 내려 프라이징 주교의 축복을 받은 뒤 교회 안으로 들어갔다. 합창대가 경쾌하게 노래하는 가운데 그는 신에게 감사를 드렸다. "사울이 죽인 자는 천천이요 다윗은 만만이로다."107 막시밀리안은 감사할 게 많았다. 그는 이번 전쟁을 치러낼 능력을 가진 독일의 유일한 군주였다. 그가 이끌고 나왔던 군대 비용으로 황제는 이미 그에게 300만 굴덴의 빚을 지고, 결국 그에게 담보로 오버외스터라이히를 내주었다.

빈에서 황제 페르디난트는 모자를 쓰지 않은 채로 말을 타고 가서 성모 마리아에게 감사를 드렸다. 그러고는 1천 플로린을 들여 순은제 왕관을 제작하게 한 뒤 자신이 직접 그 왕관을 슈타이어마르크의 마리아첼에 있는 성모 마리아의 성물함에 안치했다. 또한 그보다 더 화려한 왕관은 로마의 산타마리아델라스칼라 교회로 보냈다.108 하지만 그 빛나는 선물은 하늘에 감사를 표하기에는 충분했을지 몰라도 에스파냐와 바이에른을 만족시킬 수는 없었다.

6

보헤미아의 저항은 빌라호라 전투에서 무너졌다. 신교 세력은 보헤미아를 구하러 오지 않았다. 전쟁은 끝났다. 이제 프리드리히는 용서를 구해야 했고, 에스파냐는 팔츠령에서 물러나야 했다. 또한 만스펠트는 군대를 해산해야 했고, 페르디난트는 빚을 갚아야 했다. 하지만 이 네 가지 자명한 가정은 실현될 수 없었다.

주변 세계가 붕괴하는 동안 프리드리히 부부는 그 재앙에 두 눈을 질끈 감았다. 왕비는 브란덴부르크로 피신해 아들을 낳고, 마우리츠라는 오라녜 공과 같은 이름을 지어주었다. 그녀는 타고난 쾌활함으로 친구들에게 보낸 편지에 자신이 갑자기 프라하로 '멋진 여행(beau voyage)'을 떠났던 이야기를 들으면 크게 웃을 것이라고 썼다.109 프리드리히도 작센-라우엔부르크 공작과 함께 즐겁게 여행하면서, 여행지에서 거금 300플로린을 주고 세 살짜리 딸에게 선물할 진주를 샀다.110

프리드리히의 무책임한 행동은 양심의 부재에서 나온 게 아니었다. 권좌에 있을 때 나약하고 무능했던 그는 막상 권력을 잃자 본연의 일관성을 되찾았다. 그는 패배했다고 해서 자신의 명분까지 버리지는 않았다. 그에게는 보헤미아를 구하는 데 필요한 무모한 용기와 리더십도 없었지만, 자신의 재산을 구하는 데 필요한 이기심도 없었다. 패배는 옳고 그름의 복잡한 차이를 없애고 상황을 단순화시켰다. 이제 옳은 것은 단 한 가지, 종파와 반역에 개의치 않고 패배한 명분의 정당성을 주장하는 것이었다. 투른에게 보낸 편지에서 프리드리히는 이렇게 확언했다. "우리는 탐욕이나 야망 때문에 보헤미아에 온 것이 아닙니다. 우리는 빈곤이나 고통 때문에 우리의 친애하는 신에게 반기를 든 것이 아니며, 명예와 양심을 저버리지도 않을 것입니다."111 빌라호라 전투 이후 그는 죽는 날까지 늘 그 양심에 따르며 고결한 신념과 비참한 결과를 감수했다.

페르디난트는 공식적인 항복과 사과를 요구했다. 프리드리히는 특유의 소박함으로, 정의로운 사람은 사과하지 않는다고 응답했다. 만약 황제가 보헤미아의 체제를 보장하고, 징집된 군대의 급료를 지급하고, 그의 빚을 탕감해주었다면 그는 양위를 진지하게 고려했을 것이다.112 그것은 단지 개인적인 저항이 아니라 독일 군주들에 대한 도전이었다. 뮐하우젠에 모인 사람들은 프리드리히의 왕위 찬탈이 불법이라고 선언했다. 프리드리히는 그 판단을 부인하기 위해 그들이 황제에게 강요당했거나 매수되었다고 믿는다는 기색을 은근히 내보였다. 죽을 때까지도 그는 자신이 제국의 평화를 침해하지 않았으며, 황제에게 반역한 게 아니라 오스트리아 대공에게 반기를 든 것뿐이라고 주장했다. 그의 생각은 확고부동했다. 그는 보헤미아의 적법한 왕이었고, 보헤미아와 독일의 영토를 불법적으로 공격당한 입장이었다.

프리드리히가 끝내 항복하지 않는다면 스피놀라의 군대는 팔츠령에 계속 머물 것이다. 앞에서 언급한 네 가지 가정 중 두 가지는 실현되지 않았고, 평화로 향하는 두 개의 문도 닫혀버렸다. 이제 남은 문제는 만스펠트의 군대와 페르디난트의 빚을 처리하는 것이다.

에른스트 폰 만스펠트는 일자리를 잃은 군대와 함께 플제니에 진을 쳤다. 이제 그는 황제에게 추방당했을 뿐만 아니라, 30만 탈러의 비용도 부담해야 했다. 앞으로 그가 할 일은 두 가지였다. 병사들을 위해 식량을 확보하고, 어느 한 측에 자신을 중요한 존재로 부각시키는 것이었다. 다른 측에는 당연히 위험한 존재가 되겠지만, 어쨌든 그는 새 일자리를 얻어 전쟁에 참여해야 했다. 그사이 그는 병력의 공백을 메우기 위해 당국의 허가와 무관하게 남부 독일 전역에서 신병을 충원했.

그가 먹여살려야 할 대상은 단순한 군대가 아니라 일종의 국가였다. 병사 한 명당 여자와 아이 한 명씩은 기본이었다. 틸리의 군대에서는 위관급 장교는 한 명당 다섯 명의 하인을, 대령은 열여덟 명까지 하인을 두고 있었다. 전리품으로 형편이 넉넉해진 병사들은 일꾼을 고용해 짐을 운반시켰다. 포병의 경우 위관급 장교와 말들을 관리하는 마부, 아내, 하인들과 함께 정비사까지 고용해 거의 한 부대를 이루었다. 군대와 함께 움직이는 이들은 본대와 분리되었으나 꼭 필요한 존재였다.113 약탈한 농장에서 여자를 납치하거나, 인질로 아이를 데려왔다가 돌려보내는 걸 잊어버리는 일도 비일비재했다. 여기에 장사치, 사기꾼, 협잡꾼, 무뢰배들까지 따르는 바람에 인원이 크게 늘었다. 부쿼이의 군대에서는 한 주일에 예닐곱 명의 아이들이 태어났는데,114 만스펠트의 군대도 마찬가지였다.

　용병 지도자는 모든 인원에 대해 책임을 졌다. 그 책임을 완수하지 못하면 전체가 혼란스러워져 지도자 자신은 물론이고, 군대가 숙영하고 있던 지역도 위험해졌다. 만스펠트는 다음과 같이 썼다. "병사나 말이 공기만 먹고 살 수는 없다. 무기든 옷이든 그들이 가진 모든 것은 낡게 되고, 소비되고, 망가지게 마련이다. 필요한 것을 사려면 돈이 있어야 한다. 돈을 주지 않으면 그들은 직접 찾아나설 것이다. 그 돈이 원래 자신의 몫이 아니라는 것은 따지지도, 말하지도 않는다. 일단 성문이 열리면 그들은 넓은 자유의 들판으로 들어간다. …… 그들은 누구도 봐주지 않고, 신성한 장소도 존중하지 않는다. 교회나 제단, 무덤, 그 안에 있는 시신도 마찬가지다."115 이것이 곧 만스펠트가 다스리는 국가였고, 그의 지배가 무너질 경우 발생할 무정부 상태였다.

　겨울을 나는 동안 만스펠트는 사보이, 베네치아, 네덜란드 연방에 자신의 군대를 고용해줄 것을 제안하러 다니며 유럽 정치를 혼동에 빠뜨렸다. 봄이 되자 이번에는 서둘러 하일브론으로 가서 그곳에 모인 신교연합의 군주들에게 계약을 촉구했으나 성사시키지 못했다. 할 수 없이 보헤미아 국경으로 돌아갔는데, 그의 부재중에 도시는 이미 쑥대밭이 되어 있었다. 병사들이 도시를 약탈해 스스로 15만 굴덴을 마련한 것이었다.116 적지 않은 금액이었다. 그에게는 그 도시를 온전히 차지하는 것보다 병력이 더 유용했다. 만스펠트는 상황을 받아들였다.

얼마 뒤 그는 네덜란드에서 그의 옛 주인인 프리드리히를 지원하려 한다는 것을 알게 되었다. 그는 어쩔 수 없이 패배한 군주와 계약을 연장했다. 자신과 군대의 운명을 걸고 도박을 한 셈이지만 그에게는 이중의 승산이 있었다. 자신의 힘으로 프리드리히를 복위시킬 수도 있고, 그보다 가능성이 더 큰 것으로 가톨릭 지휘관들에게 자신의 군대가 전장에서 얼마나 뛰어난지 과시하는 계기를 잡을 수도 있었다. 땅은 없고 빚만 잔뜩 짊어지고 있던 만스펠트는 조건 없는 사면과 함께 넉넉한 자금과 작지만 독립적인 공국을 원했다. 독일의 심장부에서 전쟁을 계속하면 그 목적을 달성할 수도 있었다. 이리하여 평화로 향하는 세 번째 문도 닫혔다.

마지막으로 막시밀리안의 채무 문제가 남았다. 그는 이미 오버외스트라이히를 점령한 상태였다. 페르디난트가 전쟁 비용을 갚으면 그곳을 반환해야 했지만, 1621년 초에는 그런 날이 올 것 같지 않았다. 페르디난트는 개인 재산이 많지 않았고, 보헤미아는 합스부르크 영토 가운데 가장 부유한 지역으로 원래 제국 세수입의 상당 부분을 충당했던 곳이었지만 2년간의 전쟁으로 완전히 파괴되어버렸다.

더 심각한 문제는 페르디난트가 프리드리히의 선제후 직함을 승자에게 주기로 약속한 것이었다. 직함의 양도는 동료 군주들의 동의가 없으면 불가능했는데, 그 전해 뮐하우젠에서 페르디난트가 이 문제에 대해 여론을 타진했을 때 반응은 냉담했다. 바이에른의 막시밀리안을 제외한 모든 참석자들이 프리드리히를 보헤미아에서 몰아내는 데는 동의해도 그의 독일 영토와 직함을 박탈하는 데는 찬성하지 않았다. 그들은 프리드리히를 제국에서 추방하자는 페르디난트의 제안에 반대함으로써 황제가 한 약속에 대해 분명한 입장을 취했다.117 결국 페르디난트는 막시밀리안을 만족시키려면 만만치 않은 다수의 신민들을 꺾어야 하고, 프리드리히를 응징하려면 뮐하우젠에서 내려진 결정을 뒤집어야 했다.

프리드리히를 폐위하기 위해서는 군주들과의 마찰이 불가피했기 때문에 페르디난트는 그 문제를 천천히 처리하기로 했다. 먼저 프리드리히에게 추방령을 내리고, 그 추이를 지켜보면서 팔츠 선제후 지위를 막시밀리안에게 양도할 요량이었다. 어떤 구실을 붙이든 간에 그 두 가지 조치는 결국 그의 권력과 권위로 집행되어야 했다. 사실상 그것은 황제와 법 사이의 힘겨루기나 다름없었다.

당대 사람들이 보기에 바이에른의 막시밀리안은 페르디난트보다 훨씬 더 영리하고, 재산과 군대 등 물리력에서도 우위에 있었다. 그러나 살아오면서 더 부유한 동맹자의 통제로 인해 자신의 정책을 취소해본 적이 없었던 페르디난트는 상대의 야심을 비틀어 자신의 야심에 맞추는 재주를 갖고 있었다. 막시밀리안과의 협정에 묶여 전쟁까지 치러야 했던 탓에 페르디난트는 많은 사람들의 동정을 받았으나 오히려 그 협정을 구실로 삼아 막시밀리안의 야심을 자신의 야심으로 만들었다. 그는 토지 재분배를 통해 제국의 힘을 증강시키기로 했다. 막시밀리안이 그 기회를 준 것이었다.

　1621년 1월 29일 프리드리히는 추방령을 통보받았다.118 여드레 뒤에 신교연합의 군주들과 도시 대표들이 하일브론에 모였다. 프리드리히가 보헤미아 왕위를 차지한 것이 법을 어긴 행위라면 페르디난트가 추방령을 내린 것은 더 심하게 법을 어긴 행위였다. 프랑크푸르트에서 제위에 오를 때 자신이 한 서약을 멋대로 위반했고, 그럼으로써 독일의 자유라는 명분을 폐위된 보헤미아 왕의 명분과 또다시 연결시켰기 때문이다.

　드디어 신교연합이 법을 수호하기 위해 나설 때가 되었다. 작센 선제후의 지지와 일부 가톨릭 입헌주의 군주들의 지지를 확보할 수 있는 기회이기도 했다. 모임의 첫 번째 결실은 황제가 있는 빈에 대한 강력한 항의 조치였다.119 그때부터 페르디난트가 예상한 힘겨루기가 시작되었다. 그는 군주들의 항의에 맞서 추방령의 취소를 거부하고, 오히려 제국의 평화를 명분으로 내세워 그들이 보유한 무장 병력을 해산하라고 명령했다. 그와 동시에 라인에 있던 스피놀라의 군대가 의미심장한 움직임을 보였다. 사실 그것은 엄포에 불과한 제스처였다. 네덜란드와의 휴전이 불과 몇 주일이면 끝나는 시점이었기 때문에 브뤼셀 정부는 스피놀라에게 무조건 신교연합과 휴전하고 즉각 네덜란드로 돌아오라고 명했다.120 그는 끝까지 위협할 수 없다는 것을 알면서도 짐짓 차갑게 위협적인 자세를 취해 멋진 성공을 거두었다. 스피놀라가 맡은 임무에 대해서 아무것도 모르고 있던 신교연합의 도시들은 법을 따지다가 에스파냐 군대의 공격을 받을 수는 없다며 스스로 뒤로 물러섰다. 그들의 지지를 잃은 군주들은 무너졌다. 4월 1일 신교연합의 대표단은 스피놀라와 조약을 맺어 그가 자신들의 중립적 권리를 보장한다면 군대를 해산하겠다고 약속했다.121 마인츠 협정이라고 불리는 이 조약은 신교연합이 서명한 마지막 공문서였다. 5월 14일 대표단이 해산된 뒤 다시는 모이지 않았다. 당면한 위험이 다가올 재앙에 대한 두려움보다 더 컸다. 싸움 한 번 없이 법치의 수호자들은 자신들의 지도자와 원칙을 포기했으며, 독일 땅에서 독일의 자유를 위한 싸움을 외국인들과 야심가들에게 넘겼다.

신교 군주들은 프리드리히를 희생시키는 것으로 전쟁을 끝내고자 했다. 또한 가톨릭 세력은 페르디난트를 지지하는 것으로 외국의 간섭을 방지하고자 했다. 하지만 양측 모두 한 가지 사실을 잊고 있었다. 유럽에는 프리드리히나 보헤미아에 신경 쓰는 사람은 아무도 없지만, 오스트리아 왕가를 두려워하거나 라인 유역을 탐내는 군주들은 많았다. 보헤미아가 붕괴된 뒤 분쟁의 중심은 서쪽으로 300킬로미터 정도 이동했다. 프라하가 몰락하자 모든 시선은 팔츠령에 있는 황제의 에스파냐 동맹 세력에게로 향했다. 빈에 대한 단호한 항의의 표시로 덴마크 왕은 그곳을 주목했다. 그의 말에 따르면, 유럽에서 불안의 근원은 프리드리히의 몰락한 군대가 아니라 에스파냐 군대였다.122

그런데 덴마크 왕이 무슨 상관이었을까? 그의 행동으로 미루어보면 상당한 관계가 있다. 그는 프리드리히가 보헤미아에서 도피했을 때 홀슈타인의 제게베르크에서 그를 영접했으며, 홀슈타인이 속한 니더작센 지역 당국에 그의 명분을 옹호하라고 촉구했다. 이 노력이 실패하자 그는 직접 빈으로 가서 프리드리히와 황제를 중재하겠다고 제의했다.123

덴마크 왕은 보헤미아에서 신교의 저항이 무너진다면 합스부르크가 엘베 강 상류 지역을 차지하고 장차 북쪽 발트 해까지 영토를 확장하려 들 것이라고 우려했다.

덴마크 왕은 맨 처음 행동에 나선 군주였으나, 가장 중요한 인물은 아니었다. 네덜란드, 프랑스, 영국 정부는 모두들 하나같이 보헤미아 전쟁의 암운 아래 에스파냐인들이 팔츠령을 점령하도록 내버려두었다는 데 당혹감을 느꼈다. 그들이 지난 10년간 각종 음모와 조약으로 저지하려 했던 가상의 위험이 현실화되는 와중에 그들은 그만 눈길을 돌려버렸던 것이다. 영국 정부는 뒤늦게 네덜란드 연방 군주들에게 3만 파운드를 보냈다.[124] 호러스 비어의 지휘 아래 팔츠령으로 파견된 소수의 병력은 만하임과 프랑켄탈에서 가로막혔다. 하이델베르크에서는 독일과 네덜란드의 혼합 주둔군이 여전히 도시를 장악하고 있었는데, 일시적으로는 에스파냐군을 막을 수 있겠지만 항구적인 차단은 어려웠다. 빈에서 프랑스 대사들은 울름 조약을 맺은 것에 대해 영국의 신랄한 비난을 받았다.[125] 한편, 그 전해에 가톨릭 봉기로 발텔리나 고갯길이 열리면서 에스파냐는 북이탈리아에서 독일로 군대와 자금을 대거 공급할 수 있는 상황이었다.

프랑스, 영국, 덴마크보다 당장 심각한 위험에 노출된 나라는 네덜란드 연방이었다. 몇 주일 동안 불안에 떨던 오라녜 공 마우리츠는 남부의 에스파냐령 브뤼셀 정부와 불리한 평화 조약이라도 맺으려 했으나, 군사적 이점을 확신한 브뤼셀 측은 그가 수용할 수 있는 조건을 제시하지 않았다. 네덜란드에게는 또 다른 대안이 있었다. 최선을 다해 네덜란드 국경을 방어하면서 프리드리히와 그의 동맹 세력이 라인 일대를 탈환하도록 지원하는 것이었다. 그래서 네덜란드는 서둘러 덴마크 왕과 조약을 맺는 한편 만스펠트에게 서신을 보내 신교의 대의에 충성할 경우 후히 보상하겠다고 약속했다.126 1621년 4월 9일 에스파냐와의 휴전 기간이 종료되었다. 그 닷새 뒤 보헤미아 왕과 왕비는 헤이그에 도착해 지배 군주에 걸맞은 성대한 환영을 받았다. 그리고 4월 27일 프리드리히는 자신의 라인 영토 탈환을 위해서 네덜란드의 지원을 받아들이는 조약에 서명했다. 이리하여 독일 비극의 제2막이 시작되었다.

THE THIRTY YEARS WAR 1618~1648

| 4장 |

페르디난트 황제와
막시밀리안 선제후: 1621~25년

독일을 잃으면, 프랑스는 살아남지 못한다.　　　　　　　　　　- 리슐리외

1

이해관계의 중심은 블타바 강에서 라인 강으로 이동했다. 보헤미아에서 페르디난트 황제는 외국의 간섭을 받지 않고 마음껏 전제 권력의 기반을 다졌다. 블타바 강 유역의 네 지역이 모두 항복했다. 슐레지엔과 라우지츠는 작센 선제후에게서 관대한 처분을 받았고,[1] 모라비아와 보헤미아는 아무 조건 없이 바이에른 공작에게 항복했다. 막시밀리안은 반란자들의 목숨과 재산을 보전해달라는 호소에 의례적인 약속 선언을 했다. 그런 탓에 그는 약속에 별로 신경 쓰지 않았고, 페르디난트에게도 그 약속을 무시하라고 노골적으로 요구했다. 나중에 그는 카푸치노 수도회의 수사를 빈으로 파견했는데, 전하는 바에 따르면 그 수사는 신의 계시를 받은 예언자처럼 처신하면서 보헤미아인들에 대한 응징은 곧 신의 명령이라고 주장했다고 한다.[2]

"네가 철장으로 그들을 깨뜨림이여 질그릇같이 부수리라." 보헤미아가 항복했다는 소식이 전해지자 빈의 한 설교사는 시편의 이 구절을 택했다. 페르디난트라 해도 이보다 더 좋은 구절을 찾지는 못했을 것이다. 막시밀리안이 철수하자 페르디난트는 카를 폰 리히텐슈타인(Karl von Liechtenstein, 1569~1627)을 프라하 총독으로 임명했다. 무명의 정치인이었던 리히텐슈타인은 소심하고, 신중하고, 적당히 부정직하고, 상당히 약삭빠른 인물이었다. 그가 사사건건 황제를 대변하지만 않았더라면 보헤미아인들은 영리하고 인정 많은 그에게서 더 많은 이득을 얻을 수도 있었을 것이다. 프라하가 함락된 지 5주도 안 되어 예수회가 복귀했다. 또한 추방되었던 가톨릭 관리들이 복위되고, 사람들이 무장 해제되고, 언론이 통제되고, 왕위 찬탈자의 주화가 회수되고, 반역자들의 출국이 금지되었다.3 페르디난트의 목적은 탈환한 영토를 개혁하려는 것이지 인구를 줄이는 게 아니었다. 그래서 모라비아와 보헤미아에서는 신교도의 이주를 막기 위한 엄중한 조치가 취해졌다.4

1621년 2월 20일 밤 프라하에서 반란 주동자들이 체포되었다.5 투른은 왕과 함께 국경 너머로 안전하게 도피했지만, 용서와 사면을 바라던 불운한 슐리크는 슐레지엔에서 지체했다가 프리틀란트에서 작센 병사들에게 체포되어 프라하의 지하 감옥에 갇힌 동료들과 합류하게 되었다.6

자신의 불행한 나라에 대한 페르디난트의 판결은 그 뒤에 곧바로 내려졌다. 보헤미아의 선출 군주제는 폐지되고, 왕권은 합스부르크 왕조에게 세습되었다. 신앙의 자유를 허가한 '황제의 칙서'는 프라하가 약탈될 때 빈으로 보내졌으나, 페르디난트가 직접 찢어버렸다고 한다. 하지만 이 소문은 과장이다. 황제의 옥새가 바뀌면서 칙서 자체가 쓸모없어졌기 때문이다. 실제로 황제의 칙서는 용도가 사라진 뒤에도 오랫동안 전해졌다. 칼뱅교와 양형영성체주의 이단들은 뿌리가 뽑혔으나, 루터파 교회는 작센 선제후와의 약속을 감안해 계속 용인되었다.7 페르디난트는 세 가지 방침을 정했다. 반란에 연루된 모든 사람들을 정치·경제적으로 파멸시키고, 민족적 특권을 폐지하고, 신교를 근절하는 것이었다. 리히텐슈타인은 불안한 마음에서 자비를 베풀거나 적어도 신중하게 조처해야 한다고 항의했으나 그의 의견은 무시되었다. 보헤미아에 대한 응징은 곧 새 정책의 출범이었다. 이제 합스부르크 왕조의 영토는 신앙 면에서 통일된 하나의 국가가 될 것이며, 가톨릭 유럽의 재건에 가장 중요한 토대인 빈에서 그 관리를 맡을 것이었다.

맨 먼저 필요한 것은 패배한 신민들에게 페르디난트의 힘을 각인시키는 것이었다. 체포된 지도자들은 항소가 용인되지 않는 특별위원회의 재판을 받고 40여 명이 투옥과 처형을 당했다. 그 가운데 최고는 안드레아스 슐리크였다. 최후의 순간까지 그가 보여준 용기는 동료 죄수들에게 큰 힘이 되었다. 이것은 그의 충고를 늘 무시했던 사람들에게 그가 해준 마지막이자 가장 고결한 봉사였다. 어느 측이 승리했든 그가 주장한 용서와 중용은 불가능했을 것이다. 그는 이미 오래전에 행복한 삶을 잃어버렸다.

1621년 5월 마지막 주에 판결문이 페르디난트의 서명을 받기 위해 빈에 도착했다.8 페르디난트는 강하게 나가는 것이 자신의 의무이자 이득이라는 것을 알고 있었지만, 많은 사람들을 처형해야 한다는 생각에 이르자 회의실을 뛰쳐나와 이마의 땀을 훔쳤다.9 아침에 고해 신부와 상담한 뒤 평정을 되찾은 그는 더 이상 숙고하지 않고 20여 명을 처형하는 문서에 서명한 다음 즉각 집행하라는 명령을 내렸다.10

반란 주동자들은 1621년 6월 21일 프라하 시청 앞 광장에서 700명의 작센 기병들이 도시를 순찰하는 가운데 전원 처형되었다. 리히텐슈타인이 우려했던 시위는 일어나지 않았고,11 그들을 구하려는 시도도 없었다. 대부분 아무 말 없이 처형되었는데, 한 사람만 이렇게 외쳤다. "너희 황제에게 내가 지금 부당한 판결에 저항한다고 전하라. 신의 심판을 두려워하라고 말하라." 하지만 그의 외침은 병사들의 요란한 북소리에 묻혔다. 카를교에 열두 개의 머리가 떨어졌다. 슐리크 백작의 오른손은 10년에 걸친 반란의 실패를 섬뜩하게 상기시켜주었다.12

프라하는 침묵했다. 부가 사라지고, 무역이 중단되고, 사람들이 두려움에 떨고, 지도자들이 죽었다. 프라하 바깥, 보헤미아 바깥에서는 신교 소식지들이 분노를 토로했다. 사람들은 50년 전 네덜란드인들이 에스파냐의 압제를 무너뜨리는 계기가 되었던 알바 공(Fernando Álvarez de Toledo, 1507~1582, 16세기 후반 네덜란드에서 폭정으로 악명을 떨친 에스파냐 총독: 옮긴이)과 '피의 위원회'에 관해 이야기했다.13 그때 네덜란드에는 국경 너머에서 나라의 부름을 받고 달려온 투사가 있었다. 하지만 보헤미아는 그럴 인물이 없었다. 최고의 인재들이 빌라호라와 시장에서 칼과 도끼에 맞아 죽었다. 국경 너머에는 도피한 왕과 망명객들만 있었으며, 나라 안에는 전쟁에서 승리한 무리들과 겁쟁이들, 중립을 취한 자, 처형된 사람들의 과부와 아이들뿐이었다.

2

페르디난트의 야망은 절대 권력이었다. 즉 자신의 영토와 제국 전역에서 절대 권력을 수립하는 것이었다. 그는 합스부르크 왕조의 미래를 그런 관점에서 보았다. 반면, 에스파냐 왕은 네덜란드를 재정복하고 에스파냐가 번영을 되찾아야만 왕조가 안전을 유지하고 발전할 수 있다고 보았다. 둘 다 궁극적으로는 합스부르크 왕조의 이익을 최우선으로 여겼지만, 서로 상대방을 위해 자신의 정책을 양보할 생각은 없었다. 두 정책은 1621년 봄과 여름에 충돌을 빚었다.

알브레히트 대공과 펠리페 3세의 죽음은 에스파냐와 네덜란드의 관계를 크게 변화시켰다. 네덜란드의 독립은 대공의 죽음과 더불어 끝났다. 처음에는 에스파냐 왕실에서 그 이점을 이용하지 않을 것 같아 보였다. 남편을 잃은 이사벨이 계속 정치를 담당했고, 암브로조 스피놀라도 지배권을 유지하고 있었기 때문이다.14 그러나 법적으로 임명된 대리인에 불과한 그들은 점차 에스파냐의 새 지배자들에게 권한을 침해당했다. 이 새 지배자들은 아직 십대였던 소년 왕 펠리페 4세(Felipe IV, 1605~1665)와 그의 총신인 올리바레스(Olivares, 1587~1645) 백작이었다.

새 왕 펠리페 4세는 아버지보다 약간 더 똑똑했지만 훨씬 더 불성실했다. 가면극과 춤, 희곡을 좋아해 음악, 회화 등 예술에 대한 관심이 컸으며, 사냥과 투우 애호가로서 통제 불능의 난봉꾼이 될 소질이 다분했다. 정치적 상상력이 없는 데다 종교에 관해서는 완고했는데, 타고난 성향이라기보다는 교육의 결과였다.15 당연히 모든 권력은 올리바레스에게로 넘어갔다. 그는 엄청난 에너지와 상상력으로 주군의 무능과 무관심을 보충했다. 그의 책동으로 전왕의 대신들은 거의 다 직위에서 쫓겨나고, 새 정부는 완전히 그의 수중에 장악되었다.16 삼십대 중반의 올리바레스 백작 가스파르 데 구스만(Gaspar de Guzmán)은 왕과의 관계에서 강렬한 개성을 바탕으로 자신의 지위를 구축했다. 겉보기에 그는 펠리페의 마음에 쏙 드는 친구 같은 타입은 아니었다. 그는 몸집이 크고 혈색이 좋았으며, 대화에 막힘이 없는 화통한 인물이었지만, 스포츠를 싫어하고 경박한 오락을 멀리했다. 권력에 대한 열정이 대단했던 그는 왕을 모신다기보다는 오히려 부리는 편이었다. 사실상 군주의 자질을 갖춘 인물이었지만 그는 일편단심 왕에게 충성했다. 그는 평생 동안 자신의 명철하면서도 변덕스러운 견해에 의지해 단독으로 조국의 운명을

이끌었다.17

　1621년 올리바레스 백작의 주요 관심은 팔츠령을 지배하는 가장 확실한 수단을 찾는 것이었다. 그래서 그는 에스파냐의 보호 아래 프리드리히를 복위시키고자 했다. 이 구상은 이중의 목적을 갖고 있었다. 영국은 영국 해협에서 에스파냐와 플랑드르를 오가는 선박들을 방해했으므로 항상 위험한 존재였다. 한 번 응징을 받은 프리드리히를 에스파냐의 영향력 아래 복위시키면 영국의 여론을 진정시키는 데 어느 정도 도움이 될 터였다. 그러나 팔츠 선제후 직위를 넘기는 것은 물론이고, 자신의 채무를 해결하기 위해서 선제후령의 상당 부분을 막시밀리안에게 줄 작정이었던 페르디난트로서는 전혀 환영할 수 없는 구상이었다.

　페르디난트에게는 다행스럽게도 마침 만스펠트와 호러스 비어가 이끄는 프리드리히의 군대가 굶주림 때문에 어쩔 수 없이 다시 공세에 나섰다. 그 덕분에 에스파냐의 구상을 일시적으로 저지할 수 있었다. 아니 그보다 중요한 것은 타협과는 거리가 멀었던 바이에른 공작을 끌어들이는 계기가 되었다. 막시밀리안은 독일 체제에 대한 야망과 불안이 엇갈린 심정이었다. 그래서 그는 프리드리히의 추방령을 집행하고18 오버팔츠를 침략하라는 제안을 받았을 때 일단 거절했다. 심지어 그는 노골적으로 추방령을 나 몰라라 하고 방관했다. 하지만 안타깝게도 교활하고 영리해 보였던 막시밀리안도 기존의 태도를 계속 고수하지는 못했다. 만스펠트의 군대가 오버팔츠를 기지로 삼아 갑자기 보헤미아 공격에 나서자 페르디난트는 자신이 직접 맞설 수밖에 없게 되었다며, 막시밀리안에게 그의 몫이었던 전리품을 잃고 싶지 않으면 참전하라면서 먼저 그를 황급히 전장으로 보냈다.19

1621년 9월 23일 막시밀리안은 독일-보헤미아 국경에 위치한 프리드리히 측 도시인 함(Cham)을 습격해 점령했다. 병력은 우세했지만 자금 압박에 시달리던 만스펠트는 그 상황을 자신의 어려움을 해결할 기회로 삼았다. 만스펠트는 막시밀리안과 짧은 협상을 벌인 뒤 더 이상 프리드리히를 위해 싸우지 않겠다는 조약을 맺고, 그 대가로 상당한 돈을 받아 챙겼다. 그러나 그는 곧장 서쪽으로 방향을 틀어 약속을 헌신짝 버리듯 저버리고 라인팔츠에 주둔한 프리드리히의 영국 동맹군에 가담했다. 만스펠트가 막시밀리안과 조약을 체결한 지 15일 뒤인 10월 25일 프랑켄탈에서 돈에 쪼들리며 간신히 버티던 비어의 수비대는 만스펠트의 전위 부대를 보고 크게 반가워했다.

　만스펠트의 조약 파기는 막시밀리안에게도 그동안 기다려왔던 일을 실행할 수 있는 구실이 되었다. 이제 그는 정당하게 프리드리히의 라인 영토를 침략할 수 있게 되었다. 페르디난트에 못지않게 에스파냐가 그곳을 단독 지배하는 데 반대했던 그는 서둘러 틸리 장군을 보내 만스펠트를 추격하게 했다. 막시밀리안이 자신의 병력을 라인의 에스파냐 병력 옆에 주둔시키는 것은 적지 않은 의미가 있었다. 하지만 혹시라도 막시밀리안이 자기 대신 틸리가 에스파냐군을 공격해주길 바랐다면 그것은 오산이었다. 당시 스피놀라는 네덜란드에서 북부 연방에 대한 정면 공격을 준비하고 있었다. 그런데 브뤼셀 정부와 마드리드 정부는 조약만으로도 안전을 확보할 수 있는 그 작은 나라를 위해 전쟁으로 돈을 쓰고 싶지는 않았다. 그들이 라인에 보낸 코르도바(Gonzalo Fernández de Córdoba, 1585~1645) 장군은 명령에 복종했다. 틸리는 단독으로는 만스펠트를 공격할 수 없어 실망을 안은 채 오버팔츠의 겨울 숙영지로 퇴거했다. 코르도바는 별달리 움직이지 않았고, 호러스 비어는 소규모 병력을 라인 강 양안에 주둔시켰으며, 만스펠트는 군대의 식량과 주둔지를 찾아 알자스로 건너갔다.

전쟁은 점차 보헤미아, 라인팔츠, 오버팔츠, 라인 주교구, 알자스로 확대되었다. "신께서는 만스펠트가 가는 곳마다 도와주신다!" 이 무렵 독일에 널리 퍼진 소문이었다.20 그의 군대는 프랑켄(프랑코니아)의 중심부를 가로지르며 여러 도시와 마을에 전염병을 옮겼다.21 알자스에는 티푸스를 전했다. 그를 피해 스트라스부르로 달아난 난민들 가운데 수백 명이 몇 개월 뒤 숨졌다. 많은 눈과 함께 겨울이 이르게 찾아오자 만스펠트의 군대는 식량을 찾아 시골을 헤집고 다녔다. 그들은 가져갈 수 없는 건 닥치는 대로 불태우고 파괴했다. 스트라스부르의 성벽에서는 밤중에 한꺼번에 열여섯 개의 불길이 솟아오르기도 했다. 사방으로 돌아다니는 약탈자들 때문에 아무도 감히 도시를 떠날 수가 없었다. 농부들이 소와 돼지를 끌고 도시에 들어오면 가축들은 굶어 죽거나 병사들에 의해 쫓겨났다.22 가톨릭 주교구에서도 병사들은 교회를 약탈해 가져갈 수 있는 것이라면 뭐든 뜯어내서 챙겼다. 십자가에서 그리스도 상까지 떼어내 길가의 나무에 교수형에 처한 도둑처럼 매달았다. 남쪽 멀리 엔지스하임과 브라이자흐까지도 약탈이 이어졌다. 그들은 헤이그 성채 주변 사방 25킬로미터까지 모든 가옥에 불을 질렀다고 한다.23

빌라호라 전투 이후 1년이 지났으나 평화는 아직 요원했다. 마드리드의 올리바레스 총리와 브뤼셀의 이사벨 대공비는 영국 왕과 공동 전선을 펼쳐 프리드리히가 팔츠령을 수복하도록 지원했다. 페르디난트는 의도치 않게 프리드리히로부터 그것을 저지하는 데 도움을 받았다. 이 무렵 네덜란드와 조약을 맺고 자금을 지원받아 새로 병력을 마련한 프리드리히는 자신감에 넘쳤다. 에스파냐가 장악한 고향으로 기어들어가기보다 정복자로서 당당하게 돌아가고 싶었다. 그는 페르디난트처럼 싸우고 싶었다. 결국 영국-에스파냐 계획은 프리드리히와 페르디난트 양측 모두에게서 반발을 받아 좌초하고 말았다. 다시 평화가 후퇴했다.

이론상으로는 아직까지 독일 내부의 파벌들 간에 내전이 일어난 것이 아니라 평화를 파괴하는 하나의 요인에 맞선 전쟁만 벌어졌다. 페르디난트는 아마 그런 상황이 지속되기를 바라지 않았을 것이다. 사실 그는 라인 일대의 에스파냐군이 빚어낸 교착 상태에 기분이 좋지 않았다. 그 이유는 국제적 분규가 발생할지 모른다는 두려움 때문이 아니라 막시밀리안과 협상하고 싶었기 때문이다. 어린 시절부터 그는 '정당한 왕위 다툼' 같은 호전적인 문구를 좋아했으므로 제위를 쟁취하기 위한 정당한 싸움은 그에게 불쾌한 일이 아니었다. 따라서 그는 분쟁 없이 황제로서의 권력을 증대시키겠다는 생각 따위는 하지 않았고, 전쟁이 지속되다 보면 당연히 고통스러울 수밖에 없다고 생각했다. 그는 기근과 화재, 칼부림이 개인들에게 어떤 영향을 미치는지 이해할 만한 상상력이 없었으며, 그 시대의 여느 사람들처럼 농부들을 살해하고 그들의 가옥을 불태우는 것보다 신교 병사들이 성모상의 눈알을 도려내는 것을 더 끔찍한 일로 여겼다. 평화 중재안을 받아들이고 싶지 않은 마음은 페르디난트나 프리드리히 혹은 만스펠트 모두 똑같았지만, 페르디난트는 전쟁 지속에 대한 책임을 그들에게 지울 수 있었기 때문에 정치적으로나 도덕적으로 그들보다 우위에 있었다. 그는 합스부르크 왕조를 위해 에스파냐의 견해보다 자신의 견해가 더 안전하며, 네덜란드나 프리드리히가 곧 영국-에스파냐 구상을 불가능하게 만들 것이라고 확신했다. 또한 신교 군주들의 초조한 언행이 얼마 안 가 자신에게 독일 내 그들의 세력권을 공격할 구실을 제공하리라 자신하며 그는 상황이 자신에게 매우 유리하게 풀려간다고 보았다. 페르디난트는 언제 움직이고 언제 가만히 있을지, 언제 사태에 개입하고 언제 사태가 흘러가도록 놔둘지를 알고 있었다. 이것은 페르디난트의 특별한 재능이었다. 이래저래 1621년 겨울에 그는 기다릴 수밖에 없었다.

3

만약 프리드리히와 엘리자베스가 영국-에스파냐 계획을 받아들이고 하이델베르크로 돌아갔더라면 30년 전쟁은 일어나지 않았을 것이다.

그런데 이 젊은 부부—두 사람의 나이를 합쳐도 쉰 살이 안 되었다—는 전혀 그럴 마음이 없었다. 프리드리히는 강한 성격이 아니었으나 신념이 있었고, 엘리자베스는 2인분의 용기가 있었다.

무능하고, 남을 지나치게 믿고, 계속 패배해도 또다시 재기를 위해 병력을 모으고, 한 동맹자에게서 배신을 당하면 다른 동맹자를 찾는, 고집 세고 사리에 어둡고 고지식한 왕과 왕비는 신교 유럽의 이해관계를 독일로 끌어모았다. 9년간의 불행에도 그들의 명분은 살아 있었다. 리슐리외(Richelieu, 1585~1642)와 구스타프 아돌프가 합스부르크 제국과 에스파냐 지배를 영구히 파괴하러 나설 때까지도 그들은 명분을 잃지 않았다.

부부의 역할을 보면 프리드리히는 얼굴마담이고, 엘리자베스가 실세였다. 프리드리히의 영토와 실질적인 혹은 형식적인 그의 직함과 권리는 다 장기판의 말에 불과했다. 엘리자베스의 오빠인 웨일스 공은 누이에 관해 이렇게 썼다. "그 회색 암말은 최고의 명마다."24 엘리자베스는 공식적으로 드러나지 않은 세력가들과 자기 아버지의 총애를 받고 있는 사람들 그리고 프랑스의 대표적인 조신들에게 엄청난 분량의 서신을 보냈다. 그녀는 영리하게도 갓 낳은 딸의 이름을 루이자 홀란디나(Louisa Hollandina)로 짓고, 네덜란드 정부에게 딸의 대부가 되어달라고 부탁하기도 했다. 그녀는 화려한 미모로 대사들을 압도했고, 남편도 갖지 못한, 자신의 얼굴을 새겨넣은 주화를 만들었다.

프리드리히 측에서 처음으로 확보한 중요한 동맹자는 브라운슈바이크의 젊은 군주 크리스티안(Christian, 1599~1626)이었다. 그는 자진해서 그들에게 가담해 네덜란드의 자금으로 새 군대를 모집하고 지휘했다. 브라운슈바이크-볼펜뷔텔 공작 프리드리히 울리히(Friedrich Ulrich, 1591~1634)의 동생인 크리스티안은 열여덟 살 때 할버슈타트 세속 주교구의 '행정관'으로 발탁되었다. 하지만 그는 가톨릭을 심하게 싫어한다는 점을 빼고는 그 자리에 맞지 않는 사람이었다. 그는 어머니에게 이런 편지를 보내기도 했다. "솔직히 고백하면 저는 전쟁을 좋아해요. 그렇게 타고났고 죽을 때까지 그럴 거예요."25 잘생긴 외모에 힘과 활기가 넘쳤던 크리스티안은 어머니의 지극한 사랑을 받았으며, 어릴 때부터 버릇이 없었다. 무책임하고 고집이 센 데다 군인 같은 태도와 거친 말투를 즐겨 구사했다. 사춘기 시절의 유치한 장난 때문에 그는 이후 3세기 동안이나 잔인함과 사악함으로 악명이 높았다. 흥분하거나 술에 약간 취하면 노인들에게까지 소리를 질렀다. 이사벨 대공비를 베텔 노파(alte

Vettel)26라고 부르는가 하면, 독일 군주들과 영국 왕을 '고환'이라는 외설스러운 말로 모욕하곤 했다.27 많은 사람들의 입에 오르내렸던 그의 못된 짓 가운데, 약탈한 수녀원의 수녀들을 벌거벗겨 자신과 장교들의 시중을 들게 했다는 이야기가 있다.28 그러나 이것은 쾰른의 어느 기자가 꾸며낸 거짓말이었다. 실제로 그는 포로들을 배려하고 적에게도 예의를 지키는 인물이었다.29

합스부르크 왕조에 회의적이고 가톨릭교회에 적대적이었던 크리스티안은 아름다운 보헤미아 왕비와 사랑에 빠졌다고 주장함으로써 자신의 평범한 정치적 견해를 낭만과 기사도로 포장했다.30 그녀가 장갑을 떨어뜨렸을 때 그는 과장된 몸짓으로 그것을 집어들었다. 그녀가 웃으며 돌려달라고 하자 그는 이렇게 말했다. "팔츠령에서 마님께 장갑을 돌려드리겠습니다."31 그 후 그는 '신을 위해, 그리고 그녀를 위해'라는 좌우명과 함께 그 장갑을 자신의 모자에 달고 다녔다. 또한 자신의 기치에도 그 문구를 적어넣었다.

배움에 대한 끈기만 있었더라면 크리스티안은 위대한 지도자감이었다. 돈도 거의 없고 장교도 별로 확보하지 못한 상태에서, 그는 1621년 가을 1만 명의 병력을 모집했다. 비록 무기도 규율도 변변치 못했지만 이 수완은 적어도 그의 엄청난 활동력을 보여준다. 이 정도 인물이라면 단순한 약탈자보다는 더 나은 별명이 어울릴 듯싶다.32 그 시대 사람들은 그를 '할버슈타트의 광인'이라고 불렀지만 그의 광기에는 영감이 깃들어 있었다.

그 무렵 또 다른 동맹자가 나타났다. 바덴-두를라흐 변경백인 게오르크 프리드리히(Georg Friedrich, 1573~1638)였다. 독실한 칼뱅파이자 순수한 독일인이었던 그는 라인 일대를 위협하는 에스파냐에 대응하지 않을 수 없는 처지였다. 게오르크 프리드리히는 통치자로서 인기가 많았고, 예순 살의 나이에도 젊은이에 못지않은 활기가 넘쳤다. 그 덕분에 그는 거의 다 자신의 신민들로 1만 1천 명의 병력을 일으킬 수 있었다. 이리하여 1622년 봄 프리드리히의 대의는 작지만 세 개의 당당한 깃발을 나부끼며 황제에게 맞서게 되었다. 알자스의 만스펠트, 베스트팔렌 브라운슈바이크의 크리스티안, 바덴의 게오르크 프리드리히가 바로 그들이었다.

이 세 병력이 라인에 모이면 프리드리히는 약 4만 명의 대군을 거느리게 되는 셈이었다. 지휘만 잘한다면 틸리와 에스파냐 군대를 충분히 상대할 수 있는 규모였다. 하지만 당시 세 군대는 멀리 떨어져 있었다. 크리스티안은 베스트팔렌에 있었고, 다른 두 군대는 라인 강 상류에 있었다. 그들 사이에는 150킬로미터에 이르는 시골이 펼쳐져 있고, 마인과 네카어의 두 강이 흘렀다. 그러므로 틸리와 에스파냐군이 그들을 차단할 시간은 넉넉했다. 아울러 신교 군대의 재기에 겁을 먹은 이사벨 대공비[33]가 만스펠트를 매수하러 사자를 보낼 시간도 넉넉했다.

한편, 프리드리히는 변장을 하고 몰래 헤이그를 떠나 1622년 4월 22일 자신의 팔츠령에 있는 게르메르스하임에서 만스펠트와 합류했다. 그의 신하들은 크게 기뻐했으나 장군은 소스라치게 놀랐다.[34] 그가 이렇게 빨리 올 줄 예상치 못했던 만스펠트는 여느 때와 마찬가지로 이사벨의 사자와 흥정을 벌이던 중이었다.[35] 주군이 오자 그는 논의를 연기하기로 마음먹고, 병력의 대부분을 거느리고 라인 강 우안으로 갔다. 거기서 그는 틸리와 에스파냐 장군 코르도바의 합류를 차단하고, 4월

27일에는 밍골스하임이라는 작은 마을에서 적에게 상당한 피해를 입혔다. 하지만 틸리는 역시 뛰어난 전략가였다. 만스펠트가 바덴 변경백이 군대를 거느리고 와주기만을 기다리는 동안, 틸리는 만스펠트의 군대를 피해서 아무런 제약도 받지 않고 5월 초에 코르도바와 합류했던 것이다.

이제 프리드리히 동맹군의 문제는 어떻게 합류한 적군을 앞질러 브라운슈바이크의 크리스티안과 합류하느냐 하는 것이었다. 그때 크리스티안은 막대한 전리품을 갖고 북쪽에서 천천히 내려오고 있었다. 만스펠트와 바덴 변경백의 병력만으로는 틸리와 에스파냐군을 상대하기가 어려웠다. 무엇보다 그들은 크리스티안의 자금 지원을 받아야만 병사들의 급료를 줄 수 있었다. 그 젊은 군주는 지난 몇 달 동안 뮌스터와 파더보른 같은 부유한 주교구를 협박해 적지 않은 돈과 보석을 빼앗았다. 그는 규모가 큰 촌락을 지날 때마다 '불! 불! 피! 피!'라는 문구를 쓰고 네 귀퉁이를 불에 태운 섬뜩한 문서를 보냈다. 이 방법을 쓰면 거의 틀림없이 주민들에게서 상당량의 현금을 갈취할 수 있었다. 또한 그는 대대적으로 가톨릭교회에서 금과 은 장신구를 빼앗아 그중 일부로 주화를 주조하고, '신의 친구이자 사제의 적'이라는 불경스런 문구를 새겨넣었다.36 그 문서와 주화만으로도 크리스티안은 팸플릿 언론을 통해 독일 전역에 신성모독과 야만의 상징으로 악명을 떨쳤다. 하지만 묘하게도 겉으로 드러난 그의 행동은 매우 온건했다. 파더보른의 성당 참사회는 그의 태도에서 아무런 결례도 찾을 수 없었다. 그는 성당의 성물함을 녹여서 가져가면서도 그 안에 보관되어 있던 성인들의 유골은 손상하지 않으려고 애썼다.37

라인에서 크리스티안의 군대와 프리드리히의 군대 사이에 놓인 첫 번째 장벽은 네카어 강이었다. 만스펠트와 바덴 변경백은 틸리와 코르도바를 분열시키려는 의도에서 따로 강을 건넜는데, 그 전략은 결과적으로 어리석은 짓이 되고 말았다. 5월 6일 바덴 변경백은 빔펜에서 강을 건너려다 틸리와 코르도바에 의해 자신의 본대와 차단되었다. 중과부적이었으나 아직 절망적인 상황은 아니었다. 그의 병사들은 충성스럽고 열정적이었던 반면, 적은 보급품의 부족으로 크게 약화된 상태인 데다38 명령 체계도 분열되어 있었다. 변경백은 평평한 지대가 우뚝 솟아 있는 야트막한 언덕에 자리를 잡고 대포를 튼튼하게 장착했다. 전진하는 에스파냐와 바이에른 연합군을 기병으로 공격하면서 대포로 지원 포격을 가할 작정이었다. 처음에는 그 계획이 통하는 듯싶었다. 코르도바의 전위는 그의 기병 공격과 잘 준비된 포격으로 무너졌다. 에스파냐군은 대포 두 문을 잃고, 좌우익 전체가 동요하기 시작했다. 그때 갑자기—훗날 기적이라고 말해질 만큼 갑자기—변경백의 대포가 무자비한 포격을 멈추면서, 그의 병사들은 혼란에 빠졌다. 포연 속에서 어슴푸레하게 보였지만, 흰 옷을 입은 여인이 코르도바의 병사들 머리 위로 떠다니고, 태어나면서부터 벙어리였던 코르도바의 한 병사가 "승리, 승리!"라고 외치며 동요하는 동료들을 고무했다. 여기서 전설이 탄생했다. 사실 흰옷의 여인은 게오르크 프리드리히 측에서 마구 쏘아댄 무기에서 나온 연기가 하늘 높이 올라가 생겨난 형상이었다. 기회를 잡은 틸리와 코르도바는 즉각 언덕 위에 모여 공격에 나섰다. 바덴군은 치열하고 오랜 저항 끝에 무기를 버리고 달아났다.39

소문에 따르면, 게오르크 프리드리히는 밤을 틈타 혼자서 지친 말을 타고 빠져나와 하일브론의 성문을 두드리면서, 깜짝 놀란 경비병에게 이렇게 말했다고 한다. "물 한 잔 주게나, 친구. 난 이제 늙어빠진 변경백일 뿐이라네." 하지만 실은 전투가 끝난 이튿날, 1622년 5월 7일 그는 초라한 행색으로 소수 병력과 함께 슈투트가르트로 갔다.40

그래도 군사적 측면에서 큰 변화는 없었다. 며칠 뒤 병력의 2/3 이상이 다시 모였다. 코르도바의 병력은 피해가 그렇게 심하지 않았고, 틸리의 병력도 휴식과 재충전을 할 시간과 말에게 먹일 괜찮은 풀이 필요한 상태였다. 틸리와 코르도바가 손실을 복구하는 동안, 만스펠트는 대담하게도 헤센-다름슈타트 방백의 중립지대를 북상해 네카어 통로를 지켰다. 그러나 늙은 변경백은 그간의 공포에 질린 데다 자신의 충성스러운 신민들을 고통에 몰아넣었다는 자괴감 때문에 전쟁을 계속할 의사가 없었다. 결국 그는 동맹자의 역할을 포기했다. 재결집된 그의 군대는 조직력의 부재로 지리멸렬해졌다.41

이제 프리드리히에게 가장 필요한 일은 만스펠트와 크리스티안이 만나는 것이었다. 만스펠트와 틸리는 네카어 강 유역을 뒤로하고 마인을 향해 내달렸다. 한 사람은 크리스티안의 도하를 지원하기 위해서, 다른 사람은 그것을 저지하기 위해서였다. 만스펠트는 지름길로 헤센-다름슈타트 방백의 영토를 가로지르는 길을 택했다. 방백은 충실한 황제파의 군주였으나 무장을 하지 않았던 탓에 프리드리히와 만스펠트가 그의 작은 수도 외곽에 들이닥치자 어쩔 수 없이 그들에게 주둔지를 제공하고 지휘관들을 환대했다. 그는 책임을 회피하기 위해 몰래 도망치려 했으나 헛수고였다. 야반도주를 하다가 진흙투성이가 되어 발병까지 얻은 채 수치스럽게 도로 끌려온 그는 마인의 작은 요새인 뤼셀스하임을 넘기라는 강요를 받았다. 방백이 마지막 남은 용기로 한사코 거부하자 만스펠트는 지름길을 포기할 수밖에 없었다. 그는 쓸데없이 우회하게 되었다고 화를 내면서 그와 그의 어린 아들을 볼모로 잡고 마인으로 행군했다.[42]

그래도 그 짧은 저항은 틸리와 코르도바의 상황을 유리하게 만들어주었다. 그 덕분에 그들은 만스펠트보다 먼저 마인에 도착했다. 그때 크리스티안은 프랑크푸르트 서쪽 2~3킬로미터 지점에 위치한 회흐스트의 교두보에 막 도착해 있었다.

크리스티안의 병력은 1만 2천에서 1만 5천 명이었다. 무장은 보잘것없었고, 대포 3문 가운데 2문은 쓸 수도 없는 상태였다. 한마디로, 적을 맞아 전투를 벌일 처지가 못 되었다. 그러나 그는 만스펠트가 멀지 않은 곳에 있으니 자신에게는 무엇보다 병력을 충원하고 자금을 마련하는 일이 시급하다고 생각했다. 크리스티안의 과제는 최대한 많은 병력과 전리품을 갖고서 마인 강을 건너는 것이었다. 에스파냐와 바이에른 연합군을 앞에 놓고 그는 그 일을 해냈다. 그 과정에서 2천 명이 죽고, 짐도 대부분 잃고, 유명한 대포 3문도 잃었지만, 그는 마인 강을 건너 만스펠트와 합류했다. 다행히 기병이 거의 모두 살아남았고, 전리품도 무사했다.[43]

크리스티안은 무모하고 병사들의 생명을 아끼지 않았기 때문에, 그 시대의 고루하기 짝이 없는 군사 이론에 따르면 그의 성과는 유럽 전역에서 참패로 비난받아 마땅했다. 틸리와 코르도바가 원래 목적을 이루지 못했음에도 자신들이 승리했다고 우기는 게 이상할 것도 없었다. 크리스티안은 전사했다는 소문을 불식시키고 만스펠트와 프리드리히에게 멋지게 합류했으나,44 상황은 별로 호의적이지 않았다. 오히려 아주 짜증스러웠다. 직업 군인인 그는 일을 하고서도 아무것도 얻지 못하고, 욕만 먹었다.45

연합군의 규모는 2만 5천 명이 못 되었다. 설령 틸리와 코르도바의 병력이 더 많았다 해도 그 무렵 병사들은 끝없는 행군과 두 차례 힘든 전투의 여파로 사기가 크게 저하된 상태였다. 만스펠트는 아마도 젊은 군주가 식탁에서 상석을 차지하는 걸 못마땅하게 여기고, 대화에서 자신이 주도권을 쥐려는 습관이 있었던 것 같다. 사실 그는 봄과 여름을 지내면서 몇 차례 병에 걸리고46 피곤에 지쳐 신경이 날카로웠다. 그의 병사들은 워낙 돈에 쪼들려 크리스티안의 전리품에도 만족하지 못했다. 또한 틸리의 군대와 마찬가지로 그들도 점령 지역에서 말먹이를 확보하는 데 어려움을 겪었다.47

만스펠트는 군대가 자신의 유일한 자산이었기 때문에, 무모한 크리스티안과 합동 작전을 벌이는 모험을 피하고 싶었다. 그는 크리스티안처럼 신교의 대의에 투철하지 않았을뿐더러 일반 병사들의 목숨을 가벼이 여기지도 않았다. 만스펠트의 지원이 없으면 크리스티안은 아무 일도 할 수 없었다. 회흐스트 전투가 끝나고 며칠 뒤 만스펠트는 양측의 군대를 거느리고 라인을 거쳐 란다우로 퇴각하자고 주장했다. 그것은 곧 적이 라인 강 우안을 무혈로 점령할 수 있도록 내버려두자는 뜻이었다.

두 사람은 서로 맞지 않았고, 다툼이 잦았다. 이들의 불화는 알자스로 남행하는 와중에도 계속되었다. 프리드리히가 헤센-다름슈타트 방백에게 황제와 공식적으로 전쟁을 벌이는 게 아니라고 누차 강조하자.48 만스펠트는 회호스트에서 어떻게 했어야 했다고 잔소리를 퍼부었고, 크리스티안은 예전에 파더보른 주교구에서 '브라운슈바이크의 어린 공작들'과 함께 살았는데 나중에 그들이 자라서 사제들의 기강을 잡았다는 이야기로 좌중을 아연실색케 했다.49

만스펠트의 군대가 퇴각하던 3주 동안은 프리드리히에게 지긋지긋한 시간이었다. 군대는 알자스를 지나가면서 도시 한 곳과 마을 서른 곳을 불태웠다. 이것으로 프리드리히에게 남은 마지막 평판마저 갈가리 찢겨나갔다. 스트라스부르에서는 유랑민 1만 명이 가축을 전부 몰고 도망치는 바람에 사람과 짐승에게 기근의 위험이 닥쳤다. 독일의 자유를 옹호하겠다는 거창한 선언이 극도의 회의에 부딪힌 것은 당연했다. 그 무렵 시골 지역은 사람들이 마을을 버리고 떠날 정도로 아주 황폐해졌다. 만스펠트는 식량을 확보할 수 없어 부득이 로렌으로 이동했다.50 프리드리히는 다음과 같이 개탄했다. "모름지기 친구와 적은 차이가 있어야 하오. 그런데 이 사람들은 모든 걸 망쳐놓았다오. …… 이들은 악마의 성격을 가졌거나 모든 걸 태워버리는 데서 쾌락을 느끼는 사람들이오. 나는 이들과 헤어지고 싶은 마음뿐이오."51 만스펠트 역시 프리드리히를 위해 일하는 데 진력이 났다. 1622년 7월 13일 만스펠트는 결국 자신과 크리스티안의 임무를 해제하는 데 성공했다.52 이제 군대도, 재산도, 하인도 거의 없는 프리드리히는 이모부인 부용 공작이 있는 스당으로 물러갈 수밖에 없었다. 거기서 그는 목욕과 테니스로 소일하면서 새 동맹자를 찾았다.53

만스펠트는 다시 고용주를 찾아나섰고, 크리스티안은 신교의 대의에 복무할 다른 방도를 찾았다. 한동안 그들은 함께 행동하기로 했다.

네덜란드가 곤란한 사정에 처해 있다는 소문을 듣고 그들은 북쪽으로 이동했다. 휴전이 종식된 이후 네덜란드에서는 모든 것이 잘못 돌아갔다. 에스파냐 군대가 인근의 독일 지방인 윌리히를 유린하자, 오라녜 공 마우리츠는 변방의 안전을 위해 전력을 기울였다. 공격전은 전혀 불가능했다. 1622년 여름 스피놀라는 국경을 넘어 중요한 요새인 베르겐오프좀을 포위했다.

명확한 초청이 올 때까지 기다릴 수 없었던 만스펠트와 크리스티안은 위기에 처한 그 도시로 곧장 진격했다. 포화 지역을 따라 기근과 질병이 퍼진 메스와 베르됭의 중립 주교구를 지나 그들은 에스파냐령 네덜란드로 들어갔다. 에스파냐 장군들은 그들이 쳐들어오리라는 것을 전혀 예상치 못했다. 코르도바는 다급히 소규모 병력으로 북상해 플뢰뤼스에서 적을 차단하려 했다. 8월 29일 그곳에서 크리스티안은 만스펠트와 함께 다섯 차례의 필사적인 공격 끝에 마지막 다섯 번째에 에스파냐의 방어망을 뚫고 적군을 무찔렀다. 그는 전투에서 오른팔을 다쳐 며칠 뒤 절단 수술을 받았는데, 그것조차 자신의 용맹과 용기를 과시하는 기회로 삼았다. 나팔이 울려퍼지는 가운데 수술이 집행되었고, 그는 이를 기념하기 위해 'Altera restat(두 번째 삶)'이라는 문구를 새긴 메달을 제작했다.54 10월 4일 그는 만스펠트와 함께 때맞춰 도착해 베르겐오프좀의 포위를 풀었다.

만스펠트와 크리스티안이 네덜란드에서 활약하는 동안, 틸리와 코르도바는 팔츠령의 정복을 완료했다. 11주간 포위되어 있으면서 구원의 희망을 잃어버린 하이델베르크 수비대는 1622년 9월 19일에 항복했다. 방어군과의 끊임없는 다툼으로 분노를 표출했던 시민들은 도시가 함락된 뒤 정중한 대우를 받지 못했다. 틸리는 휘하 병사들에게 관례적인 약탈을 허락하며 노고를 치하했다.55 "오, 나의 불쌍한 하이델베르크여." 스당에서 프리드리히는 이렇게 울부짖으며 영국 왕과 덴마크 왕에게 필사적으로 도움을 호소하는 편지를 보냈다. 하지만 도움은 없었다. 11월 5일 호러스 비어는 만하임을 버렸다. 이제 프리드리히의 부유하고 아름다운 나라에서 그에게 남은 것은 프랑켄탈의 작은 요새 하나밖에 없었다. 소규모의 영국군 수비대가 그곳에서 여전히 신교 대의의 외로운 기치를 내리지 않고 있었다.

그해 겨울 헤이그에서 프리드리히 부부는 새 구상에 골몰했다. 베틀렌 가보르와 투르크, 덴마크 왕, 작센 선제후와 브란덴부르크 선제후, 이들 모두가 힘을 합쳐 합스부르크를 무너뜨리려 했다.56 하지만 돈과 자신감 부족으로 실패했다. 이런 농담까지 나돌았다. "팔츠령은 곧 대군을 갖게 될 것이다. 덴마크 왕은 절인 청어 1천 마리를, 홀란트는 버터 1천 파운드를, 영국은 10만 명의 대사를 보낼 테니까."57

프리드리히의 방어망이 사라지자 페르디난트는 더 이상 기다릴 필요가 없다고 판단했다. 이제 자신이 막시밀리안에게 한 약속을 이행할 때가 되었다.

4

법에 따르면 황제는 자기 마음대로 제국의회를 소집할 수 없었다. 1623년 1월 10일 레겐스부르크에서 페르디난트가 개최한 것은 제국의회가 아니라 마인츠 선제후가 마지못해 소집한 선제후 총회, 즉 제국대표자회의였다.58 마인츠, 트리어, 쾰른, 작센, 브란덴부르크의 선제후들, 브라운슈바이크-볼펜뷔텔, 포메른, 바이에른의 공작들, 헤센-다름슈타트의 방백, 잘츠부르크와 뷔르츠부르크의 주교들은 직접 참석하거나 대리인을 보냈다. 하지만 회의는 내용도, 열정도 없었다.

페르디난트는 회의가 열리던 몇 개월 동안 대표적 군주들에게 프리드리히의 선제후 직함을 막시밀리안에게 양도하는 데 동의해달라고 부탁했다. 막시밀리안과 형제간인 쾰른 선제후를 제외하고는 거의 모든 중요한 독일 군주들이 양도에 반대했다. 마인츠 선제후와 트리어 선제후는 법적 근거를 대면서 반대했고, 작센 선제후와 브란덴부르크 선제후는 법적 근거뿐만 아니라 페르디난트 황제의 권력 증대와 종교 정책의 연장을 우려하며 종교적 동기까지 고려해 반대했다. 그 전해에 페르디난트는 요한 게오르크 작센 선제후와의 약속을 어기고 보헤미아에서 루터교를 금지했다.59 그 때문에 억압당하는 신교도들을 보호하려 했던 작센 선제후의 의도는 물거품으로 돌아갔다. 그는 보헤미아 루터파를 용인하고 프리드리히를 법에 합당하게 대우하라고 페르디난트에게 항의했으나, 황제는 냉담한 반응만 보였다.60 이제 그는 깨달았다. 그는 황제를 위법에서 구하려 중재했으나, 그 결과 독일은 프리드리히가 꿈꾸었던 상황보다 더 위험하고 더 위법적인 공격을 받게 되었다. 자신의 약함을 잘 알았던 그는 어찌할 바를 모르고 망설였다. 페르디난트는 요한 게오르크에게서 더 이상 지지를 끌어낼 수 없다면 그의 반감도 참작하지 않을 작정이었다.

브란덴부르크 선제후도 불안정하고 힘이 없기는 마찬가지였다. 프리드리히의 누나인 그의 아내가 그에게 친정어머니와 막내 남동생을 보호해달라고 사정한 데다 그 막내 남동생은 브란덴부르크의 공녀와 결혼한 사이였기 때문에, 그는 두 가문과의 관계에서 의무가 막중했다. 보헤미아의 종교 탄압도 그가 황제에게 반기를 든 한 요인이었다. 하지만 그는 현명하지도, 결의가 굳은 인물도 아니었다. 그 자신은 칼뱅파였으나 그의 백성들 중에 그에게 반감을 가진 루터파가 많은 것도 어려움을 가중시키는 요인이었다. 이래저래 그는 평화를 추구할 만한 이유가 있었다. 마침 페르디난트의 매형인 폴란드 왕이 말썽 많은 프로이센 지역을 브란덴부르크에게 넘겨주겠다는 조건을 내걸고 적절한 중재에 나섰다.61 브란덴부르크 선제후로서는 만약 그 뇌물을 받아들인다면 합스부르크 왕조를 지지해야 했다. 사실 반대하고 싶다 해도 그에게는 번듯한 군대도 없었고, 의회도 그에게 군대를 육성할 자금을 마련해줄 여유가 없었다. 그의 역할은 그저 작센 선제후의 뒤를 좇으며 경솔한 결정을 내리지 않도록 주의하는 것뿐이었다.

두 신교 선제후가 안전책을 펼친 데 반해 페르디난트는 위법적 행동을 관철해나갔다. 독일의 어떤 권력자도 그를 제지하지 못했다.

유럽의 사정은 달랐다. 에스파냐는 프리드리히의 선제후 직함이 막시밀리안에게 양도되는 것을 원하지 않았다. 이사벨 대공비는 마드리드의 승인을 얻어 완벽한 계획을 추진했다. 프리드리히를 퇴위시키고, 그의 일곱 살짜리 맏아들에게 직위를 계승시킨 다음 그 아이를 빈으로 보내 황제의 가문에서 교육한 뒤 나중에 황제의 딸과 결혼시키는 것이었다. 이 계획은 무엇보다 제국의 법을 지킬 수 있다는 장점이 있었다. 폐위를 시키면 불법이겠지만 압력을 통한 퇴위는 용인될 수 있었기 때문이다. 에스파냐의 펠리페 4세와 영국의 제임스 1세는 그 계획을 지지했고, 심지어 작센의 요한 게오르크도 받아들였다. 프리드리히는 아들에게 양위하는 것을 거부하고, 고통을 겪는 보헤미아 신교도들을 보호해달라고 계속 요구했으나 아무도 그의 처지에 신경 쓰지 않았다.62

막시밀리안은 부지런히 자신의 이익을 도모했다. 팔츠령의 탈환은 그가 페르디난트에 못지않게 교회를 옹호한다는 것을 입증할 좋은 기회가 되었다. 그는 사람들을 재개종시키기 위해 온갖 노력을 아끼지 않았다. 틸리의 군대가 확고히 자리를 잡자 선교사들은 굶주리고 병든 사람들을 찾아다녔다. 이주를 금지한다는 명령이 반포되고, 하이델베르크의 신교 교회들이 폐쇄되고, 대학은 해체되었다. 훌륭한 장서가 마차에 실려 알프스 너머 로마로 운송되었다. 막시밀리안이 바티칸에 보내는 선물이었다.63

하지만 그런 뇌물은 교황의 지원을 얻는 데 반드시 필요하지는 않았다. 대공비의 계획은 합스부르크의 권력을 증대시키는 것이었는데, 이는 이탈리아 군주라면 그냥 두고 볼 수 없는 사태였다. 영국 왕이 지지하고 프랑스 왕이 그다지 강력히 반대하지 않는 분위기를 틈타 에스파냐는 십중팔구 네덜란드를 재정복하고 잃었던 번영을 되찾으려 할 터였다. 설령 합스부르크가 세계를 지배하지 않더라도 막시밀리안은 제국 내에서는 오스트리아에, 유럽에서는 에스파냐에 맞서는 균형추가 되어야 했다.

이 무렵 페르디난트는 상충하는 음모의 급류 속에서 키를 잃은 배처럼 이리저리 흔들렸다. 한쪽에서는 교황이 팔츠 선제후 직위를 막시밀리안에게 넘기겠다는 서면 약속을 하라고 압박했고,64 다른 쪽에서는 에스파냐 왕이 영국과의 계획을 그에게 강요했다. 그런가 하면 입헌주의자인 마인츠 선제후는 막시밀리안의 요구를 들어줄 경우 작센이 매우 적대적으로 나올 것이라고 경고했다.65 사실 황제는 개인 재산도 보잘 것없고 자신의 운명도 제대로 통제하지 못한 탓에 유럽에서 약간 얕잡아보는 연민의 대상이었다. 1623년 레겐스부르크 협상의 결과는 전반적으로 에스파냐와 바이에른의 입김에 의해 좌우될 것이라고 예측되었다. 그렇게 되면, 페르디난트는 득을 보게 될 터였다. 그는 실상 자신의 의도를 관철하면서도 마치 상황의 희생자인 것처럼 보이기 딱 알맞았다. 그가 팔츠 선제후 직위를 막시밀리안에게 양도하도록 힘을 쏟는다면 그의 권력은 강화될 터였다. 설령 실패하더라도 모든 책임을 자신이 순진했던 탓으로 돌릴 수 있으니 전보다 더 나빠지지는 않을 것이었다.

페르디난트는 에스파냐의 이익을 일시적으로 희생시키더라도 더 교묘한 계획을 추진하고자 했다. 자신의 조상들이 늘 그랬듯이 궁극적으로 그는 합스부르크 왕조의 이익을 도모했다. 그러나 그 무대는 독일이며, 에스파냐 차원의 이익이 아니라 제국 차원의 이익이었다. 그가 꿈꾸는 구원은 네덜란드의 재정복이 아니라 제국의 개혁만으로도 가능했다. 제국의 힘이 다시 현실화되면 유럽의 어떤 나라, 어떤 지배 왕조도 합스부르크에 반기를 들지 못할 터였다. 그래서 그는 에스파냐의 당면한 요구를 무시할 참이었다. 바이에른을 만족시키기 위해서가 아니라 왕조의 더 큰 목적을 위해서였다.

1623년 1월 레겐스부르크에 모인 군주들 가운데 페르디난트의 제안에 찬성하는 사람은 소수였다. 어려운 결정을 피하기 위해 작센 선제후와 브란덴부르크 선제후는 전권대사를 보내지 않았다. 따라서 그들은 어떤 결정에도 법적으로 구속되지 않았다. 하지만 독일 내의 유일한 무력이 바이에른 공작의 군대이고, 황제가 그 군대를 얼마든지 이용할 수 있는 상황에서 그런 사소한 법적 문제가 무슨 의미를 가지겠는가! 페르디난트가 하는 일은 합법적이든 불법적이든 강력한 현실이었으므로 군주들은 그것을 기정사실로 여기고 승인해야 했다.

6주 동안 진행된 레겐스부르크 회의에서 군주들과 에스파냐 대사는 선제후 직위의 양도를 막기 위해 온갖 논거를 제시했다. 프리드리히의 건강한 네 아들 중 한 명에게 왕위를 계승시키자는 주장은 막시밀리안의 반대에 가로막혔다. 프리드리히의 동생과, 가톨릭이면서 반란자의 가까운 친척인 노이부르크 공작도 후보로 거명되었으나 역시 바이에른의 막시밀리안에게 밀렸다. 이렇게 막시밀리안과 페르디난트가 밀어붙이기로 일관한 결과 막시밀리안은 오명을 얻었고, 페르디난트는 동정을 받았다.

막시밀리안은 황제와 한통속이었다. 그는 개인적 야망에 눈이 어두워 자신이 독일의 자유를 침해하고 있다는 사실을 깨닫지 못했다. 은퇴한 지 30년이 다 되어가는 그의 늙은 아버지가 참다 못해 직접 나서서 아들에게 행동을 주의하라고 타일렀지만, 막시밀리안은 자신도 정계에서 뼈가 굵은 터라 케케묵은 훈계 따위에 주의를 기울이려 하지 않았다.66

페르디난트는 군주들의 의혹에 딱 한 가지 양보를 했다. 막시밀리안이 살아 있는 동안에만 선제후 직위를 유지하고, 그가 죽은 뒤에는 프리드리히의 자식들에게 되돌려줄 수도 있다는 것이었다. 공작은 이미 연로했고, 그의 아내도 출산이 불가능한 나이였다.67 이리하여 1623년 2월 23일 프리드리히는 폐위되었다. 이틀 뒤 막시밀리안이 마침내 선제후 직함을 차지했다.68 그의 수작식(授爵式)은 썰렁한 분위기에서 치러졌다. 작센과 브란덴부르크 대표도, 에스파냐 대사도 참석하지 않았기 때문이다. 마인츠 선제후는 난감한 기색으로 의식을 집전하면서 이따금 딴 생각을 하는 것처럼 이마를 긁적였다. 막시밀리안의 답례사도 어딘가 어색하고 자신감이 결여된 느낌이었다.69 취소하기에는 너무 늦은 마지막 순간에야 비로소 그는 자신의 왕조적 야망이 장차 자신을 어디로 인도할 것인지 의심하기 시작했다. 그는 독일의 다른 군주들과 마찬가지로 권력을 유지하기 위해 독일의 자유를 희생시키고 사적인 이득을 취했다. 오늘 프리드리히가 처했던 입장은 내일 그의 입장이 될지도 몰랐다. 황제가 주저 없이 사용할 무기를 황제의 손에 쥐어주었기 때문이다. 바이에른의 야망을 위해 독일의 법을 희생시키고, 무자비한 폭력 통치의 길을 연 것을 후회할 날도 멀지 않았다. 황제의 권력이 커지는 것을 누구보다도 질시했던 그가 자신이 그토록 옹호하던 법을 자신의 손으로 직접 무너뜨렸던 것이다.

5

막시밀리안이 선제후가 되자, 페르디난트도 미처 대비하지 못한 거센 항의가 일었다. 에스파냐 대사는 축하의 말조차 건네지 않았고, 이사벨 대공비는 공개적으로 반대와 불만을 토로했다.70 작센 선제후와 브란덴부르크 선제후도 새 동료를 승인하지 않았다. 레겐스부르크 회의는 신교 대표들이 이른바 바이에른 '선제후'와 동석하지 않겠다고 주장한 탓에 일찌감치 종료되었다.71

이제 페르디난트는 자기 힘의 한계를 알았다. 그의 힘은 그의 군대가 통제하는 범위를 벗어나지 못했다. 그런데 그의 군대는 여전히 가톨릭동맹과 바이에른의 막시밀리안에게 의존하고 있었다. 레겐스부르크의 신교 대표들은 불만의 표시로 더 이상 전쟁 비용을 제공하지 않겠다는 의사를 분명히 했다. 그들은 저항에 나서기에는 힘이 달릴지 모르지만, 자신들의 자유를 공격하려는 세력에게 자금을 지원할 만큼 어리석지는 않았다. 선제후 직위의 양도로 추방령은 완료되었지만, 결국 입헌주의자들이 쫓겨난 프리드리히에게 동맹까지는 아니더라도 동조하게 되는 결과를 낳았다.

한편, 레겐스부르크 회의에서 가톨릭 군주들과 신교 군주들의 분열은 위험할 정도로 커졌다. 가톨릭동맹의 대표들은 당연히 그들의 보스이자 자금줄인 막시밀리안을 지지했다. 심지어 일부 경솔한 자들은 어리석게도 교회가 곧 독일 전체를 다시 지배하게 될 것이라고 허풍을 쳤다. 그래서 작센 선제후와 브란덴부르크 선제후는 항의 모임을 열어, 작센이 새 신교연합의 결성을 담당하고 브란덴부르크는 무력 항의를 담당하기로 했다. 하지만 이런 제스처는 오히려 페르디난트와 가톨릭동맹의 결합을 전보다 더 굳건하게 만들어줄 따름이었다.72

가톨릭동맹의 대표들은 제국의 업무가 없을 때 막시밀리안의 후원을 받아 레겐스부르크에서 자체적으로 연례 회의를 열었다. 이 성과에 힘입어 막시밀리안은 소심한 사람들의 의혹을 무시하고, 회의에 모인 대표들에게 틸리의 군대를 계속 유지할 수 있도록 표를 모아달라고 설득했다.73 그는 가톨릭과 합스부르크 왕조의 야망이 드러난 이후 신교와 입헌주의자들이 공격해올 가능성을 무력시위를 통해 완전히 차단해야 한다는 것을 잘 알고 있었다. 그런데 그의 동맹 세력과 바이에른의 자원은 이미 바닥난 상태였다. 지난 몇 개월 동안 틸리는 병력을 유지하는 데 적지 않은 어려움을 겪었다.74 그럼에도 불구하고 동맹의 회원들은 새 선제후의 주장에 이의를 제기할 수 없었다. 그들은 각자 자신의 신민들에게서 돈을 더 염출하는 작업에 착수했다.

그 다음으로 막시밀리안에게 절실한 것은 페르디난트를 통제할 힘이었다. 황제의 군사력 요구에 가톨릭동맹의 힘만으로 제공할 수 있을 때는 어려운 일이 아니었다. 1623년 3월 말 막시밀리안과 황제가 맺었던 기존 조약이 갱신되었다. 페르디난트는 이미 바이에른 선제후에게 1,600~1,800만 플로린의 빚을 지고 있었는데, 빚이 줄어들기는커녕 나날이 늘어날 조짐을 보였다. 이 막대한 금액을 갚기 위해 그는 막시밀리안에게 한동안 오버외스터라이히의 세수입과 오버팔츠의 소유권을 완전히 내주기로 약속했다.75 이 토지들이 최종적으로 양도되지는 않았지만, 합스부르크 정책의 골간을 이해하는 사람이라면 페르디난트가 조만간 팔츠령을 완전히 넘겨주는 대신 오버외스터라이히를 되찾으리라는 것을 누구도 의심하지 않았다. 그는 내심 제국의 재분배를 겨냥하고 있으면서, 또다시 자신의 정책을 막시밀리안에 대한 의무로 위장하고 있었던 것이다.

페르디난트는 카를 5세(Karl V, 1500~1558, 합스부르크 왕조 전성기의 신성로마제국 황제였으나, 재위 중에 동생 페르디난트 1세에게 제위를 물려주고 에스파냐 왕위를 택해 에스파냐에 합스부르크 왕통을 열었다 : 옮긴이) 이후 선배 황제들을 위축시켰던 황제의 권력에 대한 한계를 훌륭하게 극복했다. 하지만 논리적 결론까지 끌고 가지 못한다면 그 승리는 물거품이 될 터였다. 그가 가톨릭이든 신교든 정부의 특정 세력에게 빚을 지고 있다면 그의 전제정치는 망상이 될 것이다. 더 이상 한 군주가 자신의 야망이나 신념을 추구하기 위해 마음 놓고 다른 군주를 타도하지도 못하게 될 것이며, 또한 바이에른의 힘이 합스부르크 왕조에게 위험을 초래할 것이다. 더구나 막시밀리안은 한때 제위 후보로 거명되던 인물이 아니던가?

영리한 정치가가 페르디난트의 입장에 처했다면 상대 세력들을 속여 서로 싸우게 했을 것이다. 이를테면 작센의 요한 게오르크와 바이에른의 막시밀리안을 싸우게 하는 것이다. 또한 종교 광신도라면 자신의 몸과 마음을 가톨릭동맹에 팔고, 제국의 위신에 어떤 손상이 가든 상관없이 교회를 위해 독일을 재정복하는 데 발 벗고 나섰을 것이다. 하지만 페르디난트는 가문과 종교에 대한 독특한 입장으로 인해 어느 쪽으로도 행동하지 못했다. 열렬하고 독실한 가톨릭이었던 그는 가톨릭동맹을 '이용'하는 것이 자신의 신념에 어긋난다고 여겼다. 동맹이 교회의 편에 서는 한 페르디난트의 마음도 함께했다. 그러나 동맹이 그의 왕조를 위험에 빠뜨리자 새로운 힘이 작동하기 시작했다. 그의 정치적·종교적 신념은 복잡했다. 한편으로 그는 합스부르크 왕조만이 독일을 교회의 품으로 돌려놓을 수 있다고 진심으로 믿으면서도, 다른 한편으로는 가톨릭동맹이 왕조의 안정을 위협할 경우 가톨릭 유럽의 안녕마저 위험해진다고 믿었다. 이 뿌리 깊은 믿음이 그의 행동을 정당화하고 그의 명백한 언행불일치를 설명해준다. 그가 전투에서 거둔 승리의 절반은 가톨릭동맹의 도움에 힘입었다. 이제 그는 그 동맹을 통제하기 위한 신무기를 찾아내야 했다. 그러나 단순하고 생각보다 행동이 앞섰던 페르디난트는 그 문제를 명확하게 인식하지는 못했던 듯하다. 이후 그의 정책에서 드러난 동기는 두 가지였다. 합스부르크 왕조의 영토 내에서 합스부르크의 권력을 강화하고, 언제든 바이에른의 막시밀리안에게 지고 있는 모든 의무를 벗어버리기 위한 수단을 찾는 것이었다. 그는 기도와 사냥 시간 이외에 국정을 돌볼 때마다 그 문제를 해결하는 데 부심했다.

그는 문제를 해결하기 위해 비범한 능력을 가진 두 사람을 발탁했다. 한 명은 그의 친구이자 대신들의 우두머리인 에겐베르크였고, 다른 한 명은 예수회 신부인 빌헬름 라모르마이니(Wilhelm Lamormaini, 1570~1648)76였다. 이들은 그의 유연하면서도 모호한 판단에 지속적인 영향력을 행사한 몇 안 되는 조력자였다. 에겐베르크는 여러 해 동안 페르디난트의 대표적인 자문관이었으나, 라모르마이니는 1624년에야 그의 고해 신부가 되었다. 룩셈부르크의 부농 가문 출신인 그는 홀쭉하고 키가 큰 몸집에 다리를 몹시 절었는데, 이 장애 때문에 소년 시절에 일찌감치 신학교에 들어갔다. 그는 금욕적인 생활방식에 소박한 습관을 가졌으나 신앙만큼은 광적이었다. 페르디난트는 교회 성직자들의 정치적 의무에 관해 냉철하게 판단하고 있었다. 초라한 마을의 사제라도 세심하게 존중해주었으나, 추기경을 체포하고 강제로 구금하는 일 또한 서슴없이 행했다.77 젊은 시절 그는 자신의 영향력을 행사하는 방식에 자기 형제들의 고해 신부가 찬성하지 않는다는 이유로 그 신부를 직위에서 내쫓은 적도 있었다. 그럼에도 불구하고 영리한 사람이라면 그를 정책 기구로 끌어들이는 정도까지는 아니더라도 고해실을 유력한 정책 공간으로 만들 수 있었다. 그런 점에서 라모르마이니는 페르디난트에게 딱 맞는 고해 신부였다. 그는 황제의 가족과 사냥에 진심으로 관심을 가졌다. 질문을 받았을 때는 정치적 위압감 따위는 전혀 없이 조리 있게 충고해주었으며, 언제나 예수회의 특징인 정확함과 명철함을 보여주었다.

1623년 4월 5일 페르디난트는 레겐스부르크를 떠나 프라하로 갔다.78 거기서 그는 합스부르크의 권력을 강화하고 안정시키는 정책에 착수했다. 당시 그를 수행한 사람은 유능한 교황 대사인 피에르 루이지 카라파(Pier Luigi Carafa, 1581~1655) 추기경이었는데, 반종교개혁을 주도한 교황 가운데 가장 중요한 인물인 파울루스 4세(Paulus IV, 1476~1559)를 배출한 가문의 일원이었다. 페르디난트는 바로 그를 통해 보헤미아를 교회의 품에 귀속시키려 했다.

페르디난트가 보헤미아에 간 것은 5년 만이었다. 그가 거쳐 간 지역은 참담한 변화를 보여주었다. 레겐스부르크에서 국경까지 가는 길에 있는 오버팔츠는 틸리의 군대에 의해 완전히 파괴되었다. 그곳의 농민들은 폐위된 선제후에게 진실한 애정을 품고 있었으며,79 가톨릭 병사들에게 음식과 숙박을 제공하기를 거부한 탓에 잔인하게 보복당한 사람들도 많았다.80 막시밀리안은 더 이상의 말썽을 방지하기 위해 전 지역을 강제로 무장해제시켰다.81 농민들의 원래 보호자인 젠트리는 백성들보다 충성심이 덜했으므로 황급히 새 정부와 타협하고, 농민들을 무방비 상태의 고통 속으로 몰아넣었다. 틸리의 군대는 이미 1621년 여름 전부터 급료를 제대로 받지 못해 사기가 저하돼 있었다. 그들은 팔츠령의 초라한 촌락들에서 정복군의 권한으로 그동안 겪은 빈곤의 한을 풀었다. 도시에서는 병원에까지 들어가 약탈한 탓에 군대는 물론이고 그들이 가는 지역마다 질병이 퍼졌다.82 페르디난트는 보헤미아 국경을 넘어 만스펠트가 약탈한 경로를 따라갔다. 다른 지역도 마찬가지로 심각한 피해를 입은 상태였다. 모라비아 지방은 지난 2년간 카자흐 군대가 베틀렌 가보르의 침략에 대비해 방어를 하고 있었는데, 그들의 파괴와 약탈로 마을은 기근에 시달리고 있었다.83

페르디난트는 보헤미아를 구원하러 온 게 아니었고, 그가 취한 조치도 보헤미아의 상처를 치료하기 위해서가 아니었다. 그는 이미 그 전해 가을에 최근의 반란에 가담한 모든 사람들에게서 땅의 일부 혹은 전부를 몰수한다는 칙령을 반포했는데,84 당시 그 결과를 보러 온 것이었다. 보헤미아의 658개 가구, 50개 도시, 전 지역의 절반에 해당하는 토지가 그 칙령의 적용 대상이었다. 칙령으로 인해 모라비아에서는 300여 명의 지주 가운데 중죄인은 영지를 통째로 잃고, 가벼운 죄인은 1/5가량을 잃었다. 페르디난트와 그의 신하들은 전리품을 계속 보유하는 게 이익이라는 사실을 모르지 않았지만, 정부의 지출을 맞추려면 급전이 필요했기 때문에 어쩔 수 없이 토지를 팔았다.

그러나 시장에 매물로 나온 토지는 많았지만 구매 능력이 있는 사람은 별로 없었다. 제국 전반에 걸친 재정 위기가 앞날을 더욱 어둡게 했다. 독일의 방만한 화폐제도는 완전히 붕괴되었다. 남독일의 표준 통화라고 할 수 있는 굴덴은 이미 1619년부터 사용되었는데, 북독일의 탈러 가치에 따라 화폐 가치의 변동 폭이 컸다. 3년 동안 1탈러의 가치는 오스트리아에서 4굴덴, 스트라스부르에서 8굴덴, 안스바흐와 힐데스하임에서 10굴덴, 작센과 슐레지엔에서 12굴덴, 뉘른베르크에서는 15굴덴이었다. 울름 시 당국은 강제로 1탈러를 8굴덴으로 고정시켜놓았고, 빈에서는 굴덴이 정상 가치의 1/8로 떨어졌다. 프라하에서는 탈러화가 아예 유통에서 사라지기 시작했다. 작센 정부는 악화(惡貨)를 세금으로

거둔 탓에 정상 수익의 절반을 날렸다.85

프라하의 사정은 정부의 궁핍으로 위기가 점차 심화되었다. 이 어려움은 폐위된 프리드리히가 자신의 치세 동안에 화폐 가치를 약간 하락시킨 데서 비롯되었다. 페르디난트가 임명한 리히텐슈타인 총독은 그 방침을 이어받아 주화에 들어가는 은의 양을 75퍼센트나 줄이고 화폐 주조에서 나오는 수익으로 제국과 자신의 국고를 충당하려 했다.86 1622년 1월 페르디난트는 이익을 더 얻으려는 마음에서 투기꾼 집단과 계약을 맺고 프라하의 화폐 주조를 사적으로 통제하기에 이르렀다. 이로 인해 화폐 가치가 크게 하락해 물가를 강제로 안정시켜야 했다. 계획은 완전히 실패했다. 사람들은 의심을 품고 양화(良貨)를 축장했으며, 정부가 식량 공급에 나섰음에도 식품 가격이 정상 가격의 열두 배로 치솟았다. 대외 무역은 완전히 중단되고, 일상생활에 필요한 거래도 물물교환으로 이루어졌다. 이 무리한 계획이 초래한 피해는 막대했다. 그런데도 계약자들은 여기서 한술 더 떠 페르디난트의 채무를 갚기보다 자신들의 부를 축적하는 데 열중했다.

그 시기에 페르디난트는 몰수된 토지를 사겠다는 요구에 시달렸다. 왕족과 부유한 상인들은 예전의 프라하 화폐로 치면 꽤 높은 가격을 불렀는데, 그가 지금 그 가격을 거절한다면 자신의 통화를 부정하는 것이나 다름없었다. 토지를 파는 일과 그 돈을 이용하는 일은 별개였다. 페르디난트는 자신의 화폐를 받아들였으나 병사들은 돈을 장교의 면전에 팽개쳤다. 그 돈을 주고는 지역 농민들에게 생필품을 구입할 수 없었기 때문이다. 보헤미아 전역에서 거래가 막혀버렸다. 농민들은 도시에 식량을 공급하지 않았고, 군대는 폭동을 일으킬 지경이었으며, 민간인들은 굶어 죽어가고 있었다. 그 반면 일부 업자들은 유럽 최고의 부자로 발돋움했다. 그들은 리히텐슈타인과도 밀접한 관계가 있던 인물들이었다. 1623년 크리스마스에 페르디난트는 화폐를 평가절하하고, 계약도 파기했다. 그 무렵 몰수된 토지는 대부분 정상 가격의 1/3도 못 되는 가격에 팔렸다.87 재정 안정을 위해 그가 첫 번째로 취한 조치는 재앙을 불러왔다. 그는 토지 몰수의 이득을 잃었을 뿐 아니라 보헤미아의 경제를 파탄으로 몰아갔기 때문이다. 근면한 농민들과 열심히 일하는 시민들에게 폭넓게 분배되었던 부는 정치적 박해와 파국적인 인플레이션을 통해 파렴치한 자들에게 넘어갔다. 제국 세수입의 원천이었던 보헤미아는 이제 쓸모없는 땅이 돼버렸다.

정치적으로 볼 때 페르디난트는 한 가지 작은 이득을 얻었다. 개인 재산은 사라지고, 무자비한 토지 몰수로 거의 모든 도시들이 파괴되었다.88 그의 정부는 빈곤에 시달렸지만 그 대신 말 많고 비판적인 상인계급이 제거되고, 지배자와 백성들 사이의 장벽이 무너졌다. 통상이 발달한 유럽의 선진국들은 불과 2년 만에 200년 전으로 후퇴하면서, 전제정치가 마음껏 활개를 치게 되었다.

또한 토지 재분배는 정치적으로 성공을 거두었다. 대표적인 신교 귀족들이 몰락하고, 그 대신 가톨릭 신앙에 투철하고 자신에게 토지 소유권을 준 정부를 지지하는 사람들이 득세했다. 리히텐슈타인도 열 군데의 토지를 매입했고, 에겐베르크는 여덟 곳을 사들였다. 그러나 누구보다도 큰 이득을 누린 한 사람이 있었다. 알브레히트 폰 발트슈타인(Albrecht von Waldstein, 1583~1634), 혹은 더 부르기 좋은 발렌슈타인(Wallenstein)이라는 이름으로 알려진 프라하의 군사 총독이었다. 그는 무려 예순여섯 곳 이상의 토지를 겸병했다.89 그중 가장 중요한 곳은 프리틀란트 지방과 기친 시였다.

1623년 발렌슈타인은 마흔 살이었다. 신교 소지주의 아들로 태어난 그는 일찍 부모를 잃고 유명한 알트도르프 학교에서 루터파 교육을 받다가 퇴학을 당했다. 이유가 없지는 않았다. 그는 살인 사건에 연루되었고, 한 번은 자기 하인 한 명을 죽일 뻔했기 때문이다.90 그러나 그는 이탈리아를 여행하고 가톨릭으로 개종하면서 흥분하기 쉬운 성격을 바로잡고, 이십대 초반에 출세를 목표로 삼았다. 황제의 궁정에서 발렌슈타인은 페르디난트가 아직 슈타이어마르크 대공의 신분일 때 그의 측근에 끼어들었다. 이후 부유한 과부와 결혼했다가 얼마 지나지 않아 아내가 죽자 유산을 물려받아 부자가 되었다. 이렇게 공적인 행운과 사적인 행운의 토대를 닦은 뒤, 그는 재산을 절약하고 증식시키면서 기회를 엿보았다. 재정 문제에 관해 신중한 판단력과 분별력을 가진 그는 점차 부를 늘려갔다. 그는 소작인에게 동정적인 지주는 아니었어도 매우 능력 있는 지주였음에 분명하다. 그는 자신의 토지를 최대한으로 개발하고, 도시에 공장을 세우고, 농업을 감독·통제하고, 잉여 농산물을 저장할 창고를 짓고, 생산물을 시장에 내다 팔았다. 아울러 교육을 조직해 백성들의 능력을 향상시키고, 빈민 구제와 의료 서비스에 힘쓰며, 기근이 들면 식량을 공급했다.91 그의 수도인 기친은 그가 구상하는 정부가 들어서기에는 초라한 도시였다. 그래서 그는 직접 궁궐과 교회를 건립하고, 시민들에게 싼 이자로 돈을 대부해 자신의 계획에 따라 주택을 재건축하도록 했다.92

발렌슈타인의 취향은 사치스러우면서도 소박했다. 그의 측근들도 허투루 돈을 쓰는 일 없이 매사에 꼼꼼하고, 질서와 규칙을 중시했다. 그는 인기 있는 사람은 아니었다. 키가 크고 몸집은 홀쭉했으며, 얼굴도 후대에 전해지는 초상화로 볼 때 그다지 좋은 인상은 아니었다. 물론 대가가 그린 초상화는 아니었다.93 그의 음침한 용모를 그리려 애쓴 화공은 몇 가지 특징에만 주력했다. 높은 광대뼈, 매부리코, 커다란 턱, 튀어나온 아랫입술 등 모든 그림에 이런 특징들이 묘사되어 있다. 후대의 초상화들은 이 어딘가 모르게 불쾌한 용모를 극적으로 과장했다. 발렌슈타인이 유명해졌을 때는 이미 그의 행동이나 외모에 대한 모든 기록이 그의 일반적인 특성으로 굳어져 있었다. 말하자면 제멋대로의 기질, 인명을 경시하는 태도, 불안정한 성격, 철저한 순결주의, 점성술에 대한 믿음 등이 그것이다. 시간이 지나면서 그는 일부러 눈에 띄는 옷차림을 즐겼다. 유럽의 온갖 괴상한 양식을 뒤섞은 옷을 입는가 하면, 어두운 색의 복장에 섬뜩할 정도로 새빨간 허리띠나 깃털을 패용하기도 했다. 핏기 없이 창백한 얼굴에 선명한 붉은색 입술은 타고난 것만은 아니었을 것이다.94 하지만 나중에 그가 갖게 된 특성을 없앤다면, 1623년의 발렌슈타인은 파렴치하고 수완이 좋은 출세주의자에 불과하지 않았을까? 불안정한 성격, 흥분하기 쉬운 기질, 유별난 순결주의, 점성술에 대한 믿음은 모두 그의 특별한 위대함을 보여주는 속성도 아니고, 특이한 비밀도 아니다.

영국의 엘리자베스처럼 토성과 목성의 합(合)에 태어난 발렌슈타인은 약점과 강점, 악덕과 미덕이 독특한 조합을 이루는 인물이었다. 점성술이 말해주듯이 그는 활동적이면서도 꼼꼼했다. 또한 낡은 방식을 참지 못하고 끊임없이 새로운 것, 누구도 해보지 않은 것, 비밀스럽고 음침하고 의심스러운 것, 다른 사람들의 생각과 관습을 모독할 만한 것을 추구했다. 그는 욕심이 많고, 음흉하고, 권력을 탐했으며, 아무도 사랑하지 않았고 또 아무에게서도 사랑받지 못했다. 게다가 변덕이 심하고, 다툼이 잦고, 친구가 없고, 잔인했다. 이상은 요하네스 케플러가 발렌슈타인의 생일인 1583년 9월 14일 오후 4시 헤르즈마니체 지역의 별의 위치를 분석한 결과다.95 이 판단은 정확했다.

1618년 보헤미아에서 반란이 터졌을 때 발렌슈타인은 모라비아의 지방군을 지휘하고 있었다. 휘하 병사들이 반란 세력 측으로 이탈하자 그는 안전을 위해 도피하면서 지역의 군사 자금을 가져갔다. 이 자금은 페르디난트에게 긴요한 재정적 도움이 되었으나, 그 때문에 모라비아 반란군은 급료를 빼앗겼다.96 그 이듬해 그는 자기 재산에서 4만 굴덴을 황제에게 제공하고, 플랑드르에서 1천 명의 병력을 모집하겠다고 제안했다. 1620년에는 다시 네 배의 금액을 제공했으며, 계속해서 1621년에는 20만 굴덴, 새 토지를 대거 매입한 1623년에는 50만 굴덴을 내놓았다. 그것도 가치가 저하된 프라하의 통화가 아니라 진짜 굴덴이었다. 하지만 발렌슈타인은 돈을 그냥 줄 위인이 아니었다. 황제에게 제공한 돈은 점점 큰 채무로 불어났다. 때가 되면 그는 그 채무를 현금의 형태가 아니더라도 톡톡히 받아낼 심산이었다. 페르디난트가 바이에른의 막시밀리안에게 진 채무는 적어도 외교 협정에 기반을 두고 있었지만, 이 사적인 채무는 아무 근거가 없는 단지 사업상의 약속에 불과했다. 하지만 발렌슈타인은 페르디난트보다 거래에 훨씬 능한 인물이었다.

발렌슈타인은 이미 자신의 세력권 바깥에서도 오만과 허세로 명성을 얻었다. 체코 태생으로 체코어에 능숙했고, 지도적 가문뿐만 아니라 축출된 가문이나 그밖의 여러 세력들과도 결탁해 있었다. 그는 사회 다방면에서 유명하지는 않았어도 상당한 영향력을 지니고 있었다. 당시 그는 보헤미아 영토의 1/4을 장악하고, 300여 명의 가신들을 거느린 대영주였다. 페르디난트를 폐위시킨 반란 세력들 가운데 누구보다도 권력이 막강했다. 그의 엄격하고 효율적인 경영과 가톨릭 신앙에 대한 투철한 지지는 나라를 통합하는 구심점이 되기에 충분했다.97 페르디난트로서는 그를 회유하지 못하면 이후 보헤미아에서 위험을 초래할 가능성이 컸다.

한편, 1623년 말에 발렌슈타인은 두 번째 결혼을 준비했다. 상대인 이자벨라 폰 하라흐(Isabella von Harrach)는 그의 운명적인 매력에 이끌려98 그를 진심으로 사랑했다. 그 또한 그녀를 전처와 마찬가지로 지극한 예의와 존경으로 대했다. 하지만 그 결혼은 두 사람이 느낀 사적인 만족감보다도 이자벨라 폰 하라흐의 아버지가 페르디난트의 최측근 신하라는 점에서 훨씬 중요한 의미가 있었다. 바로 그해에 발렌슈타인은 프리틀란트 백작이 되었다.99

발렌슈타인의 승진은 페르디난트가 구사한 정책의 일환이었다. 제국 내의 무수한 하급 귀족들의 지나친 요구를 억제하기 위해 황제는 그들을 전적으로 자신에게 의존하는 관료 귀족으로 대체하려 했다. 그가 임명한 관료 귀족의 개인적 권력은 예전의 수많은 젠트리의 개인적 권력보다 컸으나, 계급으로서의 영향력은 군주에게 의존한다는 제약을 받았다. 오래지 않아 그들은 지역 농민층의 지원과 지지를 얻었다. 그들의 임지는 제국 곳곳에 흩어져 있었으며, 그들은 재임 중에 프라하나 빈을 자주 방문해야 했다. 이제 그들은 봉건적 위계의 지배자가 아니라 군주만을 섬기는 지배 귀족이었다. 더 나아가 페르디난트는 귀족과 백성의 분리를 촉진하기 위해 오스트리아인, 이탈리아인, 독일인 등 외부인들을 정복지에 받아들였다. 토착 귀족들은 반란의 위험이 있었으므로 대대적인 박해를 통해 토착 지배자들을 몰아내고 이방인들에게 길을 터주었다. 프라하의 거리에서 이탈리아어와 프랑스어를 흔히 들을 수 있게 되었고, 독일어가 체코어를 밀어내고 공식 언어가 되었다. 중세풍 슬라브 도시의 잔해 위에 이탈리아의 건축 양식을 닮은 웅장한 궁궐과 넓은 안뜰, 서늘한 로지아(loggia, 벽이 없는 회랑 형태의 방: 옮긴이), 화려한 바로크식 교회 등이 세워졌다.

이렇게 체코 문화의 성격을 대대적으로 바꾸고, 문화의 자연적인 흐름을 막은 채 외국풍을 강제로 이식한 페르디난트는 백성들의 종교도 바꾸었다. 그처럼 효과적인 박해와 그처럼 광범위한 개혁은 여간해서 일어나기 힘든 일이었다. 황제와 신하들은 용기와 투철한 신념뿐만 아니라, 동시에 그들이 파괴한 곳에 새 씨를 뿌리고 그들이 만든 상처를 같은 원천에서 나온 향유로 치유하는 지혜도 갖고 있었다.

보헤미아에서 종교는 가톨릭이라 하더라도 국민 정서와 밀착돼 있었다. 양형영성체파인 왕 게오르크 폰 포디브라트와 지도자 지슈카는 민족의 영웅이었으며, 바츨라프 1세는 가톨릭교도들에게 인기 있는 성인이었다. 크리스마스 캐럴에도 나오는 '선한 왕 바츨라프'는 바티칸이 아니라 백성들의 열렬한 애정에 힘입어 시성(諡聖)되었다. 체코에는 먼 옛날부터 종교적 의식이 있었으며, 옛 신앙을 굳게 지키는 사람들이 많았다. 이런 보헤미아를 다른 가톨릭 유럽 세계에 맞추려면 해묵은 전통을 말살하고, 체코의 민족성 자체를 파괴해야 했다. 만약 페르디난트가 실제보다 신앙심이 약한 사람이었다면 이 개혁이 얼마나 중요한지 쉽게 알았을 것이다. 하지만 그는 신앙심이 매우 독실했고, 자신이 정부의 안정만이 아니라 백성들의 영혼을 위해서도 올바른 일을 한다고 확고히 믿고 있었다.

이 두 가지 신념에서 그는 신중한 리히텐슈타인의 항의를 물리치고, 카라파 추기경의 엄격한 입장을 전폭적으로 받아들였다. 리히텐슈타인이었다면 아마 작센의 요한 게오르크가 개입할지 모른다는 우려 때문에 칼뱅파만 제외하고 모든 종파를 허용했을 것이다. 하지만 카라파는 그와 반대로 보헤미아 왕권의 안위가 걸려 있는 중대한 미사에서 체코어를 사용하는 것과 같은 약간의 일탈마저도 허용하지 않았다.[100] 정치적으로 페르디난트는 그런 극단적 견해를 밀어붙였다. 제국의 신중한 정치인들은 고개를 저으면서 작센 선제후를 무장하게 만들 것이라고 그에게 경고했다.[101] 하지만 페르디난트는 작센을 잘 알고 있었다. 드레스덴의 궁정은 그에게 문서로 강력히 항의하며, 과거의 약속을 상기하라고 탄원하고, 천벌을 받을 것이라고 비난하면서도 그를 제지하려고 손가락 하나 까딱하지 않았다.[102]

억압 정책의 결과 네덜란드 북부는 완전히 가톨릭 측으로 넘어가 버렸다. 보헤미아에서는 그런 실수가 되풀이되지 않았지만, 신교도에 대한 인권과 경제적 탄압은 점점 심해졌다. 신교도는 자신의 신앙을 부인해야만 박해를 모면할 수 있었다. 프라하 대학은 1623년 예수회가 넘겨받았으며, 전국의 교육을 교회가 완전히 장악했다. 젊은 세대는 부모들이 엄격한 학교에서 배운 교훈을 자연스럽게 익혔다.[103]

프라하 자체는 별로 문제가 없었다. 대주교는 반란에 가담한 죄를 용서해주는 대가로 개종을 요구했다. 그로 인해 종교적으로 분열된 국제도시의 자연스러운 무관심이 변화되어 불과 1년 만에 많은 시민들이 가톨릭의 품으로 들어왔다.[104] 외곽 도시들은 다루기가 더 어려웠기 때문에 더욱 엄혹한 조치들이 적용되었다. 신교도들에게는 조세와 특별세가 징수되었다. 제국군의 주둔은 대단히 효과적인 강제력을 발휘했다. 물론 더러 군대가 온다는 낌새를 미리 알아차린 주민들이 자기 집을 불사르고 가져갈 수 있는 모든 물건들을 챙겨 숲으로 도망치는 경우도 있었다.[105] 그런 경우를 제외하면 군대의 핍박과 난동은 몇 달 이내에 사람들의 저항을 무력화시켰다. 지슈카의 근거지였던 타보르는 1623년 부활절 이전에 원래의 신앙으로 복귀했다. 코모타우는 3년 동안 무거운 세금을 견디다가 점령의 위협에 굴복했다. 쿠텐베르크의 강인하고 고집스런 광부들은 보헤미아의 다른 지역보다 세 배나 많은 세금과 3년간의 군대 주둔에 시달린 끝에 상당수가 외부로 빠져나갔다. 결국 인력 부족으로 광산은 문을 닫을 수밖에 없었다.[106] 가톨릭 귀족들은 각자 자신의 백성들을 개종시키려 노력했다. 독재자인 콜로브라트(Kolowrat) 백작은 농민들을 매로 다스려 교회로 보냈다고 한다.[107] 기친에서 발렌슈타인은 예수회 학교를 세우고 농노들에게 아이들을 그 학교에 보내라고 강요했다. 그는 산티아고 데 콤포스텔라(중세 유럽에서 유명했던 에스파냐 북부의 성지: 옮긴이) 대성당을 본떠 교회를 짓고, 프리틀란트 공국을 주교구로 전환시키자고 주장했다.[108] 하지만 그 제안은 황제의 궁정에서 거부되었다. 황제 측은 발렌슈타인이 주교구 하나 없이도 이미 충분히 강력한 인물이 되었다며 경계했다.

보헤미아인들의 민족적 성향과 이단적인 기운을 꺾기 위해 온갖 조치가 취해졌다. 그때까지 국경일이었던 얀 후스의 축일에 교회들은 문을 닫았다. 프라하 시장에 있던 게오르크 폰 포디브라트의 조각상이 철거되고, 보헤미아 개혁의 상징인 성배 조각상이 많은 교회의 파사드에서 사라졌다.[109] 또한 페르디난트는 고해의 비밀을 발설하지 않았다는 이유로 바츨라프 4세(Václav IV, 1361~1419)에 의해 살해된 체코의 사제 얀 네포무키(Jan Nepomucký, 1350~1393)의 시성을 얻어냈다. 이것은 영리한 행동이었다. 이 새 성인이 살아 있을 적에 보헤미아 왕좌를 차지한 합스부르크의 선조들을 비난했던 까닭에 젊은 세대에게는 네포무키의 인기가 더 과거의 성인인 바츨라프 1세의 인기를 능가했다.

보헤미아의 개종을 가로막는 주요 장애물은 사제가 부족하고 할 일이 너무 많다는 점이었다. 예수회는 보헤미아에 십자군을 대거 파견했으나 칼뱅교, 루터교, 양형영성체파 목사들의 축출로 생겨난 성직자의 공백을 메우지는 못했다. 그 대신 현실에 영합한 신교 목사들이 자신의 교구를 지키려는 생각에서 가톨릭으로 개종하는 경우가 많았다. 이로 인해 생겨난 변칙적인 문제가 바로잡히기까지 시간이 한참 걸렸다. 목사들은 아내와 헤어져 살라는 명령을 받았다. 대부분은 이 지시에 쉽게 따랐으나, 아내를 '가정부'로 다시 불러들여 큰 물의를 일으킨 사람들도 많았다. 어느 양형영성체파 목사는 종교 심문을 받을 때 분명히 가톨릭이라고 말해놓고, 나중에 양형영성체파의 이단 교리를 계속 설교하면서 성찬식을 두 가지로 집전했다.[110] 카라파는 그런 행위를 맹렬히 비난했으나 소용이 없었다. 시간이 지나 토착 사제가 증가한 이후에야 비로소 그런 폐단이 척결될 수 있었다.[111] 외딴 지역에서는 신교가 적어도 한 세대 동안 잔존하다가 사라지거나, 때로는 끝내 소멸되지 않고 민간

에 비밀로 전승되기도 했다.112

보헤미아의 개종은 정치적 종속으로 끝났으며, 이전 한 세기 동안 전국을 혼란에 빠뜨렸던 종파 다툼을 완전히 잠재웠다. 그러나 교회 토지의 강제 복원은 경제적 파탄을 낳았다. 보헤미아 의회의 제2신분과 제3신분, 젠트리와 상인층은 몰락했다. 페르디난트는 성직자들에게 종교개혁에서 몰수했던 지위를 복구시켜준 뒤 대의 정부의 외양을 갖출 수 있었다. 그러나 그 정부는 사실 교회 정부였고, 강력한 귀족정치였다.113

모라비아에서는 디트리히슈타인(Franz Seraph von Dietrichstein, 1570~1636) 추기경이 예수회와 카푸치노회의 도움을 얻어 개종 사업을 신속하고 성공적으로 전개했다. 보헤미아와 달리 이 지역의 농민들은 전통 종교에 대한 집착이 강하지 않았다. 신교 귀족들이 처벌되고, 재세례파(Anabaptist, 기존의 유아 세례를 부인하고 성인 세례를 주창한 종파: 옮긴이)가 나라에서 추방된 뒤 더 이상 교회에 반대하는 세력은 거의 없었다.114

슐레지엔과 오스트리아는 모라비아나 보헤미아보다 약간 나은 대우를 받았다. 슐레지엔은 작센 선제후가 페르디난트를 위해 재정복했을 때 종교적 자유를 보장했고, 페르디난트도 그 약속을 지켜주었다. 그럼에도 불구하고 그는 교회 토지를 전부 무조건 복원시키고, 전국에 많은 수의 예수회 선교사들을 파견했다. 그 무렵 그는 점차 슐레지엔 의회의 자유를 억압하기 시작했다. 그가 토론과 이의 제기에 관한 권리를 크게 제한하자, 어느 대표는 볼멘소리로 그냥 집에서 동의하면 되지 굳이 수도인 브로추아프까지 갈 필요가 있겠느냐고 불만을 토로했다.

오스트리아에서는 신교 목사와 교장들이 추방되고, 신교 예배는 소수 특권층 귀족에게만 허용되었다. 1628년까지도 카라파는 그렇게 신교를 보장한 탓에 목사들이 여전히 집에서 '혐오스러운' 예배를 올린다고 불평했다.115 의심할 여지없이 페르디난트는 그들을 탄압할 구실을 찾았다며 반색했다.

종교적 자유와 정치적 특권을 온전히 유지한 곳은 헝가리뿐이었다. 국경 일대에 위험한 보호자이긴 했으나 베틀렌 가보르가 도사리고 있던 상황이라 헝가리인들은 특별대우를 당연하게 여겼다. 헝가리는 유럽과 투르크 사이에서 장벽 역할을 했으므로 함부로 대하기에는 너무 귀중한 요처였다. 이리하여 헝가리는 합스부르크 제국의 변방에서 유일하게 자유의 깃발을 높이 드날릴 수 있었다.

그 무렵 페르디난트는 합스부르크 영토의 전통적인 상속법을 바꾸었다. 그는 낡은 가족 연맹 관념을 버리고, 자기 가문의 장자 상속제를 채택했다. 이전 세대의 대공들이 후사 없이 죽는 바람에 페르디난트와 동생 레오폴트 5세는 오스트리아 합스부르크 가문의 유일한 대표자였다. 레오폴트의 반대가 없었다면 페르디난트는 티롤에서 헝가리까지 남부 영토 전역을 단일한 수장, 한 명의 군주 아래 통합했을 것이다. 하지만 티롤의 젊은 대공은 개인적 질시와 무관하지 않은 의도에서, 그렇게 되면 독일 군주들의 심기만 해칠 거라며 만류했다. 결국 페르디난트는 타협했다. 동생과 그 상속자들은 티롤 지역을 차지하고, 오스트리아, 헝가리, 슈타이어마르크, 케른텐, 카르니올라, 보헤미아, 모라비아, 슐레지엔은 전부 페르디난트의 직계 후손이 상속하기로 했다. 이 영토의 통합성을 부각시키기 위해 그는 제국 행정을 재편하고, 우편제도를 집중화하고, 그때까지 이리저리 나뉘어 어수선했던 세습 토지의 재정을 일목요연하게 정리했다. 또한 그는 점차 이 지역의 행정을 제국의 행정과 구분하기 시작했다.116 그의 의도는 오스트리아를 구심점으로 삼아 독일 제국을 부활시키는 데 있었다. 그러나 일이 진행되면서 그의 의도는 다른 결과를 낳았다. 그는 신성로마제국을 부활시킨 게 아니라 오스트리아 제국을 새로 건설한 것이었다.

이것은 후대의 칭송 혹은 반대로 비난의 대상이 된 그의 가장 중대한 치적이자 아마 유일한 업적일 것이다. 대체로 세인들이 그의 행위를 평가할 때 후한 점수를 준 경우는 별로 없었다. 독일 민족주의자가 보기에 몹시 애석하게도, 그는 오스트리아와 북부 사이에 생겨난 균열을 막기는커녕 오히려 그 틈을 확실히 벌려놓은 인물이다. 하지만 페르디난트가 의도했던 것은 아니다. 그가 추구한 통합 제국의 꿈을 무너뜨린 것은 신교 북부의 저항과 분리주의였다. 체코인, 헝가리인, 남부 슬라브의 민족주의자들에게 페르디난트는 단지 독재자이자 억압자였고, 그의 치적은 집단적으로나 개인적으로나 크나큰 고통을 가져다주었다.

다른 모든 문제와 연결돼 있는 종교 문제를 편견 없는 마음으로 판단하기란, 불가능하지는 않더라도 결코 쉽지 않은 일이다. 그 시대에는 종교적 편견이 심했고, 적어도 보헤미아는 불안과 재난, 고통스러운 추방, 빈곤, 변화, 비방에 몹시 시달렸다. 합리적이고 균형 잡힌 증거가 후대에 전해질 만한 분위기가 아니었다. 신교 지역으로 도피한 망명자들은 사실을 바탕으로 패배자의 복수심에서 솟아난 분노를 기록하며 아픈 가슴을 달랬다. 제국의 병사들은 포악하고 잔인했다. 목숨이든 재산이든 여성이든 아이든 그들이 존중해야 할 것은 아무것도 없었다. 정부의 엄명과 정의를 집행한다는 만족감이 병사들에게 극단적인 조치를 구사하는 명분이 되었다. 망명자들이 기록한 대단히 상세하고 생생한 《박해의 역사(Historia Persecutionum)》를 가득 채우고 있는 공포에 근본적인 진실이 있다. 결국 새 정부와 새 종교는 한바탕 폭풍이 지난 뒤 인기를 잃었다. 사람들은 '해방자' 스웨덴의 돌진에 맞서 불과 한 세대 만에 지지하는 종교를 다시 바꾸었다.

페르디난트를 그가 구사한 수단이나 그가 이룬 성과로 판단해서는 안 된다. 그의 수단을 말해주는 증거는 오염되지 않은 게 없고, 그의 성과는 애초에 그가 추구했던 것과 다르기 때문이다. 오스트리아 제국의 건국자로서 그의 평판은 상당히 불안정했으므로 19세기 자유주의적 민족주의와 20세기 반자유주의적 민족주의의 비판을 견뎌내지 못했다. 중부 유럽을 통합하려 애쓴 마지막 황제로서 그는 온당한 평가를 받아 마땅하다. 비극은 그가 자신의 작업을 완수하지 못했다는 것만이 아니라, 그 불완전함이 후대에 남아 독일의 국가 발전을 결정적으로 저해했다는 데 있다.

6

합스부르크 영토를 넘어 확대된 페르디난트의 재편 계획은 제국 내에서 같은 시기에 시작된 무모한 토지 재분배와 다를 바 없었다. 바덴-두를라흐 변경백은 강제로 영토의 일부를 빼앗겼다. 작센 선제후 요한 게오르크는 라우지츠의 보유를 인정받았으나 그 막대한 뇌물을 먹은 탓에 한동안 법적 반대를 제기하지 못했다. 충성스러운 헤센-다름슈타트 방백은 덜 충성스러운 사촌 헤센-카셀의 모리츠(Moritz, 1572~1632)가 소유했던 땅의 일부분을 보상으로 받았다. 또한 그는 라인팔츠의 일부분도 얻었는데, 여기에는 아마 바이에른의 막시밀리안을 제어하려는 의도가 있었을 것이다. 막시밀리안은 나라를 개종시키는 과정에서 페르디난트가 바랐던 것보다 더 큰 권력을 장악했기 때문이다.117 막시밀리안의 독주를 막기 위한 또 다른 방책으로, 페르디난트는 슈파이어 주교에게 원래 그의 교구에 속했던 것으로 간주되는 라인 강 일대의 땅을 마음대로 차지할 권한을 부여했다.

이것은 아우크스부르크 화의에서 인정되었던 가톨릭교회의 지위를 복원시키기 위해 페르디난트가 취한 첫 번째 명확한 조치였다.

할버슈타트와 오스나브뤼크의 신교 세속 주교구는 온통 뒤숭숭한 분위기였다. 할버슈타트의 행정관인 브라운슈바이크의 크리스티안은 공공연히 황제에게 반기를 들었고, 오스나브뤼크의 행정관은 1623년 4월에 죽었기 때문이다. 한 사람은 죽고 또 한 사람은 폐위될 지경에 이르렀으니, 이 두 곳의 주교직에는 다시 가톨릭교도가 임명될 공산이 컸다. 페르디난트는 자신의 막내아들인 금발 소년 레오폴트 빌헬름(Leopold Wilhelm, 1614~1662) 대공을 주교로 앉히려 했다. 그렇게 해서 할버슈타트나 오스나브뤼크를 장악하면 반종교개혁 측과 합스부르크 왕조는 독일 전역을 지배하려는 목표에 또 한 걸음 크게 다가갈 수 있을 터였다.

하지만 아들을 그 교회로 보내려는 아버지는 페르디난트만이 아니었다. 작센 선제후는 할버슈타트에 관심이 있었고, 바이에른의 막시밀리안은 오스나브뤼크에 자기 가족을 앉히고 싶어 했다.118 게다가 오스나브뤼크는 덴마크 왕 크리스티안 4세도 아들 프레데리크(Frederik III, 1609~1670)의 자리로 열렬히 바랐는데, 이 야심은 합스부르크에게 바이에른이나 작센의 모호한 구상보다 더 위험했다. 설령 그 주교구를 합스부르크가 확보하지 못한다 해도 덴마크 왕처럼 적극적이고 강력한 신교 군주, 더구나 네덜란드의 동맹자이자 보헤미아의 엘리자베스에게 삼촌이 되는 군주의 수중으로 들어가도록 놔둬서는 안 되었다.

합스부르크의 새로운 요구에 맞서기 위해 브란덴부르크 선제후는 작센의 요한 게오르크에게 새로운 신교연합을 결성하라고 촉구했으나 헛수고였다. 그보다 더 하급 군주인 작센-바이마르의 빌헬름(Wilhelm, 1598~1662) 공작이 거창하게도 '각계각층의 애국자 동맹'이라는 모임을 창립했는데, 그 목적은 제국 내의 신교 영토를 새로 보장받고 프리드리히를 팔츠 선제후에 복위시키는 데 있었다. 하지만 자원이 거의 없었기 때문에 이 동맹은 힘을 발휘하지 못했다. 1623년 한 해 동안 독일의 자유와 신교의 대의를 옹호하는 세력은 보헤미아 왕이었던 프리드리히가 사는 헤이그의 집을 본부로 삼고 문턱이 닳도록 드나들었다.

그해에는 보스포루스 해협에서 백해(White Sea)에 이르기까지 유럽 전역에서 망명자들의 협상이 잇달았다. 합스부르크 왕조를 완전히 파괴하려는 계획이 수립되고, 투르크인, 러시아인, 덴마크인, 스웨덴인, 베네치아인, 영국인, 프랑스인이 각자 역할을 분담했다. 헝가리, 보헤미아, 모라비아, 슐레지엔, 오스트리아에서 동시에 봉기가 일어날 예정이었다. 술탄은 헝가리와 보헤미아에 신교 군주를 세울 경우 이 두 지역을 봉토로 받는다는 뇌물을 먹었다. 차르는 폴란드를 공략하고, 덴마크, 스웨덴, 영국, 네덜란드 연합군은 북독일을 침략하고, 안할트는 비밀리에 프리드리히 측으로 돌아가 홀란트에서 조성된 자금으로 현지 병력을 모집하기로 했다. 만스펠트와 브라운슈바이크의 크리스티안은 북부 주교구들을 공격한 뒤 전선을 남쪽의 바이에른으로 이동시킬 계획이었다. 만스펠트는 그 대가로 하게나우의 라인 봉토와 헝가리 일부를 받기로 했다. 작센과 브란덴부르크는 클레베-윌리히를 나눠 가진다는 약속을 하고 참여했다. 프랑스는 베네치아와 사보이 공작의 지원을 받아 발텔리나를 장악하기로 했다.119

하지만 상황은 프리드리히의 정책을 계획한 사람들에게 불리하게 돌아갔다. 에스파냐 왕녀와 웨일스 공(1600~1649, 후에 영국 왕 찰스 1세: 옮긴이)의 결혼 협상을 추진하던 영국 왕 제임스 1세는 에스파냐 측에 신뢰감을 보여주기 위해 독일에 남은 프리드리히의 마지막 요새인 프랑켄탈에서 영국군을 철수시켜버렸다. 또한 동시에 그는 프리드리히에게 무기를 내려놓으라고 촉구하면서 프리드리히의 맏아들을 황제의 딸이나 막시밀리안의 조카딸과 약혼시키려 했다.120 스웨덴 왕과 덴마크 왕은 같은 편에서 함께 싸우려 하지 않았다. 프랑스 정부는 내부 혼란에 시달렸고, 오라녜 공은 네덜란드 국경을 방어하는 데 급급해 라인 영토를 되찾는 데 필요한 자금을 지원할 여력이 없었다. 그 원대한 계획 중 실천된 것은 베틀렌 가보르의 헝가리 공격과 브라운슈바이크의 크리스티안이 니더작센 지구로 진출한 것뿐이었다.

니더작센 지구는 베저 강과 엘베 강 사이에 위치한 제국의 영토로, 페르디난트가 아들 레오폴트에게 주기 위해 점찍어놓은 할버슈타트 주교구가 있는 곳이었다. 프리드리히의 신하들이 황제를 공격하기 위한 근거지로 정한 곳도 바로 그 지역이었다. 어쩌다 그들이 주고받은 서신들 중 일부가 페르디난트의 수중에 들어가버렸다. 황제는 마침 잘됐다면서 전선을 북상시키고, 막시밀리안에게도 즉각 그 분쟁 지역으로 병력을 보내라고 명했다.

니더작센 지구의 지배자들은 공포에 질려 덜덜 떨 수밖에 없었다. 한쪽에는 독일의 자유를 방어하기 위해 나서라고 고무하는 브라운슈바이크의 크리스티안이 있고, 반대편에는 중립을 지키라고 요구하는 바이에른군과 동맹군 사령관인 틸리가 있었다.121 군주들과 백성들은 중립과 현재의 상태를 바랐으나 그들에게는 선택권이 없었다. 크리스티안은 자기 형인 브라운슈바이크-볼펜뷔텔 공작의 영토로 쳐들어가 그곳의 '보호자' 노릇을 자처하며, 만스펠트에게도 합류하라는 전갈을 보냈다. 틸리는 크리스티안의 추방을 요구했는데, 그 지역의 지배층은 그렇게 할 수만 있다면 그 요구에 부응했을 것이다.

한동안 그들은 자체 방어를 위한 군대 모집까지 고려했으나 실현 가능성이 거의 없는 계획이었다. 결국 그들은 두 악의 세력 중 그나마 더 나은 듯한 틸리와 황제를 택했다. 그쪽의 군대가 더 규모가 크고 장기적으로 승산이 높아 보였기 때문이다. 1623년 7월 13일 틸리는 국경을 넘었다. 사흘 뒤 그는 크리스티안에게 최후통첩을 보내 즉각 철수하지 않으면 황제의 용서를 받을 희망이 완전히 사라질 것이라고 으름장을 놓았다. 그러나 크리스티안은 몇 가지 의미심장한 서약과 더불어 그 제안을 거절하고, 만스펠트에게 틸리를 공동 공격하자는 전갈을 재차 보내는 한편, 오라녜 공에게는 네덜란드에서 작전에 임하라고 권했다. 그런 다음 그는 자신이 행정관으로 있던 할버슈타트의 주교직을 덴마크 왕의 아들에게 넘겨준다고 선언했다.122 그리고 북을 울려 흩어진 군사들을 불러모은 뒤 전리품을 챙겨 1만 5천여 병력을 거느리고 네덜란드로 출발했다. 이제 니더작센 지구는 틸리의 진격에 무방비 상태가 되었으며, 할버슈타트의 성당 참사회는 덴마크나 황제의 먹잇감으로 전락했다.

그때부터 '할버슈타트의 광인'으로 널리 알려지게 된 크리스티안은 패배자로서 퇴각한 게 아니었다. 그는 여전히 만스펠트와 합류해 틸리와 정면 대결을 벌일 참이었다. 그런 자신감 때문에 그는 만스펠트의 행동을 오판했다. 그 무렵 만스펠트는 안전한 뮌스터 주교구로 대피한 상태였다. 그는 현재의 안전을 무익하고 값비싼 원정과 바꾸게 될 크리스티안의 군사적 판단을 따를 마음이 전혀 없었다.

크리스티안은 1623년 7월 27일 보덴베르더에서 베저 강을 건넜고, 추격하는 틸리는 30일에 남쪽으로 몇 킬로미터 떨어진 코르바이에 도착했다. 네덜란드로 먼저 출발한 크리스티안은 앞서간 이점을 누리지 못했다. 뮌스터 주교구 주변에서 사흘 동안 만스펠트가 오기를 기다리며 늑장을 부린 탓이었다. 그가 다시 전속력으로 출발했을 때 틸리는 한나절 거리 뒤에서 네덜란드 국경을 향해 행군하는 중이었다. 그가 엠스 강을 건널 때 틸리는 그레벤까지 추격해왔다. 이윽고 1623년 8월 6일 아침 일찍 후위 부대가 틸리의 전위 부대에게 기습을 받았다. 안전한 네덜란드 국경을 불과 15킬로미터쯤 앞두고 크리스티안은 방향을 돌려 추격군과 싸우지 않으면 안 되었다. 더구나 상대는 일사불란한 데다 전리품이 없어 몸이 가벼운 군대였다. 슈타트론이라는 작은 마을 외곽에서 크리스티안은 작은 언덕 위, 길이 내려다보이고 늪으로 양 측면이 방어된 유리한 지점을 차지하고 적과 마주했다. 서둘러 병력을 전통적인 대형으로 배열하고 포를 배치했을 때 추격군이 들이닥쳤다. 때는 일요일이자 변모축일(예수가 모세를 만났을 때 신의 형상으로 변모한 것을 기념하는 축일: 옮긴이)인 8월 6일 정오 무렵이었다. 틸리는 축일을 맞은 것이 신성한 대의를 위한 거사에 좋은 징조라고 여겼으나 크리스티안의 기치에서 '신을 위해, 그리고 그녀를 위해'라는 문구를 보고는 경악했다. '죽어 썩을 수밖에 없는 자루(sack)'—그가 아름다운 보헤미아 왕비 엘리자베스를 투박하게 표현한 말이다—의 이름을 창조주의 이름과 나란히 군기에 내건 불경스러운 군대가 승리한다는 것은 도저히 있을 수 없는 일이었다.

 틸리가 손쉽게 승리한 데는 정신적 이유보다 물리적 이유가 컸다. 크리스티안은 지형상의 이점을 가졌으나, 틸리는 병력의 규모에서 앞섰고 병력을 운용하는 솜씨도 더 뛰어났다. 그는 먼저 전위만을 움직인 다음 뒤이어 나머지 병력과 포병대를 보내 점차 병력을 증강했다. 적의 집요한 공세가 점점 강화되자 크리스티안의 좌우익 기병대가 무너지기 시작했다. 언덕 사면은 백병전을 벌일 만한 공간이 못 되었고, 17세기 기병들이 타던 말은 방어 전술에 매우 취약했다. 기병들이 달아나자 보병들도 압도적인 중과부적의 상황에서 저항이 불가능했다. 크리스티안의 병사들은 언덕 꼭대기를 버리고 달아나려 했으나 사방이 늪이었다. 기병들은 대부분 늪을 통과했지만 보병들과 수레, 포는 늪에 갇혀버렸다. 전체 병력 가운데 6천 명이 전사했고, 4천 명이 포로로 잡혔다. 그중에는 크리스티안의 대표적인 지휘관과 동맹자 50명도 포함되었으며, 독일의 자유를 구하겠다던 '각계각층의 애국자 동맹'의 빌헬름 공작도 있었다. 더 중요한 손실은 대포 16문과 상당량의 탄약을 빼앗긴 것이었다. 더구나 화약을 실은 수레 한 대가 도중에 폭발하는 바람에 혼란과 공포가 가중되었다. 크리스티안이 그날 밤 늦게 네덜란드 국경을 넘었을 때 병력은 겨우 2천 명이었고, 대포와 보급품은 하나도 남아 있지 않았다.123

워낙 참패인지라 할버슈타트의 광인도 기가 꺾일 수밖에 없었다. 잔뜩 화가 치민 그는 하마터면 휘하의 대령 한 명을 불운의 희생양으로 삼아 총살할 뻔했다. 반면 승자의 행동은 정반대였다. 틸리는 전투 보고에서 하늘과 부하들에게 영광을 돌렸다.124

슈타트론의 참패를 기점으로 프리드리히의 성들이 연이어 함락되었다. 늘 그랬듯이 프리드리히에게는 그해도 비극과 재앙으로 끝났다. 보헤미아를 탈환하고 팔츠령을 수복하기는커녕 오히려 헤이그의 가난에 찌든 그의 식탁에 입만 하나 더 늘었다. 슈타트론 전투에서 모든 것을 잃은 크리스티안은 자기 집 한 채도 마련할 여유가 없었던 것이다.125

슈타트론 전투가 끝난 지 3주일 뒤 프리드리히는 영국 왕의 설득에 넘어가 당분간 자신의 외교적 구상을 포기하기로 하고 황제와 휴전 조약을 체결했다.126

7

휴전 조약에서 만스펠트는 완전히 무시되었다. 그 무렵 그는 네덜란드의 눈총을 받으며 군대를 오스트프리슬란트에 주둔시키고 있었다. "프랑스, 영국, 덴마크 왕들은 그에게 아무것도 주지 않았고, 보헤미아 왕은 아무것도 가진 게 없었다."127 만스펠트의 생존 수단은 오로지 약탈밖에 없었다. 병사들은 주둔 지역을 철저히 약탈해 1천만 탈러에 달하는 막심한 피해를 입혔다. 군대 주둔지 주변에 살던 주민들은 거의 4/5가 군대에 바치는 공물을 면하기 위해 도망쳤다. 도망간 주민들에 대한 응징으로 만스펠트는 그들이 버리고 간 집을 부숴버렸다. 당시 가옥의 5/6가 폐허로 변했다고 한다. 법과 질서가 실종되었다. 민간인들은 할 수 있는 최선의 방법으로 스스로를 방어했으며, 때로는 병사들에게 매복 공격을 가하거나 그들을 살해하기도 했다. 나날이 희망이 사라져가는 상황에서 병력의 규모도 처음의 절반 이하로 줄어들었다.128 이런 악화일로의 상황에서 마침내 틸리의 군대가 국경에 이르렀다. 슈타트론의 승리에 한껏 고무된 병사들은 금방이라도 적들을 해치울 태세였다.

그해 초반만 해도 만스펠트는 프랑스 정부가 발텔리나를 침공하기 위해 자신을 고용하리라는 희망을 품었다.129 그러나 희망은 실현되지 않았고, 그는 여전히 무장한 상태였다. 그가 원하는 것을 들어줄 공국도 없고, 지급할 급료도 없고, 황제의 추방령도 거둬지지 않은 채 용서받을 기회는 나날이 줄어들고 있었다. 그런 상황에서 틸리가 진격해오자 그는 행동에 나설 수밖에 없었다. 비록 최근에 재앙을 겪었으나 그는 아직 남아 있는 자신의 명성에 모든 것을 걸고, 군대를 운명에 맡긴 채 혼자서 오스트프리슬란트를 떠나 북유럽 열강에게 지원을 요청했다. 1624년 4월 24일 그는 런던에 도착했다. 신교 군중은 그가 영국 왕녀를 보호해주었다면서 갈채를 보냈고, 웨일스 공은 곧 맞이할 에스파냐 신부를 위해 마련해둔 방에 그를 묵게 해주었다.130

용병으로서의 경험이 풍부한 만스펠트는 유럽의 외교 판세를 잘

살핀 뒤에 행동에 나섰다. 강국은 둘이었다. 첫째는 프랑스이고 다음은 그에 좀 미치는 영국인데, 좀 늦기는 했지만 이들이 나서준다면 신교의 대의에 결정적인 영향을 줄 수 있었다. 1624년 봄, 그전까지 소극적이었던 두 나라의 외교에 변화가 일었다. 만스펠트는 이 변화를 이용해 이득을 취하고자 했다.

아들을 에스파냐 왕실과 결혼시키고, 외손자인 프리드리히의 맏아들을 오스트리아 황실과 결혼시키려던 영국 왕 제임스의 계획은 틀어졌다. 프리드리히가 장인의 끈질긴 설득에 지치고 슈타트론의 패배로 낙담한 나머지 그 계획에 따르기로 한 바로 그때 제임스의 정책은 물거품이 되었다. 1623년 그의 아들과 그가 총애하던 버킹엄 공작 조지 빌리어스(George Villiers, 1592~1628)가 협상을 재촉하러 에스파냐에 갔다가 냉대를 받고 돌아온 뒤 화를 내며 더 이상 부정한 동맹에 개입하지 않겠다고 선언한 것이었다. 마침 런던의 군중은 몇 달 전부터 에스파냐와의 전쟁을 주장했으므로 웨일스 공과 버킹엄은 그 분위기에 편승했다. 두 나라 정부는 급격히 멀어졌다. 1623년 12월 제임스는 이제 사위를 대신해 덴마크 왕이나 베틀렌 가보르와의 동맹을 고려했다. 그는 1624년 1월에는 네덜란드에 접근했고, 만스펠트가 런던에 오자 그에게 1만 2천 명의 병력을 충원하는 데 필요한 자금을 제공했다.131

정책의 변화는 그 무렵 프랑스에서도 나타났다. 한 성직자가 등장해 뤼네 공작이 장기로 삼은 매사냥보다 더 나은 일을 왕에게 권했다(뤼네는 매사냥술로 어린 루이 13세의 마음을 끌어 프랑스의 국정을 주물렀다: 옮긴이). 뤼송 주교이자 리슐리외의 추기경인 아르망 장 뒤 플레시(Armand Jean du Plessis)는 죽어야만 고칠 수 있는 왕의 행동을 서서히 통제하기 시작했다. 푸아투의 빈한한 귀족 가문 태생인 그는 원래 군인이 될 참이었는데, 형의 죽음으로 서둘러 성직자 서임을 받았다. 이렇게 가문의 오랜 수입원인 뤼송 주교직을 계승해, 온갖 잡다한 직무를 성실하고 꼼꼼하게 처리했다. 하지만 리슐리외의 야망은 그 작은 교구에 머물지 않았다. 먼저 태후(당시 아들 루이 13세의 섭정이었던 마리 드 메디시스: 옮긴이)의 측근으로 합류한 그는 1616년에 처음 내각에 발을 들여놓았다. 이후 그는 짧은 공백기를 제외하고 자리에서 물러나는 일 없이 각료로서 승진을 거듭했다. 그 과정에서 옛 친구와 은인들을 버려야 했고, 많은 정적들—특히 태후가 최대의 숙적이었다—을 만들게 됐다. 하지만 더 넓은 정치 무대에서 그는 사적인 야심을 품지 않았고, 더 큰 목적을 위해 음모를 수단으로 이용했다. 그는 뛰어난 조직적 역량과 정치적 안목을 바탕으로 오로지 조국을 위해 헌신했으며, 그런 정치가들이 으레 그렇듯이 가정의 행복을 등한시했다. 그에게는 열렬한 애국자로서의 민족 이기주의와 군주제가 프랑스의 기본적인 정부 형태여야 한다는 믿음이 뒤섞여 있었다. 그는 종교적 이단과 정치적 자유가 프랑스의 두 가지 질병이라고 말했다. 그래서 그와 프랑스 왕은 조만간 그 두 질병을 치유할 참이었다. 프랑스가 마주한 강적은 합스부르크 왕조였다. 합스부르크의 권력과 영향력은 피레네와 알프스 산맥, 라인 강, 플랑드르 등 육상의 국경을 사방에서 위협하고 있었다. 리슐리외의 야심은 이 항구적인 위협을 물리치고 프랑스를 유럽 평화의 보호자로 만드는 것이었다. 하지만 그러기 위해서는 먼저 합스부르크의 영토와 바다 사이에 갇혀 무방비 상태로 노출된 부지런한 농민들의 나라를 통합하고 방어해야 했다. 그래서 리슐리외는 공격이 아니라 방어를 정책의 기본 노선으로

삼았다.132

1624년 추기경은 아직 마흔에 불과했다. 홀쭉한 몸집에 피부는 가무잡잡한 편이었으나, 위엄 있고 세련된 풍모를 지녔다. 그의 관심은 정치에만 국한되지 않았다. 보석, 골동품, 미술품과 음악에도 조예가 깊었고, 특히 연극을 무척 좋아해서 여느 비평가 못지않은 안목을 갖고 있었다. 심지어 그는 자신을 시인으로 자처하기도 했다. 언젠가 한번은 친구에게 이렇게 물었다. "자네는 내가 가장 즐거워하는 게 뭐라고 생각하나?" 친구가 '프랑스의 행복'이라고 재치 있게 받아넘기자 리슐리외는 고개를 저었다. "아닐세. 시를 쓰는 거야."133 말은 그렇게 했지만, 그건 순전히 자기기만일 뿐이었다. 운명이 잠시 그를 버렸을 때도 그는 진심으로 나머지 생애 동안 뤼송에서 시나 쓰면서 살아가려 하지 않았기 때문이다. 하지만 그런 허세를 통해 그는 특유의 호방하고 세련된 기질을 드러내보였다. 아무리 국정에 완전히 몰두하고, 아무리 군주를 신격화시켜 신민들이 신처럼 받들게 하려고 애썼다 해도, 그는 인간이 국가를 만드는 것이지 국가가 인간을 만드는 것은 아니라고 생각하는 명확한 균형 감각을 지니고 있었다. 그런 점에서 그는 독재자였으되 전체주의자는 아니었다.

자신의 판단에만 의존할 만큼 어리석지 않았던 리슐리외는 감정을 배제해야만 흔들리지 않고 소신 있게 대처할 수 있다는 것을 일찌감치 깨달았다. 사실 그만큼 오랜 기간 동안 별다른 도움 없이 까다로운 문제들을 마주한 사람도 별로 없다. 그가 유일하게 전적으로 신뢰한 친구는 경건한 수사인 프랑수아 르 클레르 뒤 트랑블레(François le Clerc du Tremblay, 1577~1638)였다. 종교계에서는 조제프 신부(Père Joseph)라고 불리는 그는 프랑스 전역에서 '막후 인물(l'Éminence grise, 회색왕)'이라는 별명으로도 잘 알려졌다. 평생토록 신앙의 전파에 전념한 이 열렬한 카푸치노 수사는 리슐리외를 가톨릭 통합 세력의 지도자감으로 여기고, 종교 문제를 왕조의 이해관계에 종속시키지 않을 만한 인물이라고 믿었다. 예수회가 아니라 카푸치노회에 속해 있던 조제프 신부는 교황과 마찬가지로 합스부르크 십자군의 동기를 의심했다. 그의 영향력과 리슐리외의 정책 때문에 종교 세력, 아니 십자군 세력은 정치에 전혀 관여하지 못했다.

추기경은 뤼네와 그의 계승자인 실레리 후작 피에르 브륄라르(Pierre Brûlart, 1583~1640)의 무능한 내각이 지배하는 동안 조용히 지낼 수밖에 없었다. 1624년 실레리가 몰락하자 마침내 기회를 얻었다. 그 무렵 루이 13세는 더 이상 다정다감하고 아부 잘하는 친구만 보면 금세 빠져들며 강박관념에 시달리던 사춘기 소년이 아니었다. 그는 비밀스럽고 음울하고 지적이고 비판적이면서도 예리한 판단력과 자기 고집을 가진 젊은이로 자라났다. 바야흐로 루이의 치세, 리슐리외의 치세가 시작된 것이었다.

프랑스와 영국의 정치가 변화되면서 교착 국면이 끝나고 갑자기 합스부르크 왕조의 지위에 대한 대대적인 공세가 시작되었다. 영국과 에스파냐의 통혼이 실패하자 리슐리외는 곧바로 프랑스 왕의 누이인 헨리에타 마리아(Henrietta Maria, 1609~1669, 프랑스식 독음은 앙리에타 마리가 되겠지만 영국 왕 찰스 1세의 아내가 되었기에 영국식으로 읽는다: 옮긴이)를 웨일스 공의 신부로 추천했다. 동시에 그는 이 신교 동맹에 대한 국내의 비판을 차단하기 위해 영국의 가톨릭을 보호한다는 약속을 요구했다.134 프랑스 정부의 달라진 정책은 영국에서만이 아니라 멀리 북쪽에서도 반향을 불러일으켰다. 스웨덴 왕은 곧장 독일로 시선을 돌리고, 행동의 제약을 없애기 위해 폴란드와 맺었던 기존의 휴전을 무리하게 연장하는 한편, 덴마크 왕에게도 서로 간의 견해 차이를 좁혀보자고 제의했다.135 덴마크의 크리스티안도 기꺼이 동의했다. 그도 역시 독일에 시선을 고정하고 있었다. 그는 할버슈타트와 오스나브뤼크 주교구를 자기 아들에게 주려는 의도에서 이미 그 준비 작업으로 니더작센 지구의 지배층에게 '보호'해주겠다는 제의를 했다. 가톨릭 군대의 진격 앞에 속수무책이었던 그들은 그 제의를 환영했으나 순진하게도 황제에게 덴마크 왕의 아들을 할버슈타트 주교로 승인해달라고 요청했다. 이에 대해 황제는 간접적이지만 효과적으로 대응했다. 틸리에게 니더작센 지구에 군대의 겨울 주둔지를 만들라고 지시했던 것이다. 이는 덴마크의 크리스티안이 페르디난트 혹은 적어도 틸리가 살아 있는 한 자기 아들을 할버슈타트의 주교로 만들 수는 없을 것이라는 것을 의미했다. 그래서 그는 자금을 지원하겠다는 프랑스의 제안을 적극적으로 받아들여 독일의 자유와 신교의 대의를 쟁취하고, 아울러 아들의 주교직도 확보하기 위해서 대열에 동참했다.

리슐리외는 전선을 북독일에만 한정하려 하지 않았다. 물론 그의 적은 합스부르크 왕조였지만 그는 오스트리아보다 에스파냐를 더 두려워했다. 따라서 독일에서는 오스트리아를 억제하는 정도로 그치고, 공격 방향은 라인 일대와 북이탈리아의 에스파냐로 정했다. 사보이와 베네치아는 그가 권력을 장악하기도 전에 접근해왔으므로 그 우호를 그대로 유지하면 되었다. 무엇보다도 네덜란드를 끌어들여야 했다. 추방된 프리드리히와 엘리자베스는 유럽의 거의 모든 신교 지배자들과 통혼을 맺고서 영국, 덴마크, 스웨덴, 네덜란드와 사보이, 베네치아, 프랑스가 이루는 거대한 동맹의 사슬에서 핵심 고리가 되었다. 베틀렌 가보르도 헝가리 공격을 담당했으므로 합스부르크 세력은 한꺼번에 사방에서 공격을 당할 판이었다. 리슐리외는 마침내 프리드리히와 그의 신하들이 매년 꿈만 꾸어왔던 계획을 실현시켰다.

하지만 쟁점은 결코 단순하지 않았다. "나는 온갖 종파를 이용해 나의 목적을 달성할 것이다." 영국 왕 제임스는 이렇게 말했으나[136] 그에게는 쉬운 일일지 몰라도 리슐리외에게는 그렇지 않았다. 리슐리외는 합스부르크 왕조를 타도하기 위해 유럽에서 신교의 대의를 끌어안았지만, 사정은 무척 복잡했다. 그 자신은 비록 귀족들과 외교권에서 지배적인 종교에 대해 냉소적인 무관심으로 일관했어도 여전히 신앙심이 독실한 프랑스 부르주아지를 고려하지 않을 수 없었다. 지나치게 비정통적인 방향으로 나아가면 군주제의 안정이 뿌리째 흔들릴 수 있었기 때문이다. 리슐리외에게는 다행히도, 슈타트론 전투에서 패배했던 바로 그 날 로마에서 바르베리니(Maffeo Barberini, 1568~1644) 추기경이 교황으로 선출되었다. 그리스도교권에 우르바누스 8세(Urbanus VIII)로 알려진 새 교황은 비교적 젊고 활기 찬 인물이었다. 그는 오랫동안 프랑스에서 교황 특사로 활동한 탓에 정치적 후각이 예민했으며, 루이 13세에게 세례를 베푼 인연으로 그에게 각별한 애정을 가졌다. 이후 우르바누스 8세가 교황으로 재직한 21년간은 리슐리외의 재임 기간과 거의 일치했다. 교황이 아니었다면 리슐리외 추기경의 정책은 불가능하지는 않았더라도 실현하기가 한층 더 어려웠을 것이다. 우르바누스 8세는 진심으로 그리스도교권의 평화를 원하면서, 합스부르크 왕조를 유럽의 항구적인 위협 요소로 간주했기 때문이다. 그는 유럽의 평화를 바랐으나 그것이 불가능하다고 해도 합스부르크의 침략을 저지하는 세력을 거부하지는 않을 터였다. 그러므로 프랑스 가톨릭 세력은 자신들이 낸 세금이 네덜란드와 독일의 이단을 지원하는 데 사용되어도 발 뻗고 편히 잠잘 수 있었다.

핑계는 그럴듯했다. 합스부르크 정책의 특징인 세속적 이해관계와 종교적 이해관계의 굳은 결합은 교회 측에 해롭다는 것이었다. 보헤미아가 개종되었어도, 독일에서 칼뱅교가 패배했어도 리슐리외와 교황의 견해는 튼튼했다. 그것은 카푸치노회도 열광적으로 지지하는 견해였다. 합스부르크 십자군과 그 반대파인 교황과 프랑스의 입장은 둘 다 비종교적인 뿌리에서 솟아났으나 둘 다 똑같이 종교적인 근거에서 정당화가 가능했다. 이처럼 가톨릭교회의 비극은 어느 측도 완벽한 승리를 거둘 수 없었다는 점이다.137

유럽의 위험을 불식시켰다고 여긴 페르디난트 황제는 이제 독일에서 자신의 위치를 확고히 하기 위해 갑절의 노력을 기울여야 했다. 그가 공격을 받게 된 원인인 허약한 에스파냐는 그에게 도움이 되지 않았다. 왕조의 수장이자 페루 광산의 주인인 펠리페 4세는 여전히 모든 면에서 변덕스러운 올리바레스의 통제를 받고 있었다. 올리바레스는 페르디난트를 희생시키며 집요하게 영국과의 동맹을 추구했으나 그 계획은 완전히 실패했다. 마드리드의 무능한 정치 때문에 자금난에 빠진 이사벨 대공비는 최후의 수단으로 플랑드르에서 상대적으로 취약한 네덜란드의 방어선에 전력을 집중했다. 유일한 활로는 네덜란드 연방을 재정복하는 것뿐이었으므로 그녀에게는 페르디난트를 지원할 여유가 전혀 없었다.

1624년의 상황은 오스트리아의 위험을 암시하고 있었다. 초여름에는 몰수와 징벌로 고초를 겪는 보헤미아와 모라비아에서 반란이 일어나리라는 소문이 나돌았다.138 결국 헛소문으로 끝났으나 아무래도 우울한 분위기였다. 여름에는 프랑스 대사가 브란덴부르크 선제후를 찾아갔다. 그 일로 빈에서는 선제후의 충성심에 의혹을 품게 되었다. 그의 누이가 베틀렌 가보르와 결혼한다는 소식이 전해지자 그 의혹은 사실로 굳어진 듯했다.

작센 선제후는 동요하고 있었다. 막시밀리안이 선제후가 된 이후 그는 몇 개월 동안 분노를 삭이지 못했다. 이윽고 그는 새 선제후와 화해했으나 페르디난트를 안심시키기 위해서 그런 것은 아니었다. 선제후단의 의장인 마인츠 선제후는 작센의 요한 게오르크에게 1624년 7월 슐로이징겐에서 만나자고 했다. 그곳에서 사냥과 주연을 베풀던 도중에 교활한 마인츠 선제후는 그에게 하이델베르크 성에서 발견된 보헤미아 사태를 언급한 인쇄 문건을 보여주었다. 보헤미아 반란의 막후에 전개된 비밀공작을 온 세상에 폭로하는 내용이었다. 프리드리히를 반대해온 막시밀리안에 대한 선전으로 그보다 좋은 방법은 없었다. 요한 게오르크는 마음속 깊이 전율을 느꼈다. 마인츠는 그 기회를 틈타 불안에 떠는 군주에게 에스파냐 왕이 황제의 배후에 있고, 프리드리히의 배후에는 오라녜 공과 아마 프랑스 왕도 있을 것이라고 말했다. 또한 독일 통합의 유일한 희망은 바이에른과 작센의 두 정직한 토착 선제후가 힘을 합쳐 외국인 파벌에 맞서는 것뿐이라고 설득했다. 엄청난 설득 끝에, 요한 게오르크는 막시밀리안의 선제후 직위를 승인했다. 하지만 그의 결정은 황제인 페르디난트를 만족시키기 위해서가 아니라 황제에게 반대하는 입헌주의 세력의 단결을 강화하기 위해서였다.139

드디어 독일 군주들은 합스부르크 왕조와 부르봉 왕조에 대항할 만한 중심 세력을 형성한 것일까? 작센 선제후와 마인츠 선제후는 동료 군주들이 프랑스와 네덜란드 동맹으로 이끌리는 추세를 저지하려 했으나 성공하지는 못했다. 브란덴부르크의 게오르크 빌헬름은 프랑스와 스웨덴의 설득에 넘어가 막시밀리안의 선제후 승계를 승인하지 않고, 네덜란드와 임시 조약을 체결했다. 작센과 마인츠 두 선제후는 막시밀리안의 군대가 입헌주의 세력에게 큰 힘이 돼줄 것이라 여겼지만, 정작 바이에른의 막시밀리안은 지난 18개월 동안 모호한 노선을 걸었다. 그는 에스파냐를 증오하고 의심했으며, 이사벨 대공비의 사자에게 틸리가 지휘하는 자신의 군대가 점령하고 있는 라인 영토에 조금이라도 영향을 미치거나 접근해서는 안 된다고 엄포를 놓았다.140 게다가 슈타트론 전투 이후 그는 틸리에게 패주하는 적군을 네덜란드까지 추격하지 말라고 지시했다.141 합스부르크에 반대하는 카푸치노회의 영향을 받아 그는 프랑스와 친선을 도모했다. 당시 비공식 대사로 활동한 어느 수사는 유럽을 단결시켜 성전에 임하겠다는 희망을 품었는데,142 그 구상에 힘입어 프랑스, 베네치아, 사보이, 바이에른이 국제 가톨릭동맹을 결성했다.143 그러나 프랑스와 우호적 관계를 맺으려던 막시밀리안의 계획은 팔츠 문제 때문에 틀어졌다. 영국 왕은 자신의 아들을 프랑스 측과 결혼시켜 사위에게 라인 영토를 돌려주려고 했지만, 리슐리외는 폐위된 자의 친척에게 오른팔을 내밀면서 동시에 찬탈자에게 왼팔을 내밀 수는 없는 노릇이었다. 막시밀리안은 조카딸을 프리드리히의 맏아들과 결혼시켜 견해 차이를 해소하려 했으나 뜻을 이루지 못했다.144 리슐리외는 그와의 동맹을 거부하고 영국 왕을 선택했다.

막시밀리안은 공포에 사로잡혔다. 영국, 덴마크, 사보이, 베네치아가 전쟁을 준비하고, 영국, 덴마크, 스웨덴이 북독일 군주들과 은밀히 거래한다는 정보를 입수했던 것이다. 이것이 합스부르크 세력에게 위협이 된다면 부정하게 얻은 자신의 지위에도 위협이 될 터였다. 유일한 안전책은 패배한 프리드리히를 지지하는 신흥 세력과 싸우는 것뿐이었다. 설령 그 과정에서 합스부르크를 지원하게 된다 해도 어쩔 수 없는 일이었다. 1624년 봄 그는 아우크스부르크에서 가톨릭동맹 회의를 소집해, 동료들에게 다가올 위험에 맞서려면 틸리의 군대를 강화해야 한다고 설득했다.145 그 호소에 에스파냐의 올리바레스와 프랑스의 리슐리외 둘 다 마음이 움직였다. 리슐리외는 그날 뒤늦게 우호를 제의했으며,146 올리바레스는 가톨릭동맹이 그리스도교권의 보루라는 칭찬으로 그에게 아부하면서 라인팔츠 문제에 관해 그의 편을 들겠다고 제의했다. 막시밀리안은 에스파냐와 동맹을 맺는 문제를 놓고 망설였는데, 아마 안전을 위해서였거나 프랑스를 내치기 위해서였을 것이다. 결국 그는 또다시 자신의 입헌주의 입장을 번복하며, "오스트리아 왕가를 위해 목숨을 걸겠다"라고 공개적으로 선언했다.147

입헌주의자들은 몰려오는 폭풍에 맞서 몸부림쳤다. 작센과 마인츠 선제후는 덴마크, 프랑스, 영국의 군대들이 들이닥치기 전에 제국의회 혹은 적어도 선제후 회의를 소집해 제국의 문제를 해결하자고 주장했지만 허사였다.148 막시밀리안의 도움, 즉 그의 권위와 돈이 없으면 할 수 있는 일이 거의 없었다. 의도적이든 아니든, 페르디난트가 입헌주의자들에게서 그들의 가장 강력한 수호자인 막시밀리안을 빼내와서 그에게 선제후 직위를 넘긴 셈이 돼버렸다.

바이에른을 제외한 리슐리외의 동맹자들은 공동의 적을 향해 한 발 더 다가섰다. 1624년 6월 10일 콩피에뉴에서 프랑스 정부와 네덜란드 정부는 우호 조약을 체결했다. 합스부르크 왕조의 숙명적 라이벌이자 적수들이 마침내 동맹을 맺은 것이었다. 닷새 뒤 영국도 가담했다. 7월 9일에는 스웨덴 왕과 덴마크 왕이 합류했고, 11일에는 프랑스, 사보이, 베네치아가 발텔리나에서 공동 작전을 펼치기로 합의했다. 10월 23일에는 브란덴부르크 선제후가 네덜란드와 동맹을 맺었고, 11월 10일에는 프랑스 공주 헨리에타가 웨일스 공과 약혼했다.

그러는 동안 그리종의 신교도들이 들고일어나 페르디난트의 동생인 티롤의 레오폴트 대공에게 큰 손실을 입혔다. 크리스마스 이전에 그들은 티라노를 장악하고 발텔리나를 차단했다. 1625년 봄, 눈이 녹을 무렵 사보이 공작은 프랑스 군대와 현지 군대를 거느리고 고지의 공국에서 내려와 아스티를 습격하고 제노바를 포위했다. 산악에 능한 그의 병사들은 높은 절벽에서도 방어에 문제가 없었다.

결국 에스파냐의 중대한 보급선이 가로막혔다. 발텔리나가 차단되고 영국 선박들이 영국 해협을 지키자 에스파냐 왕이 플랑드르와 오스트리아로 금을 보내던 육로와 해로가 모두 막혀버렸다. 독일 바깥에 원인이 있던 분쟁은 독일 바깥에서 끝나는 듯했다. 제국의 권위와 왕조의 권위를 결합하려 했던 페르디난트의 노력은 실패로 돌아간 듯했다. 스피놀라가 라인을 점령한 것은 헛수고인 듯했고, 리슐리외의 외교는 빌라호라에서 슈타트론까지 틸리가 거둔 빛나는 승리를 무효로 만들어버린 듯했다.

하지만 전쟁은 독일 내에서 시작되었고, 독일 내에서 끝나게 되었다. 제국에 못지않게 정치가 복잡다단한 독일 각지의 공국에서 7년간 전쟁이 지속되자 이제 리슐리외도 통제할 수 없는 사태로 흘러갔다. 북독일의 주교구들만 해도 분쟁거리가 너무 많았다. 상황은 순식간에 리슐리외의 손아귀를 벗어났다. 이탈리아에서의 승리는 획기적인 이정표였으나 전쟁을 제한하지는 못했다.

THE THIRTY YEARS WAR 1618~1648

| 5장 |

발트 해를 향해: 1625~28년

왕관을 향한 정당한 다툼 　　　　　　　　　　　　　　　　－페르디난트 2세의 구호

1

발텔리나가 점령되자 플랑드르와 오스트리아의 합스부르크 영토들은 자체의 자원만으로 버텨야 했다. 이미 만스펠트의 군대는 네덜란드 해안에 상륙했고, 북유럽 군주들도 발트 해로 진출할 준비를 갖추었다. 그동안 페르디난트 황제의 제국 정책이 얼마나 현명했는지 검증되는 순간이었다. 에스파냐에서 금이 올 수 없게 되면서 황제는 신민들의 충성심에 의존할 수밖에 없는 상황이었다.

1624~25년 겨울에 알브레히트 폰 발렌슈타인은 빈에 머무르며, 에스파냐 대사에게 군대를 모집해 이탈리아에서 에스파냐를 위해 싸우겠다고 제안했다.1 하지만 이탈리아의 상황이 격변하자 그는 마음을 바꾸었다. 그러다 발텔리나가 함락되자 이번에는 황제에게 또 똑같은 제안을 했다. 5만 명의 병력을 자비로 모집하고, 순전히 자체의 무력으로 주둔 비용과 보급품을 조달할 테니2 황실 금고에서 급료만 지불해달라는 것이었다.

페르디난트는 그 제안을 거절하지 못했다. 발렌슈타인 백작의 손에 위험한 권력을 쥐어주게 되는 꼴이었으나 당면한 위험 앞에서 대안이 없었다. 다른 동맹자라면 막시밀리안밖에 없었는데, 페르디난트는 그 대신 다른 사람을 전장에 투입하면 자신의 채무 부담이 반으로 줄 거라는 점도 고려했던 것 같다. 몰려오는 폭풍에 크게 당황한 막시밀리안은 황제에게 가능하다면 발렌슈타인에게 의지하지 말고 독자적으로 병력을 모집하라고 촉구했다.3 1625년 봄 바이에른 선제후 막시밀리안은 안전을 위해 단단히 무장한 채, 자신의 재산을 지키는 데만 급급했다.

그런 나머지 그는 황제나 그밖의 사람들이 누구의 무력에 의지하는지에 대해서는 별로 신경 쓰지 않았다.

발렌슈타인의 상대가 될 만한 인물은 그의 라이벌인 보헤미아 총독 카를 폰 리히텐슈타인 한 명밖에 없었다. 그는 발렌슈타인의 군대 모집을 방해하기 위해 그를 금융 사기로 마흔두 차례나 고소했으나 뜻을 이루지는 못했다.4 페르디난트는 고소 내용을 찬찬히 고려할 겨를도 없었다. 1625년 2월 리히텐슈타인이 소환되었고, 4월에는 발렌슈타인도 빈으로 불려왔다.5 하지만 페르디난트는 신중하게 처신했다. 우선 위험 부담을 고려해, 발렌슈타인이 제안한 5만 명의 병력은 2만 명으로 줄였다. 그 정도로도 당장의 위기를 타개하는 데 충분하리라는 생각이었다. 그리고 당분간 그의 활동 영역을 제국의 영토 내로만 제한했다. 필요하다면 나중에 발렌슈타인을 다른 데 투입할 수도 있겠지만, 그동안은 바이에른의 막시밀리안에게 작전 지휘권을 맡기는 게 낫다고 판단했다.6

이렇게 페르디난트가 부하의 충성심을 이용해 오스트리아 사태에 대응하는 동안, 스피놀라는 저지대 지방에서 그 이상의 노력을 기울였다. 신교도들에게 점령된 발텔리나로 인해 자신의 병력과 보급에 문제가 생기기 전에 네덜란드 전쟁을 끝내려는 심산이었다. 그때까지 그는 느리지만 꾸준히 전진했다. 적을 지치게 만들겠다는 것이 그가 오랫동안 구상해왔던 전략의 전부였지만 마침내 그 전략이 실현되는 듯했다. 그동안 에스파냐로부터 베르겐오프좀을 지킬 수 있었던 것은 1622년 만스펠트와 브라운슈바이크의 크리스티안이 우연히 개입한 덕분이었다. 그들은 라인을 잃었고, 인근 윌리히 지방은 에스파냐 군대가 유린했다. 게다가 두 차례의 가혹한 겨울이 네덜란드 농민들에게 좌절을 안겼다. 1624년 1월과 2월의 기록적인 서리에 이어 둑이 터지고 홍수가 발생해 농민들은 집을 잃고 도시로 몰려갔다. 초가지붕이 날아갈 정도의 강풍이 전국에 몰아쳤지만 규율이 잘 잡힌 스피놀라의 군대는 날씨 외에는 아무것도 개의치 않고 전면의 방어선을 돌파했다. 반면, 네덜란드군은 음식도 제대로 먹지 못하고, 급료도 받지 못한 상태에서 습기와 추위에 시달리다 브레다에서 폭동을 일으켰다. 이제 네덜란드는 강화를 요청하고 나설 수밖에 없는 듯했다.7 네덜란드군은 적의 침략을 저지하기 위해 다시 모였으나 사정은 1625년 봄까지 크게 달라지지 않았다. 그때 스피놀라는 위트레흐트와 암스테르담으로 가는 길을 방비하는 브라반트 국경지대의 핵심 요새인 브레다를 포위했다.

이 무렵 네덜란드의 오라녜 공 마우리츠가 헤이그에서 세상을 떠났다. 임종을 앞두고 그는 이복동생인 프레데리크 헨드리크(Frederik Hendrik, 1584~1647)를 불렀다. 당시 다섯 개 지역의 스타드호우데르이자 군 사령관이었던 그는 오라녜 공의 확실한 계승권자였다. 이 침묵공 빌렘의 막내아들은 아직 네덜란드에 널리 알려진 인물이 아니었다. 그는 1619년 쿠데타 당시 패배한 측에 동조했던 탓에 이후 정계에서 물러나 있었다. 그는 특히 존경하는 형에게 맞서는 세력을 형성하지 않으려 애썼다. 당시의 기준에 따르면 마흔이 넘은 그는 정부의 통치권을 맡기에는 나이가 너무 많았다. 더구나 그는 결혼도 하지 않은 상태였다.

마우리츠는 병석에 누워서도 네덜란드 국민들과 자신의 왕조에 대한 걱정으로 마음을 놓지 못했다. 그는 동생에게 브레다를 구하고, 결혼도 하라고 권했다. 사실 결혼에 관해서는 프레데리크 헨드리크도 마음이 있었다. 그는 그전부터 보헤미아 왕비의 시녀였던 젊고 건강한 여성을 사랑하고 있었다. 지참금으로 가져올 만한 재산은 없었으나 대단한 미인—베네치아 대사의 정중한 표현8—이었던 아말리에 주 졸름스(Amalie zu Solms, 1602~1675)는 죽음을 앞둔 마우리츠에게 왕조를 지속시켜줄 동생의 결혼 상대로 환영받았다. 폐위된 프리드리히에게 헌신한 어느 독일 귀족 가문의 딸이었던 그녀는 남편이 라인 지역에서 에스파냐 세력을 타도할 유일한 수단인 라인동맹에 가담하기를 바랐다. 결혼식은 4월 초 헤이그에서 거행되었다. 그 며칠 뒤 마우리츠는 죽음을 맞이했다. 그리고 새신랑은 군대를 거느리고 수도를 떠나 브레다로 향했다.9

그러나 스피놀라의 외곽은 네덜란드군이 돌파하기에 너무 강력했다. 프레데리크 헨드리크는 만스펠트가 영국군을 거느리고 구원하러 와주기를 고대했으나, 제임스 1세는 군대가 북독일에서 활동하기를 원했다.10 그런데 정작 그 군대는 급료도, 보급품도 받지 못한 채 어렵게 겨울을 난 뒤 독자 행동에 들어가 에스파냐 측으로 넘어가버렸다.11 브레다 방어군은 굶주림에 시달리다 결국 강화를 간청했고, 1625년 6월 5일 여섯 달 동안의 저항 끝에 투항했다. 그들의 강인한 저항에 감동한 스피놀라는 전 군이 보는 앞에서 네덜란드 지휘관들을 포옹해주었다.12

합스부르크 왕조는 적들이 프랑스의 도움을 받자 그에 대응해 자신들은 발렌슈타인에게 도움을 요청했다. 또 적들이 발텔리나를 점령하자 그들은 브레다를 빼앗았다. 이제 위험한 북부의 연합이 남았는데, 이에 대해서도 합스부르크는 계획이 있었다. 스웨덴, 덴마크, 영국, 네덜란드가 동맹을 맺으면, 그들과 사이가 좋지 않았던 북부의 강력한 한자동맹은 거기 끼지 못하고 고립될 터였다. 1625년 2월 올리바레스는 마드리드에 온 오스트리아 대사에게 자신들의 구상에 대해 암시를 주었다.13 그 뒤 4월에 빈에 간 에스파냐 대사는 황제에게 그 구상을 밝혔다. 내용인즉슨, 고립된 한자동맹은 합스부르크 왕조와 동맹을 맺으려 할 것이다. 그러면 황제는 한자동맹에게 함대의 제공을 요구하고, 에스파냐령 인도에서 무역 특혜를 얻어낸다. 아울러 뤼베크, 슈트랄준트, 함부르크, 브레멘 등의 도시들에 뇌물을 먹여 발트 해의 해군 기지로 활용한다는 것이었다.14

만약 그 도시들이 응하지 않을 경우 제국은 무력시위로 제의를 수락하도록 강요할 작정이었다. 6월에 발렌슈타인의 임무는 유럽 전역으로 확대되었다.15 그는 이미 자신이 약속한 대로 군대 모집을 끝내고서, 잘 무장된 병력을 거느리고 보헤미아 국경에 이르렀다. 늦여름에 그는 독일로 들어간 뒤 북쪽으로 올라가 틸리와 합류했다. 얼마 전에 그는 제국의 팔츠 백작으로 승진해 자신의 재량으로 다른 사람에게 작위를 수여할 수 있는 권리를 획득했다. 여름 동안 그는 프리틀란트 공작으로 사칭하고 다녔다.16

새로운 제국군이 전장에 투입되고 브레다가 함락되자, 발텔리나의 프랑스군도 점점 버티기 어려워졌다. 리슐리외 정부는 그 고개를 무한정 점령하고 있을 만큼 자원이 풍족하지 못했고, 국내 사정도 불안정했다. 언제라도 궁정 음모나 지역 반란이 일어나면 균형이 무너질 태세였다. 게다가 북부에서는 이미 그가 추진한 대동맹에 균열이 가기 시작했다.

덴마크 왕과 스웨덴 왕은 둘 다 독일에 개입하려고 열을 올렸다. 그들은 원정 계획을 들이밀며 파리와 런던을 들볶았다.17 두 사람은 서로 상대방이 자기 휘하에 있다고 생각했다. 프랑스는 대체로 스웨덴 왕을 지지했으나 영국 정부는 망설였다. 영국은 스웨덴의 계획을 열렬히 지지하다가 갑자기 덴마크에 이끌려 느닷없이 스웨덴의 구스타프 아돌프에게 크리스티안 4세와 동맹을 맺고 그에게 전권을 내주라고 요구했다.18 그 말을 듣고 구스타프가 격노한 것은 당연했다. 그는 덴마크의 크리스티안을 못 미더워했다. 게다가 그는 자신이 절대적인 군사 통제권을 갖지 못하면 자기 군대와 돈이 남들의 이익에 악용되지 않을까 우려했다.19 고심 끝에 그는 숙적인 폴란드 왕과 휴전을 맺었다. 이는 영국과 프랑스에 대한 협박이나 다름없었다. 그러고 나서 몇 주일 뒤 결국 그는 자신에게 최고 작전 통제권을 주지 않으면 폴란드에서 전쟁을 재개하고, 독일에는 상관하지 않겠다고 선언했다. 영국과 프랑스 정부는 반응을 보이지 않았다. 1625년 6월 11일 구스타프 아돌프는 독일 전쟁에 등을 돌리고, 폴란드의 지그문트를 공격했다.20

이리하여 손을 맞잡았던 수많은 동맹자들 가운데 단 한 사람, 덴마크 왕만이 1625년 여름 독일 신교의 대의를 위해 전쟁에 참여했다.

2

덴마크 왕 크리스티안 4세는 만만한 인물이 아니었다. 다만 스웨덴의 구스타프와 같은 시대에 살았다는 것이 그의 불운이었다. 그런 탓에 지금까지 유럽 역사에서 그는 제대로 된 평가를 받지 못했다. 독일에 개입할 무렵 그는 마흔여덟 살이었고, 37년간이나 재위하고 있었다. 그는 반듯하고 넓은 어깨에 혈색이 좋은 편이었으며, 그 무렵 밝은 갈색 머리털이 희끗희끗해지기 시작했다. 폭음이 잦았던 만큼 삶은 상당히 고되었으나 그럴수록 그는 더욱 굳건해졌다. 일부일처제는 그의 넘치는 원기를 감당하지 못했다. 서자들이 너무 많아 장차 덴마크의 골칫거리나 유럽의 농담거리가 될 터였다. 이렇게 활기찬 면모에도 불구하고 그는 지성적인 사람이었고, 자신의 재능을 잘 활용했다. 학식이 풍부한 영국의 제임스 1세와 라틴어로 학문적인 서신을 주고받을 정도였다.[21] 언어에만 능한 게 아니라 언변도 뛰어났다. 그는 예전의 어느 군주보다 북유럽 수도의 예술과 학문을 크게 장려했다. 크론베르크와 코펜하겐 궁전의 풍부한 장식과 화려한 금 장신구, 석고로 만든 분홍색의 사실적인 천사상은 주인의 열정적이고 활발한 성품을 잘 보여주었다. 어느 이탈리아인은 이런 말을 남겼다. "그가 그렇게 추운 곳에 살던 사람이라고 믿기 어렵다."[22]

왕으로서 크리스티안은 걸출한 능력과 결단력, 용기를 보여주었다. 그는 귀족들의 지나친 요구를 꺾고, 해외 무역을 촉진함으로써 국내외에서 백성들의 이익을 도모했다. 그가 전반적으로 성공을 거두지 못한 이유는 안에서는 이기적이고 무책임하기 그지없는 귀족 세력에 맞서 싸워야 했던 데다, 밖에서는 구스타프 아돌프가 워낙 뛰어난 인물이었기 때문이다. 생애 전반에 걸쳐 크리스티안은 늘 자신의 지성과 능력을 바탕으로 모든 일을 혼자서 처리해야 했다. 그에게는 짐을 덜어줄 만한 부하들이 없었다. 그의 정치적 후각에는 매력적인 태도와 오만한 기질, 무모한 용기, 거칠고 신랄한 유머, 변덕스러운 성격이 반영되었다. 남의 도움을 전혀 받지 못하는 군주로서 이따금 피곤함을 느낀 것도 당연했다. 그의 실패를 라이벌인 스웨덴 왕의 성공과 비교하려면 구스타프에게 따랐던 행운도 함께 고려해야 한다. 구스타프는 개인적인 자질도 뛰어났지만 부하들도 많았다. 반면, 크리스티안은 죽을 때까지 거의 모든 싸움을 혼자서 치러야 했다.

독일 혈통인 크리스티안은 독일어도 덴마크어만큼 능숙했고, 독일에 영향력과 관심을 갖고 있었다. 실제로 그는 홀슈타인의 공작이었다. 마침 아들이 공석이었던 베르덴 주교직을 차지하자, 크리스티안은 오스나브뤼크와 할버슈타트를 자신의 소유라고 공언했다. 이 두 영토, 특히 홀슈타인을 완전히 차지해 동요하는 중립 세력에게 압력을 가하려는 속셈이었다. 하지만 불행히도 그와 그의 동맹자들은 복잡한 독일 정치를 오판했다. 덴마크의 크리스티안이나 황제에 못지않게 작센 선제후와 브란덴부르크 선제후도 거둬야 할 아들들이 많았던 탓에 그들 역시 오스나브뤼크와 할버슈타트 주교구를 간절히 원했다. 그들은 자기 자식들의 상속 재산을 합스부르크 군주에게 내줄 마음도 없었지만, 덴마크 왕에게 빼앗기는 것도 싫었다. 결국 두 군주는 황제에게 계속 충성하는 쪽으로 마음을 돌렸다.

한편, 니더작센 지구의 불운한 지배자들은 여전히 진퇴양난이었다. 중립을 포기하고 싶지는 않았으나 유지할 힘이 없었다. 틸리의 군대는 남쪽 국경 안으로 들어와 진을 쳤고, 덴마크 왕은 북쪽에서 병력을 모았다. 둘 중 덴마크 왕 크리스티안의 협박이 더 강력했다. 1625년 5월 당황한 의회는 일단 그를 니더작센 지구의 의장으로 선출하고, 마지못해 전쟁에 임하기로 결정했다.23 이것으로 크리스티안은 니더작센에서 자유롭게 병력을 충원할 수 있게 되었다.

그때까지 덴마크 왕과 황제는 서로 선전포고를 하지 않은 상태였다. 틸리는 크리스티안에게 전갈을 보내 의도가 무엇이냐고 물었다. 답신에서 크리스티안은 니더작센 지구의 의장으로서 방어 조치를 취했을 뿐이라고 해명했다.24 그 뒤 가을과 겨울 내내 페르디난트와 니더작센 지구의 의회는 세련되고 정중한 서신들을 주고받았다. 황제는 서신을 통해 의회와 폭넓게 접촉하면서 덴마크 왕에 대한 충성심을 버리게 하려고 노력했다. 니더작센 의회는 일말의 중립 가능성에 애처롭게 매달리며 동요했다. 처음에 그들은 페르디난트가 북독일 주교구들에 신앙의 자유를 보장하겠다고 제안했을 때 숙고하는 듯했으나, 그가 마그데부르크를 제외하려 하자 협상을 취소했다. 곧바로 그들은 양측과 싸울 수밖에 없는 이중으로 곤란한 처지가 돼버렸다. 얼마 뒤 독일의 다른 모든 중립국들도 그들과 같은 길을 걸었다.25

전장에서는 큰 변화가 없었다. 베저 강을 따라가던 크리스티안은 하멜른에서 위험한 사고를 당해 행군을 멈추었다. 어느 날 밤, 그는 말을 타고 진영을 돌다가 성벽에서 25미터쯤 떨어진 곳에 이르렀을 때 말에서 떨어졌다. 그는 기적적으로 목숨을 건졌으나 그 사고로 그가 죽었다는 소문이 퍼졌다.26 소문을 들은 틸리가 진격하기로 결심했을 때 정확한 정보가 전해졌다. 어차피 식량도 부족했으므로 틸리는 도로 주저앉았다.27 발렌슈타인이 3만에 가까운 병력과 함께 합류하자28 틸리의 어려움은 줄어들기는커녕 더 가중되었다. 자기 군대도 가까스로 유지하는 판에 이제 두 군대가 먹고살아야 했던 것이다.29

추운 봄은 괴로운 여름으로 이어졌다. 6월에 눈이 내려 농작물이 들판에서 그대로 썩어갔다. 또 전염병이 유럽을 휩쓸어 정치와 경제가 마비되었다. 전염병은 오스트리아와 슈타이어마르크, 메클렌부르크와 프로이센, 뷔르츠부르크와 라인 강 양안, 뷔르템베르크에서 아헨까지 여름 내내 맹위를 떨쳤다. 프라하에서만도 사망자가 1만 6천 명에 달했다.30 10월이 되자 틸리의 병력 1만 8천 명 가운데 8천 명이 병에 걸렸고, 나머지도 헐벗은 상태였다. 전 군이 겨울을 안전하게 날 만한 숙영지가 없었다.31

발렌슈타인은 운이 좀 더 좋았다. 확실히 제국의 위명은 가톨릭동맹보다 더 강력했다. 틸리는 자신의 병력을 들여보내주지 않았던 도시들이 발렌슈타인에게 성문을 열어준 것을 보고 크게 놀랐다.32 제국의 장군은 가장 좋은 주둔지인 마그데부르크와 할버슈타트의 주교구를 차지한 반면,33 굶주리고 폭동과 탈영의 위기에 처한 틸리의 군대는 더 작고 빈곤한 힐데스하임에 자리 잡아야 했다.34 합법적인 식량 수색은 약탈과 여자를 노리는 마구잡이 다툼으로 변질되었다. 인간의 비뚤어진 잔인함이 평화를 추구하는 사회적인 통제에서 벗어나 끔찍한 양상으로 표출되었다. 시민과 촌민들은 충성을 다하겠다며 안전 보장을 요청했으나 허사였다. 장군이 그들의 요청에 동의하긴 했어도 명령을 집행할 수 없었던 것이다.

병사들은 마을을 포격하고, 끌고 가지 못하는 가축들은 도살했다. 약탈에 광분한 그들은 묘지까지 파헤쳐 값나가는 물건들을 챙겼으며, 집을 잃은 농민들이 숲으로 피신하자 숲을 샅샅이 뒤져 피난민을 발견하면 사살하고 피난보따리에 든 돈과 가재도구를 빼앗았다. 교회도 남아나지 않았다. 용기 있는 목사가 그들의 출입을 저지하자 그의 손발을 자르고 난도질한 뒤, 신교의 신에게 바치는 제물로 희생자를 제단에 팽개쳤다. 병사들은 자신들의 신앙인 가톨릭도 그냥 두지 않았다. 아멜룽스보른의 수도원에서 병사들은 제의를 찢고, 오르간을 부수고, 성배를

강탈하고, 수녀들의 묘지마저 유린했다.35

발렌슈타인의 군대는 대체로 틸리의 군대보다는 덜 파괴적이었다. 그는 군대의 주둔과 물자 배급을 훨씬 짜임새 있게 운용했다. 사실 점령지의 지도층 시민들에게서 강탈한 돈은 틸리보다 발렌슈타인이 훨씬 적었으나, 그는 그 돈을 병사들에게 썼기 때문에 난폭한 약탈을 어느 정도 방지할 수 있었다.36 그는 점령한 지역에서 거둔 막대한 세금으로 병사들에게 급료를 꼬박꼬박 챙겨주고, 대포를 교체하고 개선할 예비금을 따로 모아두었다.37 그는 비상사태에 대비해 만사가 실패할 경우 군대를 유지할 수단으로 보헤미아에 곡물 저장고를 마련해두었다.38

1625년의 황폐한 여름과 가을 동안 덴마크 왕은 동맹을 결속시키려 애썼다. 12월에는 부유한 영국과 네덜란드의 돈으로 병사들을 먹여 살릴 심산으로 두 나라와 조약을 체결했다.39 하지만 그것은 짧은 생각이었다. 돈은 개인의 것이지 정부의 것이 아니었다. 네덜란드 의회는 그가 예상한 것보다 적은 돈을 보냈고, 영국 의회는 전혀 보내지 않았다. 영국은 이미 1624년 만스펠트에게, 1625년 브라운슈바이크의 크리스티안에게 돈을 주었다. 덴마크 왕에게는 찰스 모건(Charles Morgan, 1575~1642) 대령이 지휘하는 소규모 영국군을 보내도 충분하리라는 판단이었다.40

프랑스가 동맹에 대한 지지를 철회했을 때 마지막 재앙이 닥쳤다. 리슐리외는 위기에 처한 이 방대한 동맹을 떠받치는 아틀라스였다. 하지만 1626년 봄 프랑스에서 위그노의 반란이 일어나 국내 사태가 심각해지자 그는 발텔리나를 점령하고 있던 병력을 소환하지 않을 수 없었다. 난국을 타개하기 위해 오라녜 공은 작은 함대를 마련해 라로셸의 위그노 요새를 공략하려 했으나, 네덜란드 선원들은 동료 신교도를 공격하는 배에 타지 않겠다고 버텼다. 이처럼 때를 잘못 맞춘 네덜란드 선원들의 열정은 결국 독일 신교의 대의가 붕괴하는 데 일조했다. 1626년 3월 26일 리슐리외가 몬손 조약을 맺고 발텔리나에서 철수하자 그 고개는 다시 에스파냐에게 활짝 열렸다. 다시 합스부르크 제국의 동맥이 트였다.

이제 신교의 대의와 독일의 자유를 옹호하는 세력은 덴마크의 크리스티안, 브라운슈바이크의 크리스티안, 에른스트 폰 만스펠트만 남았다. 덴마크 왕이 가장 큰 군대를 거느렸으므로 자연히 전쟁의 총 지휘자였으나, 충원으로 병력이 다시 늘어난 만스펠트는 자신이야말로 상황을 특별히 잘 이해하는 지도자라고 자처했다. 반면, 각지의 농민들로 병력을 충원하고 무거운 쇠막대기 같은 조야한 무기로 무장한 군대를 거느린41 브라운슈바이크의 크리스티안은 덴마크 왕의 지휘는 기꺼이 받겠지만 만스펠트의 지휘는 절대로 받지 않겠다는 입장이었다.42 이런 상황에서 합동 공격은 다툼만 낳을 게 뻔했기에 별도의 세 가지 작전이 전개되었다. 게다가 공격을 분리하면 적의 결집된 군대를 분리시키는 효과도 있었다. 만스펠트는 발렌슈타인의 본부가 있는 마그데부르크 주교구로 쳐들어가 적의 주의를 끌면서, 가능한 한 적을 앞질러 베틀렌 가보르와 합류하기로 약속한 슐레지엔으로 향하기로 했다. 브라운슈바이크의 크리스티안은 틸리의 외곽 기지를 피해 헤센으로 가서, 거기서 모리츠 방백을 도와 신교도들을 일으켜 틸리의 후방을 공격하기로 했다. 그리고 덴마크의 크리스티안은 베저 강을 따라 내려가 틸리에게 정면 공격을 가할 예정이었다.

하지만 브라운슈바이크의 크리스티안은 완전히 실패했다. 겨우 스물여덟 살의 나이에 명성과 재산을 잃고 병까지 얻은 그는 지친 군대를 재촉해 헤센 국경을 넘었으나 또다시 좌절해야 했다. 모리츠 방백은 군대도, 자원도 없고, 이미 자신의 영지마저 잃은 처지였다. 그런데다 제국의 심판이 집행될까 겁에 질려 있어 덴마크 왕의 계획에는 전혀 도움이 되지 않았다. 낙담한 크리스티안은 볼펜뷔텔로 물러가, 1626년 6월 16일에 죽었다. 전하는 바로는 헤로데처럼 커다란 벌레에게 급소를 물려 죽었다고 한다.

만스펠트도 나을 게 없었다. 그의 동태를 전해들은 발렌슈타인은 직접 대규모 지대를 편성해 신교 군대가 건널 것이 분명한 엘베 강의 데사우로 갔다. 예상대로 1626년 4월 25일 만스펠트는 1만 2천 명의 병력과 함께 그곳으로 왔다. 두 장군에게 그날의 대회전은 무척 중요했다. 전장에서 잔뼈가 굵은 만스펠트는 이미 불운이 유럽에 널리 알려진 상황에서 퇴색해가는 명성을 회복하려면 엘베 강을 멋지게 건너야 했다. 반면, 아직 용병술의 신예인 발렌슈타인은 큰 명성을 얻을 수 있는 좋은 기회였다. 그 전해에 그는 더딘 북상 행군으로 전장에 너무 늦게 도착하는 바람에 자신의 실력을 충분히 과시하지 못했다. 그때부터 빈에서는 그를 속빈 강정이라고 비난했으며, 황제의 총애에 보답하지 못하는 쓸모없는 군인이자 위험한 신하라는 평이 나돌았다. 심지어 한 파벌은 그가 모집한 군대의 지휘권을 그에게서 빼앗아 이탈리아의 노련한 직업 군인인 콜랄토(Ramboldo di Collalto, 1575~1630) 백작에게 주려 했다. 군대 내부에도 그가 우연히 한 말을 나름대로 해석해 빈에 전달한 장교들이 있었다. 예컨대 로렌 출신의 요한 폰 알트링겐(Johann von

Aldringen, 1588~1634) 대령이 바로 그런 장교였다.43 그래서 데사우 다리의 전투는 발렌슈타인에게 엘베 강의 방어보다 자신의 명성을 방어할 목적에서 무척 중요했다.44

만스펠트는 적을 과소평가하는 치명적인 실수를 범했다. 데사우 다리를 습격할 때 그는 자신의 상대가 경험은 부족하지만 그 점을 상쇄할 만큼 치밀한 인물이라는 사실을 알아차리지 못했다. 발렌슈타인은 당시 전장에 처음 투입한 고성능 대포와 숨겨두었던 전력을 바탕으로 데사우 다리에 죽음의 덫을 놓았다. 만스펠트는 병사들의 경험을 믿고 그날 밤 선공에 나섰으나 발렌슈타인의 포격에 병력의 1/3을 잃었다.

"신께서 도우셔서 만스펠트를 쳐부술 수 있었습니다." 발렌슈타인은 황제에게 이런 편지를 보냈다.45 며칠 뒤 그는 알트링겐을 불러 빈에 쓸데없이 참견하는 서신을 보냈다며 호되게 꾸짖고, 그에게 '잉크 먹는 놈'46이라는 욕을 퍼부었다. 발렌슈타인이 지휘권을 잡기 전부터 오랫동안 그의 비서로 일했던, 자수성가한 부하의 입장에서는 참을 수 없는 모욕이었다.47 발렌슈타인은 화가 나서 가볍게 던진 말이었으나 알트링겐은 그 비난을 평생 잊지 못했다.

덴마크의 크리스티안은 엘베 강의 반대편 연안에 있었으므로 만스펠트를 돕지 못했다. 그래서 만스펠트는 북동쪽으로 방향을 돌려 중립 지역이지만 방어가 취약한 브란덴부르크로 들어갔다. 거기서 그는 손실을 복구하기 위해 장교들을 보내 병력을 충원하면서, 베틀렌 가보르에게서 소식이 오기를 기다렸다. 분노와 좌절에 빠진 상태에서도 그는 고집스럽게 계획을 밀어붙였다. 병력을 충원하고 힘을 회복하는 대로 오데르 강의 전선을 뚫고 슐레지엔으로 갈 작정이었다.

북부에서의 승리는 발렌슈타인의 명성만 구한 게 아니었다. 이 승리로 오래전부터 구상해오던 브뤼셀 계획에 더욱 힘이 실렸다. 그것은 바로 발트 해에 에스파냐 해군 기지를 구축해 양편에서 동시에 네덜란드를 공격하려는 계획이었다. 7월 1일 플랑드르의 사절이 두더슈타트에서 틸리와 발렌슈타인을 만나, 뤼베크를 점령한다면 에스파냐 측에서 재정과 군사 지원을 해주겠다고 제의했다. 하지만 두 장군은 위험이 큰 계획이라며 반신반의했다. 당시 북독일의 상황을 고려하면 분명한 사실이었다. 결국 사절은 아무 소득도 없이 돌아갔다.48 그러나 발렌슈타인은 그 만남을 잊지 않았다. 두더슈타트 만남의 결실은 서서히 모습을 드러냈다.

그 무렵 만스펠트의 이동에 관한 보고가 전해졌다. 7월 말까지 병력을 충분히 모은 그가 슐레지엔 국경을 넘어 베틀렌 가보르와 합류하기 위해 남진하고 있다는 보고였다. 8월 초에 발렌슈타인은 틸리 혼자 덴마크의 크리스티안을 상대하도록 남겨두고 추격에 나섰다. 상대편 군대의 결정적인 분리로 덴마크 왕은 여름 내내 기다려왔던 기회를 잡게 되었다. 그는 브라운슈바이크 공국의 기지를 떠나 남쪽의 튀링겐으로 진군했다. 따로 떨어진 적군 사이로 치고 들어가 무방비 상태인 남독일의 심장부를 공략하려는 의도였다.

그 소식을 들은 틸리는 정찰병을 발렌슈타인에게 보냈다. 얼마 지나지 않아 크리스티안은 틸리가 발렌슈타인에게서 8천 명의 병력을 받아 군대를 강화하고 자신을 추격한다는 것을 알게 되었다. 그는 말머리를 돌려 브라운슈바이크의 기지로 귀환하기로 했다. 8월 24일, 25일, 26일에 그의 군대 후위가 신속하게 추격해온 적과 몇 차례 교전을 벌였다.

그는 작은 손실을 치르고 적을 물리쳤다. 하지만 27일이 되자 그는 볼펜뷔텔까지 남은 35킬로미터를 그런 식으로 간다면 대형 참사가 불가피하다고 판단했다. 그래서 그는 루터라는 요새화된 작은 마을 외곽의 도로를 장악하고, 적군을 맞아 싸울 차비를 갖추었다. 숲이 있고 지면이 고르지 않아 그에게 다소 유리한 장소였다. 그는 도로를 공격할 수 있도록 20문의 대포를 배치하고, 총병들을 적군이 다가오는 나무들과 방책 사이에 분산 배치했다. 기병의 수는 적보다 수백 명이 많았으나 보병들은 턱없이 적었다. 결국 보병들은 틸리의 거센 공격을 받자 달아나버렸다. 기병들은 잘 싸웠다. 능력 있는 지휘관이라기보다는 무모한 지휘관에 더 가까웠던 덴마크 왕은 세 차례나 흩어진 전선을 규합해 저항을 계속했다. 그러나 대포를 적에게 빼앗기자 전황은 절망적으로 변했다. 일부 기병들은 루터 성에서 버텼지만 본대의 병력과 크리스티안 본인마저 달아나자 그날 밤에 항복했다. 포로의 수는 2,500명, 덴마크 측의 전사자는 6천 명에 달했다. 당시의 통계적 오류와 의례적 과장을 감안하더라도 어쨌든 크리스티안은 병력의 절반 이상을 잃었다. 대포도 전부 빼앗기고, 겨우 자기 목숨만 건져 도망쳤다. 결국 그는 자신의 만용으로 적에게 포위를 당하고, 자신이 탄 말까지 총에 맞아 죽는 어려움에 처했다가 휘하 장교 한 명의 자기희생으로 간신히 살아남았다.49

볼펜뷔텔 주변 지역을 장악하려던 크리스티안의 시도는 소용없게 되었다. 인근의 지배자들은 이미 틸리의 무력 앞에 충성을 다짐한 상태였다.50 크리스티안의 변덕스러운 동맹자들 가운데 아직 남은 사람은 자신의 아들과 메클렌부르크의 두 공작(당시 메클렌부르크는 형제간인 메클레부르크-슈베린 공작 아돌프 프리드리히〔Adolf Friedrich I, 1588~1658〕와 메클렌부르크-귀스트로 공작 요한 알브레히트〔Johann Albrecht II, 1590~1636〕에 의해 분봉되어 있었다 : 옮긴이) 이외에 아무도 없었다. 어쩔 수 없이 그는 북쪽으로 퇴각해 엘베 강 남서쪽 어귀의 평평한 고원지대에 자리 잡은 슈타데의 겨울 숙영지에 틀어박혔다.

　브라운슈바이크의 크리스티안은 죽었고, 덴마크의 크리스티안은 루터에서 참패했다. 슐레지엔에 있는 만스펠트의 군대는 장군 자신이 부사령관과 다투어 결집된 행동이 불가능했기 때문에 무용지물이 되었다. 늙고 지친 베틀렌 가보르는 갑자기 황제와 최종적인 강화 협상에 들어갔다. 동맹자에게서 버림받고 부관과도 사이가 틀어진 만스펠트는 소수의 부하들만 거느리고 슐레지엔의 주둔지를 떠나 1626년 늦가을에 남서쪽의 달마치야 해안으로 향했다. 그 마지막 여행의 목적지가 어디였는지, 그의 계획이 무엇이었는지는 알 수 없다. 베네치아의 지원을 얻으러 갔다는 설도 있고, 투르크에게 도움을 청했다는 설도 있다. 확실한 사실은, 비록 약탈이 주요 목적이었으나 투르크 병사들이 여기저기서 그의 군대에 들어왔다는 점이다. 그의 만년에 관해서는 수수께끼와 전설이 많지만, 어쨌든 그는 달마치야로 가는 도중 사라예보 위쪽의 산악에서 죽었다. 지도자를 잃은 병사들은 굶어죽거나 포로로 잡혔다.51 사실로 믿기는 어렵지만 투르크인들이 그를 독살했다는 설도 있다. 그보다 더 신빙성이 있는 이야기도 전한다. 몸과 마음이 최후를 앞두었을 때, 그는 적어도 군인이자 귀족 가문의 아들답게 죽음을 맞이하려고 부하 둘을 불러 팔을 그들의 어깨에 걸친 뒤 발을 질질 끌면서 행군했다고 한다.52 도전적이면서도 무익한 삶에 어울리는 도전적이면서도 무익한 죽음이었다.

3

　　1625~26년 유럽에서는 합스부르크 왕조에 반대하는 움직임이 일어났다가 가라앉았다. 또한 세습 영토에서는 그보다 더 중요하고 비극적인 움직임이 일어났다가 가라앉았다. 제국의 채무를 갚기 위해 희생된 오버외스터라이히의 농민들은 바이에른의 막시밀리안 치하에서 심한 착취를 당했다. 그의 지휘에 따라 황제의 광범위한 종교 칙령이 엄격히 집행되었다. 신교 목사와 학교의 교장들은 처형만을 면했을 뿐 중벌을 받았고, 자식의 해외 교육이 금지되었다. 누구도 국경을 넘어 신교 교회에 갈 수 없었다. 정부 관리들은 가톨릭이어야만 했고, 예배와 금식은 의무가 되었다. 예배 시간에는 상점과 시장이 문을 닫았으며, 교회가 명하면 언제 어떤 물건이든 내줘야 했다. 신교 문헌은 폐기되었다. 특혜를 요구하고 누릴 자격을 가진 나이 많은 귀족도 겨우 신교도로 자칭할 수 있는 권리만이 허용되었을 뿐 자신의 신앙을 실천하거나 자식에게 신교를 가르칠 수 없었다.53

　　전쟁의 결과 도덕적으로나 경제적으로 위축된 농민층은 지역 행정이 크게 달라지고 민중의 황폐하고 고단한 삶을 어루만져주던 목사와 교장 같은 영향력 있는 온건한 인물들이 사라지자 사정이 더욱 악화되었다. 가톨릭교회는 목사의 빈자리를 신속하게 메우지 못했다. 설령 성직자를 금세 임명한다 해도, 당시 지역의 민중은 가톨릭 신앙에 대한 의혹과 편견을 정치적 억압과 긴밀하게 연관시켜 바라보았으므로 새로 온 성직자가 선임자와 같은 활동을 하지는 못했다. 게다가 민중과 정부 사이에서 가교 역할을 해왔던 신교 귀족의 힘이 크게 약화되면서 농민들

은 무방비 상태에 놓였다.54

막시밀리안이 파견한 오버외스터라이히의 총독 헤르베르스토르프(Adam von Herberstorff, 1585~1629) 백작은 반대파를 발본색원할 만큼 무자비하지는 않았지만, 반대파의 무장해제에 만족할 만큼 너그럽지도 않았다. 오스트리아 농민들은 외국인이고, 인기 없는 정부의 도구였던 그를 몹시 증오했다.55 1625년 봄 그는 반란의 조짐을 진압하고, 10월에는 신교를 더 가혹하게 탄압하는 명령을 반포했다. 겨우내 농민들은 속수무책으로 시달렸으나, 1626년 봄이 되자 더 이상 참을 수 없다고 판단했다. 5월 17일 하이바흐에서 명령을 집행하러 보낸 제국군 병사들과 주민들 사이에 싸움이 벌어졌다.56 헤르베르스토르프가 사태를 미처 파악하기도 전에 농민들이 술렁이기 시작했다. 곧이어 1만 6천여 명의 농민들이 지역 정부가 있는 린츠로 갔다. 그들이 든 검은색 깃발에는 저승사자의 머리와 '어쩔 수 없다'라는 문구가 쓰여 있었다. 그들은 반란에서 이기든 지든 반란 지도자들이 죽을 수밖에 없으리라는 것을 알고 있었던 것이다.57

"우리의 삶, 우리의 신앙이 우리의 검에 달렸도다.
신이시여, 우리에게 용기를 주소서."

농민들은 신비주의적 열정에 젖어 이런 노래를 부르며, 시골 지역에 '우리의 그리스도교 진영으로'라는 문구를 담은 선언문을 배포했다.58

슈테판 파딩거(Stefan Fadinger, 1585~1626)라는 사람이 지도자를

자청하고 나서자, 농민들은 그의 지휘 아래 인근의 주둔군과 대포 진지를 습격해 대포 30문을 노획하고, 지나는 마을의 각 가정마다 성인 남자를 한 명씩 징발해 수를 늘렸다. 헤르베르스토르프 총독은 벨스에서 패배한 뒤 린츠의 공격에 나섰다가 6월 24일 농민들에게 포위당했다. 다행히도 총독에게는 믿을 만한 주둔군이 있었다. 슈테판 파딩거는 그에게 즉각 항복하지 않으면 도시 전체를 파괴하겠다며 으름장을 놓았다.59

페르디난트와 막시밀리안은 둘 다 군대를 파견했다. 파딩거가 우연한 총격으로 죽는 바람에 반란의 기세가 잠시 꺾이는 듯싶었으나, 제국군이 농민들에게 가혹하게 보복한 탓에 8월에 다시 반란의 불길이 치솟았다.60 또다시 린츠가 위험해졌다. 흥분한 농민들은 도나우 강의 물길을 쇠사슬로 차단해 강을 통한 적의 지원을 막았다. 8월 30일 더 강력한 군대가 도시를 구하러 왔지만, 반란 세력은 10월 10일 벨스 전투에서 제국군을 격퇴했다.

이윽고 1626년 11월 8일 새 증강군이 왔다. 사령관은 헤르베르스토르프의 사위로, 에스파냐군에서 복무한 파펜하임 백작 고트프리트 하인리히(Gottfried Heinrich, 1594~1632)였다. 농민들은 수적으로 우세하고, 지리에도 익숙하고, 대포까지 갖추고 있었다. 게다가 적군으로 투입된 병사들과도 잘 아는 사이였으나, 이제는 뛰어난 능력을 지닌 사령관이 지휘하는 바이에른의 정예군과 마주하게 되었다. 승부는 뻔했다. 파펜하임은 반란군을 공략해 벨스에서 서쪽으로 몰아낸 다음, 반란군의 병력이 충원되기 어려운 외곽 산악지대의 볼프제크에서 공격을 가해 그들을 흩어놓았다. 대오 이탈로 농민군의 수가 크게 줄어들자, 파펜하임의 기병대는 그들을 앞질러 본대와 함께 양편에서 합동 공격을 펼쳤다.

농민군은 남쪽의 트라운으로 밀려나 휠렝게비르게 산의 가파른 골짜기에 갇혔다. 그문덴에서 포위 공격을 당한 뒤 남은 세력이 광야로 흩어졌으나, 이내 추격을 당해 푀클라브루크와 볼프제크에서 두 차례 심한 학살을 당한 끝에 결국 패배했다.61

파펜하임 백작은 승리에 대한 감사의 뜻으로 그문덴 교회에 금박을 입힌 장크트 게오르크(Sankt Georg, ?~303, 초기 기독교의 순교자이자 14성인 가운데 한 사람이다. 성 게오르기우스 혹은 성 조지라고 한다 : 옮긴이)의 조각상을 증정했다.62 이듬해 린츠에서는 지배자의 판결에 따라 반란군 지도자 스무 명이 처형되었다. 결국 반란군이 저승사자의 머리를 기치로 내걸 때 했던 예언이 그대로 실현되었다. 이 전쟁에서 누가 지고 누가 이겼건 간에, 어느 종교가 성하게 되고 어느 군주가 부를 얻게 되었건 간에, 모든 대가를 치르고 희생된 것은 농민들이었다.

4

북부 해안에서 격랑에 찬 한 해가 가고, 1627년 전쟁이 10년째 접어들었음을 알리는 습하고 춥고 음울한 새해가 왔다.63 독일 외부에서는 발텔리나가 에스파냐에게 개방되고, 위그노 반란이 확산되는 중이었다. 영국을 지배하던 국왕의 총신 버킹엄은 지난 2년간의 외교를 뒤로한 채 프랑스에 선전포고를 하고, 함대를 보내 라로셀 지역의 반란 세력을 지원했다. 그러자 리슐리외는 군주제를 구하기 위해 동맹관계를 확장하고, 에스파냐에 우호의 손길을 뻗었다.

독일 내부에서는 틸리의 군대가 힐데스하임 주교구를 장악했고,

발렌슈타인의 군대는 마그데부르크와 할버슈타트, 브란덴부르크, 보헤미아 일부 지역에 주둔했다. 라인란트는 에스파냐와 바이에른 군대가 점령했고, 오스트리아, 보헤미아, 헝가리에는 제국군의 지대가 주둔했다. 반면, 만스펠트의 용병 부대는 슐레지엔과 모라비아에 있었으며, 덴마크 왕 크리스티안의 병력은 엘베 강 서쪽 평원에 있었다. 서부 독일 전역에 흉년이 들고,[64] 프랑켄, 뷔르템베르크, 라인 유역에도 기근이 닥쳤다.[65] 스트라스부르, 브란덴부르크의 슈텐달과 코트부스, 슐레지엔의 자간과 골트베르크는 전염병에 시달렸다. 나사우, 자르, 뷔르템베르크도 마찬가지였다.[66] 군대들이 수시로 이동했기 때문에 질병이 꾸준히 확산되었다. 티푸스, 괴혈병, 천연두, 매독 등이 군기와 함께 행진하면서 시골 일대에 퍼졌다. 짐수레를 따라다니는 말과 소도 각지의 수많은 농장에 전염병을 옮겼다.

폭력과 불안이 끊이지 않았다. "1626년 5월 13일 오래된 나의 하인인 카타리나가 총에 맞아 죽었다." 브란덴부르크의 한 목사는 이런 일기를 남겼으나 더 이상의 언급은 하지 않았다.[67] 야만적인 보복이 잇달아도 감히 저항하려는 사람이 없었다. 모라비아의 바이스키르헨에서는 주민들이 만스펠트의 병사들에게 숙소를 제공하지 않으려 했다가 호된 대가를 치렀다. 어느 영국인 용병은 이렇게 기록했다. "우리는 남녀노소를 가리지 않고 마구 죽였다. 두 시간 동안 학살이 벌어졌고, 이틀 동안 약탈이 잇달았다."[68]

북동쪽에서 거센 불만이 황제에게 밀어닥쳤다. 슐레지엔 대표단은 2월에 빈을 방문했으나, 이 순진한 시민들은 임무를 그다지 중요하게 여기지 않고 업무를 보는 도중 짬짬이 관광을 하거나 술을 마셨다.[69] 사실 슐레지엔은 모라비아나 보헤미아보다 피해가 적었다. 빈으로 오는 도중 그들은 현지의 열악한 사정을 보고 자신들은 불만을 토로할 입장이 아니라는 것을 깨달았다. 글라츠는 교외 지역이 완전히 파괴되었고, 보헤미아 국경의 미텔발데 너머에 사는 농민들은 애써 농사를 지어봤자 파괴되거나 강탈당할 게 뻔하다는 생각에서 아예 밭을 갈지도 않았다.70

브란덴부르크의 상황은 더 나빴다. 그곳에서 발렌슈타인은 오데르 강변의 크로센, 엘베 강 유역의 슈텐달과 가르델레겐에 병력을 주둔시켰다. 그는 덴마크군과 슐레지엔 북부에 있는 만스펠트의 잔여 병력이 만나는 것을 차단해야 했다.71 그곳에서 보급대는 식량과 음료만이 아니라 옷과 신발도 요구했다. 지역에서 부담해야 할 전쟁 비용은 6만 6천 굴덴에 달했다. 현지 당국이 비용을 감당하지 못하자 병사들은 관리들을 볼모로 잡고 지급을 요구했다. 틸리의 노련한 병사들과 달리 발렌슈타인의 병사들은 어려서부터 가난에 찌든 젊은이들로, 아직 십대인 불량소년들도 끼어 있었다. 그들은 전투 경험도 부족한 데다 질병까지 번지자 명령도 듣지 않고 규율도 무시했다. 가르델레겐에서 주민들은 매일 시신을 20구씩 나눠 구덩이에 매장했다.72 브란덴부르크 주민들은 잽싸게 프로이센으로 달아난 선제후를 원망하며 울부짖었다. "우리를 도와줄 신은 없는가? 그렇다면 우리는 완전히 버림받은 양인가? …… 우리의 말과 집이 우리 눈앞에서 불타는 걸 빤히 보고만 있어야 하는가?"73

브란덴부르크의 게오르크 빌헬름이 빈에 보낸 딱한 사절은 아무런 도움도 되지 못했으니, 답은 뻔했다. 페르디난트는 대사를 직접 영접하고 특별히 정중하게 대했다. 심지어는 선제후의 이름이 언급될 때마다 매번 모자를 벗으며 유별나게 예의를 차렸다. 그러나 만남의 결실은 기껏해야 전시에는 어느 정도 '불편함'을 감내할 수밖에 없지 않느냐는 것이었다. 결국 대사는 황제의 총리인 에겐베르크에게 좀 더 확실한 도움을 요청해야 했다. 에겐베르크는 당시 병석에 있었음에도 대사를 환대해주었다. 모자를 쓰고 있지 않았던 그는 대신 정중하게 나이트캡을 벗어 예의를 갖추고, 자신의 주군이 처한 입장을 더 상세히 설명해주었다. 그밖에 다른 곳에서도 대사는 발렌슈타인이 모라비아에서 저지른 행패가 브란덴부르크보다 더 심하다는 것을 알게 되었다. 한 정보 제공자는 그에게 황제가 자신의 영토도 보호하지 못하는데, 어떻게 다른 영토를 보호할 수 있겠느냐고 말했는데, 과연 이치에 맞는 말이었다.74

대사의 끈질긴 고집에 넘어간 제국 정부는 마지못해 발렌슈타인에게 황제의 허가 없이 브란덴부르크에 주둔하고 있다는 사실을 상기시키는 각서를 작성했다. 그러나 마지막 순간에 '황제의 허가 없이'라는 문구를 '황제가 알지 못한 채'라는 문구로 바꾸었는데, 이는 정부가 휘하의 장군을 두려워한다는 대사의 의혹을 확인시켜주는 꼴이 되었다.75

결국 브란덴부르크 선제후가 직접 나서서 발렌슈타인에게 두 통의 사신을 보냈다. 그러나 발렌슈타인은 아무런 반응도 보이지 않았다. 한참 후에 선제후는 편지에서 영리한 작센 선제후처럼 장군을 '친애하는 영주이자 친구'라고 부르지 않고, 그냥 '친애하는 친구'라고 호칭한 것이 커다란 결례였음을 알았다.76 그래서 황급히 할레에서 대표단을 파견했으나, 오히려 그 일로 발렌슈타인이 결코 만만한 인물이 아니라는 것을 알게 되었다. 발렌슈타인은 두 대표를 감금하고, 더 이상의 불만은 용납하지 않겠다고 선언했다.77

독일은 아직 완전히 파괴되지는 않았으나 전쟁의 확산을 어느 정도 통제하지 않으면 얼마 버티지 못할 지경이었다. 덴마크의 크리스티안이 패배하고, 프랑스가 에스파냐와 화친을 맺자 적대가 해소된 듯했다. 겨울에는 발렌슈타인의 군대가 일부 해산되고, 장군이 해임되었다는 신빙성 있는 소문이 나돌았다.[78] 독일의 모든 군주들 가운데 아직까지 제국에 반대하는 사람은 메클렌부르크의 두 공작과 마그데부르크의 신교 행정관, 추방된 프리드리히뿐이었다. 나머지는 전부 중립을 취하거나 황제 편에 가담했다. 점령된 지역은 거의 예외 없이 중립이었다. 예를 들어 마그데부르크 지역 사람들은 그곳 지배자의 반란과 자신들은 무관하다고 애써 강조했다.[79] 평화를 막을 걸림돌은 전혀 없었다. 하지만 1627년 벽두에 발렌슈타인은 14만 명의 전투 병력을 충원하고,[80] 휘하 장교들을 멀리 라인란트까지 보냈다. 또한 그는 성직 선제후들의 불만을 페르디난트 탓으로 몰아붙였다.[81]

브란덴부르크 대사는 황제가 발렌슈타인을 두려워한다고 믿었으나, 페르디난트의 행동에는 더 깊은 속내가 있었다. 발렌슈타인은 에스파냐가 황제에게 제안한 발트 계획을 이미 완전히 파악하고 있었을 뿐만 아니라, 그 계획을 실행할 준비도 돼 있었다. 그래서 그는 브란덴부르크 변경을 점령하고, 그해 봄 메클렌부르크와 홀슈타인 방면으로 전선을 확대하려 했다. 당시 그는 이미 자신의 독자적인 구상에 따라 행동하고 있었던 듯하다. 궁정의 반대에 아랑곳하지 않고 제국의 영토 일부를 겨울 주둔지로 이용한 데서 그 점을 알 수 있다. 그 전해 여름부터 에스파냐는 그를 신뢰하지 않았다. 이미 데사우 전투에서 황제는 군대 경비로 발렌슈타인에게 50만 굴덴을 빚졌으며,[82] 달이 갈수록 채무는 늘어갔다. 따라서 별다른 정치적 안목이 없어도 발렌슈타인이 위험할 만큼 정부를 확고히 장악하고 있다는 것을 쉽게 알 수 있었다. 에스파냐 측에서는 발렌슈타인 본인이 없어도 그의 군대가 발트 계획을 거뜬히 실행할 수 있으리라고 보았는데, 그 견해는 옳았다.

하지만 발렌슈타인은 이미 몰아내기에는 너무 거물이 되어 있었다. 불만의 목소리가 처음 빈에 전해졌을 때, 그는 즉각 자리에서 물러나겠다고 위협했다. 그의 이런 행동은 실은 제국 정부가 돈도 없이 그의 군대를 통제하려는 것이 얼마나 위험한 일인지 알게 하려는 의도였다. 얼마 뒤 그는 라이타의 브뤼크에서 에겐베르크와 만나 장래의 방침을 논의했다.

그 만남이 어땠는지는 영원히 미스터리로 남을 것이다. 남아 있는 증거는 멀쩡한 게 하나도 없다. 누가 발렌슈타인의 전기를 쓰든 그 문제에 관해서는 편견을 가질 수밖에 없다. 그의 생애에 대한 해석은 그 만남과 긴밀하게 연관되어 있다. 균형 잡힌 시각을 가진 독일 역사가들[83]은 당시 발렌슈타인이 단지 조직상의 세부 사항을 논의했을 뿐이라고 보고 있다. 마치 그가 발트 계획을 구상하고 합스부르크 권력을 확장하려 한 것처럼 보는 시각은 바이에른의 막시밀리안을 두둔하기 위해 날조된 견해라는 것이다. 어쨌든 발트 계획은 실체가 있었다. 브뤼크에서의 만남이 있은 직후부터 보헤미아에서 거둔 세금은 전액 발렌슈타인의 군대가 전용했고, 발렌슈타인은 자신의 넓은 영지에서 완전한 군주로서의 권리를 행사했다.[84] 바이에른의 막시밀리안도 발트 계획과 거기서 발렌슈타인이 맡은 역할을 보고받았는데, 그에게는 아마 다소 과장된 형태로 전해졌을 것이다.[85]

페르디난트는 루터에서의 승리와 덴마크 왕의 몰락에 약간 도취된 상태였다. 그가 정확히 본 것은 아니지만, 그의 입장에서는 덴마크 왕 크리스티안이 북유럽에서 가장 강력한 군주라고 생각할 만했다. 크리스티안이 그렇듯 쉽게 무너졌으니 스웨덴 왕이든 영국 왕이든 별로 걱정할 상대가 아니었다. 또한 독일 내의 어떤 군주도 제국군에 홀로 맞설 만한 힘은 없었다.86 루터에서의 승리에 힘입은 페르디난트는 강화를 맺을 마음을 버리고, 매우 호전적인 자세를 취했다. 발렌슈타인의 군대만 있으면 북유럽의 주교구에서 권력을 확립하고, 발트 해마저 제패할 수 있으리라 여겼다.

이제 막시밀리안은 명예로운 독일 정책으로 돌아가야 할 때였다. 페르디난트의 권력이 사방에서 맹위를 떨치기 전에 강화의 자세를 취해야 했다. 1627년 1월 그는 가톨릭동맹을 뷔르츠부르크에 불러모은 뒤, 평화와 군주권의 안정을 위해 발렌슈타인의 힘을 억제하지 않는다면 페르디난트에 대한 지지를 철회하겠다고 으름장을 놓았다. 동맹의 회원들은 독일 전역에 가톨릭교회를 다시 확립하려는 욕구보다 페르디난트의 공세가 가져올 결과에 대한 두려움이 더 컸다. 그들은 강화를 요구하면서 어쩔 수 없이 막시밀리안과 우호관계에 있던 가톨릭 군주인 루이 13세를 중재자로 내세웠다. 하지만 강화 제의는 중재자를 정하는 순간 물거품이 되어버렸다. 빈 정부는 리슐리외의 동기를 의심했고, 신교 세력은 여전히 그를 배신자로 여겼기 때문이다. 결국 막시밀리안은 휴전을 맺지도, 발렌슈타인을 억제하지도 못하고 말았다.

1627년 봄 발렌슈타인은 군주권을 더욱 무참히 짓밟는 원정을 재개했다. 브란덴부르크의 게오르크 빌헬름은 독일에서 가장 선한 군주였다. 물론, 본의 아니게 결정을 성급히 내릴 때도 아주 드물게 있긴 했지만. 그의 정책은 자신의 왕조를 있는 그대로 유지하는 것이었다. 즉, 그의 소망은 오로지 평생토록 선제후로 지내다가 자기 아들에게 그 직위를 물려주는 것뿐이었다.87 그의 이런 원칙을 섣부르게 판단하기 전에 먼저 게오르크 빌헬름이 격렬한 저항을 물리치고 선제후가 되었다는 사실에 유념해야 한다. 또한 그의 궁정이 처가 식구들—그의 아내는 보헤미아의 프리드리히의 누이였다—의 도피처나 다름없었다는 점도 놓쳐서는 안 된다. 그러나 게오르크 빌헬름이 누구에게도 피해를 주지 않는 중립 노선의 결실을 거두지 못한 데에는 순전히 지리적인 우연 탓이 크다. 그의 영토는 공교롭게도 만스펠트가 좌초한 슐레지엔과 덴마크 왕의 본부 사이에 위치해 있었다. 따라서 양측 군대가 합류하려면 그의 영토를 가로질러야만 했다. 발렌슈타인은 그것을 차단하기 위해 브란덴부르크를 침략할 생각은 확실히 없었다. 오히려 문제가 된 것은 스웨덴 왕 구스타프 아돌프가 게오르크 빌헬름의 의사와 무관하게 그에게 필라우 항구를 양도하라고 협박해놓고, 프로이센을 폴란드 침략의 기지로 활용하고 있었다는 점이다.88 1627년 구스타프 아돌프가 패배한 크리스티안을 지원하러 온다는 소문이 나돌았다. 그게 사실이라면 구스타프 역시 브란덴부르크를 가로질러야 했고, 그것을 막으려는 제국군도 마찬가지였다.

결국 게오르크 빌헬름은 자구책의 일환으로 막시밀리안을 선제후로 승인하는 데 동의했다.89 하지만 그것은 가톨릭동맹이 발렌슈타인의 공격을 막아주리라는 헛된 희망에서 나온 오판이었다. 모든 게 허사였다. 빈에 항의한 것도 허사였다. 그의 대사는 어렵사리 발렌슈타인을 만나 크로센에 주둔한 군대를 철수해달라고 애걸했으나, 그때 침대에 있던 발렌슈타인은 머리를 베개에 처박은 채 대사의 이야기를 듣지 않으려 했다.90

1627년 여름이 되기 전에 발렌슈타인의 군대는 브란덴부르크로 진격했다. 그의 가장 유능한 부관이 지휘를 맡았는데, 그는 브란덴부르크 태생의 신교도인 한스 게오르크 폰 아르님(Hans Georg von Arnim, 1583~1641)이었다. 불운한 게오르크 빌헬름은 적은 병력이라도 모아 영토를 방어하려 했으나 달걀로 바위치기였다. 겨우겨우 그러모은 60명의 병력이 베를린을 점령하려 했다가 분노한 군중에게 돌멩이 세례를 받고 후퇴한 게 고작이었다. 루터파인 베를린 주민들은 브란덴부르크 선제후가 무력을 앞세워 칼뱅교를 강요하려 한다고 생각했던 것이다. 게오르크 빌헬름의 백성들은 불리한 상태에서 싸우기보다는 복종을 택했다. 노이브란덴부르크 시민들은 저항에 나섰다가 도시가 약탈되는 응징을 받았다. 이 소식을 경고로 이해한 하벨베르크에서는 미리 주둔군을 강제로 내쫓고 아르님의 군대에게 성문을 활짝 열어주었다.91 게오르크 빌헬름도 다른 도리가 없었다. 그는 최대한 품위를 지키면서 항복하고, 침략자들을 친구로 환영하라고 영토 전역에 포고했다.92 이 무렵 성과를 거두지 못한 그의 대사는 브란덴부르크 선제후를 변함없이 존중한다는 페르디난트의 서신을 지닌 채, 그 서신이 게오르크 빌헬름에게 위안이 되기를 바라며 빈에서 돌아오던 중이었다.93

이렇게 브란덴부르크가 점령되자 발렌슈타인은 뿔뿔이 흩어져 있던 신교 군대를 손쉽게 제압했다. 덴마크 왕은 겨우내 다른 데서 도움을 얻어내기 위해 애썼으나 성공하지 못했다. 리슐리외에게서 실패한 뒤,

유일하게 남은 희망이었던 영국 정부조차 선박도 자금도 보내지 않았다.94 보헤미아의 프리드리히는 영국의 도움을 전혀 받지 못하고, 네덜란드에 빌붙어 간신히 먹고사는 처지였으므로 보낼 게 아무것도 없었다. 게다가 그의 집은 빚쟁이 상인들이 에워싸고 있었다. 우윳값으로만 140파운드의 빚을 졌지만 수중에는 땡전 한 푼 없었다.95 덴마크 왕도 전쟁에서 패배해 형편이 좋지 않은 것을 알고96 프리드리히는 스웨덴 왕에게로 시선을 돌렸다.97 스웨덴에 목을 매기는 덴마크 왕 크리스티안의 남은 동맹자인 메클렌부르크의 두 공작도 마찬가지였다. 그들이 크리스티안의 군대에게 빌려 쓰기로 한 돈은 늦게 오거나 아예 오지 않았다.98 브라운슈바이크-볼펜뷔텔 공작은 이미 오래전에 황제와 강화를 맺은 터라 자신의 영토를 점령하고 있던 크리스티안의 군대를 몰아내려 했다.99 크리스티안은 식량과 급료가 부족한 데다 기병이 쓸 말도 없는 상황이었다. 패배로 사기가 저하된 병사들의 규율을 잡으려 해도 그의 뜻대로 되지 않았다.100

  1627년 8월 4일 만스펠트의 잔여 병력은 베른슈타인에서 항복하거나 달아났다. 만스펠트가 죽은 뒤 지도자가 된 덴마크인 미츨라프(Joachim von Mitzlaff)는 남은 소수 병력을 이끌고 도망쳐 폴란드에서 스웨덴군에 가담했다. 9월에 발렌슈타인과 틸리는 엘베 강 하류에서 합류했다. 10월에 틸리는 독일에 남은 주둔군의 규모를 줄였다. 발렌슈타인은 크리스티안을 추격해 홀슈타인 국경을 넘었다. 크리스티안의 마지막 남은 기병들이 북쪽 멀리 할보르크에서 항복했다. 발렌슈타인의 군대는 유틀란트의 산재한 촌락지대에서 겨울을 날 차비를 했다.

5

발렌슈타인이 북부에서 정복 활동을 벌이는 동안 페르디난트는 남부에서 굳히기 작업에 들어갔다. 같은 해에 보헤미아의 새 헌법이 반포되었는데, 이 법은 이후 200년간 통용되었다. 보헤미아는 여전히 형식상으로는 자치였으나, 왕위가 세습되고 왕이 관리를 임명했다. 의회는 모든 집행력을 잃었다.101 여름에는 여전히 신교를 믿는 사람들은 즉각 개종하거나 망명해야 한다는 칙령이 반포되었다. 이 마지막 숙청으로 페르디난트의 백성 2만 7천 명이 나라를 떠났다.102

1627년 여름 페르디난트는 다시 한 번 총신을 마리아첼로 보내 자신의 50회 생일을 무사히 맞게 된 것에 대해 수호성인에게 감사를 드리게 했다.103 그해 말에 그는 보헤미아를 방문하기로 했다. 프라하에서 황제로서는 지지를 받지 못했지만, 인간적인 면에서는 인기가 높았던 그는 시민들에게 환영 행사를 핑계 삼아 상점 주인들의 돈주머니를 두둑하게 채워줌으로써 점점 심해지는 자신의 전제정치에 대한 반감을 누그러뜨리려 했다.

예전에 프리드리히와 엘리자베스도 성대한 대관식으로 자신들이 누려본 적 없던 인기를 얻은 적이 있었다. 페르디난트는 다시 대관식을 치를 처지가 못 되었기에 그 대신 둘째 아내인 엘레오노라 곤자가(Eleonora Gonzaga, 1598~1655) 황후의 대관식을 치르기로 했다. 젊고 아름다운 그녀는 남편의 정치적 수완에 품위를 더해주는 핵심적인 존재였다. 그녀의 대관식은 유례없이 화려하게 거행되었다. 너무 많은 군중이 몰려 걸음을 옮기기 어려울 정도였다. 폭죽과 연극, 연회, 춤이 뒤따랐고, 프리드리히의 대관식 때처럼 분수에서 적포도주와 백포도주가 쏟아졌다. 곧이어 열린 창던지기 대회에서 황제의 아들인 열아홉 살의 페르디난트(Ferdinand III, 1608~1657) 대공이 우승하자104 군중들은 곧바로 그에게 열광했다. 이러한 그의 실력은 아버지의 계획에 대단히 쓸모가 있었다. 그 전해부터 황태자는 아버지의 회의에 참석하는 특권을 누렸다. 말 많고 호탕한 아버지와 달리 신중한 성격이었던 그는 황제가 부여한 직책에 매우 적합한 인물이었다. 페르디난트 대공은 새 헌법 아래에서 마음에도 없는 보헤미아의 첫 세습 군주가 되었다.

계모인 황후의 대관식과 같은 주에 치러진 황태자의 대관식도 역시 군중의 열렬한 환호를 받았다. 흥청망청한 분위기 속에서 불길한 조짐은 일시적으로 사라졌다. 여관 주인들은 대목을 맞았고, 모두가 공짜로 마음껏 술을 마셨다. 오래전부터 프라하는 유럽에서 가장 타락한 도시로 악명이 높았다. 고결한 페르디난트는 백성들의 저급한 취향을 이용해 그들의 고상한 열망을 잠식시켰다. 결국 보헤미아 반란에서 남은 것은 헤이그의 파산한 궁정과 15만 명에 달하는 망명자들뿐이었다.105

두 차례 대관식을 치르고 한 달 뒤 페르디난트는 브란다이스에서 발렌슈타인과 만났다. 이제 독일을 이끌어갈 만한 세력은 남아 있지 않았다. 발렌슈타인은 황제에게 정부의 돈을 한 푼도 쓰지 않고도 정복한 지역의 자원만으로 앞으로 6년간 전쟁을 더 지속할 수 있다고 보고했다.106 그는 유틀란트, 홀슈타인, 포메른, 메클렌부르크, 브란덴부르크, 프랑켄, 슈바벤, 알자스를 정복해 제국 전역에서 페르디난트의 권력을 확고히 다질 심산이었다.107 북부에서 그의 지위는 더없이 확고했다. 에스파냐의 자금이 폴란드에 수혈된 탓에108 스웨덴 왕은 그곳에 발이 묶여 난관에 처한 덴마크 왕을 구원하러 올 여유가 없었다. 진퇴양난의 브란덴부르크 선제후도 협박을 받아 매부인 스웨덴 왕이 아니라 폴란드를 지원할 수밖에 없었다. 선제후는 제 한 몸도 건사하기 어려운 처지였으나 폴란드의 지그문트에게 가신으로서의 의무를 다하기 위해 병력과 무기를 긁어모아 폴란드로 보냈다.109 이런 상황에서 합스부르크가 발트 해에 함대를 파견하고, 한자동맹의 도시들과 연계해 새 무역회사를 설립하는 일은 식은 죽 먹기였다. 봄이 되자 발렌슈타인은 발트 해로 전함 스물네 척을 파견했고, 에스파냐도 같은 수의 전함을 보냈다.110

페르디난트가 프리드리히를 내쫓은 것은 라인을 획득하기 위해서였다. 이제 그는 발트 해까지 장악하기 위해 또다시 반란자의 재산을 빼앗아 동맹자에게 주기로 마음먹었다. 1628년 3월 11일 그는 메클렌부르크 공국과 그에 딸린 공작 직위와 특권을 알브레히트 폰 발렌슈타인에게 수여했다.111

유럽은 비틀거리고 있었다. 바이에른 공작이 선제후에 오른 것도 정치인들에게는 충격이었지만, 그래도 그는 지도적인 군주였고, 반강제로라도 선제후들의 재가를 얻어냈다. 그에 비해 발렌슈타인은 보헤미아 왕의 신하인 보헤미아 귀족보다도 지위가 더 낮은 소지주 출신이었다. 그런 그가 뷔르템베르크와 헤센의 지배자들과 어깨를 나란히 하는 독립 군주의 지위에 오르다니 가당키나 한 일인가? 황제의 말 한마디로 현직 군주가 폐위되고 황제의 부하가 그 자리를 꿰어찰 수 있다면, 조만간 독일 전체가 오스트리아의 속주로 전락할 터였다.

합스부르크 왕조 내부에서, 만약 페르디난트의 친척들이 황제가 사실상 상황을 통제하고 있다고 확신했다면 그 조치는 더 열광적인 지지를 받았을 것이다. 그러나 에스파냐인들은 독일 군주들처럼 황제가 단지 발렌슈타인의 꼭두각시에 불과하다고 여겼으며, 발렌슈타인 본인도 같은 생각이었다. 에스파냐 대사는 이렇게 썼다. "그토록 막강한 권력을 가진 공작이 메클렌부르크 같은 땅에 만족하고 있다니 감사할 지경이다. …… 황제는 주변의 경고에도 아랑곳없이 무턱대고 공작에게 큰 권력을 쥐어줬으니 우려하지 않을 수 없다."112 대사의 글을 보면 또다시 페르디난트가 에스파냐의 충고를 거부했음이 명확해 보인다. 하지만 대사가 가정하고 있는 것처럼 발렌슈타인에 대한 황제의 대우가 어떤 약점에서 비롯된 것은 아닌 듯하다. 페르디난트의 관대함에는 대사가 이해하지 못한 복잡한 정책적 동기가 숨어 있었다.

작센의 요한 게오르크는 헌법을 걸고 발렌슈타인의 승진에 강력히 항의했으나 허사였다.113 망명 중인 메클렌부르크의 두 공작은 스웨덴 왕에게 도와달라고 애걸했다. 하지만 누구보다 분노한 사람은 바이에른의 막시밀리안이었다. 페르디난트에게 법을 무시하는 처사라고 제일 먼저 지적한 사람도 그였다. 당시 그는 17세기 지배자라면 은퇴를 생각할 육순에 가까운 나이였으나, 개인적인 야심과 왕조적 탐욕을 여전히 품고 있었다. 그렇지만 그는 자신의 의무에 대해서도 잘 알고 있었다. 그는 자신을 위해서가 아니라 독일 군주들의 자유를 위해 보잘것없는 병력을 모아 다시 저항에 나섰다.

1927년 겨울부터 다음 해 초봄까지 독일 선제후들은 뮐하우젠에서 회의를 가졌다. 처음에는 점점 깊어져가는 제국의 균열만 표출되었다.114 성직자 군주들은 발렌슈타인의 승리를 교회가 북독일에 뿌리내리는 기회로 이용하고자 했다. 발렌슈타인이 심각한 위험인물이 될 것이라는 막시밀리안의 경고는 주목받지 못했다.115 그는 회의가 소집되기 직전에 라인 강 우안과 오버팔츠를 페르디난트에게서 세습 재산으로 받은 탓에 영향력이 약화되어 있었다.116 그러나 1628년 3월에 발렌슈타인이 승진하자 막시밀리안의 예측이 옳았다는 것이 입증되었다. 겁에 질린 선제후들은 막시밀리안의 개인적 야심도, 자신들의 질시도 잊었다. 회의가 끝나기 전날 밤 마침내 통일이 이루어졌다.

페르디난트와 발렌슈타인의 동맹에는 한 가지 약점이 있었다. 황제는 근본적으로 형식과 절차에 사로잡힌 인물이었다. 그는 약속을 어긴 적이 한 번도 없다는 데 자부심을 품었으며, 자신의 모든 불법적 행위도 그럴듯한 근거로 정당화했다. 그는 자신이 믿고 싶은 것만 믿는 게 얼마나 쉬운 일인지 몸소 보여주었다. 그는 자기 자신도 속을 정도로 불가항력의 경우를 제외하고는 자신이 맹세한 모든 서약을 글자 그대로 실천했다는 생각에 빠져 있었다. 제국의 절차를 무척 존중한 그는 그 전해에 선제후들에게 자신의 맏아들을 '로마인의 왕'으로 만들어달라고 간청했다(신성로마제국이라는 명칭은 13세기에 생겨났으나, 샤를마뉴 이래 황제는 늘 로마 황제로 자칭했다. 그리고 제위 계승 예정자를 '로마인의 왕'이라 불렀다: 옮긴이). 그것은 곧 제위의 승계를 보장해달라는 말에 다름 아니었다. 페르디난트는 발렌슈타인이 그의 수중에 들어온 권력을 전부 사용하면 형식이나 절차 따위는 내팽개칠 수도 있다는 생각을 하지 못했던 것 같다. 오히려 바이에른 선제후가 반발한다 해도117 아들 페르디난트가 제위에 오르는 데에는 어려움이 없을 거라고 여겼다. 왜냐하면 그의 아들이야말로 독일에서 가장 강력한 군주가 될 것이기 때문이었다. 페르디난트는 한 손으로는 법을 파괴하고 다른 손으로는 법을 움켜

쥔 채 무엇보다도 자신의 왕조가 전통적인 양식으로 제위를 계승하기를 간절히 바랐다.

발렌슈타인이 메클렌부르크 공작이 된 지 17일이 지났을 때, 마인츠 선제후는 페르디난트에게 동료 선제후들의 이름으로 된 성명서를 전달했다. 발렌슈타인에게 계속해서 제국군의 지휘를 맡기되, 그를 군주로 선출해서는 안 된다는 내용이었다.118 누가 마인츠 선제후의 옆구리를 찔렀는지는 추측하기 어렵지 않았다. 페르디난트와 그의 장군이 승리의 행진을 거듭하는 동안, 바이에른의 막시밀리안은 반대의 목소리를 높였다. "지금까지는 되지만 더 이상은 안 된다."

THE THIRTY YEARS WAR 1618~1648

| 6장 |

교착: 1628~30년

신께서 마침내 끝이 있게 하실 것이다. 다시 평화로워질 것이다. 신께서 평화를 내리시리라.

-하르티슈 지에르크(농민)의 일기, 1628

1

모든 것은 페르디난트 황제의 판단에 달렸다. 그는 기로에 섰다. 막시밀리안과 가톨릭 군주들에게 굴복하고, 10년간의 전쟁 동안 더 강해지지도, 약해지지도 않은 아들의 제위 계승을 확보할 것인가? 아니면 발렌슈타인에게 완전히 의탁해, 점점 커지는 군주들의 노골적인 적대를 감수하면서 무력을 통해 수백 년간 어떤 황제도 누려본 적 없던 강력한 통치권을 확립할 것인가?

발렌슈타인은 황제의 군사 독재를 대표하는 인물이었으나, 또한 에스파냐와 단절된 '중부유럽제국'을 대표하는 인물이기도 했다. 현실적인 사고를 가진 그는 지리적으로 불가능한 동맹을 반대했으며, 겉으로는 에스파냐의 발트 계획을 받아들이면서도 자신의 야망에 보탬이 되는 지점을 넘어설 뜻은 없었다. 에스파냐 분쟁의 핵심은 네덜란드 평원이었으나, 발렌슈타인의 관심은 보헤미아에 있었다. 라인 강 유역이 합스부르크 제국의 척추라면 엘베 강 유역은 합스부르크 영토와 북쪽 바다를 잇는 통로였고, 발렌슈타인이 구상하는 국가의 중추신경에 해당했다.

알브레히트 폰 발렌슈타인은 몽상가였다. 재정을 관리하는 데는 누구보다도 현실적이었으나, 인간을 다루는 데는 누구보다도 상상력이 없었다. 그의 정치는 아찔할 만큼 높이 치솟아 천재와 광인의 경계를 넘나들었다. 그의 생애나 글을 보면, 특별한 순간마다 사리사욕이 아닌 더 중요한 무언가가 그의 행동을 이끌었다고 여기게 된다. 그런데 그게 무엇인지는 알 수 없다. 역사가는 그의 애국심이 어땠는지를 묻지만 그것

역시 확실하지 않다. 그는 내심 체코인이었을까, 아니면 독일인이었을까? 발렌슈타인의 꿈은 민족적 경계를 거부했다. 그는 나중에 페르디난트가 얼굴마담에 불과하다는 생각을 버렸지만 언제나 제위를 꿈꾸었다. 개인, 민족, 신앙의 권리에는 관심이 없었다. 그가 보기에 북동부 독일과 보헤미아는 합스부르크의 남부 영토와 한 덩어리였으며, 투르크에서 서유럽까지 지배하는 하나의 강력한 국가였다.

자신의 영토를 중심으로 권력의 기반을 다진 그는 보헤미아의 상당 부분을 매입해 영향권을 확대했다. 그렇게 재편된 그의 영지는 페르디난트의 쇄신된 왕국에서 위력적인 단독 세력이 되었다. 발렌슈타인은 민족적 차이를 도외시한 채, 이 슬라브 기지에서 다시 메클렌부르크로 손길을 뻗쳤다. 그가 브란덴부르크 선제후를 괴롭혀 전쟁에 나서게 한다면 그곳도 접수하게 될 것이라는 소문이 나돌았다.[1]

이 중부유럽제국이 과연 페르디난트가 통치하고자 하는 제국이었는지는 알 수 없다. 발렌슈타인은 자신을 너무 과신한 나머지—결국 그 때문에 몰락하게 된다—페르디난트의 정책에 내포된 왕조적 편견을 잊고 있었다. 황제는 외국의 관습을 무척 싫어했다. 에스파냐어도 할 줄 몰랐거나 하지 않으려 했다.[2] 그는 에스파냐에 간 적도 없었거니와 당시 에스파냐 왕인 그의 조카[3]나 이사벨 대공비를 사적으로 알지도 못했다. 하지만 그는 왕조의 궁극적인 장점을 한시도 잊은 적이 없었다. 전통의 힘은 어떤 개인적 감정보다도 더 강하게 가문을 결속시켰다. 페르디난트는 가난한 황제였던 탓에 다른 사람들의 재정적 지원이 필요했다. 당장은 자신의 정책을 담보로 내놓고서 발렌슈타인에게 원하는 것을 얻어내고 있지만, 결국에는 에스파냐 왕의 돈으로 자유를 되찾을 터였다.

이와 같이 페르디난트와 발렌슈타인의 동맹에는 깊은 균열이 감춰져 있었다.

페르디난트는 발렌슈타인을 제거하고 싶으면 언제든 에스파냐의 자원에 의지할 참이었다. 또한 그는 아들의 제위 계승에 대한 독일 군주들의 지지를 얻기 위해서라면 기꺼이 발렌슈타인을 희생시킬 심산이었다. 그렇지만 페르디난트가 1628년 3월 이전에 이미 이런 마음을 먹은 것은 아니었다. 뮐하우젠에 모인 선제후들의 최후통첩을 받고 나서야 페르디난트는 한 가지 사실을 명확히 알게 되었다. 그것은 바로 발렌슈타인을 희생시키면 아들을 로마인의 왕으로 만들 수 있다는 것이었다. 이것이야말로 선제후들의 위협을 역전시키는 결과가 아니고 무엇이겠는가? 물론 페르디난트는 즉각 발렌슈타인을 늑대 굴에 팽개칠 의도는 없었다. 그는 당시 독일에서 가장 강력한 인물 가운데 한 사람으로, 그를 해임하는 것은 어렵고도 위험한 일이었다. 페르디난트는 그를 해임하는 것 자체를 매우 두려워했다.4 그럼에도 불구하고 그 다음 2년간 벌어진 사태의 추이를 보면 그가 그런 복안을 갖고 있었다는 것은 분명하다. 그는 장군의 힘을 최대한 이용한 뒤 버릴 작정이었다.

군주들은 발렌슈타인의 군대가 자신들의 권리와 자위 수단을 빼앗아버리기 전에 그를 타도하려 했다. 또다시 독일의 원상 복구를 바라는 두 세력이 등장했다. 이들은 황제에게만 맞선 것이 아니라 서로 간에도 대립했다. 막시밀리안과 가톨릭 군주들로 이루어진 한 세력은 루터 전투 이후, 그리고 발렌슈타인이 메클렌부르크 공국을 차지하기 이전의 상황으로 독일을 안정시켜야 한다고 주장했다. 여기에 대립하는 신교 입헌주의 세력의 지도자인 작센의 요한 게오르크는 브란덴부르크 선제후와 함께 프리드리히를 팔츠 선제후에 복위시키라고 요구했다. 신교 측의 입장이 논리적이었던 데 비해 가톨릭동맹의 군주들은 다분히 감정적이었다. 그들은 황제가 발렌슈타인에게 메클렌부르크를 양도한 것에 대해서는 격렬히 비난하면서도, 뻔한 이유로 막시밀리안에게 팔츠를 양도한 것에 대해서는 무시했다.

만약 마인츠 선제후가 바랐던 것처럼 이 집단들이 4년 전에 연합했더라면5 군주들의 의지를 황제에게 관철할 기회를 잡았을 것이고, 합의에 의해 전쟁을 끝낼 수도 있었을 것이다. 하지만 너그럽고 현명했던 마인츠의 요한 슈바이크하르트는 이미 1626년에 죽었고, 그의 계승자 안젤름 카지미르(Anselm Casimir, 1579~1647)는 발렌슈타인의 군대가 두려워 결단을 내리지 못했다. 작센의 요한 게오르크가 이끄는 집단은 자체의 원칙을 고수하면서 외국에 도움을 청하지도 않았고, 제국의 정책에 아무런 영향도 미치지 못했다. 반면, 막시밀리안이 이끄는 집단은 합스부르크에 대한 부르봉의 적대를 잘 이용해 외국의 지원으로 정국의 주도권을 장악했다. 그들이 탄 배는 에스파냐라는 암초는 피했으나 그 대신 프랑스에 좌초했다.

2

발렌슈타인이 생각하는 유럽 중부는 엘베 강과 오데르 강의 수원이 있는 슬라브 지역이었다. 페르디난트가 생각하는 유럽 중부는 도나우 강 상류의 독일어권 국가들이 있는 곳이었다. 또한 프랑스 왕과 에스파냐 왕은 유럽 중부를 라인 강, 저지대 지방, 북이탈리아의 고개들이라고 보았다. 라인 강과 그 지류 유역에서는 두 가지 사소한 사건이 또다시 부르봉과 합스부르크의 불화를 격화시켰다. 고대의 조약에 의해 1552년부터 프랑스 주둔군이 점령하고 있던 베르됭에서 합스부르크에 동조하는 주교가 요새를 건축하려는 프랑스 병사들을 파문해버린 것이었다. 리슐리외는 파문장을 불태우고 주교를 체포하려 했다. 그러자 주교는 발렌슈타인에게 군대를 보내달라고 호소했고, 페르디난트는 룩셈부르크의 에스파냐군에게 무장하라고 촉구했다. 사건은 이것으로 끝났으나, 바람이 어디로 부는지를 뚜렷이 보여주었다. 오래지 않아 프랑스 정부는 로렌의 신임 공작 샤를 4세(Charles IV, 1604~1675)와 바르 지역의 종주권을 놓고 다투었다. 공작은 즉각 황제에게 호소했고, 한동안 분쟁은 중단되었다.

사실 리슐리외는 전쟁을 원치 않았다.6 그는 프랑스가 겪고 있는 문제점을 네 가지로 꼽았다. "첫째, 에스파냐의 걷잡을 수 없는 야심, 둘째, 귀족의 과도한 특권, 셋째, 병력 부족, 넷째, 전쟁 수행에 필요한 예비 자금의 결여." 그중 첫 번째 문제점을 없애려면 다른 세 가지를 해소해야 했는데, 1628년까지도 아무것도 해소되지 않았다. 프랑스군은 귀족의 통제를 받는 다루기 어려운 지역 징병—예컨대 브르타뉴인들은 영국과의 전쟁에만 관심이 있었다—으로 구성되었다. 전쟁이 벌어지면 자연히 귀족의 권력이 커졌으며, 위험한 봉건적 유제 때문에 왕은 자기 군대의 절대적 지배자가 되지 못하고, 최종 통제권은 프랑스의 코네타블(Connétable, 중세 서유럽의 국가 공무원으로, 영어의 컨스터블 [Constable]에 해당한다: 옮긴이)이 차지했다.7 이 근원적인 문제 이외에 위그노 반란 세력이 여전히 굳건하다는 점도 프랑스 정부에게는 부담이었다. 정부는 반란 세력의 최대 거점인 라로셸을 오랫동안 포위했지만 여전히 함락시키지 못하고 있었다.

한편, 저지대 지방에서도 점진적인 변화가 가시화되고 있었다. 오라녜의 프레데리크 헨드리크는 브레다를 구하지 못했지만, 그의 현명하고도 단호한 통치는 제국군이 그곳을 점령한 효과를 무력화시켰다. 전쟁으로 인한 긴장 상황은 에스파냐령 네덜란드의 불안정한 재정에 영향을 주기 시작했다. 군대의 급료 지불이 불규칙해지고, 궁정의 지출이 위축되고, 일시적인 번영이 사라졌다. 기술자들이 매년 외부로 빠져나가는 현상도 심각했다. 법으로 막으려 해도 소용이 없었다.8 발텔리나의 일시적 차단은 군대에 영향을 미쳤고, 영국 해협에서 에스파냐 선박들이 네덜란드에게 지속적으로 괴롭힘을 당한 탓에 마드리드에서 오는 자금의 흐름이 막혔다. 에스파냐 선박들은 보통 다운스 부근의 영국 해역에 자주 갔는데, 자칫 됭케르크 항구까지 가면 네덜란드와의 마찰이 불가피했다.9 그런데 1624년부터 영국이 에스파냐와 전쟁을 벌인 탓에 선박의 정박을 허락하지 않았다. 1626년 프레데리크 헨드리크는 막대한 무기와 탄약을 동원해 올덴잘을 점령했다. 이로써 그는 동부 국경의 방어 문제를 해결할 수 있게 되었다.

반면, 이탈리아에서는 심각한 위기가 발생했다. 만토바 공작이 후사 없이 죽자 프랑스 왕의 신하인 느베르 공작 샤를 1세(Charles I, 1580~1637)가 최측근 상속자가 되었다. 만토바의 주인이 누구인지에는 아무도 관심이 없었으나, 에스파냐 합스부르크는 밀라노 국경의 카살레 요새가 있는 몬페라토의 그 작은 연고지가 프랑스 측에 넘어가서는 안 된다고 판단했다. 리슐리외도 북이탈리아의 발판을 획득할 수 있는 좋은 기회를 놓칠 수 없다고 판단했다. 페르디난트는 느베르 공작이 제국의 허락을 구하지 않았다는 얄팍한 구실로 1628년 4월 1일 몬페라토와 만토바를 접수하겠다고 선언하면서 만토바 전쟁을 일으켰다. 그 대응으로 느베르의 샤를은 프랑스 정부에 이탈리아를 에스파냐의 멍에에서 풀어달라고 요청했다.10 곧바로 스피놀라가 소환되었고, 에스파냐군이 카살레를 제외한 몬페라토 전역을 점령했다.

합스부르크와 부르봉 사이에 발생한 위기는 오스트리아 황실과 에스파냐 왕실이 한층 가까워질 수 있는 계기가 되었다. 마침 황제의 맏아들 페르디난트 대공이 결혼할 나이가 되자 사촌인 에스파냐의 마리아 안나(Maria Anna, 1606~1646) 공주를 신부로 선택했다. 4년 전 웨일스 공이 구혼했다가 실패했던 그 우아한 공주는 독일계의 푸른 눈과 분홍색 피부를 가진, 에스파냐를 대표하는 미녀였다. 그러나 대공에 관한 소문이 좋지 않았던 탓에 그녀는 남편감이 아주 못나고 어리석은 사람이라고 지레짐작했다. 그래도 자신의 의무를 잘 알았던 공주는 아무런 불평 없이 외모도 볼품없고 머리도 나쁜 남편을 만날 각오를 다졌다. 그녀가 대공을 보고 첫눈에 사랑에 빠지게 된 것은 아마 남편이 정상적인 용모에 정상적인 재능을 가졌다는 안도감 때문이었을 것이다.11 어쨌든 신랑과 신부의 취향 따위는 전혀 고려 대상이 아니었다. 두 사람이 만나기 오래전에 이미 결혼 약속은 돌이킬 수 없이 굳어져 있었다.12

3

발트 계획은 착착 진행되었다. 페르디난트는 뤼베크와 함부르크에 동맹을 제의했다.13 그의 제안에 별다른 반응이 없자 발렌슈타인은 다른 방식의 제안으로 슈트랄준트에 군대를 보냈다. 이 무력시위는 한 자동맹을 두려움에 떨게 했으나 그래도 원하는 결과가 나오지는 않았다. 한자 대표단은 제국의 우호를 받아들이는 대신 발렌슈타인에게 철군하면 8만 탈러를 주겠다고 제의했다.14 하지만 발렌슈타인은 돈에 매수되지 않겠다는 결의를 보여주듯 1628년 7월 6일 몸소 슈트랄준트로 갔다.

포메른의 해안에 위치한 슈트랄준트는 맞은편의 뤼겐 섬이 항구의 천연 방어벽과 같은 역할을 했다. 곶은 들쭉날쭉한 모래 해변으로 되어 있어 도시 자체도 하나의 섬이나 다름없었다. 발렌슈타인이 오기 사흘 전에 시 정부는 스웨덴 왕과 조약을 맺고, 향후 30년간 스웨덴의 보호를 받는 대가로 스웨덴군이 독일에 상륙할 수 있는 기지를 제공하기로 했다.15 이 튼튼한 방어 체계를 믿고 슈트랄준트의 시장과 시 의회는 발렌슈타인의 제의를 거절했다. 장군은 크게 분노했다. "설령 도시가 하늘의 사슬에 묶여 있다 하더라도 결국 굴복하리라."16 프라하에서 상당히 먼 지역이었으나 그는 이 발트 해의 중요한 항구를 점령하는 데 큰 공을 들였다.17 하지만 두 차례의 공격에도 효과가 없는 것을 보고 그는 도시가 난공불락이라는 것을 깨달았다. 그에게는 함대가 없었다. 반면, 연안에는 스웨덴의 선박들이 포진한 데다 덴마크군이 상륙할 준비를 하고 있었다. 결국 7월 28일 발렌슈타인이 먼저 철수하고, 한 주일 뒤 군대가 성벽 앞의 진을 거두었다.

그 실패는 물질적인 측면보다 정신적인 측면에서 더 큰 피해를 가져왔다. 사실 페르디난트와 발렌슈타인의 상황은 전보다 더 나빠지지는 않았으나, 반대파의 팸플릿 저자들은 그 최초의 좌절을 합스부르크가 패망할 전조라고 간주했다. 논객들은 "독수리(합스부르크 가문의 상징: 옮긴이)가 어떻게 헤엄을 치겠느냐"라고 풍자했다.18

그러나 덴마크 왕 크리스티안의 대책 없는 낙관주의는 발렌슈타인에게 명성을 회복할 기회를 주었다. 크리스티안은 슈트랄준트의 남동쪽 포메른의 사구에 상륙해 볼가스트를 습격하고, 메클렌부르크를 침공할 준비를 갖추었다. 발렌슈타인도 인정했듯이 크리스티안은 그냥 사구에 있었다면 안전했다. 그러나 그가 술을 많이 마시고 곧 뭔가 무모한 짓을 저지르리라는 보고를 받은 발렌슈타인은 옳다구나 싶었다. "그가 모험한다면 우리는 확실히 그를 잡을 수 있다."19 그의 말은 옳았다. 1628년 9월 2일 그는 볼가스트 바로 외곽에서 덴마크군을 차단하고, 항복하거나 도망치지 못한 병사들을 전원 학살했다. 크리스티안은 배를 타고 덴마크로 달아나 강화를 요청했다.

발렌슈타인의 성공은 페르디난트에 대한 새로운 불만을 초래했다. 장군의 병력은 적게 잡아도 12만 5천 명이었고, 계속 충원되고 있었다.20 일찍이 틸리가 정상적인 상황에서 적에 맞설 수 있는 최대치라고 말했던 병력의 세 배에 달했다.21 크리스티안이 마지막으로 패배한 뒤로는 적군이라 할 만한 병력도 남아 있지 않았다.

황제를 가장 괴롭힌 불만은 그의 동맹자들에게서 나왔다. 페르디난트의 동생인 티롤의 레오폴트는 이렇게 썼다. "우리는 결국 프리틀란트에 지나치게 큰 권력을 쥐어준 것을 후회하게 될 것이다."22 작센 선제후는 발렌슈타인이 자신의 허락도 구하지 않고 군대의 일부를 자신의 영토에 주둔시키자 페르디난트와 바이에른의 막시밀리안에게 강력히 항의했다.23 특히 지난 2년간 발렌슈타인이 저지른 악행을 익히 알고 있던 막시밀리안에게 비난의 화살이 쏟아졌다.24 그의 장군 틸리는 1626년 겨울 이후로 내내 고생한 것 때문에 불만을 토로했다. 발렌슈타인이 늘 틸리의 군대를 불편하고 황량한 곳에 주둔하게 한 탓에 많은 병사들이 탈영했다가 발렌슈타인의 장교들에게 붙잡혀왔다. 이런 식으로 틸리의 병력은 계속 힘이 약화되었는데, 그보다 더 나쁜 것은 장교들의 사기 저하였다. 그들은 라이벌 장군이 자금도 더 두둑하게 지원받고 더 쾌적한 생활을 누리는 것을 보고 계약이 끝나기가 무섭게 바이에른 군대를 떠나 발렌슈타인의 제국군으로 옮겼다. 파펜하임조차도 그렇게 하려고 고려했을 정도였다.25

페르디난트는 그 불만들을 무시할 처지가 못 되었다. 그는 발렌슈타인에게 슈트랄준트의 포위를 풀라고 요구하며,26 군대의 주둔 형식과 규모에 관해 몇 차례 문제 제기를 했다. 그러나 장군은 콧방귀를 뀌었다.27 그는 자신이 따르고 싶은 명령만 따랐다. 물론 독일의 모든 가톨릭 군주들과 불화를 빚는 게 현명하지 않다는 것을 알아차릴 정도의 분별력은 갖고 있었다. 그래서 그는 가톨릭 주교구가 많은 슈바벤과 프랑켄에서 철수했다. 그 대신 작센과 브란덴부르크에서는 병력을 풀가동했다. 홀슈타인의 크렘페에서 프로이센 국경까지 북독일 전역을 통틀어 그의 군대가 피해를 주지 않은 곳은 그의 영지인 메클렌부르크밖에 없었다. 그는 자신의 모든 재산이 전쟁에 동원되지 않도록 면제해주는 황제의 특허를 엄격하게 준수했다.

4

한편, 빈에서 페르디난트는 자신의 정책 가운데 별로 보잘것없는 부분을 추진했다. 그는 영리한 사람은 아니었으나, 영리한 사람의 생각을 차용해 자신의 것으로 전환시키는 무의식적 능력을 갖고 있었다. 당시 그가 착수한 작업이 바로 그런 것이었다. 그 전해에 가톨릭 군주들, 특히 막시밀리안은 1555년의 아우크스부르크 화의 이후 수십 년 동안 교회가 빼앗은 토지를 되찾을 좋은 기회가 왔다고 강력히 주장했다.28 처음에 황제는 그 주장을 묵살했다. 그 변화가 초래할 격변도 두려웠고, 막시밀리안이 그 참에 자신의 권력을 키우려 할지 모른다고 우려했기 때문이다. 막시밀리안은 오스나브뤼크를 사촌에게 주고 싶어 했다. 그의 동생은 이미 뮌스터, 리에주, 힐데스하임, 파더보른, 쾰른의 주교구들을 차지했다.29

발렌슈타인의 힘이 커지자 페르디난트의 태도도 점차 변했다. 토지반환령(Edict of Restitution)을 적절히 집행하면 합스부르크 권력에 이익이 될 수도 있다고 여겼다. 1628년 후반 페르디난트는 대내 정책에서 그 구상을 앞세웠다. 가톨릭 군주들은 주춤했다.30 막시밀리안은 예전에 자신의 토지 증대를 옹호했던 이유에 못지않게 합스부르크에 토지와 권력을 주게 될 토지반환령을 반대할 만한 이유가 충분했다. 그렇잖아도 그가 오래 군주로 지내는 동안 교황이 페르디난트 대신 그를 교회의 옹호자로 삼으려 한다는 소문이 여러 차례 있었다. 실은 가톨릭동맹을 창설할 때도 그는 내심 그 점을 염두에 두었는데, 이제는 교황이 직접 그에게 강권하고 있었다. 그런데 경쟁자인 황제가 자신에게 가장 유리하고 막시밀리안에게 가장 불리한 순간에 느닷없이 토지반환령을 내세운 것은 상당히 당혹스러운 일이었다. 페르디난트는 바이에른의 지배자가 치밀하게 준비해왔던 계획을 가로챈 것이었다.

당시 페르디난트의 생각이 가공되지 않은 사실 분석만으로도 드러나 보일 만큼 의도적이었다거나 냉소적이었다고 말한다면 온당치 않다. 그는 원래 신앙심이 투철한 사람이었으나 자신이 받은 교육 때문에 교회의 요구와 자기가 속한 왕조의 요구를 구분할 수 없었다. 사실 이 점은 모든 정치 교육에 내재해 있는 문제다. 유사 이래 어떤 정당, 어떤 정치 지도자가 순수하다고 주장할 수 있겠는가? 그는 늘 교회에 빼앗긴 토지의 반환을 원했다. 다만 그 제안을 처음 접했을 때는 솔깃하지 않았는데, 1628년의 시점에는 상황이 달라졌던 것이다.

페르디난트의 계획을 지지한 사람은 그의 고해 신부인 예수회 소속의 라모르마이니였다. 그 당시 예수회는 합스부르크 가문을 하늘이 가톨릭교회를 부흥시키기 위해 특별히 선택한 도구로 간주하는 분위기였다. 예수회와 교황 가운데 누구의 생각이 옳았는지는 앞으로도 영원히 판단할 수 없을 것이다. 페르디난트, 발렌슈타인, 통일된 가톨릭교회는 분명히 독일에서 종교개혁을 몰아낼 수 있었다. 그러나 교회가 엉뚱한 정치적 쟁점으로 분열된 상태였던 탓에, 빈에서 페르디난트와 라모르마이니 신부가 애쓰는 동안 파리와 뮌헨에서 리슐리외 추기경, 막시밀리안, 조제프 신부는 로마의 지원을 얻어 그 반대로 행동했다.

페르디난트는 전체적이면서도 구체적인 계획을 수립했다. 즉, 전체적으로는 독일 전역이 대상이고, 구체적으로는 마그데부르크 주교구에 해당하는 계획이었다. 우선 그는 1555년 이후 신교 측에 부당하게 편입된 모든 교회령을 원래대로 복원하려 했다. 제국의회에서 이 조치를 가결하지 않을 게 뻔했기 때문에 황제의 칙령으로 집행할 작정이었다. 여기에는 신교도 축출과 아울러 황제의 통치권을 시험한다는 이중의 목적이 있었다.

페르디난트가 신민들에게 강요한 변화는 혁명에 가까웠다. 독일 북부와 중부 전역의 경계선들을 모조리 바꾸는 엄청난 변화였다. 세속 재산으로 부를 얻은 군주들이 한순간에 하급 귀족으로 전락할 수 있었다. 예를 들어 볼펜뷔텔 공작은 13개 수도원의 토지와 과거에 힐데스하임 주교구에 속했던 토지의 상당 부분을 독차지하고 있었던 반면, 헤센, 뷔르템베르크, 바덴의 사정은 무덤이나 다름없었고, 작센 선제후와 브란덴부르크 선제후는 불안에 떨었다. 페르디난트는 원래 동맹의 대가로 요한 게오르크에게 작센 영토를 보장했지만, 이제 그 동맹이 필요 없게 되자 더 이상 약속을 지키려 하지 않았다. 또한 보헤미아의 루터파에게 신앙의 자유를 보장하겠다던 약속도 물거품이 되었다.

자유시들의 처지는 더 위험했다. 독일 최대의 루터파 도시인 아우크스부르크는 1555년 당시 가톨릭 주교구의 핵심이었다가 16세기 후반에 개종한 도시였다. 또, 모든 교회가 신교이고 가톨릭교회가 30개밖에 안 되는 도르트문트는 어떻게 될까?31 로텐부르크, 뇌르틀링겐, 켐프텐, 하일브론은 어떨까? 1555년의 상황으로 돌아간다면 그동안 세 세대에 걸쳐 법적으로 인정받아온 재산권이 훼손되고, 귀족이 자신의 영지에서, 시민이 자신의 도시에서 쫓겨날 것이다. '군주의 종교는 곧 나라의 종교'라는 원칙이 교회에 귀속된 지역에서 강제로 관철된다면 많은 사람들이 고통을 겪게 될 것이고, 전쟁에서도 살아남았던 모든 상업 활동이 중단될 것이다.

게다가 페르디난트는 향후 관리해야 할 새 영토가 방대한 데 비해 관리를 맡아줄 독일의 가톨릭 세력이 크지 않다는 점을 고려하지 않았다. 보헤미아에서도 그는 영지를 관리할 가톨릭 영주와 백성들을 감독할 가톨릭 사제를 구하는 데 어려움을 겪었다. 만약 그가 예수회와 합스부르크 왕조만으로 교회에 귀속된 모든 토지를 관리할 수 있으리라고 상상했다면, 자신이 독일에서 이루고자 했던 변화가 얼마나 엄청난지 그 자신도 모르고 있었다는 말이 된다.

이것이 전체적 측면의 문제라면, 마그데부르크라는 구체적인 대상은 페르디난트의 의도를 아주 간명하게 보여준다. 이 주교구는 엘베 강 일대에서 가장 넓은 지역으로, 남쪽의 작은 공국 안할트와 북쪽의 브란덴부르크 선제후령 사이에 자리 잡고 있었다. 엘베 강이 합스부르크 영토와 북해를 잇는 고속도로와 같은 역할을 했기 때문에 마그데부르크 주교구는 전략적 요충지였다. 원래 이곳에는 옛 벤드어로 '마가타부르크'라고 부르는 큰 주교 도시가 있었는데, 이 명칭이 '성모 도시'라는 뜻의 독일어로 와전되었다. 이 우연한 와전은 16세기 카를 5세의 공격에 시민들이 끈질기게 저항했던 사건을 통해 낭만적 의미를 얻었다. 도시의 주요 대문 위에 놓인 화환을 든 소녀의 목각상에는 '누가 차지할 것인가?'라는 문구가 새겨져 있었다. 시민들은 대부분 루터파였지만, 마그데부르크는 아우크스부르크 화의 당시 가톨릭 주교구였다. 1628년 도시 성벽 안에는 여전히 작은 수도원이 하나 있었고, 3만 명의 인구 중에 가톨릭교도가 수백 명 있었다. 대성당과 모든 교회들은 이미 오래전에 신교 세력에게 빼앗겼고, 주교구는 신교 행정관의 수중에 넘어갔다.

브란덴부르크 가문의 군주이자 마그데부르크의 신교 행정관이었던 크리스티안 빌헬름(Christian Wilhelm, 1587~1665)은 덴마크 왕이 침략했을 때, 경솔하게도 그와 공개적인 동맹을 맺었다. 이를 빌미 삼아 발렌슈타인이 진군해오자 주교구를 떠날 수밖에 없게 된 그는 스웨덴 왕에게 도움을 청했다. 뒤에 남겨진 신하들은 오로지 평화만을 갈망한 나머지 중립적인 작센 선제후의 아들을 그의 직위에 앉혔다.32 하지만 때늦은 조치였다. 황제가 이미 그 주교직을 몰수해 자신의 막내아들 레오폴트 빌헬름에게 주겠다고 선언해버린 것이었다. 페르디난트는 거창하게 말했다. "이것은 수많은 영혼들의 구원과 행복이 달린 일이며, 나아가 우리 가문뿐만 아니라 온 나라와 신성한 가톨릭교회와 참된 신앙이 달린 중차대한 문제다."33 그러나 설령 황제의 말을 받아들인다 해도 그가 말한 수많은 영혼들의 구원과 행복은 사제가 된다는 것에 잔뜩 겁을 집어먹은 열두 살 소년의 영적 인도에 달려 있었다.34

발렌슈타인이 마그데부르크를 어린 대공에게 주는 데 동의하고35 그의 군대가 북독일 전역을 장악한 상황에서, 페르디난트는 토지반환령의 초안을 바이에른의 막시밀리안과 작센의 요한 게오르크에게 보냈다. 그것은 가톨릭과 신교를 가리지 않고 모든 입헌주의자들에게 큰 도전이었으나 안전한 도전이기도 했다. 요한 게오르크가 그 명령에 반대하려면 페르디난트와의 다툼이 불가피한데, 그는 힘이 너무 약해 혼자 버틸 처지가 못 되었다. 막시밀리안 또한 그 명령에 반대하면 그동안 애써 구축한 가톨릭 지도자로서의 위치가 위태로워질 터였다. 페르디난트는 정체를 숨기고 있는 적들에게 적의를 버리거나 정체를 드러내라고 점점 더 강하게 압박해왔다.

두 선제후는 즉각 방어 태세를 취하고, 황제에게 제국의회를 소집해 사안을 논의하자고 요구했다.36 그러나 페르디난트는 제국의회를 소집해 치유하기에는 교회의 상처가 너무 크다고 주장하면서, 1629년 3월 6일 무방비 상태의 독일에 토지반환령을 반포했다.

대단히 가혹한 명령이었다. 우선 칼뱅파의 합법성이 부인되었고, 다음으로 교회 토지에 대한 신교도의 매입 권리가 부인되었다. 교회의 토지는 양도가 불가능했을 뿐만 아니라 합법적으로 매매를 할 수도 없었기 때문이다. 따라서 원래 교회가 소유했던 토지를 정당하게 취득한 사람이라 해도 피해를 입었다. 가장 큰 문제점은 교회 토지와 관련된 이전의 법적 판결이 일체 부인된 것이었다. 말하자면 황제가 자신의 의지에 따라 독단적으로 법과 법적 판결을 바꾼 것이었다. 행정관들은 혹시 누군가가 제국의회의 재가를 얻지 않은 칙령이라고 불평한다면 그 사람에게 제국의 절대주의 정책을 설명하라는 지시를 받았다.37

페르디난트는 칙령의 결과로 대부분의 토지가 임자가 바뀌게 된 슈바벤과 프랑켄 같은 행정구에서 제기한 항의를 묵살해버렸다. 그가 유일하게 관심을 보인 것은 작센 선제후의 입헌주의에 바탕을 둔 기다란 항의서였다. 페르디난트는 그에 못지않은 길고 난해한 답신으로 응수했다.38 하지만 막시밀리안만큼은 어떻게든 달래려고 했다. 그는 레오폴트 대공이 마그데부르크, 할버슈타트, 브레멘을 받으면 곧바로 막시밀리안의 가문에 베르덴과 민덴의 교구들을 내주겠다고 제안했다. 그러나 독일의 모든 군주들의 재산권이 위험해진 상황에서 그 제안을 순순히 받아들일 막시밀리안이 아니었다. 결국 황제는 자신의 의지를 칼로써—즉 발렌슈타인의 칼로써—관철시키는 노골적인 수단을 택할 수밖에 없었다.

할버슈타트 주교구에 병력이 투입되었다. 전쟁 비용으로 이미 자신이 보유한 모든 토지의 시장 가치보다 많은 돈을 내놓아야 했던 볼펜뷔텔 공작은 교회로부터 불법으로 탈취한 영토의 1/3가량을 강제로 빼앗겼다. 뷔르템베르크에서는 수도원 14곳을 병사들이 강탈했다.

페르디난트는 영리하게도 칙령을 집행하는 데 발렌슈타인의 군대를 이용했다. 장군의 권력을 유지하기 위한 구실로 교회의 발전을 내세웠던 것이다. 가톨릭동맹이 막강한 지원자를 공격함으로써 참된 신앙의 대의를 침해하려 할 리는 없지 않은가? 하지만 참된 신앙이든 아니든 간에 가톨릭동맹의 구성원들은 자신들의 군주권을 지키는 게 더 우선이었다. 그래서 1629년 12월 그들은 군대의 대폭 감축을 요구했다. 그들이 장군의 해임까지 요구하지 못한 것은 막시밀리안의 혼란스러운 정책39으로 인해 전선이 일시적으로 변화했기 때문이다. 그때 막시밀리안은 군대만 감축하고, 장군은 그대로 유임시키고 싶어 했다. 하지만 결국 둘 다 실패로 돌아갔다. 페르디난트는 발렌슈타인에게는 새로 군대를 모집하지 못하도록 하면서, 자신의 군대는 확대는 물론, 향후 무제한으로 병력을 충원할 수 있도록 재량권을 부여하는 명령을 반포했다.

이렇게 페르디난트는 자신의 능력이 아니라 신민들의 약점을 이용해 착실히 권력을 다졌다. 신교 팸플릿 저자들은 당연히 토지반환령을 격렬하게 비난했다. "독일인들은 모든 법과 관습을 팽개칠 것이며, 독일은 다시 황무지가 될 것이다."41 분노에 찬 선전문과 유행가가 나돌고, 공식 항의가 수백 건이나 쏟아졌지만 현실적인 저항은 전혀 없었다.

아우크스부르크 시는 유명한 아우크스부르크 신앙고백 이후 루터파에게 성지나 다름없는 곳이었다.42 따라서 이 도시가 공격을 받는다면 제국 내에 새로운 저항의 기운이 솟구칠 게 분명했다. 아우크스부르크를 가톨릭 주교구라 불렀지만, 명칭만 그럴 뿐 도시 자체는 마그데부르크나 할버슈타트와 달리 제국의 자유시로, 주교로부터 독립되어 있었다. 이렇게 가톨릭교회와 분리된 상태였기 때문에 시민들은 원하는 신앙을 자유로이 택할 수 있었다. 주교는 자유시 바깥에서 거주하면서 자신의 교구를 관리했다.

발렌슈타인이 마그데부르크에서 토지반환령을 강행할 때는 적어도 기존의 법 테두리를 벗어나지는 않았다. 칙령은 전통에 위배되었을 뿐, 그 자체로 특정한 법률적 결함은 없었다. 마그데부르크는 자유시가 아니라 주교구였다. 하지만 아우크스부르크는 전혀 달랐다. 일찍이 자유시의 권리가 이렇게 함부로 침해된 적은 없었다. 페르디난트는 20년 전만 돌아봐도 작은 도시인 도나우뵈르트가 황제의 판단에 의해 자유시의 권리를 박탈당했을 때, 그곳에서 무슨 일이 일어났었는지를 기억할 수 있었을 것이다. 그러나 그는 그 일이 위험하다는 이유로 망설이거나 하지는 않았다. 아우크스부르크를 복종시키는 것은 그에 따르는 위험을 감수할 만큼 가치가 있었다. 이것을 시금석으로 삼아 그는 자유시의 힘을 시험하고, 신교 반대 세력의 힘이 얼마나 강력한지 알 수 있을 터였다.

1629년 8월 8일 아우크스부르크 시 당국과의 약간의 예비 논의 후 신교 신앙이 전면 금지되고, 신교 목사들이 도시에서 추방되었다.43 아우크스부르크는 칼을 뽑거나 총을 쏘는 일도 없이 무너졌다. 8천 명의 시민들이 추방되었다. 추방된 시민 중에는 30년 동안이나 석공장으로 일했던 엘리아스 홀(Elias Holl)이라는 노인도 끼어 있었는데, 그는 그 무럽에 시민들의 최고 자랑거리였던 시청사를 완공한 인물이었다.44 그 육중한 회색의 건물은 오늘날까지 남아 30년 전쟁이 파괴한 당시 독일의 상황을 말해주고 있다.

신교도들은 격분했지만 아무도 떨쳐 일어나지 않았다. 작센의 요한 게오르크가 예의 그 고상한 항의 편지를 쓴 게 고작이었다.45 그 이유는 명백했다. 용기도 없었고, 독일에는 아무런 희망도 없었기 때문이다.

5

제국 내에서 페르디난트는 어느 때보다도 강력했다. 카를 5세 시절이래 가장 강력한 황제였다. 그 권력을 적절히 사용했다면, 군주권이 제한되고 합스부르크의 절대주의와 가톨릭교회가 지배하는 새로이 통합된 독일 국가의 기반을 구축할 수 있었을 것이다.

하지만 제국 밖에서 폭풍이 그를 향해 불어닥쳤다. 만토바와 저지대 지방으로 모여든 폭풍은 스웨덴에서 북부로 들어왔다. 그 배후의 원인은 프랑스와 에스파냐의 불화였다. 페르디난트는 이미 에스파냐 친척들이 저지른 잘못의 대가를 호되게 치렀다. 새로운 권력을 독차지한 마당에 에스파냐의 시체를 끌고 갈 수는 없었다. 펠리페 4세는 재정적으로 제국 정책의 주인이었으나, 정치적으로는 부담스러운 존재일 뿐이었다. 게다가 그는 위험했다. 그는 페르디난트의 직선 행로를 꼬이게 만들어 파멸을 자초했다. 그는 독일의 군사력을 이탈리아에 투입했고, 제국을 가톨릭동맹체로 재건하려는 사람을 교황과 다투도록 했으며, 그를 네덜란드와의 전쟁으로 몰고 감으로써 새 제국의 결속을 위험하게 했다. 마침내 에스파냐의 공세에 두려움을 느낀 리슐리외가 폴란드, 스웨덴과 강화를 맺자 신흥 가톨릭 제국에 대립하는 대규모 신교 세력이 성립되었다.

출발은 만토바 전쟁이었다. 에스파냐로부터 암시를 받은 페르디난트가 만토바 공국을 접수하자, 합스부르크가 이탈리아에 개입할지 모른다는 생각에 교황이 펄쩍 뛰었다. 위기에 처한 페르디난트는 고해 신부 라모르마이니의 도움을 받아46 재빨리 물러났으나, 이미 엎질러진 물이었다. 에스파냐 왕이 프랑스령 만토바 공국을 더욱 거세게 몰아치지 못했다고 힐난하자47 페르디난트는 어쩔 수 없이 제국군을 이탈리아로 보냈다. 분노한 교황은 잠시 망설이다가 빈의 교황 대사가 일러준 대로 일단 유화책으로 페르디난트에게 성물 한 점을 보내 회유하려 했다.48 그래도 만토바 원정이 취소되지 않자 교황의 태도는 돌변했다. 그는 페르디난트가 요청했던 보헤미아의 바츨라프 4세와 헝가리의 이슈트반(István, 967?~1038)의 시성을 거부하고, 그에게 복원된 교구의 주교 임명권을 주지 않겠다고 선언했다. 페르디난트는 교황의 태도에 개의치 않고, 수도원의 토지는 예수회가 아니라 원래 임자인 수도회에 돌려줘야 한다고 맞섰다.49 작은 몸집에 쉽게 흥분하고 수다스러운 사람이었던 교황 우르바누스 8세는 곧 로마 전역에 바람이 어디로 부는지 알렸다. 하지만 바티칸에 에스파냐 첩자들이 득시글거리고 있었으므로 큰소리로 포고하지는 못했다. 만토바에 대한 걱정으로 잠을 이루지 못한 교황은 시도 때도 없이 지저귀는 새소리가 방해가 된다며 정원의 새들이 지저귀지 못하도록 모조리 죽여버렸다.50

만토바 위기는 그 자체로는 큰 사건이 아니었지만, 30년 전쟁의 전환점이 되었다. 만토바 사건으로 인해 결국 가톨릭교회는 분열을 자초했고, 교황과 합스부르크 왕조는 불화를 빚었다. 또한 힘의 균형을 맞추기 위한 가톨릭 세력과 신교 세력의 동맹이 도덕적으로 용인되었다.

전쟁 12년째인 1629년은 현실보다 이론의 측면에서 더 파란만장했다. 전장이 아니라 대사관에서 새로운 사태가 전개되었던 것이다. 에스파냐 왕국은 제국 위에 군림하면서 그때까지 성공적이었던 페르디난트의 정책을 복잡하고 위험한 방향으로 끌고 갔다. 만토바에 관한 에스파냐의 이해관계는 페르디난트를 교황 반대파로 몰아갔다. 또한 저지대에 관한 에스파냐의 이해관계는 페르디난트가 새로 구축한 제국의 힘을 네덜란드 전쟁에 헛되이 투입하도록 몰아갔다. 페르디난트는 독일에서 성공을 거두었지만, 그의 에스파냐 친척들은 플랑드르에서 실패했고, 이제 그에게 도움을 요청하기보다 강요하기에 이르렀다.

네덜란드에서는, 별로 돋보이지 않으면서도 주도면밀한 지휘관으로 백성들의 존경을 받는 프레데리크 헨드리크가 책임자로 나섰다. 1629년 8월 19일 그는 라인 강 통로를 방어하는 거점인 독일 국경의 요새 베젤을 점령했고, 한 달 뒤에는 브라반트 국경의 큰 도시인 헤르토겐보슈를 손에 넣었다. 플랑드르에서는 계속된 패배로 군대뿐만 아니라 민간에서도 모두 사기가 저하되었다. 한때 플랑드르 신민들 사이에서 높은 지지를 받았던 이사벨 대공비의 통치도 인기를 잃었다.51 한편, 네덜란드 함선들이 영국 해협에 몰려들어 에스파냐의 금이 플랑드르 항구로 운송되는 통로를 차단했다. 1628년 네덜란드의 제독 피에트 헤인(Piet Hein, 1577~1629)은 쿠바 연해에서 에스파냐 함대를 통째로 나포해 1,150만 네덜란드 플로린에 해당하는 금과 물자를 노획했다. 플랑드르에 있던 에스파냐군에게 전달될 돈이었다. 그 덕분에 네덜란드 서인 도회사의 주주들은 1629년에 무려 50퍼센트의 배당금을 받았다.

　급료를 받지 못한 에스파냐 병사들에게 반감이 퍼지더니 마침내 폭동으로 터졌다. 브레다의 장교 숙소에는 '돈! 돈! 돈! 우리는 돈을 받지 못하면 싸우지 않겠다!'라는 문구가 적힌 종이가 날아들었다. 헤르스탈에서는 병사들이 인근 숲에서 장작을 만들어 그것을 시민들에게 팔아 겨우 생계를 유지했다. 리에주에서는 시내를 약탈하려는 병사들을 가까스로 제지했다. 산플리에트에서는 탈영으로 3개 중대의 전 병력이 60명도 남지 않았다. 명성이 자자했던 에스파냐 보병의 규율도 무너져 내렸다. 병사들이 굶주리고 헐벗은 판에 규율을 따질 수가 없었다. 리에주에서는 겨울에 초병 두 명이 기지에서 누더기 차림으로 숨진 채 발견되었다. 대공비는 일단 자신이 소유한 보석을 저당 잡혀 위기를 넘긴 뒤 나중에 백성들에게 특별세를 거두었으나 그런 비상대책이 오래갈 리 없었다.52 이 극한의 상황을 해결할 수 있는 사람은 페르디난트밖에 없었다. 에스파냐 정부는 페르디난트에게 모든 책임은 제국의 평화를 깬 네덜란드에 있다고 주장했다. 네덜란드가 베젤에서 국경을 넘은 탓에 독일 군주들이 그에 대항하면서 재앙이 일어났다는 것이었다.

　에스파냐가 페르디난트에게 가한 압력은 두 가지 결과를 낳았다. 첫째, 독일에서 페르디난트의 노력이 분산되었다. 한편으로는 독일 군주들에게 자기 아들을 선출해달라고 설득하면서, 다른 한편으로는 그들이 네덜란드와의 전쟁에 나서도록 강압해야 했다. 둘째, 그는 애초에 의도했던 것보다 일찍 발렌슈타인을 희생시켜야 했다. 사실 발렌슈타인이 발트 계획과 교회 토지의 반환에 관해 관심을 가진 이유는 단지 그것이 자신의 구상을 실현하는 데 도움이 된다고 여겼기 때문이다. 그는 엘베 강을 중심으로 북부 해안과, 동쪽과 남쪽의 영토를 아우르는 독일-슬라브 제국을 꿈꾸었다. 그래서 그는 브란덴부르크를 침묵시키고, 작센을 복속시키고, 폴란드와 트란실바니아를 조공국으로 만들고, 덴마크와 스웨덴을 무릎 꿇릴 작정이었다. 이렇게 제국을 재편한 뒤 후속 정책으로 그는 투르크를 공격할 참이었다. 동유럽 태생으로 투르크와의 싸움에서 처음 전쟁을 경험한 발렌슈타인은 투르크를 최대의 숙적으로 여겼다.53

따라서 발렌슈타인에게 당장 급한 일은 북독일을 진정시키는 것이었다. 장군은 자신의 병력만으로도 충분히 반대파를 침묵시킬 수 있다고 자신하며, 자기 나름의 경제적·정치적 판단으로 토지반환령의 집행에 반기를 들었다. 이미 발렌슈타인은 덴마크 왕을 상대로 한 원정에서 북부 군주들을 정치적으로 복속시켰다. 그런데도 굳이 신앙에까지 간섭해서 유럽의 신교 세력을 자극하고 북부의 남은 저항 세력을 일깨울 필요가 있을까? 루터 전투 이후 그는 수도원을 가톨릭교회에 되찾아주어도 교회가 수도원에 좋은 인력을 파견하지 않는다면서 이제 그 작업을 중단하겠다고 투덜거렸다.54 하지만 토지반환령이 반포된 이후 빈에서는 발렌슈타인을 더욱 거세게 비판했다. 그가 교회의 토지를 점령한 뒤 그곳에 새로 파견된 사제와 수사가 일할 수 있도록 협조하지 않았다는 것이다.55

발렌슈타인은 에스파냐 정부의 구상을 자신의 목적에 이용하려는 마음만 있었을 뿐, 그 작업에 필요한 정치적 판단력과 인간적 이해가 부족했다. 에스파냐는 그가 발트 계획을 거부한다 해도 어차피 그를 용서했겠지만, 발트 계획을 가로챈다거나 그 계획을 실행하는 과정에서 에스파냐를 배제하는 것에 대해서는 결코 용서하지 않을 것이었다. 일찍부터 그는 황제에게 에스파냐의 도움을 거부하고 발트 함대의 구축과 운영을 전적으로 자신에게 맡기라고 제안했으나,56 결국 양측 모두 함대를 마련하지 못한 채 슈트랄준트의 거센 저항만 불렀다.

발렌슈타인의 판단착오였다. 발트 항구들이 그토록 강력하게 대항할 줄은 예상치 못했던 것이다. 1629년 그는 뜻하지 않은 위험에 봉착했다. 슈트랄준트의 저항과, 그들과 스웨덴 왕과의 동맹은 폴란드 왕에게 큰 영향을 미쳤다. 그 무렵 스웨덴의 구스타프 아돌프는 브란덴부르크와 슈트랄준트에서부터 필라우까지 차지하게 되면서, 폴란드에서도 전쟁을 벌일 수 있게 되었다. 위험을 느낀 지그문트 3세는 항전을 포기할 수밖에 없었다.57 폴란드의 개가 사슬에 묶이자 스웨덴 왕은 아무 거침없이 독일을 침략할 수 있게 되었다. 발렌슈타인을 거부했던 한자동맹 도시들은 대부분 구스타프 아돌프를 환영했다. 이리하여 그는 발트해의 패자로 우뚝 서서, 탄압받는 독일 신교도들에게 손길을 뻗쳤다.

1629년 한 해 동안 위험은 점점 커졌다. 2월에 스웨덴 왕은 덴마크 왕과 만났다. 덴마크의 크리스티안이 발렌슈타인에게 패배했던 그 당시에 바로 스웨덴과 강화를 맺을 수 있었다면,58 그는 기꺼이 스웨덴 왕의 동맹자이자 부하가 되겠다고 나섰을 것이다. 그러나 구스타프 아돌프는 그 일을 너무 늦게까지 미뤄두었다. 1년 전만 해도 크리스티안 4세는 실추된 명예를 되찾겠다는 실낱같은 희망을 품고 있었지만, 볼가스트에서 패배한 이후에는 아무런 희망도 갖지 않았다.

구스타프는 발렌슈타인이 구축하려는 함대에 관해 이야기하고 위험을 사전에 예방하라고 촉구했으나, 덴마크 왕은 어깨를 으쓱할 따름이었다. 독일 군주들은 돕지 않을 테고, 적에게 철저히 유린당한 덴마크는 더 이상 돈을 염출할 여력이 없다는 게 그의 변명이었다. 그러자 구스타프는 불끈했다. 스웨덴은 이미 30년 동안이나 전쟁을 벌이고 있는데도 자신이 명한다면 계속해서 전쟁을 더 할 수 있다고 자랑했다. 또한 그는 어깨에 탄환이 하나 박혀 있고 앞으로도 신의 뜻이라면 세 개는 더 맞을 수 있다면서, 덴마크 왕에게 상처를 직접 만져보게 했다. 하지만 크리스티안은 흔들리지 않았다. 그러자 스웨덴 왕은 신교도의 종교적 의무에 관해 역설했다. 한참을 듣고 있던 늙은 왕은 참다 못해 불쑥 질문을 던졌다. "폐하는 독일에 무슨 용무가 있으신지요?" 일순간 구스타프는 말문이 막혔다. "그걸 질문이라고 하시오?" 그는 버럭 화를 내며 소리치고는 다시 장황하게 신교 교회를 탄압하는 적들을 호되게 매도했다. 격정에 사로잡힌 그는 덴마크 왕의 코앞에 주먹을 대고 흔들어 보였다. "폐하께서도 아셔야 합니다. 황제든 왕이든, 혹은 군주든 공화국이든, 아니면 수많은 악마들이든 누가 내게 이런 짓을 한다면, 우리는 서로의 귀를 잡고 함께 머리털을 휘날려야 합니다." 하지만 그 연극 같은 행동은 덴마크의 크리스티안에게 통하지 않았다. 크리스티안은 속으로 5년 전만 해도 스웨덴 왕이 이렇듯 강력하게 나오지는 못했을 것이라고 한탄했다. 그러나 그는 엄청난 자제력으로 그 말을 입 밖에 내지는 않았다.59

그 만남의 주요한 효과는 발렌슈타인이 폴란드의 지그문트에게 증원군을 보낸 것이었다. 그렇게 해서 그는 스웨덴군을 최대한 묶어두고,60 서둘러 덴마크 왕에게 한층 완화된 강화 조건을 제시했다. 그래도 조건은 여전히 까다로웠다. 크리스티안은 북독일 주교구들을 포기하고 홀슈타인, 슈토르마른, 디트마르셴에 대한 제국의 지배를 받아들여야 했다. 하지만 조약의 조건이 아무리 나쁘다 해도[61] 그로서는 수락하지 않을 수 없는 처지였다. "제 정신이라면 덥석 받아들이겠지." 발렌슈타인은 태연하게 말했다.[62] 이리하여 1629년 6월 뤼베크에서 독일과 덴마크 사이에 강화가 맺어졌다.

하지만 뤼베크 강화로도 북부의 위험을 종식시키지는 못했다. 그해 초에 브란덴부르크 선제후는 발렌슈타인의 강압에 시달린 나머지 네덜란드에게 손을 내밀었으며,[63] 나중에는 스웨덴 왕과도 수상쩍은 서신을 주고받았다.[64] 그보다 더 나쁜 것은 프랑스와 영국의 대리인들이 구스타프와 폴란드의 지그문트 사이에 휴전을 주선했다는 점이다.[65] 그해가 가기 전에 프랑스 대사가 스웨덴 왕을 만나러 웁살라로 갔을 때, 왕은 이미 신하들과 함께 독일을 침략할 계획을 논의하고 있었다.[66]

이런 상황에서 발렌슈타인이 취할 대책은 한 가지, 군대를 증강시켜 북독일에 확실히 안착하는 것밖에 없었다. 그래야만 발트 계획이 완성될 수 있었다.[67] 그런데 발렌슈타인이 이렇게 결심하자 에스파냐와의 다툼이 불가피해졌다. 1629년 초 리슐리외는 이탈리아를 침공하고, 수사를 점령하고, 카살레를 해방시키고, 사보이, 베네치아, 교황과 조약을 체결했다.[68] 올리바레스가 위그노를 지원해 그의 후방을 공격했으나,[69] 리슐리외는 노련한 외교로 내부의 위험을 잠재우고 알레 강화를 맺었다. 이탈리아 침공은 중단된 게 아니라 연기되었다. 그 덕분에 합스부르크는 겨우 숨 쉴 짬을 얻었다. 스피놀라는 전쟁이 아니라 조약을 권고했으나, 호전적인 올리바레스는 그의 의견을 수용하지 않았다.[70] 오히려 마드리드 정부는 배은망덕하게도 그 고참 장군을 깎아내리려 애쓰며,[71] 스피놀라 대신 독일에 있는 발렌슈타인의 군대를 보내달라고 요구했다.

해상 계획은 실패했고, 남은 적은 보잘것없는 스웨덴 왕뿐인데 발트 지역에 그런 대군이 있을 필요가 있는가? 올리바레스는 이렇게 주장했다. 페르디난트는 사정을 더 잘 알고 있었으나 그 주장에 따를 수밖에 없었다.

1630년 5월 페르디난트는 발렌슈타인에게 3만 명의 병력을 이탈리아로 보내라고 지시했다. 병력의 지휘는 발렌슈타인이 아니라 이탈리아 용병인 콜랄토가 맡았다. 빈의 에스파냐 세력은 오래전부터 콜랄토를 지원해 발렌슈타인을 축출하려 애썼다. 그러나 발렌슈타인은 단 한 명의 병사도 보낼 수 없다고 버텼다.[72] 페르디난트와 그가 세력을 구축하는 데 크게 기여한 인물 사이에 위기가 닥쳤다.

그달 초에 스웨덴 왕의 신하들은 스웨덴이 생존하려면 즉각 독일을 침공해야 한다고 주군을 설득했다.[73] 그리하여 5월 29일 왕은 유일한 혈육인 크리스티나(Christina, 1626~1689) 공주를 신하들에게 맡기고, 스톡홀름에서 배에 올랐다.[74] 그는 리슐리외에게는 '떠오르는 태양'이었고,[75] 바이에른의 막시밀리안에게는 '신교의 구세주'였다.[76] 하지만 합스부르크의 페르디난트에게는 문명권의 극지에 위치한 동토의 하찮은 찬탈자[77]에 불과했다. 페르디난트 입장에서는 덴마크 왕을 아주 쉽게 물리쳤으니, 그를 '스웨덴의 악당(Schwedische canaglia)'[78]이라고 경멸할 만했다. 악당이라는 표현을 쓴 사람은 발렌슈타인이지만, 그는 페르디난트와 달리 말로만 경멸했을 뿐 현실에서 적을 가볍게 보지는 않았다. 그는 스웨덴군이 상륙한 다음에 물리치는 것보다는 상륙 자체를 막는 게 더 낫다고 판단했다. 만약 그가 북부 해안을 완전히 방비할 수 있었다면 실제로 스웨덴군의 상륙은 불가능했을 것이다. 그러나 페르디난트가 발렌슈타인의 의견을 수용하지 않은 탓에 그의 3만 병력은 이탈리아로 향했다.

발렌슈타인의 힘은 위축되었다. "나는 적들이 아니라 소수의 신하들과 더 많은 전쟁을 치르고 있다."79 그는 이렇게 말했는데, 사실이었다. 황제의 신하들은 전부 그에게서 등을 돌렸다. 사실 그럴 만도 했다. 그가 세습 토지를 차지하는 바람에 안 그래도 빈약한 황실 재원이 더욱 줄어들었고, 제국 각지에서 그의 가렴주구 때문에 페르디난트의 인기가 추락하고 있었다. 브란덴부르크 선제후는 빈에 보낸 편지에서 이렇게 한탄했다. "내가 내 영토에서 언제까지 선제후와 주인의 지위를 유지할지 전혀 알 수 없습니다." 그는 자기 나라에 주둔한 군대를 부양해야 할 뿐더러 남들에게도 공물을 보내야 한다고 불평했다. "나는 이 전쟁의 실제 원인을 알지 못합니다."80 뤼베크 강화 이후 적어도 드러난 전쟁은 없었으니, 그가 덧붙인 이 말이 틀린 말은 아니었다.

그보다 훨씬 더 심각한 것은 격분한 막시밀리안의 위협이었다. 그는 뮌헨에서 프랑스 사절에게 황제를 무장해제시키려 한다고 공공연히 말했다. 그가 1619년에 그랬듯이 결정적인 순간에 또다시 합스부르크 왕조의 제위 계승을 깨려 들 것이라는 소문도 한동안 나돌았다. 그가 로마인의 왕을 선출하는 데 후보로 나서서 황제의 아들과 제위 경쟁을 벌이리라는 것이었다. 프랑스 대리인은 그 전해에 스웨덴 왕이 프로이센에 강제로 군대를 주둔시킨 것에 대해 영국이 대처하지 못하고 있을 때 영국 대리인에게 그 소문을 전했다. 당시 그 영국 대리인은 본국에 이렇게 보고했다. "프랑스의 나이팅게일이 달콤하지만 목청껏 울기를 신께 기원합니다."81 얼마 뒤 막시밀리안의 영향을 받고 있던 가톨릭동맹은 틸리의 군대에 자금을 지원해 비상시에 대비하기로 가결했다.82 뤼베크 강화에도 불구하고 막시밀리안은 발렌슈타인에게 배운 수법대로 행동하고, 나이팅게일은 목청껏 울지 않으려 했던 것 같다.

1630년 3월 마인츠 선제후는 동료들에게 여름에 레겐스부르크에서 선제후단 회의를 연다는 연락을 전했다.83 페르디난트는 5월 말에 그곳으로 출발했다. 이제 발렌슈타인을 희생시켜 아들의 제위 계승을 이루려던 계획을 단행할 때가 왔다. 그러나 에스파냐 친척들을 위해 그는 또 한 가지 요구 사항을 덧붙여야 했다. 선제후들에게서 네덜란드 파병에 대한 동의를 얻어내야 했던 것이다. 발렌슈타인을 해임하면, 둘 중 하나는 세력이 약해진 군주들의 양보를 얻어낼 수 있을 터였다. 하지만 둘 다 얻을 수는 없을까? 에스파냐 정부는 페르디난트에게 서로 정책을 합치자고 강요했다. 하지만 프랑스를 독일 무대에서 활개치게 놔둔 탓에 그 결과는 실패였다. 제국 정치의 가장자리에서 은밀하게 움직이던 리슐리외는 처음에는 스웨덴 왕을 폴란드의 위험에서 구해주더니, 다음에는 프랑스와 네덜란드의 동맹을 체결하고, 이제는 선제후단 회의에 대표단을 보내 프랑스인인 만토바 공작을 위해 협상하는 척하면서 뒤에서는 신성로마제국의 선제후들을 매수하려 했다.

분열된 군주들을 상대할 만한 사람은 페르디난트밖에 없었지만, 그는 에스파냐 친척들에게 시달리느라 독일 군주들과 리슐리외의 연합 세력을 상대할 수 없었다. 1630년 레겐스부르크 회의는 독일 전쟁의 에필로그가 아니라 부르봉과 합스부르크의 갈등을 알리는 프롤로그였다. 페르디난트는 자신의 정책을 완전히 포기하지도, 완수하지도 못했다. 그의 정책은 은근슬쩍 폐지되어버렸다.

6

　1630년 여름에는 독일에서 전쟁이 없었다. 덴마크 왕이 철수하자 신교의 마지막 무장 저항도 끝났다. 선제후단에서 여전히 남은 중대사들을 타결하고, 군대를 해산해 평화를 확립하기에 알맞은 때였다.

　10년간의 전쟁으로 제국의 절반 이상이 군대의 점령이나 통과로 그 후유증이 심각했다. 소가 병들고, 사람도 동물도 모두 굶주리고, 전염병까지 창궐했다. 1625년부터 1628년까지 4년 연속 흉년이 들어 독일의 재난은 더욱 심각해졌다. 전염병은 굶주린 사람들을 대량으로 희생시키고, 난민 수용소를 덮쳤다. 원래는 근면했던 사람들이 빈곤과 기근으로 희망과 수치심을 잃고, 구걸도 부끄럽게 여기지 않게 되었다. 점잖았던 시민들도 서슴없이 이웃집에 가서 동냥을 했다.84 그러나 동정심의 부족 때문이 아니라 가난 때문에 자선도 바닥을 드러냈다. 추방된 목사들은 전국을 떠돌며 자신을 **받아주려는** 사람이 아니라 **받아줄 수 있는** 사람을 찾아 헤맸다. 오버팔츠의 가톨릭 사제들은 추방되었던 사람들에게 자리를 만들어주기 위해 당시 굶주리는 선임자들을 구제해달라고 정부에 탄원했다.85

　1628년 티롤에서는 콩대를 갈아 빵을 만들어 먹었고, 1630년 나사우에서는 도토리와 뿌리로 빵을 만들었다.86 바이에른에서조차 굶어죽은 시신이 도로변에 즐비했다.87 1627년 하벨 강둑은 작황이 괜찮았으나 퇴각하는 덴마크군과 추격하는 제국군이 농사를 다 망쳐버렸다.88 1629년 단치히 만의 '비참한 엘빙'을 보고 토머스 로(Thomas Roe, 1581~1644, 영국 외교관. 영국 왕 제임스 1세의 대사로서, 인도와 오스만투르크, 오스트리아 등지에서 활동했다: 옮긴이)는 이렇게 썼다. "가는 곳마다 들리느니 탄식이고, 보이느니 시신이다. 80영국마일 이내에 안전하게 잠잘 수 있는 가옥이 한 채도 없고, 몇몇 가난한 여인과 아이들만이 곡식을 찾아 헤매고 있다."[89]

사람들의 궁핍에도 아랑곳없이 병사들은 여전히 수탈과 악행에 여념이 없었다. '칼로 땅을 갈고 수확물을 약탈하라.' 그들은 이런 노골적인 노래를 부르면서 노래대로 실천했다.[90] 콜베르크 한 곳에서만도 교회 다섯 곳을 불태우고 창고와 곳간을 탈취했다. 그냥 재미 삼아 불을 지르는 경우도 흔했다. 심심해서 건초 더미에 총을 발사하는가 하면, 일부러 주거 지역에 불을 놓았다. 가옥들이 잿더미로 변해버려 교회로 피신한 사람들에게서 가재도구를 약탈하는 일도 비일비재했다.[91] 점령한 거의 모든 도시에서 시민들이 교외에 애써 가꾼 과수원과 채마밭을 불태우고 그 자리에 요새를 지었다.[92]

슈바이트니츠의 시장은 군대의 터무니없는 요구 사항이 적힌 종이 뒷면에다 기도문을 썼다.[93] 그가 할 수 있는 유일한 항의였다. 틸리의 장교들은 돈을 찾지 못하면 교회의 첨탑을 허물어 납을 녹였다. 또 엘베 강 연안에서 통행세를 신설해 돈을 거둬들였다.[94] 설령 군대의 요구 사항을 전부 들어준다 해도 돈과 물자가 병사들에게 제대로 돌아가 더 이상의 혼란을 방지할 수 있을 것이라는 보장이 없었다. 지휘관이 몰수한 식기를 녹여서 자신의 만찬 식탁에 올려놓는 일도 흔했다.[95] 발렌슈타인은 병사들에게 돌아가야 할 몫을 부당하게 착복한 장교들을 호되게 꾸지람했다.[96]

튀링겐에서 발렌슈타인의 병사들은 시청 지하 저장고의 식당에서

배불리 먹은 뒤 낮은 창문을 통해 지나가는 사람들의 발을 총으로 쏘는 놀이를 즐겼다.97

브란덴부르크 변경에서 병사들은 지도층 시민들을 볼모로 잡아 말 꼬리에 그들을 묶은 채 거친 길을 몇 킬로미터나 끌고 가 밤새 탁자와 의자 밑에 개처럼 묶어놓았다.98 병사들과 시민들 간의 적대와 증오가 점점 심해져 전쟁의 공포를 더욱 배가시켰다. 디트마르셴에서는 농민들과 군대의 내전으로 매일 사람들이 죽고 불이 났으며, 군대 주둔지와 촌락에서 번갈아가며 보복 공격이 이루어졌다.99 그리멜스하우젠(Hans Jakob Chirstoffel von Grimmelshausen, 1622?~1676)은 소설을 통해 당시의 끔찍한 일들을 소개했다. 병사들은 농민의 엄지를 권총 안으로 집어넣고 비틀어 고문을 가하는가 하면, 머리를 밧줄로 조여 눈알이 튀어나오게 하고, 화덕의 불로 살을 태우고, 더러운 물을 입에 퍼넣었다(그 더러운 물은 나중에 스웨덴 술이라고 불렸다). 긴 밧줄로 죄수들을 서로 등지게 묶어놓고, 총알 한 발로 몇 명을 죽일 수 있는지 자기들끼리 내기를 하기도 했다.100

독일이 복구될 수 있는 길은 단 하나, 전쟁을 종식시키는 것이었다. 하지만 1630년의 군주나 권력자는 가장 빠른 그 해결책을 거의 고려하지 않았다. 작센의 요한 게오르크는 페르디난트에게 편지를 보내 나라가 거의 피바다로 변했다면서 강력히 항의했다.101 또한 그는 레겐스부르크에 가지 않겠다는 의사를 표명함으로써 백성들의 고통이 자신의 둔한 감수성에 얼마나 큰 상처를 주었는지 밝혔다. 그는 페르디난트가 자신을 협박한다고 주장하면서 브란덴부르크 선제후에게 안나부르크에서 만나 항의 모임을 갖자고 제안했다.102 물론 그의 행동은 고도의 정치적인 동기에서 나온 것이었지만, 두 선제후가 전반적인 논의에 참석하는 것조차 거부하는 한 독일에 평화의 전망은 별로 없었다.

막시밀리안의 사정도 별반 나을 게 없었다. 어떤 면에서는 더 나빴다. 그는 발렌슈타인을 꺾으려는 각오에서 교황과 리슐리외의 비밀 지원을 등에 업고 레겐스부르크에 갔기 때문이다.103 에스파냐의 개입이 독일이 겪는 재앙의 근원이라고 믿고 있던 막시밀리안은 평범하지만 치명적인 인식의 오류를 드러냈다. 그는 제국에서 한 외국의 영향력을 제거하기 위해 또 다른 외국을 끌어들이려 했던 것이다.

만약 막시밀리안이 레겐스부르크에서 프랑스 측을 돕는 것도, 프랑스 측의 도움을 받는 것도 거부했다면, 만약 작센 선제후와 브란덴부르크 선제후가 최후의 저항을 택하는 대신 신교의 패배를 수용했다면, 독일의 평화는 가능했을 것이다. 스웨덴 왕은 철군했을 테고, 부르봉과 합스부르크의 전쟁은 플랑드르와 이탈리아에서 전개되었을 것이다. 1630년에 항복했다면, 독일은 그 후 18년간의 전쟁을 모면했을 것이다. 비록 그 해결은 1648년 프랑스와 에스파냐의 강요로 이루어진 최종 해결과 크게 달랐겠지만 그보다 더 나쁘지는 않았을 것이다. 물론 1630년에 항복했다면 독일의 자유는 포기해야 했다. 그러나 그 자유는 지배 군주들의 특권이거나 기껏해야 시 정부의 특권으로, 민중의 권리와는 무관했다. 민중의 자유는 전쟁 전에도, 전쟁 후에도 없었다. 페르디난트가 승리한다면 제국은 오스트리아의 통제 아래 중앙집권화될 테고, 독일어권 세계에 여러 개가 아닌 단 하나의 전제 체제가 확립될 터였다. 그것은 신교의 참패였으나 신교의 소멸은 아니었다. 가톨릭교회는 이미 너무 약해져서 페르디난트가 부여한 원대한 임무를 수행할 수 없는 상태였고, 세속화된 토지를 교회로 귀속시키는 것은 정치적 압류보다 크게 뒤처진 방식이었다. 많은 신교도의 신앙심은 여전히 독실했지만, 또 북부에서 수많은 망명자들이 작센과 브란덴부르크, 홀란트로 떠밀려갔지만, 양측의 젊은 세대들 사이에서는 무관심이 점차 커지고 있었다. 페르디난트의 조직은 이미 토지반환령의 집행을 감당할 수 없는 형편이었으나, 설령 그대로 집행할 수 있었다 해도 신교는 소멸하지 않았을 것이다. 작센과 브란덴부르크가 건재했고, 뷔르템베르크, 헤센, 바덴, 브라운슈바이크의 일부도 튼튼했으니까.

1630년에 페르디난트가 승리했더라면 순수한 축복이 되었을 것이라고 보는 것은 어리석은 생각이다. 물론 토지반환령은 이미 엄청난 고통을 유발했고, 계속 집행될 경우 더 큰 고통이 빚어졌을 것은 틀림없다. 하지만 그렇다 해도 전쟁이 18년간 더 지속된 것이 과연 그보다 무한히 더 나쁜 것이냐는 의문은 충분히 품어봄 직하다. 전쟁의 지속이 더 낫다는 입장을 지지했던 강력한 논거가 있다. 항복했으면 합스부르크 왕조가 독일만이 아니라 유럽을 지배하게 되었으리라는 주장이다. 페르디난트는 더욱 적극적으로 공세를 펼쳤을 테고, 틀림없이 에스파냐 왕을 지원해 네덜란드와 싸웠을 것이다. 합스부르크의 힘은 유럽 전역에 미쳤을 것이다. 그러나 실은 전쟁을 지속했으면 합스부르크에 못지않은 부르봉의 지배가 확립될 게 뻔했다. 1648년의 타결로 독일의 자유는 그것에서 독일의 약점을 포착한 사려 깊은 외국 동맹자들에 의해 무사히 보존되었다. 18년간 더 전쟁을 벌였어도 1630년에 타결했을 경우보다 대내적 관점에서 더 나은 결말이 이루어진 것은 아니었다. 대외적 관점에서는 훨씬 더 나쁜 결말이었다. 독일의 자유는 분명히 값비싼 대가를 치르고 얻어졌다.

그 대가를 군주들이 치르지는 않았으므로 그들에게는 그렇게 값비싼 대가가 아니었을 것이다. 브라운슈바이크-볼펜뷔텔이 기근에 시달렸어도 공작은 식탁이 평소보다 초라한 정도의 불편만 겪었다. 또 도나우 강 하류에서 포도 수확이 3년 내내 흉작이었어도 페르디난트는 매년 작센의 요한 게오르크에게 선물로 보냈던 토코이(Tokaj, 포도주로 유명한 헝가리의 도시: 옮긴이) 포도주를 보내지 못한 정도의 불편만 겪었다. 궁궐 밖에서는 태풍이 불어도 궁궐 안에서는 미풍에 불과했다.104 토지를 저당 잡히고, 금고가 텅 비고, 빚쟁이가 들끓고, 부상과 감금에 시달리고, 전쟁 통에 자식을 잃는 것은 그래도 비교적 견딜 수 있는 슬픔이다. 잘못된 정책, 명예의 실추, 양심의 가책, 여론의 비난에서 오는 극심한 심적 고통은 독일 지배자들에게 전쟁을 후회할 원인은 되었을지언정 평화로 얻은 혜택은 아니었다. 하지만 독일 지배자들 중 누구도 집을 잃고 한겨울 추위에 나앉은 사람도, 입에 풀을 문 채 죽은 사람도, 아내와 딸이 성폭행을 당한 사람도 없었다. 극소수만 흑사병에 걸린 게 고작이었다.105 그들은 목숨이 위태롭지도 않았고 먹고사는 데 걱정이 없었기 때문에 인간의 고통이 아니라 정치의 견지에서 생각할 여유가 있었다.

7

1630년의 레겐스부르크 선제후단 회의는 주요 쟁점이 독일과 무관했기 때문에 제국의 역사에서만 중요하다. 해묵은 네덜란드 전쟁의 문제와 부르봉과 합스부르크의 적대가 양측의 논의를 지배했다.

이제 페르디난트는 독일의 주인이었으므로 에스파냐 정부는 그에게 군주들을 소집해 네덜란드 정복을 도와달라고 요구했다. 그때까지 마드리드에서는 독일 군주들을 이 계획에 끌어들이기 위해 온갖 노력을 기울였으나, 결국 실패했다. 쾰른 선제후와 트리어 선제후, 노이부르크 공작, 군대의 일부 장교들, 빈 궁정의 대신들, 심지어 발렌슈타인의 집에서 일하는 하인들에게까지 연금을 주듯이 정기적으로 뇌물을 먹였지만 별무신통이었다.106 쾰른 선제후는 네덜란드가 자신의 영토 내에서 전개한 군사 작전에 몇 차례 항의했다. 하지만 막시밀리안은 네덜란드군이 다가와 틸리가 우려를 표명했을 때도 공격을 일체 금지했다.107 한번은 선제후들이 이사벨 대공비에게 네덜란드에 대한 모든 무역 제한을 철회하라고 요청한 적도 있었다. 에스파냐와의 관계가 어떻든 네덜란드도 형식상 제국의 일원이었으므로 모든 특권을 함께 누릴 자격이 있었다.108

페르디난트가 아무리 낙관적으로 기대한다 해도 네덜란드에 선전포고를 하도록 군주들을 설득할 수 있을지는 미지수였다. 하지만 페르디난트는 에스파냐에 대한 의무 때문에 1630년 7월 초 레겐스부르크 회의를 개최했을 때 이 점을 첫 번째 요구로 밀어붙일 수밖에 없었다. 만토바 전쟁을 통해 자신의 군사력을 입증해 보인 그는 네덜란드가 제국을 침해했다면서 선제후들에게 제재할 수단을 강구하라고 촉구했다. 막시밀리안의 지휘를 받고 있던 그들은 페르디난트가 군대를 감축하고 총사령관을 새로 임명하기 전에는 아무것도 논의하지 않겠다고 대답했다. 그들에게는 네덜란드를 적대하려는 마음이 없었다. 오히려 에스파냐가 독일 땅을 군사 기지로 사용하는 용납할 수 없는 짓을 저지르고 있다고

보았다.109

　이 공격과 반격은 교착으로 향했다. 페르디난트의 대응은 회유적으로 보였으나 실제로는 그렇지 않았다. 그는 자신이 직접 늘 군대에 규율을 강요한다고 말했으며, 새 총사령관을 찾겠다고 약속했다.110 하지만 그 대답이 실천되지는 않았다. 약속 내용이 모호했던 탓도 있지만 그보다는 페르디난트가 새 사령관으로 자기 아들을 염두에 두고 있다는 소문이 나돌았기 때문이다. 만약 그렇다면 어떤 면에서는 더 나쁜 변화였다. 7월 29일 선제후들은 더 강력한 불평을 제기했다.111

　페르디난트가 사냥터에 가 있는 동안 선제후들은 자기들끼리 불만 사항을 논의하느라 7월 31일 밤까지 회의에 복귀하지 않았다. 그 사이에 프랑스 대표 두 사람이 도착했는데, 그중 한 사람은 조제프 신부였다. 이들이 왔다는 소식과 선제후들이 불만을 심도 있게 토의했다는 이야기를 듣고 페르디난트는 좋은 기분을 망쳤다. 31일 밤 그는 아무 말 없이 침소로 가서 8월 1일 새벽 3시까지 최측근 신하들과 함께 밀담을 나누었다.112

　그 뒤의 사태는 페르디난트가 충분히 우려할 만했다. 조제프 신부와 교황 대사는 네덜란드 전쟁에 동의하지도 않고 젊은 대공을 로마인의 왕으로 선출하지도 않겠다는 군주들의 결정을 지지했다. 조제프 신부는 선제후들이 에스파냐의 독일 개입을 확실히 반대하도록 조치를 취해놓았다.113 그와 함께 온 또 다른 프랑스 대표 실레리 후작 브륄라르는 이 군주들이 모두 '훌륭한 프랑스인'이라며 득의만면했다.114 한편, 작센의 요한 게오르크는 강화 논의에 반드시 필요한 예비 조건이라고 생각하는 여섯 가지 사항을 제출함으로써 자신의 입장을 분명히 밝혔다.

그 가운데 중요한 사항은 1618년과 같은 종교적 화해, 토지반환령의 철회, 군세의 대폭 감축이었다.115

8월 7일 레겐스부르크에서 페르디난트는 다시 한 번 가톨릭 선제후들을 논리로 꺾으려 했다. 그는 결코 입헌주의를 옹호한 적이 없다고 주장하고, 느닷없이 계승 문제가 불투명한 클레베-윌리히 공국을 일시적으로 몰수하자고 제안했다.116 그 의도는 라인 강 하류에 에스파냐의 튼튼한 발판을 마련해줌으로써 네덜란드 전쟁에서 에스파냐를 간접적으로 도우려는 것이었다. 선제후들의 기분을 맞춰주기 위해 페르디난트는 그 이튿날 승마대회를 열었는데, 그의 맏아들이 다시 우승을 차지했다.117 젊은 페르디난트는 승마술에 능숙했으므로 황제인 아버지의 연출에 잘 부응해주었지만, 만약 황제가 승마술 같은 것으로 선제후들의 마음을 누그러뜨릴 수 있으리라고 여겼다면 그것은 착각이었다. 황제의 새로운 제안에 대해 그들은 냉담을 넘어 적대감을 보였다. 그들은 클레베-윌리히 문제의 본질을 꿰뚫어보고, 공국을 몰수하자는 제안에 찬동하지 않았다.118

페르디난트는 발렌슈타인과 토지반환령이라는 두 장의 카드를 손에 쥐고 있었다. 장군을 포기하면 가톨릭 선제후들을 진정시킬 수 있고, 토지반환령을 포기하면 작센과 브란덴부르크를 진정시키고 늦게나마 회의에 참석시킬 수 있었다. 황제는 첫 번째 카드를 사용하기로 마음먹었다. 8월 17일 그는 신하들을 불러 장군을 해임할 가장 좋은 수단을 논의했다. 당시 발렌슈타인은 많은 추종자들을 거느리고 레겐스부르크에서 불과 몇 킬로미터 떨어진 멤밍겐에 있었다. 황제는 어떻게 그의 사임을 요구해야 할지 아직 방법을 아직 찾지 못했다고 시인했다.119 하지만 놀랍게도 사자를 보내 의사를 타진한 결과 발렌슈타인은 황제가 정말 원한다면 자리에서 물러나겠다는 뜻을 비쳤다. 8월 24일 황제의 사절단이 멤밍겐에 도착했다.120 발렌슈타인은 그들을 정중하게 영접하고, 공식 사임서를 써주었다. 당시 그가 사절단에게 보여준 별점에 따르면, 페르디난트의 운명은 위기를 맞아 막시밀리안에 의해 통제된다고 되어 있었다. 그래서 발렌슈타인은 공식적으로는 조심스럽게 하늘의 명령에 맡기는 척하면서, 개인적으로는 복수극을 착실하게 준비하고 있었다.121

그가 해임되자 프랑스는 바이에른의 지지를 잃었다. 발렌슈타인이 제거됨으로써 막시밀리안은 페르디난트에 대한 군사적 지배권을 되찾았으므로 외국 동맹자들에게 관심을 끊은 것이었다. 그와 동시에 페르디난트의 군대는 만토바를 장악해 프랑스 공작을 추방했다. 이탈리아에서 패배하고 독일에서 막시밀리안의 지지를 잃은 프랑스는 세력이 위축되었다. 페르디난트는 유리한 고지를 점령했다. 그는 프랑스가 카살레와 피네롤로를 에스파냐에 넘긴다면 느베르의 샤를을 만토바 공작으로 임명해주겠다고 제안했다. 하지만 프랑스 정부는 제국 내의 누구와도 동맹을 맺지 않기로 했다. 페르디난트의 제안은 프랑스-네덜란드 동맹에 대한 직접적인 공격이자 리슐리외가 구상한 스웨덴 조약에 대한 장애물이었다. 프랑스 왕은 병석에 누운 탓에 계속 지시를 내려달라는 대사들의 절박한 요청에 응답하지 못했다. 조제프 신부와 브륄라르는 독자적으로 판단할 수밖에 없었다. 1630년 10월 13일 그들은 페르디난트의 모든 요구에 잠정적으로 동의했다. 이리하여 레겐스부르크 조약이 체결되었다.

프랑스에게는 암담한 소식이었다. 리슐리외는 불안과 분노가 뒤엉킨 기색으로, 베네치아 대사에게 정계를 떠나 수도원에 들어갈 작정이라고 말했다.122 카살레와 피네롤로를 잃었고, 네덜란드와 스웨덴과의 동맹에 실패했고, 독일 군주들과의 우호가 약화되었다. 반면, 페르디난트는 승자로서 패자에 대한 너그러움으로 리슐리외와 프랑스 왕에게 각별히 안부를 전하며 프랑스 대사들을 환송했다.123

페르디난트는 발렌슈타인의 해임에서 얻을 수 있는 모든 것을 얻어냈다. 또 하나의 카드인 토지반환령의 철회는 더 큰 이득을 가져다줄 터였다. 총리인 에겐베르크는 그에게 그렇게 하라고 탄원했다.124 스웨덴 왕이 쳐들어오고 있었다. 그의 진군에 관해 매일 새로운 소문이 들려왔다. 5만 병력을 거느리고 있다, 귀스트로를 점령했다, 바이마르를 차지했다는 등 레겐스부르크는 온갖 허위 정보와 두려움에 휩싸였다.125 한가롭게 선제후들과 다툴 여유가 없었다. 토지반환령을 포기하면 작센과 브란덴부르크의 항의 모임도 중단될 터였다. 아닌 게 아니라 그들은 토지반환령이 제국의 평화를 저해한다는 선언을 발표했다. 명령이 취소되면 가톨릭 선제후들은 그들과 함께 사태를 논의할 준비가 돼 있었다. 페르디난트가 자신의 왕조를 위한다면 굴복해야 했다.

그러나 이런 에겐베르크의 주장은 페르디난트의 강력한 고집에 맞닥뜨렸다. 페르디난트는 전반전을 멋지게 끝내놓고서는 후반전을 뛰려고 하지 않았다. 발렌슈타인의 포기와 토지반환령의 포기는 그에게 비교할 수 없을 정도로 아주 다른 문제였다. 전자는 순전히 정치적인 문제지만, 후자는 신앙과 관련이 있었다. 그 근원적인 광신주의는 지금까지 그가 모든 위험을 헤쳐나오는 데 도움을 주었지만, 여기서 그를 좌초시킬 수도 있었다.

8월 말에 페르디난트는 레겐스부르크에서 결코 굴복하지 않겠다고 재차 다짐했다.126 선제후단 회의가 진행되는 동안 뷔르템베르크의 제국군은 여전히 폭력적인 방법으로 수도원 토지를 수복했다. 결국 레겐스부르크에서 페르디난트는 리슐리외에게만 승리했을 뿐 군주들을 누른 것은 아니었다. 회의가 끝난 11월에도 거의 모든 문제가 해결되지 않은 채로 남았다.

네덜란드가 클레베와 윌리히에서 전 병력을 철수하는 데 동의하자, 페르디난트도 전 병력의 철수를 약속하지 않을 수 없었다. 이리하여 클레베-윌리히를 몰수하자는 제안은 철회되었고, 네덜란드 중립의 골치 아픈 문제는 보류되었다.127 제국군은 막시밀리안과 틸리가 지휘를 맡았으며, 황제는 발렌슈타인이 개입하기 전인 5년 전의 위치로 되돌아갔다. 토지반환령은 군주들의 전체 회의에서 상세히 논의하기로 했다.128 로마인의 왕은 선출되지 않았고, 에스파냐의 이해관계를 반영한 전쟁은 일어나지 않았다.

단지 프랑스에게만 외교적 승리를 거둔 페르디난트는 이제 그 두 가지 중대한 패배를 극복해야 했다. 그는 자신의 사익을 크게 희생하면서까지 에스파냐 정부에 헌신했으나 얻은 것은 아무것도 없었다. 마드리드 정부는 클레베-윌리히 타결에 분노했을 뿐 만토바 사태에서 그들이 어떤 이익을 얻었는지 평가할 만한 안목이 없었다.

제국 내에서 페르디난트의 정책은 무너졌다. 에스파냐의 요구는 아직 불안정한 제국의 구조가 감당하기에는 너무 무거웠다. 레겐스부르크 회의는 독일을 통합하기는커녕 분열시켰고, 막시밀리안과 가톨릭동맹은 다시 페르디난트의 정책을 지배하게 되었다. 작센과 브란덴부르크의 두 신교 선제후는 동료들로부터 떨어져나가 새로 반대파를 형성했다.129 이렇게 불화가 심화되는 상황에서 스웨덴 왕의 침략은 썩은 나무 줄기 같은 제국을 쪼개는 쐐기 역할을 했다.

　페르디난트가 실패하고, 막시밀리안도 실패했다. 요한 게오르크는 국내 문제를 다룰 만큼 강력한 국내 기구를 형성하려 애쓰고 있었다. 레겐스부르크 회의는 30년 전쟁 중 독일 시기라고 부를 수 있는 시기의 끝이자 외국 시기의 시작에 해당한다. 스웨덴 왕이 포메른에 상륙했다. 독일 백성들은 또다시 그들이 시작하지도 않았고 중단시킬 수도 없는 전쟁의 공포에 휩싸였다. 12년간의 재앙 끝에 구원을 가져왔어야 할 회의는 앞으로 18년간 재앙이 더 계속되리라는 신호탄 역할만 했을 따름이다.

THE THIRTY YEARS WAR 1618~1648

| 7장 |

스웨덴 왕: 1630~32년

스웨덴이라는 나라보다 스웨덴 왕이라는 인물에 더 큰 기대를 건다. …… 그는 정말 위대한 사람이다.

—토머스 로

저는 폐하를 신께서 보내신 천사로 여깁니다.

—존 두리

1

　프랑스와 에스파냐가 싸우는데, 전장은 독일이다. 이것이 레겐스부르크 회의의 요란한 불화에서 나온 유일한 결과였다. 합스부르크 왕조와 부르봉 왕조는 세계의 이 작은 부분을 지배하려 애썼다. 페르디난트와 통합 제국의 꿈, 막시밀리안과 독일 가톨릭 세력, 요한 게오르크와 루터파 입헌주의 세력, 발렌슈타인과 그의 군대, 두 왕조는 이것들을 무기로 삼고 서로 경쟁했다.

　하지만 전쟁은 잠복 상태였다. 리슐리외나 올리바레스도 공공연한 적대를 감행할 형편은 못 되었기 때문이다. 프랑스는 여전히 반란이 일어날지 모르는 상황이었고, 에스파냐는 네덜란드 전쟁과 이탈리아 전쟁으로 국고가 비어 있었다. 그래서 두 경쟁국은 간접적인 공격으로 상대방을 파멸시키고자 했다. 리슐리외는 독일이 진정으로 번영하려면 에스파냐를 배척하고 독일인의 정부를 구성해야 한다고 주장했다.1 하지만 레겐스부르크 회의는 독일인들, 적어도 서로 다투는 독일의 지배자들은 그 정책을 수행할 능력이 없다는 것을 보여주었다. 그러므로 리슐리외는 프랑스의 안전을 위해 외국 동맹자의 자격으로 에스파냐를 축출할 수밖에 없었다.

　네덜란드 연방은 저지대에서 에스파냐에 대항하는 데는 유용했지만 독일을 잡아둘 만한 힘은 없었다. 영국과의 동맹은 안타깝게도 리슐리외의 수중에서 무너졌다. 덴마크 왕은 패주했다. 신중하게 저울질한 결과 리슐리외의 시선은 마침내 스웨덴 왕에게 고정되었다. 리슐리외는 독일 신교도들이 구스타프를 마치 새벽이 다가오는 것처럼 환영한다고 말했다. 그 떠오르는 태양의 온기를 프랑스도 누리려면 서둘러야 했다. 프랑스-스웨덴 조약은 1629년 12월부터 준비되었다.2 구스타프 아돌프는 조약을 비준하지 않았지만 프랑스 대리인들은 그가 행군하는 주변에서 서성댔다. 최종 동맹은 조건의 상세한 타결에 달려 있었다. 리슐리외는 레겐스부르크에서 프랑스 대리인들이 보장한 사항을 즉각 거부하고, 황제의 적을 지원하지 않겠다고 약속했다.

리슐리외가 정면전보다 대리전을 위해 스웨덴 왕과 협상하는 동안, 올리바레스는 국력을 강화해 정면전의 위험을 완화하는 방식을 택했다. 그가 주목한 곳은 독일이 아니라 네덜란드였다. 그는 네덜란드의 경쟁력을 억압하고, 안트웨르펜의 무역을 되살리고, 식민지들을 탈환해 에스파냐를 부흥시키려 했다.

2

1630년 7월 4일 스웨덴 왕 구스타프 아돌프는 우제돔에 상륙했다. 배에서 내릴 때 그는 넘어져 무릎을 살짝 다쳤다.3 극적인 효과에 능한 당대의 역사가들은 그것을 의도적인 행동으로 각색했다. 신교의 영웅이 뭍에 발을 내딛자마자 무릎을 굽혀 자신의 정당한 대의에 대해 신의 축복을 빌었다는 것이다.4 각색되긴 했지만 이 전설에는 시적 진실이 담겨 있다. 스웨덴 왕의 뒤에 어떤 세력이 있든 자신의 개인적 사명에 대한 그의 신념은 결코 꺾이지 않으리라는 것이다.

상륙할 무렵 그는 서른여섯 살이었다. 키가 컸지만 어깨가 넓어 상대적으로 그리 커 보이지 않았고, 살결이 희고 혈색이 좋은 사나이였다.

그의 뾰족한 수염과 짧은 갈색 머리털을 보고 이탈리아 용병들은 그를 '일 레 도로(il re d'oro, 황금의 왕)'라고 불렀다. 그의 원래 별명도 '북방의 사자'였다. 성격이 거칠고 힘이 센 그는 행동이 굼뜨고 느렸지만, 군대 내의 웬만한 공병보다도 삽이나 곡괭이를 잘 놀렸다. 그래도 피부는 햇볕에 타지 않아 소녀의 피부처럼 하얀 편이었다. 그는 자신이 설정한 임무와 무관하게 모든 행동거지에서 왕으로서의 면모를 과시했다. 세월이 지나자 그는 등이 약간 앞으로 굽었고, 시력이 나쁜 푸른 눈도 작아졌다.5 식욕은 왕성했으나 옷차림은 소박했다. 그는 가죽 외투와 비버 모피로 된 군모를 좋아했으며, 그의 복장에서 눈에 띄는 것은 주홍색 허리띠와 망토뿐이었다. 군영에 못지않게 무도회에도 어울리는 차림이었지만, 그는 원정의 어려움을 회피하지는 않았다. 그는 병사들과 함께 땀 흘리고 굶주리고 추위에 떨고 갈증에 시달렸으며, 열다섯 시간이나 말에서 내려오지 않은 적도 있었다. 피와 오물 따위는 그에게 아무것도 아니었다. 그는 피가 발목까지 차오르는 전장도 마다하지 않았다.

　　하지만 구스타프가 군인이었기 때문에 어수룩했을 것이라고 생각한다면 그보다 더 큰 착각은 없다. 각국 대사들은 그의 지나치게 느긋한 태도와 자신의 견해를 투박하고 노골적으로 표현하는 것을 보고 크게 놀랐지만, 그의 신속한 판단의 배후에 집중적 사고와 실용적 지식이 있는 것을 알고는 처음에 가졌던 반감을 버렸다. 조신들이 그의 호의를 악용하면 그는 불같이 화를 냈다. 하인들이 우물거리며 불필요한 질문을 하면 그는 곧바로 일어나 열심히 하라고 호통을 쳤다. 외국 대사가 가져온 신임장에 자신의 직함이 올바르게 기재되어 있지 않으면 그는 그 실수가 바로잡힐 때까지 대사를 만나지 않았다.6

그는 아주 어릴 때부터 왕으로서의 임무를 교육받았으며, 걸음마를 배우기도 전에 아버지가 국정을 처리하는 동안 아버지의 서재에서 놀았다. 여섯 살 때는 군대를 따라 원정을 다녔고, 열 살 때는 회의에 참여해 자신의 의견을 발표했다. 십대 시절부터 그는 혼자서 대사들을 영접했다. 그는 10개 국어를 조금씩 다 알고 있었고, 학문에도 약간 관심을 가졌으며, 실용적 철학에 열정을 보였다. 특히 그로티우스(Hugo Grotius, 1583~1645, 네덜란드의 법학자이자 정치가. 그의《전쟁과 평화의 법(De Jure Belli ac Pacis)》은 근대 국제법에 큰 영향을 끼쳤다 : 옮긴이)의 책은 늘 갖고 다녔다.7

리슐리외나 당대의 유명한 군주인 바이에른의 막시밀리안과 더불어 구스타프는 유럽에서 가장 큰 성공을 거둔 통치자였다. 열일곱 살에 명실상부한 왕이 되어 19년 동안 재위하면서 그는 스웨덴의 재정을 안정시키고, 사법 행정을 중앙화하고, 구호시설, 병원, 우편제도, 교육을 체계화하고, 정교하고 성공적인 징병제를 확립했다. 또한 나태하고 야심찬 귀족 계급의 문제를 해결하기 위해 왕실에 리다르후세트(Riddarhuset)라는 귀족 단체를 조직해 귀족들에게 스웨덴의 정치에 대한 책임을 맡겼다. 그는 민주적인 군주와 거리가 먼, 귀족적인 정치 이론을 갖고 있었다. 그러나 그의 귀족정치 시절에 150만 명의 스웨덴과 핀란드 백성들8은 유럽에서 가장 훌륭한 통치를 받았다. 또한 그는 통상을 장려하고, 광물을 비롯한 스웨덴의 천연자원을 개발했다. 스웨덴에는 무기를 만들 수 있는 원료가 풍부했으므로 병기도 다량으로 제작되었다. 그가 왕위에 오른 이후로는 단 1년도 평화로운 시기가 없었다.9 이런 상황이었으니, 1629년 스웨덴 의회가 만장일치로 독일에서 3년간 전쟁을 벌이는 데 필요한 자금을 제공하기로 가결한 것은 당연한 일이었다.

구스타프는 평화기에 국정에 몰두했던 것과 똑같은 열정과 야심으로 전쟁에 몰두했다. 오라녜의 마우리츠를 존경했던 그는 군대의 기동성과 효율성을 최대화하기 위해 마우리츠의 전술을 개발했다. 또한 네덜란드 전문가들을 초빙해 병사들에게 대포 사용법과 공성전을 교육했으며, 가볍고 이동하기 좋은 포를 직접 실험하고 제작하기도 했다. 하지만 그가 만든 이른바 '가죽총'은 그다지 성공적이지 못했다. 그는 대체로 말 한 마리나 세 사람의 인력으로 운반할 수 있을 만큼 가볍고 발사가 신속한 4파운드 포를 주로 사용했다.10

여느 위대한 지도자들처럼 구스타프도 자신의 대의와 더불어 자기 자신에 대한 믿음이 강했다. 위기 때마다 신이 함께할 거라는 부동의 신념을 거듭 천명하곤 했다. 루터교 교육을 받았으면서도 칼뱅교를 용인한 그의 태도는 신민들과 동맹자들에게 의심을 샀다.11 하지만 그는 그런 데 개의치 않고 자신의 폭넓은 신교 신앙이 옳다고 확신했으며, 누구에게도 힘으로 신앙의 개종을 강요해서는 안 된다고 생각했다. 이런 측면에서 그는 관용적이었지만 강요에 의해 개종한 사람을 경멸하는 것은 다른 사람들과 같았다. 그는 어떤 신앙이든 패배자는 그냥 오류에 빠져 있도록 내버려두었다.

구스타프는 명석한 통치자이자 노련한 군인이었으며, 대담하고 단호하고 충동적인 인물이었다. 그러나 이런 특성만으로는 그 시대 사람들을 압도했던 그의 힘을 제대로 설명할 수 없다. 진정한 힘은 그의 마음, 그의 엄청난 자기 확신이었다. 바로 그것 때문에 추종자들만이 아니라 그를 본 적이 없는 사람들까지 그에게 매혹되었다. 구스타프의 군대

내에 한 이탈리아 용병이 있었는데, 그는 조국으로 보나 신앙으로 보나 스웨덴 왕을 사랑할 만한 이유가 없는 병사였다. 그는 돈에 매수되어 구스타프를 암살하라는 지시를 받고서 여러 차례 권총을 겨누었으나 쏘지는 못했다. 암살하기에 썩 좋은 기회가 오지도 않았지만, 그보다는 총을 겨눌 때마다 마음이 움직여 방아쇠를 잡고 있던 손이 말을 듣지 않았기 때문이다.[12] 운명이 왕에게 초자연적 갑옷을 준 걸까? 아니면 그가 지닌 엄청난 확신이 다른 사람들에게 전해져 그에게 유리하게 작용한 걸까? "그는 자기가 탄 배는 절대 침몰하지 않는다고 생각한다."[13] 그가 받은 계시, 예언자의 영감이 깃든 자기중심주의, 바로 이것이 그의 비결이었다.

구스타프가 가장 아끼는 친구는 백발이 성성하고 입이 무거운 학자풍의 총리인 악셀 옥센셰르나(Axel Oxenstierna, 1583~1654)였다. 왕은 오직 그의 조언과 질책에만 귀를 기울였다. 구스타프는 천재가 그렇듯이 충동적인 열정을 가진 반면, 옥센셰르나는 냉철한 두뇌의 소유자였다. 그는 주군의 두서없는 생각을 합리적인 말로 번역하는 데 뛰어났다. 언젠가 왕이 그에게 말했다 "만약 모든 사람이 그대처럼 차갑다면 다들 얼어 죽을 걸세." 그러자 옥센셰르나는 이렇게 대답했다. "만약 모든 사람이 폐하처럼 뜨겁다면 다들 불에 타 죽을 겁니다."[14]

총리가 왕에게 큰 영향력을 행사할 수 있었던 까닭은 단지 그가 왕보다 나이가 열두 살 더 많기 때문만은 아니었다. 그의 자질은 주군과 동등한 측면도 있었고, 보완적인 측면도 있었다. 엄청난 에너지와 신속한 판단과 유연한 사고는 주군에 못지않았고, 기억력과 조직적 수완은 주군과 같거나 더 뛰어났다. 또한 두 사람은 체력과 건강이 좋았는데,

이것은 항상 위험이 도사리고 의학이 발달하지 않았던 시대에 중요한 자질이었다. 옥센셰르나는 특히 불안하고 위험한 상황에서도 밤에 잠을 푹 자는 자신의 능력을 자랑했다. 그는 자신이 밤잠을 이루지 못할 만큼 위험했던 정치적 상황은 단 두 차례라고 말했는데, 두 경우 다 독일 전쟁의 와중이었다.15

옥센셰르나가 주군보다 위압적인 인상을 주지 못했다면, 그것은 그의 재능이 덜 공격적이었기 때문이다. 그는 타고난 외교관으로서, 정중하지만 내성적이었고, 기회주의자이지만 근본적으로 정직했으며, 속이기도 어렵지만 싫어하기도 어려운 인물이었다. 그는 독일어와 프랑스어를 할 줄 알았고, 특히 프랑스어에 능숙해 프랑스 외교관들이 자주 쓰는 섬세하고 모호한 표현을 놓치지 않았다. 비록 그는 뛰어난 외교술을 선보이며, 왕이 살아 있을 때는 물론 죽은 뒤에까지 스웨덴 정부를 효율적으로 만들었으나 자신의 인문학적 재능을 완전히 발휘하지는 못했다. 그는 개인적인 견해와 관심에서 왕보다 훨씬 더 세련되고 관대한 사람이었다. 헌신성, 충성심, 부드러운 대인관계, 풍부한 감정, 스웨덴 문화와 국민의 발전에 관한 깊은 관심, 이런 자질을 갖춘 인물이 유럽 역사에서 담당한 주요 역할은 바로 독일에서 16년이나 전쟁을 벌이는 것이었다. 그가 스웨덴의 행정 발달에 전무후무한 기여를 한 것은 부인할 수 없는 사실이지만, 평화를 위해 일할 수 있었던 옥센셰르나 같은 인물을 학살 작업에 끌어들인 것은 스웨덴과 유럽의 큰 손실이었다. 아무리 전쟁을 통해 스웨덴의 지배자와 장군들이 직접적인 이득을 얻고, 스웨덴의 무역이 탄력을 받았다 해도 결국 전쟁은 스웨덴에게도 득보다 실이 컸다. 군인들의 야심으로 중앙권력이 약화되고, 국민들이 전쟁을 지원하느라 피폐해지고, 영토상의 이익도 유지하지 못했기 때문이다. 옥센셰르나는 정부와 왕에게 전력을 다해 공헌했지만, 시대는 그의 노력을 잘못된 일로 만들었다.

독일은 일찍이 구스타프가 거느린 것과 같은 군대를 본 적이 없었다. 전함 스물여덟 척에 비슷한 수의 수송선이 포메른 해변에 내려준 병력은 16개 기병대와 92개 보병대에 강력한 포병대로, 전부 합쳐 1만 3천 명이었다.16 규모는 작았지만, 왕은 이미 독일에서 병력 충원에 들어간 데다 병력 규모로 전쟁에서 이길 생각은 애초부터 없었다. 다국적어를 사용하는 혼성 용병들이었으나 그의 군대는 공통의 목적을 분명히 인식하고 있었다. 기병대와 포병대는 대부분 스웨덴 병사들이었으므로 민족적 통일성이 튼튼했다. 스웨덴 남부 출신의 키가 크고 근육질에 연한 색의 머리털과 눈을 가진 병사들, 독일인들이 반인반수처럼 여기는17 땅딸막한 몸집과 가무잡잡한 피부에 털이 덥수룩한 조랑말을 탄 라플란드 병사들, 홀쭉한 몸집에 피부가 창백한 동토 출신의 핀란드 병사들, 이들 모두가 스웨덴 왕의 백성들이었고, 서로에게 동료 병사들이었다. 왕은 그들의 군주이자 장군이자 거의 신과 같은 존재였다.

스웨덴군의 중핵을 이루는 보병대는 전쟁 중에 충원한 용병들과는 별도로 주로 스코틀랜드인과 독일인으로 구성되었다. 구스타프는 포로를 군대에 편입시키는 관습을 경멸하지는 않았지만, 보병대를 따로 구성하는 등 다른 장군들과는 원칙을 달리했다. 그는 병사들에게 기치만이 아니라 그가 목숨을 걸고 싸우는 이념에도 충성하라고 명했다. 병사들은 종교가 다양했으나 공식 신앙은 루터교였다. 매일 두 차례 기도를 하고, 모두들 주머니에 전투에 알맞은 찬송가책을 갖고 다녔다.

규율은 이론적으로도 흠이 없었고, 실제로도 상당히 현실적이었다. 병원, 교회, 학교와 이 기관들에서 일하는 민간인은 공격하지 않는다는 지침이 있었다. 군사 법전에 언급된 규율의 1/4을 위반하면 사형이었다. 왕이 부재중일 때는 휘하 지휘관들이 즉결처분을 내릴 권한을 가졌다.[18]

그렇게 엄격한 규율이라 해도 왕의 인품이 아니었다면 효과가 없었을 것이다. 군대가 무질서해지는 주된 이유는 급료 지불이 제때 이루어지지 않기 때문인데, 이 문제는 구스타프와 악셀 옥센셰르나도 어쩔 수 없었다. 스웨덴은 빈국이었으므로 국민들을 쥐어짜서 마련하기도 어려웠다. 재정을 책임진 총리는 리가와 폴란드 해안의 작은 항구들에서 거둔 세금과 관세로 전쟁 비용을 충당하려 했지만,[19] 액수도 불충분했고 지속적이지도 않았다. 그래서 구스타프는 다른 방식으로 급료를 지불했다. 그는 병사들의 복지에 신경을 많이 썼고, 돈이 부족하면 식량과 의복이라도 충분히 지급했다. 병사들은 모피 외투, 장갑, 모직 양말, 러시아 가죽으로 만든 방수 장화를 갖추었다.[20] 토머스 로는 이렇게 보았다. "왕은 돈이 없어도 추종자들을 만족시키는 독특한 매력을 갖고 있었다. 모든 병사를 '전우'로 여기고 최대한 상냥한 말과 태도로 대했다."[21] 아주 극단적인 경우에만 그는 병사들에게 약탈로 생필품을 마련할 수 있도록 허락했다.

왕의 훌륭한 규율에는 이면도 있었다. 그가 정치적이거나 전략적인 이유로 한 나라를 파괴하고자 할 때는 병사들도 관례적인 제약에서 벗어나 평소에는 불가능했던 기회를 최대한 이용해 이익을 챙겼다.

구스타프는 자신의 주장을 공공연하게 밝혔다. 그의 대리인인 요한 아들레르 살비우스(Johan Adler Salvius, 1590~1652)는 그가 출발하기 한두 달 전부터 북독일에서 독일의 자유와 제국 정부의 학정을 들먹이며 분위기를 띄웠다. 왕이 상륙하기 전날 그는 유럽의 백성들과 지배자들에게 왕이 신교의 대의를 지지한다는 선언서를 5개 국어로 발표했다.22 구스타프는 독일에 상륙하자마자 또 다른 선언서를 발표해, 페르디난트가 폴란드에 개입했기 때문에 자신이 억압당하는 민중을 위해 나섰다고 주장했다. 그는 황제와 평화롭게 논의하려 했지만 뤼베크와 슈트랄준트에서 그의 대사들이 문전박대를 당하는 등 허사가 돼버렸다면서, 결국 독일 선제후들이 그들의 교회를 보호하지 않으리라는 것을 알게 되어 직접 나설 수밖에 없었다고 말했다.23

7월 20일 포메른의 수도인 슈체친(슈테틴)에 입성한 구스타프는 전쟁을 기피하는 늙은 공작을 만나 자신과 동맹을 맺고 자금을 지원하라고 강요했다. 불운한 노인은 일단 동의했으나 곧바로 페르디난트에게 서한을 보내 불가항력이었다고 비굴하게 변명했다.24 구스타프는 약속한 돈을 지불하지 않을 경우 포메른을 볼모로 삼겠다고 협박했다. 이리하여 상륙한 지 불과 3주일 만에 그는 발트 해 일대의 요지를 장악했다.

그는 독일의 다른 지역에도 발판을 구축했거나 구축할 가능성을 확보했다. 추방된 메클렌부르크의 두 공작은 그의 동맹자였다. 또한 그는 보헤미아의 프리드리히를 팔츠 선제후에 복위시키겠다고 선언했다.25 1630년 말에 그는 헤센-카셀 방백 빌헬름 5세(Wilhelm V, 1602~1637)와 동맹을 체결했다. 무엇보다도 중요한 것은 마그데부르크의 폐위된 신교 지배자인 크리스티안 빌헬름과 친교를 맺은 일이었다. 엘베 강의 중요 요새이자 독일에서 가장 부유한 도시에 속하는 마그데부르크는 구스타프와 틸리가 모두 탐낸 전략적 요충지였다. 게다가 그곳은 황제가 주창하는 성전을 거부했으므로 그곳을 장악한다면 구스타프는 신교의 옹호자로 확고히 자리매김할 수 있었다.

스웨덴의 무기와 병력에 힘입어 크리스티안 빌헬름은 1630년 8월 6일 마그데부르크에 다시 입성했다. 그는 신의 가호와 스웨덴 왕의 도움을 받아 모든 외부의 공격으로부터 자신의 주교구를 지키겠다고 선언했다. 독일에서 신교 소식지들은 그 주장을 대대적으로 보도했으나 마그데부르크의 분위기는 공포로 얼룩졌다. 시민들의 대다수는 자신의 신앙을 소중히 여겼지만 폭동이 일어나는 것은 두려워했기 때문이다. 크리스티안 빌헬름이 주교직을 되찾았을 때 갈가마귀 떼가 울부짖으며 날아다녔다. 이후 며칠 동안 강렬한 석양을 받아 구름 속에서 군대가 싸우는 기묘한 형상이 보였고, 엘베 강은 하늘의 붉은 빛을 반사해 핏물처럼 흘렀다.26 유럽은 그의 결연한 항전 자세에 갈채를 보냈지만, 마그데부르크 시민들은 언짢은 기분으로 도시를 방어해주겠다고 나선 세력과 마찰을 빚었다.

구스타프는 포메란과 브란덴부르크 변경에서 겨울을 난 뒤 보급품이 부족해지자 일찌감치 전쟁을 시작했다.27 1631년 1월 23일 그는 오데르 강을 따라 프랑크푸르트로 가는 도중 베르발데에 머물렀다. 이곳에서 그는 리슐리외의 사자를 영접하고, 오래전부터 계획된 동맹 조약에 서명했다.

베르발데 조약은 프랑스와 스웨덴이 통상의 자유를 보장하고, 상호 보호를 약속하는 내용이었다. 하지만 이 과시용 문구 뒤에는 더 진지한 조항들이 있었다. 구스타프는 독일에서 보병 3만 명과 기병 600명을 운영하는 비용을 프랑스로부터 전액 혹은 일부분 받기로 했으며, 리슐리외는 5월 15일과 11월 15일에 2만 제국탈러 상당의 자금을 스웨덴 측에 지불하기로 약속했다. 지원의 대가로 구스타프는 독일 전역에서 가톨릭 신앙의 자유를 보장하고, 프랑스의 친구인 막시밀리안의 영토를 건드리지 않고, 적어도 조약의 유효 기간인 5년 동안 별도의 강화를 맺지 않기로 했다.28

구스타프는 행정관과 군인에 못지않게 외교관으로서의 역량도 뛰어났다. 그는 리슐리외가 제안한 1만 5천 탈러의 지원금을 2만 탈러로 올렸으며, 추기경이 신교도와 조약을 맺었다는 사실을 공개함으로써 리슐리외에게 굴욕을 안겼다.29 그는 조약이 비밀로 유지될 경우 마치 자신이 프랑스의 조종을 받는 것처럼 비쳐질 수 있다는 사실을 잘 알고 있었던 것이다. 비밀 조약이라면 그는 꼭두각시처럼 보일 테고, 공개 조약이라면 동등한 동맹자가 될 터였다.

리슐리외와 구스타프는 어떤 차이가 있었을까? 리슐리외는 스웨덴 왕과 같은 신앙심이 투철한 잉여 에너지를 합스부르크와의 싸움에 끌어들여 활용하고자 했다. 북독일 백성들은 이미 구스타프의 기치 아래 모여들었고, 대신들은 그를 위해 기도했으며, 그들의 아들들은 앞다퉈 그의 군대에 들어갔다. 신교의 대의가 되살아났다. 그러나 리슐리외와 그의 비서들은 루브르의 퀴퀴한 방구석에 있는 자신들이 더 잘 안다고 생각했다. 용기와 종교적 열정을 이용하는 것은 유사 이래 언제나 정치인의 전매특허였다. 그들은 베르발데에서 스웨덴 왕이 덫에 걸렸다고 믿었다.

하지만 그것은 리슐리외의 오산이었다. 왕의 신앙심은 순수했고,

억압당하는 신교도들을 도우려는 마음도 진심이었지만, 그는 순진한 군인이나 광신도가 아니었다. 영국의 외교관 토머스 로는 이렇게 말했다. "그는 용감한 군주지만 자신을 구할 만큼 지혜로우며, 견해와 명성을 잘 활용해 대중의 마음을 얻으려 한다."30 로는 그가 이제 루비콘 강 앞에 섰다고 말했다. 하지만 "그는 친구가 다리를 놓아주기 전에는 강을 건너지 않을 것이다."31 리슐리외는 자신의 정책이 스웨덴 왕을 위해 다리를 놓아주는 것이라고 여기지 않았다. 스웨덴 왕이 알아서 다리를 놓아야 한다고 생각했다. 하지만 추기경과 그의 비서들은 너무 앞서가는 바람에 실패했다. 스웨덴 왕은 그들의 사정을 훤히 꿰뚫어보면서 베르발데 조약을 체결했다. 그는 프랑스 자금에 힘입어 곧 프랑스의 정책으로부터 독립하게 될 터였다. 서로 상대방을 이용하는 놀이는 둘이 할 수 있는 좋은 게임이다.

3

베르발데 조약은 황제의 억압에서 벗어나려는 독일의 지배자라면 누구든 가담할 수 있었다. 페르디난트에 맞서 봉기하라고 신교도들을 직접 초대한 셈이었다. 11년 전 보헤미아 반란이 일어났을 때도 그들은 서로 단결해 황제에게 대항할 기회를 얻었으나 실패했다. 이제 1630년에 다시 그 기회가 주어진 것이었다. 1619년처럼 작센의 요한 게오르크가 선봉에 나서 입헌주의를 타도하려는 세력에 맞섰다. 예전에는 그가 페르디난트와 프리드리히 사이에서 결정권을 쥐고 있었다면, 이번에는 페르디난트와 구스타프 사이에서 결정권을 행사할 차례였다. 1619년에 신교와 가톨릭 중 하나를 선택해야 했을 때 그는 공개적으로 신교를 지지하면서 은밀히 독일의 정치 체제를 공격했다. 하지만 1630년에는 옹호할 만한 정치 체제가 사실상 없어졌고, 가톨릭과 신교의 선택 또한 무의미해졌다. 합스부르크의 공세를 맞아 교황은 신교에 동조하고, 가톨릭 프랑스도 신교와 동맹을 맺었다. 유럽의 양상은 이제 더 이상 종교 분열이 아니었다. 갈등의 정치적 측면이 신앙을 파괴했던 것이다.

정치가와 종교적 광신도는 자신이 갈 길을 명확히 보기 위해 늘 복잡한 상황을 단순화한다. 사실 구스타프에게나 페르디난트에게나, 혹은 위대한 인물에게나 하찮은 사람에게나 사태는 1619년과 거의 다르지 않았다. 그들이 보기에는 여전히 갈등의 근원에 종교가 있었다. 반면, 요한 게오르크가 보기에는 모든 게 달라졌다. 한편에서는 페르디난트가 헌법에 위배되는 무리한 요구를 했고, 다른 한편에서는 구스타프가 위협적인 외국 세력으로 등장했다. 그 사이에서 제국으로서나 국가로서 독일의 이해관계는 뒷전으로 밀려났다.

요한 게오르크에게 페르디난트와 구스타프 중 어느 한쪽을 선택하는 일은 프리드리히와 페르디난트 중 어느 한쪽을 선택하는 일보다 쉬웠다. 프리드리히는 적어도 독일인이었기 때문이다. 구스타프는 외국인이고, 침략자이며, 신성로마제국의 영토와 정치를 불법적으로 침해한 자였다. 따라서 요한 게오르크는 처음부터 단호히 구스타프에게 반대할 수 있었다. 하지만 판단과 행동은 별개였다.

이후 2년간 독일에서 일어난 일을 이해하려면 한 가지를 명확히 알아야 한다. 구스타프의 진짜 적은 페르디난트가 아니라 개방 정책을 취한 작센의 요한 게오르크였다. 페르디난트는 누구보다도 소박하고 솔직하고 적을 배려할 줄 알았다. 젠체하지 않으면서도 정정당당했으며, 스웨덴 왕의 돌격에 맞서 자신의 종교적·왕조적 정책을 기탄없이 전면적으로 펼쳤다. 하지만 그가 옹호하는 대의는 교황이 변절하면서 이미 현실성을 잃었다. 그는 단지 구스타프의 목표일 따름이었다. 구스타프도 자신의 신앙에 투철했으나 스웨덴의 영토를 확장하고 발트 해를 확보하기 위해 싸웠다. 구스타프의 적은 가톨릭이 아니라 독일의 연대를 지지하는 모든 세력이었다. 그리고 그 지도자는 요한 게오르크였다.

이 상황에는 세 가지 요소가 있었다. 우선 페르디난트와 구스타프가 표면에 내세운 가톨릭과 신교의 갈등이다. 실제로 존재하지도 않은 사항이었음에도 불구하고 여전히 일반 유럽인들은 그것을 궁극적이고 유일한 문제로 여겼다. 두 번째로, 파리, 마드리드, 빈의 공식 정책을 지배하는 합스부르크와 부르봉의 정치적 경쟁이 있었다. 마지막으로 이러한 상황에 묻혀버린 독일인과 스웨덴 침략자의 직접적인 다툼이 있었다.

이것은 동기가 아니라 사실에 관한 논의다. 구스타프의 진정성은 의심할 나위가 없다. 위대한 지도자들이 대개 그렇듯이 그는 엄청난 자기기만에 빠져 있었다. 그는 스스로 신교의 옹호자로 자처했지만, 리슐리외가 보기에는 오스트리아 왕가를 상대하는 데 맞춤한 도구였다. 사실 있는 그대로 보면 그는 스웨덴의 영토를 독일에까지 팽창시키려는 지도자였다. 그의 뜻이 이루어지면 스웨덴은 물론이고 신교 세력도 이득을 얻지만 독일인은 피해를 입게 돼 있었다. 요한 게오르크는 유럽을 뒤덮은 감정의 연막과 외교의 신기루 속에서 위험을 간파하고, 자신의 신념에 따라 정책을 전개했다.

1630년 겨울 예상치 못한 동맹자가 요한 게오르크에게 도움의 손길을 내밀었다. 미남에다 자비로운 성품으로 유명했던 브란덴부르크 선제후 게오르크 빌헬름은 재위 11년 동안 좌절과 낙담 속에서 살았다. 루터파 국가의 칼뱅파 지도자였던 그는 가톨릭 총리인 슈바르첸베르크(Adam von Schwarzenberg, 1583~1641) 백작의 영향을 받아 중립을 유지했다. 쉽지 않은 일이었다. 게다가 그의 아내는 보헤미아의 프리드리히의 누이였다. 베를린에 숨어 지내는 그의 장모가 끊임없이 그에게 폐위된 아들을 위해 뭔가 과감한 조치를 취하라고 들볶았다. 그런가 하면 구스타프 아돌프는 그의 누이를 납치하듯 데려가 결혼하고, 그를 호전적인 신교 동맹으로 몰아넣었다. 그럼에도 불구하고 게오르크 빌헬름은 제국에 대한 충성을 견지했으며, 그것이 왕조를 위해 가장 안전하다는 패배주의적 변명을 내세웠다. 하지만 불행히도 그는 영국인 대리인이 "너무 우직하고 어리석은 중립"32이라고 제대로 지적한 정책으로부터 아무런 이득도 누리지 못했다. 발렌슈타인은 그의 영토를 이용해 덴마크를 원정했고, 구스타프 아돌프는 그의 영토를 기지로 삼아 폴란드를 공격했다. 딱한 선제후는 절망적인 상황에서 현실을 깨닫지 않을 수 없었다. 황제는 그렇지 않았겠지만, 발렌슈타인은 실제로 그의 선제후령을 빼앗기 위한 구실로서 전쟁을 원하고 있었다.33

지렁이도 밟으면 꿈틀하게 마련이다. 이윽고 1630년 4월과 12월 안나부르크 회의에서 게오르크 빌헬름은 요한 게오르크의 설득을 받아들였다. 그는 슈바르첸베르크의 충고를 무시하고, 일단 레겐스부르크 회의에 가지 않겠다고 거부했다. 그런 뒤 라이프치히에서 신교 대회를 소집해 페르디난트의 정책을 논의하자고 했다.34

개회 연설에서 요한 게오르크는 이 모임의 취지가 독일의 평화를 위해 두 세력 간의 신뢰를 확립하는 데 있다고 분명히 밝혔다.35 그는 브란덴부르크와 작센이 연합해 페르디난트를 반대하면, 그들이 스웨덴 왕과 한 패가 되는 것을 막기 위해 페르디난트가 그들과 협상하게 될 것이라고 예상했다. 이제는 페르디난트에게 굳이 돌려 말하려고 애쓸 필요도 없었다. 그래서 그는 자신의 영토와 독일 신교의 권리를 지키기 위해 무장했다고 널리 홍보하면서 본격적인 외교 전쟁을 시작했다. 3월 28일 라이프치히 회의는 최후통첩의 성격을 가진 선언서를 발표했다. 그들은 토지반환령이 제국 내에 혼란을 야기하고, 제국군과 동맹군을 전쟁에 나서게 만든 근본 원인이라고 규정했다. 또한 그들은 군주의 권리가 위축되고, 헌법이 무시되고, 전쟁으로 궁핍이 초래되었다고 개탄하면서, 만약 페르디난트가 즉각 자신들과 힘을 합쳐 이런 악을 치유하지 않는다면 차후 어떤 사태가 발생해도 책임질 수 없다고 경고했다. 선언서는 사실상 선전포고나 다름없었다. 이 선언서에는 작센 선제후와 그의 친척인 작센 공국의 하급 군주들, 브란덴부르크 선제후, 안할트, 바덴, 헤센, 브라운슈바이크-뤼네부르크, 비르템베르크, 메클렌부르크, 기타 수많은 독립 귀족들이 서명했다. 나아가 신교의 크베들린부르크 수녀원장, 뉘른베르크, 뤼베크, 스트라스부르, 프랑크푸르트암마인, 뮐하우젠, 슈바벤의 작은 독립 도시들도 가담했다.36

요한 게오르크는 독일을 구하기 위해 최선의 조치를 취했다. 그는 브란덴부르크 선제후를 신교와 정치 체제의 옹호자로 내세우고, 자신은 막후에서 신교의 다수 여론을 장악했다. 드디어 칼뱅파와 루터파가 어깨를 나란히 했다. 스웨덴 왕의 동맹자인 메클렌부르크의 두 공작과 헤센 방백도 라이프니츠 선언에 서명함으로써 외국의 간섭 없이 사태를 타결하려는 의지를 보였다. 이제 구스타프의 확실한 동맹자는 마그데부르크, 포메른 공작, 보헤미아의 프리드리히만 남았다. 요한 게오르크는 강력해진 자신의 지위를 한껏 이용했다.

황제를 겁주어 협상 테이블로 이끌어낼 수 있다면 스웨덴 왕도 싸움 없이 굴복시킬 수 있을 터였다. 구스타프에게는 모든 것이 독일에서 그가 어떤 대우를 받느냐에 달려 있었다. 만약 요한 게오르크가 그 당시 모든 자원을 끌어내 모집하고 있는 군대, 즉 발렌슈타인 군대의 최고 사령관이었던 브란덴부르크 출신의 신교도 한스 게오르크 폰 아르님에게 지휘를 맡긴 군대가 스웨덴 왕의 공세에 맞서 독일의 중립성을 유지할 수 있다면, 아니면 스웨덴 왕이 병력 충원지로 의존하고 있는 북부 평원에서 그를 저지할 수 있다면, 구스타프는 스웨덴으로 돌아가 사태를 재고했을 것이다. 요한 게오르크의 군대는 아직 큰 규모도 아니고 잘 훈련되지도 않았지만, 스웨덴 왕이 제아무리 경험이 풍부한 군인이라 해도 한스 게오르크 폰 아르님이 지휘하는 군대를 함부로 얕잡아볼 수는 없었다.

당시 아르님은 마흔 살쯤 되었는데, 원해서 군인의 길을 선택한 게 아니라 생계 수단으로 선택한 직업이었다. 그는 1627년 슐레지엔 원정을 승리로 이끌어 발렌슈타인의 명성을 드높여주었다. 브란덴부르크 선제후의 충성스런 신민이자 신앙심이 독실했던 아르님이 제국을 위해 일했던 이유는 요한 게오르크가 1620년 페르디난트에게 협력했던 것과 같은 이유였다. 처음에 그는 그 전쟁을 종교 전쟁이 아니라 제국의 평화를 해치는 반란 세력과의 전쟁으로 간주했다. 하지만 요한 게오르크처럼 그는 토지반환령을 계기로 마음을 바꾸었다.

이리하여 신교 독일은 요한 게오르크와 게오르크 빌헬름, 라이프니츠 선언에서 채택된 강령, 그리고 노련하고 유능한 군인 아르님이 이끌게 되었다. 작센 선제후와 브란덴부르크 선제후는 페르디난트가 토지반환령을 철회한다면 그에게 신교 독일의 결집된 군사력을 지원하겠다고 제의했다. 만약 거절한다면 결과를 책임질 수 없다는 말도 덧붙였다. 구스타프의 개입으로 점점 중립을 유지하기가 어려워지고 있었기 때문이다. 페르디난트는 기로에 놓였다. 신교 세력이 그와 스웨덴 왕 사이에서 스스로 무너지리라고 기대할 수는 없었다. 그들이 스웨덴 왕에게 맞서지 않는다면, 결국 그와 한편이 될 터였다.

거기까지는 페르디난트도 알아차렸을 것이다. 다만 그는 구스타프의 힘과 위용을 제대로 알지 못했던 듯하다. 그래서 그는 라이프니츠 선언을 그저 요한 게오르크가 자기 체면을 구하기 위해 취하는 무기력한 제스처로 여겼다.37 하지만 다가오는 위험을 알았든 몰랐든, 그에게는 단 한 가지 답밖에 없었다. 그는 정치가가 아니라 성전의 지도자였다. 만에 하나 토지반환령을 포기할 수 있으면 그리스도를 부인하는 것도 쉽게 할 수 있는 일이었다.

1631년 4월 4일 요한 게오르크는 선언서에 개인적인 탄원을 덧붙여 황제에게 보냈다.38 황제가 답신을 보내기도 전에 스웨덴의 위협이 닥쳐왔다. 스웨덴 왕은 오데르 강을 거슬러 행군하면서 제국군—발렌슈타인이 없는 발렌슈타인의 군대—을 격파하고 프랑크푸르트에 입성했다. 4월 13일 스웨덴군은 도시를 약탈해 부족한 보급품을 허겁지겁 채우고, 8개 연대의 방어군 가운데 남은 병사들을 죽이거나 포로로 잡

았다.39

　나흘 뒤 페르디난트는 라이프니츠 항의에 불확정적인 답신을 보냈다. 아마 그때까지도 그는 프랑크푸르트안데어오데르가 함락되었다는 소식을 접하지 못했던 듯하다. 답신을 보내고 바로 얼마 뒤 그는 방침을 바꿔 작센에 대사를 보내 화해의 메시지를 전했기 때문이다. 하지만 토지반환령은 여전히 철회하지 않았다. 5월 14일 그는 다시 화해에서 명령으로 입장을 바꿔, 모든 충성스런 신민들은 신교 군주들의 병력 충원을 지원하지 말라는 명령을 반포했다.40 배수진을 친 것이었다. 그것은 작센 선제후도 마찬가지였다.

　한편, 스웨덴 왕은 북독일에 확고히 자리를 잡았다. 그의 군대는 포메른을 유린하고 그라이프스발트와 뎀민을 정복해 슈트랄준트에서 슈체친까지 발트 해의 후배지를 확보하고, 오데르 강을 어귀에서부터 130킬로미터 지점까지 장악했다. 이리하여 스웨덴군은 브란덴부르크의 북쪽 국경과 동쪽 국경을 완전히 에워쌌다. 메클렌부르크의 두 공작은 스웨덴의 무력을 빌려 바다에서 자신의 영토를 탈환하려 했고, 구스타프는 마그데부르크가 이미 스웨덴의 동맹이었으므로 브란덴부르크를 반드시 손에 넣어야 했다. 이제 제국의 북동부 전역이 그의 수중에 들어갔으며, 페르디난트의 영토 심장부로 들어가는 고속도로인 엘베 강과 오데르 강의 하류 일대도 그가 차지했다.

　브란덴부르크 선제후는 확실히 독일에서 가장 불운한 사람이었다. 1631년 봄 그는 또다시 황제와 침략자의 힘겨루기에서 제물이 되었다. 양측 모두 그가 이끄는 입헌주의자들의 활동을 즉각 중지시키려 했다. 황제는 브란덴부르크를 점령해 스웨덴 왕을 몰아내려 했고, 스웨덴 왕은 요한 게오르크에게서 가장 강력한 지지자를 빼앗고 입헌주의 옹호자들에게 차례로 자신의 동맹을 수락하라고 강요했다.

유리한 측은 구스타프였다. 겨울에 틸리에게 예기치 않은 재앙이 닥쳤기 때문이다. 발단은 바로 그의 전임자인 발렌슈타인이었다. 발렌슈타인은 점성술로 자신이 다시 부름을 받으리라는 것을 알았지만, 만사를 별점에 맡길 만큼 어리석은 인물은 아니었다. 그래서 그는 자신의 필요성을 입증해줄 확실한 조치를 취했다. 메클렌부르크와 오데르 강 유역에 주둔한 틸리의 병력은 프리틀란트와 자간의 곡창지대와 메클렌부르크에서 보급품을 조달했는데, 그 지역들은 전부 발렌슈타인의 영토였다. 발렌슈타인은 자신이 제국군을 거느리고 있었을 때는 군대를 넉넉하게 먹였으나 이제는 남의 군대가 되었으니 그들을 먹여살릴 이유가 없었다. 발렌슈타인은 돈을 받고 주는 것 이외에 프리틀란트에서 모든 보급을 거절했다. 사실상 보급 자체를 완전히 차단한 셈이었다. 또한 자간에서 오는 식량도 최소한으로 줄였다. 식량 부족으로 곡물 가격이 올라 그는 사적인 이익도 취할 수 있었다. 메클렌부르크에서도 그는 휘하 관리들에게 병력의 주둔을 가능한 한 어렵게 만들라고 지시했다.[41] 굶주린 병사들은 병영을 이탈해 아르님의 새로 충원된 군대로 넘어갔고, 말들도 죽었다. 이리하여 발렌슈타인이 창설한 군대는 그의 후임자가 보는 앞에서 붕괴했다. 틸리는 이렇게 기록했다. "내 평생 그렇게 가장 중요한 것에서 사소한 것까지 모든 군대 물자가 철저하게 부족해본 적은 처음이었다. 짐마, 지휘관, 대포, 화약, 탄약, 곡괭이나 삽, 돈과 식량 등 모든 것이 없었다."[42] 틸리는 도움을 요청했으나 허사였다. 발렌슈타인은 도움을 줄 의사가 없었고, 페르디난트는 도움을 줄 여유가 없었다.

이렇게 절망적인 상태에서 틸리는 부관인 파펜하임의 주장을 받아들여 마그데부르크의 정복에 희망을 걸었다. 그곳은 엘베 강에서 가장 중요한 전략적 요충지였다. 틸리는 그곳에 보급품이 매우 풍부할 거라고 생각했다. 그는 오데르 강의 구스타프와 발트 연안에 있는 스웨덴 기지 사이를 신속하게 치고 들어가기로 했다. 그래서 그는 노이브란덴부르크를 공략해 무자비하게 살육극을 벌였으나43 병사들은 더 이상 전진할 힘이 없었다. 1631년 4월 틸리는 파펜하임과 함께 모든 병력을 동원해 마그데부르크를 포위했다.

마그데부르크의 사정은 복잡했다. 시민들은 순순히 순교자가 되려 하지 않았다. 몇몇 시민들은 영웅심을 자랑하며, 구스타프가 시의 방어망을 편성하기 위해 파견한 헤센 출신의 군인 디트리히 폰 팔켄베르크(Dietrich von Falkenberg, 1580~1631)에게 지원을 아끼지 않았다. 그러나 계속 어려움을 겪어온 대다수 시민들은 생필품을 선뜻 내주려 하지 않았다. 팔켄베르크의 굶주린 기병들이 폭동을 일으켰다가 간신히 진압되기도 했다.44 그는 왕에게 보낸 편지에서 "저희는 그저 매일매일 견딜 뿐 대책이 없습니다"라고 하소연했다. 왕은 프랑크푸르트안데어오데르를 공격해 틸리를 몰아내려 했으나45 그것도 실패했다. 1631년 5월 포위군과 성벽의 방어군이 서로 말을 주고받을 수 있을 만큼 가까워졌다. 마그데부르크의 시민들은 도시가 함락되고 유린되는 것을 모면하려면 어서 항복하고 조약을 맺어야 한다고 아우성이었다.46

신교 유럽은 스웨덴 왕에게 기대를 걸었다. 봇물처럼 쏟아져나온 소식지들은 늙은 구혼자가 순결한 처녀를 힘으로 빼앗으려 하는 격이라고 비난하면서 마그데부르크에게 굳게 버티라고 호소했다.47 구원자와 목표물 사이에는 방어가 엉성한 250킬로미터의 지역과 라이프치히 회의의 결정 이외에 아무것도 없었다. 마그데부르크와 구원자 사이에서 브란덴부르크 선제후와 작센 선제후는 모호한 입장을 취했다. 라이프치히 회의가 열리는 동안, 구스타프는 자신과 동맹을 맺으면 마그데부르크로 달려가 구해주겠다고 제의했으나 일언지하에 거절당했다.[48] 스웨덴 왕은 그런 독일 지배자들에게 분노를 터뜨렸다. "그들은 자신들이 루터파인지 교황파인지, 제국 사람인지 독일인인지, 노예인지 자유민인지도 구별하지 못하고 있다."[49] 하지만 그의 생각은 부당했다. 그들은 단지 스웨덴 왕의 간섭을 바라지 않았을 뿐이었다. 어쨌든 두 신교 선제후와 동맹을 맺지 못하면 구스타프는 더 이상 진격하기 어려웠다. 브란덴부르크 농민들은 그가 전진하기도 전에 달아나버렸고, 지역 당국들은 선제후의 방침을 알고 있었기 때문에 그에게 우호적이지 않았다. 구스타프의 군대는 식량과 말먹이가 부족해 크게 위축되었다.[50] 아르님의 도움 없이는 마그데부르크를 구조하기 어려운 판에 두 선제후는 그를 돕기는커녕 오히려 방해하려 들었다. 만약 구스타프가 브란덴부르크를 가로질러 진군한다면 라이프치히 회의의 지원을 받는 군대가 그의 후위를 습격해 독일에서 추방하려 했을 것이다.

4월 말에 구스타프는 팔켄베르크에게 두 달을 더 기다려야 한다고 통지했다.[51] 5월 초에 구스타프는 브란덴부르크 선제후를 공격해 슈판다우 요새를 점령하고, 그에게 임시 동맹 조약을 강요했다.[52] 이로써 첫 단계인 신교 동맹 세력의 분리는 달성되었다. 요한 게오르크는 자신과의 우호 관계가 확실해지지 않으면 구스타프가 엘베 강을 향해 진격할 수 없다는 것을 알았으므로 최대한 버텼다. 그런데 그가 강압에 못 이겨 강화에 나서기 전에 마그데부르크의 재앙이 전 유럽에 알려졌다.

스웨덴 왕이 실제보다 더 빠르게 이동한다는 소문도 나돌았다. 그가 언제 들이닥칠지 모른다는 두려움에 마그데부르크를 포위하고 있던 가톨릭 군대가 필사적인 공격에 나섰다.53 가톨릭 군대는 이미 지친 상황이었지만 마그데부르크를 점령하지 못한다면 그것은 확실한 파멸을 의미했다. 군대가 동쪽으로 방향을 튼다면 구스타프와 마주칠 테고, 남쪽에는 아르님, 북쪽에는 적대적인 발렌슈타인의 메클렌부르크가 있었다.

1631년 5월 17일부터 이틀 동안 마그데부르크는 거센 공격을 받았다. 견디다 못한 시민들은 격렬한 항전 뒤에 따르게 될 심한 약탈을 우려한 나머지 팔켄베르크에게 강화에 나서라고 애원했다. 그러나 사령관은 방어망을 확신했다. 5월 20일, 바람 부는 아침 6~7시에 공격이 재개되었다. 파펜하임 백작은 망설이는 틸리의 명령을 받지 않은 채 자신의 병력으로 공격을 시작했다.54 방어군은 불리한 처지에 놓였다. 한동안 격렬한 저항이 벌어지다가 마침내 팔켄베르크가 전사했다. 공격군은 두 방면에서 뚫고 들어왔다. 이리하여 마그데부르크가 함락되었다.

병사들은 승리의 환희를 전혀 자제하려 하지 않았다. 파펜하임은 부상한 마그데부르크 행정관 크리스티안 빌헬름을 병사들의 거친 손길에서 겨우 빼냈다.55 틸리는 소동 속에서 말을 타고 달리다가 죽은 아기 엄마의 품에서 아기를 떼어내 서툰 솜씨로 돌보았다. 현지 수도원 원장을 발견한 장군은 그에게 아녀자들을 대성당으로 데려가라고 소리쳤다. 병사들로부터 사람들을 보호할 수 있는 유일한 성소였다. 그 용감한 노수사는 흰 수사복 차림으로 아무런 방비도 없이 이리저리 뛰어다니며

600명을 안전하게 대피시켰다.56

파펜하임은 공격하는 도중 성문 하나를 폭파했다. 마침 강풍이 불어 매운 화약 연기가 시내로 퍼졌다. 정오 무렵 시내 스무 군데에서 거의 동시에 불길이 치솟았다. 틸리와 파펜하임은 어디서 불이 시작되었는지 미처 알아볼 여유가 없었다. 그들은 당황한 기색으로 불길을 피하기 위해 술에 취해 널브러져 있던 지친 병사들을 다시 일으켜세웠다. 바람이 워낙 거센 탓에 순식간에 도시 전체가 용광로처럼 변했다. 연기와 화염 속에서 목조 가옥들이 무너져내렸다. 군대를 구하기 위한 함성이 요란했다. 제국군 장교들은 병사들을 공터로 끌어내려 애썼다. 각 구역이 금세 연기로 차단되면서 노략질에 열중하거나, 길을 잃었거나, 술에 만취한 병사들이 모조리 목숨을 잃었다.

도시는 한밤중까지 불길에 휩싸였으며, 이후에도 사흘간이나 연기가 피어올랐다. 높은 고딕 대성당 주변에는 불에 검게 탄 나무가 즐비했다. 어떻게 불이 났는지는 아무도 몰랐고, 지금까지도 밝혀지지 않았다. 하지만 틸리와 파펜하임에게 한 가지는 분명했다. 연기 자욱한 폐허 속에서 14일 동안이나 숯처럼 까맣게 타버린 시신들을 강으로 실어나르는 음산한 수레들을 바라보면서 그들은 깨달았다. 이제 마그데부르크는 친구든 적이든 아무도 먹여살릴 수 없는 도시가 되었다.

일각에서는 디트리히 폰 팔켄베르크가 전사하기 전에 그 화재를 계획했다는 소문이 나돌았다. 믿을 만한 측근 시민들이나 병사들에게 승리의 순간에 화재를 일으켜 틸리의 전리품과 군대를 파괴하라는 지령을 내렸다는 것이다. 불가능한 이야기는 아니다. 그런 소문이 널리 나돌았을 때 일부 사람들은 함락된 도시를, 수치스럽게 살아남느니보다 자결을 택한 신교도 여성의 이름을 따 루크레티아라고 불렀다.57 도시 전체가 숯더미로 변한 탓에 증거는 찾을 수 없었다. 큰 도시를 약탈하는 도중에 우연한 화재는 얼마든지 발생할 수 있는 일이었다. 게다가 강한 바람이 불었고, 목조 가옥이 많았다. 한 가지 분명한 사실은 틸리나 파펜하임이 병사들의 식량과 급료를 마련해줄 도시를 일부러 파괴하지는 않았으리라는 것이다.58

식량의 대부분이 불타 없어졌지만, 폐허로 돌아와 다시 약탈에 임한 병사들은 여기저기서 화재의 피해를 면한 지하 저장소의 포도주통을 찾아냈다. 이틀 동안 병사들은 또다시 곤드레만드레가 되었다.

5월 22일 틸리는 정복지의 질서를 잡기 시작했다. 우선 난민들을 대성당으로 데려와 음식을 주고, 수도원의 숙소에서 지내게 했다. 그들은 3주일 동안 별다른 이불도 없이 담요 밑에 모여 잠을 잤다. 수사들의 포도원에는 고아들을 위해 작은 수용소를 설치했는데, 그곳에서 지내던 고아 여든 명 가운데 살아남은 아이는 열다섯 명뿐이었다.59 민간인과 군인이 다 기근에 시달렸고, 쓰레기를 뒤지는 개들이 시신을 놓고 으르렁대며 무덤까지 파헤쳤다. 전염병의 창궐을 막기 위해 틸리는 시신들을 엘베 강에 내던지게 했다. 도시 아래쪽 강둑의 갈대밭을 따라 수 킬로미터나 물에 부풀어오른 시신들이 떠다녔고, 새들이 날카롭게 울부짖으며 시신에 달라붙었다.60

마그데부르크의 주민 3만 명 가운데 살아남은 사람은 약 5천 명이었는데, 대부분 여자였다. 병사들이 여자들을 먼저 구해 진영으로 데려다놓고 도시를 약탈하러 갔기 때문이다. 약탈이 끝나자 틸리는 상황 통제에 착수했다. 그는 사제들을 시켜 병사들을 설득했다. 가능하면 사로

잡은 여성들과 결혼하도록 하고, 그게 안 되면 적당한 몸값을 받고 보내주게 했다. 살아남은 마그데부르크 남자들은 몸값을 내고 가족을 되찾거나 자신의 자유를 얻었다. 하지만 돈이 없는 사람은 군대를 따라다니며 병사들의 하인 노릇을 해야 했다.[61]

틸리는 자신의 군대를 위해서는 별로 할 수 있는 일이 없었지만, 적어도 교회를 위해서는 쓸 만한 일을 할 수 있었다. 도시를 함락시킨 지 닷새 뒤에 그는 대성당의 재헌당식을 엄숙하게 거행했다. 병사들이 군기별로 집합한 가운데 대표 지휘관들이 소수의 선발된 병사들과 함께 군기를 날리며 대성당으로 가서 미사에 참석하고, 테데움(Te Deum, '주를 찬양한다'라는 뜻으로, 중세에 널리 사용된 라틴어 성가: 옮긴이)을 들었다. 도시 성벽의 가장 큰 파편 위에 대포를 설치하고 예포를 발사해 대성당이 참된 신앙으로 복귀했음을 선포했다. 의식이 끝난 뒤 틸리는 발아래 검게 탄 폐허가 이제부터 마그데부르크가 아니라 수호성녀에게 봉헌된 도시 마리엔부르크라고 선언했다.[62]

성문 위에 장식되어 있었던 목각 소녀상이 화재가 멈춘 뒤 도랑에서 숯덩이로 발견되었다.[63] 시민들은 간신히 되찾은 그 목각상을 '마그데부르크의 결혼'이라고 부르며 오래도록 기억했다.

마그데부르크가 함락되었다는 소식은 유럽 전역에 충격과 공포를 안겨주었다. 빈에서는 추수감사제가 취소되었고, 신교 국가들은 혐오와 분노를 표출했다. 도시의 군사적 중요성을 빼앗아버린 끔찍한 만행은 정복자들의 의도적인 행위로 널리 알려졌으며, 틸리의 이름은 역사 속에서 마그데부르크와 영원히 짝을 이루게 되었다. 훗날 자비를 애걸하는 제국군 병사들은 '마그데부르크의 자비'라는 명목으로 총살을 당했다.

"우리의 위험은 끝이 없습니다. 신교 귀족들은 틀림없이 이 사건으로 더욱 증오심을 키울 것이기 때문입니다."64 틸리는 막시밀리안에게 이런 편지를 보냈다. 그의 말은 과연 옳았다. 유럽 전역에서 마그데부르크를 신호탄으로 신교 세력이 들고일어나기 시작했다. 5월 31일 네덜란드는 스웨덴 왕과 협정을 맺고 프랑스와 함께 자금을 지원하기로 약속했으며,65 곧바로 플랑드르를 침략하려 했다.

더 직접적인 재앙은 6월 중순 브란덴부르크의 게오르크 빌헬름과 구스타프 아돌프가 맺은 조약이었다. 브란덴부르크 선제후는 4월에 슈판다우를 양도하는 데 동의했으나 그 이후 의무를 회피하려 했다. 구스타프는 신속하게 대응했다. 6월 15일 그는 게오르크 빌헬름이 계속 의무를 거부하면 선전포고를 하겠다고 선언했고, 엿새 뒤에는 베를린 외곽에 나타나 선제후 궁전에 대포를 조준했다. 겁 많은 군주는 경악했다. 그는 일단 아내와 장모를 내보내 침략자의 기분을 누그러뜨리고, 몇 시간 뒤 자신도 따라나와 술이라도 함께하면서 오해를 풀자고 아첨 섞인 제의를 했다. 유리한 입장에 선 구스타프는 굳이 마다할 이유가 없었다. 그는 호쾌하게 선제후에게 술을 넉 잔이나 권하며 건배했다. 이튿날인 1631년 6월 22일 그는 전쟁 동안 브란덴부르크의 자원과 슈판다우와 퀴스트린 요새를 자기 마음대로 이용하겠다는 내용을 담은 조약을 강요했다.66 그날 밤 게오르크 빌헬름은 스웨덴 왕과 함께한 폭식과 폭음으로 상처받은 자존심을 달래느라 애써야 했다.67

한편, 틸리의 입장은 점점 어려워졌다. 군사적 곤경과 더불어 그는 정치적 난국에 빠졌다. 그는 비록 제국군 전체를 통제하는 총사령관이었으나 동시에 가톨릭동맹의 장군이었기 때문에 막시밀리안의 지휘를 받는 처지였다. 그런데 그해 봄 내내 막시밀리안은 황제와 스웨덴 왕을 무시하고, 가톨릭 입헌주의 세력을 결성하고자 하는 옛 정책을 고수했다. 막시밀리안은 작센의 요한 게오르크를 포함해 충분한 수의 군주들이 참여한 독일 내의 동맹과 리슐리외의 도덕적 지원만 있으면 된다고 믿었다. 이 믿음에 따라 그는 1631년 5월 8일 프랑스 정부와 8년간의 비밀 조약을 체결했다. 프랑스는 그의 선제후 직위를 인정하고 그가 적의 공격을 받을 때 돕기로 했으며, 그 대가로 막시밀리안은 프랑스의 적들을 지원하지 않겠다고 약속했다.68

그러나 이 비밀 조약이 초래할 혼동은 미처 생각하지 못했다. 리슐리외는 막시밀리안의 직위를 인정했으나, 그의 다른 동맹자인 구스타프 아돌프는 그 직위를 적법한 임자에게 돌려줘야 한다고 여기고 있었다. 게다가 프랑스 정부는 막시밀리안이 공격을 받을 경우 조약에 따라 그를 도와야 했다. 리슐리외는 아무리 구스타프가 황제와 싸우고 있다 해도 황제의 군대가 주로 막시밀리안의 돈으로 급료를 받고 있고, 그의 휘하에 있는 장군이 제국군을 맡고 있다는 사실을 깨닫지 못했던 걸까? 리슐리외는 순진하게도 구스타프가 형식적인 것에 불과한 바이에른의 중립을 존중하리라고 믿었던 걸까? 막시밀리안과 추기경의 외교는 스웨덴 왕을 쉽게 다룰 수 있다는 가정에 기초하고 있었다. 그저 그를 이용해 황제에게 겁을 주고, 독일 내에만 머물게 했다가 나중에 적당한 보수를 주면 스웨덴으로 돌아가리라고 여겼던 것이다.

이 무분별한 외교로 가장 큰 고통을 겪은 사람은 충직한 틸리였다. 제국군 총사령관으로서 그의 임무는 스웨덴 왕을 격퇴하는 것이었다. 그러나 막시밀리안의 휘하 장군이라는 사실을 고려하면 그렇게 해서는 안 되었다. 비밀 조약에 따라 구스타프는 그가 모시는 주군의 친구의 친구가 되었으므로 틸리는 구스타프와 일체의 공개적 접촉을 회피해야 했다.69 이러지도 저러지도 못하게 된 틸리는 대담하게 작센으로 쳐들어갔다. 마그데부르크의 학살자로 널리 알려진 명성을 이용해 요한 게오르크를 협박할 작정이었다. 그러나 막시밀리안은 요한 게오르크와 적대할 마음이 조금도 없었다. 틸리의 공격으로 겁을 먹은 작센 선제후가 스웨덴의 무력에 의지하게 되면, 새로운 군주 세력을 형성하려던 막시밀리안의 꿈은 물거품이 되고 말 터였다.

또다시 두 입헌주의자가 동맹을 맺을 가능성이 바람에 흔들리며 꺼져갔다. 틸리와 아르님의 군대가 협력했다면 독일을 구할 수 있었겠지만, 요한 게오르크와 가톨릭 선제후들의 온건한 서신 교환은 아무런 결실도 낳지 못했다.70 전쟁 행위에는 책상머리에 앉아 있는 대신들의 결정을 기다려주지 않는 현장성이 크게 작용하게 마련이다. 1631년 여름의 중대한 현실은 틸리의 군대가 굶주리고 있었다는 것이다.

마그데부르크가 함락되고 나흘 뒤 틸리는 발렌슈타인에게 군량을 제공해달라고 탄원했으나 실패했다.71 여름이 다가오자 모든 가능성이 차단되었다. 스웨덴 왕은 북쪽에서 공격해 들어와 7월 22일 하벨베르크를 점령하고, 메클렌부르크를 유린했다. 이 극단적인 상황에서 틸리는 발렌슈타인이 자신의 공국을 적에게 넘겨주기보다는 영토와 자원을 자신에게 맡기지 않을까 하고 바랐다. 하지만 발렌슈타인은 차라리 공국을 잃는 편을 택했다. 틸리의 속셈을 간파했던 것이다.72

식량과 주둔지가 절실한 상황에서도 막시밀리안의 정책을 충실히 따랐던 틸리는 작센 국경에서 방향을 돌려 남서쪽의 헤센으로 진군했다. 당황한 헤센 방백은 서둘러 스웨덴 왕과 동맹 조약을 맺고 도움을 요청했다.73 작전이 실패로 돌아가자 틸리는 마그데부르크의 황폐한 평원에서 또다시 고립무원의 처지가 되었다. 작센으로 진군하는 것 이외에는 선택의 여지가 없었다.

　이제 두 세력 사이에 낀 사람은 요한 게오르크였다. 한편에는 마그데부르크가 파괴된 이후 엘베 강의 예정된 기지를 빼앗긴 탓에 어느 때보다도 그와의 동맹이 절실한 스웨덴 왕이 있었다. 다른 한편에는 작센이라는 먹잇감에 침을 흘리는 틸리의 굶주린 군대가 있었다. 그 사이에서 요한 게오르크의 평화 정책은 위기에 처했다. 그러나 그는 브란덴부르크의 동료보다 더 신중한 처신을 통해 더 나은 조건으로 협상을 이끌었다. 틸리가 군대를 해산하지 않으면 제국의 명령에 불응하는 것으로 간주하겠다는 전갈을 보내오자 그는 일단 확답을 피하고,74 이이제이(以夷制夷)의 전략을 구사하기로 마음먹었다. 스웨덴 왕에게는 자신의 몸값을 최대한 높이 부르면서 황제와 노골적인 불화는 피하는 방법이었다. 최후의 순간이 닥치자 그는 구스타프에게 반대편으로 넘어갈 듯한 제스처를 취했다.

　8월 31일 틸리는 남부와 서부에서 황급히 1만 4천 명의 병력을 그러모아 전체 병력의 규모를 3만 6천 명으로 늘렸다.75 나흘 뒤 그는 작센 국경을 넘었다. 새로 증강된 틸리의 군대는 지난 몇 달 동안 보여주지 못했던 열정을 내보이며 작센 정복에 뛰어들었다. 첫 번째 공격으로 부유한 도시 메르제부르크를 함락시켰다. 9월 6일이 되자 그들은 벌써 라이프치히로 가는 도정에 올랐다. 하지만 중도에 여러 지역을 약탈한 탓에 노획물이 너무 많아 진군하는 속도가 느려졌다.

위기가 닥치자 구스타프와 아르님은 작센의 요한 게오르크에게서 협상 카드를 모두 빼앗아버렸다.76 둘 다 틸리의 힘을 오판하고 있었기 때문에 감히 앞장서서 행동하려 하지 않았다. 동맹 조건이 서둘러 타결되고, 1631년 9월 11일에 조약이 체결되었다. 작센 선제후는 구스타프가 엘베 강을 넘으면 곧바로 전 병력을 이끌고 즉각 가담하기로 약속했다. 그에게 주둔지와 식량을 제공하고, 엘베 강 유역을 확보해 그가 원하는 요충지를 방어하는 데 필요한 온갖 조치를 취했다. 또한 선제후는 별도의 평화 조약을 맺지 않겠다는 약속을 하고, **비상사태가 지속되는 한** 스웨덴 왕에게 두 군대의 전권까지는 아니더라도 주요 지휘권을 넘겨주기로 했다. 바로 여기에 허점이 있었다. 어떤 것이 비상사태인지 판별하는 확실한 기준을 정하지 않은 것이었다. 요한 게오르크는 사실상 언제든 자신의 판단에 따라 동맹에서 발을 뺄 수 있었다. 어쨌든 동맹의 대가로 스웨덴 왕은 자기 군대의 규율을 강화해 작센에서의 군사 행동을 최대한 자제하고, 일단 선제후의 영토에서 적을 몰아낸 뒤 추후 행동에 들어가기로 했다.77

이 조약과 브란덴부르크 선제후가 맺은 동맹은 큰 차이가 있었다. 브란덴부르크의 게오르크 빌헬름은 어쩔 수 없이 침략자의 정책에 구속되었지만, 작센의 요한 게오르크는 자신의 우위를 주장했다. 겉으로 보면 작센의 조약은 스웨덴 왕이 원하는 모든 것을 내준 듯싶지만, 구스타프는 당장의 도움이 시급한 나머지 동맹자의 의무에 시간적 제한이 없다는 것을 눈여겨보지 않았다. 결과적으로 요한 게오르크는 자기 마음대로 판단할 수 있게 된 것이다. 계약을 체결한 순간부터 죽을 때까지 구스타프는 동맹자를 한 번도 신뢰하지 못했다. 그는 언제나 요한 게오르크가 선의를 가졌다고 믿으면서 행동해야 했다. 요한 게오르크는 독일 입헌주의 세력을 결성하지도 않았고, 제국의 통합성을 방어하지도 않았다. 그는 토착 군주인 자신의 안전을 도모하고, 침략자의 결정을 통제하는 권한을 누렸을 뿐이다.

4

사흘 뒤인 1631년 9월 14일 틸리는 라이프치히를 방어하는 플라이센부르크 요새를 점령했다. 그 이튿날 그는 도시에 입성했고, 병사들은 막대한 전리품을 챙겼다. 스웨덴 왕과 작센 선제후의 군대는 거기서 북쪽으로 40킬로미터 떨어진 뒤벤에서 합류해 남진을 시작했다. 그것은 곧 틸리의 파멸을 의미했다. 틸리는 퇴각을 생각할 수도 없는 형편이었다. 몇 개월 동안 비참하게 살아왔던 병사들을 지상 천국에서 끌고 나오기란 불가능했다.[78] 가장 가까운 우호적인 지역은 뷔르템베르크였으나 그곳까지 가려면 스웨덴 왕의 추격을 받으며 적대적인 튀링겐을 지나야 했다. 반대 방향이라면 무방비 상태의 작센 남부를 가로질러 보헤미아로 후퇴해야 하는데, 무관의 보헤미아 지배자인 발렌슈타인이 환대하지 않을 게 뻔했다. 뿐만 아니라 그것은 스웨덴군을 제국 영토의 심장부로 불러들이는 격이었다. 그러므로 퇴각은 생각할 수 없었다. 틸리가 할 수 있는 최선의 방책은 라이프니츠에 진을 치고, 알트링겐 장군이 황급히 모집한 제국의 증원군을 거느리고 와줄 때까지 버티는 것뿐이었다.[79]

반면, 구스타프는 충분히 승부를 걸 만한 입장이었다. 전투에서 대승을 거두면 어서 라이프치히를 구원해달라고 들볶아대는 요한 게오르크와 최근에 맺은 우호를 다질 수 있었다. 게다가 작센군과 스웨덴군의 병력을 합치면 틸리의 군대보다 1만 명이나 더 많았다.[80]

경험이 풍부한 가톨릭 장군 틸리는 성실한 지휘관이었으나 위대한 지휘관은 못 되었다. 나이가 들면서 타고난 그의 조심성도 커졌다. 불행히도 부사령관인 파펜하임은 노련한 기병대 지휘관이었지만, 인내심과 부사령관에게 필요한 섬세한 이해력이 부족하고 부관으로서의 자질도 모자랐다. 그는 틸리를 힘없는 노인이라고 깔보지는 않았어도 무능력하다고 여겼다. 마그데부르크에서 그는 사령관의 허락도 없이 공격 명령을 내려 도시를 점령했다. 그 기억이 생생했던 그는 라이프니츠에서도 똑같이 행동했다. 9월 16일 그는 정찰대를 거느리고 진영에서 나와 그날 밤 적을 발견했다는 소식을 본대에 전했다. 큰 위험도 없는데 귀환할 수는 없었으므로 그는 본대에게 현지로 오라고 명했다. 아직 한 번도 패배해본 적이 없는 이 오만한 귀족은 벌써부터 야만적인 스웨덴군과 오합지졸의 작센군을 마치 그문덴의 농민들처럼 손쉽게 학살하는 장면을 상상했던 것이다. 그는 전혀 겁이 없었다. 그의 몸에 난 상처는 여러 차례 죽음을 무릅쓴 항전을 보여주는 증거였다. 게다가 그의 가문에는 장차 후손이 침략자 왕을 죽이고 조국을 구한다는 전설이 전해 내려오고 있었다. 현실적인 사고를 할 줄 몰랐던 파펜하임은 군사 경력 전체를 통틀어 늘 불가능한 일을 시도했고, 특유의 광기 어린 용기로 성공을 거두었다. 그러나 라이프니츠는 그런 모험을 감행할 무대가 아니었다. 틸리는 파펜하임이 공격을 개시했다는 소식을 듣고 고뇌에 휩싸여 머리털을 쥐어뜯으며 큰소리로 개탄했다. "이 친구가 내게서 명예와 명성을 빼앗고, 황제에게서 영토와 백성을 빼앗는구나."[81] 하지만 파펜하임이 전투를 시작한 이상 틸리도 그의 뒤를 따를 수밖에 없었다.

9월 18일 수요일 오전 9시경 신교 군대는 조심스럽게 진군해 라이프니츠에서 북쪽으로 6킬로미터 떨어진 브라이텐펠트 마을의 외곽에서 제국군과 조우했다. 날씨가 더운 데다 돌풍이 몰아친 탓에 화약 먼지가 소용돌이처럼 휘날려 마른 땅에 10센티미터 두께로 쌓였다. 햇빛과 바람 모두 스웨덴 왕에게 불리했다. 또한 지면이 눈에 띄지 않을 만큼 살짝 경사져 있었다.

틸리의 군대는 중앙에 보병대, 양익에 기병대가 배치된 전통적인 편대를 취했다. 틸리는 중앙을 지휘하고, 파펜하임이 좌익을 맡았다. 적이 시야에 들어오자 제국군은 사격을 개시했다. 구스타프가 병력을 집합시키는 동안 그의 군대에 제국군이 포격을 가했으나 효과는 별무신통이었다. 좌익에서는 작센 선제후가 거느린 작센 기병대가 포진했다. 이들은 잘 닦은 무기를 지니고 깨끗한 군복을 입었으며, 작센의 젊은 귀족들로 구성된 장교들도 산뜻한 목도리와 외투 차림이었다. 그들을 본 스웨덴 왕은 '상쾌하고 아름다운 부대'라고 감탄했다. 그 뒤로 작센 보병대가 따랐다. 그리고 중앙에는 스웨덴 보병대의 일부가 자리를 잡았고, 우익에는 나머지 보병대와 구스타프의 기병대가 포진했다. 이때 구스타프는 틸리의 고참병들이 보는 앞에서 적군이 처음 보는 편대를 신속하게 형성했다. 스웨덴 왕은 기병들을 밀집시키지 않고, 여러 개의 작은 진형으로 나눠 각 진형이 자유롭게 전투를 벌이고 각 병사가 사방으로 움직일 수 있는 공간을 만들었다. 그리고 이 집단들 사이에 소규모의 총병대를 배치했는데, 이것은 낯익은 획일적인 편제가 아니었다. 틸리의 장교들은 보병대와 기병대의 진형을 교차시킨, 얼추 바둑판 모양의 편

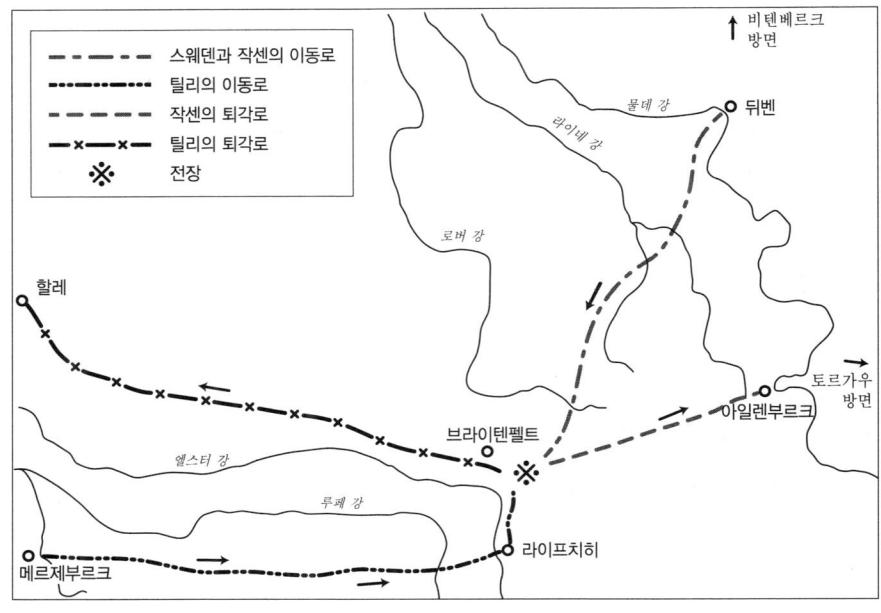

제라고 짐작했다. 그들이 적군의 특이한 편대를 눈여겨볼 사이도 없이 또 다른, 더 혼란스러운 양상이 펼쳐졌다. 구스타프는 총병들을 다섯 명씩 종대로 줄을 세운 뒤 맨 앞의 병사가 무릎을 꿇고 앞의 두 병사가 동시에 사격할 수 있도록 했다. 사격을 마친 병사들은 줄의 뒤로 이동해 다른 두 명이 사격하는 동안 사격할 준비를 했다. 지속적인 훈련으로 이 활기찬 편제에 숙달된 스웨덴 병사들은 틸리의 병사들보다 세 배나 더 많이 사격할 수 있었다. 뿐만 아니라 명중률도 세 배나 더 높았다. 바둑판 편제는 적이 어느 방향에서 공격해오더라도 기병과 총병이 지체 없이 방향을 바꿔 신속하게 대응할 수 있었다. 전투가 벌어진 일곱 시간 동안, 틸리는 포연이 가득한 가운데서도 내내 스웨덴 총병들이 규칙적

으로 움직이는 소리를 들을 수 있었다.82

　오후 2시 반이 다 되어 양측은 이동을 시작했다. 태양은 이미 스웨덴군의 정면을 향하고 있었다. 파펜하임이 먼저 바깥쪽으로 신속하게 이동했다. 그는 적의 포화가 빗발치는 직접적인 사격 반경을 벗어나 넓게 원을 그리며 스웨덴 기병대의 본대를 돌아 예비대를 공략했다. 만약 구스타프의 군대가 평소의 편제를 취했다면 이 파펜하임의 공격은 치명적이었을 것이다. 그러나 스웨덴 기병대가 즉각 방향을 틀자 파펜하임은 예비대와 본대 사이에서 직각으로 포위되었다. 당황한 그는 급히 뒤로 물러났다. 그때 중앙의 틸리와 우익 사령관인 퓌어스텐베르크(Egon VIII von Fürstenberg, 1588~1635)는 적의 좌익이 혼란에 빠진 것을 보고, 스웨덴군이 교전 중일 때 작센군을 공격하는 게 좋겠다고 판단했다. 그들은 좌익의 작센 기병대와 중앙의 작센 보병대 사이에 집결한 작센 포병대를 공격했다.

　경험이 부족한 요한 게오르크의 작센 군대는 강적을 맞아 두 시간 동안 용감히 싸웠으나, 갑자기 적군 총병들의 기세가 치솟으면서 전선이 무너졌다. 적군이 먼지에 가려 잘 보이지도 않은 채로 요란한 함성을 지르며 전진하자, 작센 측의 전선은 크게 동요했다. 공격을 주도한 크로아티아 기병들의 붉은 외투가 바람에 날리고 검이 번쩍였다. 알아들을 수 없는 외국어 함성이 여기저기서 터지자 작센군은 지옥에서 악마의 부하들이 뛰쳐나왔다고 상상했다. 사냥터에서 늘 용감했던 요한 게오르크도 당시 눈앞에 펼쳐진 것과 같은 맹렬한 기세는 본 적이 없었다. 포병들이 먼저 달아났고, 대포가 적의 수중에 넘어갔다. 매캐한 먼지 속에서 분투하던 제국군은 대포를 작센 기병대 바로 앞으로 끌어내 불을 붙였다. 그때쯤 아르님은 동요하는 병사들을 간신히 규합했으나 새로운 재앙이 그를 덮쳤다. 요한 게오르크는 말을 타고 손쉽게 전장을 빠져나와 25킬로미터 떨어진 아일렌부르크까지 쉬지 않고 달렸다. 전장에 남아 있던 아르님의 기병대 중에서 2개 연대는 작센 백성들이었으므로 새로 임명된 장군에게 복종하기보다는 지배자의 선례를 따를 가능성이 컸다. 과연 그들은 아르님의 노력에도 불구하고 무기를 던지고 살길을 찾아 도망쳤다. 하지만 그들은 선제후보다 더 영리했거나 혹은 더 나쁜 말을 타고 있었다. 얼마 안 가서 추격군이 쫓아오지 않는다는 것을 안 그들은 그 난리 중에도 눈앞의 이득을 챙겼다. 후방에 둔 스웨덴 짐수레를 습격해 챙길 수 있는 건 모조리 챙겨가버린 것이었다.

작센 기병대가 이렇게 무너지고 보병대도 흩어지자, 제국 기병대의 양익은 대오를 추스르고 스웨덴군을 공격했다. 아무리 작센의 전력이 보탬이 된다 해도 왕은 요한 게오르크와의 조약에 서명하지 말았어야 했다. 이제 스웨덴군은 제국군의 공격에 단독으로 맞설 수밖에 없게 되었다. 불가능해 보였던 제국군의 승리가 눈앞에 다가온 듯했다. 그때 스웨덴군을 구한 것은 두 가지, 왕의 뛰어난 재능과 바람의 변화였다. 틸리의 기병대는 바위처럼 버티고 선 스웨덴 진영을 뚫지 못했다. 제국군은 길게 뻗은 기병 집단들 사이의 무수한 통로로 들어가 양 측면을 공격했으나 오히려 격렬한 사격을 받았다. 갑옷도 없이 가죽 외투를 입고 깃털 달린 모자를 쓴 스웨덴 왕과 장교들은 두려움을 모르고 큰 위험이 닥친 곳으로 달려갔으며, 특히 왕은 동에 번쩍, 서에 번쩍했다. 그래서 날이 저물었을 때 왕은 누구보다도 그 전투를 혼란스럽게 기억했다. 먼지 때문에 눈은 침침하고, 얼굴은 땀범벅이 된 채 그는 말을 타고 전선을 누비며 병사들을 격려했다. 그러다 쉰 목소리로 물을 한 잔 달라고 한 뒤 누가 물병을 건네기도 전에 다시 말에 올랐다.

그러는 동안 해가 저물어 스웨덴군은 햇빛의 영향을 받지 않게 되었다. 또 바람의 방향이 바뀌어 온종일 그들을 괴롭혔던 화약 먼지가 지친 제국군 병사들에게로 날아갔다. 구스타프가 기다리던 기회가 왔다. 첫 공격 이후 스웨덴의 예비 기병대는 전투에 별로 적극적으로 참여하지 못하고 있었는데, 이제는 전장의 새로운 전력이 되었다. 드디어 왕은 2개 부대, 약 1천 명으로 구성된 예비 기병대에게 진격 명령을 내렸다. 그는 본대와 함께 공격할 참이었다. 그가 제국군의 기병대를 보병대와 분리시키기 위해 다른 방면으로 이동하자 예비대가 뒤를 따라와 추격하던 적의 기병대와 교전했다. 작전은 성공했다. 적의 보병대와 기병대가 분리되자 스웨덴군은 작센군의 대포들을 탈환하고, 대열이 무너진 적군을 공격했다. 틸리의 병사들은 이미 전투에 지친 채, 라이프치히에 놔둔 전리품 생각을 하고 있었다. 그들이 달아나기 시작하자 스웨덴군은 그들을 추격해 살육했다. 틸리는 목과 가슴에 상처를 입고 오른팔이 부러진 채 소수의 병력만 거느리고 전장을 떠났다. 몸이 너무 아파 어디로 가야 할지, 앞으로 어떻게 될지 생각할 수도 없었다. 파펜하임은 전장에 남아 군대를 독려했다. 최대의 적이었던 먼지 구름이 이제 그의 유일한 친구였다. 그는 안개와 땅거미에 몸을 숨기고 추격군을 물리쳤다. 그리고 4개 연대쯤 되는 병력과 함께 라이프니츠로 퇴각했다. 그는 내내 후위의 가장 치열한 곳에서 싸웠다. 한번은 스웨덴 병사 열네 명의 포위를 뚫고 나온 적도 있었다. 그러나 그는 라이프니츠를 포기할 수밖에 없었다. 바로 다음 날 아침, 그는 병사들을 이끌고 할레로 향했다. 20여 문의 대포를 전부 잃었고, 100개에 달했던 기치도 사라졌다. 브라이텐펠트의 불탄 전장과 라이프니츠로 가는 길에 2만 명이 묻혔고, 7천 명이 그날 밤 스웨덴군에 포로로 잡혔다가 이튿날 아침에 스웨덴 병사가 되었다.

　이제 어디로 가야 할까? 마음은 무겁고 몸은 타는 듯한 고통에 시달리던 틸리는 그날 밤 늦게 할레 도로변의 한 여관에 들었다. 아마 그때 이런 생각을 했을 것이다. 하지만 파펜하임은 분노에 떨면서 즉각 발렌슈타인에게 편지를 썼다. "이 재앙을 저 혼자서 짊어질 순 없습니다. 저는 어쩔 수 없이 주저앉고 말았지만, 각하께서는 신과 신앙을 위해, 황제 폐하와 조국을 위해 다시 한 번 이 전쟁을 맡아주십시오."83

　첫 공격은 오후 2시 반에 시작되었다. 그러나 먼지 구름 위로 '푸른 어둠'이 시원하게 보일 때에야 비로소 구스타프는 승리를 만끽했다. 그날 밤 그의 진영은 무척 요란했다. 병사들이 적군의 사제들에게서 탈취한 신성한 종을 울려대는 바람에 그는 새벽녘까지 잠을 거의 이루지 못했다. "형제들이 무척 즐거워하는군." 왕은 웃었다.84

　전쟁이 시작된 지 13년이 지났을 무렵 이윽고 신교의 전망이 밝아지기 시작했다. 브라이텐펠트 전투 이후에는 아무도 합스부르크 왕조나 가톨릭교회가 다시 '조국'을 정복할까 봐 두려워하지 않았다. 드레스덴에서는 이후 100여 년 동안이나 9월 17일을 감사의 날로 기념했다.85 독일 군주들이 하지 못했던 일을 스웨덴 왕이 대신해준 것이었다. 오스트리아로부터 조국을 자유롭게 해준 것은 바로 스웨덴이었다.

　역사에는 물질적 중요성과 무관하게 도덕적 영향을 미친 사건들도 있게 마련인데, 브라이텐펠트 전투가 바로 그런 사례였다. 당시에나 이후에나 유럽의 신교도들은 구스타프가 그날 펠리페 2세 시절 이후 유럽을 괴롭혀오던 가톨릭-합스부르크 독재를 끝내고 해방을 가져왔다고 믿었다. 그러나 실은 구스타프가 독일 땅을 밟기 전에 교황과 리슐리외의 적대가 이미 오스트리아 왕가의 종교 정책을 크게 약화시켰다. 브라이텐펠트의 전장에서 그는 합스부르크 나무의 뿌리가 아니라 가지를 친 것에 불과했다. 불과 일주일 전에 젤란트 연안에서 군대 병력을 싣고 온 에스파냐 함대가 상륙할 준비를 하던 중 네덜란드에 의해 파괴되었다. 이 사건은 라이프치히 전투에 가려 세간의 이목을 끌지 못했지만 오스트리아 왕가에 준 타격은 더 컸다. 왕가의 미래는 무엇보다도 에스파냐의 부활에 달려 있었는데, 네덜란드에서의 패배는 그 부활을 더 어렵게 만들었다.

브라이텐펠트 전투는 페르디난트에게 큰 타격을 주었으나 그를 무너뜨리지는 못했다. 신교 세력에게 가장 위험한 순간은 아직 오지 않았다. 그 순간은 스웨덴이 브라이텐펠트에서 승리하기 몇 주일 전이 아니라, 3년 뒤 뇌르틀링겐에서 스웨덴이 패배했을 때였다.

하지만 그렇다 하더라도 브라이텐펠트 전투가 유럽사에서 점하는 위치가 달라지지는 않는다. 이 사건은 일순간에 하나의 상징이 되었다. 스웨덴 왕의 개성과 자신감은 그의 모든 행동에 엄청난 의미를 부여했다. 특히 그 중대한 전투는 신교의 첫 승리였다. 이 사건을 보통 역사라고 불리는 단순화된 전통 속에 포함시켜야 하는 이유는 그것이 실제로 이룬 성과 때문이 아니라 사람들이 성과라고 생각하기 때문이다. 말하자면 스웨덴 왕은 누구나 읽을 수 있는 문자로 당시의 상황에 관해 반박할 수 없는 진실을 써내려갔던 셈이다. 합스부르크 왕조는 패배했고, 마지막 성전은 실패했다.

200년 뒤 19세기 자유주의 시대에 그 전장에 세워진 기념비에는 '온 세상을 위한 신앙의 자유'라는 의미심장한 문구가 새겨졌다. 이 기념비는 조용한 시골길, 후미진 나무 그늘 아래 지금도 서 있다. 3세기의 세월은 평온한 풍경 속 기념비에 담겨 있던 모든 상처를 말끔히 지워버렸다. 신독일(지은이 시대의 나치 독일: 옮긴이)의 철학도 그 정신적 지표를 망각 속에 던져버렸다. 지나간 그 시대에 그토록 갈망했던 '온 세상을 위한 신앙의 자유'는 자신이 배운 그대로를 믿을 수밖에 없는 이 시대 사람들 사이에서 잊히고 말았다.[86]

5

침략의 흐름을 저지하기 위해 남은 제국군은 병력을 분산시켰다. 틸리는 남쪽 오버팔츠의 뇌르틀링겐으로 갔고, 파펜하임은 북동부 해안으로 들어오는 스웨덴 증원군을 차단하기 위해 베저 강으로 이동했다. 퇴각하던 중에 가톨릭동맹의 금고를 잃어버린 탓에 남은 자금은 병사들에게 급료를 주기에도 턱없이 모자랐다.

전 유럽은 구스타프가 곧 빈으로 쳐들어갈 것이라고 확신했다. 요한 게오르크도 그에게 그러자고 권했다. 브라이텐펠트 전투 이전에 그들은 전투에서 승리할 경우, 선제후는 중부 독일을 지키고 왕은 보헤미아를 침공하기로 합의한 바 있었다. 하지만 그 전투 이후 구스타프는 계획을 바꾸었다. 여기에는 간단하고 확실한 이유가 있었다. 그는 요한 게오르크를 신뢰하지 않았다. 만약 그가 빈에 도착했을 때 동맹자인 요한 게오르크가 적과 내통했다는 것을 알게 된다면 그것만큼 큰 낭패도 없을 터였다. 그 경우 그는 불리한 강화를 맺거나 해안까지 힘겹게 돌아가야 한다. 하지만 만약 그가 선제후를 시켜 합스부르크 영토를 침략하게 한다면 선제후와 분노한 황제가 강화를 맺기는 어려워진다. 설령 강화를 맺는다 해도 구스타프는 독일 중부와 북부, 해안으로 돌아가는 길목들을 장악할 수 있을 것이다. 이것만으로도 확실한 이유였지만 또 다른 이유도 있었다. 발렌슈타인이 프라하를 양도하겠다고 제의한 것이었다.[87] 구스타프는 이 노골적인 반역을 환영하면서도 발렌슈타인이 궁극적으로 자신의 이익에 따라 행동하는 인물이라는 것을 알고 있었다. 그가 프라하를 고분고분 양도할지, 아니면 구스타프의 진격을 이용해 제국 정부의 수장에게 권총을 들이댈지는 모르지만, 어쨌든 그는 옛 지휘권을 되찾으면 즉각 방대한 자원을 가동해 진격하는 구스타프의 군대에 올가미를 걸 인물이었다.

구스타프와 요한 게오르크 사이에 잠복한 적대는 하찮은 다툼을 빚었다. 선제후는 왕을 도구로 이용해 페르디난트에게 깨우침을 주고자 했고, 왕은 독일을 지배하고자 했다. 구스타프에게는 국가이기주의와 북독일의 물길을 차지하려는 욕망이 신교의 대의에 대한 충성심과 뒤섞여 있었다. 그가 요한 게오르크나 독일 군주들에게 신교의 대의를 수호할 능력이 있는지를 믿지 못하는 것은 그 시대의 누가 봐도 당연했다. 그래서 그는 자신이 직접 독일의 조정자가 되고자 했다.

선제후는 새로 바뀐 방침에 항의할 처지가 못 되었다. 그의 군대가 브라이텐펠트에서 패주한 것 때문에 그는 당분간 구스타프와 대등한 입장에서 일을 처리할 권한을 잃었다. 굴욕적인 입장이었으나 거기에는 자신의 책임도 있었으므로 그가 아무리 분노를 표출하고 도망병들을 모조리 처형하겠다고 으름장을 놓아도 나아질 것은 없었다. 어느 영국인 자원병이 건방지게 주장했듯이, 그는 우선 자기 자신부터 벌해야 했다.88

결국 요한 게오르크는 굴복할 수밖에 없었다. 1631년 10월 초 아르님이 이끄는 작센군은 제국의 영토에서 추락한 명성을 되찾기 위해 슐레지엔 국경을 넘었다. 25일 그들은 보헤미아 국경에 이르렀다. 11월 10일 발렌슈타인은 프라하에서 물러났고, 15일 아르님은 선제후의 이름으로 도시를 정복했다. 그러자 침묵 속에서 은거하고 있던 신교도들이 뛰쳐나와 그를 환영했다.89

한편, 스웨덴 왕은 서쪽의 독일 심장부로 들어갔다. 그 과정에서 그때까지 전란의 피해를 입지 않았던 가톨릭 주교구 파펜가세(사제들의 길)가 불에 탔다. 10월 2일 그는 에르푸르트에 입성했다. 14일에는 뷔르츠부르크로 가서 나흘간의 공격 끝에 그곳을 함락시켰다. 여기서 스웨덴 병사들이 주둔군을 도륙할 때 처음으로 거리에서 '마그데부르크의 자비'라는 복수심에 찬 외침이 들려왔다. 스웨덴군은 일반 시민들과 인근 지역에서 도망쳐온 사람들은 살려주었다. 프랑크푸르트안데어오데르에 비하면 질서가 훨씬 더 신속하고 효율적으로 복구되었다. 그래도 전리품은 산더미처럼 쌓였고, 왕은 몸값으로 8만 탈러를 거둬들였다.90

당시 프랑크푸르트암마인에서는 신교 선제후들이 참석을 거부한 가운데 가톨릭 군주들이 모여 또다시 쓸데없이 토지반환령에 관해 논의하고 있었다. 그러나 10월 14일 한밤중에 뷔르츠부르크 주교가 침략자를 피해 간신히 도망쳐왔다는 비보를 전하자 군주들은 서둘러 꽁무니를 뺐다.91 구스타프는 11월 11일에 하나우, 22일에 아샤펜부르크를 점령한 데 이어, 27일에는 드디어 신성로마제국의 입헌주의 중심지인 프랑크푸르트암마인에 입성했다. 그는 총리인 악셀 옥센셰르나를 불러 정복지의 행정을 지시했다.

이제 구스타프는 에스파냐 군대가 10여 년 동안이나 점령해왔던 지역으로 접근했다. 황제도 두렵지 않은 그가 에스파냐 왕을 두려워할 리는 없었다. 회흐스트에서 헤센-카셀의 방백 빌헬름이 증원군을 거느리고 오자, 구스타프는 그와 함께 라인 강을 건너 하이델베르크로 진군했다. 하지만 겨울이 다가왔고, 적의 방비가 단단한 것을 보고 일단 철군하기로 했다. 그 대신 동맹자인 작센-바이마르의 젊은 공작 베른하르트(Bernhard, 1604~1639)가 만하임을 정복해 명성을 얻었다. 구스타프는 크리스마스를 닷새 앞두고 마인츠를 정복했다. 마인츠 선제후는 달아났고, 에스파냐 주둔군은 절대 열세를 느끼고 항복했다.

승리의 행군을 계속하는 동안 구스타프는 가는 곳마다 신교도들의 열렬한 환영을 받았다. 그의 명성은 만방에 퍼졌다. 슈바인푸르트 시민들은 그를 위해 거리에 골풀을 깔고, 창문에 기치를 내걸었다. "사람들은 그를 마치 하늘에서 내려온 신처럼 받들었다."92 하나씩 하나씩, 때로는 쉽게 때로는 어렵게, 그는 독일의 지배자들을 황제로부터 떼어냈다. 크리스마스까지 그는 작센-바이마르의 빌헬름 공작과 베른하르트 공작을 자신의 군대에 받아들이고, 헤센-카셀 방백과 브라운슈바이크-뤼네부르크 공작을 동맹자로 묶었다. 또한 헤센-다름슈타트 방백, 뷔르템베르크의 섭정, 안스바흐 변경백과 바이로이트 변경백, 뉘른베르크 자유시와 프랑켄 지구를 전부 복속시켰다.93 메클렌부르크의 두 공작과의 동맹은 변함없이 유지되었고, 헤이그에 있는 보헤미아의 프리드리히도 그와 합류할 예정이었다.

구스타프는 제국 내에서 일곱 개의 군대와 8만 명에 달하는 병력을 거느렸다. 그는 라인 강 일대에서 1만 5천 명을 직접 지휘했고, 프랑켄에서는 구스타프 호른(Gustav Horn, 1592~1657) 장군 휘하에 8천 명, 헤센에도 8천 명, 메클렌부르크에 4천 명, 니더작센 지구에 1만 3천 명, 마그데부르크 인근에 1만 2천 명, 작센-바이마르에 4천 명, 나머지는 전국 각지에 주둔했다. 구스타프는 스웨덴에서 오는 9천 명의 병력을 포함해 겨울에 새로 12만 명의 병력을 모집할 작정이었다.94 정복의 성과 덕분에 그렇게 큰 병력을 충원하고 보급하는 일이 한결 쉬워졌다.

왕의 이름은 독일 전역에서 환희와 공포를 불러일으켰다. 1천 곳의 교회에서 그를 위해 기도했으며, 그의 별명만 해도 황금의 왕, 북방의 사자, 성서에 나오는 엘리아스, 기드온, 한밤의 사자 등 수백 개에 달했다.95 겨울에는 그의 아내가 오기로 되어 있었다. 구스타프는 아내인 마리아 엘레오노라(Maria Eleonora, 1599~1655) 왕비의 머리글자를 마인츠에 건설 중인 요새의 벽에 새기게 했다. 그녀는 1632년 1월 22일 하나우로 그를 찾아왔다. 키가 크고 호리호리한 몸매에 미모의 왕비는 수많은 사람들이 보는 앞에서 정복자의 목에 팔을 두르고 따뜻하게 말했다. "이제 당신은 나의 포로예요."96

6

보슬비가 내리는 빈에서 사람들이 행진하며 신에게 분노를 거둬달라고 탄원했다. 그들 중에는 황제도 있었다. 빗물이 진흙길을 걷는 그의 목을 타고 흘렀다.97 그의 기도는 통하지 않았다. 로마에도 탄원해보았으나, 교황은 그 전쟁을 종교와 관련된 것으로 보지 않는다는 냉담한 대답을 보내왔다.98 마드리드에 보낸 서한은 에스파냐의 예비 병력이 고갈되었다는 사실만 확인해줄 뿐이었다. 바르샤바에 보낸 사절도 도움을 줄 수 없다는 회신을 갖고 돌아왔다.99

고립무원의 페르디난트는 발렌슈타인에게 다시 기댈 수밖에 없는 처지였다. 장군의 친구들은 이미 봄부터 그를 불러야 한다고 주장했다.100 처음에 황제는 자신의 취향과 필요성 사이에서 망설였다. 그의 아들인 젊은 페르디난트는 자신을 총사령관으로 임명해달라고 간청했다.101 하지만 그렇게 하고 싶어도 그것으로 재정 문제를 해결할 수는 없었다. 예전에 자기 재산으로 군대를 먹이고 입히고 급료를 지급했던 사람만이 이번에도 다시 군대를 먹이고 입히고 급료를 줄 수 있었다. 1631년 11월과 12월에 황제는 세 차례나 발렌슈타인에게 돌아오라고 애원하는 편지를 보냈다. 마지막 편지는 직접 자필로 썼다.102 12월 10일 그는 자신이 조건을 제안하기보다는 장군이 제안하는 조건이 무엇인지 알아보기 위해 사절을 보냈다.103 그해가 가기 전에 발렌슈타인은 황제의 설득에 마음이 움직였다. 그는 이듬해 3월까지 새 군대를 모집해줄 수는 있지만 그 날짜 이후에는 자신이 급료를 지불하지도, 군대를 지휘하지도 않겠다고 말했다.

라인 강에 주둔한 에스파냐군의 사정은 빈의 페르디난트보다 더 위험했다. 마인츠와 만하임을 잃었고, 남은 주둔군 병력의 급료가 지불되지 않아 폭동과 기아 상태에 처한 데다 군대를 먹여살릴 토지가 신교 군대에게 유린되었다. 또한 구스타프의 권고를 받아 스위스가 발텔리나 고갯길을 차단했고,104 네덜란드가 구스타프에게 이듬해 자금 지원을 약속했다.105 라인 강 좌안에서는 프랑스가 선전포고도 없이 위협적으로 진군해오고 있었다.

그 구실은 로렌의 샤를 공작이 제공했다. 합스부르크의 이해관계와 밀접한 연관을 가진 이 무모하고 파렴치한 젊은이는 부르봉에 반대해 이득을 취하고자 했다. 1631년 프랑스의 태후가 리슐리외를 타도하려 음모를 꾸몄다가 실패하는 바람에 오히려 추기경의 권한은 더욱 강화되었다. 이 사건으로 태후는 브뤼셀로 도피했고, 그녀의 아들 오를레앙의 가스통(Gaston, 1608~1660, 앙리 4세와 마리 드 메디치의 셋째 아들로, 어머니가 꾸민 온갖 음모에 가담해 리슐리외와 마자랭 추기경과 대립했다 : 옮긴이)은 로렌으로 달아났다. 도피의 의미는 명백했다. 불만분자들은 프랑스 왕조를 거부하고, 합스부르크나 그 동맹자의 품으로 들어간 것이었다. 로렌의 샤를도 브뤼셀과 빈의 영향을 받아 선뜻 그들의 대의를 지지했다. 브라이텐펠트 전투의 소식이 전해지자 바이에른의 막시밀리안도 겁에 질려 긴급히 호소에 나섰다.106 그러나 로렌 공작은 신뢰할 만한 동맹자라기보다 낙관주의자였다. 1632년 1월 3일 그는 리슐리외에게 도전장을 내밀고, 누이인 마르그리트(Marguerite, 1615~1672)를 그녀에게 빠져 있는 오를레앙의 가스통과 결혼시켜 항구적인 갈등의 씨앗을 뿌렸다. 하지만 뚱뚱한 오를레앙 공작에게는 사랑보다 공포감이 더 강렬한 영향을 미쳤다. 프랑스군이 낭시로 진격하자 그는 결혼식 날 밤에 젊은 아내를 버리고 브뤼셀로 도망쳤다. 1월 6일 열세를 느낀 로렌 공작은 굴욕적인 비크 강화를 맺고, 국경의 요충지들을 양도했다. 결국 그의 경솔한 개입은 라인 강의 에스파냐 주둔군이 구스타프와 리슐리외 사이에 갇히는 결과를 초래했다.

엎친 데 덮친 격으로, 라인 일대의 두 가톨릭 군주인 신임 트리어 선제후 필리프 크리스토프 폰 조테른(Philipp Christoph von Sötern, 1567~1652)과 쾰른 선제후는 제 한 몸만 살겠다고 한 치의 망설임도 없이 프랑스에 의탁했다. 쾰른 선제후는 거기서 한 술 더 떠 에스파냐령 네덜란드를 지원하러 가는 병력의 통행을 가로막고 나섰다.107

이리하여 합스부르크의 처지는 18개월도 못 되어 완전히 주저앉았다. 브뤼셀 정부는 네덜란드 북부 지역을 탈환하기는커녕 해군의 방어와 재정 지원을 모두 잃고, 자체의 안위를 걱정해야 하는 처지가 되었다. 플랑드르에서 귀족과 서민층에게 에스파냐군이 그렇게 인기가 바닥이었던 적은 없었다. "오라녜 공 만세!"라는 외침이 브뤼셀 거리 곳곳에서 들렸다.108 외부에서의 공격 위험 이외에 내부 음모의 위험도 도사리고 있었다.

숱한 위험―제국과 저지대 지방의 합동 공격, 프랑스, 네덜란드, 북유럽 신교 세력의 이해관계가 위험하게 통합된 상태―에 직면한 합스부르크 왕조의 두 가문은 다시 한 번 공격과 방어를 위한 공식 조약을 체결했다.109 한편, 가톨릭권에서 교황의 입장에 대한 비판이 제기되자 교황은 어쩔 수 없이 합스부르크에 얼마간이라도 지원을 해야 할 판이었다. "교황 성하께서는 가톨릭이기는 한 건가?" 이런 풍자가 퍼지자 암시적인 대꾸가 나돌았다. "쉿! 그리스도교도이긴 할 거야."110 주변의 설득에 못 이겨 우르바누스 8세는 에스파냐의 교회 토지에 약간의 자금을 하사해 독일 가톨릭을 지원하는 데 쓰라고 했다.111

합스부르크 왕조에 재앙이 덮쳤어도 파리에서는 별로 기뻐할 일이 없었다. 리슐리외는 스웨덴 동맹자에게 전혀 만족하지 못했다. 지난

100년간 독일에서 프랑스의 정책은 기본적으로 '독일의 자유'를 보호하고, 군주들의 동맹을 이용해 황제의 권력을 억제하는 것이었다. 그런데 스웨덴 왕은 프랑스의 정책도 작센의 정책처럼 무시하고, 제멋대로 독일의 운명을 조정하는 역할을 자임했던 것이다.

리슐리외는 상황을 심각하게 여겼다. 그의 정책은 반(反)합스부르크였으나 가톨릭이었으므로 막시밀리안의 가톨릭동맹과 프랑스 궁정 간에 원활한 소통이 유지되어야만 힘을 쓸 수 있었다. 그런데 구스타프는 먼저 베르발데 동맹을 만천하에 선포함으로써 추기경과 어렵게 타협을 이룬 다음, 중부 독일의 주교구들로 곧장 뛰어들었다. 그러고는 신교로 개종시키는 대신 주교들을 쫓아내고 토지를 분할해 태연하게 휘하 장군들에게 분배했다. 이런 상황에서 막시밀리안과 가톨릭동맹이 도대체 스웨덴 왕에게 자금을 지원한 의도가 뭐냐고 리슐리외에게 따진 것은 당연한 일이었다.

리슐리외는 황급히 막시밀리안을 진정시키기 위해 대사를 보냈다.112 스웨덴 왕에게도 대사를 보내 자중하라고 타일렀다. 하지만 첫 번째 임무는 어려웠고, 두 번째 임무는 아예 불가능했다. 추기경의 매부인 브레제(Urbain de Maillé-Brézé, 1597~1650) 후작은 가톨릭동맹의 중립을 확보하라는 지시를 받았다. 그 대가로 가톨릭동맹은 프랑스와 동맹을 맺고, 신뢰의 보증으로 라인 일대의 핵심 요새들을 양도하기로 했다.113 브레제가 받은 지시는 리슐리외가 구스타프를 얼마나 과소평가했는지 잘 보여준다. 스웨덴 왕은 독일의 조정자로서 라인을 장악해야 한다는 것을 잘 알고 있었으며, 정복지를 양도할 의사는 추호도 없었다. 낙담한 브레제는 라인을 프랑스에 넘겨주기만 한다면 왕이 북독일을 완전히 차지할 수 있을 것이라는 뜻을 전했지만, 구스타프는 분노를 터뜨리며 그에게 자신은 독일의 보호자이지 배신자가 아니라고 말했다. 상황이 이렇게 되자 스웨덴 왕과 예전에 조약을 협상한 경험이 있던 두 번째 대사 에르퀼 드 샤르나세(Hercule de Charnacé, 1588~1636)가 서둘러 프랑크푸르트로 가서 격노한 동맹자를 진정시켜야 했다.[114] 몇 주일 동안 김빠진 논의가 지속된 결과, 그는 트리어 선제후의 중립을 부분적으로 보장받았다.[115] 브레제는 작별의 선물로 받은 1만 6천 탈러짜리 황금 모자띠로 마음을 달랬다.[116]

당혹감에서는 독일 군주들도 리슐리외에 못지않았다. 요한 게오르크는 황제와 에스파냐 대사가 그에게 접근했음에도,[117] 또 발렌슈타인이 아르님과 협상을 시작했음에도,[118] 구스타프가 독일에서 힘을 내는 상황에서 감히 강화를 맺을 엄두를 내지 못했다. 그는 왕에게 적당한 기회가 되면 강화를 맺자고 권고했으나 소용이 없었다. 왕은 오히려 그 요구에 분노와 경멸, 의혹이 뒤섞인 태도로 나왔다. 그는 아르님과 발렌슈타인이 비밀리에 교섭을 진행하고 있거나, 그의 오랜 숙적인 덴마크 왕이 요한 게오르크와 뒷거래를 했다고 믿었다. 작센 대사의 거듭된 청원을 일축하면서 그는 의미심장하게 말했다. "나는 이 일을 신과 함께 시작했으니 신과 함께 끝마치겠소."[119]

구변 좋은 스웨덴 왕의 신하 살비우스는 중부 독일을 가로지르는 행군이 시작된 이후 브란덴부르크 선제후의 비위를 맞추느라 애썼다. 임시변통으로 구스타프의 외동딸이자 상속녀인 크리스티나 공주와 선제후의 맏아들을 결혼시키자고 제안한 끝에 그의 동의를 얻어냈다.[120] 그러나 1632년 초 선제후의 대사들이 프랑크푸르트에서 스웨덴 왕과 강화를 논의할 때, 왕은 신교 독일의 이해관계를 감안하면 강화를 고려할 수 없다고 말했다. 소심한 군주들로 대표되는 독일 신교 세력은 정복 활동을 계속할 경우 가톨릭 세력의 분노를 불러 적을 일깨우는 결과를 빚을 것이라고 생각했다. 말하자면 더 많이 얻으려고 위험을 감수하는 것보다는 지금 가진 것을 지키는 편이 낫다는 입장이었는데, 틀린 생각은 아니었다. 하지만 구스타프는 제국의 정복이라는 견지에서 사고했다. 그는 이미 정복지를 전면적으로 재편했다. 이제 무역과 통상을 촉진하고, 칼뱅파 교회와 루터파 교회를 통합하고,121 혼돈에 빠진 낡은 제국을 실제로 무너뜨린 뒤 새로운 제국을 건설할 계획이었다. 이런 장기적인 복안이라면 전쟁을 계속해 더 나은 결과를 추구해야 했다. 물론 단기적인 안목에서 당시 만연한 독일의 고통을 감안한다면 군주들에게 공감할 수 있었다.

새로운 제국에서 구스타프가 어떤 역할을 염두에 두었는지는 알 수 없다. 공식적으로 그는 신교도의 옹호자라고 자처했지만, 비공식적으로는 메클렌부르크 공작에게 무심코 "내가 만약 황제가 된다면"이라는 말을 한 적이 있었다.122 이 생각에 큰 무리는 없었다. 제국은 원래 독일 민족만의 국가가 아니라 국제적인 국가였는데, 우여곡절을 겪으면서 독일어권 지역만 남게 되었던 것이다. 지난번 황제 선출에도 프랑스 왕뿐만 아니라 심지어 영국 왕, 이탈리아인, 에스파냐인, 덴마크 왕까지 참석했다. 발트 해에 이해관계를 가진 데다 신교 신앙과 유창한 독일어 실력을 갖춘 스웨덴 왕은 에스파냐에 대한 의무와 이탈리아에 대한 이해관계, 가톨릭 신앙을 가진 페르디난트에 못지않은 제위의 적임자였다. 북방에서 보면 그가 더 적합한 후보였다. 자식이 딸 하나밖에 없고 아내가 더 이상 아이를 갖기 어렵다는 점이 문제인데, 이 점도 해결이 가능했다. 앞서 계획한 대로 딸이 브란덴부르크 상속자와 결혼한다면 스웨덴 왕조가 점차 독일화될 테고, 장차 더 발전해서 인구가 많은 독일 국가들과 융합될 터였다.

그러나 페르디난트를 구스타프로 대체한다는 발상은 독일 군주들에게 전혀 먹히지 않았다. 그들은 순전히 이기적인 입장에서, 군대를 보유하고 정복 활동의 경력을 가진 지배자는 전제할 가능성이 크다고 보았다. 독일어권 세계에서 북부와 남부의 알력은 그 당시에는 아직 뚜렷하지 않았다. 따라서 어느 정도 통찰력을 가진 독일 정치가라면 누구나 알 수 있었다. 구스타프가 제위에 오른다면 종파 간에 분열이 생겨날 테고, 신교 지배자의 통치에 대해 가톨릭 군주들은 자기들끼리나 혹은 페르디난트와 더욱 굳건한 동맹을 이룰 게 뻔했다. 구스타프의 계획이 아무리 좋다 하더라도 그것이 구현되려면 그가 확보하지 못한 독일 지배자들의 지지가 필요했다. 그래서 그는 그들을 언급하면서 "무력보다 어리석음과 배신이 더 두렵다"라고 말했다.[123] 제국을 겨냥하고 독일의 토지를 휘하 장군들에게 분배한 정책으로 인해[124] 그는 독일에서 인기를 얻지 못했다.

2월에 보헤미아의 프리드리히가 프랑크푸르트에 잠깐 들렀을 때, 스웨덴 왕은 그를 엄청나게 환대했다. 입헌주의자들의 분노를 뒤로하고 구스타프는 프리드리히를 선제후가 아니라 왕으로서 예우했으며, 그의 모든 직함을 빠뜨리지 않고 일일이 불러주었다.[125] 이것은 사실 나름 온당한 대우였으나 폐위 군주는 이내 동맹자의 의도를 의심하기 시작했다. 그래서 브란덴부르크 대사에게 '스웨덴 왕의 불만' 이외에는 전쟁의 명분이 없다고 토로했다.126 나중에 구스타프가 자신을 팔츠 선제후로 복위시켜 스웨덴 왕의 가신으로 삼으려 한다는 것을 알았을 때, 그는 남은 자존심을 쥐어짜 단호히 거부했다.127 동맹자로는 괜찮지만, 구스타프를 주군으로 받들 수는 없었다. 스웨덴의 구스타프에 대한 보헤미아의 프리드리히의 태도는 현실적으로는 합당하지 않았지만 이론적으로는 충성스런 독일 군주가 취할 수 있는 유일한 노선이었다.

요한 게오르크의 사위인 헤센-다름슈타트 방백 게오르크 2세(George II, 1605~1661)는 특히 힘들었다. 그는 여름 동안 황제와 장인을 중재하는 역할을 맡았고, 가을에 어쩔 수 없이 구스타프와 동맹을 맺을 때는 자신의 모든 영향력을 동원해 정복자를 평화의 길로 인도했다.128 그래도 왕은 그가 황제의 편이라고 의심했다. 그가 뤼셀스하임에 주둔한 스웨덴군의 규율이 엉망이라고 불평하자, 왕은 그곳을 황제에게 팔 생각이 아니냐며 비꼬았다. 심지어 왕은 대중 앞에서 그를 '신성로마제국의 상임 조정자'라고 부르며 조롱했다.129

프랑크푸르트의 분위기는 1632년 2월 25일의 만찬장에서도 호전되지 않았다. 구스타프는 순전히 선의에서 독일인들을 위해 전쟁을 시작했다고 주장했다. "황제가 내게 신경 쓰지 않으면, 나도 황제에게 신경 쓰지 않을 것이오." 그리고 헤센-다름슈타트 방백에게 이렇게 말했다. "황제에게 그대로 전하시오. 당신은 제국의 편이라는 걸 알고 있으니까." 방백이 반박하려 했으나 왕이 그의 말을 잘랐다. "3만 탈러의 보수를 받는 사람이라면 당연히 제국의 편일 테지." 그의 비웃음에 격노한 군주는 아무 말도 하지 않았고,130 구스타프는 당혹스러워하는 군중에게 전쟁을 지속해야 할 필요성을 장황하게 설명했다.

7

1632년 3월 2일 스웨덴 왕은 다시 출전했다. 라인을 방어하기 위해 작센-바이마르의 베른하르트와 헤어진 그는 슈바인푸르트에서 호른 장군과 합류해 전군의 집결지인 뉘른베르크로 향했다. 여기서 그는 시민들의 환대와 시 당국으로부터 많은 선물을 받았다.131 4만 명의 병력이 모두 집결하자 남행을 시작했다. 목적지는 바이에른의 아우크스부르크였다.

리슐리외에 대한 신뢰와 구스타프에 대한 두려움 사이에서 망설이던 막시밀리안은 왕의 계략에 말려들었다. 프랑스 대리인은 그에게 중립을 주장하라고 설득했지만, 그는 워낙 두려움이 컸던 탓에 좀처럼 틸리의 군대로부터 떨어지려 하지 않았다. 3월에 그는 페르디난트에게 편지를 보내 발렌슈타인을 다시 부르라고 애원했다.132 자신의 영토를 잃을지 모른다는 두려움에 그는 장군의 해임으로 얻었던 모든 이득을 버리고, 중립도 포기했다. 4월 1일 그는 잉골슈타트에서 틸리와 합류했다. 이제 구스타프는 바이에른으로 진군할 충분한 정당성을 얻었다.

발렌슈타인이 완강히 거절하다가 마지못해 보내준 5천 명의 병력으로 군대를 증강한 틸리는 동쪽으로 후퇴했다. 이는 곧 레흐 강을 장악하겠다는 의미였다. 4월 7일 구스타프는 도나우뵈르트에서 도나우 강을 건너 동쪽으로 행군했다. 구스타프의 군대는 지나는 곳마다 주변 지역이 다른 군대에 이용되는 것을 막기 위해 초토화시켰다. 심지어 곡식의 싹까지 말에게 먹이고 샘물도 막아버렸다.133 이 무렵 발렌슈타인은 2만 명의 병력을 거느리고 보헤미아 국경에 있었다.134 그가 모집한 군대였으나 자신이 지휘를 맡지는 않았다. 빈 정부는 몇 주일 동안 그에게 와 달라고 사정했다. 황제와 황제의 오만한 아들 페르디난트 대공은 그에게 어떤 조건이든 동의하겠다면서 어서 군대를 이끌고 오라고 애걸했다.135 한편, 스웨덴 왕은 도나우 강을 건너서도 여전히 결정을 내리지 못했다. 4월 14일 그는 레흐 강에 도착했다. 맞은편 멀리 숲이 우거진 곳에 틸리가 진을 치고 있었다. 구스타프는 직접 정찰을 나가 맞은편 강둑의 초병들과 마주쳤다. 스웨덴 왕을 알아보지 못한 그들은 적대적이지는 않았지만 무례한 태도로 그에게 소리쳤다. "너희들의 왕은 어디 있느냐?" 구스타프는 "너희들이 생각하는 것보다 가까이 있다"라고 대답하고 천천히 말머리를 돌렸다.136 그날 밤 그는 배다리를 놓고, 이튿날 아침 핀란드 병사 300명을 선발해 강을 건너게 했다. 이들은 틸리의 끊임없는 포격 속에서 방어용 토루를 쌓았다. 그것을 엄폐물로 삼아 나머지 군대가 강을 건넜다. 틸리는 자신의 위치가 위험해질 만큼 거세게 공격하지는 못했다. 강을 건넌 뒤 왕은 언덕을 습격했다. 전술도 좋았고, 운도 따랐다. 틸리는 전투가 시작되자 곧바로 다리에 총을 맞아 후방으로 수송되었고, 그의 부관인 알트링겐도 불과 몇 분 뒤에 머리뼈가 부서져 기절했다. 방어에 실패하자 막시밀리안은 남은 병력을 추슬러 황급히 퇴각했다. 짐과 대포는 대부분 전장에 그대로 남겨놓을 수밖에 없었다. 바람의 방향이 제국군 쪽으로 바뀌고, 그날 밤 폭풍에 쓰러진 나무들이 도로를 차단해주지 않았다면 군대가 그렇게 말끔히 도망치지는 못했을 것이다.137

    400킬로미터 떨어진 오스트리아의 괼레르스도르프에서 발렌슈타인은 이윽고 황제와 타협을 이루었다. 어떤 내용의 타협이었는지는 확실한 자료가 없는 탓에 알 수 없다. 그러나 소문에 따르면, 발렌슈타인은 군대의 절대적 통솔권과 더불어 자신이 모든 강화 협상을 주재하고, 언제 어디서든 자기 뜻대로 조약을 맺을 권리를 달라고 했으며, 황제의 아들이 가진 군대 지휘권을 박탈하고 에스파냐의 영향을 배제하라고 요구했다. 또한 그는 합스부르크 영토의 일부와, 보헤미아와 브란덴부르크 또는 팔츠 선제후의 직함을 보수로 요구했다. 내부 정보가 거의 누출되지 않았으므로 이것은 어디까지나 소문일 뿐이었다.[138]

복귀 조건이 어땠는지는 모르지만, 발렌슈타인은 확고한 실권을 쥐고 당당히 복귀했다. 그는 오직 자신만이 군대를 보급하고 급료를 지불할 수 있다는 것을 여실히 입증했다. 게다가 그는 이미 기존의 편제를 완성시켜 자유자재로 군대의 보급을 잇거나 끊을 수 있었다. 특히 그가 전일적인 영향력을 행사하고 있던 프리틀란트 영지는 식량, 의복, 비품을 조달하는 방대한 창고였다. 탄약 공장에서는 탄약을 생산하고, 방앗간에서는 밤낮으로 곡식을 갈고, 빵 공장에서는 수십만 덩이의 빵을 구웠다. 양조장과 직조소에서도 부지런히 술을 빚고 천을 짰다. 또한 그의 부하들은 도처에서 세금을 징수해 군대의 급료를 충당했다. 프리틀란트에는 군대에 물자를 보급하기 위한 시설과 운송로, 비상시를 대비한 대형 창고가 즐비했다.[139] 발렌슈타인은 유럽의 지배자들 가운데 최초로 전쟁만을 위한 조직 편제를 구상한 사람이었다.

그가 복귀했다고 해서 즉각 스웨덴 왕의 움직임이 중단된 것은 아니었다. 발렌슈타인은 일단 보헤미아에서 작센군을 내몰아야 했다. 그는 서둘지 않았다. 가톨릭 측의 상황에 대한 절대적 통제권을 장악한 그는 늘 그랬듯이 요한 게오르크를 매수해야 스웨덴 왕의 입지를 약화시킬 수 있다고 보았다. 그래서 그는 작센군을 공격하는 대신 정중하게 동맹을 제의함으로써 그들이 평화롭게 국경 너머로 철군하도록 유도했다.140 물론 이로 인해 요한 게오르크와 스웨덴 왕이 결별하지는 않았으나, 발렌슈타인의 의도는 절반쯤 달성되었다. 구스타프는 작센군에 의지해 보헤미아를 장악했으므로 작센군이 철수하자 자연히 동맹관계를 의심하게 되었다. 결국 그 때문에 그는 그해 말 죽음에 이르게 된다.

하지만 아직은 왕의 행진이 계속되고 있었다. 4월 24일 그는 아우크스부르크에 입성해 신교 시민들의 환호를 받았다. 포도주 시장에 있던 푸거(Fugger, 15~16세기에 유럽의 상업과 금융을 장악했던 독일의 가문: 옮긴이) 저택의 발코니에서 그는 열정적으로 연설했다. 거기서 그는 지도층 시민들의 충성 서약과 매월 3만 탈러의 자금을 요구했다.141 그날 저녁 연회와 무도회가 열렸는데, 전하는 바에 따르면 그는 왕의 체면을 팽개치고, 한 예쁘고 수줍은 아우크스부르크 소녀와 키스하기 위해 사람들과 뒤엉키는 것도 마다하지 않았다고 한다.142

닷새 뒤 구스타프는 강력한 요새를 갖춘 잉골슈타트 시 외곽에 이르렀다. 규모는 작지만 충성스런 주둔군이 있는 그 도시에서는 부상한 틸리가 죽음을 앞두고 있었다. 임종을 맞아 발렌슈타인이 복귀했다는 소식을 들은 틸리는 그에게 행운을 비는 편지를 썼다. 자신을 파멸시키고, 이제 자신의 죽음을 구실로 제국의 대의를 구하러 온 사람에게 축하를 보낼 만큼 틸리는 그릇이 큰 인물이었다.143 그는 신과 수호성녀에게 크게 의지하며 순수한 마음으로 신앙을 위해 자신의 삶을 바쳤다. 그러면서도 부하들을 소홀히 대하거나, 자신의 의무를 게을리하지 않았다. 그는 6만 탈러를 가톨릭동맹군의 고참병 연대에 물려주라는 유언을 남기고, 임종 시에 '레겐스부르크'라는 말을 입가에 흘렸다고 한다.144 마지막 순간까지도 노병의 쇠약한 정신에는 천국이나 지옥에 관한 생각보다는 도나우 강의 그 핵심 요새를 방어해야 한다는 사명이 앞섰던 것이다.

바깥의 스웨덴 진영에서 구스타프는 특유의 무모한 태도로 직접 자신의 말을 죽여버렸다. 그만큼 그는 결연했다. 예전에 측근들이 제발 몸을 보중하라고 간곡하게 권고했을 때도 그는 상자 안에 갇힌 왕이 무슨 소용이냐고 대답한 바 있었다.145 그의 자신감은 다시 한 번 막시밀리안에 대한 중립을 보장해달라고 뮌헨에 요청하러 온 프랑스 대리인과의 면담에서도 똑같이 드러났다. 프랑스인은 막시밀리안이 틸리와 스웨덴 왕의 무력 충돌을 전혀 몰랐다는 말로 시작했는데, 좋지 않은 출발이었다. 구스타프는 그렇다면 왜 틸리를 체포해 교수형에 처하지 않았느냐고 반문했다. 프랑스인은 전술적 오류를 만회하기 위해 선제후에 관해서는 변명의 여지가 있다고 조심스럽게 말했다. 그러자 구스타프는 사람의 몸에 끈질기고 집요하게 들러붙는 이 같은 기생충에 관해서도 변명의 여지는 있다고 응수했다. 참다 못한 프랑스 대리인은 강력히 항의했지만, 스웨덴 왕의 으름장에 가로막혔다. 왕은 막시밀리안이 중립을 유지하려면 더 이상 문제를 제기하지 말고 즉각 무기를 내려놓아야 하며, 그렇게 하지 않는다면 바이에른이 완전히 불타고 파괴된 뒤에야 선제후가 적과 친구를 구분할 수 있을 것이라고 소리쳤다. 약이 바짝 오른 프랑스인은 막시밀리안이 공격을 받을 경우 리슐리외가 돕기로 했다는 약속을 구스타프에게 상기시켰다. 그 말은 불에 기름을 끼얹은 격이었다. 왕은 4만 명의 프랑스군이 들이닥친다면 물러서지 않고 싸우겠다고 선언했다. 신이 자기편이라는 것이었다. 이 단호한 태도에 프랑스 대리인은 대꾸할 말을 잃었다. 면담은 그것으로 끝났다.146

　5월 3일 스웨덴 왕은 다시 행군에 나섰다. 마냥 포위만 하고 있을 여유가 없었으므로 잉골슈타트를 그대로 두고 떠나는 모험수를 택했던 것이다. 호른 장군은 틸리의 잔당을 추격해 레겐스부르크까지 가면서 주변을 초토화시켰다.147 왕은 발렌슈타인을 보헤미아에서 끌어내리는 의도로 바이에른으로 향했다. 이제 파괴된 군대를 직접 지휘하게 된 막시밀리안은 냉혹한 선택을 앞두었다. 하나는 군대를 이끌고 뮌헨으로 들어가 자신의 수도를 구하는 것이었는데, 그 경우 그의 도시가 아닌 레겐스부르크를 포기할 수밖에 없고, 또 그렇게 되면 호른의 스웨덴군이 그와 발렌슈타인의 연락을 차단할 터였다. 아니면 자신의 영토인 바이에른을 포기하고 레겐스부르크에 그대로 머물러 방어선을 구축할 수도 있었다. 제국을 위해서는 그 편이 분명히 더 옳았으나, 40년 동안 바이에른을 위해 헌신했던 막시밀리안으로서는 괴로운 일이었다. 그러나 왕조적 이기주의에 얼룩진 그의 생애에서 이따금씩 번뜩였던 자기희생의 정신으로 그는 군대를 레겐스부르크에 그대로 주둔시켜 그곳을 지키게 했다. 대신 막시밀리안 자신은 뮌헨으로 내려가 2천 명의 정예 기병으로 방어 태세를 갖추고, 중요 문서와 금고를 챙겨 잘츠부르크로 떠났다.148

　딱 알맞은 시기의 탈출이었다. 바로 정오에 스웨덴 왕이 성문에 이르렀던 것이다. 저항해도 소용없다고 판단한 군대는 이자르로 퇴각하면서 다리를 폭파했다. 시민들과 사제들은 정복자에게 25만 탈러의 거액을 주고 면책권을 샀다.149

왕이 레흐 강을 건널 무렵만 해도 3주일 뒤면 빈에 이를 것이라고 예상되었다.150 하지만 그때가 4월이었는데, 5월 말까지도 구스타프는 여전히 바이에른에 있었다. 작센의 요한 게오르크가 그를 제지했기 때문이다. 사실 보헤미아에서 온 정보는 혼란스럽고 모순투성이라 의심스러웠다. 반란군의 노련한 지도자로, 작센군과 동행하며 스웨덴군의 작은 지대를 지휘하던 투른은 끊임없이 아르님의 충성심에 이의를 제기했다.151 실제로 아르님은 발렌슈타인의 병력 충원을 저지하려 하지 않았으며, 5월까지 강화가 이루어지지 않으면 전쟁에서 손을 떼겠노라고 공언했다.152 결국 그는 총 한 발 쏘지 않고 슐레지엔으로 퇴각했다. 5월 25일 발렌슈타인은 프라하를 탈환했다. 아르님이 후방의 발렌슈타인을 막아주지 않는 한 구스타프는 빈으로 행군할 수 없었다. 그는 지난해에 애써 피하려 했던 처지에 놓이게 된 것이었다. 요한 게오르크와 페르디난트가 별도의 조약이라도 맺는다면, 그는 오스트리아에서 꼼짝없이 갇히게 될 터였다. 왕은 망설였다. 투른은 아르님에게 적의를 나타냈으나, 그는 요한 게오르크보다 아르님을 더 믿었으므로 아르님에게 선제후를 버리고 자신에게 오라고 설득했다.153 하지만 아르님은 매수되지 않았다. 오히려 6월 7일 그는 마지막 병력을 보헤미아에서 철수시켜버렸다. 그러자 구스타프는 드레스덴에 사절을 급파해 요한 게오르크의 의사를 타진했다.154

그런 상황에서 왕은 독일에서의 정치적 입지를 굳혀야 했다. 6월 20일 그는 다시 뉘른베르크에 들어가 직접 세력을 조직하기 시작했다. 그곳에서 분주하게 48시간을 보내는 동안, 그는 독일을 재편할 구상을 드러냈다. 그가 황제와 맺을 수 있는 유일한 조약 조건은 신교 신앙을 모든 곳에서 허용하고, 신교 토지를 전부 되돌려주고, 비스와 강에서 엘베 강까지 북부 해안을 스웨덴에게 넘기는 것이었다. 이 영토를 획득하면 브란덴부르크 선제후도 슐레지엔을 얻을 수 있었다. 구스타프의 주도 아래 신교 군주들은 코르푸스 에반겔리코룸(Corpus Evangelicorum, 신교도 동맹)이라는 통합 기구를 결성하기로 했다. 이 기구는 강력한 상비군을 갖추고, 의장을 선출해 제국 내부와 제국의회에서 완전한 승인을 얻을 작정이었다.

뉘른베르크는 즉각 코르푸스에 가입하겠다고 선언했다. 하지만 왕은 당분간 정치를 보류해야 했다. 발렌슈타인이 드디어 막시밀리안과 합류하기 위해 보헤미아 국경을 넘었기 때문이다. 왕은 그 합류를 저지하려 했으나 발렌슈타인은 그를 우회해 7월 11일 슈바바흐에서 막시밀리안과 만났다. 두 동맹자는 말에서 내려 서로 정중하게 포옹했다. 발렌슈타인은 원망을 드러내지 않았고, 막시밀리안은 굴욕감을 내비치지 않았다. 일시적으로 보면,155 두 사람은 과거를 잊고 힘을 합쳐 실추된 교회와 제국의 왕조를 되살리기로 합의한 듯했다.

스웨덴 왕은 다시 뉘른베르크 교외의 퓌르트로 퇴각했다. 추격에 나선 발렌슈타인은 레트니츠 강이 내려다보이는 기다란 능선에 튼튼한 진영을 구축하고 구스타프를 위협했다. 7월 27일 그는 왕이 병력 부족으로 이동을 감행하기에 너무 취약한 탓에 독일 남부와 서부에 분산된 자신의 군대를 거의 전부 불러모으고 있다는 정보를 입수했다. 발렌슈타인의 추산에 따르면, 적은 마초와 군량이 다 부족하므로 싸우거나 굶주릴 수밖에 없었다. 굶주림에 시달린다면 적군은 끝이었다. 싸움에 나선다 해도 형편이 좋지 않으므로 전멸할 터였다.156 발렌슈타인 또한 자신의 재원으로 군대를 보급했으나 병참선이 완벽하지 못해 막시밀리안의 군대는 심하게 굶주리고 있었다. 하지만 발렌슈타인과 구스타프 사이에는 중요한 차이가 있었다. 발렌슈타인은 군대를 하나쯤 잃어도 다시 모집할 여유가 있는 데 비해, 구스타프는 그렇지 못했던 것이다. 막시밀리안도 여유가 없기는 마찬가지였다. 그래서 여러 차례 도움을 요청했으나 그 문제가 해소되지는 않았다.157 발렌슈타인은 가톨릭동맹군의 처지에는 신경을 쓰지 않았다.

8월 16일 왕의 증원군이 도착해, 마침내 9월 3일과 4일 구스타프는 공격을 전개했다. 하지만 지면이 고르지 못하고 덤불이 많아서 기병을 운용할 수 없었다. 결국 그는 상당한 병력 손실을 입었고, 명성에는 더 큰 상처를 입었다.158 게다가 특히 독일에서 충원된 병사들의 규율이 엉망이었던 탓에 그는 예전의 인기를 잃었다. 자신이 직접 그 점을 개선하려 했으나 실패했다. 일부 독일 지휘관들이 소를 훔친 것을 알고 왕은 한탄이 섞인 분노를 터뜨렸다. "신에게 맹세컨대, 그대들은 자신의 조국을 파괴하고 고갈시키고 훼손하고 있다. 그대들을 바라보면 내 가슴에 멍이 든다."159 이미 그의 동맹자들이 빠져나가고 있다는 소문이 나돌았다. 당시 그 사태를 지켜보던 스코틀랜드의 어느 성직자는 다음과 같이 날카롭게 예측했다. "그의 권력은 그의 백성들이 아니라 외국인들에게서 나온다. 그의 돈이 아니라 그들의 돈, 그들의 호의가 아니라 단지 필요에서 나온다. 그래서 이제 그와 그들은 멀어지고 있다. 절박한 필요성이 없다면 …… 그가 가졌던 돈과 권력과 지원은 점차 그에게서 멀어질 것이다. …… 그는 아직 독일에 튼튼히 뿌리를 내리지 못했다. 그는 고향에서 멀리 떠나온 사람이다."160

9월에 뉘른베르크에서 왕은 이 마지막 악을 바로잡으려 했다. 그가 발렌슈타인에게 제의한 강화 조건에는 강력한 신교 세력을 구축하려는 구상이 명확히 드러나 있었다. 신교도가 점령한 곳은 신교의 영토로 한다. 토지반환령을 무조건 철폐하고, 황제의 직할령을 포함해 제국의 모든 국가에 종교적 관용을 부여한다. 토지나 지위를 빼앗긴 자에게는 원래대로 되돌려준다. 발렌슈타인은 메클렌부르크 대신 프랑켄을 차지하고, 막시밀리안은 팔츠령 대신 오버외스터라이히를 얻고, 구스타프 자신은 포메른, 브란덴부르크 선제후는 마그데부르크와 할버슈타트를 받는다.161 이런 조건은 왕의 구상이 얼마나 광범위했는지 잘 보여준다. 교회와 합스부르크 왕조는 무자비하게 짓밟히고, 입헌주의 세속 군주들이 지배하는 제국은 사실상 코르푸스 에반겔리코룸과 그 의장인 스웨덴 왕의 통제하에 놓일 것이다. 또한 그의 고명딸 크리스티나와 브란덴부르크 상속자의 결혼은 북유럽에서 커다란 왕조적 영토를 조성해 합스부르크의 힘을 분쇄하고 대륙 전체의 균형을 변화시킬 것이다.

그러나 적들을 신뢰하지 않았던 악셀 옥센셰르나는 너무 급하게 결정한 강화 조건에 불만을 내비쳤다. "바이에른 공작은 발렌슈타인처럼 겉만 번드르르할 뿐 믿을 수 없는 사람입니다."162 발렌슈타인도 조약에 반대했다. 그는 자신이 군사적으로 우위에 있다고 확신했고, 왕의 동맹자들이 이탈하기 시작했다는 것을 알고 있었다. 뷔르템베르크 섭정도 불만을 품었고, 브란덴부르크 선제후는 아들의 결혼 조건을 못마땅해했다.163 또한 왕은 요한 게오르크를 완전히 믿지 못했다. 그가 뉘른베르크에 발이 묶여 있는 동안 발렌슈타인의 부관인 하인리히 폰 홀크(Heinrich von Holk, 1599~1633)가 작센을 침공해 조직적으로 유린하

고 있었다.164

　뉘른베르크에서 적군은 사람이나 짐승이나 할 것 없이 심한 고통을 겪었다. 습한 여름이 사정을 더 악화시켰다.165 식량과 식수의 부족으로 그렇잖아도 군영에 늘 만연한 전염병이 크게 확산되었다. 인마가 대단히 빠른 속도로 죽어갔다. 기병들의 수만 해도 거의 3/4이나 줄었다.

　1632년 9월 18일 왕은 위험이 따르더라도 현재의 위치를 포기하기로 결정했다. 오스트리아에서 농민 반란이 발생하고, 트란실바니아에서는 베틀렌 가보르의 후계자인 지외르지 라코치 1세(György Rákóczi I, 1593~1648)가 봉기했다는 소식도 들려왔다.166 구스타프는 남쪽으로 이동하기로 마음먹었다. 그는 발렌슈타인이 작센으로 가서 홀크와 합류하려 한다는 것을 알고 있었으므로 자신이 남쪽으로 이동하면 적의 군대가 분산될 수 있다고 보았다.

　구스타프의 군대가 이동을 시작하자 막시밀리안은 다시 발렌슈타인에게 공격하라고 촉구했다. 그러나 장군은 또다시 거부했다.167 발렌슈타인은 더 정교한 계획을 갖고 있었다. 그는 군대를 합쳐 작센으로 향할 작정이었다. 그러면 요한 게오르크와 아르님을 단독으로 상대해 협상으로 몰고 가거나 구스타프를 오스트리아에서 내몰 수 있을 터였다. 하지만 발렌슈타인의 계획이 마음에 들지 않았던 막시밀리안은 불만이 가득한 기색으로 남은 병력을 그로모아 바이에른을 방어하러 떠나버렸다.

　기분이 좀 나빴으나 발렌슈타인은 원래의 계획을 실행하기로 마음먹었다. 그는 북동쪽으로 방향을 돌려 베저 강에 있는 홀크와 파펜하임에게 합류하라는 전갈을 보냈다. 이리하여 세 군대가 한꺼번에 작센의 요한 게오르크에게로 몰려갔다. 만약 선제후와 장군이 최후까지 싸우리라고 믿었다면 구스타프는 그냥 빈으로 행군을 계속했을 것이다. 하지만 그는 이미 두 달 전에 아르님이 적과 내통하고, 요한 게오르크가 스웨덴 왕과의 위험한 동맹에 싫증을 느끼고 있다는 정보를 입수했다.168 어쨌든 선제후에게 순교자의 기질은 없었다. 드레스덴에서 그는 자기 백성들의 마을에 붙은 불길이 하늘까지 치솟는 것을 보고—그가 술잔치를 위해 밝힌 횃불에 약이 오른 제국군이 저지른 짓이었다169—10월 9일 왕에게 도움을 애걸하는 편지를 썼다.170 구스타프는 그 편지가 도착할 때까지 기다리지 않았다. 이미 행군 중이었던 것이다.

10월 22일 구스타프는 다시 뉘른베르크로 갔다. 도중에 그는 발렌슈타인이 버리고 간 진영에 들르고 싶은 마음이 들어 길을 벗어났다. 이미 오래전에 군대가 떠난 곳이었으나 현장에 간 구스타프는 그 참혹함에 몸을 떨었다. 부상한 자, 굶주린 자, 버려진 자들이 죽은 시신과 짐승들의 시체 사이를 기어다니고 있었다.171 이후 그는 옥센셰르나 총리에게 겨울에 대비해 점령지의 행정과 과세에 관해 지시했다. 11월 2일 아른슈타트에서 그는 작센-바이마르의 베른하르트가 이끄는 군대를 발견했다. 거기서 그는 이미 홀크에게 항복한 라이프치히로 진군하기 전에 총리에게 편지를 썼다. 겨울이 다가오고 있었다. 독일에서 보내는 세 번째 겨울에 구스타프는 무력과 법을 병행해 자신의 위치를 굳히려 했다. 옥센셰르나는 스웨덴군이 점령한 4개 지구, 즉 오버라인과 니더라인, 슈바벤과 프랑켄 지역의 군주들의 회의를 소집할 예정이었다. 코르푸스 에반겔리코룸에 법적 근거를 부여하고, 왕을 초대 의장으로 선출하는 게 목표였다.172

11월 6일 발렌슈타인과 파펜하임은 군대를 합쳤다. 구스타프는 망설였다. 그의 병력은 1만 6천 명에 불과했고, 기병은 아주 약했다. 요한 게오르크는 그에게 합류할 가능성이 전혀 없었다. 단독으로 행군하던 중에 말 4천 마리가 죽었다.173 반면, 제국군의 병력은 2만 6천 명이었다. 그런데 15일 크로아티아 포로들이 왕에게 중요한 정보를 전했다. 스웨덴군이 감히 싸우려 들지 않을 것이라는 생각에서 발렌슈타인이 파펜하임을 할레로 보냈다는 것이다.174 놓칠 수 없는 좋은 기회였다. 구스타프는 준비를 서둘러 밤늦게 라이프치히에서 서쪽으로 25킬로미터쯤 떨어진 뤼첸이라는 작은 도시에 주둔한 제국군을 습격하기로 했다. 하지만 날이 너무 어두워 보급이 여의치 않은 상황이었다. 그런데다 발렌슈타인은 오후 늦게 왕이 진군해온다는 예고를 받고 급히 파펜하임에게 돌아오라는 전갈을 취한 터였다.175 그날 밤 제국군은 시 성벽 옆의 과수원에서 급히 토루를 쌓아 포대를 갖추고 한밤중에 횃불을 밝혀 전투태세를 굳힌 반면,176 구스타프의 군대는 뤼첸에서 남동쪽으로 1.5킬로미터 떨어진 뉘른베르크의 추운 들판에서 야영했다.177

11월 16일 아침 동틀 무렵의 날씨는 쾌청했으나, 10시경 습한 평원에 안개가 짙게 깔리더니 하루 종일 걷히지 않았다.178 평탄한 지형에 넓은 들판이었다. 큰 도로가 한쪽 옆으로 야트막한 산울타리를 끼고 보이지 않을 만큼 멀리까지 뻗어 있었다. 얼추 동서 방향으로 뻗은 도로의 북쪽에는 도랑이 흘렀고, 뒤편으로 약간 더 먼 곳에 풍차 세 개가 있었다. 발렌슈타인은 도랑과 풍차 사이, 뤼첸을 오른쪽으로 낀 지역에 병력을 배치했다. 총병은 도랑에 배치해 스웨덴 기병대가 공격해올 때 군마의 배를 겨냥하도록 했다. 그는 전통적인 대형에서 이탈하지 않고, 기병

7장 스웨덴 왕: 1630-32년 | 403

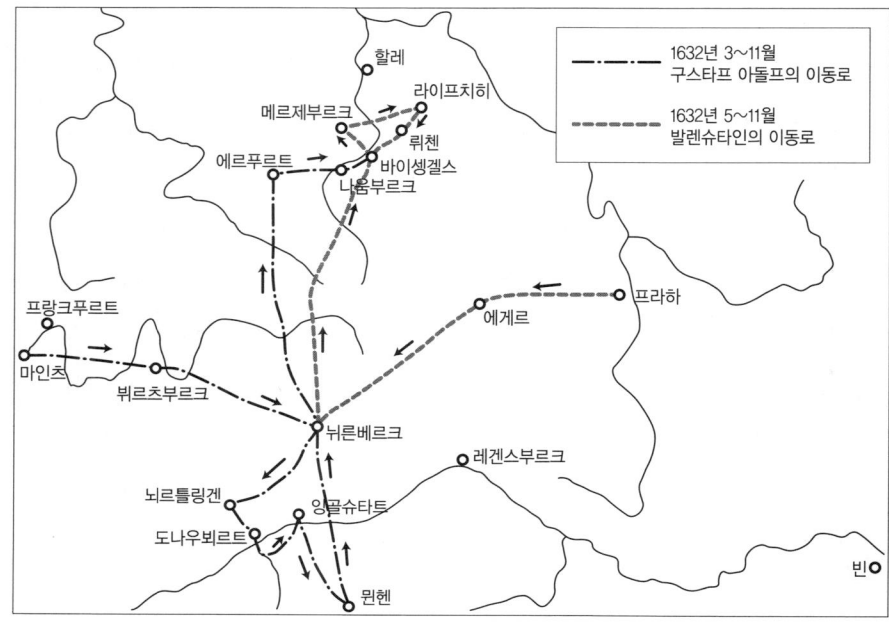

대는 우익, 보병대는 중앙, 포병대는 보병대의 전면에 배치했다. 파펜하임이 아직 도착하지 않았으므로 당시 그의 병력은 1만 2천~1만 5천 명쯤 되었다. 훗날 그의 주장에 따르면179 무장도 변변치 않았다. 병력의 규모가 커 보이도록 하기 위해 그는 시내에 있던 종군자(camp follower, 군대를 따라다니며 생활하는 민간인: 옮긴이)들을 불러모아 얼추 군대 진형처럼 꾸몄다. 전면에 선 사람들에게는 군기를 들게 해서 멀리서 보면 마치 강력한 예비대가 있는 것처럼 보이게 했다.

    스웨덴 왕은 병력을 도로의 남쪽에 집결시켰다. 전방의 왼편이 뤼첸 시였다. 우익은 작은 숲을 마주하고 있었다. 왕은 브라이텐펠트에서 톡톡히 효과를 보았던 포진을 다시 취했다. 그 자신은 우익을 지휘하고 작센-바이마르의 베른하르트는 좌익을 맡았다. 하지만 브라이텐펠트와 달리 전투 작전은 전적으로 그가 담당했으며, 좌익과 우익은 스웨덴군의 전형적인 편제를 취했다. 도로의 맨 끝에서 홀크가 왕과 맞섰다. 발렌슈타인은 반대편에서 작센-바이마르의 베른하르트와 맞섰다.180

왕은 으레 하던 대로 전 군 앞에서 기도를 올리며, 신교의 대의에 신의 축복이 내리기를 빌었다. 대략 8시경이었다. 포격은 이미 개시되었으나 두 시간 동안 양측 군대는 움직이지 않았다. 스웨덴군이 한두 차례 위장 공격을 시도했지만 발렌슈타인의 진형은 흔들리지 않았다. 이윽고 10시에 안개가 깔리기 시작했을 때, 우익의 왕이 홀크의 기병대를 공격했다. 곧이어 도랑에서 격렬한 전투가 벌어졌다. 이내 총병들이 밀려났고, 제국의 기병대가 적의 사격권에 들었다. 겁에 질린 종군자 '예비대'는 대열에서 이탈해 짐과 말들을 남겨두고 도망쳤다.181 반대편 끝에서 발렌슈타인이 뤼첸에 불을 지르자 그 연기가 베른하르트의 진영으로 날아들었다. 적군의 시야가 가려진 것을 이용해 크로아티아 기병대가 베른하르트의 군대를 공격했다. 하지만 그들은 브라이텐펠트의 작센군보다 용감하게 버티었다. 이윽고 스웨덴 왕이 달려와 그들을 독려했다.

안개와 연기로 전장이 분리되고 병력이 차단된 그 순간부터 현장에 있었던 사람들의 기억도 안개와 연기에 휩싸인 듯하다. 시간은 정오였거나 오후였을 것이다. 파펜하임이 발렌슈타인의 좌익에 모습을 드러내더니 곧바로 승세를 타고 있던 스웨덴군의 측면을 공격했다. 스웨덴군은 방금 전 어렵게 확보한 도랑에서 내몰렸다. 한참 공격하던 어느 순간에 파펜하임은 가슴에 총탄을 맞고 피를 흘리며 라이프치히 도로변의 마차에서 숨을 거두었다. 정오 무렵에는 스웨덴 왕의 말이 주인을 잃은 채 목에 난 상처로 고통스러워하며 전장을 돌아다니는 모습이 보였다. 그것을 본 제국군은 구스타프가 죽었다고 소리쳤다. 제국군의 옥타비오 피콜로미니(Octavio Piccolomini, 1599~1656)는 그가 바닥에 쓰러져 있는 것을 분명히 보았다고 주장했다. 홀크는 그 소식을 퍼뜨렸다. 스웨덴 장교들은 사실이 아니기를 바라는 간절한 마음으로 그 소문을 부인했다. 하지만 왕이 군대를 지휘하지 않는 이상 마냥 부인할 수만은 없는 노릇이었다. 그 사실이 군대에게 의미하는 것은 단 한 가지였다.

작센-바이마르의 베른하르트가 지휘권을 맡았다. 우익은 다시 전진에 나서 발렌슈타인의 군대를 불타는 뤼첸으로 몰아넣었다. 거기서 군대는 방향을 틀어 적의 중앙을 공격하고 풍차 근처에 있던 포대를 손에 넣었다. 오른편에서는 왕의 죽음에 광분한 병사들이 쟁탈지인 도랑을 재차 점령했다. 용맹하지만 신뢰할 수 없었던 파펜하임의 기병대는 앞다퉈 달아났다. 옥타비오 피콜로미니는 기병들을 규합하기 위해 말을 세 마리나 쏘았다. 그는 일곱 차례나 총탄에 찰과상을 입었으나 전혀 내색하지 않았다. 밤이 되자 발렌슈타인은 부상으로 다리를 절뚝이며 고통과 치욕에 떨면서 어둠을 틈타 할레로 도피했다. 지친 병사들은 길가에 쓰러지거나 잠들었다. 밤새 발렌슈타인은 정찰대를 보내 싸울 수 있는 병력이 얼마나 남아 있는지 조사했다. 도랑에서 말 옆구리에 머리를 기댄 채 피곤에 겨워 깊이 잠들었던 한 영국인 대위는 잠에서 깨어나 같은 중대에 속한 장교 세 명이 가까이 누워 있다고 말했으나 더 이상 생존자는 없는 듯했다. 있었다 해도 발견하지 못했을 것이다.[182] 짐마들이 가버려 짐과 대포는 현장에 남겨둘 수밖에 없었다. 제국군에서 그 전투

를 승리라고 본 사람은 홀크 하나뿐이었다.183

    11월의 습기와 어둠 속에서 스웨덴군은 주변을 샅샅이 수색한 끝에 왕의 시신을 찾아냈다. 사인은 귀와 오른쪽 눈 사이를 총에 맞은 것이었지만, 그밖에도 단검에 찔리고, 옆구리에 총을 맞았으며, 팔에도 두 발의 총탄이 있었다. 특히 등에 맞은 한 발의 총탄은 배신을 당한 증거라는 소문을 낳았다. 그의 시신은 전장이었던 도랑의 적 진영에서 벌거벗긴 채 다른 시신 더미 아래 깔려 있었다. 그날 밤 그의 전 진영은 큰 슬픔에 잠겼다. 스웨덴인, 독일인, 스코틀랜드인, 영국인, 아일랜드인, 폴란드인, 프랑스인, 네덜란드인 등 그의 부하들과 용병들이 모두 침묵 속에서 왕의 죽음을 깊이 애도했다.184

8

    "그는 자기가 탄 배는 절대 침몰하지 않는다고 생각한다." 토머스 로가 말했듯이, 빛나는 승리를 거둔 그 마지막 해에 전 유럽도 그렇게 생각했다. 친구든 적이든 스웨덴 왕이 죽으리라고는 누구도 상상하지 못했다. 뤼첸의 패전 소식이 신교 측에 처음 전해졌을 때도 그 충격적인 사실은 알려지지 않았다. 작센-바이마르의 베른하르트는 왕이 부상했다고만 보고했다.185 11월 21일에야 옥센셰르나는 진실을 알고, 난생 처음으로 비탄에 잠겨 한밤을 뜬 눈으로 새웠다.186 왕비는 스웨덴으로 귀국하는 도중 비보를 듣고 깊은 슬픔에 빠졌다. 빈의 페르디난트는 그 소식에 안도와 슬픔이 뒤섞인 눈물을 흘렸다.187 스웨덴 왕의 뛰어난 자질은 그도 존경하지 않을 수 없었다. 왕이 신교를 위해 이룬 업적은 페르디난트가 가톨릭을 위해 아무리 애썼어도 하지 못한 일이었다. 스트라스부르 사람들은 구스타프를 한 번도 본 적이 없으나 그가 죽었다는 소식을 접하고 크게 흐느꼈다.188 그의 시신은 바이센펠스로 운구되었다. 왕은 죽어서도 살아 있을 때처럼 자신의 군대 한복판, 보병과 기병 사이에 있었다.189

왕의 동기를 어떻게 보든 간에 그의 위대함은 누구도 부정할 수 없었다. 하지만 초기의 충격이 지난 뒤 그의 동맹자들 대다수는 그의 죽음을 손실이라기보다 구원으로 여겼다. 심지어 그가 내부의 배신이나 리슐리외의 명령에 의해 살해되었다는 소문까지 나돌았다. 그 당시 그의 업적이 워낙 위대했던 탓에 사람들은 그가 전장에서 군인으로서의 최후를 맞이했다는 것을 믿지 않으려 했다. 그가 독일의 해방자를 넘어 정복자가 되려 했던 중대한 순간에 신이 개입해 징벌했다고 여기는 사람들도 있었다.

그의 독일 동맹자들은 실제로 그랬을지 모른다고 생각했다. 그는 결국 정복자에 불과했던 걸까? 그는 페르디난트의 진출을 저지하는 위업을 이루었으나 그 보상으로 엄청난 대가를 요구했다. 독일인들은 안전을 도모하고, 불확실한 평화를 정착시키고, 신앙의 자유를 얻기 위해 별다른 항의도 하지 않고 결국 제국의 독재에 굴복했다. 무력하고 비겁하고 소극적이었지만 그들은 두 가지 악 중 하나를 선택한 것이었다. 비록 그 강인한 스웨덴 왕은 자신들의 신앙을 수호하려 하지 않은 사람들을 경멸했지만, 적어도 그들이 자신보다 선택의 여지가 컸다는 점은 인정하지 않을 수 없었을 것이다. 그는 뜻하지 않은 영웅들과 뜻하지 않은 희생자들을 만들었다. 브란덴부르크 선제후와 작센 선제후는 그로 인해 영웅이 되었고, 마그데부르크의 3만 주민은 그로 인해 희생되었다. 그는 독일 전역에서 종을 울리며 수많은 사람들을 감격시키고, 수많은 사람들을 공포에 떨게 했다. 그러나 그 종이 조종으로 바뀌고, '황금의 왕'이 세상을 떠난 지금 환호할 이유가 있을까?

작센은 브라이텐펠트 전투의 대가로 기근과 전염병, 파괴에 의한 인구 손실을 겪었다.190 마그데부르크에서는 파펜하임이 1632년 봄 주민들을 소개시키고, 남은 것을 모조리 불태워버린 탓에 이후 도시에 들어온 스웨덴군은 잿더미 속에서 지하실에 숨어 있던 생존자들과 마찬가지로 물자 부족에 시달렸다.191 18개월 동안 세 차례나 점령당한 하게나우의 어느 알자스인은 이렇게 한탄했다. "파란색 군복과 붉은색 군복이 오더니 이제는 노란색 군복이 왔구나. 신이시여, 굽어 살피소서."192 프랑크푸르트안데어오데르에서는 쟁탈전이 끝난 뒤 거리에 제국군의 시신이 즐비했고, 역병이 창궐했다.193 슈체친과 슈판다우에서 스웨덴군은 전염병을 남겼고, 두를라흐와 로르흐, 뷔르츠부르크, 뷔르템베르크 전 지역에서도 마찬가지였다. 밤베르크에서는 매장되지 못한 시신들이 거리에 나뒹굴었으며, 라인 강의 양안에는 기근이 닥쳐 인근의 농민들이 마인츠로 가서 요새 축조로 밥벌이를 했다.194 1632년의 작황은 풍작이 예상되었으나 바이에른과 슈바벤에서는 지나가는 군대가 농작물을 짓밟았다. 바이에른에서는 먹을 곡식도, 이듬해 뿌릴 씨앗도 없었다. 전염병과 기근이 촌락들을 덮쳤다. 미친 개들이 주인을 공격하는 사태가 일어나자 시 당국은 병이 전염되지 않도록 총으로 개들을 쏘아 죽였다. 굶주린 늑대가 숲과 산을 박차고 나와 배회하다가 외딴 오두막을 습격하고, 시체를 뜯어먹었다.195 발렌슈타인과 스웨덴군 사이에 갇힌 데다

도망자들까지 몰려든 뉘른베르크에서는 매일 시신을 100구씩이나 매장했다.[196]

군대의 규모가 커지고[197] 핵심 정예병의 비율이 작아지면서 스웨덴 왕의 규율도 무너졌다. 그러나 규율은 그렇다 치더라도 그는 그 전쟁에서 누구보다도 적의 자원을 체계적으로 약탈했다. 막시밀리안은 동생에게 "이제 우리의 비참해진 바이에른을 알아보지 못할 것"이라는 편지를 보냈다. 퓌어스텐펠트, 디센, 베네딕트보이에른, 에탈 등지에서 촌락과 수도원이 불타 없어지고, 사제와 수사, 시민들이 고문을 당해 죽었다.[198]

게다가 패배한 제국군의 고통은 폭력성의 증가로 표출되었다. 스웨덴군의 낙오자나 부상자를 즉각 처단하라는 막시밀리안의 무자비한 명령[199]은 저항하는 자들 모두에게 확대 적용되었다. 켐프텐을 점령한 제국군은 시장을 총살하고, 가옥 70채를 방화하고, 주민들을 강에 빠뜨리고, 남녀노소를 무참히 학살했다. 결국 켐프턴은 남부의 마그데부르크가 되었다.[200] 하게나우에서는 전염병과 물자 부족에 시달린 병사들이 자신들끼리 약탈전을 벌였다. 건강한 병사가 다친 동료를 거리에 끌어내 옷을 벗기고 죽어가도록 내팽개쳤다.[201]

비록 구스타프는 독일 군주들을 마냥 무기력한 존재로 여겼지만 그들이 한탄한 데는 이유가 없지 않았다. 헤센-다름슈타트의 방백 게오르크의 아내는 이런 편지를 썼다. "우호를 맺기 위해 우리 영토의 가장 귀중한 부분을 외국의 왕에게 넘겨주고, 그로써 방어가 취약한 우리나라를 희생시키고, 무수한 세월 동안 평화로이 살아왔던 이웃을 적으로 만들고, 황제의 불만과 화를 돋우고, 우리 자신이 영락하면서까지 남들을 도와야 한다니 정말 힘든 일입니다."[202] 그 정말 힘든 일을 스웨덴 왕은 강요했던 것이다.

아르님은 이렇게 썼다. "전쟁이 더 오래 지속된다면 제국은 완전히 파괴될 것이다. 청렴하고 정직한 마음을 가진 사람이라면 마음이 움직일 수밖에 없다. 제국이 그토록 시달리는 것을 보면 평화를 바라게 된다. 내가 바로 그런 사람이다. 그러므로 나는 기회가 닿으면 반드시 친구와 적에게 모두 평화를 촉구할 것이다. …… 사랑하는 우리 독일은 외국인의 먹이가 되어 온 세상에 비참한 본보기가 될 것이다."203 이것은 스웨덴 왕의 견해가 아니었으나 그 자신이 밝힌 것보다 오히려 더 뜻이 와닿는 말이었다.

구스타프를 옹호하는 사람들, 더 나아가 그를 유럽 역사의 공인된 영웅으로 숭배하는 사람들은 그가 죽지 않았더라면 강력하고 지속적인 평화를 이루어냈을 것이라고 주장한다. 하지만 그것은 개인적인 신념일 뿐 증거에 입각한 견해는 아니다. 그는 발렌슈타인에게 강화의 조건을 제시했지만 그 조건은 제국군이 전장에 있는 상황에서 받아들일 수 없는 것이었다. 그는 페르디난트가 가장 취약했던 시기인 1631~32년 겨울에도 강화를 맺는 데 실패했다. 구스타프처럼 타고난 정복자는 아무리 평화를 희구하더라도 항상 평화를 이루지 못하는 이유를 만들어내게 마련이다. 그는 평생 전쟁을 종결한 적이 없었고, 간간이 휴전을 맺는 데 그쳤다. 아마 그렇게 죽지 않았더라도 그는 자신의 성정을 고치지 못했을 것이다. 나이가 들면 그러한 성정이 누그러질 수 있겠지만, 전사할 무렵 그의 나이는 서른일곱 살이었으니 그러려면 아주 오래 기다려야 했다. 게다가 나이는 전사의 피를 다스리는 절대적인 치유책이 되지 못한다. 발렌슈타인은 나중에 기력을 잃었지만, 단지 나이가 들었기 때문이 아니라 병에 걸렸기 때문이다. 또한 구스타프의 기질은 정복자라기보다 조직자에 가까웠다. 역사를 통틀어보면, 구스타프 같은 전사가 나이를 먹는다고 해서 부드러워지지는 않는다는 기록을 많이 찾을 수 있다.

독일로 행군하는 동안 스웨덴 왕은 이른바 노르마 푸투라룸 악티오눔(Norma Futurarum Actionum, 미래 건설 계획)을 마련했다. 이것은 제국을 전면적으로 재편하려는 구상으로, 이론적으로는 나무랄 데가 없었으나 현실적으로는 승리한 뒤에도 실현이 불가능했다. 그가 정착하기 위해서는 그가 결코 의지할 수 없는 한 가지 요소, 즉 독일 지배자들의 동의가 필요했다. 그는 그들의 진정한 지지를 얻지 못했기 때문에 정책의 변경을 전혀 고려하지 않았다. 타협은 그의 성격에 맞지 않았으나, 그는 타협 없이 독일의 평화가 불가능하다는 것을 알지 못했다.

만약 그가 1626년에 덴마크 왕의 동맹자로서 상당한 개인적 손실을 감수하고 전쟁에 임했더라면, 공동의 노력을 통해 진작 페르디난트의 진출을 차단하고 신교의 존중과 독일의 자유를 확보할 수 있었을 것이다. 정치적으로 볼 때 왕이 불가능하지는 않더라도 어렵고 수익성이 없는 일에 착수하지 않은 것은 정당했다. 하지만 1630년에 그는 이미 죽은 대의를 뒤늦게 되살리려 했다. 그 결과 독일을 통일할 수도 있었던 세력을 파괴했으나, 그 대안으로 새로 건설한 것은 아무것도 없었다.

뤼첸 전투가 끝나고 며칠 뒤 비텔스바흐의 프리드리히는 더 이상 팔츠 선제후도, 보헤미아 왕도 아닌 신분으로 라인의 바하라흐에 갔다. 서른여섯 살에 그는 완전히 영락했다. 산전수전을 다 겪은 그는 나이에 비해 늙어 보여 동생조차도 알아보지 못할 정도였다.[204] 라인 강 일대에는 기근이 퍼졌고, 바하라흐에는 전염병이 창궐했다. 사방에 그 자신이 일으킨 전쟁의 무시무시한 결과가 널려 있었다. 그는 바하라흐에 가지 말았어야 했다. 그곳을 다시 떠나기 전 그는 전염병에 걸렸다. 원래는 중병이 아니었으나 뤼첸 전투와 스웨덴 왕이 전사했다는 소식에 병이 크게 악화되어, 그는 앓아누웠다. 그리고 11월 29일 숨을 거두었다. 죽은 뒤에도 살아 있을 때처럼 그는 방랑자였고, 부랑자였다. 그가 영면한 곳은 메스에 있는 어느 포도주 상인의 지하 저장소였다.205

이리하여 신교 대의의 가장 성공적인 옹호자와 가장 크게 실패한 옹호자가 2주일 간격으로 세상을 떠났다. 사실 1619년에는 비록 인물은 없었어도 신교 대의의 형편은 더 나았다. 적어도 독일인들은 선택의 자유를 갖고 있었다. 구스타프는 황제를 격파하고, 요한 게오르크를 핍박해 싸우게 하고, 리슐리외의 정책을 역이용했으나 시계추를 되돌려놓지는 못했다. 기회는 1619년에 사라진 뒤 두 번 다시 오지 않았다. 구스타프는 독일 신교도들의 꺾이고 마비된 의지를 뒤바꾸지 못했다. 합스부르크 제국을 물리쳤으나 아무것도 건설하지 못했다. 결국 그는 갈가리 조각난 독일 정치를 남겨둔 채 전장을 떠났다.

THE THIRTY YEARS WAR 1618~1648

| 8장 |

뤼첸에서 뇌르틀링겐까지, 그리고 그 이후: 1632~35년

오스트리아 왕가의 뿌리는 다시 뻗어나갈 것이다. ─토머스 웬트위스

1

구스타프의 죽음으로 다시 한 번 독일에 평화를 희망하는 불꽃이 일었으나, 결국 그 불꽃은 잠시 타오르다가 가차 없이 짓밟혔다. 바야흐로 전쟁이 14~15년째 지속되고 있었다. 제국 내에서는 거의 모두가 어떤 식의 평화라도 환영하는 분위기였다. 그러나 전쟁을 종식시킬 만한 힘을 가진 사람들은 의견이 엇갈렸다. 페르디난트 혼자 결정할 수 있는 일이라면 그는 당연히 그 기회를 덥석 받아들였을 것이다. 작센의 요한 게오르크나 아르님도 마찬가지였다. 브란덴부르크의 게오르크 빌헬름도 같은 심정이었으나 그는 스웨덴이 철군의 대가로 자신의 세습 영토인 포메른을 요구할지 모른다는 우려 때문에 약간 망설이고 있었다.

그들보다 더욱 영향력이 큰 발렌슈타인은 한동안 제국의 정책을 굳건히 지켰다. 독일 내 최대의 군사력을 보유한 그가 평화를 기원하는 것이 여러 모로 최선의 방도였다. 따라서 그가 과연 평화를 바랐는지가 발렌슈타인에 관한 문제의 핵심이다. 역사가들은 그러한 관점에서 그의 마지막 2년간을, 고결한 의도를 가진 정치가가 에스파냐의 뇌물에 매수된 궁정에 평화를 안착시키려 애쓴 기간으로 보고 있다. 이 견해는 사실일 수도 있고 아닐 수도 있다. 확실한 것은 설령 발렌슈타인이 평화를 원했다 해도 그는 방법면에서 커다란 어리석음을 드러냈다는 점이다. 당대 사람들은 그가 정직하다고 여기지도, 그의 애국심을 믿지도 않았다. 발렌슈타인은 은퇴하고 싶었다. 독일의 평화를 갈망했다기보다는 나이도 들고 몸도 좋지 않았기 때문이었을 것이다. 이 시기 그가 진행한 모든 협상에는 한 가지 불변의 요소가 있었다. 그것은 개인적 보수의 요구였다. 용병으로서의 자세에 걸맞게 그는 자신이 전쟁에 투자한 대가를 기대했다. 그가 자신의 명성과 삶을 걸고 전쟁에 참여한 목적은 독일의 평화가 아니라 대가를 위해서였다.

제국 바깥의 세 지배자, 이사벨 대공비, 오라녜 공, 교황은 화해를 원했다. 교황 우르바누스 8세는 이미 독실한 가톨릭교도들에게서 명성을 잃은 상태에서 합스부르크와 부르봉의 충돌을 막으려 헛되이 애썼다. 방법은 잘못되었어도 그는 유럽 전쟁의 위험을 진심으로 완화하려 노력했다.1 그러나 그의 선의에 찬 어리석은 정책의 유일한 결과는 추기경 회의에서의 비방과 격분뿐이었다. 에스파냐 추기경 보르자(Gaspar de Borja y Velasco, 1580~1645)는 그가 교회의 이익을 저버렸다고 노골적으로 비난했다. 격앙된 분위기에서 한 고위 성직자는 분노에 찬 나머지 할 말을 잃고 자신의 모관을 발기발기 찢어버렸다. 교황은 스위스 근위병들을 동원해 강제로 회의를 종료시켰으나 소용이 없었다. 보르자가 자신의 연설 내용을 인쇄해 로마 전역에 배포했기 때문이다.2 우르바누스는 체면을 지키기 위해 독일에서 합스부르크의 명분을 마지못해 지지했다.3

일찍이 카라파 추기경은 프랑스와 에스파냐가 서로 적대하는 한 독일에서 평화는 불가능하다고 단언했다. 전쟁의 지속을 원하는 사람들은 리슐리외, 옥센셰르나, 올리바레스였다. 리슐리외는 라인 일대를 장악하기 위해 전쟁이 필요했다. 옥센셰르나는 지금까지 값비싼 희생을 치렀으므로 큰 보상을 얻기 전에는 스웨덴으로 돌아갈 수 없었다. 철군의 대가로 포메른을 획득해야 하는데, 그곳을 차지하려면 전쟁을 계속해야 했다. 브란덴부르크 선제후에게서 그곳을 빼앗으려면 다른 지역을 정복해 그에게 손실을 보전해주어야 했기 때문이다. 올리바레스가 전쟁을 원한 이유는 스웨덴 왕의 죽음으로 합스부르크가 다시 독일에 진출하고, 네덜란드를 공략할 수 있는 기회가 왔다고 보았기 때문이다.

옥센셰르나와 리슐리외는 신교 독일과 유럽에서 강화 조약을 폐기하려 했다. 올리바레스는 브뤼셀의 이사벨과 빈의 페르디난트를 누르고 마드리드가 재정을 장악할 기회를 노렸다. 이래저래 평화를 바라는 독일의 염원은 이 세 사람의 정치적 야망에 완전히 볼모로 잡혔다.

2

1631년 2월 에스파냐의 마리아 안나 공주와 헝가리 왕 페르디난트 3세가 결혼한 이후 마드리드와 빈은 다시 협력관계로 돌아섰다. 따라서 리슐리외는 제국과 저지대 지방에서 모두 강화를 저지해야 했다. 1633년 초에 그는 에르퀼 드 샤르나세를 헤이그에, 푀키에르 후작 마나세 드 파(Manassés de Pas, 1590~1640)를 독일에 파견했다.4 제국의 여건을 감안하면 비정해 보였지만 정치적으로는 정당한 조치였다. 리슐리외의 대외 정책은 늘 에스파냐의 세력이 팽창하는 것을 막는 데 주력했다.

옥센셰르나는 평화를 바라지 않는다는 점에서 리슐리외와 이해를 같이했다. 하지만 다른 측면에서는 드러내놓고 말하지는 않았어도 완전히 서로 정반대였다. 구스타프는 1632년 11월 9일자 마지막 편지에서 프랑스 왕이 독일의 어느 곳도 장악하지 못하도록 해야 한다고 강조했다.5 그러나 뤼첸 전투 이후 리슐리외는 신교 동맹자들을 지배할 수 있는 기회를 얻었다. 이 점을 염두에 두고 그는 푀키에르에게 신교연합의 구성원들을 속이고 이간질하라고 지시했다. 특히 작센이 독자적인 강화를 도모하지 못하도록 해야 했다. 브란덴부르크에게는 포메른이 스웨덴에 넘어가지 않도록 프랑스 왕이 보장하겠다고 제안했다. 옥센셰르나에게는 프랑스 왕이 그의 아들과 크리스티나 여왕의 결혼을 주선하겠다고 아주 혹할 만한 제안을 했다. 작센 선제후에게도 모종의 제안을 할 예정이었으므로 두 사람의 경우는 극도로 신중하게 진행해야 했다. 요한 게오르크의 주도로 신교 동맹이 결성되면 그것을 이용해 프랑스 왕이 자연스럽게 스웨덴 왕의 빈자리를 메울 수 있을 거라고 보았다.6

악셀 옥센셰르나는 처지가 불확실했다. 스톡홀름 정부는 그에게 독일에서 마음대로 활동할 수 있는 무제한의 권력을 부여했다.7 하지만 어린 여왕이 즉위하면 그동안 왕에게 억눌려 지냈던 귀족들의 음모가 되살아날 터였다. 게다가 여전히 아름답고, 그런 자신의 미모를 의식하며 지내는 태후가 있었다. 태후의 경솔하고 사치스럽고 허영심 강한 면모는 옥센셰르나에게 곤경을 안겨줄 게 뻔했다. 그녀가 그에게 근본적으로 적대적이기 때문이 아니라 편견과 아첨에 쉽게 사로잡히는 성격이었기 때문이다. 이런 상황이었으므로 그가 독일에서 구스타프의 계획을 실행하는 것은 느리고 불안정할 수밖에 없었다. 따라서 옥센셰르나가 프랑스 대사들의 어리석은 매수에 넘어가 리슐리외에게 자신의 독자적인 권한을 상당 부분 바치면서까지 지위를 유지하려 할 리는 없었다.

악셀 옥센셰르나는 프랑크푸르트암마인으로 가는 길에 왕이 죽었다는 소식을 접했다.8 예정되어 있던 코르푸스 에반겔리코룸의 중핵을 이루는 4개 지구의 대표들을 소집하러 가는 중이었다. 그는 이 모임을 이듬해 봄으로 연기하고 하나우에서 방향을 돌려 급히 작센으로 향했다. 크리스마스에 그는 드레스덴에 있었다.

악셀 옥센셰르나가 그런 행보를 보인 이유는 간단했다. 뤼첸 전투 직후 발렌슈타인은 보헤미아로 들어가 칩거했다. 그의 상실감은 무척 컸지만 단지 슬픔 때문에 그렇게 다급히 행동한 것은 아니었다. 그 이유는 정치적인 데 있었다. 그는 요한 게오르크에게 선의를 보여주고 그를 강화로 유도할 참이었다. 설령 그 미끼를 물지 않는다 해도 선제후는 왕의 죽음을 이용해 스웨덴과 대립되는 자신의 이해관계를 내세울 게 분명했다. 실제로 뤼첸 전투 직후 선제후는 작센-바이마르의 베른하르트를 자기편으로 이끌려고 노력했다.9

옥센셰르나는 또 다른 위험에 직면해야 했다. 구스타프의 죽음이 알려지자마자 덴마크 왕 크리스티안 4세가 제국 전체의 평화를 중재하겠다고 나선 것이었다.10 옥센셰르나가 무엇보다도 막아야 할 것이 있다면, 그것은 시기심 많은 덴마크 왕이 주도하는 강화였다.

옥센셰르나는 브란덴부르크 선제후에게 그의 아들과 크리스티나 여왕의 결혼을 주선하겠다는 약속을 재차 확인해 안심시킨 뒤,11 작센 문제에 집중했다. 그에게는 1632년 드레스덴에서 보낸 것만큼 무익한 크리스마스도 또 없었다. 요한 게오르크와 아르님의 의도는 처음부터 명확했다. 총리의 설득은 그들에게 전혀 먹혀들지 않았다. 요한 게오르크는 개별적 타결이든 전반적 타결이든 강화만 이루면 된다는 입장이었고, 아르님은 전반적 강화를 원했다.12 그들은 일체의 항의를 무시하고 발렌슈타인과 협상하기로 작정했다.

신교 동맹은 거의 와해되었다. 요한 게오르크와 옥센셰르나는 신교 세력의 지도권을 놓고 씨름을 벌였다. 1633년 3월 18일 총리는 하일브론에서 드디어 4개 지구의 회의를 열었다. 좌석 배치와 관련된 특권 다툼이 벌어지지 않도록 하기 위해 그는 영리하게도 회의 시간 동안 대표들이 서 있게 했다.13 5주일이 지난 뒤 4개 지구는 스웨덴과 조약을 맺고, 하일브론 동맹을 결성해 옥센셰르나의 지휘에 따라 제국의 신교 대의를 수호하기로 했다. 이틀 연속 그는 조약을 맺었다. 하나는 제국의 자유 기사들과 맺었고, 다른 하나는 팔츠-침메른의 루트비히 필리프(Ludwig Philipp, 1602~1655)와 맺었다. 그는 바로 보헤미아의 폐위된 왕 프리드리히의 동생이었으며, 폐위된 아버지의 채무를 물려받은 열여섯 살의 팔츠 선제후 카를 1세 루트비히(Karl I Ludwig, 1617~1680)의 섭정이었다.14

이 조약으로 옥센셰르나는 구스타프의 계승자로 널리 인정되었다. 요한 게오르크는 회의에 불참해 회의의 가치를 훼손할 생각이었으나 그것은 또다시 오산이었다. 참석을 거부함으로써 그는 결과적으로 자신의 주장을 포기한 셈이 되었다. 게다가 그의 불참은 회의를 훼손하기는커녕 옥센셰르나가 전쟁의 최고 책임자로 선출되는 데 기여했다. 총리는 요한 게오르크에게 원래의 의무를 부과하지는 못했어도, 그의 모든 권위와 동맹이 와해되면서 반 토막 난 그의 영향력을 손상시켜 상황을 스웨덴에 유리하게 만들었다.

프랑스의 개입을 처리하는 옥센셰르나의 솜씨는 그다지 매끄럽지 못했다. 그의 상대는 흐리멍덩한 요한 게오르크가 아니라 교활하기 짝이 없는 푀키에르 후작이었다. 프랑스 대사는 프랑스 외교의 유명한 특징인 유연한 방법과 집요한 목적 추구라는 외교술을 구사하는 데 능했다. 마치 덩굴이 나무를 옥죄듯 그는 다소 조야한 옥센셰르나의 외교를 꽁꽁 묶어버렸다. 두 사람 다 독일 국가들의 지지를 바라며, 지지를 얻기 위해서는 어떤 수단이든 동원할 참이었다. 불공평하지만 푀키에르에게는 옥센셰르나가 갖지 못한 한 가지 이점이 있었다. 즉, 그의 정부는 스웨덴 정부보다 뇌물로 먹일 돈이 풍부했던 것이다.15 그것을 제외하고 그가 옥센셰르나보다 나은 것은 외교에 더 적합한 인물이라는 점, 기회를 잘 포착하고 신속하게 처신한다는 점이었다. 그에 비해 옥센셰르나는 판단이 굼뜨고 솜씨가 서툴렀다. 두 사람 다 자신의 조국과 신앙을 위해 최선을 다했으므로 의도는 나무랄 데 없었다. 옥센셰르나는 스웨덴의 피와 돈에 대한 보상과, 독일 신교도의 안전을 확보하려 했다. 푀키에르는 에스파냐의 위협으로부터 프랑스를 보호하고, 신교 세력의 공격으로부터 독일 가톨릭을 보호하려 했다. 둘 다 독일에 대해서는 잔인했으나 어차피 둘 다 독일인은 아니었다.

　푀키에르가 첫 번째로 겪은 곤란은 잘못된 지시를 받은 것이었다. 파리의 리슐리외는 독일에서 구스타프가 죽은 뒤 요한 게오르크가 상황을 장악했다고 보았다. 옥센셰르나를 과소평가했던 것이다. 푀키에르는 스웨덴 총리를 보자마자 곧바로 그 판단이 잘못된 것임을 깨달았다. 힘의 중심은 작센이 아니라 스웨덴이었으며, 스웨덴과 동맹을 맺지 않으면 독일에서 아무것도 이룰 수 없었다. 그래서 그는 추기경의 지시를 거부하고 과감하게 자신의 신념에 따라 행동했다.16

　하일브론 회의에서 옥센셰르나는 곤혹감을 숨기지 않고 드러냈다.17 푀키에르가 대표들에게 프랑스 왕을 스웨덴 정부와 함께 보호자로 받아들이라고 설득했기 때문이다.18 물론 그렇게 한다고 해서 프랑스 왕이 전쟁에 대한 완전한 통제권을 갖게 되는 것은 아니지만, 더 큰 자원을 가진 동맹자라면 결국에는 더 큰 영향력을 갖게 될 터였다. 그래서 옥센셰르나는 그 제안을 완강히 반대했다. 그러자 푀키에르는 총리의 계획에 또 다른 쐐기를 박아넣었다. 그는 베르발데 조약을 수정해 스웨덴에게만 반 년마다 50만 리브르(livre, 근대 프랑스의 화폐 단위: 옮긴이)의 자금을 지원하는 것을 중지하고, 그 돈을 하일브론 동맹으로 돌려야 한다고 주장했다. 그 돈을 포기할 처지가 못 되었던 옥센셰르나는 어쩔 수 없이 독일 동맹자들을 프랑스에 한층 더 가깝게 연결해주기로 하고 자금을 계속 지원받기로 했다. 결국 그는 중개인의 위치로 전락하는 것을 감수할 수밖에 없었다.19 그가 푀키에르보다 더 큰 이득을 얻은 것은 막시밀리안에 관한 사안뿐이었다. 프랑스 정부는 줄기차게 막시밀리안의 중립을 요구했으나 뜻을 이루지 못했다.20

하일브론 동맹의 결성은 요한 게오르크의 전반적 평화 계획이 사실상 무산되었음을 의미했다. 드레스덴의 좌절과 고통은 끝이 없었다. 스웨덴 왕의 위협이 옥센셰르나의 위협으로 대체되었을 뿐이었다.21 무엇보다도 아르님의 희망이 완전히 꺾였다. 그가 미몽에서 깨어난 순간 발렌슈타인이 끼어들었다. 발렌슈타인은 아르님에게 작센군과 제국군을 합치자고 제안했다. 둘이서 함께 6년 전에 덴마크군을 몰아냈듯이 스웨덴군을 독일에서 몰아내자는 것이었다. 그것이 아마 평화를 가져오는 최선의 방책이었을 것이다. 하지만 여기서 아르님의 특징인 완고하고 고지식하고 우직한 성격이 드러났다. 아마 아르님에게도 그 구상이 괜찮다는 생각이 언뜻 뇌리를 스쳐갔을 것이다. 하지만 그는 이성보다 감정으로 움직이는 사람이었다. 그 엄격하고 비극적인 명예의식, 타협을 모르는 **신실함**(Aufrichtigkeit), 독일인의 장점이자 파멸을 초래한 그

요인이 그에게 조국을 구할 수도 있는 방책을 외면하게 했다.22

이 순간부터 또 다른 균열이 이미 분열된 신교 세력의 틈으로 파고들었다. 작센 선제후와 그의 군대를 이끄는 장군 사이의 균열이었다. 요한 게오르크는 언제든 옥센셰르나를 버리고 페르디난트와 자체적으로 강화하려 했으나, 아르님은 그렇지 않았다. 권력을 갖고 있는 한 그는 오로지 전반적인 평화만을 추구했다. 그는 사실을 알지 못했거나 직시하지 않으려 했지만, 신교 독일의 안녕은 하일브론 동맹으로 옥센셰르나와 리슐리외의 이해관계에 완전히 묶여버렸다. 또한 합스부르크나 부르봉 어느 한 측이 상대를 박살내기 전까지는 제국 내에 전반적 평화란 있을 수 없었다.

3

그사이 네덜란드에서는 한쪽에서는 리슐리외가 다른 한쪽에서는 올리바레스가 평화에 대한 모든 희망을 짓밟았다. 1632년에 오라녜 공 프레데리크 헨드리크는 파죽지세로 치고 들어가 벤로, 루르몬트, 마에스트리히트의 가장 큰 요새를 점령했다. 만약 용맹하기는 해도 지략이 모자라는 지도자였다면 브뤼셀로 곧장 쳐들어갔을 것이다. 프레데리크 헨드리크가 그렇게 하지 않은 이유는 두 가지였다. 첫째, 그의 군대가 국경과 플랑드르 수도 사이의 연락선을 장악할 만큼 강하다고 확신할 수 없었다.23 둘째, 자신뿐만 아니라 네덜란드 연방 정부도 브뤼셀의 함락이 과연 바람직한 것인지 확신하지 못했다. 네덜란드 연방과 리슐리외는 에스파냐령 네덜란드를 둘로 쪼개 프랑스가 남부를 병합하고, 네덜란드 연방이 북부를 차지한다는 비밀 협정을 맺었다.24 그러나 프레데리크 헨드리크는 합스부르크의 권력이 와해되고 부르봉의 세력이 점차 커지는 상황에서, 어떤 대가를 치르든 네덜란드 연방과 프랑스 사이의 완충지대를 유지해야 한다고 판단했다. 브뤼셀 정부가 알지 못하는 사이에 그들의 숙적인 네덜란드 연방은 프랑스의 공격에 맞서 그들의 생존을 보장해주는 물밑 작업을 추진하고 있었던 것이다.25

연로한 이사벨 대공비는 이와 같은 상황 변화를 거의 몰랐으나 적어도 네덜란드 연방이 물러나야만 평화가 정착된다는 것은 알고 있었다. 그녀는 남은 힘을 그러모아 이 지푸라기를 단단히 움켜쥐었다. 그럴 만한 이유는 충분했다. 오라녜 공이 쳐들어오자 플랑드르 귀족들 중 반란 세력이 지원에 나섰던 것이다.26 그 계획은 때맞춰 발각되었으나, 결국 그 사건으로 이사벨은 발밑의 굳은 땅이 이제 진구렁으로 변했다는 것을 알게 되었다. 1632년 9월에 소집된 에스파냐령 네덜란드 의회는 평화를 향한 외침으로 시끄러웠다. 군대의 급료가 체불되고, 조세가 증대하고, 전쟁과 연방과의 경쟁으로 항구와 도시마다 무역이 쇠퇴하자 의회 대표들은 이구동성으로 정전을 애걸했다.27 이사벨은 마드리드의 동의를 얻어 기꺼이 의회의 요구를 수락했다. 이리하여 휴전이 성립되었고, 선발된 대표들이 네덜란드 연방과의 강화 조건을 논의했다.28

대표들은 1632년 겨울에 회의를 열었다. 그런데 11월 말 브뤼셀에 전해진 두 가지 전갈이 사태를 변화시켰다. 첫째는 에스파냐 왕의 동생이 대공비의 후임 총독으로 임명되었다는 소식이고, 둘째는 스웨덴 왕이 뤼첸에서 전사했다는 소식이었다.29 젊은 페르난도(Fernando, 1609~1641)—그는 추기경 왕자라고 불렸다—가 총독으로 임명된 것은 브뤼셀에서 합스부르크의 영향력과 인기를 되살리기 위해 노력하고 있음을 보여주었다. 또한 스웨덴 왕의 죽음은 황제가 다시 지원에 나설 수 있게 되었음을 의미했다. 그런 상황에서도 노회한 대공비는 평화를 선호했다. 프레데리크 헨드리크도 마찬가지였다. 그러나 부르봉과 합스부르크의 적대는 그들의 손에서 권력을 빼앗아갔다. 에르퀼 드 샤르나세는 오라녜 공을 설득해 네덜란드 연방의 주전파를 부추겼으며,[30] 올리바레스와 에스파냐 왕은 더 이상 평화 협상을 중시하지 않았다. 쓸모없는 논쟁이 13개월 동안 지속된 끝에 대표들은 흩어졌다.[31]

스웨덴 왕의 죽음은 몇 개월 전부터 합스부르크 왕조의 한복판에서 추진되고 있던 부활의 움직임을 더욱 자극했다. 가문의 부활을 걸머진 젊은 세대의 두 군주가 성장하고 있었다. 기지를 갖춘 데다 예의 바르고 신중한 펠리페 4세의 동생, 추기경 왕자는 아직 이십대 초반임에도 올리바레스의 눈에 드는 방법을 깨우쳐[32] 어렵지 않게 에스파냐령 네덜란드의 총독직을 따냈다. 유년기 때 이미 교회에 헌신할 인물로, 추기경으로 낙점되었던 소년은 구속을 몹시 싫어했으며, 쾌락과 야망을 둘 다 놓치려 하지 않았다. 총명한 그는 성직에 있으면서 받게 될 형의 통제를 교묘하게 벗어났다.[33] 그가 네덜란드 총독에 임명되자 대공비는 그에게 가능한 한 사제복을 벗어두라고 타일렀다. 브뤼셀에서 추기경과 총독을 겸하는 것은 평판이 좋지 않았기 때문이다.[34] 이는 추기경 왕자에게 대단히 귀중한 조언이었다. 이때부터 그의 초상화에서는 진홍색 사제복과 모관이 사라지고, 그 대신 가냘픈 달걀형의 얼굴에 멋진 담황색 곱슬머리와 긴 윗입술을 장식한 강인해 보이는 콧수염의 젊은이가 갑옷을 입고 장군의 지휘봉을 손에 쥔 채 군마를 타고 돌진하는 모습이 그려졌다.

그것은 단지 젊은이의 치기가 아니었다. 추기경 왕자는 그전부터 전쟁 기술을 주의 깊게 연구했으며, 직접 군대를 거느리고 네덜란드에 갈 작정이었다. 또한 그는 군대를 육로로 이동시키면서 독일을 지나는 동안 라인 일대에서 적을 몰아낼 계획을 세우기도 했다.

합스부르크 왕조를 부활시킬 계획의 또 다른 중심인물은 추기경 왕자의 친척인 페르디난트 대공이었다. 헝가리와 보헤미아의 왕이자 추기경의 누나 마리아 안나 공주의 남편인 그는 1년 전에 아버지인 황제 앞에서 태연하게 발렌슈타인이 아니라 자신을 제국군 총사령관으로 임명해달라고 요구했던 인물이다. 그 뒤 몇 달 동안 그가 이끄는 세력은 발렌슈타인과 막시밀리안에게 모두 적대를 받았다. 대공의 지지 세력은 빈에서 에스파냐 대사의 전적인 지배를 받지는 않았으나 적어도 대사와 밀접히 연관되어 있었다. 그들의 주요 목적은 추기경 왕자에게 협력할 군대를 모집하는 것이었다. 그 답은 1633년에 모습을 드러냈다. 바로 발렌슈타인이 없는 발렌슈타인의 군대와 발렌슈타인의 자원이었다.

발렌슈타인은 빈에서 누렸던 모든 존경과 감사의 마음을 1631년의 행동으로 상실했다. 그는 의도적으로 틸리를 굶주림에 몰아넣고, 메클렌부르크를 스웨덴에 팔아넘기고, 구스타프와 요한 게오르크, 나아가 보헤미아 망명자인 투른과도 파렴치한 협상을 벌였다. 절실한 필요성 때문에 황제는 그를 다시 불러들였으나 그는 합스부르크 왕조에 대한 적대감의 표현으로 1632~33년 겨울 제국의 영토에 군대를 주둔시켰다. 실은 군사적 필요성 때문에 다른 선택의 여지가 없었다. 그는 작센 선제후를 어르고 달래 평화로 이끌고자 애썼는데, 다른 곳으로 이동할 경우 그의 군대와 제국군은 큰 위험에 빠질 수 있었다.

황제는 견디기 어려운 상황에 처했지만 탈출구는 없어 보였다. 발렌슈타인 장군의 권력과 군대의 영향력을 감안할 때 그를 노골적으로 공격하면 엄청난 반역을 초래할 수도 있었다. 발렌슈타인이 보헤미아에서 반란을 일으키거나 군대와 함께 적의 편으로 넘어가는 상황을 피하려면 차라리 서로의 의혹을 감추고 신뢰하는 척하는 게 더 나았다.

발렌슈타인을 타도하려는 명확한 계획이 있었다는 증거는 없다. 그런 계획이 있었다면 젊은 페르디난트와 그의 지지자들 마음속에나 있었을 것이다. 한동안은 에스파냐 측도 경험 없는 헝가리 왕에게 지휘권을 맡기기보다는 발렌슈타인을 유임시키는 편이 더 낫다고 여겼다.[35] 오히려 장군 자신의 행동이 점차 사람들에게 젊은 페르디난트를 진심으로 지지하도록 만들었을 뿐, 사태의 전개를 보면 페르디난트의 지지자들이 확고한 계획을 갖고 있지는 않았다는 것을 알 수 있다. 그러나 1633년의 사태와 1634년 2월 발렌슈타인의 암살은 서로 아무런 연관이 없다 해도 한 가지 사실만은 명확하다. 그의 개인적 권력이 와해되자 빈과 마드리드의 지배자들은 힘을 합쳐 공동의 적을 공격할 계획을 꾸밀 수 있게 되었다는 점이다.

4

발렌슈타인은 처음부터 빈의 적대를 지나칠 만큼 강렬하게 의식하고 있었다. 1630년에 해임되었을 때는 복수의 욕구가 그의 정책을 지배했다.[36] 다만 목적을 실현하기 위한 수단이 항상 있는 것은 아니었기 때문에 자제했을 뿐이다. 게다가 뤼첸 전투 이후 그는 불확실성에 사로잡혔다. 이따금 그는 작센 측과 군대를 합치고, 요한 게오르크와 개인적으로 강화를 맺고, 보헤미아에서 반란을 일으키는 것을 구상한 적도 있었던 듯하다. 그의 편지에는 고상한 관념들이 모호하게 떠도는데, 구체적으로 이루어낸 것은 없었다. 세상을 떠나던 해에 그는 복수심에 불타고, 변덕스럽고, 주저하고, 병에 시달리고, 미신에 사로잡혀 지냈으며, 의사와 점성술사들을 가까이 했다.37

뤼첸에서 그는 통풍을 앓았다. 이후 건강이 크게 나빠지면서 마음도 병들었다. 그 점을 생생하게 보여주는 것은 그의 필체다. 1623년에 힘찬 필체였던 그의 서명은 1633년 말에 이르러 마구 휘갈겨쓴 필체로 변했다.38 그는 늘 병적일 만큼 자기중심적이었으나 천재의 날개를 달고 날아오르지는 못했다. 조직력도 별로 시원치 않았고, 오만해서였든 혹은 전혀 그렇지 않아서였든 그는 빈과 마드리드의 공격을 서툴게 받아넘겼다. 뤼첸부터 암살될 때까지 발렌슈타인의 행동은 늙고 병든 사람의 전형적인 행동과 다를 바 없었다. 그는 스스로의 망상에 사로잡혀 자신의 두뇌가 아닌 점성술사의 계시에서 지침을 구했다. 독불장군과 미신을 믿는 몽상가라는 그의 이중적 면모 가운데 결국 승리한 것은 후자였다. 한때 명민했던 사고력은 언제부턴가 사라지고 개인적 보상을 얻으려는 천박한 욕망만이 남아, 예전에 사람들을 만날 때마다 심어주었던 자신의 숭고한 구상을 스스로 부숴버렸다.39

발렌슈타인이 뤼첸에서 입은 가장 큰 손실은 파펜하임을 잃은 것이었다. 파펜하임은 병사들을 배려하지 않고, 오만하고, 반항적이었지만 그래도 탁월한 군인이었다. 지칠 줄 모르는 힘과 활기를 지닌 그는 늘 공격할 때는 선봉에 섰고, 퇴각할 때는 맨 뒤에서 따랐다.40 진영에서는 그의 용맹에 관한 이야기가 끊이지 않았다. 그는 살아 있을 때부터 전설이었다. 그가 자랑하던 수많은 상처들은 그가 분노할 때면 십자로 교차된 붉은 칼의 형상으로 이글거렸다.41 그는 비참한 전장에서 환히 빛나는 독일 전쟁의 루퍼트(Rupert, 팔츠 선제후 프리드리히 5세의 아들 루프레히트의 영어 이름으로, 삼촌인 영국 왕 찰스 1세를 도와 17세기 영국 내전에서 지휘관으로 크게 활약했다 : 옮긴이)였다. 파펜하임이 보여준 발렌슈타인에 대한 충성심, 애정, 존경42은 발렌슈타인이 생각하는 것보다 군대의 사기를 진작하는 데 훨씬 큰 기여를 했다. 발렌슈타인은 오로지 군대에 의해서만 권력을 누렸으므로 파펜하임을 잃은 것은 돌이킬 수 없는 손실이었다.

발렌슈타인 장군은 겉으로 드러난 전력에만 신경을 곤두세우느라 패배의 원인을 찬찬히 분석하지 않았다. 그 결과 1633년 그는 병사들의 충성심과 존경을 모두 잃었다. 뤼첸 전투 직후 그는 장교 열여섯 명과 병사 다섯 명을 비겁한 행위와 반역 혐의로 체포한 뒤, 그들을 재판하고 처벌하는 것으로 패배에 대한 분노를 표출했다.43 고위급 부하들은 그에게 처벌을 재고해달라고 간청했으나 허사였다. 그의 처사는 군대에 겁을 주기는커녕 반항적인 불만의 목소리를 키웠다. 하지만 발렌슈타인은 자신의 뜻을 굽히지도, 동정심을 보이지도 않았다. 1633년 2월 14일 희생양들이 프라하에서 공개 처형되었다. 부하들의 입장에서는 군인으로서 참을 수 없는 치욕이었다.44

이 무자비한 행위는 그의 위험한 기질을 알려주는 다른 유사한 이야기들과 함께 사람들의 기억 속에 남았다. 물론 미약하긴 하지만 실제로 근거 있는 이야기들이었다. 소문에 따르면, 그는 부하들이 박차를 딸랑거리며 자신의 방에 들어오는 것을 금했다. 또한 마차 바퀴가 돌멩이와 부딪혀 덜그럭거리는 소리를 막기 위해 인접한 거리에 짚을 깔게 했다. 그런가 하면 자신의 거처 주변에 있던 개와 고양이, 닭을 모조리 죽였다. 한 번은 하인이 밤에 그의 잠을 깨웠다는 이유로 교수형에 처한 적도 있었다. 큰 소리로 말하는 손님을 현장에서 매질하기도 했다.45

발렌슈타인의 행동은 소문과 같았다. 1633년 초 몇 주일 동안 그는 속세에서 물러나 지내면서 하인들과 매제인 아담 에르트만 트르츠카(Adam Erdmann Trčka, 1599~1634)46와 홀크 장군 이외에는 누구도 찾아오지 못하게 했다. 트르츠카는 하찮은 위인이었다. 홀크 또한 장군의 기질을 달래주지도 못했고, 파펜하임을 대신해 군대 내에서 인기를 끌 만한 인물도 못 되었다. 주정뱅이에다 시골뜨기였던 홀크는 태도가 거칠고 걸핏하면 남을 때렸다. 농민들은 그의 이름과 약탈 행위를 연관시켜 그를 홀쿠(Hol Kuh, '비천한 소'라는 뜻의 독일어: 옮긴이)라고 부르며 경멸했다. 그는 루터파로 알려졌으나, 다음과 같은 노래를 자주 불렀다고 한다.

> 양심 따위는 여기저기 팽개치고,
> 나는 단지 세속적인 명예만 취할 뿐,
> 신앙이 아니라 황금을 위해서 싸운다네.
> 내세는 신께서 보살펴주시리라.47

그가 죽기 직전까지 품고 있던 속내를 지극히 정확하게 요약한 노래다.

군대 내에서 발렌슈타인의 입지를 더욱 깎아내린 것은 무모한 병력 충원이었다. 그의 사유지는 그 전해에 침략을 받았다. 오랜 군 생활 동안 처음으로 자금이 필요를 밑도는 상황에 맞닥뜨린 그는 해묵은 악을 동원했다. 자격을 갖추지 못한 사람에게 돈을 받고 군직을 파는 것이었다.48

한편, 막시밀리안은 흥분과 초조에 휩싸여 있었다. 발렌슈타인이 뤼첸으로 행군하는 동안, 그는 알트링겐이 거느린 소수의 병력과 함께 바이에른으로 물러가 거기서 불안에 떨며 겨울을 나고 초봄까지 머물렀다. 호른 장군이 지휘하는 스웨덴군의 큰 지대는 1632년 가을에 라인을 압박해 알자스의 대부분을 획득했다. 거기서 군대는 동쪽으로 이동해, 이듬해 3월 슈바르츠발트의 오베른도르프에서 작센-바이마르의 베른하르트가 이끄는 같은 규모의 군대와 합류했다. 그들의 의도는 바이에른을 짓밟는 데 있었다.49 1월부터 막시밀리안은 발렌슈타인에게 증원군을 요청했으나 번번이 거절당했다.50 곤란해진 알트링겐은 뮌헨으로 쫓겨났고, 고된 행군으로 지친 병사들은 상당수가 스웨덴군에 투항했다.51 막시밀리안에게는 다행스럽게도, 스웨덴군이 공격을 보류했다. 베른하르트와 호른의 사이가 좋지 않았던 데다 보급 부족으로 군대 내에 폭동의 기운이 있었던 탓이다.52 5월에 선제후는 발렌슈타인의 지원을 단념하고, 홀크에게 직접 호소했다. 하지만 발렌슈타인의 충직한 부하인 홀크는 그의 서한을 묵살해버렸다.53 발렌슈타인은 이따금 자신의 충심을 내보이려 할 때 그랬던 것처럼 홀크를 에게르로 보내 바이에른 사태의 추이를 지켜보게 했다. 이 조치로 어느 정도 신뢰가 형성되는 듯했으나, 곧 그나마도 깨져버렸다. 그는 작센군의 아르님과의 휴전을 연장하고, 빈의 사정을 거의 고려하지 않은 채 강화 조건을 논의했다.54 발렌슈타인은 이 협상에서 황제의 대리인으로 처신했을지도 모르지만, 아마 그보다는 시간을 끌면서 자신의 이익을 정확히 측정하려 했을 것이다. 5월부터 그의 막역한 친구인 보헤미아 망명자 빌헬름 킨스키(Wilhelm Kinsky, 1574~1634)가 드레스덴에서 푀키에르와 스웨덴 측과 협력해 보헤미아에서 대규모 봉기를 일으킬 계획을 꾸몄다.55 여기서 발렌슈타인이 어떤 역할을 했는지는 확실하지 않다. 하지만 이 시기에 그의 최측근이 1618년 보헤미아 반란에서 손가락에 심한 화상을 입었던 그의 매제 트르츠카라는 사실은 뭔가 시사하는 바가 있다.

발렌슈타인의 동기가 무엇이든 아르님과의 협상은 빈에서 불어온 평화에 대한 강렬한 바람으로 인해 지지를 얻지 못했다. 젊은 헝가리 왕과 그의 친구 트라우트만스도르프(Maximilian von und zu Trautmansdorff, 1584~1650) 백작 세력이 늙은 황제와 에겐베르크보다 의회에 더 큰 영향력을 미치기 시작했다. 그런 가운데 여름에 젊은 페르디난트는 에스파냐 대사의 지지를 확보했다.

호른 장군이 이끄는 스웨덴군은 라인 강 상류를 지키는 요새이자 하상 운송을 통제하는 요처인 브라이자흐를 몇 개월 동안 위협했다.56 만약 황제와 에스파냐 왕이 브라이자흐에서 패했더라면 군대를 육로로 수송하려던 추기경 왕자의 계획은 처음부터 파탄이 났을 테고, 그는 다시 사제복과 모관을 쓰고 신학에 전념했을 것이다. 1633년 5월 에스파냐 대사는 황제의 지시만 떨어진다면 자신의 주군이 전쟁 비용을 부담하겠다고 황제에게 통지했다.57 추기경 왕자는 이미 이탈리아에서 군대를 모아 알프스를 넘을 차비를 갖추고 있었다.58 하지만 7월 초에 호른은 브라이자흐를 봉쇄했다.

그사이 작센 국경에서 아르님과 발렌슈타인의 군대는 전염병에 몹시 시달렸다. 약탈에 눈이 먼 제국군은 할 일이 없어 억지로 놀게 되자 불평을 늘어놓았다.59 병사들의 항의를 진정시키기 위해60 발렌슈타인은 군대를 홀크에게 맡겨 출진시켰다. 막시밀리안을 도우려는 게 아니라, 작센을 공격함으로써 무력시위를 통해 아르님, 요한 게오르크, 나아가 작센-바이마르의 베른하르트에게 자신의 강화 제의를 진지하게 고려하도록 강요하려는 의도였다. 그러나 전쟁의 무시무시한 동료인 전염병이 그의 계획을 좌절시켰다. 병든 병사들을 이끌고 라이프치히에 도착했을 때 홀크는 베른하르트가 자신의 편지에 답신조차 하지 않으려 한다는 것을 알았다.61 할 수 없이 그는 자기 부대의 대대적인 약탈로 황폐해진 지역을 가로질러 퇴각해야 했다. 쓸모없는 전리품을 잔뜩 짊어진 병사들은 진흙탕에 넘어지고, 수레바퀴와 동료의 발밑에 깔렸다. 굶주림, 질병, 피로에 시달린 병사들은 행군 도중에 도랑과 헛간에서 8월의 폭우를 맞으며 아무도 돌보지 않는 가운데 죽어갔다.62 군대 내에 티푸스가 창궐했으나 그보다 더 나쁜 것도 있었다. 전쟁 후반에 등장한 재앙인 선(腺)페스트가 병사들을 덮친 것이었다. 결국 홀크도 그 병으로 죽었다.

신선한 보급품을 가지고 홀크의 군대를 마중 나간 하츠펠트 (Melchior von Hatzfeld, 1593~1658)는 아도르프에서 형편없는 몰골의 홀크를 만났다. 홀크는 분노와 겁에 질린 채 짐짝처럼 마차에 실려오고 있었다.63 그는 자신을 위해 기도해주면 500탈러를 주겠다며 루터파 목사를 찾았으나 그 황량한 지역에 목사라고는 아무도 없었다. 신을 버렸던

그는 결국 죽을 때 신에게 버림을 받았다.64

9월에 발렌슈타인은 다시 한 번 휴전을 요구했지만, 또다시 협상은 실패로 돌아갔다. 신교 측에서는 아무도 장군이 빈의 지지를 받고 있다고 생각하지 않았다.65 그럴 만도 한 것이, 9월에 그와 제국 정부의 관계는 한계에 봉착했다. 에스파냐군의 전위를 맡은 페리아(Feria, 1587~1634) 공작은 인스브루크에서 대기하면서 브라이자흐로 행군할 준비를 했다. 페리아는 알트링겐이 도와주기를 바랐으나, 8월 내내 발렌슈타인은 망설이며 알트링겐을 보내지 않았다. 에스파냐 대사가 직접 지원을 부탁했을 때도 그는 코웃음을 치며 거절했다.66 1633년 9월 29일 그는 황제에게 다시 편지를 보내 알트링겐을 에스파냐군에 합류시키고 싶지 않다고 말했다.67 그러나 자수성가로 출세한 그 룩셈부르크 출신의 작은 군인은 이미 그를 우롱한 적이 있었다. 7년 전 발렌슈타인이 그를 '잉크 먹는 놈'이라고 불렀을 때였다. 결국 숀가우에서 페리아와 직접 만난 그 '잉크 먹는 놈'은 발렌슈타인이 허락하든 않든 자신의 군대를 그의 처분에 맡기겠다고 약속했다.68

군대 내에 대격변이 일어나기 시작했으나 발렌슈타인은 그때까지 모르고 있었다. 그는 휘하 장교들을 전부 경멸하면서 정작 자신의 권력이 그들의 충성에 의존한다는 것을 알지 못했다.

9월 29일 페리아 공작과 알트링겐의 군대는 라벤스부르크에서 만났다. 10월 3일에 그들은 콘스탄츠를 구하고, 20일에는 브라이자흐를 수복했다. 한편, 동쪽에서 발렌슈타인은 섣부르게 자신의 지위를 되찾으려 했다. 슐레지엔으로 급히 내려간 그는 슈타이나우에서 투른과 그의 부관인 '브랜디 주정뱅이' 뒤발(Duval)69이 지휘하는 스웨덴군을 기습하고 며칠 만에 전 지역을 점령했다. 그러나 빈에서는 반역자인 투른이 풀려났다는 소식을 접하고 환희가 분노로 바뀌었다. 발렌슈타인은 투른에게 슐레지엔의 모든 요새를 받는 대가로 자유를 주었다고 변명했다.70 군사적 측면에서는 이상할 게 없었지만, 발렌슈타인이 보헤미아 반란 세력과 내통했다는 소문과 연관 지어보면 투른의 석방은 의미심장한 일이었다.

한편, 알트링겐이 브라이자흐로 간 사이에 작센-바이마르의 베른하르트는 무방비 상태의 바이에른으로 내려갔다. 페르디난트와 막시밀리안은 발렌슈타인에게 어서 와달라고 부탁했으나 알트링겐이 도와줄 것이라는 냉담한 회신만 받았다. 발렌슈타인은 보헤미아 국경에서 발을 뺄 수 없는 처지였다.71 1633년 11월 14일 베른하르트는 레겐스부르크에 입성했다.

제국의회의 도시이자 바이에른과 보헤미아를 이어주는 도시로, 틸리가 세상을 떠나면서 유언처럼 말한 레겐스부르크를 잃은 책임을 묻는다면 당사자는 바로 발렌슈타인밖에 없었다. 차라리 보헤미아에 발이 묶여 있어 제 코가 석 자였다고 변명했다면 어느 정도 책임을 면할 수도 있었을 것이다. 하지만 레겐스부르크가 위험에 처했다는 소식을 듣자 그는 갑자기 충격을 받아 그렇잖아도 흐려진 판단력으로 더 큰 어리석음을 범했다. 서둘러 레겐스부르크를 구하기 위해 행군하는 도중에 그는 도시가 함락되었다는 보고를 받았다. 결국 치명적인 판단 착오로 그는 도시를 구하지도, 자신의 명성을 되살리지도 못했다. 때에 맞춰 와달라는 요청을 거부하고 뒤늦게 나섰다가 원래의 변명마저 경솔했음을 드러낸 것이었다.

바이에른의 사정은 갈수록 나빠졌다. 두 해 연속 그 땅을 짓밟으며 벌어진 전투와, 틸리의 패배한 군대가 저지른 참혹한 약탈과, 구스타프와 베른하르트의 초토화 작전에 시달린 농민들은 마침내 분노를 터뜨렸다. 어차피 반란을 일으켜도 얻을 게 없었지만, 잃을 것도 없었다. 풍년이 든 1632년이나 흉년이 든 1633년이나 지나가는 군대마다 파괴를 일삼고, 선제후 관리들이 군대를 먹여살리기 위해 가차 없이 거둬가는 것은 다르지 않았다. 알트링겐이 이 지역에서 겨울을 나려 했을 때도 봉기가 잇달았다. 한때 자신의 백성들이었던 사람들의 달라진 기세에 겁을 먹은 막시밀리안은 사정이 특히 나쁜 지역에 군대를 주둔시키지 않으려 했으나, 절박한 처지의 병사들은 그에 아랑곳하지 않고 반항하는 사람들에게 사격을 가했다. 12월 말에 이르자 2~3만 명의 무장한 농민들이 알트링겐의 굶주린 군대를 가로막았다.[72] 하지만 그들은 군대의 주둔을 반대했을 뿐 반정부 반란에 나선 것은 아니었다. 작센-바이마르의 베른하르트가 제안한 도움을 거절한 것에서도 그 점을 알 수 있었다.[73] 결국 막시밀리안은 알트링겐의 군대를 더 조용하고 외딴 지역으로 몰아냄으로써 농민들을 진정시켰다.[74] 그로서는 두 가지 악 중에서 그나마 좀 덜 악한 것을 선택한 셈이었다.

곤경에 처한 곳은 바이에른만이 아니었다. 페르디난트가 특별히 당부하고[75] 지역 당국이 간청했음에도 불구하고[76] 발렌슈타인은 또다시 군대를 보헤미아의 제국 영토에 주둔시켰다. 그 전해와 마찬가지로 군대의 처지가 절박한 탓에 선택의 여지가 없었지만, 이번에는 빈의 항의를 무마시킬 만한 구실이 없었다.[77] 그는 레겐스부르크를 잃었고, 바이에른을 황폐화시켰으며, 그 자신이 보헤미아를 고갈시켰다. 공공연한 반역만 저지르지 않았을 뿐, 그는 자신이 기여해야 할 대의에 오히려 해를 끼친 것이었다. 그것도 아주 짧은 기간에.

발렌슈타인은 플제니에 본부를 차렸다. 그는 이제 다리를 절고, 허리가 굽은 데다 신경통을 앓고 있었다. 빈에서는 그에게 노골적인 불만을 토로했으며, 심지어 막시밀리안은 자기 대리인에게 에스파냐 측과 협력해 발렌슈타인을 타도하라고 지시했다.[78] 병사들도 불평이 많았고, 지휘관들은 이미 반역을 꾀했다. 그러나 트르츠카는 드레스덴의 저명한 보헤미아 망명객인 킨스키에게 편지를 보내 장군이 브란덴부르크, 작센, 스웨덴, 프랑스와 협상하려 한다면서 이제 '가면을 벗어던질 때'라고 말했다.[79] 실은 발렌슈타인이 '가면을 벗어던질 때'라기보다는 다른 사람들이 그의 가면을 떼어내 그의 진면목을 보여줄 때였다. 그것은 자신이 더 이상 소유하지 않은 권력의 망상에 취한 인물의 진면목이었다.

1633년 5월 초에 발렌슈타인은 드레스덴의 킨스키를 통해 은밀히 보헤미아 왕권을 차지하기 위한 협상을 시작했다.[80] 7월에 푀키에르도 같은 대리인을 통해 그가 황제에게 반기를 든다면 프랑스는 그를 왕으로 승인할 것이라는 의사를 전했다. 12월에 그는 결심을 굳히고 그 제안을 수락하기로 했다.[81]

1633년의 마지막 날에 황제는 신하들과 회의한 끝에 그를 제거하기로 결정했다.[82] 발렌슈타인이 군대 내에서 어떤 위치에 있는지를 확인하는 게 급선무였으나, 빈에서는 이미 그의 부하들을 통해 소상히 파악하고 있었다. 알트링겐은 장군보다 황제에게 복종하겠다는 의사를 표명했는데, 1633~34년 겨울에는 발렌슈타인을 싫어하는 것 이외에 그에게 보복을 당할지도 모른다는 두려움이 추가되었다. 충성심이 확실했던 홀크는 죽었다. 파펜하임을 계승해 군대의 지휘권을 차지한 이탈리아 용병 옥타비오 피콜로미니도 빈 정부와 손을 잡았다. 포병대를 지휘하는 온화하고 부드러운 성격의 무능한 장군 마티아스 갈라스(Matthias Gallas, 1584~1647)는 자신을 총사령관으로 삼겠다는 헝가리 왕의 제의에 마음이 흔들렸다. 이제 발렌슈타인에게 충성하는 사람은 8개 연대를 통제하는 아담 에르트만 트르츠카, 병참을 담당한 군주급의 용병 크리스티안 폰 일로브(Christian von Ilow, 1585~1634), 작센-라우엔부르크의 프란츠 알브레히트(Franz Albrecht, 1598~1642), 그밖에 소수의 하급 장교들밖에 남지 않았다. 그러나 발렌슈타인은 무너질 때 무너지더라도 노골적인 반역 의사를 표명하고 싶었다. 그러기 위해 그는 아무것도 의심하지 말아야 했다.

점성술로 본 그의 운명은 황제와 헝가리 왕을 위해 싸우는 것이었다. 그는 부하들의 능력보다 탄생별자리를 더 믿었다. 부하들 중 특히 피콜로미니와 갈라스의 별자리는 그에게 신뢰를 주는 조짐으로 가득했다.

12월에 황제는 그에게 제국의 영토에 부과된 군세를 줄이라고 당부했다가 거절당했다.[83] 페르디난트는 실망했으나 이제 나이가 들어 젊을 때처럼 분노할 기력도 없어서 그저 기도와 단식으로 신에게 발렌슈타인을 제거해달라고 빌었다.[84] 장군은 점점 안전한 범위를 넘어서고 있었다. 한 발만 더 가면 노골적인 반역이었다. 그는 전군을 거느리고 적의 편으로 넘어갈 생각이었다. 1월 12일 그는 주요 지휘관들을 플제니에 불러, 빈에서 자신을 내쫓으려는 음모를 벌이고 있다고 말하면서 충성 서약을 강요했다. 마흔아홉 명의 지휘관들이 그에게 충성을 다짐하자85 그는 비로소 안전하다고 느꼈다. 용병이란 원래 서약 따위에 개의치 않는 기회주의자라는 사실을 그는 미처 깨닫지 못했다. 그 자신부터 그런 사람임에도 불구하고 그는 부하들의 신의를 철석같이 믿었다.

플제니에서 결정된 소식을 접하고 더 분노한 곳은 빈보다 프라하였다. 보헤미아의 수도에서는 민족주의자들의 봉기를 바라기는커녕 두려워했다. 황제의 궁정에서는 그 소식을 가급적 감추거나 의미를 축소하려 애썼다.86 그러면서 황제는 비밀 결정을 서둘렀다. 1634년 1월 24일 그는 발렌슈타인을 해임한다는 포고령에 서명하고,87 곧바로 갈라스 백작에게 피콜로미니와 의논해 장군을 산 채로든 죽은 채로든 잡아오라고 명했다.88

한편, 발렌슈타인은 작센-라우엔부르크의 프란츠 알브레히트의 중재로 아르님과 작센-바이마르의 베른하르트에게 접근했다. 그는 플제니 결정에서 확인한 충성심이 식기 전에 그것을 이용하려고 조바심을 냈으나, 아르님과 베른하르트가 그를 만나러 절반까지 온 것을 확인하기 전에는 먼저 나서지 못했다. 발렌슈타인이 조심스럽게 망설인 덕에 피콜로미니와 갈라스는 황제의 계획을 숙성시킬 시간을 벌었다.

플제니에서 발렌슈타인은 가장 믿는 심복들과 그들의 병사들을 늘 측근에 거느렸으므로 그를 직접 체포하려는 시도는 대단히 위험했다. 게다가 황제와 젊은 헝가리 왕의 목적을 위해서는 군대가 쪼개지는 것만큼은 반드시 피해야 했다. 병력의 상당 부분이 장군을 지지하는 상황이라면 보헤미아에서 위험한 내전이 발발할 가능성이 컸다. 어떻게든 군대를 발렌슈타인의 휘하에서 끌어내지 못하면 쿠데타는 성공할 수 없었다.

2월 초에 지휘관들 사이에 엄청난 소문이 떠돌기 시작했다. 발렌슈타인이 보헤미아의 왕위에 오르려 한다는 것이었다. 또한 루이 13세가 로마인의 왕이 되고, 작센, 바이에른, 마인츠, 트리어 선제후직이 각각 프란츠 알브레히트, 작센-바이마르의 베른하르트, 아르님, 호른 장군에게 수여되고, 갈라스는 메클렌부르크 공작, 피콜로미니는 밀라노 공작, 트르츠카는 모라비아 공작이 되고, 알트링겐은 처형된다고 했다.[89] 이 소문이 걷잡을 수 없이 확산되자 군대 지휘관들은 발렌슈타인이 과연 제정신이냐며 의혹에 사로잡혔다. 소문의 진원은 아마 말주변과 수완이 좋고 인기가 높았던 옥타비오 피콜로미니였을 것이다.[90]

2월 첫 주에 발렌슈타인은 움직이고 싶어 몸이 달았다. "만반의 준비가 되었으니 지체할 필요가 없습니다." 프란츠 알브레히트는 아르님에게 이런 편지를 보냈다. 그로서는 그렇게 생각할 만했다. 발렌슈타인은 아무것도 의심하지 않았고, 갈라스는 아르님이 왔으면 좋겠다는 희망을 편지에 짤막하게 덧붙였다.[91] 의심 많은 신교도들이 여전히 망설이는 동안 플제니에서는 소문이 나날이 풍선처럼 부풀어올랐다. 트르츠카의 하인은 자기 주인이 선량한 루터파라고 비웃으면서, 프란체스코 수사들을 집에 들이지 않았다. 2월 15일 밤에 피콜로미니는 아무에게도 이유를 밝히지 않은 채 남몰래 시를 떠났다. 발렌슈타인은 점차 자신의 힘이 어느 정도인지 의심을 품었다. 그래서 그는 다시 한 번 상급 지휘관들을 불러모았다. 알트링겐이 병을 핑계로 소환에 불응하자 발렌슈타인은 갈라스를 시켜 그를 데려오라고 했으나,[92] 둘 다 오지 않았다. 피콜로미니도 돌아오지 않았다. 18일에 프란츠 알브레히트는 군대가 분열될 가능성이 있다는 것을 시인했다. 그는 아르님에게 이런 편지를 보냈다. "병사들을 굴복시키지 못하면 해산시켜야 합니다. 알트링겐을 따르는 자들은 그 대가를 치를 겁니다. …… 지휘관들은 대부분 여기 모여 있고 전부 일치단결한 상태입니다."93 마지막 말은 거짓이었다. 플제니에서 발렌슈타인의 두 번째 회의에 참석한 30여 명의 지휘관들은 거의 다 초조하고 의심에 찬 기색이었다. 프란츠 알브레히트가 그 편지를 쓴 날은 2월 18일인데, 같은 날 그는 작센-바이마르의 베른하르트를 직접 만나 플제니로 가자고 간청했다. 하지만 때는 이미 늦었다. 그날 발렌슈타인 군대의 먼 외곽 기지에서 모든 지휘관들은 향후 갈라스의 명령을 따르라는 황제의 포고령이 반포되었다.

2월 20일 두 번째 플제니 회의가 열렸다. 발렌슈타인은 먼저 지휘관들을 자신의 침실에서 만난 뒤 트르츠카와 일로브를 시켜 그들을 데려가게 했다. 그가 믿는 측근들이 화려한 언변과 책략으로 그들에게서 뽑아낸 최고의 성과는 황제에게 반기를 들지 않는 한 그를 따르겠다는 약속이었다. 하지만 일부 지휘관들은 그 조건과 무관하게 아무런 약속도 하지 않았다.94

그러다가 마침내 발렌슈타인과 두 공모자인 아담 에르트만 트르츠카와 크리스티안 폰 일로브는 자신들의 실수를 깨달았다. 그들은 군대에 의존했으나 군대가 그들을 버린 것이었다. 자포자기에 가까운 용기로 그들은 마지막 승부수를 띄웠다. 트르츠카는 발렌슈타인을 위한 자금을 모으러 프라하로 떠났다. 발렌슈타인도 곧 뒤따라갈 예정이었으나 불과 두 시간 뒤 트르츠카가 돌아왔다. 도중에 그는 프라하 주둔군의 지휘관이 발렌슈타인의 해임을 발표했다는 것을 알게 되었다.95 그래도 발렌슈타인은 희망의 끈을 놓지 않고, 당시 플제니에 머물고 있던 프라하의 최고 사령관 베크(Jean de Beck, 1588~1648) 대령을 불러 어서 수도로 가서 부하의 행위를 철회하라고 요구했다. 베크는 용병 군대에서는 보기 드문 황제에 대한 충성심으로 고민했다. 결국 그는 발렌슈타인이 원하는 대로 따르겠지만 황제에게 반기를 들지는 않겠다고 말했다. 발렌슈타인은 아직 남아 있는 권위를 이용해 베크를 총살해버릴 수도 있었겠지만 그것은 의미가 없었다. 발렌슈타인은 그의 생애에서 마지막으로 수수께끼 같은 극적인 제스처로 부하에게 손을 내밀고 그를 보내면서 이렇게 말했다. "내 수중에는 평화가 있다. 신은 정의로우시다."

트르츠카는 플제니에서 북을 울려 군대에게 철수 명령을 내렸다. 그리고 재물을 최대한 긁어모아 자신의 짐수레에 실었다. 버려진 갈라스의 숙소는 약탈되었다. 1634년 2월 22일 발렌슈타인과 트르츠카, 일로브는 약 1천 명의 병력과 10만 굴덴을 가지고 플제니를 떠났다.[96]

그들의 도피에 피콜로미니는 깜짝 놀랐다. 황제에게 충성하는 군대로 시를 포위하고 그들의 항복을 받아낼 작정이었던 그는 발렌슈타인이 혹시 빈 방면으로 가려 할지 모른다는 생각에서 빈으로 가는 도로를 차단했다. 하지만 그는 이내 난감해졌다. 발렌슈타인 일행은 작센군과 합류하기 위해 북쪽으로 갔던 것이다.[97] 그는 일단 플제니로 가서 남은 병력의 충성심이 어느 정도인지 확인하기로 했다. 2월 25일 플제니에서 아일랜드 사제인 타페(Taaffe) 신부가 다급히 그를 만나자고 했다. 타페는 월터 버틀러(Walter Butler, 1600~1634)라는 대령의 고해 신부였다. 대령은 용기병(dragoon, 16~17세기 이래 유럽의 기마병으로, 용 모양의 개 머리판이 달린 총으로 무장한 데서 그런 명칭이 붙었다: 옮긴이) 연대를 거느리고 프라하의 제국군과 합류하기 위해 행군하던 중 발렌슈타인과 그의 사절을 만나게 되었다. 그는 함께 가자는 장군의 명령을 감히 거역하지 못했으나, 은밀히 타페에게 영어로 된 충성 서약서와 자신이 어떻게 행동해야 할지 묻는 구두 전갈을 주고, 피콜로미니에게 전하게 했다. 당시 발렌슈타인은 중요한 에게르 요새로 가서 아르님과 작센-바이마르의 베른하르트와 합류할 예정이었다. 피콜로미니는 서둘러 버틀러에게 전하는 지시를 내렸고, 타페는 즉각 말에 올랐다. 발렌슈타인을 산 채로든 죽은 채로든 잡아오라는 지시였다.98

그러나 타페가 돌아오기 전에, 실은 피콜로미니에게 가기도 전에 버틀러 대령은 알아서 일을 처리했다. 발렌슈타인 일행이 24일 저녁 5시경 에게르에 도착했을 때 트르츠카 휘하 지휘관인 존 고든(John Gordon, ?~1649)은 겉으로는 그들을 환영하는 척했다. 하지만 그는 발렌슈타인의 군대만이 아니라 버틀러의 군대도 두려웠기 때문에 성문을 열어준 것이었다. 밤이 되어 버틀러가 황제에게 충성한다는 것을 알게 되자, 그는 부사령관인 월터 레슬리(Walter Leslie, 1607~1667)와 버틀러를 설득해 발렌슈타인을 배신하도록 했다.99 그들의 공동 결정이 어떤 맥락에서 이루어졌는지는 알 수 없다. 적어도 버틀러는 제국의 반역자를 제거해야 한다는 의무감을 어느 정도 느꼈던 것으로 보인다.100 하지만 세 사람의 행동에는 용병의 분위기가 강하게 풍겼다. 위험한 거사지만 보수는 두둑할 터였다. 그들에게 이런 절호의 기회는 평생 두 번 다시 오지 않을 것 같았다.

그 이튿날 일로브는 다시 지휘관들의 충성 서약을 받으려 했으나 실패했다.101 하지만 낙천적인 그는 개의치 않았다. 그 직후에 고든이 그에게 성에서 만찬을 함께하자고 제의했기 때문이다. 트르츠카와 그들

에게 합류한 보헤미아의 반란자인 킨스키, 그리고 지휘관들이 전원 참석하는 만찬이었다.102

그 이후는 간단했다. 반역자들이 식사하는 동안 버틀러의 용기병대가 들이닥쳐 순식간에 그들을 도륙해버렸다. 힘이 장사였던 트르츠카는 안뜰까지 도망쳤다. 거기서 총병들이 그를 제지하며 암호를 묻자, 그는 '장크트 야코프'라고 대답했다. 하지만 그것은 발렌슈타인이 말해준 암호였다. 총병들은 '오스트리아 왕가'라고 소리치며 트르츠카를 머스킷의 개머리판으로 후려쳤다. 그들 중 한 명이 단검으로 최후의 일격을 가했다. 영국인 대위 월터 데버루(Walter Devereux)는 발렌슈타인을 해치웠다. 동료 몇 명과 함께 침소로 쳐들어가 침실의 문을 발로 차 열었을 때, 발렌슈타인은 무방비 상태였다. 창가에 있던 그는 고개를 돌려 암살자들을 바라보고는 비틀거리면서 살려달라는 듯한 기색으로 뭔가 중얼거리다가 털썩 쓰러졌다. 덩치가 큰 아일랜드 병사가 그의 시신을 번쩍 들어 창밖으로 던져버리려 했으나, 그나마 예의가 남아 있던 데버루가 그를 제지했다. 데버루는 황급히 시신을 피 묻은 카펫으로 감쌌다.103

이 무렵 작센-라우엔부르크의 프란츠 알브레히트는 베른하르트에게 에게르로 행군하라고 다그쳤다. 그러나 베른하르트는 발렌슈타인에게 우롱당하는 게 아닌가 의심하다가 2월 26일이 되어서야 출발하겠다고 동의했다. 아르님은 더 망설이다가 27일에야 진을 거두었다.104 가는 도중에 그들은 발렌슈타인이 죽었고, 에게르가 암살자들의 수중에 들어갔다는 것을 알았다. 불운한 중재자 프란츠 알브레히트는 베른하르트와 아르님이 오고 있다는 소식을 듣고 서둘러 돌아갔다가 버틀러에게 포로로 잡혀 빈으로 압송되었다. 이후 폭동이 산발적으로 일어났다가 곧바로 진압되었고, 수상한 지휘관들은 즉각 체포당했다. 얼마 남지 않은 군대 병력은 황제에게 충성하겠다고 선언했다.105 암살자들은 빈으로 가서 후한 대접을 받았다. 그들은 승진은 물론 돈과 토지 등 두둑한 보수를 챙겼다.

반역자의 가문에게까지 벌을 내릴 필요는 없었다. 발렌슈타인의 아내와 어린 딸은 죄가 없었으므로 용서를 받았다. 그의 상속자는 친척인 막스(Max von Wallenstein)였는데, 헝가리 왕은 서둘러 그와 우호를 맺었다.106 군대를 먹여살리던 조직적 재능은 사라졌지만 이제는 발렌슈타인과 더불어 그의 영지를 지배했던 특권도 사라졌기 때문에 보급선이 의도적으로 끊길 가능성은 없었다. 게다가 추기경 왕자는 합스부르크 왕조의 대의를 위해 병력과 돈을 갖고서 알프스를 넘으려던 참이었다.

발렌슈타인의 배신은 말 그대로 악몽에 그쳤다. 유럽을 압도하고 빈을 경악시킨 거인이 한 암살자의 손에 힘없이 무너졌다. 파리에서 빈까지 뻗었던 거대한 책략의 그물은 외국에서 온 세 악한이 꾸민 하룻밤의 음모로 허무하게 찢어졌다.107 죽음 직전까지도 발렌슈타인은 기세가 등등했다. 알트링겐, 갈라스, 피콜로미니의 편지에는 두려움이 깃들어 있었고, 마지막 플제니 회의에 참석한 지휘관들은 공포에 몸을 떨었다.108 페르디난트 황제는 두려움에 휩싸여 매일 홀로 기도했다.109 타페는 버틀러에게 발렌슈타인과 함께하는 위험을 택하느니 차라리 혼자 도망치라고 애원했다. 고든은 장군의 뜻을 거스르느니 차라리 에게르와 자신의 군대와 명성 따위는 버리고 싶었다.110

그러나 그 두려움이 사라지고 발렌슈타인은 살려달라고 애걸하는 절름발이 사내로 최후를 맞이했다. 모든 게 끝나자 월터 데버루의 앞에는 그저 썩은 고깃덩이만 남았다. "이윽고 그들은 그의 발꿈치를 잡은 채 끌고 갔다. 그의 머리가 계단에 쿵쿵 부딪히며 피범벅이 되었다. 그들은 시신을 마차에 처넣고 성으로 데려갔다. 성 안에는 다른 시신들이 벌거벗긴 채 모여 있었다. …… 거기서 그는 오른쪽의 가장 좋은 자리에 놓였다. 위대한 장군에게 딱 맞는 자리였다."111

5

발렌슈타인의 죽음은 부르봉의 대의보다 합스부르크의 대의에 더 큰 영향을 미쳤다. 그가 죽던 2월 하순 프랑크푸르트의 프랑스인과 스웨덴인은 큰 희망을 품고 있었다. 심지어 그의 죽음이 알려지기 불과 사흘 전만 해도 그가 프랑스를 위해 보헤미아를 점령했다는 잘못된 소식이 전해졌다.112 그의 죽음은 그들에게 실망을 안겨주었으나 그들의 처지는 달라질 게 없었다.

하지만 그의 죽음으로 합스부르크 왕조는 안도의 한숨을 내쉬었다. 그렇잖아도 인기가 높았던 헝가리 왕이 총사령관에 임명되고, 제국에 충성하는 세력에게 적절히 보수가 분배되자 제국군은 위안과 활기를 얻었다. 새 장군인 마티아스 갈라스는 비록 무능하고 방종한 인물이었으나, 위기를 타개하는 데 필요한 자질을 갖추고 있었다. 온화하고 상냥하고 진솔했던 그는 인기를 좋아하고 지향했다. 실은 그보다 그의 부하인 피콜로미니가 더 중요한 인물이었다. 그는 난관을 헤쳐나가는 데 필요한 상황 장악력과 조직력, 기지가 뛰어났다. 그 어려운 시기에 그 두 사람만큼 좋은 조합은 없었다. 그들은 발렌슈타인이나 허세에 찬 그의 부하들과 좋은 대비를 이루었다.

4월에 헝가리 왕 페르디난트는 공식적으로 총사령관이 되었다. 전쟁 경험도 없는 스물여섯 살의 젊은이가 총사령관이라면 흔히 얼굴마담이라고 여기겠지만, 그렇다 하더라도 그는 중요한 얼굴마담이었다. 그의 임명은 적들에 대한 왕조의 합동 공격을 추구하는 합스부르크 구상의 완성이었기 때문이다. 아울러 그것은 제국의 중앙집권 정책이 한 단계 더 진전했음을 의미했다. 페르디난트 2세의 낡은 정책은 1630년 레겐스부르크에서 제동이 걸리고, 스웨덴이 활개를 치면서 한동안 묻힐 수밖에 없었다. 하지만 황제는 억세게 운이 좋았다. 1630년 그는 발렌슈타인을 내쫓고 자기 아들을 그 자리에 앉히려 했다가 실패를 맛보았으나, 1634년에는 드디어 뜻을 이루었다. 레겐스부르크가 함락되고 바이에른이 짓밟히자 막시밀리안은 발렌슈타인의 명령만 아니라면 어떤 명령이든 받아들일 수밖에 없는 처지로 내몰렸다. 4년 전에 그 자신이 반대했던 총사령관의 임명을 환영한 것은 그 때문이었다.

발렌슈타인이 절박한 위험을 야기했을 때도 황제와 입헌주의 군주들의 관계는 달라지지 않았다. 1634년에 헝가리 왕이 총사령관으로 임명된 것은 1630년에 못지않게 군주들의 이해관계와 맞지 않은 일이었다. 전에 실망한 막시밀리안은 빈의 대리인에게 편지를 보내 에스파냐 측과 동맹을 맺어서라도 발렌슈타인을 제거해야 한다고 명했는데, 그는 바이에른을 파괴로부터 구하기 위해서는 어쩔 수 없다고 여겼을지 몰라도 그것은 그의 정책을 스스로 부인하는 결과였다. 그가 감당하지 못한 것은 페르디난트가 아니라 상황이었다. 이번에 황제는 운이 아니라 직감으로 발렌슈타인의 반역으로부터 합스부르크가 나아갈 길을 찾아낸 것이었다.

중요한 것은 헝가리 왕이 자신의 지위를 어떻게 이용하느냐는 것이었다. 그는 열아홉 살 때부터 제국의 국정에 적극적으로 참여했지만 유럽 무대에는 첫 데뷔였다. 젊은 페르디난트는 어머니인 막시밀리안의 누이 마리아 안나(Maria Anna, 1574~1616)가 낳은 생존하는 아들들 중 맏이였다. 그가 자란 배경은 매우 안정적이었다. 그의 아버지와 어머니는 물론 나중에 그의 계모까지도 부부 사이가 무척 좋았으며, 아이들은 슈타이어마르크의 산악지대에서 소박하고 행복하게 자랐다. 그곳의 교육 여건이 어땠는지는 몰라도 아이들은 색다른 측면에서 두각을 나타냈다. 아버지보다 똑똑한 젊은 페르디난트는 질투를 부르지도 않았고, 스스로 원한을 품지도 않았다. 그는 회의석상에서 황제와 다른 자신의 견해를 강조하고, 궁정에서 자파 세력을 구축하고, 아버지의 정책, 그중에서도 특히 재정 정책을 비판했지만, 왕조의 정치를 자주 악화시키는 지배자와 상속자 간의 추한 적대는 전혀 만들지 않았다. 아버지와 아들은 서로의 능력에 감탄하면서, 견해가 어긋나면 타협을 이루었다.

젊은 페르디난트가 남의 호의를 얻는 특별한 재능을 가졌다는 것은 동생 레오폴트와의 관계에서도 드러났다. 스스로 가문에서 가장 뛰어나다고 자신한 레오폴트는 왕위와 인연이 없는 것을 한탄했다. 형제는 둘 다 예민한 성격이었는데, 맏이인 카를이 1619년에 죽었을 때 둘째인 페르디난트가 형보다 훨씬 오래 살리라고는 아무도 생각하지 않았다. 그러나 페르디난트는 레오폴트와 왕위 사이에서 거뜬히 살아남았으며, 어른이 되어 결혼함으로써 동생을 제위 계승으로부터 더 멀리 내몰았다. 레오폴트는 자라면서 궁정의 공공연한 비밀에 불편한 심기를 드러냈으나, 페르디난트는 전혀 화내지 않고 가능한 한 어느 경우에나 동생을 전면에 내세워 동생의 권력욕을 충족시켜주었다. 또한 동생과 매사를 의논했다. 레오폴트의 정치적 불만은 여전했지만 그럼에도 불구하고 형제 사이는 매우 돈독했다.113

헝가리 왕은 아버지처럼 선한 천성을 가졌으나, 아버지처럼 경박하지는 않았다. 또한 그는 아버지의 매력도 물려받았다. 말수가 적었던 그는 아버지보다 더 위엄이 있었고, 품위도 아버지에 못지않았다. 7개 국어에 능숙한 덕분에 직접 이룬 외교적 성과도 많았다. 외모는 외가 쪽을 많이 닮아, 비텔스바흐 가문의 특징인 우울한 검은 눈과 갈색 머리털을 갖고 있었다. 그가 받은 교육으로 보면 사냥을 좋아해야 했지만, 그는 여가 시간에 철학책을 읽고, 음악을 작곡하고, 상아로 조각하고, 과학 실험을 했다. 이따금 그가 궁정에서 강연할 때면 늙은 황제는 뿌듯한 마음으로 아들을 바라보곤 했다. 그는 차분하고 사려가 깊은 편이었지만, 우울한 성격은 아니었다. 아버지와 달리 그는 지독할 만큼 검약했다. 소년 시절 그는 지나치게 조용한 성격 때문에 머리가 약간 둔한 것처럼 보였으나 확신에 찼을 때는 심오한 사상가와 같은 인상을 주었다.114 실은 심오하다기보다 예의 바르고, 상상력이 풍부하고, 지나칠 만큼 지성적이었다. 그는 자신의 사명을 맹신하지도, 아버지처럼 신앙이 독실하지도 않았다. 그에게는 늙은 황제를 위대하게 만들어준 집요함이 없었다. 행복하기에는 너무 영리했으나 그렇다고 성공할 만큼 영리하지는 못했다. 페르디난트 2세는 약빠르거나 운이 좋았지만, 페르디난트 3세는 둘 다 아니었다.

1631년 결혼할 때부터 1646년 죽을 때까지 페르디난트 3세의 생애에서 큰 영향을 미친 사람은 그의 아내, 에스파냐 공주이자 추기경 왕자의 누이인 마리아 안나였다. 세간에 잘 알려지지는 않았으나 매력적이고 싹싹하고 똑똑한 그의 아내는 마드리드, 브뤼셀, 빈의 궁정들을 이어주는 연결 고리 역할을 했다.115 남편보다 몇 살 위인 그녀는 헌신적이었고, 결혼 생활 내내 남편에게 든든한 중심이 되어주었다.

헝가리 왕이자, 미래의 황제로서 페르디난트 3세는 유럽 역사에서 중대한 일익을 담당했다. 그러므로 상당 부분이 비어 있는 그의 역할에 관해서 어떻게든 내용을 찾아 공백을 메워야 한다. 그가 후대 사람들보다 동시대인들에게 더 강력한 인상을 주었다는 증거는 많이 있다.

합스부르크가 제국 내부로 진출할 준비를 갖추는 동안 왕조의 계획은 다른 곳에서도 진척되었다. 연로한 이사벨 대공비가 1633년 겨울에 세상을 떠났다. 그녀는 유언으로 그곳에 와 있던 오를레앙 공작 가스통에게 당시 반란 음모로 프랑스에서 도망쳐 나와 브뤼셀에 망명 중이던 그의 어머니를 버리지 말라고 타일렀다.116 예전에도 그녀는 가스통의 아내인 로렌의 마르그리트를 공주에 걸맞은 예우로 극진히 대접하곤 했다.117 죽기 전에 마지막 조치로 그녀는 시시한 불만들을 그러모아 아무도 프랑스 왕과 강화를 맺지 못하게 하고,118 불만 세력을 통합해 프랑스에 반대하는 도구로 이용하려 했다. 대공비가 죽은 뒤 브뤼셀의 임시정부는 그녀의 유시에 따라 오를레앙의 가스통과 동맹 조약을 체결하고, 로렌의 샤를 공작이 프랑스에 맞서 반란을 일으키도록 사주했다. 또다시 프랑스를 교란시키는 작전이 전개되었다. 여름에 그들은 강화를 외치는 플랑드르 의회를 해산해버렸다. 강화를 위해 펠리페 4세에게 파견된 플랑드르 대사는 마드리드에서 체포되었다.

리슐리외의 대응은 그 계획의 나머지 절반을 완성했다. 그는 네덜란드와의 조약을 연장하고,119 가스통과 로렌의 마르그리트의 결혼을 승인하지 않고, 오히려 군대를 보내 그녀의 무책임한 오빠 샤를 공작을 진압했다. 파리에서 가스통의 유일한 혈육인 말괄량이 딸은 루브르 주변을 뛰어다니며 리슐리외를 욕하는 천박한 노래를 불렀다. 겨우 일곱 살에 그녀는 내놓고 반역자가 되었다.120

그러나 부르봉과 합스부르크의 정책이 지향하는 곳은 여전히 독일이었다. 또한 푀키에르 후작이 용의주도하게 리슐리외의 입지를 구축하려 하는 곳도 독일이었다. 1634년 봄 하일브론 동맹은 프랑크푸르트암마인에서 모임을 가졌다. 지난번 모임 이후 몇 달 동안 약간의 변화가 일어났다. 피상적으로 보면 프랑스와 스웨덴의 위치는 전과 다를 바 없었지만, 그 이면을 보면 옥센셰르나는 약해지고 푀키에르는 강해졌다.

푀키에르의 임무는 한층 쉬워졌다. 독일에서 그의 목적은 단 하나, 프랑스의 보호를 반드시 필요로 하도록 만드는 것이었다. 하일브론 동맹이 결성된 이후 그는 독일 군주들과 귀족들을 스웨덴으로부터 떼어내는 데 주력했다. 그는 옥센셰르나의 조직을 활용하면서도 아첨과 뇌물을 동원해121 그와 그의 동맹자들을 교묘하게 이간질했다. 그에 대한 신뢰가 커질수록 옥센셰르나에 대한 신뢰는 작아졌다.

사실 스웨덴 총리가 동맹자들에게서 신뢰를 잃은 것은 그의 책임만은 아니었다. 그는 한 사람이 도맡기에 벅찬 많은 일을 처리해야 했으며, 일 자체도 쉽지 않았다. 특히 군대가 말썽이었다. 구스타프가 살아 있을 때는 토착 스웨덴인과 충원된 독일인의 조합이 상당한 통합성을 유지했다. 그러나 왕이 죽기 전부터 불기 시작한 폭풍은 옥센셰르나를 넘어뜨렸다.

뤼첸 전투 이후 스웨덴의 야전군 부대는 넷이었다. 각각의 사령관은 구스타프 호른, 요한 바네르(Johan Banér, 1596~1641), 헤센-카셀의 빌헬름, 작센-바이마르의 베른하르트였다. 앞의 두 사람은 스웨덴 장군이었으므로 당연히 스웨덴 정부의 통제를 받았다. 셋째 사령관은 왕의 동맹자 가운데 요한 게오르크를 제외하고 유일하게 독립적으로 움직인 동맹자였다. 작지만 잘 훈련된 그의 군대 역시 항상 독립적인 단위로 활동했다. 넷째 사령관인 작센-바이마르의 베른하르트는 골칫거리였다.

이 군주는 호른이나 바네르와 마찬가지로 스웨덴 왕의 휘하에 속했다.[122] 그러나 그가 정부에 고분고분하지 않은 탓에 왕은 그를 불신했다. 뤼첸 전투 이전에도 그는 독립적인 지휘권을 주장했다.[123] 자신의 활약으로 뤼첸 전투에서 승리하자 그는 능력을 널리 인정받아 왕의 뒤를 이을 유일한 후보가 되었다.

베른하르트의 인물됨은 명확히 밝혀지지 않았다. 그의 글이나 행동으로 봐서는 동정적인 성품을 지닌 인물은 아니었던 것 같다. 오히려 그는 성정이 엄격한 편이었다. 그는 작센의 유력자로서 쓴 책에서 이렇게 말했다.[124] "자기 자신에게 극한의 명령을 내려라." 실제로 그는 절제력이 강하고, 고결하고, 용감하고, 신앙이 독실했다. 그러나 당대의 판화에 묘사된 낮은 이마와 냉정하고 상상력이 없는 눈, 심술궂고 이기적인 입매의 얼굴을 보면, 그런 인상을 갖기 어렵다. 그의 형인 작센-바이마르의 빌헬름은 1622년 애국자 동맹을 결성하려 했다가 슈타트론에서 체포되었다.[125] 이 비관적이고 점잖고 예의 바른 군주[126]도 스웨덴군을 지휘했으나, 베른하르트는 가차 없이 형을 밀어냈다. 조국을 생각하고 귀족의 서열을 의식하는 야망에 찬 사나이 베른하르트는 스웨덴이든 누구든 자신을 통제하려 드는 것을 무척 싫어했다. 그런 점에서 그를 집념의 애국자로 보려는 관점도 있다. 그러나 집념을 가졌던 것은 분명하지만 애국심이 있었는지는 의문이다. 리슐리외에 의하면, "그는 훌륭한 지휘관이지만, 너무 자기 자신만을 생각하는 탓에 그를 전폭적으로 신뢰하기는 어렵다."127

두 군대를 지휘하는 또 다른 사령관은 구스타프 호른이었다. 왕이 살아 있을 때, 호른과 옥센셰르나는 왕의 양팔이라고 불렸다.128 그에 어울리게 장군과 총리는 둘 다 믿음직스럽고 유능했다. 호른이 총사령관을 맡은 것에 누구보다 만족한 사람은 옥센셰르나였을 것이다. 그는 호른의 장인이었고, 사위와 함께 오랫동안 좋은 호흡을 맞춰왔다. 하지만 베른하르트는 호른이 총사령관을 맡아서는 안 된다고 판단했다. 그는 평소에 독일 공작의 가치는 스웨덴 귀족의 열 배나 된다고 말했다. 따라서 그는 자신이 호른보다 위는 아니더라도 최소한 동등하거나 독립적이어야 한다고 보았다. 그 전해 여름 두 사령관이 바이에른 국경에서 만났을 때 베른하르트는 오만한 태도로 대장 계급을 요구한 반면, 호른은 약간 덜 오만한 태도로 고집스럽게 그에게 중장을 내주었다.129 사실 두 사람의 정치적·전략적 견해에는 큰 차이가 있었다. 겉보기에는 그다지 똑똑하지 않으나 적극적이었던 호른은 라인 강 유역의 곳을 중시해 그곳에 에스파냐와 오스트리아의 합동 공격을 방어하는 방벽을 쌓았다. 그 반면 베른하르트는 전쟁에서 개인적 이득을 노골적으로 추구했다.130 1633년 여름 갑자기 그는 프랑켄 공국을 요구했다. 그 의도에 관해서는 여러 가지 해석이 가능하다. 과거에 만스펠트가 받았던 만큼의 보수를 원했을 수도 있다. 혹은 스웨덴의 지배를 받더라도 자신이 영토를 획득하면 침략자에 맞서 토착 독일인의 이익을 보전할 수 있고, 조국의 일부나마 구할 수 있다고 믿었을지도 모른다. 그를 진정시키기 위해 악셀 옥센셰르나는 특별히 스웨덴 왕의 휘하에 속하는 프랑켄 공작의 직위를 창설하고,[131] 그 얼마 전 헤센-카셀의 빌헬름과 동맹관계를 연장한 것처럼 신임 공작과 자유로운 동맹을 맺음으로써 군사적 문제를 어느 정도 해결했다.[132]

하지만 이런 식의 찜찜한 방책으로는 옥센셰르나의 동맹자들을 충분히 만족시킬 수 없었다. 심지어 옥센셰르나의 부실한 대응은 푀키에르에게 좋은 기회가 되었다. 이미 1633년 4월 초에 그는 야심에 찬 베른하르트를 스웨덴 측으로부터 떼어내 프랑스 측으로 끌어들이려 시도한 적이 있었다.[133] 더 큰 불안 요소는 병사들의 동태였다. 프랑스의 자금이 원활하게 지급되지 않자 옥센셰르나의 배급 체계는 왕이 죽기 전부터 균열을 드러냈다. 사정은 갈수록 나빠져 결국 장교와 사병들의 불안이 커졌고, 마침내 폭동으로 번졌다. 이 봉기는 급료의 일부분을 지불하고, 독일의 토지를 불만에 찬 장교들에게 무분별하게 넘겨줌으로써 진정되었다.[134] 일단 위급한 불은 꺼졌으나 불씨가 제거된 것은 아니었다. 옥센셰르나는 이제 전쟁을 지속하려면 주요한 두 장군이 서로 우호를 유지하고, 병사들의 불만을 해소해야 한다는 것을 알았다. 독일의 자원을 조금씩 떼어 장교들을 만족시키려 한다면, 하일브론 동맹의 독일 측 세력에게서 불만을 살 게 뻔했다. 1634년 4월 네덜란드의 한 정치가는 "결국 모두가 스웨덴에 반기를 들게 되지 않을까 우려된다"라고 썼다.[135]

1634년 봄 프랑크푸르트에 모인 대표들은 옥센셰르나의 제안, 특히 스웨덴을 옹호하라는 주장에 대해 노골적인 의심을 품었다.136 총리는 곤혹스러웠다. 마침 그는 제국의 다른 두 지역, 니더작센과 오버작센 지구에 접근해 그들을 하일브론 동맹에 끌어들이려던 참이었기에 더욱 난감했다.137 자연히 그는 이미 자신의 동맹이 된 사람들의 불만을 그 두 곳의 대사들에게 털어놓지 않으려 했다. 요한 게오르크에게도 동맹 가입을 권유해보았지만, 선제후는 오히려 모든 정직한 독일인들은 허울만 그럴싸한 외국 동맹에 반대하라고 경고하는 편지를 썼다.138 그의 편지는 옥센셰르나의 구도에 위험할 만큼 가까이 다가간 주장이었다.

이런 불안한 상황에서 푀키에르 후작은 교활하게도 프랑스가 하일브론 동맹을 지원하겠다는 새로운 제안을 슬쩍 들이밀었다. 프랑스 왕은 스웨덴 왕보다 훨씬 더 많은 돈과 외교로 신교의 대의를 지지하고자 하면서도 큰 대가를 바라지 않았다. 단지 전쟁이 지속되는 동안 라인의 필립스부르크 요새만을 넘겨달라는 것이었다.139 라인 강 우안 슈파이어 주교의 영토, 라인 강과 잘(Saal)의 접합 지점에 위치한 필립스부르크는 그해 초에 스웨덴에 양도되었다. 따라서 형식적으로는 하일브론 동맹에 속했으므로, 이곳이 프랑스 정부에 넘어가게 될 경우 옥센셰르나가 불만을 드러내면 불화로 치달을 게 뻔했다. 게다가 그렇게 되면 힘의 균형이 프랑스 측으로 기울어 리슐리외가 독일의 보호자라는 지위를 더욱 굳히게 될 터였다.

그 제안을 한 때는 1634년 7월이었다. 남독일의 도나우 강변에서는 군대의 활동이 다시 활발해졌다. 하지만 질병과 기근에 시달린140 베른하르트의 군대는 한여름이 될 때까지 아무 일도 하지 못했다. 추기경 왕자는 2만 명의 병력을 거느리고 이탈리아를 출발했다. 호른은 그를 막기 위해 에스파냐군의 행군로인 콘스탄츠 남쪽 연안을 방비하는 위베를링겐 요새를 포위했다. 그러나 도시가 한 달 동안이나 버티자 그는 마침내 자신의 뜻을 접고 베른하르트와 합류해141 에스파냐 증원군이 오기 전에 헝가리 왕을 쳐부수기로 했다.

아르님은 원칙적으로는 바네르가 지휘하는 스웨덴군의 한 지대와 협력하도록 되어 있었다. 그러나 그들은 갈수록 사이가 나빠지고, 의심도 많아졌다.142 그런 상황에서 아르님은 다시 보헤미아를 침공했다. 하지만 이것은 프라하를 방어할지, 아니면 추기경 왕자를 향해 진군할지 결정하지 못하던 호른과 베른하르트에게 경험이 부족한 헝가리 왕과 무능한 갈라스를 공격할 좋은 기회를 주었다.

1634년 7월 12일 베른하르트와 호른은 아우크스부르크에서 만나 양측의 병력을 합친 약 2만 명의 군대를 거느리고143 바이에른-보헤미아 국경으로 향했다. 그들은 헝가리 왕이 레겐스부르크로 가고 있다는 정보를 이용해, 보헤미아에서 아르님과 합류하는 척 가장해서 그가 돌아오도록 유인하려 했다. 7월 22일 그들은 거의 모든 바이에른 병력과 제국 기병대 일부가 점령하고 있는 란츠후트를 공격해 빼앗았다. 알트링겐이 다급히 달려왔으나 너무 늦어 구원하지 못하고, 오히려 총에 맞아 부상을 입었다. 전하는 바로는 허둥지둥 퇴각하다가 아군의 총에 맞았다고 한다.144 이 승리는 대단한 성과였다. 바로 그 순간 아르님이 프라하 성 외곽에 모습을 드러냈다.

상황이 이런데도 헝가리 왕은 확신에 차서 대담하게 원래의 계획을 고수했다. 호른과 베른하르트는 란츠후트를 점령하자마자 레겐스부르크를 잃었다.145 젊은 페르디난트는 서둘러 보헤미아로 돌아가 방어하기는커녕 오히려 신교 군대의 대부분이 부재중인 틈을 타서 도나우 강의 적 수송로를 공략했다. 보헤미아를 완전히 방기하는 모험수였으나 그의 판단은 옳았다. 레겐스부르크가 함락되자 곧바로 베른하르트와 호른이 방향을 돌려 그를 추격하려 나선 것이었다. 그사이 아르님은 프라하에서 물러나 사태의 추이를 지켜보기로 마음먹었다.

레겐스부르크의 함락은 당연히 프랑크푸르트의 옥센셰르나에게 나쁜 소식이었다. 그보다 더 나쁜 소식은 이후 3주일간 호른과 베른하르트가 보내온 전갈이었다. 헝가리 왕 페르디난트가 그들을 앞질러 추기경 왕자를 만나러 갔다는 것이다. 군대가 전염병에 시달리고 보급도 충실히 받지 못한 상황에서, 호른과 베른하르트가 병사들을 다그쳐 추기경이 오기 전에 제국군을 앞지르는 것은 무리였다. 8월 16일 젊은 페르디난트는 도나우뵈르트에서 도나우 강을 건넜다. 추기경 왕자는 슈바르츠발트에서 오고 있었으므로 불과 며칠이면 그들은 서로 만날 터였다. 그러나 도나우뵈르트와 가까운 뇌르틀링겐에는 강력한 스웨덴 주둔군이 진을 치고 있었기 때문에 페르디난트가 행군하면서 측면 공격을 감행하기는 어려웠다. 아직 호른과 베른하르트보다 며칠 앞서고 있었던 그는 도시를 공략하기 위해 방향을 옆으로 틀었다.

한편, 프랑크푸르트에서 하일브론 동맹은 점점 커지는 불안에 시달리고 있었다. 푀키에르는 한쪽에서 그 분위기를 열심히 부채질했다.146 동맹자들을 안심시키려는 옥센셰르나의 노력은 무위에 그쳤다. 헝가리의 페르디난트가 도나우뵈르트를 장악했다는 소식을 들은 독일 대표들은 즉각 필립스부르크를 양도해 리슐리외의 지원을 확보하기로 결의했다.147 푀키에르의 첫 외교적 성과를 의미하는 이 조약은 1634년 8월 26일에 체결되었다. 그 무렵 호른과 베른하르트의 군대는 행군을 서둘러 뇌르틀링겐의 삼림지대에 자리 잡은 헝가리 왕의 진영이 보이는 곳까지 이르렀다.

호른과 베른하르트의 병력은 약 2만 명이었고,148 헝가리 왕의 병력은 약 1만 5천 명이었다. 그런데 주변의 농촌은 군대 하나를 보급하기에도 힘이 부쳤다. 처음에 베른하르트는 적군이 굶주림으로 싸우지도 못하고 퇴각하기를 바랐다.149 그와 호른은 도시를 구하려면 이 까다롭고 울퉁불퉁한 환경에서, 더구나 병력의 규모도 큰 차이가 나지 않는 조건에서 교전을 해야 하는 위험을 감수할 수밖에 없다고 생각했다.150 모처럼 만에 일치된 의견이었다. 추기경 왕자가 올 때까지 기다리려는 페르디난트의 의도를 분명히 알게 되자, 그들은 각지에 흩어진 동원 가능한 병력을 전부 불렀다. 에스파냐군이 들이닥치기 전에 헝가리 왕을 겁주어 몰아내려는 것이었다. 하지만 그들의 희망은 이뤄지지 않았다. 새로 온 병력은 힘도 약하고, 규모도 작고, 사기도 낮아 헝가리 왕은 꿈쩍도 하지 않았다.

뇌르틀링겐에 주둔한 호른은 시민들에게서 항복하자는 요구가 나오지 않도록 하느라 진땀을 뺐다. 시민들은 당연히 마그데부르크와 같은 운명을 원하지 않았다. 지휘관인 호른은 시민들에게 엿새만 버티라는 전갈을 보냈고, 엿새가 지나면 또 엿새만 버티라고 호소했다. 하지만 매일 밤마다 어두운 밤하늘에 불꽃이 치솟았고, 낮에는 헝가리 왕의 대포가 굉음을 내며 성벽을 포격했다. 한번은 조용한 시간이 오래 지속되자, 호른은 시가 항복했다고 생각하기도 했다.151

제국군은 추기경이 온다는 소식에 환호했다. 9월 2일 헝가리 왕은 직접 그를 마중나갔다. 도나우뵈르트 인근에서 만난 두 사촌은 상대방을 보자 말에서 내려 와락 끌어안았다.152 장기간에 걸쳐 계획을 수립하면서 그들은 겉으로만이 아니라 실제로도 친구이자 동지가 되었다. 하지만 그런 탓에 그들을 통제해야 하는 장군들은 두 사람이 같이 고집을 부리면 한 발 물러날 수밖에 없었다.

양측에서 사태는 한 가지 문제를 향해 움직였다. 호른은 증원군이 와서 병력 부족 문제가 완화될 때까지 어떻게든 전투를 미루려 애썼다. 그와 베른하르트는 잘 알고 있었다. 레겐스부르크와 도나우뵈르트가 적의 수중에 넘어간 지 얼마 되지 않아 뇌르틀링겐마저 함락되면 독일 동맹자들의 신뢰가 흔들릴 테고, 하일브론 동맹마저 붕괴될 터였다. 이 마지막 순간에 퇴각하는 데 따르는 정치적 위험은 머무는 데 따르는 군사적 위험보다 더 컸다.153

뇌르틀링겐의 남쪽 지역은 완만한 구릉과 빽빽한 숲이 산재해 있어 17세기 병법가들이 좋아하는 전면전에 알맞은 환경이 아니었다. 제국군과 에스파냐군은 도시 전면의 평지를 차지하고, 도시로 향하는 도로 주변의 언덕 능선에 미리 병력을 배치해두었다. 스웨덴군은 남서쪽으로 1.5킬로미터 떨어진 언덕에 자리 잡았다. 따라서 그들이 시를 구하려면 계곡으로 내려가 적의 위협적인 외곽 기지들을 지나야 했다.

경솔하게도 충동적으로, 추기경 왕자는 총병 몇 명을 보내 언덕 바로 끝자락의 작은 숲, 적군이 오는 길목을 장악하게 했다. 하지만 병력이 워낙 적은 탓에 9월 5일 밤 베른하르트의 군대는 그들을 쉽게 몰아낸 뒤 기지를 차지하고 시로 향하는 도로의 요충지를 확보했다. 항복한 소령이 베른하르트 앞에 끌려나왔다. 자기 마차에서 저녁을 먹고 있던 베른하르트는 소령이 얼핏 보기에도 성격이 거칠어 보였다. 에스파냐 증원군의 규모를 묻자 포로는 사실에 가깝게 약 2만 명이라고 대답했다. 하지만 베른하르트는 그를 윽박질렀다. 그는 포로에게 증원군 병력이 7천 명도 안 될 거라면서 사실대로 말하지 않는다면 당장 교수형에 처할 것이라고 엄포를 놓았다. 소령이 먼저의 답변을 고수하자, 베른하르트는 화를 내며 그를 데리고 나가라고 명령했다. 마차에 함께 있던 호른은 거의 말을 하지 않았다. 하지만 베른하르트가 화를 내며 포로를 황급히 내보낸 것으로 볼 때, 호른이 언제 전투를 시작할지 확실한 판단을 내리지 못하고 있었던 게 분명하다. 만약 에스파냐 증원군의 규모를 낮춰 잡은 베른하르트의 낙관적 추정이 틀린 게 분명했다면 호른은 크게 흔들렸을 것이다.[154]

한편, 멀지 않은 곳에 있던 제국군 본부에서는 전시 대책회의가 열리고 있었다. 갈라스는 추기경 왕자가 숲에 보낸 병력이 너무 적었다고 노골적으로 질타했다. 헝가리 군주는 엎질러진 물을 주워담을 수는 없지 않느냐는 진부한 위로의 말로 그를 진정시켰다. 두 사촌은 선배들의 논쟁에 아랑곳하지 않고 다음 날의 행동 계획을 수립했다.[155] 그들은 언덕 위의 병력을 증강시켜 적의 공격에 대비했다. 주력군은 시 앞의 트인 지역에 집결시키고, 독일군을 전면에, 에스파냐군을 뒤에 배치해 필요할 경우 전선을 강화하고, 시 방면에서 올지 모르는 적의 공격을 막도록 했다. 지친 뇌르틀링겐 주둔군은 규모가 워낙 작았으므로 강력한 후위 공격을 당할 우려는 별로 없었다. 두 군주의 병력은 3만 3천 명이었는데, 잘 훈련된 에스파냐 보병대를 포함해 보병이 약 2만 명이었고, 기병

이 1만 3천 명이었다.156

적의 규모를 낮춰 잡았음에도, 베른하르트는 수적으로 열세였다. 신교연합군은 보병 1만 6천 명과 기병 9천 명이었고, 전부 보급 부족에 시달렸다. 하지만 뇌르틀링겐은 반드시 구해야 했다. 호른과 베른하르트는 논의를 거듭한 끝에 결정을 내렸다. 적군을 언덕 위의 외곽 기지에서 몰아내고 그곳을 점령하면, 페르디난트는 시 앞의 위치를 고수하지 못하고 퇴각할 수밖에 없을 것이다. 그래서 두 사람은 가급적 전면전을 유도하지 않으면서 목적을 달성하기 위한 작전을 짰다. 우익의 호른은 밤에 언덕 사면으로 접근해 새벽에 공격을 개시한다. 좌익의 베른하르트는 계곡 도로를 따라 트인 평원으로 들어간 다음 적의 전선 앞에서 병력을 정렬시켜 적이 능선의 동료들에게 증원군을 보내지 못하도록 한다. 이렇게 두 장군은 서로 긴밀히 협력하면서도 작전 구역은 구분하기로 했다. 그러나 그들은 진격로 중간의 나무들이 무성한 숲을 감안하지 않았다. 이튿날 두 군대는 그 숲 때문에 시야가 막혀 같은 편이 무엇을 하는지 명확히 볼 수 없는 지경에 처했다. 게다가 두 군대의 시기심은 합동 공격에 불길한 징조였다. 그들은 이튿날 서로 배신하지는 않았으나, 전투가 끝난 뒤 서로에게 책임을 전가하느라 바빴다.

처음부터 모든 일이 꼬여버렸다. 호른과 그의 지휘관들은 야간 이동에 서툴렀다. 보병과 경포병이 먼저 갔어야 했으나 마차와 중포를 전위대와 함께 먼저 보낸 게 잘못이었다. 마차와 중포가 언덕 사면의 좁은 진흙길에 미끄러지고 뒤집어지는 바람에 그 소리를 듣고 적이 눈치를 챈 데다, 시간이 지체된 탓에 적에게 공격에 대비할 충분한 시간까지 제공한 셈이 되었다.

9월 6일 해가 뜨자 호른은 병력을 언덕 사면 아래 은신처로 이동시켰다. 이제 그는 보병으로 공격할 참이었다. 보병대가 제국군의 선봉과 교전을 벌이는 중에 적의 측면을 기병대로 공격해 결정타를 가하겠다는 작전이었다. 이 구상을 점검하기 위해 장군은 말을 타고 언덕 꼭대기로 올라가 직접 육안으로 형세를 정찰했다. 그런데 그 순간 대령 한 명이 상황을 오판하고 기병대에게 돌격 명령을 내렸다. 이리하여 호른의 명령은 취소되었다. 기병대는 제국군 수비병들을 쫓아버렸으나, 스웨덴 보병대는 이제 기병대의 지원도 없이 적의 거센 포격을 받아야 했다. 그래도 공격은 활발하고 질서정연했다. 제국군은 뤼첸 전투 때 겪었던 스웨덴군의 공포가 되살아나 포대를 버리고 도망쳤다. 스웨덴군이 공격의 대가를 얻지 못한 것은 연이은 두 가지 사고 때문이었다. 신속하게 적진으로 이동하던 스웨덴군의 2개 보병대는 서로를 적군으로 오인하고 잠시 대치했다. 그러는 동안 제국군이 버리고 간 많은 양의 화약이 승리한 군대 한복판에서 폭발했다.

　맞은편에서 이중의 책무를 지고 있던 상대편의 두 군주는 호른과 베른하르트보다 더 행복한 해결책을 찾아냈다. 적의 공격이 개시되자 곧바로 두 사람은 양익의 행보를 동시에 추적할 수 있는 작은 언덕을 찾아 자리를 잡았다. 거기서 그들은 자신들의 군대가 요충지 언덕을 적에게 빼앗기는 것을 보았고, 전투에서 승리한 스웨덴군 진영이 갑자기 혼란에 빠진 것도 보았다. 추기경 왕자는 즉각 에스파냐군의 기병과 보병을 보내 독일군의 도주로를 차단하고, 빼앗긴 언덕을 공략했다. 그때 호른은 오른쪽 측면 멀리 도망병들과 교전하고 있던 기병대에 뭔가 명령을 내렸을 것이다. 그사이 에스파냐군의 진격에 당황한 보병대가 붕괴

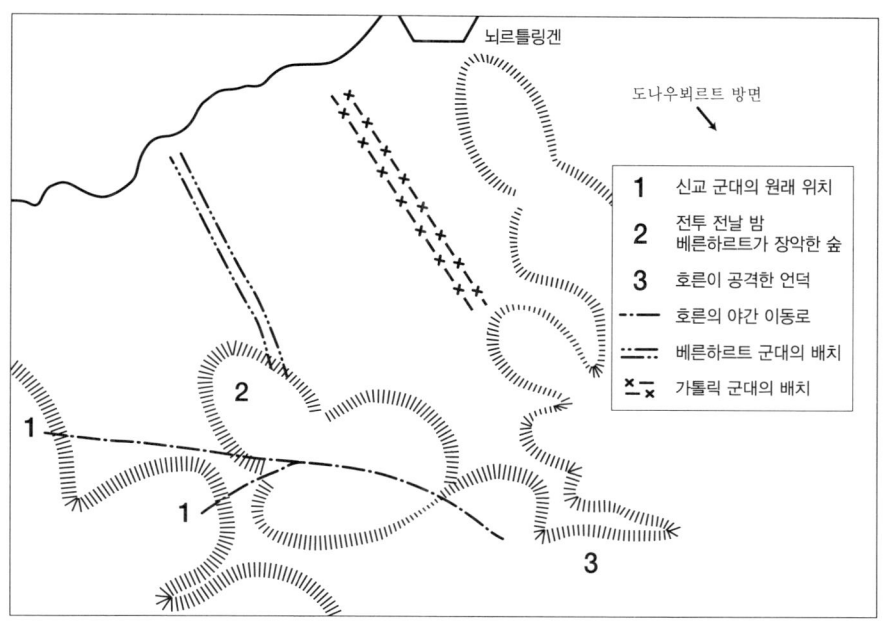

하고, 한 시간 만에 언덕 꼭대기를 도로 빼앗겼다.

원래의 위치로 퇴각한 호른의 보병대는 군데군데 나무가 제거된 개활지에서 베른하르트의 기병대가 도망치는 것을 보았다. 호른이 애써 막으려 했던 공황 상태가 퍼져나갔다. 베른하르트는 평원에서 치열한 전투를 벌이고 있었다. 그는 간간이 포병대를 적절히 활용해 자신의 병력과 호른의 병력을 분리시키려는 적의 시도를 막아냈으나 중과부적으로 인해 전면 공격을 가할 수 없는 처지였다.

정오까지 호른은 언덕 사면에 머물렀다. 군대는 적의 포격으로 전열이 흩어졌다. 그는 기병대를 다시 규합한 뒤 에스파냐군을 향해 기병과 보병의 순서로 돌격시켰다. 하지만 공격은 실패였다. 중앙의 에스파냐 보병대는 스웨덴군의 술책에 뒤지지 않는 지략을 선보였다. 적이 돌격해오자 그들은 무릎을 굽혀 적의 총탄을 피한 뒤 스웨덴군이 총을 재장전하기 전에 일어나 일제사격을 퍼부었다. 나중에 그들은 단 한 발도 빗나가지 않았다고 자랑했다.

다시 스웨덴군은 동료들의 시신을 남겨두고 물러났다. 그리고 또다시 호른의 확고한 지휘 아래 전열의 빈틈을 메우고 전진했다. 에스파냐 측의 계산에 따르면 공격은 무려 열다섯 번이나 전개되었다. 실패할 때마다 호른은 성공의 의지를 더욱 불태웠다. 매번 판도를 뒤집을 만한 새로운 변화를 주었고, 항상 다음 번에는 그 한계점을 넘을 수 있을 것처럼 보였다. 그런 식으로 자욱한 포연 속에서 공격이 일곱 시간이나 지속되었다.

베른하르트는 시 앞에 포진한 적진을 줄기차게 공략했다. 헝가리 왕과 추기경은 성 앞의 고지에서 이리저리 전령들을 보내 약한 지점을 보강하고, 끊임없이 탄약을 공급했다. 두 사람 사이에 서 있던 대위가 총에 맞아 죽는 일도 있었다. 부하들은 그들에게 노출된 위치에서 벗어나라고 탄원했으나, 그들은 그 자리에서 꿈쩍도 하지 않았다.[157] 에스파냐군은 병력에서 우위를 점한 데다 믿음직스러운 장교들과 우수한 규율을 갖추고 있었기에 두 군주의 미숙한 지시가 아니었다면 뇌르틀링겐 전투에서 좀 더 쉽게 이겼을 것이다. 하지만 어쨌든 그들의 용기는 감탄할 만했다. 훗날 그들의 병사들만이 아니라 전 유럽이 그들의 용기를 칭찬했다.

한낮의 열기 속에서 호른의 병사들은 큰 성과를 올릴 수 없었다. 호른은 베른하르트에게 정찰병을 보내 계곡 건너편으로 퇴각하는 중이라고 알렸다. 베른하르트의 전선 후방, 먼 능선으로 물러가 밤을 보낼 작정이었다. 그는 계곡을 지나는 동안 베른하르트에게 엄호해달라고 부탁했다.

이것이야말로 적이 원하던 순간이었다. 호른이 시 앞에서 물러나자 제국군과 에스파냐군은 합동으로 그렇잖아도 지친 베른하르트의 군대를 공격했다. "에스파냐 만세"라는 외침이 먼지 속에서 진동했다. 베른하르트는 필사적으로 병사들을 규합하려 애썼다. 말을 타고 포대에서 포대로 다니면서 땀 흘리는 포병들에게 욕설을 퍼붓고, 조금이라도 뒤로 물러나면 지옥 같은 고통을 맛보게 해주겠다며 을러댔다.158 그러나 형세는 이미 기울었다. 겁에 질린 그의 병사들은 달아났고, 계곡을 건너는 호른의 지친 병사들은 일제사격에 고스란히 노출되었다. 힘이 빠진 말들이 쓰러졌다. 베른하르트가 탄 말도 쓰러졌으나, 한 용기병이 그에게 아직 힘이 남아 있는 자신의 늙은 말을 내준 덕분에 탈출할 수 있었다. 이 이야기의 나머지는 그날 밤 헝가리 왕이 진영으로 돌아와 간결하게 정리했다. "적군은 말 열 마리가 함께 있는 것을 보지 못할 정도로 뿔뿔이 흩어졌다. 호른은 잡혔고, 바이마르는 죽었는지 살았는지조차 모른다."159

승리한 측은 적의 전사자를 1만 7천 명으로 추산했다. 포로 4천 명은 장교와 사병 가릴 것 없이 대부분 제국군으로 편입되었다.160 그날 밤 추기경 왕자는 원래 그의 숙소로 예정된 큰 저택을 부상병들에게 내주고 작은 농가를 숙소로 잡았다.161 나중에 그는 탈취한 적의 군기 50개를 에스파냐로 보내고, 스웨덴의 전리품 가운데서 눈이 뽑힌 성모상을 찾아냈다.162

며칠 뒤 황제는 빈 부근의 에버스도르프로 사냥을 나갔다가 돌아왔는데, 황후가 뇌르틀링겐에서 막 도착한 전령과 함께 그를 기다리고 있었다. 승리했다는 소식을 들은 페르디난트는 할 말을 잃었다. 아버지로서의 자존심, 가톨릭 신앙, 군주의 체면을 지켰다는 안도감에 그저 기쁨의 눈물만 흘릴 뿐이었다.163 뤼첸에서 잃은 것을 뇌르틀링겐에서 전부 되찾았다. 틸리와 가톨릭동맹의 군대를 무너뜨렸던 적은 신이 인도하는 헝가리와 에스파냐의 두 페르디난트(추기경 왕자의 이름은 페르난도이지만 독일식 이름은 페르디난트다 : 옮긴이)가 휘두르는 검 앞에 무너졌다.

6

신교의 대의와 독일의 자유는 끝난 듯했다. 아니, 적어도 스웨덴은 끝났다. 옥센셰르나는 두 번 다시 독일을 넘보지 못했다. 뇌르틀링겐에서 서쪽으로 60킬로미터 떨어진 뷔르템베르크의 괴핑겐에서 패전한 지 이틀 뒤에 베른하르트는 옥센셰르나에게 편지를 보냈다. 9월 9일에도 그는 호른의 소식을 듣지 못해 그가 살았는지 죽었는지, 포로로 잡혔는지 아닌지, 스웨덴군이 어떻게 되었는지 모르고 있었다.164 베른하르트는 프랑켄과 뷔르템베르크의 여러 곳에 주둔한 병사들에게 전령을 보내 즉각 대피하라고 명령했다. 서쪽으로 더 멀리 떨어진 곳까지 가서 도망병들을 불러모을 참이었다. 불과 10개월 전에 레겐스부르크를 점령하고, 뵈르니츠 강과 레흐 강을 장악했던 그가 이제 라인 강을 장악해야 한다고 말하고 있었다. 그것은 곧 원래의 전선에서 250킬로미터나 뒤로 밀려난 곳에서 방어 태세를 취하게 되었으며, 아르님이 이끄는 작센군, 바네르가 거느린 슐레지엔의 스웨덴군과의 접촉이 완전히 끊어졌다는 뜻이었다. 또한 베른하르트의 소유였던 프랑켄 공국을 잃었다는 뜻이기도 했다. 그런데도 그는 라인 강을 장악할 수 있을지조차 확신하지 못했다.165

패전 소식은 프랑크푸르트암마인에 이르러 가톨릭의 공격에 폭풍을 만난 새처럼 도망친 농민들을 겨우 따라잡았다. 옥센셰르나는 또다시 고뇌에 찬 불면의 밤을 보냈다.166 그래도 푀키에르는 덜 힘들었다. 스웨덴의 패배는 타격이 워낙 심해 기쁘다고 할 수는 없지만, 다행스런 측면도 있었다. 하일브론 동맹의 대표자들이 앞다투어 그에게 보호를 요청한 것이었다. 특히 두 작센 지구는 로마교회가 다시 북부로 진출할지 모른다는 두려움에 적극적으로 동맹에 참여하고, 리슐리외에게 운명을 맡겼다.167

종교적 측면에서 뇌르틀링겐 전투는 가톨릭 세력에게 브라이텐펠트 전투의 참패를 복구해준 압승이었다. 왕조의 측면에서는 합스부르크의 위신을 크게 높여주었다. 군사적 측면에서는 스웨덴 군대의 명성에 치명타를 가하고, 에스파냐 군대에 큰 명예를 안겼다.168 그러나 정치적 측면에서는 리슐리외에게 신교의 대의를 지휘할 권리를 주었으며, 독일 비극의 종막을 올렸다. 이제 부르봉과 합스부르크는 끝장을 볼 때까지 싸울 수밖에 없게 되었다.

뇌르틀링겐은 여러 가지 면에서 브라이텐펠트보다 더 극적이고 더 직접적인 재앙을 가져온 전투였으나, 유럽 역사에서 특별한 시기에 속하지는 않는다. 브라이텐펠트의 경우처럼 전투가 끝난 직후에 승자의 갈채와 패자의 비탄이 있었지만, 얼마 안 가 잦아들었다. 두 왕조의 싸움에서는 정치가 더 건강하고 탄력적으로 돌아가던 부르봉 왕조가 당연히 에스파냐의 부패에 물든 합스부르크 왕조를 눌렀어야 했다. 그런데도 합스부르크가 뇌르틀링겐 전투에서 승리하고, 두 명의 군주가 왕조를 쇄신한 것은 단지 꺼져가는 촛불이 마지막 불꽃을 피워올린 데 불과했다. 전투가 끝나자 두 군주는 바로 '에스파냐 만세'의 함성에 어울리는 노선을 취했다.169 하지만 이후 한 사람은 오랜 고뇌와 패배를 겪었다. 다른 한 사람은 자신이 키운 희망이 최종적으로 소멸하기 전에 브뤼셀에서 죽었으니 좀 더 행복했다고 할까?

승리 직후 헝가리 왕은 사촌에게 가을까지 독일에 머물면서 일을 완수하자고 권했으나, 추기경 왕자는 하루빨리 브뤼셀로 가려 했다.170 이유가 없는 것은 아니었다. 어쨌거나 네덜란드는 그의 진정한 목적지였기 때문이다. 페르디난트의 간청은 무위로 돌아갔다. 전투가 끝나자마자 에스파냐군과 제국군은 다시 분열되었다. 추기경 왕자는 피콜로미니가 지휘하는 독일 지원군을 거느리고 라인으로 향했고, 헝가리 왕은 프랑켄과 뷔르템베르크를 거쳐 서쪽으로 이동했다.

승리는 제국군의 사기를 되살렸다. 뷔르템베르크를 지나가면서 그들은 눈에 보이는 모든 것을 닥치는 대로 챙겼다. 사병에서 출발해 바이에른 기병대장에 오른 요한 폰 베르트(Johann von Werth, 1591~1652)와 크로아티아 부대의 사령관인 이솔라니(Isolani, 1586~1640)는 마지막 신교 외곽 기지의 연약한 저항마저 무너뜨렸다. 괴핑겐은 9월 15일에 함락되었고, 하일브론은 16일, 바이블링겐은 18일에 같은 운명을 겪었다. 20일 헝가리 왕은 슈투트가르트에 입성해 뷔르템베르크 전역을 황제의 영토로 수복했다. 한편, 피콜로미니와 에스파냐군은 라인으로 진격했다. 9월 18일에 그들은 로텐부르크를 점령하고, 19일에는 마인을 지나, 30일에 아샤펜부르크, 10월 15일에 슈바인푸르트를 손에 넣었다. 하일브론 동맹은 황급히 프랑크푸르트에서 물러나 일단 안전한 마인츠로 대피했다. 옥센셰르나는 그곳에 남아 도망치는 병사들을 받아들였으나, 그 병력은 겨우 1만 2천 명에 불과했다. 군대는 급료가 밀려 사기도 땅에 떨어지고, 폭동을 일으킬 지경이었다.171 상황을 타개하려면 베른하르트를 단독 총사령관에 임명하고, 리슐리외에게 돈을 부탁하는 수밖에 없었다.172

재앙의 물결은 여전히 거세게 밀려왔다. 옥센셰르나의 한숨 속에 하일브론 동맹의 수족이 무참히 잘려나갔다. 9월 23일에 뉘른베르크, 10월 5일에 켄칭겐, 10월 21일에는 뷔르츠부르크를 빼앗겼다. 아직 남은 곳은 남독일의 아우크스부르크와 호엔트빌 요새, 마인의 하나우, 라인란트 남부의 스트라스부르, 그리고 하이델베르크뿐이었다. 하일브론 동맹에 속했던 4개 지구 가운데 둘을 잃었고, 아우크스부르크를 제외한 중부와 남부 독일의 주요 도시들이 모두 적에게 넘어갔다. 이미 자원이 고갈된 스웨덴의 조세로는 자금을 모을 수 없었다. 게다가 스웨덴 국내에서는 즉각적인 강화를 요구하고 있었다.173 독일 동맹 세력의 자원도 하나씩 바닥을 드러냈다. 슐레지엔의 바네르는 연달아 절망적인 소식을 전해왔다. 작센 선제후와 브란덴부르크 선제후가 스웨덴을 버리려 하고, 북독일의 헐벗고 굶주린 병사들은 주민들에게서 돈을 거두지 못했다. 슐레지엔에서는 주민들이 군대의 주둔을 거부하는 바람에174 군대가 겨울을 나기 위해 멀리 마그데부르크와 할버슈타트까지

물러났다.175

　이런 상황에서 베른하르트와 하일브론 동맹은 리슐리외와 협상하려 애썼다. 1634년 11월 1일 그들은 이른바 파리 조약을 체결했다. 루이 13세는 병력 1만 2천 명과 50만 리브르의 자금을 즉각 제공하고,176 그 대가로 베른하르트 측은 독일의 가톨릭 신앙을 보장하고, 알자스의 슐레트슈타트와 벤펠트, 스트라스부르의 전진 기지를 프랑스에 넘겨주어야 했다. 또한 프랑스를 배제하고 휴전이나 강화가 허용되지 않으며, 프랑스 정부는 전쟁에 공공연히 개입하지 않고, 1만 2천 명 이상의 병력을 보내지 않는다는 조건도 있었다.177 악셀 옥센셰르나는 협상에 동의해야 하는 처지였지만 마지막 저항의 자세를 취했다. 어린 스웨덴 여왕의 이름으로 체결 직전까지 갔던 조약의 비준을 거부한 것이었다.178 그의 판단은 옳았다. 그는 리슐리외가 강력한 동맹자의 몰락에 기뻐한 나머지 자기 자신이 얼마나 큰 위험에 처해 있는지 미처 깨닫지 못하고 있다는 것을 알았다. 나중에 그 사실을 깨닫는다면 틀림없이 조건을 변경하려 들 터였다. 압도적인 위험 속에서도 옥센셰르나는 냉철한 자세로 시간을 끌었다.

　11월 초에 추기경 왕자는 플랑드르 국경을 넘어 브뤼셀에 공식 입성했다. 사제로서가 아니라 군인으로서 그는 금박을 입힌 진홍색 옷을 입고 허리에는 자신의 부르고뉴 조상인 카를 5세의 검을 찼다.179 라인에서 작센-바이마르의 베른하르트는 좌안으로 철수해, 그를 돕기 위해 황급히 모집된 프랑스군과 합류했다.180 이로써 독일의 그해 겨울은 비교적 평화롭게 지나갔다.

7

　1634~35년 겨울은 부르봉과 합스부르크의 노골적인 분쟁을 앞두고 마지막으로 보낸 휴지기였다. 적어도 현상적으로는 제국의 평화가 가능해 보인 마지막 시기이기도 했다. 이 시기에 작센의 요한 게오르크는 브란덴부르크 선제후의 손을 잡아끌면서 자신의 입장을 관철시켜 타결을 얻어냈다. 그러나 평화를 안착시키기 위한 협상이 틀어지면서 새로운 전쟁 동맹이 탄생했다.

　한편으로 프라하 강화, 다른 한편으로 에스파냐에 대한 프랑스의 선전포고로 이어진 그 협상은 새 시대의 출발을 알리는 사건이었다. 제국의 상황은 새로운 문제를 낳았으며, 지난 17년 동안 암암리에 변화해 온 분쟁의 배경은 이제 변태를 완료했다. 연로한 황제, 작센과 브란덴부르크와 바이에른의 선제후들, 스웨덴 총리, 리슐리외는 여전히 기존의 노선을 고수했지만, 그들 주위에 새 세대의 병사들과 정치인들이 생겨났다. 전쟁 속에서 성장한 그들은 낯선 종교적 이념을 경계하며 냉소하고 경멸하는 데 익숙한 자신들의 입장을 선배들에게 내보였다.

　사회 질서가 무너지면서 탐욕과 사적 이익이 판치자, 누구보다 독실했던 십자군도 자신들의 성스러움을 벗어던질 수밖에 없었다. 하지만 30년 전쟁은 그나마 조금 남아 있던 종교적 의미를 다른 원인들로 인해 완전히 잃어버렸다. 랑케(Leopold von Ranke, 1795~1886, 독일 민족주의를 주창하고 실증주의 역사관을 정립한 19세기 독일의 역사가 : 옮긴이)는 "중대한 종교적 다툼도 사람들의 정신에 영향을 미치지 않게 되었다"라고 말한다.[181] 그 이유를 알기란 어렵지 않다. 자연과학에 대한 관심이 날로 커지면서 교육계에 새로운 철학이 도입되는 한편, 종교의 개입으로 빚어진 비극적인 결과로 인해 교회를 국가의 감독자로서 신뢰할 수 없게 되었다. 그렇다고 일반 대중들 사이에서 신앙의 힘이 줄어든 것은 아니었다. 교육과 사변의 영역에서는 여전히 엄격한 영향력을 유지하고 있었다. 다만 갈수록 사적인 경향이 강해지면서 신앙은 근본적으로 개인과 창조주 사이의 사적인 문제가 되었다.

보헤미아의 프리드리히는 칼뱅파 목사의 뜻을 좇으려다 신민들의 분노를 사는 바람에 왕위를 잃었다. 그의 아들 루프레히트(루퍼트) 공작은 아버지와 마찬가지로 신앙과 도덕에서 칼뱅파였지만, 영국에서 장로교와 독립교회에 반대하며 국교회와 가톨릭을 위해 싸웠다. 그의 세대 대다수가 그렇듯이 그에게 종교는 자신을 위한 것이었고, 다른 사람과 상관없는 자신만의 관심사였기 때문이다.

종교의 힘은 공공의 영역에서 사라질 수밖에 없었다. 신앙은 개인적 판단의 문제가 되었고, 국가의 버림을 받은 사제와 목사는 철학과 과학에 맞서 힘겨운 싸움을 벌였다. 독일이 빈곤에 시달리는 동안 유럽 전역에서 새로운 여명이 비치기 시작했다. 이탈리아에서 시작된 빛은 프랑스, 영국, 북유럽을 차례로 밝혔다. 데카르트(René Descartes, 1596~1650)와 홉스(Thomas Hobbes, 1588~1679)가 저작 활동을 활발히 했고, 갈릴레오, 케플러, 하비의 발견이 점차 상식으로 자리 잡았다. 모든 곳에서 이성에 대한 찬사가 맹목적인 영혼의 충동을 대체했다.

하지만 기본적으로 그것은 허울 좋은 찬사에 불과했다. 신학문의 가치를 인식한 소수 지식인 집단은 자신의 지식만을 추구했을 뿐, 신학문을 확산시키지 못했다. 과거에 종교가 차지했던 정신적 확신의 빈틈을 메우려면 새로운 정서적 충동을 찾아내야 했다. 이 무렵 민족주의 정서가 성장해 그 틈을 메웠다.

절대주의와 대의제는 종교의 지지를 잃은 대신 민족주의의 지지를 얻었다. 바로 그것이 후반에 접어든 전쟁에서 중대한 요소였다. 신교도와 가톨릭교도라는 말은 점차 쓰이지 않게 되었고, 그 대신 독일인, 프랑스인, 스웨덴인이라는 말이 자주 사용되었다. 합스부르크 왕조와 적들의 싸움은 서서히 두 종교의 싸움에서 힘의 균형을 맞추기 위한 각 민족과 국가들 간의 싸움으로 바뀌었다. 옳고 그름의 새로운 기준이 정치계에 생겨났다. 교황이 합스부르크 성전에 반대하고 나섰을 때, 그리고 가톨릭의 프랑스가 위대한 추기경의 영도 아래 신교 스웨덴에 자금을 지원했을 때, 기존의 낡은 도덕은 무너졌다. 어느새 십자가가 국기로 바뀌었고, 빌라호라에서 외치던 '성모 마리아'라는 함성은 뇌르틀링겐에서 '에스파냐 만세'로 바뀌었다.

아버지를 대신해 국가수반으로서의 지위를 급속히 다져가던 헝가리의 페르디난트가 새로운 상황을 통제하려면 한 가지 선택이 반드시 필요했다. 즉, 그는 자신이 독일 군주인지 오스트리아 군주인지를 선택해야 했다. 그의 선택은 오스트리아였다. 이미 오래전부터 그렇게 선택할 수밖에 없었다. 합스부르크 왕조는 기질에서나 성질에서나 남방계에 속했다. 아버지 페르디난트 2세는 북방 진출로 스웨덴 왕의 반발을 받았고, 자기 손으로 엘베 강에서 에스파냐에 이르는 발렌슈타인의 제국을 희생시켰다. 독일 통합의 주요한 수단이었던 종교는 오래전 그의 세계가 젊었을 때 슈타이어마르크에서 막강한 힘을 발휘했으나 그의 수중에서 붕괴했다. 그가 평생을 걸고 이룩한 성과는 오스트리아, 보헤미아, 헝가리, 슐레지엔, 슈타이어마르크, 케른텐, 카르니올라, 티롤 등의 국가들을 통합해 후대에 등장하는 오스트리아-헝가리 제국의 기반을 놓은 것이었다.

헝가리 왕은 편협하지도 않았고, 선견지명이 없지도 않았다. 그러나 그의 능력은 그의 배경에 제약되었고, 그의 행동은 그의 직접적 경험에 제약되었다. 그의 아버지가 나고 자랄 때는 중세 제국의 그림자가 왕조를 여전히 뒤덮고 있었다. 그가 태어난 곳은 슈타이어마르크 대공의 지방 궁전이었지만, 그가 활동할 세계의 수도는 황제가 선출되는 곳이자 신성로마제국의 정신적 중심지인 프랑크푸르트암마인이었다. 젊은 페르디난트에게 프랑크푸르트암마인은 외국군의 전선과 스웨덴 침략군의 본부로부터 멀리 떨어진 곳이었지만, 오랫동안 적들이 장악한 도시였다. 1608년에 태어난 그는 독일 국가들이 표면적인 평화와 공개적인 동맹 상태에 있던 시절을 거의 기억하지 못했다. 그에게 제국은 단지 서로 다투는 지역들의 총합을 가리키는 지리적 용어에 불과했다. 그래서 그는 빈, 프라하, 브라티슬라바의 더 명확한 연대를 지향했으며, 그 토대 위에 자신의 세계를 구축했다.

이것은 배경에서 비롯된 변화였고, 전쟁에서는 또 다른 문제가 자라났다. 용병 군대의 문제는 처음부터 잠재된 골칫거리였다. 한 세대에 걸쳐 전쟁이 지속되자 그 문제는 점점 더 심각해져 마침내 부차적인 것이 아니라 지배적인 것이 되었다. 실체로서의 군대는 정치적 동맹자처럼 조심스럽고 주의 깊게 다뤄야 했다. 이 문제는 베네치아 정부가 발렌슈타인에 맞서 대항책을 꾸미는 동안 제국 측에 나타났으며, 신교 측에도 1633년 폭동을 진정시키기 위한 협상에서 드러난 문제였다.

군대 자체는 민족주의가 성장한다고 해도 거의 영향을 받지 않았다. 스웨덴군은 왕과 함께 상륙했을 때는 애국심이 투철했지만, 이후 독일인과 외국인 병사들이 다수 충원되면서 그 감정이 크게 희석되었다. 에스파냐군의 일부 토착 부대도 민족의 명예를 강렬히 의식했고, 이후 프랑스군에서도 그 감정이 발전했지만, 1634년에 전쟁에 참여한 많은 병사들은 자신들을 그냥 병사로만 간주했다. 양측 군대가 모두 여러 민족으로 구성되었다. 플제니 선언에 서명한 민족들은 스코틀랜드인, 체코인, 독일인, 이탈리아인, 플랑드르인, 프랑스인, 폴란드인, 크로아티아인, 루마니아인 등 다양했다. 스웨덴군의 사령관들 중에는 헤센의 팔켄베르크, 보헤미아의 투른, 폴란드의 샤플리츠키(Schafflitsky), 스코틀랜드의 루스벤(Ruthven)과 램지(Ramsey), 네덜란드의 모르테뉴(Mortaigne), 프랑스의 뒤발 등이 있었다. 하급 지휘관들 중에는 아일랜드인, 영국인, 독일인, 보헤미아인, 폴란드인, 프랑스인이 있었으며, 심지어 이탈리아인도 간혹 보였다. 바이에른의 군대에는 폴란드인, 이탈리아인, 로렌인은 물론 투르크인과 그리스인도 참여했다.182 신교 군대에도 가톨릭교도가, 가톨릭 군대에도 신교도가 있었다. 제국군의 한 부대는 미사 참석에 항의해 폭동을 일으키기도 했다.183

이렇게 모두들 생계를 위해 싸우는 상황이었으므로 급료와 식량이 부족할 때 그들에게서 군사적 충성을 기대하기는 어려웠다. 1632년 호른의 군대에 참여한 2천 명의 뷔르템베르크 병사들 가운데 절반 이상이 한 달도 못 되어 탈영했다.184 필립스부르크에서 에스파냐의 지휘를 받던 혼성 주둔군은 단지 편을 바꾸는 간단한 절차를 통해 기지를 스웨덴 측으로 넘겼다.185 슐레지엔에서는 발렌슈타인이 슈타이어마르크를 점령했을 때, 인근 외곽 기지에 있던 투른과 뒤발 휘하의 '스웨덴군'이 불만을 품고 주저 없이 침략군 측으로 넘어갔다.186 양측에서 모두 고위 사령관직을 맡은 경험이 있는 아르님의 경우는 흔히 볼 수 있는 사례였다. 베르트는 자발적으로 바이에른을 떠나 프랑스 측에 붙었고,187 크라츠(Kratz)는 발렌슈타인 휘하의 책임 있는 지위에서 스웨덴 측의 책임 있는 지위로 옮겨갔으며,188 요한 폰 괴첸(Johann von Götzen, 1599~1645)은 만스펠트의 휘하에서 군 생활을 시작해 바이에른의 막시밀리안의 휘하에서 끝냈는가 하면, 작센-라우엔부르크의 프란츠 알브레히트는 제국군, 스웨덴군을 거쳐 다시 제국군에 합류했다. 알트링겐도 죽기 직전에 말을 바꿔타려 했다는 혐의를 받았다.189 그밖에 다른 수상한 사건도 많았다. 예를 들어, 콘스탄츠를 굽어보는 호엔트빌 요새의 총독인 콘라트 비더홀트(Konrad Wiederhold, 1598?~1667)는 고용주인 뷔르템베르크의 섭정이 그에게 그곳에서 철수하고 요새를 제국군 측에 넘기라고 명했을 때, 공작의 연약함보다 자신의 투철한 신교 신앙을 중시해 철수하지 않고 버티다 요새를 바이마르의 베른하르트에게 넘겼다.

    이 무렵에는 또한 병사와 민간인의 비율도 크게 달라졌다. 군대가 지나는 곳마다 늘 병력이 충원되었다. 농민과 기술자의 삶이 갈수록 어려워지자 군대를 택하는 사람들이 점차 많아졌다. 야심찬 젊은이들은 일반 사병에서 최고위직 장교까지 승진한, 아주 특별하고 드문 사례에 매료되었다. 베르트, 슈탈한스(Stalhans), 생앙드레(St André) 등과 같은 인물들의 이름은 신병을 충원할 때 부적과 같은 역할을 했다.190 나머지 대부분의 사람들은 단지 급료와 약탈, 남의 것을 빼앗으면서 자기 것을 빼앗기지 않는 상대적인 안전성만을 염두에 두었다. 군대의 규모에 따라 종군자의 규모도 커졌다. 오히려 군대보다 더 빠르게 커져, 예전에는 병사 한 명당 종군자가 성인 남자 한 명과 소년 한 명이면 되었으나, 이제는 여자, 아이, 하인, 기타 잡다한 사람들까지 덧붙어 병사들의 서너 배나 되었다. 나중에는 다섯 배에 달했다. 저마다 이해관계와 전망도 다르고, 신경 써야 할 여자와 아이까지 딸린 수많은 사람들이 모였으니 당연히 자의식이 강한 부류의 특질도 드러나고, 자기 이익을 챙기기 위해 싸우는 경우도 생겨났다. 예를 들어 아르님은 자신이 강화 협상을 했다는 것을 병사들이 알게 되면 폭동을 일으키지 않을까 우려했다.[191] 바네르 장군은 자신의 군대를 '이 다양한 국가'라고 불렀다. 옥센셰르나는 1633년 폭동을 진압한 뒤 군대를 정치적 신분의 서열로 끌어올렸다고 말했다.[192] 군대의 규모가 이미 스웨덴의 상류층보다 커졌으니 당연한 주장이었다.

군대의 배경이 달라지고 독립적 성격이 커지자 전쟁 후반도 전에 볼 수 없는 양상으로 전개되었다. 특히 프라하 강화를 둘러싼 협상이 전과 크게 달라졌다.

8

작센의 요한 게오르크와 그의 장군 아르님은 1634년 한 해 내내 평화 협상을 벌였다. 아르님과 협력하고 있던 바네르와 옥센셰르나는 무척 곤혹스러웠다. 선제후는 온갖 영향력을 동원해 니더작센과 오버작센 지구가 하일브론 동맹에 합류하지 못하도록 애썼으며, 나아가 동맹 자체를 붕괴시키려 했다.[193] 그는 진심으로 평화와 침략자들의 추방을 원했다. 같은 심정이었던 황제는 4년 전 레겐스부르크에서 거부했던 일을 이제 하려고 했다. 그것은 바로 토지반환령의 철회였다. 황제로서는 신앙을 포기하면서 에겐베르크가 내내 옹호했던 세속 정책을 채택하는 셈이었다. 만약 1630년 레겐스부르크 회의에서 철회했더라면 구스타프 아돌프의 위협에 맞서 독일을 통합할 수 있었을 것이다. 어쨌든 결국 철회할 수밖에 없게 되었으니 진작 그렇게 하지 못한 것이 유감스러울 뿐이었다. 하지만 페르디난트는 마찰 없이 자신의 정책을 포기한 적이 없었다.

황제는 뇌르틀링겐 전투로 합스부르크의 위치가 확고해지기 전에는 1620년의 상황으로 돌아가자고 했다가 전투에서 승리하자 오히려 수위를 더욱 높여 1627년 11월까지 교회가 되찾은 모든 토지를 요구했다.194 용인할 수 없는 요구는 아니었다. 어쨌든 누가 봐도 요한 게오르크의 온건파는 도덕적으로 완벽하게 승리했다. 토지반환령이 철폐되었고, 황제가 마침내 타협에 동의했다. 페르디난트의 도덕적 후퇴는 그의 정치적 전진을 은폐하는 역할을 했다. 요한 게오르크의 승리는 장차 독일의 대표적 군주들을 제국의 지배하에 재통합해줄 듯했다.

이런 현명한 낙관론이 자리 잡게 된 것은 협상의 주요 책임자인 헝가리 왕 덕분이었다. 조건은 솔깃할 만큼 관대했다. 보헤미아 망명자들과 프리드리히의 가족 이외에 모든 사람이 완전한 사면을 받았다. 작센의 요한 게오르크는 마그데부르크 주교구를 차지하게 되었다. 무엇보다도 향후 독일 군주들 간의 사적인 동맹이 불법화되었다. 하지만 요한 게오르크는 황제의 동맹자로서 자신의 군대를 계속 반(半)독립적으로 지휘할 수 있었다.

냉철하고 합리적인 해결일 뿐 아니라, 타협의 기반이 폭넓다는 점에서 그것은 양측에게 그때까지의 어떤 협상보다도 훌륭한 타결이었다. 적어도 겉보기에는 그랬다. 그 원칙적인 올바름은 훗날 베스트팔렌의 최종 강화에서 당시 사안이 거의 그대로 채택된 것으로도 증명되었다. 그러나 비준을 둘러싼 사태에서 현실적인 약점이 드러났다. 제국 측 협상자들은 평화의 가능성을 반신반의하며, 오히려 전쟁이 지속될 가능성을 더 많이 고려했다. 설령 협상이 타결되지 못한다 해도 최소한 요한 게오르크와 그를 따르고자 하는 사람은 제국의 대의에 따르도록 묶어놓아야 했다. 조약은 모두에게 개방되었다. 모든 교전국이 서명한다면 실제로 평화가 이룩될 터였다. 그러기 전까지는 온건파를 최대한 많이 끌어들일 수 있도록 충분히 관대해야 했다. 서명을 거절하는 것은 비합리적인 행동으로 보였으므로 무장을 해제하지 않은 나라들―프랑스, 스웨덴, 그리고 점점 줄어드는 그들의 동맹자들―은 평화의 적으로 간주될 게 뻔했다. 이론상으로는 그랬다. 현실적으로는 제국의 동맹과 전체의 이익을 일체화시켜 가급적 많은 나라들을 합스부르크의 기치 아래로 모으려는 의도였다. 하지만 스웨덴 군대가 여전히 독일에 있는 한 전쟁은 진행 중이었고, 프라하 강화는 페르디난트의 이익에 부합하는 새롭고 포괄적인 동맹일 따름이었다.

마지막 순간에 10여 가지 장애물이 협상을 위협했다. 황제는 토지 반환령에 대해 아직도 양심의 가책을 느꼈다. 그래서 프랑스 왕에게 알자스를 내주는 조건으로 그를 매수해 전쟁에서 끌어내고, 그의 적들에게 재정적 지원이 가지 못하도록 하려는 무모한 구상을 품었다. 그것을 제지한 사람은 황제의 아들 헝가리 왕이었다. 가톨릭이기 전에 오스트리아인이고, 합스부르크 왕조의 일원인 그는 왕조의 영토를 내주어 프랑스에게 라인을 통제하게 하느니 차라리 독일의 교회 토지를 포기하는 게 낫다고 주장했다.

신교 측에서는 팔츠 선제후와 영국 왕이 배신하겠다고 어깃장을 놓았다.[195] 게다가 작센에서는 요한 게오르크가 신교의 대의를 저버린다면 천벌이 내릴 것이라고 주장하는 예언자들이 등장했다. 작센 선제후의 아내는 강화에 반대했고,[196] 아르님도 같은 견해였다. 사실 이 불운한 장군은 1632년부터 화해를 위해 애썼다. 프라하 강화가 이루어졌을 때, 그는 너무 기쁜 나머지 그것을 주제로 시까지 지었다. 그러나 그는 도의상 스웨덴을 배제한 조약을 받아들일 수 없었다.[197] 동맹자를 내팽개치고 쓸모없는 화해를 구할 생각은 없었다. 그 조약은 평화를 위한 강화가 아니라 전쟁을 위한, 게다가 적과 함께하는 새로운 동맹이었다.

헝가리 왕은 1635년 2월 28일 로우니에서 작센 선제후와 휴전을 체결했다. 이것은 훗날 최종적 휴전이 되었다.[198] 이 소식을 들은 옥센셰르나의 심정이 어땠을지는 충분히 짐작할 수 있다. 요한 게오르크의 이탈은 불가피했고, 스웨덴으로부터 포메른의 소유를 보장받지 못한 게오르크 빌헬름도 그와 행동을 같이할 게 뻔했다. 이제 리슐리외만이 옥센셰르나의 유일한 희망이자 친구였다. 파렴치한 용병 기회주의자인 작센의 베른하르트는 그를 협박하고 있었다. 옥센셰르나는 뇌르틀링겐 이후 푀키에르에게, 호른의 제지가 없으면 베른하르트가 위험한 존재로 변할 것이라는 우려를 털어놓았다. 그러자 푀키에르는 베른하르트를 은밀히 만나 프랑스에 반기를 들지 않겠다는 다짐을 받으려 했다.[199] 하지만 교활한 베른하르트는 확답을 주지 않고 은근슬쩍 넘어갔다. 1634~35년 겨울 베른하르트는 작센과 황제 양측으로부터 남은 병력을 이끌고 합류해달라는 요청을 받고 그 제안을 진지하게 고려했다.200 이런 식으로 그는 옥센셰르나, 하일브론 동맹, 푀키에르를 압박해, 그들의 이해관계를 배려하겠다는 약속으로 그들에게서 원하는 것을 얻어냈다. 그는 그런 농간을 부려 1635년 봄에 하일브론 동맹과 프랑스 왕을 섬기는 독일의 총사령관으로 임명되었다. 그는 정치적 통제에서 벗어나 자유롭게 전쟁을 벌이고 마음대로 군세를 거둘 수 있는 권력과 강화가 이루어질 경우 안심할 만한 면책을 요구했다.201 무력한 정치가들은 또다시 절실히 필요한 군인 앞에 무릎을 꿇었다.

한편, 옥센셰르나는 불리한 상황을 역전시키는 데 일가견이 있었다. 그는 베른하르트에게 돈을 주려면 리슐리외의 신세를 져야 했지만, 리슐리외도 그에게 어느 정도 의지해야 했다. 베른하르트는 양다리를 걸쳐 얻을 수 있는 이득을 쉽게 포기하려 하지 않았기 때문이다. 작센의 이탈이 바로 그 점을 보여주었다. 옥센셰르나는 독일 동부와 북동부가 적대적으로 변할지 모른다고 우려하면서도, 황제가 요한 게오르크를 얻어 힘이 강화된 상황에서 리슐리외가 스웨덴 동맹을 저버리지는 못할 것이라고 믿었다. 엘베 강 일대에서 유일한 지원 세력은 바네르가 이끄는 스웨덴군의 부대였다.202

11월에 프랑스 왕과 하일브론 동맹이 체결한 그 실망스러운 해결책을 옥센셰르나가 비준하지 않은 것은 올바른 판단이었다. 그가 겪은 재앙에서 비롯된 위험이 리슐리외를 크게 압박하는 상황에서, 그는 자신의 힘에 의해서가 아니라 리슐리외의 두려움에 힘입어 다음 해 봄에 더 나은 협상을 이끌어냈다. 베른하르트가 라인 강 좌안으로 퇴각하고, 에스파냐군이 프랑스 국경의 지근거리까지 진출하고, 네덜란드에서 추기경 왕자가 의욕적인 총독으로 등장하고, 에스파냐와 오스트리아 합스부르크가 순식간에 부활하고 재통합하자, 비로소 리슐리외는 뇌르틀링겐에서 스웨덴의 패배가 얼마나 위험한 결과를 가져왔는지 깨달았다.[203] 급기야 9월 말에는 에스파냐가 시칠리아와 사르데냐에서 병력을 모집한다는 소식이 전해졌고, 10월에는 프로방스가 해상 공격을 받을지 모른다는 두려움까지 겹쳤다.[204] 신속히 대응에 나선 리슐리외는 1635년 2월 네덜란드와 새 동맹을 맺었다. 긴장된 분위기 속에서 그는 에스파냐에 맞서 3만 명의 병력을 전장에 투입하고, 공동 전쟁의 방향을 오라녜 공에게로 향했다.[205]

봄철 군사 작전은 으레 지연되게 마련이었기에 악셀 옥센셰르나는 그 점을 고려해 협상의 타결을 두 달 더 미루었다. 교활한 추기경의 대리인들보다는 그래도 덜 교활한 추기경 본인과 협상하는 게 최선이라고 본 그는 4월에 파리로 가서 리슐리외의 환대를 받았다. 양측이 의구심을 가졌음에도 불구하고 협상은 순조로웠다. "프랑스식 협상은 아주 낯설었고, 책략이 난무했다."[206] 옥센셰르나는 이렇게 불평하기도 했지만, 리슐리외가 "약간 고딕식이고, 상당히 핀란드식"[207]이라고 말한 그의 북유럽식 협상은 프랑스식과 잘 어울렸다. 1635년 4월 30일 그들은 콩피에뉴 조약을 체결했다. 이로써 프랑스 정부는 브라이자흐에서 스트라스부르에 이르는 라인 강 좌안을 받는 대가로 스웨덴을 동등한 동맹으로 승인하고, 보름스, 마인츠, 벤펠트를 내주고, 스웨덴을 배제한 강화를 거부하고, 에스파냐에 선전포고를 했다.[208] 옥센셰르나로서는 최선이었고, 11월 이전의 조약보다 비교할 수 없을 만큼 나은 결과였다. 더 훌륭한 자원을 갖춘 리슐리외는 분명히 만만찮은 상대였지만, 적어도 스웨덴 총리는 프랑스의 가신이 된 게 아니라 동등한 자격을 얻었다. 이제 그에게 남은 문제는 말썽 많은 섭정제 아래 빈곤에 빠진 조국과, 할버슈타트와 마그데부르크에서 폭동을 일으킬 지경에 처한 바네르의 군대뿐이었다. 어쨌든 옥센셰르나는 그런 상황에서 최대한의 이득을 쥐어짜낸 것이었다.

1635년 5월 21일 프랑스 정부의 의무에 따라 프랑스의 사자는 브뤼셀의 광장에서 신앙이 독실한 프랑스 왕 루이 13세가 가톨릭 군주 에스파냐의 펠리페 4세에게 선전포고를 한다고 공식적으로 선언했다. 표면상의 구실은 에스파냐 군대가 트리어를 침공해 선제후를 포로로 잡았다는 것이었다. 지난 3년간 트리어 선제후는 조약에 따라 프랑스의 특별 보호를 받고 있었다.

9일 뒤 빈에서는 프라하 강화 협상의 조건이 공표되었다. 어떤 군주든 조약에 동참하고 싶으면 할 수 있었다. 조약의 조건은 독일에 평화를 안착시킨다는 점에서 작센 측에 크게 유리했고, 제국에도 어느 정도 유리했다. 그러나 프랑스가 라인 강 좌안에서 스웨덴의 동맹으로 나서서 에스파냐에 선전포고를 하자 상황은 달라졌다. 프라하 강화에 조인한 국가들은 스웨덴군을 독일에서 몰아내야 했을 뿐 아니라 프랑스도 상대해야 했다. 그런데 프랑스와 충돌할 경우에는 에스파냐 왕과 뜻을 같이해야 했다. 결국 프라하 강화는 전쟁 동맹으로 변질될 수밖에 없었고, 동맹에 동참한 국가들은 울며 겨자 먹기로 오스트리아 왕가의 전쟁에 참여할 수밖에 없었다.

"작센은 평화를 이루었으나 그것은 오히려 모두를 가담시키려는 우리의 노력을 쇄신해주는 효과를 가져왔다."[209] 리슐리외는 이렇게 썼다. 이리하여 독일 비극의 종막이 올랐다.

THE THIRTY YEARS WAR 1618~1648

| 9장 |

라인 쟁탈전: 1635~39년

폐하의 기분은 이렇습니다. 당신은 수상쩍고 아주 위험한 온갖 강화 조건을 계속 제안하는데, 그것은 마치 당신의 적이 당신을 놀라게 하는 것과 같습니다.

 쾨키에르

1

독일에서 황제의 입지는 어느 때보다 튼튼해졌다. 그의 군대와 동맹자들의 군대는 라인 강 우안, 뷔르템베르크, 슈바벤, 프랑켄을 거의 다 점령했다. 이 새 정복지들이 군대를 부양하는 부담을 떠맡게 되자 오스트리아 영토는 한숨 돌렸다. 요한 게오르크는 페르디난트의 하위 동맹자가 되었고, 바이에른의 막시밀리안은 항의를 해봤으나 이내 마찬가지 신세가 되었다.

막시밀리안에게는 선택의 여지가 없었다. 프라하 강화에 서명하기를 거부한다면 리슐리외에게 합류하는 것 이외에 대안이 없었다. 하지만 리슐리외는 동맹자인 옥센셰르나와 함께 폐위되고 아버지도 잃은 팔츠 친척들의 대의를 끌어안았다. 새삼스러운 일도 아니지만 막시밀리안은 1622년의 그 야심에 찬 어리석은 행위로 퇴로가 막혔다. 결국 프라하 강화에 참여하는 것 이외에 달리 도리가 없었다. 가톨릭동맹의 해체에 동의하고, 남은 병력 전부를 작센의 요한 게오르크와 똑같은 조건으로 제국의 병적에 올려야 했다. 생애 처음으로 그는 이후의 사태에 대한 발언권도 보장받지 못한 채 오스트리아 왕가의 대의를 지지할 수밖에 없게 되었다.

페르디난트는 몇 가지 손쉬운 양보로 생색을 냈다. 막시밀리안은 선제후 직위를 굳혔고, 그의 동생은 힐데스하임 주교구를 유지했다. 또 다른 뇌물도 있었다. 막시밀리안의 아내는 아이를 낳지 못하고 죽었다. 그래서 페르디난트는 막시밀리안보다 거의 마흔 살이나 어린 자신의 딸 마리아 안나(Maria Anna, 1610~1665) 대공녀를 신붓감으로 제안했다. 막시밀리안은 제안을 수락했다. 결혼식은 곧바로 빈에서 엄숙하게 거행되었고, 몇 주일 뒤 신랑은 신부에게 주는 선물로 프라하 강화를 비준했다.

브란덴부르크 선제후, 작센-코부르크, 홀슈타인, 메클렌부르크, 포메른의 공작들, 뷔르템부르크의 섭정, 안할트, 헤센-다름슈타트, 바덴의 군주들, 뤼베크, 프랑크푸르트암마인, 울름, 보름스, 슈파이어, 하일브론 등의 시들은 이미 그 기만적인 타결에 동의했다. 헝가리 왕은 적극적인 외교를 통해 아버지를 우두머리로 하는 연합을 조직하고, 소수의 칼뱅파를 고립시켰다. 칼뱅파는 평화를 교란하고, 외국과 동맹을 맺는다는 비난을 감수해야 했다. 추방된 팔츠 선제후, 헤센-카셀 방백, 브라운슈바이크-뤼네부르크 공작은 통합된 제국 앞에 고립무원의 처지로 전락했다.

독일 바깥에서도 황제의 입지는 매우 튼튼했다. 스웨덴 정부의 적대를 받는 대신 그는 덴마크의 크리스티안과 우호를 맺었다. 그 관계는 비상시에 중요했다. 말하자면 옥센셰르나의 등 뒤에서 갑자기 지뢰를 폭파시킬 수 있게 된 셈이었다. 교활한 지그문트를 계승한 폴란드 왕 부아디수아프 4세(Władysław IV, 1595~1648)는 처음에 그다지 확실하지 않은 동맹자였다. 그는 스웨덴과 26년간의 휴전을 맺고, 보헤미아의 프리드리히의 맏딸인 엘리자베트(Elisabeth, 1618~1680) 같은 수상쩍은 사람과 결혼하려 했다.1 헝가리 왕은 그 대신 자기 누이인 체칠리아 레나타(Cäcilia Renata, 1611~1644) 대공녀를 신붓감으로 제의했는데, 당사자의 견해만 제외한다면 모든 면에서 더 나은 짝이었다. 그 제의에 혹한 부아디수아프는 또다시 오스트리아의 동맹이 되었다.

에스파냐의 모든 가문에게 유럽의 상황은 우호적이었다. 영국 정부는 에스파냐하고만 우호를 유지하면서 유럽에서 중립 정책을 추구했다. 네덜란드에서는 추기경 왕자가 자신의 기지와 매력으로 플랑드르의 평화를 실현해, 60년 전 돈 후안(Don Juan de Austria, 1547~1578, 16세기 후반 네덜란드 총독을 지냈던 에스파냐의 유명한 군사령관: 옮긴이)의 위업을 재현했다.2 이제 프랑스와 네덜란드 연방이 공동으로 그에게 맞서는 상황이 되자 그는 네덜란드 지역이 해방되지 못하고 침략자들 앞에서 사분오열될까 봐 우려했다. 그래서 그는 오스트리아 왕가를 민족적 통합의 보호자로 여기고 의지했다.

네덜란드 연방에서는 뇌르틀링겐의 패전으로 한동안 침묵이 지배했으나 점차 평화 세력의 입김이 커졌다. 오라녜 공 프레데리크 헨드리크는 인기를 잃었고, 오히려 에스파냐보다 오라녜 가문의 독재를 우려하는 사람들이 많아졌다. 이 집단의 존재는 머잖아 전쟁이 속개될 것임을 말해주고 있었다.

하지만 오스트리아 왕가는 이런 이점을 제대로 활용하지 못했다. 전쟁의 부활이 예고되고 있었다. 만약 펠리페 4세와 올리바레스가 오스트리아와 에스파냐령 네덜란드의 동맹 세력에게 자율적으로 그들의 능력을 사용하도록 허락해주었다면 만사가 잘 굴러갔을 것이다. 그러나 그들은 모든 일을 일일이 지시했고, 황제에게 자금 지원을 대가로 복종을 강요했다. 그들은 비밀리에 추기경 왕자에게 명목상 하위 서열을 부여함으로써 그의 힘을 빼앗고, 그들의 부하인 아이토나 후작 프란시스코(Francisco de Moncada, 1586~1635)에게 마드리드의 명령을 추기경의 명령보다 우선시하라는 지령을 내렸다.3 올리바레스와 에스파냐 왕은 정작 자신들의 정부가 처한 지극히 간단한 문제를 해결하는 데는 완전히 무능했으면서도, 자신들보다 더 뛰어난 지성과 정보를 가진 인물들을, 그것도 독일과 네덜란드 현장에서 활동하는 사람들을 절대적으로 지배하려 들었다.

추기경 왕자의 곤경은 해결책이 없었다. 그는 에스파냐 왕의 휘하에 속한 총독의 신분이었으므로 항의할 수도 없었다. 황제와 헝가리 왕은 아마 페루 광산에서 채굴된 은이 절실하지 않았다면 더 거세게 자유를 요구했을 것이다. 결국 그들은 아무 대가도 없이 모든 것을 내준 셈이 되었다. 재앙이 펠리페 4세의 정부를 덮쳤을 때 왕은 자금을 외부에 공급할 여력이 없어졌고, 에스파냐는 오스트리아를 파멸의 길로 끌고 갔다.

2

합스부르크의 처지에 내재한 위험은 당장의 성공으로 은폐되었다. 1635년과 1636년은 전쟁 기간 전체를 통틀어 부르봉과 스웨덴의 대의가 가장 약화된 시기였다. 프라하 강화가 체결되자마자 바네르의 군대가 폭동을 일으켰다. 그가 지휘하던 2만 3천 명의 병력 가운데 스웨덴 병사는 1/10도 못 되었다. 나머지는 다양한 민족으로 구성되어 있었는데, 그중 독일인이 가장 많았다.4 작센 선제후의 대리인들은 그들에게 접근해 의무에서나 이해관계에서나 스웨덴 측에 붙을 필요가 뭐가 있느냐고 꼬드겼다. 그들이 군대에서 이탈하면 옥센셰르나는 강화에 나설 수밖에 없었다. 사실 그는 뇌르틀링겐 전투 이후 강화를 거절함으로써 그 병사들의 목숨을 절망적인 대의 아래 희생시킨 것이었다. 급료를 지불하지도 못했고, 승리할 가망도 없었으니까.5

1635년 8월에 치솟은 불만은 제대로 진압되지 못했다. 옥센셰르나는 반란을 일으킨 장교들을 동등한 동맹자로 간주하고, 정식 동맹 조약을 체결했다. 하지만 작센 활동가들의 끊임없는 선동으로 불안한 상태가 지속되었다. 옥센셰르나는 동맹자들로부터 자금을 모으려 필사적으로 노력한 끝에,6 바네르에게 반란의 진압을 맡기고 어떤 수단을 동원하든 군대를 다스리라고 했다. 거칠고 후안무치한 바네르는 그런 상황을 통제할 만한 책략도 부족했고, 그렇다고 소수의 폭동 세력을 효과적으로 제압할 만한 강력한 힘을 가진 것도 아니었다. 10월에 바네르는 절망에 빠졌다. 부대 전체가 그의 명령을 무시하는 사태에 이르자 그는 옥센셰르나에게 자신의 의도를 솔직히 털어놓았다. 아예 요한 게오르크에게 항복하거나, 임시변통으로 사태를 무마한 뒤 소수의 충성스런 스웨덴 병사들만 남기고 폭동에 가담한 자들에게 제 갈 길을 가도록 놔두고 싶다는 것이었다.7 이것은 자칫하면 엘베 강 유역을 잃고 스톡홀름과 라인에 있는 총리와의 연락이 완전히 차단될지 모르는 절박한 재앙이었으나, 마지막 순간에 가까스로 모면할 수 있었다. 폴란드와 휴전이 체결되자 폴란드 전쟁에 대비해 충원되었던 스웨덴 병사들이 대거 방출되었다. 이들이 때맞춰 바네르에게 합류함으로써 힘의 균형은 근소하게 그의 우세로 돌아섰다.8 성공적인 원정과 더 많은 전리품을 기대했던 폭동 병사들은 요한 게오르크보다 바네르와 협상하는 편이 더 낫다고 여겼다. 그들은 스웨덴에 계속 충성하겠다고 약속했다. 이리하여 폭동의 분위기가 잠잠해졌으나 합리적인 규율이 자리 잡기란 불가능했다. 바네르는 "모든 장교들이 자기 마음대로 명령을 내리는 현실을 개탄한다"9라고 썼지만, 개탄하는 데 그칠 수밖에 없었다. 자칫 경솔하게 권위를 내세우면 다시 위기가 발생할 수 있었기 때문이다. 그럼에도 불구하고 그는 충성을 다짐한 군대를 이용해 겨울 이전에 신속히 진군에 나서 엘베 강의 외곽 기지 되미츠를 기습하고, 골트베르크의 작센군을 격파했다. 병사들은 그의 통솔력을 다시금 신뢰하게 되었다. 스웨덴 측에서 보면 독일 동맹자를 잃은 것도 한 가지 장점은 있었다. 병사들은 이제 독일 전 지역을 적대시했으며, 허울만의 보호 동맹이 있을 때보다 더 철저한 약탈과 강탈 행위가 용인되어 주머니를 두둑히 채울 수 있게 되었다.

하지만 스웨덴의 장군과 군대의 형편이 좋아진 이면에는 프랑스의 영향력이 작용했다. 프랑스의 외교가 개입한 덕분에 제때 폴란드 휴전이 이루어져 바네르가 재앙을 모면했던 것이다.10

남쪽과 남서쪽에서는 사태가 더욱 심각하게 돌아갔다. 아우크스부르크는 6개월 가까이 포위된 끝에 항복했다. 제국군이 그 죽음의 도시에 들어가보니 주민들은 유령 같았고, 병사들은 자기 위치에서 실신해 있었다. 주민들은 석 달 동안 고양이, 쥐, 개를 잡아먹고 살았으며, 항복하기 전 8주 동안 소가죽을 잘라내 물에 불려 씹어먹었다. 한 여성은 자기 집에서 죽은 병사의 시신을 요리해 먹었다고 고백했다. 그런 가운데서도 정복자들은 한밤중까지 시끌벅적하게 잔치를 벌이며 승리를 축하했다. 굶주리고 있던 시민들은 도대체 그 음식이 언제 어디서 났는지 의아하게 여겼다.11

하나우암마인도 사정은 마찬가지였지만,12 18개월 동안이나 용감하게 버텼다. 이 도시는 한때 구조되었으나 다시 포위되어 정복되었다.

스코틀랜드인 지휘관 제임스 램지(James Ramsay)는 밝혀지지 않은 양보를 통해 시내에 민간인으로 머물 수 있는 자유를 얻었다.13 그 양보는 잘못이었다. 훗날 램지는 자신의 영향력을 이용해 봉기를 획책했기 때문이다. 하지만 제국군의 신속한 대응으로 그는 결국 포로로서 부도덕하면서도 대담한 생애를 마쳤다.

라인에서는 필립스부르크와 트리어가 연속해서 에스파냐의 수중에 떨어졌다. 리슐리외가 때맞춰 병력을 보내지 못한 탓에 베른하르트는 하이델베르크를 구할 수 없었다. 11월에 갈라스는 로렌을 침공했고, 여기서 프랑스 왕이 직접 이끄는 새로 충원된 프랑스 군대와 만났다. 크게 놀란 갈라스의 병사들 중 한 명은 이렇게 썼다. "그들은 은 레이스로 장식된 진홍색 기병복 차림이었다. 이튿날 그들은 전원이 커다란 깃털이 달린 밝은색 갑옷을 입고 나타났는데, 아름답고 멋져 보였다."14 불결하고 벌레가 들끓는 제국군의 고참병들은 사람이든 물건이든 그렇게 아름다운 것은 오랫동안 본 적이 없었다. 하지만 깃털 달린 갑옷을 입은 프랑스 병사들은 갈라스의 투박한 병사들보다 추위와 굶주림, 질병에 더 어려움을 겪었다. 이내 그 멋진 기병들은 제국군이 지켜보는 가운데 하나둘씩 살금살금 도망치고, 결국 전장에는 갈라스의 군대만 남았다.15 그러나 때는 몹시 추운 겨울이었다. 그 굶주린 땅에서는 사람이나 짐승이나 먹을 게 없었다. 그해 습했던 봄과 무더웠던 여름을 지나면서 크게 창궐한 전염병은 군대나 국가나 할 것 없이 모두를 해체시켰다. 갈라스는 차베른으로 철수해 보주 산맥의 골짜기에서 겨울을 나면서 프랑스를 위협했다. 하지만 병사들의 전염병과 굶주림은 그 위협을 무력화시켰다.16

그해 선전포고와 때를 같이해 저지대 지방을 기습한 프랑스군은 나무르 부근에서 에스파냐군에게 패배하고,17 마스트리히트로 가서 오라녜 공 프레데리크 헨드리크와 합류했다. 그러나 오라녜 공은 그들을 환영하지 않았다.18 네덜란드 정부는 퉁명스럽게 프랑스군에게 플랑드르를 내버려두고 에스파냐를 공격하는 게 어떠냐고 제안했다.19 사실 오라녜 공의 조심스러운 행동은 군사적 태만이라기보다 정치적 신중함에서 비롯되었지만 예상했던 것보다 더 큰 재앙을 불렀다. 목숨을 걸고 에스파냐와 싸우는 것과 그냥 그들을 저지하는 것 사이의 균형을 맞추기란 쉽지 않은 일이었다. 프레데리크 헨드리크는 추기경 왕자의 열정과 인기를 완전히 오판했다.20 연말에 프랑스군은 불만을 품은 채 물러갔고, 프레데리크 헨드리크는 디스트, 호흐, 헨네프, 림뷔르흐, 스헹크를 잃었다. 이리하여 그의 국경은 세 방면에서 위협을 받게 되었으며, 그의 가장 중요한 정복지인 마스트리히트는 사방이 차단되었다.

프랑스군이 남쪽에서 더 큰 성공을 거둔 것을 보고 리슐리외는 에스파냐에 맞서는 북이탈리아 동맹의 결성을 구상했다.21 그리고 남쪽을 두 차례 침략해 성공했는데, 한 번은 프랑슈콩테22, 또 한 번은 발텔리나였다. 발텔리나 침략을 지휘한 로앙(Henri II de Rohan, 1579~1638) 공작은 헝가리군의 지휘관을 지낸 인물이었으나, 신교 신앙을 가진 덕분에 그리종의 반에스파냐 신교 세력에게서 구애를 받았다. 그럴 만도 했다. 스위스에서 외고집의 목사 위르크 예나치(Jürg Jenatsch, 1596~1639)가 봉기를 일으켜 발텔리나를 정복하고 개종시켰기 때문이다. 티롤과 밀라노에서 파견된 병력이 요충지들을 장악했으나, 로앙은 네 차례 연속된 전투에서 그들을 격퇴하고 예나치 목사와 프랑스 왕을 위해 발텔리나 계곡을 점령했다. 하지만 1635년의 두드러진 성과는 그 것밖에 없었다. 리슐리외는 자신의 군대보다 로앙의 인품과 열정과 종교에 더 크게 의지했다.

추기경의 외교와 정치적 야심은 프랑스의 군사력과 비례하지 않았다. 이 점을 잘 알았던 그는 가급적 전면전을 회피했다. 어쩔 수 없을 경우 그는 푀키에르를 독일로 보내 병력을 충원했다.23 프랑스에서의 모집한 병력은 신뢰하기 어렵고, 훈련도 형편없고, 걸핏하면 탈영하는 데다 주로 신교도라는 게 그의 우려 섞인 불평이었다.24 한편, 귀족들은 또 다른 어려움을 야기했다. 군대는 여전히 봉건적 질서에 묶여 있었으므로 전쟁을 치를수록 자기 영토에서 병력을 충원한 젊은 귀족의 권력이 증대했다. 계급으로서의 귀족, 특히 젊은 귀족들은 리슐리외에게 치명적인 세력이었다. 그는 그들에게서 군주제에 반대하는 움직임이 태동하지 않을까 늘 전전긍긍했다. 게다가 그들은 군인으로서도 명령에 잘 복종하지 않았다. 한 젊은 귀족은 자기 부대의 나쁜 상태가 왕에게 보고될 것이라는 이야기를 듣고, 상급 지휘관의 머리를 후려치며 이렇게 말했다. "이걸 왕에게 보고하라고."25 이런 군대로 합스부르크와 에스파냐 군을 상대할 수는 없었다.

1633년 이후 리슐리외는 작센-바이마르의 베른하르트를 자기편으로 만들기 위해 애썼다. 여느 때처럼 그의 행동은 군사적 의미만이 아니라 정치적 의미도 띠고 있었다. 푀키에르의 보고에 따르면, 독일 군주들은 프랑스가 라인 방면으로 진출하는 것을 의혹의 눈초리로 바라보았다. 이런 상황에서 리슐리외는 독일 장군을 앞장세우면 그냥 프랑스 지원군을 보내는 것보다 동맹자로서 더 환영을 받을 수 있으리라고 판단했다.

베른하르트는 1633년에 임명된 장교들을 무능하다는 이유로 받아들이지 않았다. 1635년 뇌르틀링겐 전투에서 프랑켄 공국을 잃고서야 그는 다소 고분고분해졌다. 자신에게 뭔가 줄 수 있는 사람은 옥센셰르나가 아니라 리슐리외임을 깨달았던 것이다. 이미 그는 받고 싶은 것을 정해놓았다. 바로 알자스 방백령이었다. 그의 야망은 리슐리외의 구상과 아주 잘 어울렸다. 프랑스의 자금으로 독일인이 알자스를 차지한다면 프랑스 군대가 알자스를 정복한 것에 못지않게 유용했다. 그것으로 독일 동맹자들의 의혹을 잠재울 수 있을 터였다. 1635년 6월부터 리슐리외는 프랑스 정부가 알자스를 베른하르트에게 주기로 결정했다는 소문을 퍼뜨리기 시작했다.26

양측의 이해관계는 잘 맞아떨어졌으나 그래도 베른하르트는 다루기 쉽지 않은 군주였다. 그는 프랑스의 비밀스런 움직임을 의심했고, 스웨덴 왕처럼 휘하의 착실한 관리들을 세상의 웃음거리로 만드는 데 즐거움을 느꼈다. 어느 날 밤 푀키에르는 베른하르트가 자기 진영에서 참모들과 함께 승마를 즐기던 중 잠시 혼자 있는 틈을 타서 그에게 접근했다. 그는 낮은 목소리로 전쟁 자금을 지원하고, 이후 별도로 사례도 하겠다고 제안했다. 그러자 놀랍게도 베른하르트는 프랑스 정부의 지원을 기꺼이 받아들이겠다고 나섰다. 아울러 자신은 약속을 지킬 것이며 부하들에게도 응분의 몫이 돌아갈 것이라고 천명했다.27 이 방법은 세련되지는 않았지만 동시에 대단히 교묘하고 효과적이었다. 리슐리외의 제안이 곧 군대 전체에 알려지자 철군은 불가능해졌다. 또한 베른하르트는 병사들의 이익과 보상을 공식적으로 밝힘으로써 병사들에게서 큰 인기를 얻었다. 용병 지도자에게 좋은 평판은 금보다 소중했다.

여름 원정은 조약이 체결되기 전에 끝났다. 베른하르트와 발레트(Louis de Nogaret de La Valette, 1593~1639) 추기경이 지휘하는 프랑스 지원군은 마인츠에서 라인 강을 건넜으나, 다시 좌안으로 후퇴해 겨울을 나야 했다. 베른하르트가 자금 부족으로 장교들이 탈영하려 하고, 병사들이 폭동을 일으키려 한다고 주장했기 때문이다.28 상황은 심각했으나 책략에 능한 베른하르트는 그것을 이용해 프랑스 정부가 제안한 조건을 자신에게 더욱 유리하게 끌어올렸다. 더 이상 옥신각신할 여유가 없었던 리슐리외는 1635년 10월 베른하르트와 계약을 맺었고, 이것은 이후 파리에서 그와 직접 만난 뒤 확대 비준되었다. 베른하르트는 기병 6천 명, 보병 1만 2천 명을 합쳐 1만 8천의 병력을 거느렸다. 프랑스 정부는 그 비용으로 그해에 400만 리브르와 개인적 보수로 20만 리브르를 제공하고, 프랑스가 파견하는 지원군에 대한 최고 지휘권을 주기로 약속했다. 베른하르트가 손실을 완전히 보전하기 전까지는 평화가 불가능했다. 그는 매년 15만 리브르의 연금을 보수로 받기로 했으며, 비밀 조항에 따라 하게나우와 알자스 방백령을 얻었다. 물론 그 지역들을 베른하르트가 완전히 독자적으로 보유하게 될지는 확실치 않았다. 그러나 어차피 프랑스 정부가 제국의 영토인 그 지역을 처분하는 방법은 정복 이외에 다른 방법이 없었으므로 베른하르트가 알자스를 정복해 장악하도록 하는 편이 유리했다. 적어도 리슐리외의 견해는 그랬다. 그러나 베른하르트는 나중에 약간 다른 해석을 내놓았다. 또 다른 비밀 조항은 파리의 명령에 따라 전쟁을 지속하는 것이었다.29 동원할 수 있는 수단이 풍부했던 리슐리외는 예방책으로 새 동맹자를 로앙의 딸과 결혼시키고,

두 사람을 가톨릭 신앙으로 개종시키려 했다.30 이 구상에 따라 그는 베른하르트에게서 특유의 고집스런 독일주의를 버리게 하고, 그를 프랑스 귀족으로 만들었다. 그러나 베른하르트는 젊은 부인을 데리고 두세 차례 극장을 찾은 것 이외에 그 계획에 동참하지는 않은 듯하다.

조약에 대한 베른하르트의 자세는 지난 100년간 민족주의자들이 부심했던 문제들 중 하나를 보여준다. 프랑켄처럼 알자스에 대해서도 베른하르트는 외국의 영향력을 배제하고, 자신의 영토적 권한에 바탕을 둔 독일 세력을 구축하려 했을 것이다. 발렌슈타인의 경우처럼 베른하르트도 계획이 완성되기 전 갑작스럽게 죽은 탓에 역사적 추측이 필요하다. 베른하르트는 민족주의적 성향이 강했고, 적어도 원칙적으로는 민족주의적 의무를 의식했다. 그는 신앙심이 독실하고 자제력이 뛰어난 데다 수완이 좋았으며, 종교적 열정이 강한 지도자들에게서 흔히 볼 수 있는 사명감에 가득 차 있었다. 그가 사명으로 여긴 것은 아마 독일의 해방과 통합이었을 것이다. 하지만 그 증거는 그다지 확실하지 않으며, 또 다른 설명의 여지도 있다. 용병이라는 잡다한 구성의 위험한 군대를 지휘한다는 관점에서 보면, 베른하르트는 훌륭한 용병 지도자의 자질을 갖추었다고 볼 수 있다. 발렌슈타인보다는 만스펠트와 더 비슷하게, 개인적 자원이 적고 차남으로서 물려받은 토지도 없었던 그는 재산에 대한 욕심이 많았다. 그에게 프랑켄과 알자스의 의미는 만스펠트에게 하게나우가 가진 의미보다 더 컸겠지만, 확실히 그랬다는 증거는 없다. 베른하르트가 전개한 정책의 두 측면은 서로 모순되는 게 아니었다. 생애 전체를 통틀어 그는 때로 애국자였다가 모험가가 되는가 하면, 모험가였다가 애국자가 되기도 했다. 그 자신은 아마 어느 한쪽에만 치중하지 않았을 것이다.

베른하르트의 군대를 손아귀에 넣은 리슐리외는 발렌슈타인을 고용했을 때의 페르디난트 황제와 비슷했다. 전적으로 신뢰할 수도 없고 자신이 지휘하는 군대도 아니지만, 용병 장군은 확실히 자신의 미래를 해치는 짓은 하지 않을 테고 자신에게 보수를 주는 정부의 성공을 위해 일할 터였다. 유일한 큰 위험은 리슐리외가 계약을 유지하는 데 필요한 돈을 마련하지 못하는 경우였다. 리슐리외의 행정부는 다른 측면에서는 나무랄 데가 없었으나 재정적으로는 취약했다. 세수입을 관리하는 수완이 부족했던 것도 사실이지만 그보다는 프랑스의 재정을 좀먹는 특권과 관습의 뿌리가 너무 깊었다. 따라서 그는 전쟁에 대한 부담을 홀로 감당해야 했다. 플랑드르, 이탈리아, 에스파냐 국경에 군대를 주둔시켜야 했고, 베른하르트에게 급료를 주어야 했고, 해안을 순찰해야 했다. 자원이 없으면 세금을 올려야 했다.

프랑스의 주요 세원은 다루기 까다로운 계층인 빈농들이었다. 농민은 인구의 대다수를 차지하는 나라의 근간이었다. 이들은 검소하게 살면서 고된 일을 하고 완고한 성격을 갖고 있어 억압에 쉽게 반발했다. 그래서 이미 1630년에 디종, 1631년에 프로방스, 1632년에 리옹에서 세금으로 인한 폭동이 일어난 적이 있었다. 1635년부터는 보르도 지구, 가스코뉴와 페리고르 전역, 앙주, 노르망디에서 소요의 강도가 커졌고, 빈도수도 잦아졌다.31 그 때문에 국경에서 사용되어야 할 정부의 자원과 군대가 폭동과 소요를 안정시키는 데 투입되었다. 베른하르트는 자금이 공급되지 않고 병력 증강이 이루어지지 않는다며 불평했으나, 프랑스 측은 계속 쓸데없는 지원을 약속하며 무마하려 했다.32

프랑스의 약점이 드러나자 바이에른의 막시밀리안은 또 다른 방책을 구상했다. 그는 황제에게 당장 파리를 공격하면 리슐리외가 종전 협상에 나설 수밖에 없을 것이라고 말했다. 처음에 회의적으로 보였던 그 계획은 이내 추기경 왕자의 열렬한 지지를 받았다. 1636년 한여름에 추기경 왕자는 막시밀리안에게 요한 폰 베르트와 바이에른의 최정예 기병대를 보내달라고 부탁했다. 그 기병대와 피카르디에 있는 자신의 군대가 합동 작전을 펼치고, 헝가리 왕 페르디난트와 갈라스도 힘을 합쳐 동시에 프랑슈콩테를 경유해 침략하려는 계획이었다.[33]

하지만 추기경 왕자가 너무 굼뜨게 행동한 탓에 그 효력이 감소했다. 계획이 보류되었다고 판단한 베르트는 병력의 무장을 충분히 하지 않았다. 그럼에도 불구하고 그는 라카펠에서 추기경 왕자와 합류했고, 두 사람은 3만 2천 명의 병력[34]으로 피카르디를 침략했다. 솜과 우아즈 사이의 전역이 유린되자, 프랑스 방어군은 뿔뿔이 흩어져 파리로 도망쳤다. 8월 14일 침략군은 파리로 가는 길목에 위치한 아미앵 부근의 코르비 요새를 점령했다.

남쪽에서 갈라스는 로렌의 샤를과 함께 벨포르 골짜기를 통과해 프랑슈콩테를 점령했다. 그동안 베르트는 본대를 앞질러가 루아와 몽디디에를 손에 넣고, 콩피에뉴로 갔다. 파리는 온통 혼란의 도가니였다. 시민들은 소리 높여 리슐리외를 성토했고, 궁정 가까이에 사는 사람들은 그가 곧 몰락할 것이라고 예측했다. 하지만 그와 그의 주군은 위기 속에서 지지를 되찾았다. 산전수전 다 겪은 추기경은 신속한 조치로 도시의 안전을 도모함으로써 군중의 지지를 다시 얻었고, 왕은 직접 말을 타고 상리스에서 군대와 합류해 목숨을 걸고 조국을 지키러 나섰다.[35]

그런데 적의 진군이 갑자기 멈추었다. 작센-바이마르의 베른하르트가 갈라스를 샹플리트와 랑그르 사이에서 저지한 것이었다. 갈라스의 군대는 탈영과 전염병으로 크게 약화된 데다, 스웨덴이 브란덴부르크에 진출했다는 소식이 전해지자 철군할 수밖에 없었다. 추기경 왕자는 갈라스 없이는 공격하지 않으려 했다. 11월에 막시밀리안은 후방의 헤센군의 동태에 마음이 불안해져 베르트를 소환했다. 이리하여 북쪽과 남쪽의 침략군이 모두 불만스러운 상태에서 후퇴했다.

침략의 실패는 합스부르크에게 적지 않은 타격이었으나, 마침 발텔리나에서 리슐리외의 정책도 예기치 않게 실패하는 바람에 힘의 균형은 무너지지 않았다. 위그노 지도자인 로앙이 발텔리나를 되찾기 위해 가톨릭 에스파냐와 싸우고 있던 동안은 만사가 순조로웠다. 그러나 그가 가톨릭 프랑스 정부와 군사적·종교적 견지에서 만족스러운 조건으로 강화를 맺자 스위스 신교 지도자들은 크게 분개했다. 그들은 로앙이 강요하는 조건을 단호히 거부하고, 비밀리에 에스파냐 측과 협상했다. 하지만 에스파냐가 종교적 양보를 각오하면서까지 계곡 통행권을 얻으려 한다는 것을 알게 되자, 그들은 프랑스와의 동맹을 단념하고 로앙과 그의 군대를 사실상 추방했다.36 스위스의 거친 산악지대에서 성공하려면 스위스 민중의 지지가 절실히 필요했다. 그것을 잃었을 때 로앙은 모든 것을 잃었다.

합스부르크 왕조가 유럽에서 되찾은 힘을 유지하는 동안 페르디난트 황제는 독일에서 제국의 통합성을 대대적으로 과시하려는 계획을 세웠다. 그는 쫓겨난 팔츠 군주들, 작센-바이마르의 베른하르트, 헤셀-카셀의 빌헬름과 브라운슈바이크-뤼네부르크의 게오르크(Georg,

1582~1641)를 제외한 독일의 모든 지배자들을 자기편으로 끌어들였다. 바이에른, 브란덴부르크, 작센의 세 선제후는 그의 대의를 지지하며 무장했다. 일찍이 이렇게 좋은 기회는 없었다. 황제는 이참에 권력의 최종 승인을 확보하고, 자신의 아들을 로마인의 왕으로 선출시켜야 했다. 아울러 프라하 강화의 확산과 공인을 위해 그는 1636년 가을 레겐스부르크에서 선제후단 회의를 소집했다.

이 모임은 9월 15일에 열렸다.37 이번에는 프랑스의 개입 없이 좋은 결말을 맺었다. 게다가 연로한 바이에른의 막시밀리안에게 아내인 마리아 안나 대공녀가 아들을 낳아준 것은 그가 합스부르크 동맹으로 복귀한 것에 대한 하늘의 축복처럼 보였다. 다른 두 세속 선제후는 프라하 강화에서 황제에게 복종할 것이냐, 옥센셰르나에게 복종할 것이냐를 놓고 선택의 기로에 내몰렸을 때 황제를 선택했다. 이들은 1636년 봄 과거의 동맹자에게 선전포고를 함으로써 자신들의 선택을 재확인했다. 마지막으로, 젊은 헝가리 왕의 군사적 용맹과 개인적 인기는 지치고 낡은 황제 호를 안전한 항구로 데려다주고 있는 정치적 자신감이라는 갑작스런 미풍에 한 줄기 바람을 더했다.

1636년 12월 22일 레겐스부르크에서 만장일치로 헝가리 왕이 로마인의 왕으로 선출되었다.38 군주들의 요구는 간단했다. 가급적 독일인을 군 지휘관으로 임명하고, 제국 내에 군대가 무제한으로 주둔하는 일을 금하고, 왕이 사적으로 중시하는 오스트리아 법이 제국에까지 적용되지 않도록 하고, 헌법을 존중하라는 것이었다. 대관식의 선서는 늙은 황제가 17년 전 서명했던 것보다 더 엄격하지도, 더 인상적이지도 않았다. 이렇게 모든 면에서 페르디난트 2세의 입헌주의 정책이 계승되었다. 그는 합스부르크 영토를 탈환하고, 강화하고, 이단을 제거했다. 그는 자신의 군대를 얻었고, 다수의 독일 군주들을 자신의 전쟁에 동참시켰으며, 아들의 계승을 공고히 다졌다. 입헌주의의 관점에서 볼 때 1636년의 레겐스부르크 회의는 오스트리아 제국의 힘이 독일에서 정점에 달한 순간이었다.

추기경 왕자의 지배는 네덜란드에서 많은 지지를 받았다. 헝가리 왕은 입헌주의자들의 시신을 딛고 제위에 오를 준비를 했다. 발텔리나는 안전해졌고, 라인 강 우안은 정복되었다. 프랑스 침략에 성공해 파리가 거의 함락되었다. 이제 리슐리외의 편은 겁을 먹고 도망친 옥센셰르나와 분열된 네덜란드 연방정부밖에 없었다. 독일 반대파로는 오스트프리슬란트에 작은 군대를 가진 헤센-카셀의 빌헬름과 베저 강변에 작은 군대를 가진 브라운슈바이크-뤼네부르크의 게오르크 공작이 있었으나, 둘 다 아무 일도 하지 못했다. 작센-바이마르의 베른하르트는 라인 강 좌안에서 프랑스의 자금 지원을 요구했으며, 팔츠 선제후는 런던의 영국 귀족들에게 도움을 호소했다. 합스부르크와 부르봉의 다툼에서 오스트리아 왕가의 승리는 확실해 보였다.

3

레겐스부르크에서 페르디난트 2세는 여느 때처럼 적극적인 자세로 극히 사소한 일에도 일일이 관여했다. 빈에서 도나우 강둑이 어디까지 무너졌다는 둥, 오스트리아의 어떤 여자가 무당이 되었다는 둥, 헝가리 왕비에게 보낸 짐승이 너무 사나워 걱정이라는 둥 너스레를 떨었다.[39]

하지만 그의 지병인 천식이 심해지고 있었다. 아들이 로마인의 왕으로 선출된 이후, 그는 미래를 즐겁고 희망적으로 내다보았다. "이제 로마 제국에는 내가 필요 없소. 더없이 훌륭한 후계자가 생겼으니 말이오."40

그는 아직 쉰아홉 살이었으나 고된 일과 대식 습관과 종교적 금욕 생활로 노인의 몸이 되어 있었다. 한겨울의 심한 추위도 그의 신앙심을 막지는 못했다. 이따금 황후는 잠에서 깨어 남편이 침대 곁에서 무릎을 꿇고 기도를 드리는 모습을 보고는 그의 손을 잡고 제발 쉬라고 애원했다.41 회의를 마치고 빈으로 가는 도중 슈트라우빙에서 천식이 재발하자 그는 라모르마이니 신부에게 편지를 보내 긴 아침 예배를 줄여달라고 당부했다.42 신부는 즉각 황제가 중병에 걸렸다는 것을 알고 서둘러 달려왔다. 그러나 1637년 2월 8일 길고 추운 여정을 고통스럽게 끝마치고 빈에 도착했을 때, 페르디난트는 죽어가고 있었다.

그의 임종은 평온했다. 침상에 누워서도 그는 교회의 위로에 큰 힘을 얻었고, 아내와 딸이 지켜보는 가운데 이따금 평화로운 미소를 지었다.43 18년간 투쟁하면서 그는 한 번도 종교적 사명을 저버리지 않았으며, 자신이 뜻하는 바를 대부분 이루었다는 만족감으로 죽음에 임해서도 눈크 디미티스(Nunc Dimittis, 성서에 나오는 노인 시므온의 찬송시 : 옮긴이)를 읊을 수 있었다. 독일에서 이단을 완전히 몰아내지는 못했지만, 그는 프라하 강화로 교회의 권리를 1624년과 같은 수준으로 끌어올렸고, 오스트리아와 보헤미아를 정화시켜 스스로 자랑스러워할 만한 성과를 거두었다. 그해 린츠에서 개종자들이 교회로 모여드는 광경을 보고 그는 감동과 감사의 눈물을 흘렸다.44 그는 오스트리아 왕조를 재통합하고, 아들을 에스파냐 가문에 결혼시키고, 제국의 행정을 성공적으로 개혁했다. 또한 가톨릭동맹과 신교연합을 무너뜨리고, 독일 군주들이 원하든 원치 않든 그들 대다수를 자신의 통제권 아래 통합했다. 자신의 정치 도덕에 비추어볼 때, 그 성과로 그는 어느 정도 만족스럽게 신의 심판에 임할 수 있었다. 임종을 준비하면서 그는 한 점의 의혹도 없이 평정심을 유지했다. 이윽고 2월 15일 오전 9시 그의 육신과 영혼이 분리되었다. 그의 육신은 그라츠의 지하 납골소로 향했고, 그의 영혼은 그토록 오래 애쓴 데 대한 보상을 받으러 이 세상을 떠났다.

그의 정치적 업적에는 엄청난 비용이 들었다. 미리 알았더라면 업적을 포기했을 만큼 큰 비용이었다. 문서상 황제는 독일에서 최고의 권위를 가졌으나 실제로 독일을 지배한 것은 군인이었으며, 그것도 장군이 아니라 병사들이었다. 바네르는 휘하 병사들을 전혀 통제할 수 없다고 고백했다. 켐프텐을 약탈한 제국군, 란츠베르크를 약탈한 스웨덴군, 칼브를 약탈한 바이에른군이 온갖 소름끼치는 만행을 저질렀다는 이야기도 나돌았다. 제국군은 지하실에서 아이를 학살하고, 여자를 2층 창문에서 내던지고, 주부를 부엌의 솥에 집어넣고 끓였다. 스웨덴군은 포로에게 화약을 묻힌 다음 옷에 불을 놓았고, 베르트가 이끄는 바이에른군은 칼브 시민들을 살해하고, 성벽과 성문을 폭격하고, 불길을 피해 달아나는 사람들에게 총격을 가했다. 과장된 부분도 있었으나 전쟁의 만행이 갈수록 심해진 것은 사실이었다. 민간인 포로들은 길가에서 교수형에 처해졌고, 아이들은 몸값을 노리고 납치되었다. 사제들은 마차 아래 묶여 개처럼 기어다니다 내동댕이쳐졌고, 시민과 농민들은 교묘하게 재산을 은닉했다는 이유로 투옥과 굶주림과 고문의 고통을 당했다.45

마지막 6년 동안 병사들은 더 신속하고 폭넓게 이동했다. 그 때문에 전염병과 굶주림이 더욱 널리 퍼져 중부 독일은 인구가 크게 감소했을 뿐만 아니라 거대한 도망자 집단으로 변했다. 마을들이 완전히 버려지고, 도시들의 규모가 원래의 1/10도 안 될 만큼 작아졌다. 주민들의 도피는 일시적이었고, 많은 사람들이 이리저리 떠돌다 결국 돌아왔다. 그러나 경제생활은 한동안 정체되었으며, 형편이 넉넉했던 시민들도 다시 돌아왔을 때는 잿더미로 변한 집과 자신이 입은 넝마밖에 남지 않았다. 작센-바이마르의 베른하르트와 베르트는 적대적인 지역을 지날 때 일부러 모든 것을 불태워버렸다. 이리하여 퓌르트, 아이히슈테트, 크로이센, 바이로이트, 칼브가 폐허로 변했고, 작은 촌락들은 말할 것도 없었다. 버려진 지하 창고에서는 쥐가 들끓어 병사들이 남긴 고깃덩이와 곡식, 나아가 농작물까지 닥치는 대로 먹어치웠다.46 시골 유지들은 종전의 풍요한 생활을 유지하려는 마음에서 전통적인 지위를 포기하고 집을 떠나 도시로 가거나, 옛날 옛적에 그랬던 것처럼 도적이 되어 지나는 여행객들을 습격했다. 모라비아에서는 정부 관리들과 지역 지주들이 뜨내기 도적들과 결탁해 전리품을 나누기도 했다.47

뇌르틀링겐 전투 이후 남쪽에서 도망친 사람들은 프랑크푸르트의 난민 수용소나 작센의 병원에서 전염병과 굶주림, 피로로 죽었다. 취리히 캉통(canton, 스위스의 주: 옮긴이)에서는 난민을 위한 식량과 숙소가 없었기 때문에 7천 명을 추방했다. 하나우에서는 난민을 들이지 않기 위해 성문을 모두 닫아걸었다. 스트라스부르에서는 난민들이 거리에서 한겨울의 서리를 그대로 맞았다. 시민들은 낮이면 시신을 딛고 다녔고, 밤이면 병들고 굶주린 난민들의 신음을 들으며 잠을 이루지 못했다. 결국 스트라스부르 행정관은 3만 명의 난민을 강제 추방했다. 예수회는 여기저기서 엄청난 고통에 맞서 열심히 싸웠다. 아이히슈테트가 불타 버려졌을 때 그들은 지하실에서 쥐를 잡아먹으며 숨어 지내던 아이들을 찾아내 데려다가 보살피고 교육시켰다. 하게나우에서 예수회는 프랑스군이 곳간을 습격해 곡식을 군량으로 빼앗아갈 때까지 예수회의 식량으로 빈민들을 먹여살렸다.48

1634년 포도의 작황은 매우 좋았으나 운명의 장난으로 뇌르틀링겐 전투 이후 도망자와 침략자들에게 짓밟혔다. 1635년의 작황도 비슷한 운명을 겪었다. 겨울에 뷔르템베르크에서 로렌까지 몇 년 사이 최악의 기근이 찾아왔다. 칼브의 목사는 어떤 여자가 죽은 말의 살점을 뜯어먹는 것을 보았다. 그 옆에는 굶주린 개 한 마리와 까마귀들도 있었다. 알자스에서는 사람들이 죄수들의 시신을 교수대에서 끌어내 뜯어먹었다. 라인란트 전역에서 사람들은 죽은 지 얼마 되지 않은 시신을 식용으로 파는 자들이 묘지를 침범하지 못하도록 감시했다. 츠바이브뤼켄의 어느 여성은 자기 자식까지 먹었다고 고백했다. 알자스에서는 도토리, 염소 가죽, 풀을 조리해 먹었고, 보름스의 시장에서는 고양이, 개, 쥐가 식용으로 팔렸다. 풀다와 코부르크, 프랑크푸르트 인근, 대규모 난민 수용소에서 사람들은 굶주림에 미친 사람들에게 잡아먹힐지 모른다는 공포에 휩싸였다. 보름스 부근의 집시들이 쓰던 솥에서는 조리되다 만 사람의 손과 발이 발견되었다. 베르트하임 부근의 구덩이에서 발견된 시신들은 살이 다 발리고 골수까지 뽑힌 상태였다.49

영국 대사 일행은 선제후단 회의에 참석하러 레겐스부르크로 가는 도중에 마을 주민들이 그들을 환영하기는커녕 무시무시한 침략군처럼 두려워하며 피해 달아나는 것을 보고 크게 놀랐다. 지방의 도로는 무척 위험했다. 일부 대사들은 큰길을 바로 앞둔 곳, 뉘른베르크에서 6킬로미터 떨어진 곳에서 습격을 받아 살해당했다. 그렇게 위험할 줄 몰랐던 영국 대사 일행에게 그 여행은 악몽이었다. 실제로 그것을 글로 쓴 사람은 자기 눈으로 보고도 믿지 못해 현실이 아니라 꿈을 꾸는 것 같다고 기록했다. "쾰른에서 프랑크푸르트까지 모든 도시와 촌락과 성이 파괴되고, 약탈되고, 불에 탔다." 노인키르헨에서 그들은 "집 한 채가 불타고 있는 것을 보았을 뿐, 마을에서 아무도 보지 못했다." 나중에 그들이 거리에서 본 두 구의 시신 중 하나는 '무덤에서 갓 파낸 것'이었다. 아일프키르헨에서 그들은 "사방에 아무것도 없었기 때문에 우리가 가져온 고기로 식사를 했다." 노이슈타트에서는 "과거에 시장이 있었으나 지금은 약탈과 방화로 참담하게 변했다. …… 꾀죄죄한 아이들이 문간에 앉아 굶어 죽어가고 있었다." 바흐라흐에서는 "가난한 사람들이 입에 풀을 문 채 죽어 있었다." 뤼데스하임에서는 "시장이 굶주림에 시달린 빈민들에게 약간의 구호 조치를 했으나, 빈민들은 자기들끼리 싸움을 벌여 먹을 것을 빼앗았다." 마인츠에서는 "시장이 베푸는 자선을 받으러 기어갈 힘도 없어 …… 똥더미 위에 빈민들 몇 명이 누워 있었다." 이 도시도 '처참하게 파괴된' 상태였으므로 일행은 타고 온 배에서 먹고 잤다. 그들이 부두의 거지들에게 남은 음식을 던져주자 "서로 심하게 몸을 밀치다 몇 명은 라인 강에 빠져 죽었다."[50]

라인 강변의 사정은 최악이었으나 다른 곳도 별반 나을 게 없었다. 뮌헨의 경우 에스파냐 병사들이 지나가면서 전염병을 퍼뜨려 넉 달 만에 1만 명이 목숨을 잃었다.[51] 바네르는 안할트나 할레에서 병사들에게 줄 곡식을 한 톨도 찾지 못했다.[52]

페르디난트 황제의 영지인 슈타이어마르크에도 농민 봉기가 일어나 서른여섯 명이 갤리선으로 보내졌고, 다섯 명이 교수형을 당했다.53 피억압 민중에게서 광기와 이상주의가 깜박이다가 이따금 불길로 치솟았다. 쫓겨난 오스트리아의 신교 농민 마르틴 라임바우어(Martin Leimbauer)는 정부를 비판하는 설교와 예언으로 상당한 추종자들을 모았다. 그는 체포되었다가 광인으로 간주되어 석방되었으나 다시 돌아와 정부를 괴롭혔다. 하지만 결국 추종자의 배신으로 그의 근거지가 포위되었다. 그는 두 노파의 넓게 편 치마 밑에 숨어 있다가 끌려나와 젊은 아내와 함께 포로가 되어 린츠로 압송되었다. 여기서 그는 신이 자신을 지상의 대리인으로 임명했다고 주장했으나, 사형선고를 받은 뒤 가톨릭으로 회개하고 처형되었다. 종신구금형을 받은 그의 아내는 남편이 처형되기 전날 밤 형 집행인의 도움으로 탈출했다.54 천박한 익살, 냉소적 도덕, 정신적 숭고함이 뒤섞인 이 이야기는 그 시대를 전형적으로 보여준다.

4

페르디난트의 죽음은 공교롭게도 스웨덴의 중흥과 시기적으로 맞아떨어졌다. 당시 스웨덴은 부활의 정점에 오르기 직전이었으니, 그는 자신의 모든 희망이 꺾이는 것을 눈으로 보기 전에 세상을 떠난 셈이었다. 제국군은 브란덴부르크로 파견되어 작센군과 함께 바네르를 상대했다. 그러나 바네르는 유능한 동포 토르스텐손(Lennart Torstensson, 1603~1651), 스코틀랜드 출신의 장교 레슬리(Alexander Leslie, 1580~1661)와 킹(James King, 1589~1652)의 도움을 받아 형세를 역전시켰다.

그는 교묘한 작전으로 하벨 강의 지류인 도세 강변의 비트슈토크에서 적의 연합군을 차단했다. 1636년 10월 4일 그곳에서 제국군은 언덕 위에 자리를 잡고, 땅을 파서 포대를 설치하고 마차들을 주변에 방책처럼 둘렀다. 언덕과 바네르의 군대 사이에는 길고 좁은 숲이 있었다. 바네르의 계획은 제국군을 그 유리한 지점에서 몰아내고 평원에서 포위하는 것이었다. 그 계획에 따라 그와 토르스텐손은 기병대 절반을 거느리고 숲을 지나 언덕 아래 사면으로 가서 적의 공격을 유도해 적을 끌어내기로 했다. 그러는 동안 레슬리는 보병대, 킹은 남은 절반의 기병대와 함께 숲을 몰래 관통해 적의 측면과 후위를 기습할 참이었다.

계획은 좋았으나 거의 실패할 뻔했다. 바네르는 일단 적의 시선을 끄는 데 성공했지만, 적의 공격이 매우 강력했고 스웨덴군의 병력이 워낙 중과부적이었다. 그 괴로운 시간에 레슬리와 킹은 아직 오지 않았다. 뒤늦게 도착한 레슬리의 보병대가 제국군의 측면을 공격했지만, 겨우 바네르와 토르스텐손에게 숨 쉴 여유를 주는 데 그쳤을 뿐 제국군 포대를 언덕 꼭대기에서 몰아내지는 못했다. 한편, 킹은 직선 방향으로 가는 길을 찾지 못하고 먼 길을 우회한 탓에 레슬리와 바네르가 패배를 각오할 즈음에야 현장에 도착했다. 하지만 그가 오자 삽시간에 전투는 끝나 버렸다. 세 방면으로부터 공격을 받은 적의 지휘관들은 항복하기보다 도망을 택했다. 군기 19개와 133문의 대포, 짐과 신형 무기들이 언덕 위에 고스란히 남았다. 그들은 그나마 마차들을 폭파함으로써 적에게 노획되는 것을 간신히 막은 게 고작이었다.[55]

바네르의 계획은 모험적인 군사 전술이었으나 결과적으로 성공했다. 뇌르틀링겐, 뤼첸, 브라이텐펠트 전투에 견줄 수준은 못 되었어도 그 승리의 소식이 멀리 퍼져 스웨덴군의 실추된 명성을 되찾아주었다. 더 직접적인 효과는 작센의 군사력을 약화시키고, 무능한 브란덴부르크의 게오르크 빌헬름을 무방비 상태로 만들었다는 점이다. 이후 스웨덴군은 브란덴부르크를 신속하게 탈환했으며, 1637년 5월에는 토르가우 부근의 국경까지 진출해 작센마저 크게 위협했다. 라이프치히는 거의 정복했고, 서쪽에서는 스웨덴군의 전위가 튀링겐으로 들어가 에르푸르트를 점령했다.

스웨덴의 군사력이 부활한 데는 스톡홀름 정부의 노력이 큰 역할을 했다. 선택의 여지가 없었던 옥센셰르나는 독일의 통제권을 리슐리외에게 넘기고, 스웨덴으로 돌아가 정부를 확고히 장악하기로 했다. 수도에 도착해보니 태후가 측근 세력과 함께 국정을 농락하면서 자기 딸 크리스티나를 덴마크 왕자와 결혼시키려 계획하고 있었다.56 태후는 창문마저 검은 천으로 가린 방에 살면서 크리스티나를 어릴 때부터 그곳에 가둬놓고 광대와 난쟁이의 쇼만 보여주었다. 자연히 어린 여왕의 마음속에는 반발심이 싹텄다. 악셀 옥센셰르나는 크리스티나를 결혼과 감금에서 모두 해방시켰다. 그는 태후에게서 끊임없이 원망을 듣고 마음이 괴로웠지만, 어린 여왕에게서는 감사의 마음을 얻었다. 장차 스스로 정책을 세울 줄 아는 현명한 여성으로 자라났을 때, 그녀는 그에게 불만이 생길 때마다 그 감사의 마음을 되새겼다.57

이렇게 옥센셰르나가 스톡홀름의 권력을 다시 장악하자, 스웨덴 장군들은 비상시나 평상시에 병력과 자금의 지원을 확신할 수 있었다. 이를 바탕으로 스웨덴군은 덴마크의 공격으로부터 북독일과 발트 해를 굳게 지켰다.

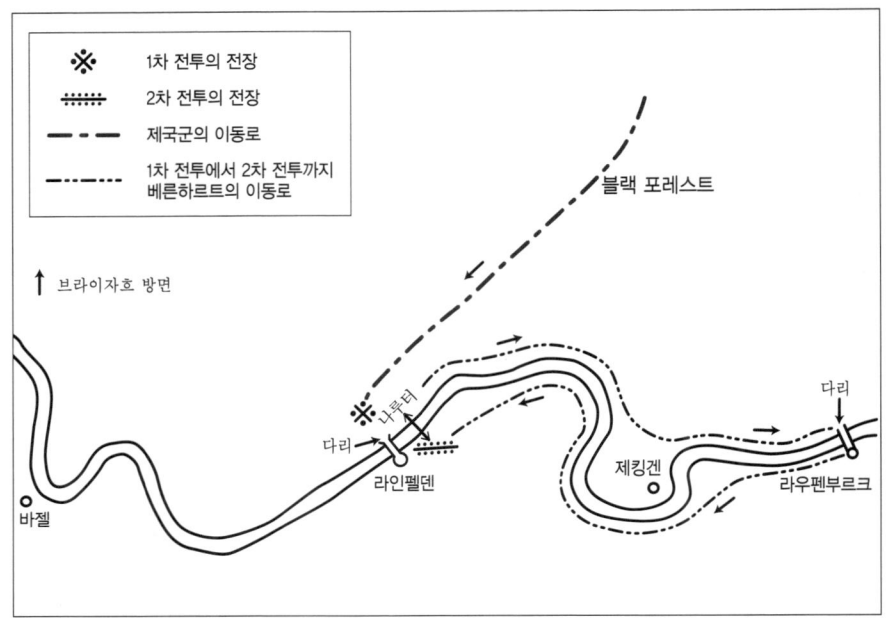

심하게 벗어났던 균형추는 서서히 원상복구되었다. 스웨덴의 진출은 저지대 지방에서의 두드러진 성공으로 이어졌다. 1637년 10월 10일 유럽에서 큰 화제가 될 만큼 오랫동안 포위되어 있던 브레다가 마침내 프레데리크 헨드리크에게 함락되었다. 12년 동안이나 에스파냐의 수중에 있던 브레다가 함락되자 브라반트 국경이 노출되었을 뿐 아니라, 추기경 왕자에게는 처음으로 중대한 제동이 걸렸다. 12년 전 오라녜 공 마우리츠가 그랬듯이 그는 그곳을 구하지 못한 탓에 불신을 샀다.

이제 라인에 대한 압력이 완전히 해소되었다. 그래서 베른하르트는 프랑스 정부의 끈덕진 요구에 따라 마침내 2년여 동안의 옹색한 방어 태세를 접고 강을 건넜다. 그는 1638년 2월 초 바젤에서 동쪽으로 몇 킬로미터 떨어진 라인펠덴이라는 작은 도시에서 중요한 다리를 공략했다. 강은 거의 동서 방향으로 흘렀고, 라인펠덴은 강의 남쪽 혹은 좌안에 있었다. 도시의 남쪽에서 접근한 베른하르트는 약간 동쪽에 위치한 보이겐에서 나룻배를 이용해 일부 병력을 북쪽 외곽 기지까지 수송했다. 거기서 다리의 교두보를 공격할 작정이었다. 공격 날짜는 3월 1일로 정해졌으나, 그전에 이탈리아 용병 사벨리(Savelli)와 베르트가 이끄는 제국군이 슈바르츠발트에서 빠르게 다가왔다.

제킹겐에서 우안으로 접근하던 사벨리의 전위는 베른하르트의 군대에게 참패를 당했다. 그들은 본대로 후퇴한 뒤 구릉과 숲이 있는 지역으로 우회했는데, 아마 베른하르트의 측면을 공격하려 했을 것이다. 그 사이의 짧은 휴식기에 베른하르트는 서둘러 나룻배로 포병과 기병 일부를 좌안에서 수송했다. 시간이 워낙 짧았으므로 사벨리가 다시 왔을 때 베른하르트의 군대는 여전히 강의 먼 쪽에 머물러 있었다.

그는 수송한 병력을 모아 교두보를 방어하고 사벨리가 도시를 구하지 못하도록 저지했다. 지면이 고르지 못하고 진형이 흩어진 탓에 전선 전체에서 결집된 행동이 어려워 전투는 육박전의 양상을 띠었다. 사벨리는 베른하르트의 좌측을 공격해 혼란에 빠뜨렸다. 그러나 전장의 맞은편에서는 베른하르트의 우익이 제국군의 좌익을 격퇴했다. 이 두 전투의 결과 양측 군대는 축이 거의 완전히 뒤바뀌었다. 기회를 잡은 사벨리는 베른하르트와 다리 사이로 진격했다. 날이 저물 무렵 양측 병력은 출발했던 지점의 거의 정반대 위치에서 서로 마주보았다.

베른하르트는 전망이 어두웠다. 포병을 제외하면 심각한 손실을 입지는 않았으나 라인 강 좌안에서 본대와 차단되었고, 사벨리에게 다리와 라인펠덴을 내주었다. 이제 할 수 있는 일은 한 가지밖에 없었다. 가장 가까운 건널목으로 후퇴해 본대와 합류하는 것뿐이었다. 이 점을 염두에 둔 베른하르트는 라우펜부르크 방면으로 이동했는데, 사벨리가 슈바르츠발트에 남겨둔 부대를 피한 것은 큰 행운이었다. 이윽고 그는 라인 강을 건넌 뒤 병력을 재규합해 좌안을 따라 다시 라인펠덴으로 행군했다.

3월 3일 아침 7시가 약간 지났을 때 사벨리의 외곽 기지를 지키던 병사들은 완전히 와해되었다고 믿은 적군이 접근하는 것을 보고 깜짝 놀랐다. 그들은 총포를 내던지고 황급히 라인펠덴으로 가서 경보를 전했다. 베른하르트는 경야포 몇 문을 노획하느라 잠시 지체한 뒤, 그것들을 끌고 곧장 도시로 향했다. 그는 도시를 방어하기 위해 급히 모인 사벨리의 병력에 세 차례 발포했다. 그가 최후의 공세를 취하기도 전에 적진은 동요를 보이더니 이내 일거에 무너졌다. 베른하르트의 기병대는 추격에 나섰다. 도시에서 적의 지원군이 나왔으나 이미 늦어 오히려 포화 속에 갇혀버렸다. 제국군은 절반이 도망치고 절반이 항복했다. 사벨리는 수치스럽게 잡목 숲에서 사로잡혀 끌려나왔고, 베르트는 혼자서 도보로 도망치다가 인근 촌락에서 체포되었다.58

파리에서는 베르트를 포로로 잡았다는 소식을 듣고 테데움 성가를 불렀다.59 적의 포로들을 받아들여 크게 증강된 베른하르트의 군대는 다시 북쪽으로 방향을 틀어 브라이자흐를 사방에서 포위했다.

신뢰할 수 없는 동맹자들과 함께 전쟁을 치르는 것은 위험하고 어려운 일이었다. 리슐리외의 성공은 베른하르트와 스웨덴을 어떻게 통제하고, 그들의 독자적인 행동에 어떻게 통합성을 부여하느냐에 달려 있었다. 말을 듣지 않는 동맹자가 전선에 투입되면 다른 사람에게도 즉각 영향을 미쳤다. 그전까지 몇 개월간 아무런 활약도 하지 못했던 베른하르트가 드디어 자신의 진면모를 보여주는 동안, 리슐리외는 새로운 스웨덴의 문제와 씨름하고 있었다. 조약의 시효가 거의 만료되자 옥센셰르나는 동맹에서 빠지기 좋은 기회라고 판단했다. 예전에는 동맹이 반드시 필요했지만 늘 위험하기도 했으므로 이제 동맹을 버리고 자체적으로 강화를 맺으려는 것이었다.60

신임 황제가 평화를 원하리라고 본 그의 판단은 정확했다. 만약 페르디난트 3세가 그와 리슐리외를 떼어놓았다면, 운신이 자유로워진 그는 저지대 지방에서 황제의 사촌인 추기경 왕자가 절실히 바라는 도움을 주려 했을 것이다. 새로운 위험을 깨달은 리슐리외는 대사를 함부르크로 보내 옥센셰르나의 전권대사인 살비우스와 의논하게 했다. 여기서 지원 약속이 쇄신된 데다 포메른을 포기하지 않으려는 황제의 의지와 증강된 바네르의 군사력에 힘입어 마침내 스웨덴은 강화의 의도를 버리고, 프랑스와의 동맹을 함부르크 조약으로 쇄신했다.61

적의 동맹 세력을 하나씩 분리하려 했던 페르디난트의 계획은 실패했다. 1638년 6월 5일 작센-바이마르의 베른하르트가 브라이자흐에 등장했다. 합스부르크 전략의 요충지를 차지할 좋은 기회라고 본 리슐리외는 재빨리 그에게 프랑스 증원군을 보낼 준비를 했다. 바이에른 장군 괴첸은 구원하러 서둘러 달려갔다가 7월 30일 비텐바이어에서 참패를 당했다. 그 엿새 뒤 베른하르트는 튀렌(Turenne, Henri de La Tour d'Auvergne, 1611~1675) 장군이 이끄는 프랑스군과 합류했다. 8월 중순에 도시가 완전히 포위되었고, 10월에 로렌의 샤를은 황제의 사주를 받아 도시를 지원하러 오던 중 젠하임에서 베른하르트의 기습을 받고 차단되어 전멸했다.

그 이후에는 구원의 희망이 사라졌다. 하지만 브라이자흐 방어군은 공격군도 자신들에 못지않게 보급 부족에 시달리게 될 것이라는 희망으로 완강하게 버텼다. 가파르고 높은 위치에 자리 잡은 데다 한쪽 면은 라인 강의 급류로 보호되고 있는 브라이자흐를 정복하려면 굶는 수밖에 없었다. 베른하르트는 공격에 실패했으나 시간적으로 유리했다. 포위한 측에서도 식량이 부족할 정도라면 포위당한 측은 더더욱 부족할 터였다. 11월이 되자 부잣집 아낙네들이 보석을 갖고 시장에 나와 약간의 밀가루와 바꾸었다. 시민들은 말, 고양이, 개, 쥐를 식용으로 사 먹고, 소와 양의 가죽을 물에 불려 조리해 먹었다. 11월 24일 성 안에서 포로로 잡힌 베른하르트의 병사들 중 한 명이 죽자 시신을 매장하기 전에 동료들이 살점을 잘라내 먹었다. 그 뒤 몇 주일 동안 포로 여섯 명이 죽어 똑같이 먹혔다. 어느 날 아침 굶어 죽은 시민 열 명의 시신이 중앙 광장에서 발견되었다. 12월에는 가난한 고아들이 실종되었다는 소문이 자자했다.62

브라이자흐가 그 절망적인 상태에서 오래 버티지 못할 것은 분명했다. 바로 그 무렵, 즉 리슐리외의 오랜 계획이 드디어 실현을 앞두고 있던 그때, 라인의 요처가 그의 수중에 거의 들어온 그때, 조제프 신부가 병에 걸렸다. 고대하던 브라이자흐의 항복 소식은 아직 오지 않았는데, 늙은 카푸치노 수사의 목숨은 점점 사그라들고 있었다. 전하는 바에 따르면, 그때 리슐리외가 갑자기 연민에 사로잡혔다고 한다. 그는 죽어가는 신부의 방으로 달려가 짐짓 크게 기뻐하는 척하면서 신부가 누워 있는 침대 위로 몸을 굽히고 말했다. "조제프 신부님, 드디어 브라이자흐를 차지했습니다."63 실은 신부가 죽기 24시간 전인 1638년 12월 17일 브라이자흐가 항복했다. 하지만 파리에 그 소식이 알려진 것은 19일이었다.

　라인의 요처이자 독일의 관문인 브라이자흐가 함락되자, 프랑스는 알자스 전역을 완전히 장악했다. 그 동쪽에서 바네르는 켐니츠 부근에서 요한 게오르크를 물리치고, 피르나를 점령하고, 브란다이스 주둔군을 격파하고, 보헤미아를 침략했다. 추기경 왕자는 플랑드르에서 프랑스군의 침략을 제지하지 못한 탓에 독일을 지원할 여유가 없었다. 뇌르틀링겐에서 그와 함께 승리의 기쁨을 누렸던 신임 황제는 부족한 자금과 무능한 장군들로 거센 밀물을 막으려 애썼으나 소용이 없었다. 피콜로미니는 저지대 지방으로 갔고, 아르님은 자리에서 물러났고, 베르트는 프랑스에 포로로 잡혔다. 페르디난트는 그들의 자리를 다른 인물들이 메워주기를 기대했지만 전부 실망만 안겨주었다. 갈라스는 해가 갈수록 열정을 잃고 무능력한 주정뱅이가 되어갔다.64 하츠펠트는 발렌슈타인의 부하였던 시절 베저 강변의 블로토에서 팔츠 선제후가 이끄는 작은 군대를 무찌른 적이 있었지만, 지금은 무기력한 노인에 불과했다. 적의 편에서 넘어온 괴첸은 그저 그런 능력을 가진 인물이었으나 베르트의 뒤를 이어 바이에른 부대의 지휘를 맡았다. 병력 충원에 필요한 인구가 참담할 정도로 감소하고, 세금을 거둬야 할 세습 토지가 완전히 파괴되고, 군대의 급료와 식량이 크게 부족한 현실은 페르디난트에게 점점 더 큰 압박으로 다가왔다. 그러나 1639년 봄 라인 일대에 갑자기 위기가 발생해 리슐리외가 전진을 멈추자, 황제에게 행동 방침을 고려할 여유가 생겼다.

작센-바이마르의 베른하르트가 프랑스 왕에게 반기를 든 것이었다. 1635년에 맺은 조약에 의해 그는 알자스를 보유할 권리를 얻었다. 자신의 군대가 장악했으므로 그는 프랑스 측의 요구나 권리를 배려하지 않고 그곳을 자신에게 완전히 양도해야 한다고 단호하게 요구했다. 또한 그는 브라이자흐가 프랑스 왕에게 항복한 게 아니라 자신에게 항복한 것이므로 그곳도 자신의 소유라고 주장했다. 독일 땅은 독일 군주에게 귀속되어야 하며, 자신은 스웨덴과 동등한 조건에서 동맹으로 대우받을 권리가 있다는 것이 그의 주장이었다.[65]

5

용병과 보수는 이 전쟁이 시작된 이래로 늘 말썽거리였다. 만스펠트는 하게나우를 원했고, 발렌슈타인은 메클렌부르크, 라인팔츠령, 브란덴부르크, 보헤미아를 원했다. 스웨덴 장군들은 토지를 요구했고, 베른하르트는 프랑켄과 알자스를 차지했다. 일단 개인적 야심이라고 보아야 하겠지만, 후대 역사에서 알자스가 특별히 중요하게 취급되었던 점을 고려하면 베른하르트의 성과는 특히 빛난다. 그에 비해 만스펠트와 스웨덴 장군들의 성과는 지극히 초라했고, 발렌슈타인만 어느 정도 베른하르트에 필적할 만한 성공을 거두었다.

베른하르트가 애국자로서 명성을 날리게 된 것은 무엇보다도 브라이자흐가 함락된 뒤 몇 달 동안의 행동 때문이다. 그 시기에 그는 알자스 문제를 놓고 리슐리외에게 노골적인 적대감을 드러내면서, 알자스의 무조건 양도를 요구하고 일체의 타협을 거부했다. 하지만 애국자를 표방한 그의 태도는 위선적이라고는 할 수 없어도 실효는 없었다. 그는 제국 내에 세력을 구축하려 하지도 않았고, 영향력 있는 지배자들에게서 공감을 끌어내려 하지도 않았기 때문이다. 오히려 그는 그에 앞서 독일 세력을 결성하려 했던 헤센 방백의 계획을 의도적으로 거부했다.

여기서도 역시 증거는 불충분하다. 그가 방백의 의도를 의심했을 수도 있다. 그러나 자신이 직접 적극적인 제안을 하지 않았다는 사실로 미루어보면, 그가 프랑스에 반대한 이면에는 개인적인 동기가 있었거나, 혹은 계획이 있었다 해도 매우 초보적이어서 독일 정치에 영향을 미치지 못했을 것이다.

베른하르트는 1639년 2월에 처음으로 브라이자흐의 완전한 양도와 이른바 네 개의 '삼림 도시'인 라우펜부르크, 제킹겐, 발츠후트, 라인펠덴을 요구했다.66 봄에 파리에서 여러 차례 서신을 보냈으나 그는 꿈쩍도 하지 않았다. 6월에 게브리앙(Jean Baptiste Budes de Guébriant, 1602~1643) 장군이 새 병력을 거느리고 와서 그에게 합류하고, 파리에서 계속 탄원했을 때도 그는 전혀 고집을 늦추지 않았다.67 베른하르트가 주장하는 군사·영토상의 권력을 인정하고, 그를 발렌슈타인과 같은 통제 불가능한 지위로 격상시키는 것 이외에는 어떤 해결책도 없었다.

그러나 운명의 여신이 그와 그의 야망 사이에 끼어들었다. "신의 판단이겠지만, 예기치 않게 때이른 죽음이 승리를 향한 경쟁의 한복판에 서둘러 발을 내딛어 그가 더 이상의 야망을 꿈꾸지 못하도록 했다." 68 라틴어로 된 당대의 장황한 설명이다. 불과 일주일 만에 위협적인 라이벌 베른하르트는 안타까운 영웅 베른하르트가 되어버렸다. 궁정 전체

가 검은 옷을 입고 고인을 애도해야 했다.69

　　몇 달 전부터 그는 이따금씩 열병에 시달렸다.70 그러다 7월 중순에 갑자기 병이 악화되면서 며칠 만에 그의 목숨을 앗아간 것이었다. 그 시기가 워낙 리슐리외에게 알맞았던 탓에 리슐리외가 그를 독살한 게 아니냐는 소문도 나돌았다.71 물론 그 소문은 사실이 아니다. 건장한 젊은이라 해도 오랜 기간 자신의 모든 힘을 쥐어짜며 과로하면, 전장에서 경솔한 병사가 죽는 것처럼 열병으로 쉽게 죽을 수 있다. 6년 전 구스타프가 죽었을 때도 그랬듯이 베른하르트의 죽음은 리슐리외에게 큰 행운이었다.

　　베른하르트 자신도 이내 죽음이 멀지 않았다는 것을 알게 되었다. 그는 시간마다 의사들에게서 흥분제를 받아 목숨을 연장하면서 유언장을 구술로 작성했다.72 유언장에는 무엇보다 애국자로서의 면모가 부각되었다. 그는 알자스를 자기 형에게 맡겼으나—바이마르의 빌헬름에게 그렇게 할 능력도 의지도 없다는 것을 잘 알고 있었다—형이 알자스를 차지하지 못한다면 프랑스 왕에게 넘기라고 말했다. 그 양도가 전쟁 기간에만 유효하다는 것은 분명히 명기했지만, 그것을 보장하는 예방책은 언급하지 않았다. 군대는 그가 늘 신뢰했던 스위스 귀족 출신의 부사령관 에를라흐(Johann Ludwig von Erlach, 1595~1650)에게 전적으로 위임했다. 또한 최정예 기병대는 외교를 망친 데 대한 위로로 게브리앙에게 넘겨주었다.73 때 이른 죽음이 임박하자 베른하르트는 한시바삐 자신의 진짜 야망을 드러내고 실현하고픈 마음뿐이었던 듯하다. 그러나 그의 유언장은 그를 옹호하는 사람들의 끈질긴 변명에도 불구하고, 그의 정책이 거의 다 그랬듯이 미결 상태만을 보여줄 따름이다. 유언장에 드러난 그의 견해는 결국 신교의 대의를 수호할 만한 힘을 가진 사람은 리슐리외 하나뿐이고, 베른하르트가 알자스나 자신의 군대를 물려줄 만한 독일 세력은 없다는 것이었다.

베른하르트의 삶은 나무랄 데 없었다. 그는 냉철하고 고결했으며, 사적인 허물도 없었다. 공적인 책임을 볼 때 그가 라인란트를 짓밟고, 란츠후트를 파괴하고, 바이에른을 불태웠으나 원해서 그런 것은 아니었다. 전임 황제 페르디난트가 원해서 제국을 잿더미로 만들지 않았던 것과 마찬가지다. 모든 것이 종교적 대의로 정당화되었다. 베른하르트가 어떤 야심을 가졌든, 페르디난트가 가톨릭이었던 것처럼 그는 독실한 신교도였다. "주님이시여, 제 영혼을 당신께 맡기나이다." 그는 마지막 숨을 억지로 내쉬며 속삭였다. 아직 서른다섯의 창창한 나이였다.

현전하는 증거에 따르면, 그는 죄를 짓고 처벌된 적도, 죄를 용서받은 적도 없었다. 죽음은 선악에 관한 모든 판단을 영원한 미결, 즉 '입증되지 않은 상태'로 남겨놓았다.

6

베른하르트가 독일 군주들에게 국익을 옹호하는 자세를 거의 강조하지 않았다는 것은 그가 죽은 뒤 곧바로 전개된 사태로 알 수 있다. 알자스와 브라이자흐의 주인은 베른하르트의 병사들이었고, 그들의 주인은 에를라흐였다. 그러므로 누구든 에를라흐와 협상하면 오버라인을 손에 넣을 수 있었다. 하지만 독일의 모든 지배자들 중 그렇게 한 사람은 단 한 명이었다.

팔츠 선제후 카를 루트비히는 고집이 세고, 자기중심적이고, 성실하며, 일찍부터 독립적으로 살아가는 방법을 익힌 스물세 살의 젊은이였다. 인간 혐오증에 가까운 그의 성정—고향에서 그의 별명은 티몬(고대 그리스의 회의론 철학자 : 옮긴이)이었다—은 이 시기에 젊음의 무모한 낙관론으로 다소 완화되었다. 1638년 10월 그가 영국의 자금으로 모은 군대가 블로토에서 궤멸되었을 때, 그의 동생은 포로로 잡히고 그 자신은 가까스로 탈출해 목숨을 건졌다. 이 참패에도 그는 단념하지 않고 불과 1년도 못 되어 베른하르트가 남긴 군대의 주인이 되었으며, 그에 따라 오버라인도 차지했다.

카를 루트비히는 신교의 대의, 아버지의 잘못, 자신의 확실한 독일계 혈통, 그에 따른 독일 군주의 계승권을 적절히 활용하고, 부유한 외삼촌 영국 왕 찰스 1세에게서 자금을 얻어내 베른하르트의 군대에서 한 세력으로 자리 잡았다. 군대는 리슐리외가 우려할 만큼 큰 규모로 성장해 있었다. 하지만 그는 한 가지 어리석은 실수를 저질렀다. 군대에 합류하기 위해 출발하면서 그는 프랑스를 가로지르는 직선로를 행로로 택했다. 리슐리외는 물랭에서 습격해 뱅센에서 그를 포로로 잡았다.[74] 그는 에를라흐가 군대를 루이 13세에게 팔아넘길 때까지 그곳에 꼼짝없이 갇혀 있었다.

베른하르트가 영웅이라면, 죽을 때 군대에게 리슐리외를 섬기도록 하고 알자스와 브라이자흐마저 프랑스에 넘겨준 에를라흐는 최악의 반역자다. 그러나 베른하르트가 단지 야심찬 용병 지도자에 불과하다면, 에를라흐는 그보다 더할 것도 덜할 것도 없는 인물이다. 그는 단지 자신이 급료를 주고, 식량을 공급해야 하는 병사들에게 새 황제를 알선해주었을 뿐이기 때문이다. 베른하르트의 군대가 프랑스에 넘어간 책임을 묻는다면 에를라흐가 아니라 그에게 아무런 제안도 하지 않은 독일 군주들에게 물어야 한다. 그는 나름대로 최선의 대안을 찾았고, 그 대안이 바로 리슐리외였다.75

1639년 10월 9일 프랑스 왕과 이후 바이마르군 혹은 베른하르트군이라고 불리게 되는 군대 간에 조약이 체결되었다. 급료는 계속 프랑스 정부가 담당하고, 라인 일대에서 프랑스의 지휘를 따르기로 했다. 독립성은 그대로 유지하기로 했다. 자체의 장군이 하급 장교들을 임명할 수 있었고, 브라이자흐를 포함한 일부 요새들을 프랑스 왕권하에 보유할 수도 있었다. 에를라흐는 팔츠 선제후에게 변명하는 듯한 편지를 보냈다. "이미 많은 고통을 받은 데다 겨울이 다가오면 파멸할 게 뻔한 상황이라 더 이상 유지하기가 불가능했습니다."76

그 조약은 베른하르트가 죽은 뒤 독일 애국자들이 동맹자들의 전쟁에 대한 공평하고 공정한 통제를 완전히 포기했음을 의미한다. 헤센-카셀의 지배자들은 독립성을 보존했고, 리슐리외나 옥센셰르나와도 동등한 동맹자의 관계를 유지했다. 그러나 그들은 변변찮은 독자 노선을 걷는 데 그쳤을 뿐, 전쟁의 향방에 영향을 미칠 만한 군사력도 경제력도 갖지 못했다. 베른하르트의 의도가 무엇이든, 그가 살아 있을 때는 적어도 독일 사령관으로서 리슐리외나 옥센셰르나가 함부로 무시할 수 없는 영향력을 행사했다. 그랬던 그가 죽고, 그의 군대가 외국의 통제를 받게 되자, 전쟁은 이제 프랑스 왕과 에스파냐 왕이 독일 땅에서 싸우는 양상으로 전락했다.

THE THIRTY YEARS WAR 1618~1648

| 10장 |

에스파냐의 몰락: 1639~43년

에스파냐는 마치 손에 닿는 것은 무엇이든 닥치는 대로 먹어치우는 질병과도 같다.

-리슐리외

1

마드리드에서는 브라이자흐가 함락된 책임을 추기경 왕자에게 물었다. 올리바레스는 터무니없게도 브라이자흐를 구원하기 위해 지원군을 파견해야 했다고 주장했다.1 재정적 지원은 축소된 데다가 에스파냐로부터 끊임없이 모순적인 명령이 하달되는 상황에서 그것은 불가능한 일이었다. 에스파냐 측에는 온갖 골치 아픈 문제들이 빠르게 쌓여갔으나, 왕과 그의 총신은 오로지 남들에게 책임을 전가하는 데만 선수였다. 그 문제들을 유발한 주요 원인은 그들이 감당하기에 너무 벅찼다.

펠리페 2세 시절에도 이따금씩 제기되던 공공의 불만은 펠리페 3세의 치세에 시끄러운 소음으로 커졌고, 펠리페 4세의 치하에는 우레와 같이 터져나왔다. 게다가 통화를 서툴게 관리한 탓에 일부 지역에서는 엄청난 인플레이션이 발생해 물물교환이 부활했다.2 1640년대 초반 에스파냐로 오는 모든 물자의 3/4은 네덜란드 선박들이 운송을 담당했다. 그런데 통상과 방어를 담당한 이 함대가 크게 축소된 탓에 불법 거래는 근절될 수도 없었을 뿐 아니라, 오히려 에스파냐의 생존을 위해서도 필요했다. 1639년 함선 77척으로 구성된 에스파냐의 대함대가 네덜란드의 용감한 제독 트롬프(Maarten Tromp, 1598~1653)에게 밀려나 영국의 중립 해역으로 대피했다. 거기서 함대는 해상법과 영국 정부의 무기력한 항의를 모두 무시한 채 불리한 상황에서 공격에 나섰으나, 결국 70척이 침몰하거나 나포되었다. 이 참패는 에스파냐 해군력에 결정타였다. 1631년의 패배 이후 비틀거리던 거인은 이때 쓰러져 다시는 일어나지 못했다.

한편, 리슐리외는 사보이 공국의 국경에까지 통제의 손길을 뻗었다. 사보이는 합스부르크가 오래전부터 프랑스로 가는 관문으로 이용하던 알프스 지역에 자리 잡은 작은 국가였다. 1639년 당시 이 공국은 루이 13세의 누이인 크리스티나 공작 부인이 남편을 잃은 뒤 어린 아들의 이름으로 통치하고 있었다. 리슐리외는 공국의 내부 사태에 느닷없이 폭력적으로 개입해 공국을 장악했다.

독일에 관해 올리바레스는 바이에른 선제후와 쾰른 선제후가 프랑스에 고용되어 있다고 주장했다. 희망적으로 치세를 시작했던 신임 황제는 이제 불리한 상황에 처했다. 대신들은 믿을 수 없었고, 백성들도 충성심이 없었다.3 올리바레스는 에스파냐 왕국의 이익보다 자신의 이익을 추구하려는 페르디난트의 태도에 분노와 불만을 토로했다.

에스파냐 궁정은 파산했어도 여전히 화려한 외양을 자랑했다. 펠리페 4세는 나이가 들면서 건강이 나빠져 우울증과 신앙에 빠져들었다. 그럼에도 그는 가장무도회, 연극, 투우에 돈을 쏟아붓고, 첩과 서자를 거느렸다.4 반면, 프랑스는 방어 태세에서 벗어나 플랑드르와 피레네를 공격했다. 두 전선에서 모두 에스파냐는 침략군을 격퇴하는 데 성공했으나 위기는 미뤄졌을 뿐, 마드리드에서 기적이 일어나지 않는 한 재발할 게 분명했다.

기적은 없었다. 1640년 카탈루냐와 포르투갈에서 반란이 일어났다. 1년도 못 되어 온건한 브라간사 공작 주앙(João IV, 1604~1656)이 본의 아니게 지역적 불만의 물살을 타고 리스본에서 주앙 4세로 즉위했다. 그는 프랑스와 정치적 조약을 맺고,5 네덜란드와 휴전하고,6 영국, 스웨덴과 통상 협약을 체결했다.7 카탈루냐의 반란은 더 위험했다. 반란이 가시화될 때까지 개입하지 않았던 리슐리외는 그 중요성을 파악하자마자 곧바로 반란 지도부와 연락을 취했다. 1640년 12월 그는 카탈루냐인들과 조약을 맺고, 이듬해 벽두에 프랑스 해군을 보내 그들을 지원했다. 카탈루냐 측은 그 보답으로 루이 13세를 에스파냐 왕으로부터 독립적인 바르셀로나 공작으로 선출했다.[8]

이리하여 에스파냐령 네덜란드는 조타수 없는 배처럼 폭풍 속에서 떠돌게 되었다. 마드리드 정부는 그들을 지원할 여력이 없었지만 그렇다고 통제권을 포기하려고 하지도 않았다. 설령 펠리페에게 병력과 자금을 제공할 능력이 있다 해도 그것을 수송할 해로와 육로가 막혀 있었다. 네덜란드 연방이 영국 해협과 프랑스령 브라이자흐를 장악하고 있었기 때문이다. 이탈리아에서 플랑드르에 이르는 합스부르크의 대동맥이 막히자 발텔리나도 중요성을 잃었다. 밀라노의 '항구적 평화'라는 명칭을 가졌던 이 고개는 그리종에 넘어가 에스파냐인들에게 쓸모가 없어졌다.[9]

뇌르틀링겐의 승리도, 플랑드르와 브라반트 국경에서 추기경 왕자가 구사한 전략도 헛수고가 되었다. 1640년 모든 지원이 철회된 가운데 추기경 왕자는 에스파냐로부터 포르투갈과 싸우기 위해 무기와 탄약을 보내달라는 명령 투의 요청을 받았다.[10] 마드리드의 명령과 반명령, 포르투갈과 카탈루냐의 호소와 반호소, 소문과 반박에 시달리면서도[11] 추기경 왕자는 활동을 멈추지 않았다. 1640년 그는 네덜란드 연방을 물리쳤다. 1641년에는 6년 전에 잃었던 헨네프를 간신히 되찾았다. 하지만 그것도 오래가지 못했다. 고된 일에다 에스파냐 궁정과의 불확실한 관계에서 오는 긴장에 시달리고 야전에서 몸을 혹사한 탓에 그는 심신이 허약해졌다. 1641년 늦가을에 그는 결국 병에 걸렸다. 11월 8일 에스파냐 왕에게 보내는 여섯 가지 공문을 검토하고 서명한 뒤,12 이튿날인 11월 9일에 그는 세상을 떠났다. 그의 정신력은 최후까지 강인했으나 신체는 견뎌내지 못했다.

2

추기경 왕자의 사촌인 황제 페르디난트 3세의 운명은 그보다 더 나빴다. 에스파냐가 몰락하는 동안 그는 오스트리아 왕가를 유지하기 위해 안간힘을 썼다. 마드리드에서 쏟아진 온갖 불평과 비난에도 불구하고13 그는 성공을 눈앞에 두었다. 헝가리 왕으로서는 프라하 강화를 통해 국익을 안정시키는 토대를 다져놓았다. 또한 황제로서는 자신이 정한 원칙을 그대로 추구하면 되었다. 그는 조금씩 힘을 축적해 리슐리외와 옥센셰르나에 대항할 만큼 군사력을 쌓았다. 독일의 군주들 가운데 그에게 맞설 수 있는 사람은 셋뿐이었다. 그중 한 사람인 팔츠 선제후 카를 루트비히는 재산이 없었으므로 손쉬운 상대였다. 둘째는 이기적인 군주인 브라운슈바이크-뤼네부르크의 게오르크였는데, 그는 처음부터 구스타프와 동맹을 맺고 스웨덴을 좇아 영토를 확장했다. 마지막은 헤센-카셀의 방백 빌헬름 5세였다.

1637년 헤센-카셀의 방백이 죽자, 페르디난트는 그의 미망인이자 어린 아들의 섭정인 아말리에 엘리자베트(Amalie Elisabeth, 1602~1651)가 평화를 추구하리라는 희망에 부풀었다. 방백 부인의 집념을 고려하면 충분히 가능했다. 침묵공 빌헬름의 손녀이자 하나우 여백작이기도

한 그녀는 결단력과 지성을 지닌 여성이었고, 나름의 원칙에도 충실했다. 그녀는 독실한 칼뱅교도로서 자신의 신앙에 투철하고 진실했다. 또한 그녀 자신도 군주의 입장이었으므로 남편의 영토를 아들에게, 그것도 가능하다면 현 상태보다 더욱 늘려서 물려주어야 한다는 의무를 잘 알고 있었다.

전쟁 초기부터 헤센-다름슈타트와 헤센-카셀의 두 지배 가문은 서로 으르렁거렸다. 다름슈타트 가문은 황제를 지지했고, 카셀 가문은 반대편으로 향했다. 그러던 중 1623년 레겐스부르크 선제후단 회의에서 카셀의 영토 상당 부분이 강제로 다름슈타트에게 넘어가자 두 가문의 적대는 더욱 심해졌다. 그것이 신교 세력, 특히 네덜란드와 프랑스에게 중요한 이유는 카셀 인근의 영토 때문이 아니라 그들이 오스트프리슬란트의 대부분을 소유하고 있었기 때문이다. 게다가 유능한 장군이자 존경받는 정치가였던 헤센-카셀의 빌헬름 5세는 스웨덴 왕의 동맹자로서 자신의 영토를 소유했다. 그의 미망인 역시 강단 있는 인물로서 수치스러운 강화는 원치 않았고 프랑스의 독립적 동맹자라는 지위를 유지하려 했다. 그녀는 리슐리외가 자신의 남편이 죽은 것을 이용해 그녀에게 종속적인 지위를 강요한 뒤, 규모는 작아도 강인하고 유능한 헤센 군대를 그의 소유로 만들려 할 것이라고 추측했다.

아말리에 엘리자베트는 선견지명을 가진 정치가는 아니었다. 독일의 통일을 도모하려는 의도나 행동은 전혀 없었다. 원칙을 견지했지만, 만일 지키지 못했더라도 양심의 가책을 심하게 느끼지는 않았다. 그녀는 헤센-카셀과 자신의 아들에 관한 문제에만 기민하고 일관된 자세로 신중하게 처신했다. 황제의 강화 제의에 그녀는 휴전 서명을 했지만, 그녀의 눈길은 페르디난트가 아니라 리슐리외에게로 향했다. 단순한 책략이 통했다. 그녀의 지원금과 군대와 재산을 놓치면 큰 타격을 입게 되는 추기경은, 헤센-카셀이 동맹에서 이탈하지 않도록 하기 위해 서둘러 그녀에게 남편이 살아 있을 때보다 더 좋은 조건을 제시했다. 그녀는 프랑스 왕, 브라운슈바이크-뤼네부르크 공작과 연달아 독자적인 동맹 조약을 체결하고, 페르디난트와의 조약을 비정하게 깨버렸다. 작은 헤센 정계에서 황제는 그녀에게 한껏 이용만 당하고 버림받은 꼴이었다.

페르디난트는 아말리에 엘리자베트와의 동맹이 실패했음에도 동맹 세력을 분리하려는 정책을 포기하지 않았다. 그 뒤에도 브라운슈바이크-뤼네부르크의 게오르크에게 호소했다가 모욕을 당했지만14 그는 여전히 옥센셰르나와 리슐리외를 갈라놓을 수 있다고 믿었다. 1639년과 1640년에 황제의 사절단은 함부르크에서 타결의 가능성을 논의했다. 슈트랄준트와 뤼겐을 스웨덴 정부에 양도하는 조건으로 페르디난트는 목적 달성을 눈앞에 두었다. 그들과 프랑스의 조약은 만료되었고, 스톡홀름에는 리슐리외의 희망이 온당치 않다고 반발하는 감정이 싹텄다. 스웨덴 외교관들은 프랑스군을 중부 독일에 직접 투입하라고 요청하기 시작했다. 오로지 라인 지역에만 신경 쓸 뿐, 엘베 강을 방어하고 오스트리아의 세습 토지를 공격하는 일은 자기들한테만 맡겨둔다면 굳이 동맹을 유지할 필요가 있겠느냐는 볼멘소리였다. 그러자 리슐리외는 지원을 완전히 차단해 그들에게 중요한 교훈을 일깨웠다. 프랑스를 배제하고 강화를 맺기에는 너무 약하다는 사실을 새삼 깨달은 스웨덴은 결국 기존 동맹을 쇄신할 수밖에 없었다.15

동맹 세력을 분리하지 못한다면 페르디난트에게 최선의 방책은 에스파냐의 의무로부터 벗어나는 것이었다. 프랑스를 적대하는 원인도 바로 에스파냐 때문이었다. 그가 가장 신뢰하는 신하인 트라우트만스도르프는 그렇게 하라고 권했다. 하지만 그러려면 먼저 개인적인 편견과 강력한 혈연의 애정을 끊어야 했다. 에스파냐 세력은 그가 사랑하고 그를 사랑하는 아내인 황후와 아내에 못지않게 그가 아끼는 야심만만한 동생 레오폴트가 지지하고 있었다.

페르디난트는 에스파냐 세력의 고집에 굴복해 동생 레오폴트 대공을 총사령관으로 임명했다.16 하지만 대공은 군인이 아니었기 때문에 올바른 임명은 아니었다. 그는 사람을 보는 안목이 부족했고, 운도 없었다. 본부에 도착하자마자 그는 술에 취하면 우는 갈라스의 영향을 받았다. 장군은 병력의 상태를 엉망으로 만들어놓은 데다 그 자신도 방종에 빠져 있었다. 하지만 대공은 그게 다 하급 장교들의 책임이며, 장군은 매정한 비판을 받고 상심한 나머지 술에 탐닉했을 뿐이라고 빈에 통지했다.17 그런 단순함 때문에 레오폴트는 신뢰를 얻지 못했다. 그가 참전하는 전투마다 패배한 것도 이상한 일이 아니었다. 그는 나름대로 영리하고 성격도 매우 좋았으나, 자만심은 구제 불능 수준이었다. 그는 결국 실망스러운 결과에 자존심이 무너지자 엉뚱하게도 분노와 복수심에 불탔다. 불운한 레오폴트는 자기가 형보다 더 황제에 어울린다고 믿었으나, 황제는커녕 장군으로서도 무능한 점만 보여주었다.

상황은 확실히 쉽지 않았다. 양 측면에서 모두 이론적 전략이 무용해졌다. 자원이 고갈된 지역에서 식량은 전쟁의 향방을 좌우하는 중요한 사항이었다. 병력의 이동은 순전히 전략적 측면만으로 결정할 사항이 아니었다. 대규모 병력은 보통 한 지역을 차지하고 파종기에서 수확기까지 머물렀다. 농민의 수가 너무 적어 군대의 식량까지 생산할 수 없는 지역에 머물 경우에는 병사들이 직접 파종과 수확을 담당하기도 했다.

에스파냐에서 자금이 제대로 공급되지 않으면, 제국군은 급료의 지불과 보급 체계가 유지될 수 없었다. 게다가 갈라스나 레오폴트 대공이나 조직적 수완은 빵점이었다. 그들의 한 부하는 "달리 돈이 없기 때문에 우리 문제는 우리가 해결해야 했다"라고 썼다.18 양측에서 모두 중앙통제가 느슨해졌고, 지휘관들은 부대를 거느리고 식량을 구하러 멀리까지 나갔다. 식량을 찾는 데 남다른 후각을 가진 지휘관은 발렌슈타인처럼 간주되어 막강한 권위를 누렸다. 병사들이 이 부대에서 저 부대로 탈영하는 것은 그렇잖아도 늘 파악하기가 어려웠는데, 이제는 아예 어느 부대의 전리품과 식량 보급이 좋다 싶으면 부대장이 누구인지 따지지도 않고 제멋대로 부대를 옮겼다. "하도 여러 부대를 전전한 탓에 …… 내가 지금 어느 부대에 있고 부대장이 누구인지도 몰랐다."19 영국인 용병 포인츠(Poyntz)는 양심의 가책도 없이 이렇게 털어놓았다. 누더기 차림의 무리들이 아무런 대의명분도, 특정한 전략도 없이 먹을 것을 찾고 위험한 싸움은 피하겠다는 일념으로 독일 전역을 헤매고 다녔다. 식량을 눈앞에 두었을 때는 상대를 가리지 않고 싸웠다.

이 때문에 전쟁 후기 10년 동안에는 각지에서 혼란스러운 군사 작전이 자주 벌어졌다. 전투가 부대들 간의 공조 없이 산발적으로 일어났으며, 본부의 참모들은 대규모 병력을 원하는 대로 이동시키지 못했다. 스웨덴-제국-작센 전쟁의 주요 전선은 엘베 강과 합스부르크 왕조의 영토였고, 프랑스-제국-바이에른 전쟁의 주요 전선은 오버라인과 슈바르츠발트 일대였다. 하지만 도처에서 간헐적으로 포연이 터지는 바람에 중심 공세가 힘을 잃고, 결말이 끝도 없이 지연되었다. 병사의 삶도 고되었지만 대다수의 주민들도 마찬가지였다. 인구 중 병사의 비율이 늘어남에 따라 평화가 왔을 때 군대를 해산하는 문제도 갈수록 큰 부담이 되었다.

군대가 해충처럼 제국을 갉아먹는 동안 페르디난트는 평화를 계획했다. 1640년 초에 뉘른베르크에서 열린 선제후단 회의에서 그는 헤센-카셀과 브라운슈바이크-뤼네부르크의 지배자들과 팔츠 선제후에게 무기를 내려놓도록 할 수 있다면 프라하 강화의 조건을 변경시키겠다는 의사를 표명했다. 선제후들도 그와 같은 의견이었다. 막시밀리안도 마지못해 자신이 차지했던 팔츠 영토를 토해내기로 했다.[20] 모든 선제후들의 동의를 얻어 황제는 연말이 되기 전에 제국의회를 소집하기로 결정했다.

페르디난트 3세가 소집한 레겐스부르크 제국의회는 1640년 9월 13일에 개막되어 1641년 10월 10일에 끝났다. 이 기간에 그는 치세의 전환점을 맞았다. 그의 운명은 두드러지지는 않았으나 확실한 상승 곡선을 그리며 정점에 달했다가 이후 급격히 내려앉았다.

1641년 1월까지는 만사가 순조로웠다. 평화와 타결을 호소한 황제의 입장이 잘 먹혀들었다.[21] 1640년 10월 9일 제국의회는 헤센-카셀과 브라운슈바이크-뤼네부르크의 대사들에게 안전통행권을 발부하기로 가결했다.[22] 또 11월 4일에는 스웨덴의 진출에 대비해 도시 주변에 군대를 주둔시켜야 한다는 페르디난트의 요청에도 동의했다. 군대 주둔 문제는 회의를 공포 분위기로 몰아간다는 이유로 지난 50년간 선제후들이 늘 한사코 거절했던 사안이었다.23 12월 21일 의회는 제국군의 현재 규모와 자금을 승인했으며,24 30일에는 제국 전역에 사면을 단행하고, 스웨덴의 의무 이행 문제를 논의하고, 프라하 강화를 토대로 전반적인 화해 조건을 협의했다.25 1641년 1월에 의회는 보헤미아의 엘리자베스와 그녀의 딸들이 독일 군주의 미망인과 자식들에게 걸맞은 연금과 지참금을 요구할 경우 그들에게도 안전통행권을 제공하기로 했다.26 하지만 그녀의 아들 팔츠 선제후27와 그 형제들에게는 안전통행권을 제공하지 않았다. 그들은 각각 네덜란드 군대와 스웨덴 군대, 파리에서 적극적으로 활동했으므로 그것은 당연한 처사였다. 게다가 그중 한 명은 2년여 동안 황제의 포로로 잡혀 있어 자기 아버지가 표방한 대의의 공정함을 주장할 기회가 없었다.28

1641년 1월 둘째 주에 바네르가 지휘하는 스웨덴군이 레겐스부르크 외곽에 접근해 항복하라고 요구했다. 장군은 꽁꽁 얼어붙은 도나우강을 건너 도시를 포위하려 했다.29 탁월한 용기와 냉철한 판단력을 가진 페르디난트는 바네르가 단지 회의를 중단시키기 위해 시위를 벌이는 것으로 해석하고, 적군에게 계속 강압적인 위치를 고수할 만한 자원이 없다는 판단에서 제국의회를 해산하지 않았다. 그 대신 그는 도시의 수비를 강화하고, 외곽 방어군을 증강시켰다. 그의 판단은 옳았다. 강의 얼음이 녹자 적은 물러갔다. 그들이 떠난 현장에는 황실의 매 스무 마리의 뼈가 남아 있었는데, 병사들이 꿩으로 오해하고 조리해 먹은 것이었다.30 페르디난트는 냉철한 판단력으로 휘하 군주들의 최종적 신임을 얻었다. 그것이 정점이자 전환점이었다.

옛 입헌주의 세력은 프라하 강화로 붕괴했다. 작센의 요한 게오르크는 완전히 무너졌고, 바이에른의 막시밀리안은 몇 년 동안 꼼짝도 하지 못했다. 프랑스가 독일을 침공하고, 거의 모든 독일 동맹자들이 스웨덴을 버리자 내전이 국제전으로 바뀌었다. 프라하 강화 이후 누구든 황제에게 조금이라도 반대하면 고립될 각오를 해야 했다. 페르디난트는 프랑스와 스웨덴에 맞서 독일의 통합을 지향하는 정책을 구사했는데, 그가 에스파냐 친척들로 인해 약해지지 않는 한 어느 독일 군주라도 현실적으로 그에게 반기를 들기란 불가능했다. 그러나 제국의회의 8차 회기에서 갑자기 선제후단 자체가 황제를 공격하고 나섰다. 브란덴부르크 대표는 자기 군주의 입장을 밝히면서 프라하 강화가 협상의 축으로 전혀 적절하지 않다고 역설했다. 그러자 즉각 바이에른, 쾰른, 작센 선제후들이 거세게 반발했다.31 그러나 하위 신교 군주들은 브란덴부르크의 지도를 받아들여 극단적인 신교 세력과 마찬가지로 황제에게 맞서는 입헌주의 노선을 취했다.32 그나마 외부의 침략에 대한 두려움이 끊임없이 제기되는 의혹을 감춰주었다. 한 가지 불운한 우연으로 페르디난트의 제국의회는 대통합의 장에서 제국의 취약함을 드러내는 무대로 바뀌었다.

그것은 순전히 우연이었다. 페르디난트가 제국의회를 소집하고 개최한 때는 브란덴부르크 선제후인 게오르크 빌헬름이 가톨릭이자 황제의 충성파였던 그의 총신 슈바르첸베르크 백작의 통제하에서 재위하던 무렵이었다. 그러나 게오르크 빌헬름은 마흔을 조금 넘긴 나이에 병이 들어, 1640년 12월 1일 세상을 떠나고 말았다. 아버지의 지위를 계승한 프리드리히 빌헬름(Friedrich Wilhelm, 1620~1688)은 스무 살의 젊은 나이였으나, 아버지와 달리 위풍당당한 인물이었다. 그의 아버지는 남자다운 외모에 소심하고 따분하고 소극적인 성격이었던 데 반해, 아들은 아버지에 못지않은 건장한 체격에 대담하고 단호하고 야심에 찬 정신의 소유자였다. 전쟁의 시대에 태어난 프리드리히 빌헬름은 전쟁 특유의 기회주의와 부도덕을 비롯해 오로지 실용성만 부각되는 풍조를 잘 이용했다.33 그는 자기 왕조의 물질적 이득이나 어쩌면 신민들에게까지도 득이 되는 일을 위해서라면 위험과 고통을 무릅썼다. 그것이 그에게는 정의의 실현이었다. 그러나 독일의 대의를 위해서는 한 푼도 내놓지 않았다. 훗날 그는 독일인을 위해 독일의 수로를 확보해야 한다는 유명한 선언을 발표했으나, 그의 목적은 자신을 위한 하나의 특별한 물길을 확보하는 데 있었다. 더 나중에 그는 프랑스가 지원하는 자금을 짐짓 대수롭지 않게 여기는 척하면서도 비밀리에 받았다. 그는 포메른을 마그데부르크와 교환하고, 나중에 술책을 부려 되찾았다. 그의 대내 정책은 엄격하고 유익하고 강력했으나 인기가 없었다. 그의 대외 정책은 아버지가 물려준 누더기 같은 영토에서 프로이센을 만들어냈는데, 그것 하나만으로도 그는 충분히 중요한 평가를 받을 수 있다.

브란덴부르크 선제후였던 아버지의 직위를 계승할 때까지 신임 선제후가 어떤 사람이었는지는 알려지지 않았다. 어린 시절에 그는 헤이그에서 교육을 받았고 주로 사촌들, 즉 보헤미아의 프리드리히의 자식들과 어울렸다. 아버지의 명령을 받고도 그는 집으로 돌아가려 하지 않았다. 결국 마지못해 명령에 따른 뒤에도 그는 아버지의 총신인 슈바르첸베르크 백작과의 관계가 몹시 나빴다. 심지어 그가 자신을 독살하려 한다고 의심했다.34

아버지 게오르크 빌헬름은 프라하 강화에 동의했기 때문에 그의 군대는 황제를 위해 스웨덴과 싸웠다. 그의 군사적 능력은 보잘것없었으나, 페르디난트는 한 사람의 도움이라도 아쉬운 판이었다. 특히 제국 의회 중에는 통일된 분위기를 조성하는 것이 무척 중요했다. 하지만 프리드리히 빌헬름의 치세가 시작되면서 브란덴부르크의 사정은 크게 바뀌었다. 새 선제후는 무엇보다도 자기 나라를 위해 평화를 원했다. 그가 물려받은 영토는 황폐해져 있었고, 외국군이나 자국의 오합지졸 군대가 강도질을 일삼는 곳이었다.35 가장 알토란 같은 지역은 팔리거나 저당 잡힌 상태였고, 수입도 아버지의 치세 동안 1/8로 줄어 있었다.36 심지어 베를린 성의 지붕이 무너진 탓에 그는 처음에 프로이센의 쾨니히스베르크에서 살아야 했는데, 선제후 일가가 지내기에는 식량이 턱없이 부족한 지역이었다.37 "포메른과 윌리히를 잃은 데다 우리는 지금 프로이센마저 뱀장어 꼬리를 잡은 것처럼 간신히 움켜쥐고 있습니다. 곧 마르크도 저당 잡혀야 합니다." 그의 한 신하는 이렇게 개탄했다.38

프리드리히 빌헬름은 마르크를 저당 잡히려 하지 않았고, 황제에게 더 이상 땅이나 돈을 내주지도 않았다. 그는 군대에게 방어 자세만 취하라는 명령을 내렸다. 스웨덴군이 침공했을 때, 그는 그들에게 어떤 조건을 제안하면 중립을 허용하겠느냐고 물었다. 슈바르첸베르크 백작은 절망적인 심정으로 반란을 획책했다. 1월에 그는 해임되고 곧바로 죽었는데, 아마 충격으로 인한 사망이었을 것이다.39

1641년 3월 초에 페르디난트는 레겐스부르크에서 브란덴부르크와 스웨덴 사이의 개별적 평화를 조심해야 한다는 말을 수도 없이 들었다. 5월에 브란덴부르크 선제후는 스톡홀름에 대사를 파견했고, 7월 초에는 스웨덴 정부가 휴전에 동의했다. 제법 긴 휴전이 예상되기는 했지만,40 24일에 조인된 결과는 무기한 휴전이었다.41 9월 초에 브란덴부르크와

스웨덴이 적대를 전면 중단했다는 소식이 레겐스부르크의 선제후 대표에 의해 발표되었다.42

프리드리히 빌헬름은 페르디난트에게 휴전 협상에 참여하라고 강권했다. 황제는 진심으로 평화를 바랐으나, 그렇다고 해서 오랜 세월에 걸친 싸움 끝에 획득한 것을 상당 부분 희생시키는 조건이라면 받아들이기 곤란했다. 그는 프라하 강화를 지지했지만, 1635년 리슐리외가 직접 개입하기 전까지는 관대하게 여겨졌던 타결이 실상은 타결이라기보다 1640년의 '타협은 없다'와 같은 구호에 불과하다는 것을 깨닫지 못했다. 브란덴부르크 신임 선제후는 허세를 떨쳐버렸다. 그는 제국의 동맹이었으나 레겐스부르크 협상을 무시하고, 자신이 직접 휴전을 이루었다. 그것은 마치 페르디난트 앞에서 벌떡 일어나 강화를 거부한 그를 공개적으로 비난하는 격이었다.

프리드리히 빌헬름의 행동은 그 몇 달 전에 출판된 《우리 로마-게르만 제국의 합리적 상태에 관한 논고(Dissertatio de ratione status in Imperio nostro Romano-Germanico)》라는 책 때문에 그 의미가 더욱 부각되었다. 힘차고 극적인 문장력과 논리적 힘을 갖춘 이 책은 발간되자마자 큰 인기를 모았다. 저자의 신분은 히폴리투스 아 라피데(Hippolithus à Lapide)라는 재치 있는 필명 아래 감춰졌으나, 실은 나중에 스웨덴 왕실 역사가가 되는 보기슬라프 필리프 폰 켐니츠(Bogislaw Philipp von Chemnitz, 1605~1678)였다. 이 시의적절한 책은 합스부르크 왕조가 제국의 조직을 이용해 사적인 영향력을 증대시키는 과정을 분석하고, 그들은 잔꾀와 무력, 비상사태를 악용해 군주들의 기존 권리를 침해하고 있을 뿐 실은 매우 취약한 처지에 있다고 가차 없이 폭로했다.

1640년 9월 제국의회를 소집했을 때 페르디난트는 이미 수중에 올리브 가지를 쥐었다고 믿었다. 하지만 1641년 5월에는 그가 전쟁만을 바라고 있으며,43 레겐스부르크 협상은 단지 프라하 강화에서 썼던 것과 같은 술수, 즉 동맹 세력을 붙잡고 반대파를 탓하기 위한 새롭고 더 강제적인 시도라는 것이 상식으로 통용되었다.

페르디난트는 바보가 아니었다. 그는 사태를 제대로 꿰뚫고 있었으며, 유일하게 가능한 대책을 실행에 옮겼다. 그는 올리브 가지를 내밀었는데, 사람들은 그가 칼을 뽑았다고 말했다. 정부의 체면을 지키려면 어떻게든 그의 주장이 옳다는 것을 증명해야 했다. 스웨덴과 브란덴부르크가 온갖 난항 끝에 휴전을 체결했다는 소식을 들었을 때, 그는 평화의 조정자로서 자연스럽게 즐거운 기색을 내보이며 매우 기품 있게 대처했다. 이 노련한 태도는 효과 만점이었다. 그가 유쾌하게 동의하는 자세를 취하자 브란덴부르크의 호전적인 지지자들이 무장을 해제했던 것이다. 그 기회를 이용해 페르디난트는 그들에게 프라하 강화를 전반적 평화의 축으로 삼는 것에 관해 재고해달라고 당부했다. 그는 현재 전반적 평화 회담을 저해하는 것은 단지 브란덴부르크와 극단주의자들뿐이라고 주장했다. 이렇게 그는 능숙한 솜씨로 브란덴부르크에게 책임을 돌렸다.44 결국 책임을 회피하기 위해 선제후 대표단은 그의 제안에 동의했다.45 1641년 11월 10일 페르디난트는 제국의회를 직접 해산하고, 각국이 전권대사를 선정해 프라하 강화와 전면적 사면을 축으로 반란·침략 세력과 평화 조건을 논의하도록 한다는 결정을 내렸다.46

하지만 위기는 사라진 게 아니라 연기되었을 뿐이었다. 머잖아 페르디난트는 본격적으로 평화 협상에 나서야 할 것이다. 제국의 위신이 크게 침해될 것을 각오하고 스웨덴과 프랑스 쪽으로 기울고 있는 프리드리히 빌헬름과 협상해야 할 것이다. 머잖아 페르디난트와 프리드리히 빌헬름이 모두 강력하게 거부하는 전쟁의 칼을 누군가가 뽑을 것이다.

3

1641년 11월 30일 브란덴부르크 선제후의 영토인 슈프레 강의 쾰른(Kölln, 베를린 인근의 중세 도시로, 라인 강변의 더 유명한 쾰른(Köln)과는 다른 곳이다 : 옮긴이)에 황제의 사면령이 내걸렸다. 하지만 포고가 적힌 판은 밤중에 비바람을 맞고 쪼개져 거리에서 사람들의 경멸스런 발길에 차였다.47 사람들에게 냉소적인 평가를 받지 않으려 애썼던 황제의 평화적 의도에 대해 일반인들이 어떻게 생각하는지 그 반응을 그대로 보여주는 사건이었다.

한편, 함부르크에서 황제와 스웨덴, 프랑스 대리인들은 평화 회담의 준비 작업에 착수했다. 페르디난트는 세 명의 대사를 연속으로 보냈으나 스웨덴과 프랑스에 제국 정부의 진심을 납득시키지 못했다. 프랑스 대사는 이렇게 불평했다. "그들은 쿠르츠(Kurtz) 대신 뤼초프(Lützow), 뤼초프 대신 아버스베르크(Aversberg)를 대사로 기용했다. 그러나 사람은 바뀌었어도 이야기는 늘 똑같았다."48 실은 프랑스에게 아주 유리한 상황이었다. 파리 정부는 사태가 지연될수록 합스부르크가 크게 불리해진다고 확신했기 때문이다. 빈 정부는 물론 반대 입장이었다. 두 정부는 온갖 구실을 대면서 몇 달 동안 협상을 벌였다. 프랑스 측은 사보이 여공작의 직함을 요구했으나, 오스트리아 측은 거절했다. 양측의 갈등이 최고조에 달한 것은 덴마크 사절이 양측 모두 온당하게 거부하기 어려운 해결책을 제시했을 때였다.49 오스트리아는 그것을 비준했으나, 프랑스가 그 문서의 내용이 너무 모호하고 부당하다며 수락을 거부한 탓에 사태는 또다시 교착 상태에 빠졌다. 이런 식의 지연시키기 놀이가 즐겁게 진행되는 가운데 양측은 서로 상대방이 타결을 미룬다며 맹렬히 비난했다.50

제국 정부는 훗날 오스트리아의 특성이 된 태평스러운 낙관주의로 일관하면서 사소한 일들로 희망을 연장하고 기대를 높였다. 제국의회가 끝난 직후, 비타협적이었던 브라운슈바이크-뤼네부르크의 게오르크 공작이 죽자 그 계승자들은 스웨덴을 버리고 황제와 별도로 강화를 맺었다.51 이로써 헤센-카셀의 빌헬름과 추방된 팔츠 선제후만이 공개적인 반란 세력으로 남게 되었다. 페르디난트는 또한 스웨덴과 덴마크 사이의 적대에도 기대를 걸었다. 하지만 그가 덴마크의 크리스티안 4세를 평화 협상의 중재자로 임명했을 때, 스웨덴이 큰 불만을 표시하긴 했어도52 아직 노골적인 불화는 없었다.

스웨덴과 브란덴부르크의 관계에도 문제가 있었다. 스웨덴의 젊은 여왕은 선제후와의 결혼을 내켜하지 않은 데다 포메른의 소유권도 말썽의 근원이었다. 페르디난트가 스웨덴의 완벽한 소외를 기대할 만한 근거는 충분했다.53

스웨덴과 덴마크의 적대, 브란덴부르크와 스웨덴의 긴장은 전장의 사태에서 부분적으로 확인된 빈의 희망을 더욱 높여주었다. 특히 스웨덴 측의 갈등은 작센-바이마르의 베른하르트가 죽은 뒤 2년 동안 매우 위험한 상황이었다. 요한 바네르는 스웨덴 여왕의 휘하에 있는 장군이었지만, 전통 귀족 가문 출신으로 그의 아버지가 카를 9세(Karl IX, 1550~1611)의 치세에 반란을 일으켜 목숨을 잃은 처지였다. 군대 사령관이 으레 그렇듯이 바네르도 독일 땅에 욕심이 많았다. 그 당시 몇 년 동안 그의 행동은 사적인 권력욕이 대단하다는 것을 명확히 보여주었다. 만스펠트나 발렌슈타인, 베른하르트 같은 사람들의 경력은 야심을 가진 사람이라면 누구도 무관심할 수 없는 가능성을 열어주었다. 바네르는 탐욕스럽고, 오만하고, 파렴치한 사람이었다. 게다가 뇌르틀링겐 전투에서 호른의 군대가 궤멸되자 그의 위치는 한층 강고해졌다. 몇 년 동안 그는 스웨덴 정부의 큰 자랑이었다. 북독일에서 제국, 작센, 브란덴부르크에 맞설 수 있는 유일한 보루였다. 그는 스웨덴과 라인 혹은 중부 독일의 연락선을 방어하고 있었으므로, 만약 그가 철수한다면 옥센셰르나가 리슐리외와 맺은 동맹은 쓸모가 없어지고 스웨덴은 굴욕적인 강화를 맺어야 하는 처지가 될 터였다.

그가 지휘하는 군대는 비록 급료도 제대로 받지 못하고, 적의 공격 때문에 보급도 형편없기는 했으나 그게 아니더라도 신뢰할 수 없었다. 옥센셰르나에게 보낸 보고서에서 바네르는 사정을 솔직히 털어놓았다. "보급 장교인 람(Ramm)은 …… 제 허락도 없이 뒤처져 메클렌부르크에 머물렀습니다. 저는 그가 어떻게 되었는지 알지 못합니다."[54] 계속해서 그는 이렇게 말했다. "그들에게 여왕 폐하의 이름으로 [급료 지급을] 거듭 약속하는 것밖에 도리가 없었습니다. …… 그것이 제가 생각할 수 있는 가장 그럴듯한 변명입니다."[55] 뒷부분에는 이런 대목도 있었다. "병력의 규모는 큰 변화가 없으나 낙오자, 약탈자, 강도 등 무책임한 자들이 많습니다. …… 군기로 돌아오게 할 방법이 없습니다."[56] 그는 군대의 규율이 무너졌다고 인정했다.57 보병들은 자신의 장비와 식량을 교환했다.58 이런 일이 거듭되면서 사태는 점점 더 극단으로 치달았다. 미래가 전혀 보이지 않았다.59

바네르는 군대의 사정을 비관적으로 묘사했지만 실은 그럭저럭 꾸려나가고 있었다. 그는 분명 자신의 자원과 지략으로 재앙을 모면했다는 인상을 주고 싶었던 것이다. 그의 보고는 대체로 사실에 바탕을 둔 내용이었지만 군데군데 과장된 부분도 있었다. 옥센셰르나도 알고 있던 대로, 스톡홀름 정부는 독자적으로 반란 세력을 처리할 능력이 없었기 때문에 장군을 극진히 대우할 수밖에 없었다. 짧은 기간에 옥센셰르나에게 바네르는 리슐리외의 베른하르트와 같은 존재가 되었다. 베른하르트가 죽은 뒤 바네르가 에를라흐와 주인 잃은 군대를 사들이지 못하고 리슐리외에게 빼앗긴 것은 오로지 자금 부족 때문이었다.60 그래서 그는 더 노골적인 공세로 자신의 입지를 강화하려 했다. 1639년 그는 보헤미아를 침공했다. 피콜로미니가 노련하게 프라하를 방어하지 않았거나 농민들의 반대가 없었다면,61 무엇보다도 식량만 부족하지 않았다면, 그는 보헤미아의 주인이 되었을 것이다. 그는 옥센셰르나에게 이런 편지를 보냈다. "보헤미아 왕국이 그렇게 초라하고 황폐한 줄은 생각하지 못했습니다. 프라하와 빈 사이의 지역은 완전히 파괴되었고, 살아 있는 사람이 거의 없었습니다."62

그럼에도 불구하고 바네르는 기회를 잘 활용했다. 스웨덴 정부는 그가 독자적으로 평화 협상을 시작해 슐레지엔의 영토와 제국 공작의 작위를 주겠다는 제안에 넘어갔다는 소식을 듣고 충격에 휩싸였다.63 복안이 노출된 탓에 바네르는 잠시 타격을 입었지만, 1640년에 다시 원정에 나서 남쪽의 에르푸르트로 진격했다. 그곳에서 프랑스 장군 게브리앙이 지휘하는 베른하르트군과, 헤센과 브라운슈바이크 출신의 한 지대와 합류했다. 병력의 규모가 4만여 명에 달했으나 그는 선뜻 행동에 나서지 않고 망설였다. 제국군은 전투를 피하는 책략으로 대응했다. 바네르는 굳이 도나우 강까지 가려 하지 않고, 과거 발렌슈타인의 예를 좇아 레오폴트 대공과 협상했다. 제국군의 전선 배후에서 황제는 이 서곡을 의혹에 가득 찬 눈길로 지켜보았다.64 프랑스-스웨덴 진영에서도 바네르의 의도를 의심하기는 마찬가지였다. 이 의심은 헤센 장군 페터 멜란데르(Peter Melander, 1589~1648)의 사임으로 절정에 달했다. 이후 그는 바이에른 군대의 지휘를 맡는 모순에 찬 행보를 보였다. 프랑스 사령관 게브리앙이 불만을 품을 만한 이유가 또 있었다. 바네르는 뻔뻔스럽게도 다시 베른하르트군을 매수해 그 군대를 자기 휘하에 두려고 했던 것이다.65

그 시도가 실패하자 바네르는 별다른 소득도 없이 베저 강변으로 물러갔다. 적극적이지만 영리하지 못했던 그는 마침내 오랜 세월 동안 탐닉했던 술의 힘에 넘어가고 말았다. 특히 그는 1640년 6월 아내 엘리자베트(Elisabeth Juliana, 1600~1640)의 죽음에 크게 상심했다. 그녀는 남편의 원정에 대부분 참여했으며, 우아한 기품과 굳은 의지를 가진 여인으로, 까다롭고 성급하고 야심에 찬 남편을 다룰 수 있는 유일한 인물이었다. 병사들도 그녀를 존경했고, 민간인들도 자주 그녀에게 바네르의 가혹한 처사를 완화해달라고 애원했다. 어느 도시에서는 부탁할 일이 있으면 그녀의 하녀를 찾는 게 좋다는 소문도 있었다.66

아내의 장례식에서 장군은 바덴 변경백의 어린 딸 요한나 마르가

레타(Johanna Margaretha, 1623~1661)를 눈여겨보았다. 극심한 비탄에 빠진 상태에서 그는 터무니없게도 그녀에게 즉각 강렬한 애정을 품었다. 결혼은 물의를 빚을 만큼 짧은 기간에 이루어졌다. 군대 지휘관들의 따가운 눈총을 받으며 장군은 어린 신부와 함께 밤이면 밤마다 친구들과 술판을 벌였고 낮이면 낮마다 잠으로 시간을 보냈다.67

이 결혼은 주로 바네르의 감상적인 슬픔과 고삐 풀린 욕망에서 비롯되었지만, 다른 한편에서 보면 새 아내가 독일에서 가진 지위도 한몫을 했다. 이제 바덴 변경백의 사위가 된 바네르는 제국 내에서 원하면 스웨덴 왕실에 반기를 들 수도 있는 강력한 위치에 올랐다. 또한 그는 독일 군주들 사이에 당당히 낄 수 있는 신분이 되었다. 하지만 그 때문에 그는 전혀 마음에 내키지 않는데도 아마추어 군인을 진영에 받아들이지 않으면 안 되었다.68 그 군인은 팔츠 선제후의 동생으로, 전쟁술을 배우고 있었다. 처음에 그는 이 왕자를 무척 차갑게 대했으나, 점차 결혼 생활에 익숙해지고 자신이 그와 동등한 사회적 지위, 즉 상류층에 올랐다는 자신감이 붙자 나중에는 태도가 부드러워졌다.69

이것은 극히 사소한 예에 불과할 뿐, 바네르의 변덕스러운 행동은 지극히 개인적 야망에 휘둘렸다. 어쨌든 걸핏하면 다툼을 일으키는 그는 동맹자로서 별로 쓸모가 없었다. 군대의 힘을 되찾자 그는 에르푸르트로 진격해 1640년 12월 게브리앙이 지휘하는 베른하르트군과 다시 합류했다. 이들은 신속하게 레겐스부르크로 진군하더니 강 건너편 아주 먼 곳에서 도시를 향해 포격을 퍼부었다. 하지만 날씨가 궂은 데다 바네르가 게브리앙과 격한 불화를 빚은 탓에 원정은 실패로 돌아갔다. 바네르는 1641년 1월 말에 작센의 츠비카우로 철수했다가 나중에는 할버슈타트로 갔다. 적극성과 나태함이 교차되면서 결정적 공격을 회피하는 그의 행동은 출세주의 군인의 전형을 보여주었다. 그는 끊임없이 베른하르트군을 매수하려 한 끝에 결국 그들을 혼란에 빠뜨리는 데 성공했다.70 그러나 발렌슈타인처럼 바네르도 자신의 군대를 오판했다. 그는 한 번도 인기를 누린 적이 없었고, 첫 아내가 죽은 뒤 진실한 통합의 구심점도 잃었다. 그가 점차 군대의 규율은 물론이고 급료와 보급품에 신경을 쓰지 않자 군대는 반란의 분위기로 치달았다.71 폭동이 터지기 전에 그는 1641년 5월 20일 할버슈타트에서 세상을 떠났다. 스웨덴 정부는 그가 남긴 최악의 상황에 대처해야 했다.

바네르가 죽었다는 소식을 접한 옥센셰르나는 렌나르트 토르스텐손을 후임으로 임명했다.72 그는 구스타프 아돌프의 휘하에서 경력을 쌓은 군인으로, 옥센셰르나의 두터운 신임을 받았다. 하지만 아직 스웨덴에 있는 토르스텐손이 새 임무를 제대로 담당하기까지는 몇 주일, 아니 몇 개월이 걸릴지 알 수 없었다. 그동안 군대의 지휘권은 유능하지만 인기는 없었던 카를 구스타프 브랑겔(Carl Gustav Wrangel, 1613~1676)이 맡았다. 그의 지휘 아래 1641년 6월 군대는 볼펜뷔텔의 제국군을 물리쳤으나73 승리감이 잦아들자 불만의 목소리가 다시 높아졌다. 지도적인 지휘관 중 한 사람으로 평판이 좋은 군인이었던 모르테뉴(Kaspar Kornelius Mortaigne de Petelles, 1609~1647)가 반란을 이끌었다. 그들은 당장 급료를 지불하라고 요구하면서, 이행되지 않을 경우 베른하르트군을 라인란트로 이동시켜 스웨덴 정부의 군대를 아예 없애버리겠다고 위협했다.74 때마침 토르스텐손이 현지에 도착해 위기를 넘겼다.

11월 중순에 도착한 토르스텐손은 엄격하고 당당한 인물이었다.

통풍을 심하게 앓았으나, 브랑겔의 암울한 보고에도 다리를 저는 자신의 질병에도 기가 꺾이지 않았다. 그는 스웨덴 병사 7천 명을 데려왔으며, 각고의 노력으로 군대의 어려움을 해소할 자금도 마련해서 가져왔다. 이 자금을 적절히 분배하고 스웨덴 병사들을 충원해 군대에 힘을 불어넣고, 반란 병사들에게 위압적이지 않은 단호한 태도를 유지한 덕분에 이윽고 사태를 진정시킬 수 있었다.[75]

그는 요한 바네르보다 더 신뢰할 만한 지도자였다. 게다가 왕실에 대한 충성심도 더 컸고, 조직 능력도 더 뛰어났다. 사실 그래야만 했다. 프랑스의 자금은 늘 부족했고, 급료는 늦게 지급되었다. 충성심과 조직력만이 스웨덴군이 보유한 유일하게 확실한 자원이었다. 토르스텐손은 자금 부족 문제를 새로운 방식으로 대처했다. 병력을 충원할 때 급료를 지급하는 조건을 제시하지 않는 것이었다. 병력의 항구적인 공급처인 가난한 농민들에게 그는 급료 대신 식량과 의복, 무기를 제공하고, 약탈의 기회를 주겠다고 했다. 기존의 상황을 받아들이고 합법화한 것이었다. 이 방법 덕분에 그는 자신이 오기 전부터 군대에 있었던 고참 병사들에게만 급료를 지불하면 되었다.[76] 전염병과 굶주림, 무분별한 생활로 고참 병사들의 수는 해가 갈수록 줄어들었다.

제멋대로 행동하는 강도단 같은 병사들을 다스리고 제압해 임무를 수행하도록 하려면 엄한 규율이 필요한데, 바로 토르스텐손이 그 적임자였다. 그는 인기에 구애받지도, 인기를 추구하지도 않았다. 당연히 병사들은 그를 싫어했고, 그는 그들을 공포로 다스렸다. 더구나 그는 지병 때문에 성가신 들것을 타고 다니며 군대를 지휘했다. 만약 그가 유능하지 못한 군인이었다면 반란을 모면하지도 못했겠지만, 허물을 보이지도 않았을 것이다. 그는 병사들에게 약탈의 기회와 승리를 안겨주었다. 병사들은 그의 교수형과 총살형, 매질에 욕설을 퍼부었으나, 그에게 반기를 드는 사람은 아무도 없었다.

렌나르트 토르스텐손의 부임은 황제의 희망을 짓밟았다. 그 스웨덴 장군은 1642년 봄에 제국의 영토로 곧장 쳐들어가 공격을 개시했다. 작센군은 슈바이트니츠에서 참패를 당하고, 상당량의 대포와 탄약을 잃었다.77 토르스텐손은 파죽지세로 모라비아를 침공했다. 그곳에는 약탈할 만한 것이 거의 없었다. 어느 수도원에서 병사들은 무덤을 파내 죽은 수도원장의 반지가 끼워진 손가락을 잘라냈다. 올로모츠로 행군할 때 그들은 수도원의 제의함에서 꺼낸 신성한 도안이 그려진 제의와 제대포를 더러운 가죽 외투 위에 망토처럼 걸치거나 군기에 매달아 흔들었다.78 올로모츠는 6월에 함락되었다. 용의주도한 토르스텐손은 즉각 도시의 방어 시설을 강화하는 작업에 착수했다. 우선 농장을 무참히 파헤쳐 겨울을 나기 위한 오두막을 지었다. 병들고 가난한 학생들은 쓸데없는 인력으로 간주되어 추방되었고,79 제국 총독은 위험한 반역자로 몰려 처자식과 함께 걸어서 시를 나가야 했다.80 토르스텐손은 현지 농민들 중 황제에게 충성하는 자들을 색출했다. 농민들이 조금만 저항해도 그는 촌락을 불태워 응징했다. 또한 포로를 고문하고 교수형에 처했으며, 군대의 물건을 도둑질한 자는 무시무시한 형벌로 다스리겠다고 위협했다.81

그의 정찰대가 빈에서 40킬로미터 떨어진 지점까지 접근하자, 제국의 장군들과 레오폴트 대공, 피콜로미니는 대군을 모아 반격에 나섰다. 토르스텐손은 여전히 신중했다. 그는 군대의 주력군을 거느리고 슐레지엔을 거쳐 작센으로 갔다. 그곳에서 무장이 형편없는 요한 게오르크를 굴복시키고, 제국군이 오기를 기다릴 참이었다. 그가 라이프치히를 포위했을 무렵, 1642년 11월 2일에 레오폴트 대공이 모습을 드러냈다. 토르스텐손은 북쪽의 브라이텐펠트 방면으로 철수했다. 추격에 나선 레오폴트는 섣부르게 또 한 번의 뇌르틀링겐 전투를 꿈꾸었으나, 결과는 또 한 번의 브라이텐펠트 전투였다.

대공은 스웨덴군에게 거센 폭격을 퍼부었다. 그렇게 해서 자신의 위치를 방어하고 양익의 기병대로 작전을 전개하려 했다. 그는 연쇄탄(chain shot, 두 개의 폭탄을 사슬로 이은 무기: 옮긴이)을 사용했는데, 당시 갓 개발된 이 신무기는 스웨덴군을 겁주기에 충분했다. 하지만 토르스텐손은 자신의 군대가 아직 적의 정예 병력과 교전할 준비를 갖추지 못했다는 것을 알고 거센 포화 속에서 적의 좌익을 공격했다. 그러자 적은 혼란에 빠져 순식간에 전열이 무너졌다. 대공이 몸소 말을 타고 현장에 달려가 욕설을 퍼붓고 위협을 가하면서 도망병들을 불러모으려 애썼으나, 그의 명령을 듣는 장교와 사병은 전혀 없었다.

전장의 반대편에서는 제국 기병대가 스웨덴군을 격파했고, 보병대는 스웨덴군의 중앙을 압박했다. 하지만 승리한 토르스텐손의 우익 기병대가 제국군을 분산시킨 뒤 중앙군을 지원하러 오면서 전황이 바뀌었다. 이들이 제국군의 보병대를 물리친 뒤 토르스텐손은 전 병력으로 고립된 제국군 우익 기병대를 포위했다. 일부는 그 자리에서 항복했고, 대다수는 도망쳤다. 스웨덴군은 평원지대에서 몇 킬로미터나 그들을 추격했다. 마침내 적의 모든 병력이 무기를 내던지고 정복군에게 항복했으며, 기꺼이 스웨덴군으로 들어오겠다고 했다. 적게 잡아도 대공은 전장에서 병력의 1/4을 잃었고, 또 1/4이 적에게 투항했다. 스웨덴 측은 적의 전사자를 거의 5천 명으로, 포로를 4,500명으로 추산했다. 또한 그들은 대포 46문, 탄약을 실은 마차 50대, 대공의 서류와 돈을 노획했다.82 대공은 간신히 목숨을 건져 보헤미아로 물러갔다. 여기서 그는 군법회의를 열고, 첫 번째로 무너져 좌익의 저항을 무력화시킨 한 연대의 대령과 지휘관들을 재판했다. 참패는 그의 느긋한 성격을 모질게 만들었다. 그는 그 연대의 고급 장교 전원을 참수하고, 하급 장교들을 교수형에 처하고, 사병들 가운데서도 1/10을 총살한 뒤 나머지 사병들을 다른 연대에 분산시켜 배속했다. 그런 다음에 그는 플제니로 가서 공식 성찬식을 치르고, 신의 도움을 비는 기도를 올렸다.83

몇 주일 뒤 제국의 반대편에서 나쁜 소식이 전해졌다. 8년 전 호엔트빌 성을 제국에 양도하지 않겠다고 버텼던 독립 신교도 비더홀트가 프랑스를 위해 콘스탄츠 북쪽 해안의 위베를링겐 시를 습격해 점령했다는 소식이었다.84

이렇게 합스부르크 왕조의 운명이 내리막길을 타자, 마인츠 선제후는 프랑크푸르트암마인에서 제국대표자회의를 소집해 전쟁을 유발한 문제와 전쟁으로 인해 생겨난 문제를 논의했다.85 페르디난트의 목적은 분명했다. 독일 사태를 해결하기 위한 권리를 확보하고, 프랑스와 스웨덴이 평화 회담을 이용해 제국의 사태에 간섭하려는 것을 막아야 했다. 그러나 그의 계획은 스웨덴 측의 교묘한 역공을 받았다. 스웨덴의 전권대사는 함부르크에서 독일의 모든 지배층을 초청해 국제 평화 회담을 열고 각자 불만을 토로하자는 선언을 발표했다.86

당분간 평화 회담 장소는 스웨덴 측과는 오스나브뤼크, 프랑스 측과는 뮌스터에서 하기로 정하고, 날짜는 1642년 3월 25일로 잡았다. 페르디난트는 어떻게든 그 사안을 회피하려는 마음뿐이었다. 그는 회의 비준을 차일피일 미루면서, 날짜가 지날 때까지도 자신의 전권대사에게 신임장을 발부하지 않았다.

하지만 오스트리아의 핑계는 그 당시 페르디난트의 가톨릭동맹자들에게서조차 비난받았다. 바이에른의 막시밀리안은 마리아 안나 대공녀와의 결혼으로 끊임없이 흔들리던 충성심이 잠시 고정되었으나, 이내 프랑스 측으로 기울면서 마인츠 선제후와 쾰른 선제후도 그쪽으로 데려갔다. 이들 셋은 서로 위치도 가까웠기 때문에 라인, 마인츠, 쾰른을 세력 근거지로 삼고 안전을 도모했으며, 바이에른은 선제후령과 라인 정복지에 대한 승인을 얻었다.

가문의 분열은 페르디난트의 저항력을 약화시켰다. 그의 사촌인 추기경 왕자가 죽자 올리바레스는 처음에 레오폴트 빌헬름 대공을 후계자로 정했다.87 이 군주는 독일에서 두각을 나타내지는 못했으나 어리석은 인물은 아니었다. 추기경 왕자와 비슷하게 편안한 매력을 가졌으므로 브뤼셀의 속물스런 군중과 플랑드르의 관리들에게서 제대로 된 혈통상의 군주로 대우받을 가능성이 높았다. 에스파냐의 펠리페 4세는 처음에 그 제안을 환영했으나, 갑자기 마음을 바꿔 플랑드르 국민들의 왕에 대한 열정을 충족시키기 위해 자신의 아들 후안 호세(Juan José, 1629~1679)를 총독으로 임명했다.88 후안 호세가 왕의 아들인 것은 사실이지만, 그의 어머니는 마리아 칼데론(María Calderón, 1611~1646)이라는 배우였다. 게다가 그는 고결하고 현명했으나,89 이제 겨우 열두 살이었다. 국민들은 서자를 왕으로 받들어야 한다는 사실에 당연히 분노했다. 또한 정부의 권력자들은 펠리페가 아들을 임명한 속셈이 마드리드를 계속 장악하고, 자신들을 억압하려는 데 있다고 여겼다. 정중한 항의가 잇따르자 마침내 펠리페는 후안 호세를 총독으로 파견하는 것을 무기한 연기하고, 당분간 프란시스코 데 멜로(Francisco de Melo, 1597~1651)를 네덜란드 섭정으로 임명했다.90

상황은 나아지지 않았다. 오스트리아 왕가는 그토록 오래 동맹을 맺었으면서도, 에스파냐 왕이 빈의 에스파냐 세력을 이끄는 공인된 지도자로 나이도 더 많은 레오폴트 대공보다 서자를 선호하는 것에 큰 충격을 받았다. 이리하여 펠리페의 어리석은 오만으로 도덕적 유대가 깨졌다. 더욱이 멜로의 무능함은 에스파냐령 네덜란드를 마지막 재앙으로 몰고 갔으며, 황제에게는 침몰하는 에스파냐 왕국으로부터 자신을 구하기 위한 또 하나의 자극이 되었다.

4

프랑스와 에스파냐의 전쟁은 간헐적이지만 꾸준히 프랑스에게 유리한 상황으로 전개되었다. 리슐리외의 어려움은 언제나 군대에 있었다. 위험이 가장 큰 독일에 최정예 병력이 있어야 하는데, 그는 늘 피레네, 플랑드르, 부르고뉴에서 군대를 지휘하는 귀족들을 믿지 못했다. 그럼에도 불구하고 그는 앙갱 공작 루이(Louis de Bourbon, 1621~1686)에게 특별한 신뢰를 가졌다. 콩데 공 앙리(Henri II de Bourbon, 1588~1646)의 맏아들인 루이는 장래가 촉망되는 이십대 초반의 청년이었다.91 리슐리외의 제안으로 이 청년은 1642년 겨울 플랑드르 국경의 군대를 지휘하는 총사령관이 되었다.

앙갱 공작은 리슐리외의 믿음을 얻었으나 다른 사람들에게는 그다지 신뢰감을 주지 못했다. 소년 시절에 그는 사납고 변덕스러운 성질에 때로는 무모한 측면도 있어 과연 온전하게 자랄까 하는 의구심을 샀다. 스물두 살의 그는 그런 결함들을 많이 극복했지만, 충동적이고 자유분방하고 다른 사람의 반대를 몹시 싫어하는 태도는 변하지 않았다.

프랑스군도 그 무렵 많이 변했다. 리슐리외는 돈을 절약하고 지휘관, 특히 귀족의 권력을 억제하기 위해 병력의 규모보다 기술적인 측면에 더 집중했다.92 왕의 지원을 얻어 그는 규율을 더 엄격하게 집행하고, 욕설 같은 사소한 죄에도 엄벌을 가하기로 했다.93 또한 종군자의 수, 특히 부대를 따라다니는 여자들의 수를 줄이려 했지만 항상 성공하지는 못했다.94 나아가 그는 권력이 아니라 재능에 의한 승진의 길을 닦음으로써 농민, 기술자, 상점 주인, 곤궁한 귀족의 아들도 야심과 지성을 가졌다면 충분히 경력을 쌓을 수 있도록 해주었다. 이리하여 10년에 걸친 노력 끝에 병사들은 고도로 훈련된 기계 같은 군인이 되었고, 특히 포위전의 기술과 인내력이 크게 향상되었다. 그래서 적의 편에서 넘어온 탈영병이나 포로가 섞여도 군대의 기강이 흐트러지지 않았다. 그 덕분에 과거에 스웨덴군이 그랬던 것처럼 강렬한 민족의식이 발달했다. 포로들은 금세 그런 분위기에 적응하거나, 아니면 프랑스 해군에 배속되어 갤리선을 젓는 노예로 부려졌다.95

리슐리외는 자신의 마지막 중요한 임명이 성공해 오랜 정치적 작업이 완성되는 것을 보지 못하고 죽었다. 1642년은 그의 경력에서 가장 위험한 최후의 지뢰가 폭발한 해였다. 왕이 아끼는 총신 생 마르(Cinq Mars, Henri Coiffier de Ruzé, 1620~1642)가 반란을 일으켰다. 귀족 몇 명과 함께 거사했는데, 뜻을 이루기에는 너무 적은 수였으나 추기경의 자신감을 뒤흔들기에는 충분했다.96 리슐리외는 반란을 진압하는 데 성공했고, 생 마르는 여느 반란 지도자들처럼 형장의 이슬로 사라졌다. 하지만 승자는 그보다 3주일밖에 더 살지 못했다. 1642년 11월 28일 그는 중병에 걸려 나흘 뒤 사임하겠다는 뜻을 밝혔다. 오랫동안 꾸준히 악화되어온 병에 시달렸던 그의 육신은 마침내 완전히 고갈되었다. 왕은 그의 사임을 허락하지 않았다. 그 대신 왕은 직접 그의 침상으로 문병을 와서 달걀노른자를 먹여주는 등 감정을 한껏 자제하면서도 자신이 베풀 수 있는 온갖 배려를 아끼지 않았다.97 그들의 관계는 언제나 감정이 배제된 이성적 관계였다. 추기경은 왕을 국가의 '몸통'으로 여겼고, 왕은 추기경을 권력의 근간으로 여겼다. 물론 그들의 결합도 흔들릴 때가 있었다. 주로 왕이 결혼생활과 권력에서 얻지 못한 정서적 행복을 찾기 위해 젊고 활기차고 건강한 것에 병적이면서도 무심하게 탐닉한 탓이었다. 그러나 루이 13세는 불안정한 열망을 품었음에도 불구하고 머리가 가슴보다 강한 사람이었으므로 리슐리외의 영향력은 굳건했다.

왕이 그를 찾은 것은 12월 2일이었다. 다음 날 밤 리슐리외는 벅찬 감동을 느낀 뒤 서서히 혼수상태에 빠져들었다. 12월 4일 정오에 그는 숨을 거두었다. 파리 시민들은 슬픔보다 호기심으로 장례식을 지켜보았다. 그들에게 리슐리외는 늘 인기가 없었으나 언제나 존경을 받았고, 항상 두려움의 대상이었으나 국가의 위기를 맞아 언제든 의지하고 신뢰했던 사람이었다.

이듬해 봄 앙갱 공작은 두 노련한 사령관 오피탈(François de l'Hôpital, 1583~1660)과 가시옹(Jean de Gassion, 1609~1647)을 거느리

고 플랑드르 국경에서 작전을 개시했다. 하지만 분위기는 어수선했다. 파리에서 루이 13세가 병에 걸려 회복될 가망이 거의 없다는 진단을 받았기 때문이다. 리슐리외의 정책은 그가 만년에 얻은 친구이자 오른팔인 마자랭(Jules Mazarin, 1602~1661) 추기경이 그대로 계승했다. 그러나 왕이 죽는다면, 겨우 다섯 살짜리 소년이 왕위를 계승하고, 소년의 어머니이자 고문이 섭정을 맡게 되어 있었다. 왕이 살아 있는 동안에는 파리의 권력자, 귀족, 시민들이 마자랭의 지도를 그런대로 감내하겠지만, 그 취약한 장벽이 무너질 경우 그들이 에스파냐 왕비와 이탈리아 추기경의 지배를 용인할 가능성은 적었다.

이런 어수선한 분위기에서 앙갱 공작은 뫼즈 전선을 방어하기 위해 병력을 이동시켰다. 루브르에서 왕은 하루 종일 커다란 침대에 누워 있었으나, 지난 몇 년 동안 진정으로 살아 있는 것 같지 않았던 그의 병든 몸은 죽을 수도 없었다. 뼈만 앙상한 상태에서도 맥박은 멈추지 않았다. 그는 거의 꼼짝도 하지 않고 누워 지냈다. 이따금 고통스런 잠에 빠지는가 하면, 의식이 오락가락하기도 하고, 가끔 말을 하기도 했다. 그러는 동안 그의 아내는 침대 곁에서 내내 크게 울었다. 조신들과 의사들이 왔다 갔다. 호화롭고 웅장하면서도 칙칙한 병실 안에서 왕세자와 어린 친구가 조용하게 놀고 있었다. 왕의 둘째 아들인 앙주 공작 필립(Philippe, 1640~1701)이 낯선 백작 부인의 무릎 위에서 병실에 들어올 신분이 못 되는 유모를 보며 울음을 터뜨렸다.98 임종을 앞두고 왕은 짧은 잠에서 깨어나 곁에 있는 콩데에게 말했다. "콩데 공, 당신의 아들이 대승을 거두는 꿈을 꾸었소."99 1643년 5월 15일 이른 아침에 그는 숨을 거두었다.

17일 밤에 앙갱 공작은 오베르통과 뤼미니 사이, 뫼즈 강 서쪽의 평야 지역에서 병사들과 함께 잠자고 있을 때 그 소식을 들었다.100 멜로가 포위한 튼튼한 국경 요새인 로크루아를 구원하러 가던 도중이었다. 그는 처음에 군대가 공황에 빠지지 않도록 하려면 아무 말도 하지 않는 게 낫다고 생각했다. 이튿날 아침 루미니에서 그는 장교 회의를 소집해 자신의 작전을 통지했다. 로크루아는 주변 지역보다 높은 지대에 있었으나, 로크루아와 루미니 사이에는 약간 편평하고 땅에 모래가 섞인 관목 숲과 좁은 늪지가 있었다. 도시 앞은 탁 트인 공간이었고, 멀리 숲이 있었다. 멜로는 앙갱과 도시 사이에 기병 8천 명과 보병 1만 8천 명을 배치했다. 앙갱의 작전은 짐과 대포를 남겨두고 좁은 숲 골짜기를 관통해 로크루아로 진군하는 것이었다. 이 이동으로 멜로의 병력을 끌어낸다면 적의 측면을 포위하고 후방으로부터 로크루아로 접근하려 했다. 적군을 끌어내지 못한다면 적을 압박해 도시 앞에서 맞붙을 예정이었다. 이 구상에 가시옹은 동의했으나 오피탈은 반대했다. 앙갱은 장교들에게 왕의 죽음을 알리고, 새 군주와 섭정에게 충성해달라고 당부했다.101

그 이튿날인 5월 18일 앙갱의 첫 번째 작전은 성공적으로 전개되었다. 멜로는 보병 1만 5천 명과 기병 7천 명의 프랑스군이 손쉽게 좁은 골짜기를 지나 트인 공간으로 나오도록 내버려두었다. 섣불리 공격해 적을 도망치게 하기보다는 프랑스군 전체를 포위해 섬멸하는 게 더 낫다는 판단이었다. 그는 적보다 병력의 규모에서도 앞설 뿐 아니라—실은 크게 앞서는 것은 아니었다—훈련 정도도 훨씬 낫다고 보았다. 그에게는 추기경 왕자가 거느리던 스피놀라의 전통을 계승한 에스파냐 보병의 정예 병력이 있었다. 그러나 막상 앙갱의 군대가 모습을 드러내자 그는 크게 당황했다. 앙갱은 중앙과 양익을 이루어 행군하는 보병대의 움직임을 기병대의 움직임으로 반쯤 가려놓았기 때문에 병력의 실제 규모가 노출되지 않았던 것이다. 멜로는 정찰대를 보내 보병대와 상대하게 하면서 중앙에 있는 보병대의 규모를 추산하려 했다. 그런데 정찰대가 임무를 수행하지 못하고 엇갈린 보고를 전한 탓에 멜로는 적의 실태를 파악하는 데 실패했다.

저녁 6시에 앙갱은 에스파냐 대포의 사정거리 내에 있는 평원에 병력을 모았다. 자신이 직접 지휘하는 우익은 약간 오르막에 자리 잡았다. 알부케르케 공작 쿠에바(Francisco Fernández de la Cueva, 1619~1676)가 지휘하는 적군 기병대와의 사이에는 길고 좁은 숲이 있었는데, 이 숲에 멜로는 총병을 배치해 프랑스군의 전진을 저지하려 했다. 센테르(Henri de La Ferté-Senneterre, 1600~1681)와 오피탈이 지휘하는 좌익은 측면이 늪지로 방어되는 낮은 지대에 자리 잡았다. 멜로는 에스파냐군의 우익으로 맞은편의 센테르를 상대했고, 플랑드르의 노장군 퐁텐(Fontaine)은 보병대를 맡아 에스파냐 진형의 중앙에 위치한 완만한 오르막을 차지했다. 지면이 고르지 못하고 구릉과 골짜기가 있었지만 양측 사이에는 움푹 꺼진 지대가 있어 공격군은 아래로 내려갔다가 다시 올라가면서 공격해야 했다.

5월의 맑은 날씨에 저녁 6시라면 전투를 개시하기에는 이른 시각이었다. 앙갱이었다면 그래도 했겠지만, 센테르는 갑자기 명령을 받지도 않고 기병대의 절반을 떼어내 에스파냐군을 우회해 로크루아를 구하러 갔다. 그것은 잘못된 행동이었다. 센테르는 왼쪽 측면을 에스파냐군에게 완전히 노출시킨 채 늪지를 횡단해야 했다. 이것을 기회로 여긴 멜

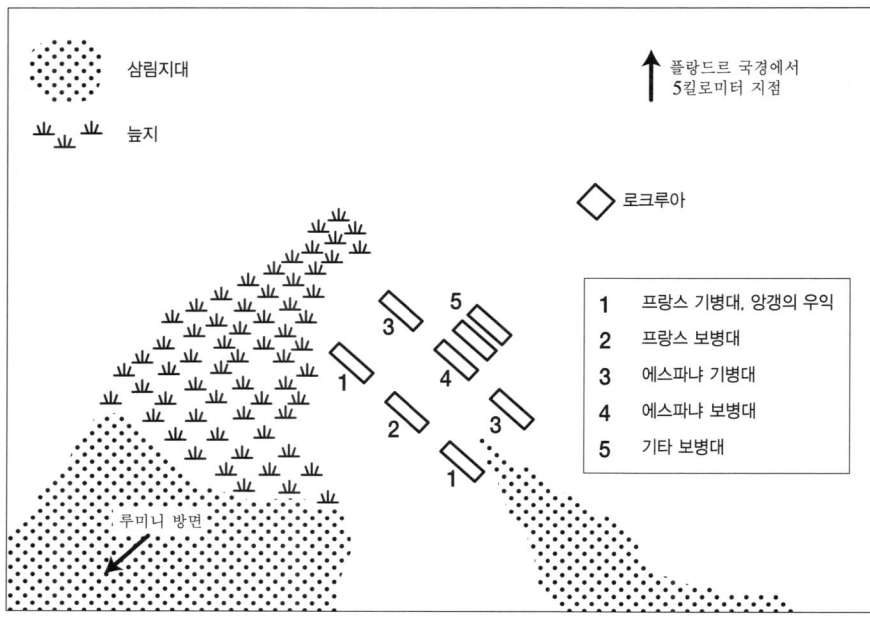

로가 공격하려 했을 때, 마침 앙갱이 지원군을 거느리고 황급히 현장으로 달려와 센테르에게 귀환 명령을 내리고 퇴각을 엄호해주었다. 멜로가 기회를 놓친 것으로, 그날은 아무 일도 없이 지나갔다.

　이튿날 동이 트자 앙갱은 아군과 맞은편 에스파냐군 사이에 있는 숲까지 진출해 순식간에 적의 총병들을 소탕했다. 이 장벽이 제거된 줄 몰랐던 알부케르케는 여전히 총병들이 보호해주리라 믿고 측면의 가시옹, 정면의 앙갱과 동시에 교전했다. 그의 군대는 완강히 저항했으나 결국 무참히 무너졌다. 앙갱은 가시옹에게 도망치는 적군을 추격하게 하고, 자신은 전투의 중심으로 시선을 돌렸다. 멀리 좌익에서 오피탈이 공격에 나섰다가 멜로의 반격을 받고 있었다. 그의 기병대가 혼란에 빠져 거의 흩어지려 할 즈음 예비군의 지원으로 간신히 위기를 모면했다. 그래도 좌익의 사정은 심각했다. 또한 중앙에서 적을 방어하고 있는 보병대는 에스파냐와 플랑드르 병력보다 수도 적고 불리한 형세였다.

한눈에 사태를 파악한 앙갱은 기병들을 모아 다소 무모하게 에스파냐군의 중앙으로 쳐들어갔다. 고참병으로 구성된 적군 보병의 1선은 프랑스 보병대를 거세게 밀어붙였다. 앙갱은 이탈리아인, 독일인, 왈론인 병사들로 이루어진 2선, 3선의 적군과도 싸워야 했다. 에스파냐군보다 훈련이 부족한 그들은 이내 예기치 않은 반격을 받아 물러났다. 그러나 앙갱은 전장 끝 쪽에서 치열한 전투를 벌이다가 어느새 멜로의 후위에 이르러 지쳐 있던 센테르와 오피탈의 군대를 구했다. 멜로의 기병대는 양측의 공격에 견디지 못하고 오른쪽 늪으로 도망쳤다. 열띤 추격으로 인해 그들은 전장에서 멀리 달아났다.

병력 규모에서 8천 명가량이 많은 에스파냐 보병대는 이제 약간 솟은 고지에 홀로 남았다. 하지만 그들이 불굴의 인내로 지원군이 올 때까지 그 위치를 고수한다면 앙갱은 패배할 가능성이 컸다. 처음에는 실제로 그럴 것처럼 보였다. 프랑스 보병대는 50보 거리까지 접근했으나, 갑자기 적의 충격 세례를 받고 대열이 흩어지면서 갈 때보다 더 빠르게 물러났다. 앙갱은 서둘러 기병으로 전선을 강화하고 보병·기병 합동 공격을 펼쳤지만, 오히려 세 차례나 큰 인명 손실을 입었다. 한편, 가시옹과 센테르는 적의 도망병들을 안전한 거리까지 추격한 뒤 기병대와 함께 전장으로 복귀했다. 앙갱은 다시 공격을 조직했다. 에스파냐 보병대는 이제 사방이 포위된 상태였다. 사령관인 퐁텐은 우연한 충격에 맞아 전사했다. 저항의 가능성이 모두 사라지자 에스파냐 지휘관들은 휴전하자는 신호를 보냈다.

앙갱은 휴전을 기꺼이 받아들일 참이었다. 날도 완전히 저문 상태에서 전투를 극한까지 밀고 나갈 마음은 없었다. 그는 몇 개 중대를 거느리고 언덕 위로 올라갔다. 그런데 적군 일부가 공격하는 것으로 오해하고 사격을 가했다. 프랑스군은 분노의 함성을 지르며 지도자를 보호하기 위해 일제히 진격했다. 앙갱이 위험하다는 소문이 전선의 끝에서 끝까지 퍼지자 사방의 보병과 기병들이 에스파냐 진영을 덮쳤다. 앙갱이 공격을 중단하라고 외쳤으나, 소용이 없었다. 지도자에 대한 공격에 성난 병사들은 닥치는 대로 적군을 도륙했다. 앙갱은 혼전 속에서 그의 등자에 달라붙어 살려달라고 애걸하는 적병 몇 명을 가까스로 구했다. 그날 밤은 에스파냐군의 재앙으로 끝났다. 1만 8천 명의 보병 가운데 7천 명이 사로잡히고 8천 명이 전사했는데, 그 대부분이 에스파냐 병사들이었다. 대포 24문을 포함해 무수한 무기와 군대 장비가 앙갱 공작의 수중으로 넘어갔다. 이튿날 그는 로크루아에 개선했다. 이 기록은 그 작은 도시의 성문에 지금까지 남아 있다.[102]

그것은 에스파냐군의 최후였다. 기병대는 살아남았으나 규율과 사기가 무너진 데다, 에스파냐군의 강점인 보병대가 없으면 무용지물이었다. 로크루아에서 에스파냐군은 뇌르틀링겐에서 스웨덴군이 그랬던 것만큼 명성을 크게 잃은 것은 아니었으나, 그 명성과 목숨을 바꿔야 했다. 고참병들은 죽었고, 전통은 사라졌으며, 새 세대를 육성할 지휘관은 남아 있지 않았다. 로크루아 앞의 전장에는 오늘날 작은 현대식 기념물이 서 있다. 이 소박한 회색 비석은 에스파냐군의 묘비이지만, 어떤 의미에서는 웅장했던 에스파냐 왕국 자체의 묘비이기도 하다.

THE THIRTY YEARS WAR 1618~1648

| 11장 |

평화를 향해: 1643~48년

우리는 목에까지 닿은 칼로 결국 죽거나 노예가 될 것입니다.

- 이자크 폴마르, 뮌스터에 파견된 제국의 전권대사

1

 로크루아 전투가 끝나고 5주가 지난 1643년 6월 23일 페르디난트 3세는 프랑스, 스웨덴과의 협상을 재가했다. 하지만 뮌스터에서의 강화 회의는 한참 뒤인 1644년 12월 4일에야 열렸다. 그렇게 된 것은 순전히 황제의 잘못이었다. 협상이 지연된 원인은 세 가지다. 첫째는 황제와 독일 군주들 간의 다툼이고, 둘째는 프랑스의 위치가 약화되고 네덜란드 연방과 사이가 틀어진 것이고, 셋째는 스웨덴과 덴마크의 불화였다.

 황제는 프랑크푸르트암마인의 제국대표자회의를 수락하면서 이 회의로 독일 내의 어려움, 특히 종교적 평화의 문제가 외부의 간섭 없이 타결되기를 바랐다. 각 세력들은 저마다 동맹자를 구하겠지만 그래도 독일의 회의로 독일의 쟁점을 해결하는 것이 합리적이었다. 그러나 페르디난트는 스웨덴과 프랑스의 오만을 과소평가하고, 자신의 위신은 과대평가했다.

 레겐스부르크 회의에서 프리드리히 빌헬름 선제후가 그를 암묵적으로 비난한 이래, 더욱이 해악적인 팸플릿 《우리 로마-게르만 제국의 합리적 상태에 관한 논고》가 널리 확산되면서, 페르디난트의 모든 행동은 의심을 받았다. 심지어 프랑크푸르트암마인에서 브란덴부르크 대표는 황제가 자기 마음대로 평화를 저해하고 있다고 비난했다.[1] 따라서 스웨덴 대사,[2] 프랑스 대사,[3] 다시 스웨덴 대사[4]가 차례로 독일 군주들에게 국제 회담 이전에 모든 불만을 제기하라고 호소하자, 즉각 전폭적인 지지를 얻었다. 페르디난트는 반대 성명을 냈으나 허사였다.[5] 그의 선의는 신뢰를 얻지 못했다. 더구나 그는 예전에 프랑크푸르트 회의에서 1,300만 굴덴의 자금 지원을 요청한 적이 있었는데, 그 정도 자금은 전쟁을 속행할 경우에만 필요한 금액이었다. 독일 대표들이 강화 회의에 참여하는 것을 막지 못하자, 그는 회담 장소인 뮌스터나 오스나브뤼크에 모인 대표들의 표결권을 부인했다. 이것은 프랑크푸르트에서가 아니면 불만을 전혀 논의할 수 없다는 협박이나 다름없었다. 외국 동맹자들의 강력한 지지에 힘입어, 브란덴부르크의 프리드리히 빌헬름이 이끄는 독일 군주들은 황제에게 거세게 항의했다. 결국 페르디난트는 굴복할 수밖에 없었다. 이리하여 베스트팔렌 강화 회의는 제국의회와 같은 비중을 갖게 되었다. 여기서 의결되고 황제가 서명한 조약은 제국의 법이 되었다.6

페르디난트가 최종적으로 항복하기 위해서는 외부의 압력이 필요했다. 헤센-카셀 여(女)방백은 프랑크푸르트 회의에 불만 사항을 제출하지 않겠다고 나섰다.7 이것은 황제가 주최하는 회의를 편견에 가득 찬 제국 법정의 연장이라고 간주한다는 의미였다. 또한 바이에른의 막시밀리안은 페르디난트가 굴복하지 않는다면 별도로 강화를 맺겠다고 을러댔다.8 헤셀-카셀의 고집은 비교적 중요하지 않았지만, 어쨌든 프랑크푸르트에서의 타결에 만족하지 않는 세력이 있다는 것을 분명히 보여주었다. 더욱이 막시밀리안이 이탈하면 제국의 군사력이 붕괴하기 때문에 그의 위협은 더 직접적인 힘이 있었다.

막시밀리안의 위치는 1635년 프라하 강화 이후 달라졌다. 예전에 그는 소중한 가톨릭동맹을 잃고 페르디난트의 동맹자로서, 아니 거의 부하로서 전쟁에 나서야 했다. 당시 그는 보유한 군대도 변변치 않은 탓에 제국의 정책에 영향력을 행사할 수 없었다. 반면, 그의 동료이자 동맹자인 작센의 요한 게오르크는 상당한 규모의 군대를 보유하고, 휘하의 뛰어난 사령관인 아르님이 독자적으로 군대를 지휘할 수 있는 권리를 갖고 있었다. 하지만 요한 게오르크가 사령관 아르님을 잃은 뒤, 그의 군대도 규모가 조금씩 축소되었다. 그동안 막시밀리안은 자원을 절약하고 군대를 향상시켜 지배적인 위치를 되찾았다. 1641년에 베네치아 대사는 이렇게 말했다. "그는 황제를 존경하지만 모든 일을 자기 마음대로 처리한다."9 1644년 그는 불안정했던 재정을 안정시켰다.10 그의 군대는 서서히 제국군의 주축으로 자리 잡았다.

에스파냐 정부도 페르디난트의 힘을 고갈시켰다. 2차 브라이텐펠트 전투11 이후 집요한 피콜로미니가 다시 깎고 다듬은 황제의 군대는, 로크루아 전투 이후 네덜란드에서 피콜로미니를 고용하자 급속히 위축되었다. 최고의 사령관을 잃은 페르디난트는 어쩔 수 없이 프랑스 감옥에서 풀려난 베르트를 기용했다. 막시밀리안의 기병대장이었던 베르트는 이제 페르디난트의 기병대를 맡게 되었다. 또한 고용주들에게 프란츠 폰 메르시(Franz von Mercy, 1597~1645, '자비로운 프랑스인'이라는 뜻인데, 별명인 듯하다: 옮긴이)라고 알려진 프랑스 직업 군인이 탁월한 전술 능력과 솜씨로 일약 제국 측의 지도적 인물로 떠올랐으나, 실은 바이에른 군대의 일개 사령관에 불과했다. 1643년 가을 게브리앙의 지휘 아래 베른하르트군의 고참병들을 주축으로 하는 프랑스군이 알자스에서 출발해 슈바르츠발트를 지나 뷔르템베르크로 들어가 로트바일을 점령했다. 여기서 메르시와 베르트는 일거에 국면을 역전시켰다. 그들은 튀빙겐 부근에 흩어져 주둔한 적군에게 기습을 가해 큰 타격을 입히고, 로트바일을 구했다. 뮌스터의 대표단이 털어놓은 것보다 더 크게 낙담한 마자랭은 황급히 지원군을 모집하고, 튀렌을 사령관으로 임명해 프랑스의 명성을 되찾으려 했다. 제국군은 로크루아의 패배를 충분히 만회하는 승전보를 유럽에 전했다고 선언했다.12

실상은 그 정도까지는 아니었다. 그러나 메르시가 뷔르템베르크를 방어하는 동안, 튀렌은 토르스텐손의 스웨덴군과 병력을 합치는 데 큰 어려움을 겪었다. 메르시와 베르트의 고용주인 바이에른의 막시밀리안은 페르디난트에게 절대 없어서는 안 될 동맹자로 지위가 격상되었다. 프랑스 정부는 제국의 힘을 분쇄하고 싶다면 역시 막시밀리안의 우호를 얻어내야 한다는 것을 새삼 실감했다. 그 결말은 1644년 5월 메르시가 위베를링겐을 정복하고, 7월에 프라이부르크를 함락시킨 것이었다.13 튀렌과 앙갱을 상대로 사흘간의 전투에서 그는 제 위치를 완벽하게 방어했다. 하지만 병력 부족은 어쩔 수 없었다. 앙갱은 측면을 포위해 메르시와 슈바벤에 있는 그의 기지를 차단하는 척 위협하면서 그를 몰아붙여 물러나게 했다.14

프라이부르크 전투는 프랑스군이 대단한 용기와 기량을 발휘한 전투로 후대에 알려졌지만, 사실은 그렇지 않았다. 메르시는 뷔르템베르크에서 원래의 위치를 지켰고, 프랑스군에게 큰 피해를 입혔다. 바이에른의 군사력은 여전히 제국의 강력한 보루로 남았다. 그렇기 때문에 막시밀리안이 별도로 강화를 맺고, 메르시를 철군시키고, 제국의 관문이 튀렌에게 노출되도록 하겠다고 위협할 수 있었던 것이다. 페르디난트는 그의 위협을 무시할 형편이 못 되었다.

동맹자에게 한 방 먹은 황제는 프랑스의 힘이 약화된 것에서 다소 위안을 얻었다. 프랑스의 새 정부는 예전만큼 안정적이지 못했다. 리슐리외는 비록 인기는 없었어도 우려 섞인 지지를 얻었지만, 마자랭 추기경은 그렇지 못했다. 이 말쑥하고 작은 시칠리아인은 약간의 허영심을 가진 데다 유치한 허세를 부리고, 잔꾀에 능해 그다지 인상적인 자질을 갖추지 못했다. 게다가 리슐리외처럼 영리하지도 못했고, 프랑스 내부 정치를 이해하지도, 통제하지도 못했다.

그러나 몇 가지 측면에서 마자랭의 하찮음도 쓸모가 있었다. 그의 잔꾀와 음모를 즐기는 성향, 사소하고 지엽적인 문제를 간파하는 능력은 뮌스터에서 진행되는 강화 회담의 복잡한 외교에 알맞았다. 리슐리외였다면 오히려 그처럼 훌륭하게 상황에 대처하지 못했을 터였다.

내정에서도 마자랭의 특성은 장점이 되었다. 루이 13세는 죽기 전에 왕비인 오스트리아의 안을 다섯 살짜리 아들의 섭정으로 임명했다. 황후의 언니이자, 에스파냐 왕과 추기경 왕자의 누나인 그녀는 남편이 살아 있을 때 에스파냐에 의지한다는 의심을 많이 받았는데, 그런 탓에 왕이 죽자 빈과 마드리드 궁정은 큰 희망에 부풀었다. 하지만 그 희망은 너무도 순식간에 꺾였다. 왕비인 오스트리아의 안은 즉각 파리의 스웨덴 사무관에게 남편의 정책을 견지할 것이라고 약속하고,15 선뜻 마자랭에게 권력을 넘겨주었다. 마자랭이 옥센셰르나에게 의무를 다할 것이라는 확신을 줄 시간도 없을 정도로 빠른 시간에 일이 이루어졌다.16 왕비와 총리의 관계는 상세히 밝혀지지 않았다. 그가 왕비에게 보낸 편지는 아첨과 아부로 가득하면서도17 그가 늘 거리를 유지했다는 것을 보여준다. 아마 영국의 디즈레일리(Benjamin Disraeli, 1804~1881)와 빅토리아(Queen Victoria, 1819~1901)처럼 존경과 연모의 관계였을 것으로 추측된다(19세기 후반 영국의 총리였던 디즈레일리는 빅토리아 여왕을 사모했고, 여왕도 1861년 남편이 죽은 이후 도덕주의자인 글래드스턴보다 영민한 디즈레일리를 몹시 총애했다: 옮긴이). 마자랭도, 왕비도 아직 쉰을 넘지 않은 나이였으므로 서로 이성적인 매력을 느꼈을지도 모른다. 추기경은 정중한 태도에 밝고 정감 어린 눈과 호감을 주는 미소를 가졌고, 왕비는 하늘하늘한 기품과 부드럽고 청아한 용모, 꿈꾸는 듯한 눈을 갖고 있었다. 젊은 시절의 쾌활함 대신 중년의 차분함 속에서 그녀는 아마 총리의 연모를 충족시켜주기보다 인정하는 선에서 그쳤을 것이다.

마자랭과 왕비의 우정, 일기작가의 뒷말, 이야기꾼이 사용한 자료는 유럽 역사에서 명확한 의미를 갖고 있었다. 그것은 바로 프랑스의 섭정 정치가 리슐리외의 전철을 밟았으며, 아울러 오스트리아 왕가의 헛된 희망도 밟았다는 것이다.

에스파냐 정부는 프랑스의 새로운 섭정 정치에서 아무것도 기대할 수 없게 되자, 다른 방향에서 희망의 근거를 찾았다. 로크루아 전투로 플랑드르는 유일한 보호자였던 군대가 파괴되어 버렸다. 프랑스에게는 예술만이 아니라 군사력으로도 유럽을 제패할 수 있는 기회였다. 지난 13년간 네덜란드 연방에서 싹트고 자란 프랑스에 대한 의심은 이제 네덜란드 외교의 반주가 아니라 주제곡이 되었다. 프랑스에 대한 공포는 에스파냐에 대한 공포를 능가했다. 1643년 네덜란드 연방의 주화파와 주전파는 각각 친에스파냐파와 친프랑스파가 되었는데, 주화파인 친에스파냐파가 더 많았다.

네덜란드 연방의 시민들이 두려워하는 것은 몇 가지가 있었다. 우선 국경을 맞대고 있는 프랑스와의 경쟁을 두려워했고, 자신들 내부에 숨어 있는 로마가톨릭을 미신으로 여길 정도로 두려워했다. 또한 오라

네 가문의 전제도 그에 못지않게 두려워했다. 10~15년간 큰 인기를 끌었던 프레데리크 헨드리크는 나이가 들면서 지지를 잃었다.[18] 통풍과 황달에 자주 시달린 탓에 그는 풍채도 나빠지고, 성격도 의기소침해졌다. 전성기에 그의 특징이었던 신중함과 절제는 우유부단과 무기력으로 변해버렸다.[19] 그는 점점 더 아내의 영향력을 강하게 받았다.[20] 젊고 아름다웠던 아말리에 주 졸름스도 이제 외아들에게 권력을 승계시키려는 야망에 불타는 억세고 허영심에 찬 여인으로 변했다. 1641년 부부는 겨우 열두 살밖에 안 된 아들을 영국 왕의 아홉 살짜리 딸과 혼인시켰다. 네덜란드 공화파가 보기에 충분히 수상쩍은 일이었다. 아니나 다를까, 그 직후에 영국에서는 왕과 의회 간에 내전이 벌어졌다. 네덜란드 귀족들은 의회파에 공감한 반면, 오라녜 공은 어리석게도 영국 왕비와 일부 귀족들이 헤이그에서 왕당파를 지원할 병력과 자금을 모집할 수 있도록 허락했다. 실제로 프레데리크 헨드리크의 야심은 너무 잘 알려져 있어서 에스파냐는 그의 가문에 중요한 땅을 내주는 대가로 그와 개별적으로 강화를 맺으려 했다.[21]

프레데리크 헨드리크가 프랑스어를 모국어만큼 잘했다는 점, 그의 어머니가 프랑스인이라는 점, 아들을 프랑스 피가 섞인 공주와 결혼시켰다는 점, 아말리에가 프랑스로부터 무수한 선물을 받았다는 점,[22] 이 모든 사실들로 볼 때 네덜란드 시민들은 오라녜 가문의 야심이 프랑스의 지원을 받는다고 의심했다. 의심에 대한 확실한 증거는 없지만, 굳이 찾자면 증거라고 할 만한 점이 한 가지 있었다. 프랑스 정부는 군주국의 입장에서 공화국을 편하게 대하기가 쉽지 않아서 오라녜 공에게 '알테스(Altesse, 군주 혹은 공작의 의미: 옮긴이)'라는 직함을 주고,[23] 그를 그냥

7개 주 가운데 6개 주를 다스리는 스타트호우데르가 아니라 네덜란드 귀족과 동급으로 대우했다.

종교 문제도 네덜란드가 프랑스로부터 멀어지고 에스파냐에 가까워지게 만든 요소였다. 네덜란드 내에서 가톨릭교도를 관용하는 문제는 항상 평화 협상을 틀어지게 만드는 주요한 요인이었다. 하지만 에스파냐는 그 문제를 공개적으로 다루었다. 그 얼마 전부터 네덜란드는 프랑스가 네덜란드의 종교 통합에 관한 구상, 그것도 감출 만큼 좋지 않은 구상을 갖고 있는 게 아니냐는 의심을 품었다. 프랑스 정부는 연거푸 추기경들이 권력을 장악했는데, 숨겨진 동기가 없다면 왜 가톨릭 추기경이 신교 세력과 손을 잡겠는가? 실제로 네덜란드의 가톨릭 세력은 프랑스 왕비에게 자신들의 종교 문제에 개입해달라고 손을 내밀고 있던 터라 신교 세력의 의심을 더욱 가중시켰다.[24]

이런 긴장감이 팽배한 가운데 프랑스의 대사 클로드 드 메스메(Claude de Mêsmes, 1595~1650)는 뮌스터로 가는 도중 헤이그에 들렀다. 대단히 똑똑한 사람이었던 그는 함부르크에서 독일인과 스웨덴인을 잘 다루었으나, 네덜란드인은 제대로 파악하지 못했다. 종전의 외교적 성과로 어깨에 힘이 들어간 데다, 둔한 네덜란드인을 경멸하는 마음도 있었다. 또 사정을 잘 아는 동료인 아벨 세르비앙(Abel Servien, 1593~1659)에게서 들은 조언도 있고 해서, 그는 1644년 3월 네덜란드 귀족을 반드시 상대해보겠다고 마음먹었다. 그들 앞에서 그는 가톨릭교도들에게 관용을 베풀어주면 프랑스 왕이 크게 기뻐할 것이라고 말해버렸다.[25]

그의 발언은 엄청난 파장을 몰고 왔다. 하마터면 프랑스-네덜란드 동맹이 좌초할 뻔했으나, 프랑스 정부가 나서서 정성 어린 설명과 파괴적인 일 따위는 결코 의도하지 않겠다는 약속으로 간신히 폭풍을 가라 앉혔다. 하지만 사라진 게 아니라 유예되었을 뿐이었다. 그 폭풍은 언제든 되살아나 뮌스터의 강화 협상 전체를 덮칠 수도 있었다.26

또 다른 위험이 프랑스의 위치를 위협했다. 연로한 교황 우르바누스 8세가 1644년에 죽고, 인노켄티우스 10세(Innocentius X, 1574~1655)가 뒤를 이었다. 전임 교황은 프랑스에 우호적이었으나 새 교황 잠바티스타 팜필리(Giambattista Pamfili)는 반대였다. 새 교황이 에스파냐의 이익을 위해 애썼다고 말한다면 그것은 그의 정책에 대한 지나치게 후한 평가다. 그가 교황의 역사에 족적을 남긴 것은 부정적인 측면에서였다. 하지만 그는 우울증과 신경과민에 시달리긴 했어도 나쁜 사람은 아니었고, 나쁜 교황도 아니었다. 실은 그를 교황이라고 보기도 어렵다. 그가 후대에 명성을 얻은 것은 그가 한 일 때문이 아니라, 벨라스케스(Velázquez, 1599~1660)가 그린 그의 초상화 덕분이다. 그는 바티칸에 살면서, 그 웅장한 정원에서 공놀이를 즐기고, 교서에 서명하며, 교황으로서의 종교적 의무를 수행했지만, 정치생활에서나 사생활에서나 야심 찬 형수의 행위에 놀아났다. 그의 형수는 시동생의 지위를 발판으로 삼아 자신의 사회적 지위를 끌어올렸고, 개인적 분쟁에 그를 강력한 무기로 이용했다. 누군가 매정하게 말했듯이, '신성한 아버지(교황: 옮긴이)'인 그를 자식들마저 '보기에도 끔찍하게 여기면서' 멀리할 정도였다.27

그가 교황에 선출되자 즉각 성직 매매라는 비판이 제기되었고,28 프랑스 정부에게는 매우 유용한 버팀목이 사라졌다. 그동안 가톨릭의 자금 지원과 교황의 재가 아래 이루어진 스웨덴, 네덜란드, 헤센-카셀, 프랑스가 주도한 옛 하일브론 동맹 등 신교 세력이 망라된 환상적인 동맹은 프랑스의 가톨릭 중산층이 보기에 충분히 정당했다. 게다가 전임 교황 우르바누스는 파비오 키지(Fabio Chigi, 1599~1667, 인노켄티우스 10세의 뒤를 이어 1655년에 교황 알렉산데르 7세가 되는 인물: 옮긴이)를 바티칸 대표로 임명해 뮌스터 강화 회의에 중재자로 파견했다. 마자랭은 신임 교황 인노켄티우스가 키지를 불러들이고, 에스파냐인이나 에스파냐에 고용된 교황 대사를 새 대표로 보내지 않을까 우려했다.29 하지만 그것은 기우였다. 인노켄티우스는 그럴 만큼 적극적인 사람이 아니었다. 마자랭의 우려가 현실화된 것은 이탈리아에서였다. 여기서 신임 교황의 정책은 파리와 바티칸의 외교관계를 결렬시키고, 이탈리아 반도에 큰 소동을 불러일으켰다.30 이것은 작지 않은 분란거리였으나, 놀랍게도 베스트팔렌 강화 회의에는 거의 영향을 미치지 않았다.

프랑스의 위치는 1644년 에스파냐가 바랐던 것과 달리 장기적으로 약화되지는 않았다. 그럼에도 불구하고 에스파냐는 네덜란드 연방이 거듭 강화의 의지를 보이는 당시의 사태에 크게 고무되었으며, 프랑스에 대한 반감이 점점 고조되던 차에 교황이 마자랭에 대한 지지를 철회하자 강화를 유리하게 이끌 수 있는 기회를 잡았다. 전쟁을 통한 희망은 로크루아에서 사라졌으나 이제 외교적 기회를 낚아챈 것이다.

프랑스의 입장에서 보면, 뮌스터와 오스나브뤼크의 강화 회의로 독일에서 전쟁을 종식시킬 뿐 아니라 황제에게 강화를 강요해 에스파냐와 분리시킬 수 있었다. 마자랭이 결코 원하지 않는 것은 에스파냐가 포함된 전반적 강화였다. 에스파냐가 전쟁판에서 빠져나와 상처를 치료하고, 10년 뒤 다시 돌아와 프랑스와 싸우는 일이 있어서는 절대 안 되었다. 그 대신 에스파냐는 홀로 고립된 채 칼을 손에 쥐고 죽을 때까지 싸워야 했다. 그러므로 프랑스 대사들이 그 지독한 추위를 견디며 녹아내리는 눈을 뚫고 1644년 3월 뮌스터에 왔을 때,31 황제 대표만이 아니라 에스파냐 대표까지 미리 와서 기다리고 있는 것을 보고 격분한 것은 당연했다. 이미 방책을 마련한 그들은 프랑스 대사와 함께할 수 없다고 주장했다. 에스파냐 대표의 신임장에는 에스파냐 왕이 나바라와 포르투갈의 왕이자 바르셀로나 공작으로 표기되어 있었기 때문이다.32 그들은 자신들의 주군이 나바라 왕과 바르셀로나 공작이고, 브라간사의 주앙이 포르투갈의 왕이라고 주장했다. 이런 문제 제기로 교묘하게 회의를 방해한 뒤에도 에스파냐 대표는 어느 대사의 주군이 우선서열인지를 놓고 치열한 갑론을박을 벌이며 회의를 질질 끌었다.33

황제와 독일 군주들의 분쟁, 프랑스의 약화, 에스파냐의 개입으로 회의는 마냥 지연되었다. 게다가 마침 같은 시기에 스웨덴과 덴마크의 불화가 터지면서 회의는 존속 자체가 어려워졌다. 덴마크의 크리스티안은 1629년에 물러간 이후 이따금 호전적인 세력들 간의 다툼을 '중재'했으며, 1640년에는 함부르크 회의에 자신의 대표단을 '공정한 세력'의 자격으로 보내 직접 중재자의 역할을 맡기도 했다. 하지만 스웨덴은 그가 표방하는 공정함을 액면 그대로 받아들이지 않았다. 그럴 만한 요인은 여러 가지가 있었다. 덴마크의 크리스티안은 스웨덴 태후의 동의를 얻어 스웨덴의 심각한 내부 문제를 유발할 수 있는 유괴 사건을 지원하는가 하면, 에스파냐와 통상 조약을 맺고, 아들을 공공연한 제국의 동맹자인 작센 선제후의 딸과 결혼시켰다. 1643년 봄에는 함부르크를 봉쇄하고 스웨덴과의 무역에서 초래된 지속적인 적자를 보전하기 위해 해협 통행료를 인상했다. 이래저래 그는 스웨덴이 발트 해에서 가장 증오하는 사람이 되었다.

이런 시점에, 즉 덴마크의 크리스티안에게 북유럽의 동맹자가 한 명도 없을 때 스웨덴의 옥센셰르나는 1643년 9월 토르스텐손에게 덴마크 영토를 침략하라는 지시를 내렸다. 보헤미아와 모라비아 국경에서 방어 태세만 취하고 있던 장군은 군대의 대부분을 거느리고 북동쪽으로 이동해 12월에 홀슈타인을 침공하고, 1644년 1월 말까지 유틀란트를 유린했다. 그런 다음에야 비로소 스톡홀름 정부는 그 행동을 정당화하는 선언을 발표했다. 선전포고 같은 것은 없었다.

스웨덴이 뭐라고 변명하든 그 행동은 분명히 지나쳤고, 비판을 받아 마땅했다. 헤이그의 전반적인 정서는 애써 덴마크의 비위를 거스르지 않으려 했다. 마자랭도 크게 화를 냈으나, 그가 분노하는 바탕에는 스웨덴이 때 이르게 힘을 되찾아 동맹자로서 고분고분하게 굴지 않으리라는 우려가 깔려 있었다. 실제로 그 직후 마자랭은 토르스텐손이 유틀란트에서 즉각 물러나지 않는다면 일체의 자금 지원을 차단하겠다는 단호한 자세를 취했다.[34]

그사이 강화 회의에 파견된 덴마크 대표 두 명은 뮌스터와 오스나브뤼크에 거처를 정했다. 회의 중간에 그들은 침략 행위를 해명하라며 스웨덴 대사들을 몰아붙였다. 그러나 만족할 만한 답변을 듣지 못하자 화를 내며 회의장에서 나가버렸다. 하지만 그 제스처는 아무런 효과도 없었다. 남은 대표들은 그 불화에도 아랑곳없이 회의를 계속하기로 합의했기 때문이다.[35]

그러나 1644년 봄에도 평화의 전망은 암담했다. 황제는 덴마크를 지지하기로 하고, 남은 자원을 전부 동원해 그들을 돕기 위한 군대를 마련했다. 토르스텐손의 후위를 공격해 항복을 받아내려는 것이었다. 계획 자체는 괜찮았으나, 그 실행은 우스꽝스럽기도 하고, 비극적이기도 했다. 그 무렵 드물게 술에 취하지 않은 상태였던 갈라스는 유틀란트의 킬(Kiel)까지 파죽지세로 쳐들어갔다. 토르스텐손은 유틀란트에서의 전쟁을 브랑겔에게 맡기고, 자신은 몰래 외곽 기지들을 지나 무방비 상태의 합스부르크 영토로 진격했다. 갈라스는 뒤늦게 추격에 나섰으나 아셰르슬레벤에서 참패를 당하고, 살아남은 병력과 함께 간신히 보헤미아로 돌아갔다.36 이번에는 레오폴트 빌헬름 대공도 그를 칭찬하지 않고 지나치게 과대평가된 사령관이라고 말했다. 돌아온 병력은 1/3—혹은 1/10이라는 설도 있다—에 불과했다. 이 참패로 갈라스는 제국 전역에 '헤르버더버(der Heerverderber)', 즉 '군대 파괴자'라는 별명으로 널리 알려졌다. 온당하지만 쓰라린 치욕에 견디지 못한 갈라스는 결국 자리에서 물러나 자신을 파멸시킨 술에 빠져 여생을 보냈다.

덴마크 전쟁은 이렇게 끝났다. 왕은 직접 함대를 지휘해 콜베르크에서 전쟁을 지속하며 코펜하겐의 해상 침략을 막았지만, 갈라스가 패배한 뒤 육상 전쟁에서 더 이상 버틸 수 없다는 게 명백해졌다.

한편, 스웨덴에서는 1644년 9월 18일 열여덟 살이 된 크리스티나 여왕이 친정 체제에 들어갔다. 스웨덴 정부의 이런 변화는 강화 회의와 덴마크 전쟁에서 여실히 드러났다. 여왕은 녹록한 인물이 아니었다. 비록 허세가 강하고 아부에 약했지만, 집념과 지성을 갖춘 지배자였다. 그 아버지의 그 딸답게 그녀는 상황에 필요한 용기를 가졌으며, 때로는 아버지의 예전 정책을 대담하게 던져버릴 줄도 알았다. 그녀는 무엇보다도 평화를 원했다. 스웨덴의 영토 팽창보다도 평화가 더 절실했다.

그녀가 즉위하면서 스톡홀름 정부는 방해공작을 중단하고, 화해를 향해 적극적으로 움직이기 시작했다.37 그 순간부터 덴마크 전쟁은 거의 종결되었으며, 이후 브룀세브로에서 타결된 강화 조약은 1644년 11월 스톡홀름 정부가 브란덴부르크의 중재에 반박을 제기했을 때 기정사실이 되었다.38

이리하여 주요 장애물이 어느 정도 제거되고 더 이상 강화 회의를 연기할 구실이 사라지자, 1644년 12월 4일 회의가 개막되었다. 황제가 회의를 재가한 지 18개월이나 지난 때였고, 함부르크 대표단이 처음 정했던 회의 날짜보다 32개월이나 늦은 시기였다. 그러나 회의가 지속된 3년 10개월 동안에도 독일에서 전쟁은 끊이지 않았다.

2

제국 내에서는 평화를 바라는 마음을 통합적으로 드러내지도 못했고, 그것을 표출할 만한 통로도 없었다. 군주들이나 목소리를 낼 만한 힘을 가진 세력들은 일반적인 의미의 평화를 요구했다. 그러나 실제 행동에 들어가면 그들은 언제나 사적인 이득을 챙기기 위해 전쟁을 좀 더 지속하려 했다. 베스트팔렌 회의가 거의 끝날 때까지도 상황은 내내 그랬다. 브란덴부르크 선제후, 헤센-카셀 방백, 팔츠 선제후 등 10여 명은 뭔가를 피하거나 얻기 위해 전쟁을 멈추지 않았다. 보헤미아 신교 망명자들처럼 힘이 없는 집단도 자신들의 주장이 받아들여지기 전에는 베스트팔렌 조약을 비준하지 말라고 요구하고 나섰다.

독일에서는 처음부터 줄곧 평화에 대한 욕구가 컸다. 하지만 그것은 자신의 잘못을 내놓고 밝힐 수 없는 세력들의 감춰진 욕구였다. 그들은 전쟁에 필요한 인력, 식량, 자금을 보유하고 있었으나, 전쟁을 통제하거나 예방하는 수단은 갖지 못했다. 농민들은 자신들의 고통을 알리는 수단으로 반란에 의지할 수밖에 없었다. 항상 패배로 끝나고 지도자들이 처형되었어도 농민 반란은 끊이지 않았다. 이번에는 예전과 달리 성공하리라는 희망적인 기대조차 없이 일어나는 반란도 많았다. 농민들에게는 반란 말고는 달리 고통을 표출할 수 있는 길이 없었다.

전쟁 후기의 8년 동안 농민 봉기는 한결 적었는데, 그 원인은 이중적이었다. 단독이든 집단이든 인간의 정신에는 더 이상 고통을 표출할 수도, 더 이상 절망에 빠질 수도 없는 지점이 있게 마련이다. 30년 전쟁에서 축적된 사회적 증거는 그 지점이 상당히 멀다는 것을 보여준다. 그 무렵 뮌스터 회의가 결론에 이르렀다.

시골에서는 대부분 군인들의 무자비한 지배가 지속되었다. 토르스텐손 자신도 1643년 6월 크로메르지슈(크렘지어)의 유린을 마그데부르크의 유린에 비유할 정도였다.39 바네르는 민간인들을 총으로 쏘아 죽인 일을, 단지 군대에게 식량과 물을 주지 않아 화가 났다는 이유만으로 마을을 유린한 일을 대수롭지 않게 이야기했다. 올로모츠에서는 대령들의 요구에 따라 부유한 시민들의 딸들을 고참 장교들과 강제로 결혼시켰다.40 튀링겐에서는 한 남자가 자기 딸을 강간하고 살해한 병사를 법으로 처리해달라고 호소하면서, 지휘관에게 딸이 차라리 순결을 지키기 위해 저항하지 않았다면 목숨을 건질 수 있었을 거라고 울부짖었다. 여기서도 스웨덴군은 시민들에게서 식량, 숙소, 옷만이 아니라 급료까지도 쥐어짜내는 제도를 강행했다.41 발트 해의 항구들에서는 스웨덴과

덴마크가 높은 선박 통행료를 부과하고 가렴주구를 일삼은 탓에 점점 긴장이 고조되었다.42

하지만 뮌스터와 오스나브뤼크에서는, 주변 시골에만 기근이 들었을 뿐 식량이 떨어지지 않았으므로 아무도 급히 서둘지 않았다. 강화 회의가 시작된 지 6개월이 지나서야 대표들의 자리 배치와 입장 순서가 확정되었다. 프랑스 대사는 에스파냐 대사만이 아니라 스웨덴과 브란덴부르크 대사43와도 논쟁을 벌였고, 한자동맹 대표,44 베네치아 중재자45와도 싸웠다. 그리고 자기들끼리는 더 격렬하게 다투었다.46 브란덴부르크 대표와 마인츠 대표는 서로 자신의 지위가 더 우월하다고 주장했다.47 베네치아 중재자와 오스나브뤼크 주교도 같은 이유로 다툼을 벌였다.48 프랑스의 수석대사인 롱그빌(Heri II d'Orléans-Longueville, 1595~1663) 공작은 '알테스'49의 직함을 주기 전에는 입장하기 않겠다고 버텼으며, 회의 기간 내내 절차를 마련할 수 없다는 이유로 에스파냐의 수석대사를 만나지 못했다.50 교황 대사는 교회에 자기만 사용하는 연단을 설치했고, 프랑스 측은 그것을 해체하라고 주장했다.51 에스파냐 대표가 포르투갈 대표의 숙소를 습격하는 사태도 벌어졌다.52 네덜란드 대표는 군주국을 우선해야 한다고 요구하는가 하면,53 프랑스 대표단의 하인들은 매일 밤 숙소의 창문 아래에서 쓰레기를 도시 밖으로 실어 나르는 소음과 악취가 나서 잠을 잘 수 없다며 뮌스터 거리의 청소부들과 드잡이판을 벌였다.54 누군가 프랑스 대사의 아내가 낳은 아이가 늙어 죽어야만 회의가 끝날 거라고 말했다.55

또 다른 문제는 회의 기간 내내 적대 행위가 지속된 것이었다. 전쟁이 완전히 중지되었다면 협상이 훨씬 더 빨리 타결될 수 있었겠지만,

그렇지 못한 상황이었으므로 뮌스터와 오스나브뤼크의 외교관들은 전쟁의 향방에 따라 결정을 내리려 했다. 전장에서 좀 더 이득을 얻지 않을까 싶어 계속 현안을 뒤로 미루었다. 특히 프랑스는 다른 나라들보다 자원이 풍부하고, 경제·사회적 압박이 비교적 적었던 탓에 결론을 무한정 연기하는 경우가 잦았다. 원하는 것을 잃으니 차라리 결정을 영원히 내리지 않겠다는 자세를 자랑처럼 내보이는 것이 프랑스 대사들의 주요 전술 가운데 하나였다. 수석대사인 롱그빌은 숙소 주변에 채마밭을 가꾸고 아내까지 불러들였는데, 뮌스터에 얼마든지 머물 수 있다는 시위였다. 이에 발맞춰 마자랭은 군 지휘관들에게 전장에서 무력으로 압박을 가하라고 지시했다.56

프랑스 대사들은 별로 유능하지 못했다. 아보 후작인 클로드 드 메스메는 그런대로 유능했으나, 자신감이 넘쳐서 신중하지 못했다. 네덜란드에게 가톨릭을 관용하라고 했던 실수가 그의 전형적인 모습이었다. 거만하고 화를 자주 냈던 그는 다른 대표들과 사이가 좋지 않았다. 특히 동료인 세르비앙과는 아주 나빴다. 흥분한 세르비앙은 그에게 이런 편지를 쓰기도 했다. "당신의 온갖 결점을 치유하는 방책을 찾으려면 천사가 되어야 할 겁니다."57 사블레 후작인 아벨 세르비앙은 아보보다 덜 오만한 듯했으나, 그의 편지를 보거나 동료와 다툴 때를 보면 마찬가지로 자신감이 지나쳤다. 마자랭의 오른팔이었던 그를 아보는 질시하면서도 두려워했는데,58 세르비앙은 그런 감정을 전혀 배려해주지 않았다. 다른 대표들과는 사이가 좋았던 것을 보면 세르비앙이 더 나은 외교관인 것은 분명했다. 하지만 두 사람은 위급한 순간에도 서로 말조차 건네지 않는 경우가 많아서, 둘의 능력을 합쳐도 신통한 게 없었다. 또 다른 프랑스 대사로 롱그빌 공작이 있었으나 그는 단지 대표단의 위신을 높이는 역할이었으며, 프랑스에 있으면 위해를 당할까 봐 파견된 것뿐이었다.59

스웨덴 대사들도 자기들끼리 비슷한 악감정을 갖고 있었다. 책임자인 요한 옥센셰르나(Johan Oxenstierna, 1611~1657)는 오로지 자신이 악셀 옥센셰르나의 아들이라는 것만 내세웠다. 몸집이 크고, 불그스름한 얼굴에 약간 어리석은 사람이었던 그는 쉽게 흥분하는 성격에다 몹시 거만하고, 술과 여자를 너무 좋아했다.60 그는 잠자리에서 일어날 때, 식사할 때, 다시 잠자리에 들 때마다 매번 팡파르를 울려 오스나브뤼크 전역에서 들리도록 했다.61 그의 부하인 요한 아들레르 살비우스는 회의에 참석한 소수의 유능한 인물들 가운데 한 명이었다. 그는 단호하고 명석하고 기지가 뛰어나고 쾌활한 성격을 지녔다. 요한 옥센셰르나는 평화가 구현되면 자신과 아버지의 비중이 위축된다는 이유로 평화에 반대했다. 그러나 살비우스가 여왕에게서 받은 지시는 그가 쓸데없이 협상을 연기하지 못하도록 하고, 옥센셰르나 부자의 사적 혹은 공적 희망과 상관없이 평화의 구현에 힘쓰라는 것이었다.62 살비우스가 옥센셰르나를 대하는 태도는 마치 세르비앙이 아보를 대하는 태도와 같았다. 살비우스와 세르비앙은 둘 다 지위는 더 낮았으나 각자의 본국과 사적으로 더 가까운 연고를 갖고 있었다.

에스파냐 대사인 구스만 데 페냐란다(Guzman de Peñaranda, 1595~1676) 백작은 지적으로 뛰어난 인물이 아니었다. 잘생기고 예절이 바른 그는 자부심이 대단히 강했고, 충동적이면서도 위선적이라는 평판을 얻었다.63 그는 세부 사항에 지나치게 집착해 주요 논점을 놓치는 에스파나 외교의 약점을 전형적으로 보여주는 인물이었다. 에스파냐 외교가 뮌스터에서 조금이라도 성공을 거두었다면 그것은 오로지 그의 유능한 부하 앙투안 브룅(Antoine Brun) 덕분이었다.64 그는 원래 학식이 풍부한 인문주의 학자였으나, 훌륭한 행정관의 온갖 자질을 갖춘 관료층 가문에서 자란 덕분에 현실적인 필요에 대한 후각이 발달하고, 타협을 이끌어내는 솜씨가 뛰어났다.

네덜란드 연방의 주요 대사들은 홀란트의 아드리안 파우(Adriaan Pauw, 1585~1653)와 젤란트의 얀 반 크나위트(Jan van Knuyt)였는데, 이들 사이에도 겉으로 드러나지는 않았으나 긴장감이 돌았다. 파우는 평화를 지지하고, 친에스파냐파로서 프랑스를 의심했다. 반대로 크나위트는 친프랑스 성향의 오라녜파였다. 둘 다 유능했는데, 특히 파우는 비범한 인재로 리슐리외의 허를 찌른 유일한 인물이었다고 전해진다.65 네덜란드 대사들은 서로에게 자신감을 불어넣지는 못했어도 서로를 배신하지는 않았다. 프랑스와 스웨덴은 그들의 행동에 큰 의혹을 품었으나, 너무 늦게 확증을 얻었다.

두 명의 중재자, 지금으로 치면 의장에 해당하는 사람은 교황 대사인 파비오 키지와 베네치아 대사인 알비세 콘타리니(Alvise Contarini, 1597~1651)였다. 이들은 회의 참석자들의 편견을 지적하는 정도의 영향력만 행사했는데, 관여하는 폭이 너무 적은 탓에 거의 효과가 없었다. 키지는 대체로 차분한 태도였고, 최대한 회의를 매끄럽게 진행하기 위해 애썼다. 그 반면 콘타리니는 까다로운 성격으로, 모순이 생기면 크게 흥분했다.66

뮌스터와 오스나브뤼크에 모인 135명의 대표들67 중에는 신학자,

작가, 철학자 등 인생의 여러 방면에서 저명한 사람들도 있었다. 하지만 협상만을 놓고 볼 때는, 파우, 브룅, 살비우스를 제외하면 전부 친절한 바보이거나 자기중심적인 멍청이였다. 프랑스 외교가 결국 성공한 이유도 주로 페냐란다의 단순함과 전장에서 튀렌이 거둔 승리 덕분이었다.

    돋보이는 능력까지는 아니지만 적어도 대단한 인내와 기지를 보여 준 사람은 제국 대사 트라우트만스도르프였다. 그러나 그는 1645년 11월 말에야 뮌스터에 도착했다. 그전까지 제국과 관련된 사안은 이자크 폴마르(Isaak Volmar, 1582~1662)가 담당했다. 그는 영민한 변호사이자 정부 관리였으나, 프랑스 측은 그의 신분을 이유로 그가 그 직책에 어울리지 않는다고 집요하게 물고 늘어졌다. 이런 반발을 예견한 황제는 붙임성 있는 성격을 가진 나사우 백작 요한(Johann Franz Desideratus, 1627~1699)을 순전히 장식적인 용도에서 사절단에 포함시켰다. 그래도 프랑스 측은 황제가 신분과 자격이 직무에 걸맞은 인물을 보내지 않으면 황제의 성의를 믿지 않겠다고 고집했다.[68] 결국 회의가 개막된 지 11개월이 지나 트라우트만스도르프가 올 때까지 그동안 회의 절차만 논의된 셈이었다.

3

    회의가 시작되고 1년 가까이 지났을 때 대표들은 '전쟁의 주제'에 관해 아무런 합의가 없다는 것을 알았다. 그래서 그들은 지금까지 무엇을 위해 싸웠고, 현재 무엇을 위해 싸우고 있는지, 평화 회담이 어떤 주제를 다루어야 하는지를 정하기 위한 토론을 벌였다.[69] 그들이 이 문제들을 더 명료하게 규정해야 할 필요성을 느낀 것은 당연하다. 논의 주제는 최대한 간소하게 줄여 네 가지로 정해졌다. 제국 귀족들의 불만, 반역자들에 대한 사면 조건, 외국 동맹자들에 대한 보상, 빼앗긴 자들에 대한 배상이 그것이다. 첫째 사항에는 전쟁의 거의 모든 내적 원인들이 관련되어 있었다. 예를 들면, 1608년 이후 미결 상태인 도나우뵈르트 사태, 아직 일시적으로만 타결된 클레베-윌리히 승계 문제, 제국자문회의의 법적 권리에 얽힌 복잡한 문제, 황제의 입헌적 권리, 칼뱅파의 지위, 특히 가톨릭 지배자와 신교 지배자의 토지 분배 등이 여기에 속했다.

둘째 사항은 사면과 연관된 문제였다. 여기에는 팔츠 선제후(카를 1세 루트비히)와 그의 삼촌인 팔츠-침메른 백작(루트비히 필리프)의 복위, 바덴-두를라흐 변경백에게 전시에 몰수된 바덴-바덴의 토지를 돌려주는 문제, 헤센-카셀 여방백에게 그녀 아들 명의의 헤센-다름슈타트에게 넘어갔던 토지를 반환하는 문제, 신교 망명자들에게 집을 돌려주는 문제 등이 포함되었다.

셋째 사항은 회의에서 가장 중요한 쟁점이었다. 모든 국제적 문제들이 타결되어야만 평화가 가능한 것은 아니었으나, 일단 동맹자들이 만족하지 못하면 평화는 불가능했다. 스웨덴은 포메른, 슐레지엔, 비스마어, 브레멘과 베르덴의 주교구들, 그리고 군대를 해체하는 데 필요한 자금을 요구했다. 프랑스는 자국 군대가 오랫동안 점령한 알자스와 브라이자흐를 원했으며, 메스, 툴, 베르됭의 소유권을 확증해주고, 아울러 이탈리아에 있는 제국의 요새 피네롤로를 달라고 했다. 또한 프랑스는 황제가 더 이상 에스파냐를 지원하지 않겠다는 보장을 해달라고 요구했다.

넷째 사항은 둘째, 셋째 사항과 긴밀한 연관이 있었다. 전쟁 중에, 혹은 평화의 결과로 고통을 겪은 사람들에 대한 보상 문제였다. 그러려면 예컨대 브란덴부르크 선제후는 포메른을 스웨덴에게 내주어야 했고, 바이에른의 막시밀리안은 팔츠 선제후에게 토지나 직함을 양도해야 했다.

회의는 크게 두 집단으로 구분되었다. 스웨덴과 독일 신교 세력은 오스나브뤼크에 모였고, 프랑스, 황제, 독일 가톨릭 세력은 뮌스터에 모였다. 또한 뮌스터에서는 두 가지 평화가 별도로 논의되었다. 에스파냐와 네덜란드의 평화, 프랑스와 에스파냐의 평화였다. 프랑스와 에스파냐는 이 평화 회담에 모두 관계가 있었다. 프랑스는 에스파냐와 네덜란드의 관계에서 네덜란드의 동맹이었고, 에스파냐는 제국, 프랑스, 스웨덴의 관계에서 황제의 동맹이었다.

그래서 평화 회담의 진행은 전쟁만큼이나 복잡했고, 전쟁에서처럼 각 세력들 간에 치열한 불화가 빚어졌다. 프랑스와 스웨덴은 서로 심각하게 불신했으며, 특히 프랑스는 어떻게든 독일에 대한 스웨덴의 간섭을 배제하기 위해 열심이었다. 프랑스는 황제를 제어하기 위해 강력한 가톨릭 입헌주의 세력을 구축하려 한 반면, 스웨덴은 오스나브뤼크에서 신교 대표들을 열렬히 지지했다. 스웨덴은 팔츠 선제후를 완전히 복권시키고, 교회유보권 조항을 폐지하고, 종교적 상황을 1618년의 상태로 되돌리라고 강력히 요구했다. 막시밀리안을 제국의 동맹으로부터 떼어내 포섭하려 끈질기게 노력하던 프랑스는 그가 차지한 선제후 직위와 영토를 그대로 보유하게 하려 했으며, 다른 사안에 관해서는 독일 가톨릭 대표들을 좇아 프라하 강화로 확정된 1627년의 종교적 상황으로 돌아가자고 주장했다.

프랑스와 네덜란드의 관계는 내내 좋지 않았고, 때로 더 악화되기도 했다. 또한 반대편에서 바이에른의 막시밀리안은 빈의 궁정을 끊임없이 불안하게 만들었고, 오스트리아와 에스파냐의 우호도 여러 차례 한계점까지 치달았다.

각국의 대사들은 자국 정부를 위한 평화 협상을 진행하면서 적들을 하나씩 분열시키는 이중의 과제를 갖고 있었다. 네덜란드에 대한 에스파냐의 외교는 프랑스-네덜란드 동맹을 갈라놓는 것이었는데, 결국 그렇게 되었다. 프랑스에 대한 제국의 외교는 프랑스-스웨덴 연합을 깨고, 독일 동맹자들을 그들에게 반대하도록 만드는 데 목적이 있었다.[70] 가톨릭 독일에 대한 프랑스의 외교는 바이에른과 오스트리아를 분리시키려 했다.[71] 여러 가지 목적과 의도가 중첩된 이 복잡한 게임은 유럽 분쟁의 가장자리에 있던 포르투갈 왕, 스위스 연방, 사보이 공작, 로렌 공작 등의 대표단들 같은 다양한 소규모 세력들이 얽혀들면서 더욱 복잡해졌다.

전쟁에서 독일 내전의 측면은 여전히 중요했다. 비록 독일의 이해관계는 베스트팔렌 회의에서 그다지 부각되지 못했으나 완전히 잊힌 것은 아니었다. 몇 차례 독일 세력을 규합하려 시도했던 두 독일 군주는 전쟁에서 놓친 발언권을 평화 회담에서 다시 제기했다. 그러나 작센의 요한 게오르크와 바이에른의 막시밀리안은 서로 공동 행동을 하지는 않았다. 통합 세력은 이미 여러 차례 참담한 실패를 맛보았으므로 굳이 새로 통합을 이룰 필요는 없었다. 뮌스터와 오스나브뤼크의 복잡한 협상에서 작센과 바이에른은 별개로 행동했어도 결과적으로는 같은 목표를 지향했다. 그것은 바로 제국의 내부 문제를 해결하는 과정에서 어떤 외국에게도 지배적인 통제권을 허용하지 않는 것이었다.

이 최후의 과제에서 두 군주는 서로 다른 정책적 특성을 보였다. 요한 게오르크는 지나치게 직접적이었고, 막시밀리안은 너무 간접적이었다. 요한 게오르크는 독일 가톨릭과 신교의 주요한 다툼을 해소하는 데 주력했으며, 양쪽 다 이 핵심 쟁점을 해결하기 위해 외국으로부터 도움을 요청하지 말아야 한다고 생각했다. 이 정책이 일찌감치 성과를 거두었다면 훨씬 더 파급력이 컸을 것이다. 독일은 결국 자체적으로 종교 문제를 해결하긴 했지만 그때는 이미 프랑스와 스웨덴이 원하는 이득을 얻은 뒤였다.

막시밀리안의 정책은 그보다 더 복잡했다. 그는 스웨덴이나 프랑스보다 에스파냐를 더 두려워했다. 그래서 그는 프랑스와 스웨덴의 요구를 완전히 충족시켜주자고 주장했다. 알자스를 프랑스에게, 포메른을 스웨덴에게 넘겨줘 두 나라가 독일 사태에 개입할 구실을 없애야 한다는 것이었다. 이렇게 되면 힘을 잃은 신교 세력을 쉽게 진압할 수 있을 것이고, 그 다음에 강력한 가톨릭 입헌주의 세력이 더 이상 외국의 간섭 없이 황제와 에스파냐 동맹 세력에 대처하면 될 터였다. 결국 독일의 영토를 어느 정도 희생하고 내적 결속을 강화해 황제와 에스파냐에 대항하자는 것이 그의 복안이었다.72

그의 정책은 작센의 정책보다 회의에 더 큰 영향력을 미쳤으나, 그것은 재앙과 같은 영향력이었다. 막시밀리안은 포메른을 스웨덴에, 알자스를 프랑스에 내주고도 그들에게서 독일의 체제 문제에 개입하지 않겠다는 보장을 받아내지 못했다. 또한 황제에 맞설 통합적 가톨릭 세력을 구축하지도 못했다. 제국은 독일의 체제나 영토에 전혀 신경을 쓰지 않았다. 프랑스는 막시밀리안을 이용했고, 스웨덴은 그를 무시했다. 독일의 하급 지배자들은 여전히 당장의 이익에 눈이 어두워 회의를 통해 외국의 지원을 얻으려 애썼다. 요한 게오르크와 막시밀리안은 이 마지막 위기에 예전과 다를 바 없이 최악으로 대처한 셈이었다.

4

회의가 시작된 1644년 12월부터 트라우트만스도르프가 온 1645년 11월까지 1년 동안 황제의 군사적 상황은 더 나빠졌다. 1645년 새해 벽두에 엘베 강에서 스웨덴군을 지휘하던 토르스텐손은 에르츠게비르게 산맥을 넘었고,73 2월 넷째 주에는 프라하를 향해 빠른 속도로 진격했다. 타보르에서 15킬로미터쯤 떨어진 얀카우에 이르러서야 제국과 바이에른의 연합군이 그를 저지하고 전투로 유도했다. 기선을 제압한 것은 토르스텐손이었다. 지면이 대단히 울퉁불퉁하고, 숲이 울창한 탓에 전투의 양상은 병력 수가 중요한 전면전이 아니라 전초전으로 전개되었다.74 토르스텐손은 먼저 적의 기병대 장군인 괴첸의 허를 찔러 유리한 상황을 만든 뒤, 분산된 적군을 공략했다. 괴첸은 도망치다가 죽었다. 그 소식이 보병대에 전해지자 겁에 질린 보병들이 총을 팽개치고 달아났다. 메르시와 베르트가 이끄는 바이에른 기병대와 하츠펠트가 지휘하는 제국의 예비군이 뒤늦게 달려왔다. 그들은 어려운 지형 조건과 병력상의 열세에도 불구하고 용감하게 싸웠으나 결국 스웨덴군에게 참패했다. 하츠펠트 장군은 포로로 잡혔고, 나머지 기병들은 프라하 방면으로

도망쳤다.75

얀카우는 독일의 로크루아라고 할 수 있는 지역이었다. 로크루아에서 에스파냐 보병대가 전멸했듯이, 얀카우에서는 군대의 중추인 바이에른 기병대가 궤멸되었다.76 더 즉각적인 결과는 승리한 토르스텐손의 군대에게 프라하의 문이 열린 것이었다. 합스부르크 왕조의 영토는 공황 상태에 빠졌다. 프라하의 페르디난트는 무능한 갈라스를 은거지에서 끌고 나와 허겁지겁 제국군의 남은 병력을 모으게 했다. 그리고 그 자신은 수도를 구할 수 있다는 희망을 완전히 포기한 채 하인들 몇 명만 대동하고 레겐스부르크로 도망쳤다. 거기서 그는 도나우 강을 따라 린츠로 가서 아내와 합류한 뒤 빈으로 향했다. 백성들은 그것을 가리켜 '프리드리히의 도피(Friedrishsflucht)'라고 불렀다. 실제로 그는 20여 년 전 겨울왕(Winterkönig, 빌라호라 전투 이후 보헤미아 왕 프리드리히가 아내 엘리자베스와 함께 도망쳤을 때 얻은 별명: 옮긴이)처럼 거의 홀몸으로 잽싸게 도망쳤다.77 페르디난트는 빈에 계속 머물렀으나 자신의 계모와 아이들을 그라츠로 보낸 사실로 보아 당시 그가 얼마나 겁에 질려 있었는지 알 수 있다.78

몇 가지 요소가 황제의 난국을 타개해주었다. 우선 스웨덴 병사들에게 포도주는 줄 수 있어도 빵은 줄 수 없었던 보헤미아의 극단적 빈곤 상태가 한몫을 했다.79 트란실바니아의 지그문트가 파산한 것도 큰 도움이 되었다. 오래전에 프리드리히가 베틀렌 가보르에게 의지했던 것처럼 토르스텐손은 그에게 의지했던 것이다.80 또한 브르노 지역의 완강한 저항도 있었다. 프랑스 용병의 지휘 아래 방어군이 다섯 달 가까이 스웨덴군의 포위 공격을 막아내자 침략군은 마침내 포위를 풀고 국경으

로 철수했다.81

얀카우 전투는 많은 사람들이 희망했거나 두려워했던 것보다 즉각적인 효과가 크지는 않았다. 뮌스터 회의에 미친 확실한 결과는 황제가 트리어 선제후를 풀어주기로 결정한 것뿐이었다. 그것도 교황과 다른 종교적 선제후들과 프랑스의 권고에 따른 조치였다.82

그 무렵 튀렌의 침략을 베르트가 저지했다. 보헤미아로 황급히 돌아온 그는 메르겐트하임 부근에서 프랑스군을 기습해 상당한 피해를 주었다.83 라인 강으로 물러간 튀렌은 사임할 뜻을 비쳤다가 마자랭의 두터운 신뢰에 용기를 얻어 군대를 새로 마련하고, 앙갱 공작의 군대와 합쳤다. 1645년 여름 그들은 도나우 강을 건너 쾨니히스마르크(Hans Christoffer von Königsmarck, 1600~1663) 백작이 이끄는 스웨덴군의 한 지대와 합류했다.84 메르시는 신중하게 남쪽으로 물러났다. 중과부적의 상태로는 도나우 전선을 방어하는 것 이상의 다른 작전이 불가능했다. 하지만 쾨니히스마르크가 갑자기 보헤미아로 소환되자 상황이 달라졌다. 메르시는 진격하는 프랑스군과 한판 붙기로 결심하고, 1645년 7월 24일 뇌르틀링겐의 남동쪽 알레르하임 부근의 구릉지대에 진을 쳤다.

앙갱은 메르시가 지휘하는 바이에른 포병대가 진을 친 곳에 이르자 언덕을 오르라는 명을 내렸다. 전하는 바에 따르면, 그때 메르시는 두 팔로 아내의 목을 끌어안고 기쁨에 차서 이렇게 말했다고 한다. "이제 적이 우리 수중에 들어왔소." 이 이야기는 거짓이다. 메르시는 아내가 없었고, 감정의 표현이 거의 없는 사람이었다.85

모든 기대를 뒤집고 '프랑스인의 분노(furia francese)'가 바이에른의 방어를 뚫었다. 하지만 그것은 피루스의 승리였다(고대 에피루스의 왕

피루스가 로마군을 물리친 데서 나온 고사로, 막대한 희생을 치르고 얻은 승리를 가리킨다 : 옮긴이). 앙갱과 튀렌은 너무 지쳐 적을 추격하지 못했고, 사병과 장교의 인적 손실도 너무 컸다. 바이에른군은 원래의 목표대로 도나우뵈르트로 안전하게 퇴각해 적의 후속 공격에 착실히 대비했다.[86] 그러나 바이에른과 제국 측은 돌이킬 수 없는 손실을 입었다. 독보적인 최고의 사령관으로, 튀렌과 노련한 베른하르트 군대의 공격에 맞서 2년 동안이나 슈바르츠발트를 굳건히 지켰던 프란츠 폰 메르시가 전사한 것이었다.

보헤미아의 침략과 프랑스군이 도나우 강을 따라 진격하는 것은 어느 정도 저지되었으나, 제국의 군사 작전과 외교는 독일 동맹자들의 이탈을 막지 못했다. 1644년 6월 초 브란덴부르크의 프리드리히 빌헬름은 스웨덴과 강화를 맺었다. 이 휴전으로 이제 북동부에서 토르스텐손에게 맞서는 사람은 작센의 요한 게오르크 하나만 남게 되었다. 쾰른 선제후 페르디난트도 그에게 지원군을 보낼 형편이 못 되었다. 그의 아버지가 제국 측으로 경사되는 것을 늘 못마땅하게 여겼던 가문의 권고에 따라 그는 브란덴부르크의 선례를 좇았다. 그 덕분에 후위와 측면이 적의 공격으로부터 안전해진 토르스텐손은 강화를 제시했다. 이리하여 1645년 8월 쾨첸브로다에서 예비 휴전 조약이 체결되었다.[87]

이것으로 스웨덴이 합스부르크 영토로 진출하는 데 마지막 장벽이 제거되었다. 말할 것도 없이 페르디난트에게는 치명타였다. 설상가상으로 그렇잖아도 취약했던 막시밀리안의 충성이 더 약화되었다. 현실적으로 사고하는 그는 침몰하는 선박에서 홀로 오래 버틸 위인이 아니었다. 이미 그는 뮌스터에 파견한 대표를 통해 자신의 이익이 적절히 고려된다면 개별적인 강화도 기꺼이 받아들이겠다는 뜻을 밝혔다. 에스파냐 합스부르크에 반대해 그와 함께 맺었던 옛 동맹 정책을 완전히 포기하지 않고 있었던 프랑스 정부는 새 기회를 환영했다. 2년간 꾸준히 약화되던 제국의 동맹은 1646년 봄 가냘픈 실로 봉합되어 있었다. 이것이 뮌스터 회의에 중대한 영향을 미쳤다.

5

제국의 운명이 썰물로 향하던 무렵, 1645년 11월 29일 밤에 트라우트만스도르프 백작은 황제의 사신을 품에 지닌 채 신분을 숨기고 뮌스터에 잠입했다. 이튿날 아침에야 그는 자신이 왔다는 공식 통지를 했다.88 그가 잠입한 이야기는 양측에서 모두 화제가 되었다. 프랑스의 수석대사 롱그빌 공작이 뮌스터에 들어올 때는 지나치게 화려한 입장으로 적들의 분노를 자아냈다.89 또한 에스파냐의 페냐란다는 비가 쏟아지는 날씨에 어울리지 않게 말끔한 정장을 입고 짐짓 엄숙하게 입성한 탓에 사람들의 웃음거리가 되었다. 서둘러 그를 영접하러 나간 뮌스터 시장과 시 의원들이 고급 의상을 우비로 감쌌으니 여러 모로 우스꽝스러운 행차였다. 마차 한 대의 문이 열리고 화려한 차림의 외교관이 나오더니 몇 안 되는 사람들 앞에서 우아하게 인사를 했다. 페냐란다의 정중한 몸짓이 비좁은 거리에 팔려고 쌓아놓은 질그릇더미를 건드렸다. 그릇들이 와장창 무너져내리자 그는 황급히 마차 안으로 들어갔다.90 트라우트만스도르프는 비밀리에 입성했으므로 질시와 조롱을 받지 않았을 뿐 아니라, 적들에게 허식이 없고 현실적인 견해를 가진 인물이라는 인상을 주었다.

그는 먼저 에스파냐 대사들을 방문한 뒤 프랑스 측을 찾았다. 프랑스 대사들은 자신들에게 먼저 오지 않은 것을 언짢게 여겼으나 그의 격의 없는 태도에 금세 화가 풀렸다.91 키가 크고 단단한 몸집에 얼굴이 무척 못난 그는 외모에서는 전혀 귀족다운 느낌이 없었다. 납작한 코, 높은 광대뼈, 검고 깊은 눈, 찌푸린 듯한 짙은 눈썹에다 머리에 쓴 꾀죄죄한 가발은 앞머리가 눈썹 위까지 덮고 있었다.92 이 특이한 외모에도 불구하고 트라우트만스도르프는 사람들에게 깊은 인상을 주었다. 훗날 스웨덴 대사들은 그를 그의 주군이 원하는 솔직하고 유능한 인물로 기억했다.

그가 왔다는 것은 그 자체로 제국의 망설임이 끝났다는 최종적 증거였다. 트라우트만스도르프는 페르디난트의 가장 가까운 친구였기 때문이다. 그는 에겐베르크가 죽은 이후 국가의 총리가 되었고, 페르디난트가 성년이 된 이후 만난 첫 자문관이었다. 만약 뮌스터의 사정이 달라질 때마다 제국이 어떻게 대응해야 할지 정확히 인식하고 실행할 수 있는 사람이 있다면, 트라우트만스도르프가 바로 그런 사람이었다. 게다가 그는 빈의 친에스파냐파에 속한 적도 없었다. 그는 오히려 친에스파냐파에 반대했고, 황후의 총애를 받지도 않았다. 그러므로 그가 회의에 참석한 것은 페르디난트가 강화를 원한다는 것만이 아니라 에스파냐의 이해관계를 저버리겠다는 의사의 표명이었다.

트라우트만스도르프는 프랑스 측과 제국 측이 이미 서로의 요구를 교환했다가 교착 상태를 빚었다는 것을 알고 있었다. 그 원인은 알자스였다. 페르디난트는 어떤 일이 있더라도 알자스를 프랑스에 내주지 않을 것이라고 천명했는데, 바로 이것이 문제였다. 트라우트만스도르프는 아보와 세르비앙을 처음 만난 자리에서 알자스 대신 이탈리아의 피네롤로, 로렌의 무아앵비크, 메스, 툴, 베르됭이 어떠냐고 제안했다. 페르디난트의 황폐해진 영토를 감안한다면, 이것으로는 충분치 않았다. 하지만 트라우트만스도르프는 프랑스 측에 무엇을 더 줄 수 있는지 알아보기 전에 일단 오스나브뤼크로 가서 스웨덴과 별도의 강화를 맺기 위해 마지막 노력을 기울였다.93

프랑스는 그의 책략을 의심했다. 제국 측과의 만남 직후, 오스나브뤼크의 프랑스 대리인인 바르드(Barde)가 회의 참가를 거부한 것은 그 때문으로 추측된다.94 그러나 프랑스는 걱정할 필요가 없었다. 스웨덴을 평화로 이끌 수 있는 유일한 뇌물은 포메른이었는데, 황제는 브란덴부르크의 양해를 구하지 않으면 그곳을 내줄 수 없었던 것이다. 황제는 브란덴부르크 선제후에게 포메른을 넘겨주라고 부탁하면서 그 대신 제국이 그에게 적절한 보상을 하겠다고 약속했다. 또한 페르디난트는 트라우트만스도르프에게, 스웨덴과 브란덴부르크가 둘 다 고집을 부릴 경우 알자스를 프랑스에 내주라는 비밀 지령을 내렸다.95

막시밀리안의 대표는 서둘러 결론을 지으려 했다. 1646년 3월 24일 트라우트만스도르프와 만난 자리에서 그는 황제가 합리적인 조건을 제시하지 않는다면 프랑스와 별도의 강화를 맺겠다고 재차 으름댔다.96 막시밀리안의 복안은 여느 때처럼 간단하면서도 이기적이었다. 파리에서 그의 대사는 주군이 "늙고 파산한 데다 자식들도 어리다"라고 호소하고, 죽기 전에 평화를 원하지만 그것보다 더 원하는 것은 스웨덴과 그 부하인 팔츠 선제후의 위협을 막아줄 프랑스의 보호라면서,97 그 대가로 프랑스를 위해 애쓰겠다고 말했다. 그러나 제국의 통합에 관해서는 무관심으로 일관했다. 막시밀리안은 지난 2년 동안 벌써 세 번째로 황제를 버리겠다고 위협하는 것이었다. 트라우트만스도르프는 그것을 진지하게 받아들였다.98 2주일 뒤 그는 알자스를 프랑스에게 넘기기로 했다.99 하지만 그것으로도 아직 충분하지 않았다. 세르비앙과 아보는 즉각 브라이자흐도 요구하고 나섰다. 라인 강 건너편의 도시였으나, 일단 그곳을 정복했으니 계속 프랑스가 보유하겠다는 것이었다. 트라우트만스도르프는 분통이 치밀었지만 어쩔 도리가 없었다. 한 달 동안 벌써 두 차례나 바이에른 대표는 별도의 강화를 맺겠다고 위협하고 있었다.100 또한 스웨덴은 북독일 전역을 유린하고 가톨릭 주교구인 파더보른을 점령했을 뿐 아니라, 내친 김에 뮌스터까지 진격하려 한다는 흉흉한 소문이 나돌았다.101 오스나브뤼크에서 브란덴부르크 선제후의 대표인 비트겐슈타인(Wittgenstein)은 포메른에 관해 그칠 줄 모르고 신랄한 독설을 퍼부어댔다.

트라우트만스도르프는 계속 조금씩 물러섰다. 에스파냐 대사들이 그에게 굳게 버텨달라고 간청했지만, 그러기에는 프랑스 대표단과 바이에른 대표단의 압력이 너무 강했다. 5월 11일 프랑스 측은 그가 협상을 방해한다고 비난했다. 그러자 그는 일단 프랑스에 알자스의 완전한 주권을 내준 뒤 계속해서 벤펠트, 차베른, 필립스부르크를 양도했다.102 그래도 만족하지 못한 프랑스가 브라이자흐도 요구하자, 그는 나흘 뒤인 16일에 그곳마저 내주었다.103

그 무렵 브란덴부르크 선제후는 마음이 약해지고 있었다. 그는 헤이그로 가는 도중에 직접 베스트팔렌에 들렀다. 스웨덴의 정책이 자신의 정책과 정면으로 충돌한다는 것을 알게 된 그는 크리스티나와 결혼하려던 계획을 포기하고, 자신의 결혼과 운명을 네덜란드의 오라녜 가문에 걸고자 했다. 그 대가로 클레베-윌리히의 소유권에 대한 지지를 얻으려는 것이었다. 1646년 6월 그는 포메른 문제에 관해 한 걸음 물러섰다. 10월 중순에는 포메른을 스웨덴과 분할 소유하기로 하고, 슈체친이 포함된 지역을 스웨덴에 내주기로 했다.104 그러다 11월 초에 그는 갑자기 베르크를 포위하려 했다. 클레베-윌리히를 차지했으므로 당연히 베르크도 자신의 소유라는 것이었다. 제국 측은 그가 결혼 동맹을 맺으려는 세력의 영토를 향해 서쪽으로 진출하고 싶어 하는 의도를 드러낸 것으로 해석하고, 그에게 포메른 대신 할버슈타트와 민덴의 주교구들을 내주고 마그데부르크를 돌려주겠다고 제의했다. 선제후는 동의했다.105 이리하여 1646년 12월 7일 그는 오라녜 공의 맏딸인 루이제 헨리에트(Louise Henriette, 1627~1667)와 약혼하고, 한 주일 뒤 베르크에서 물러나기로 했다. 오라녜 공의 지지를 받는다면 무력이 아니라 영향력을 통해 클레베-윌리히 사안에서 더 큰 이득을 얻을 수 있으리라는 계산이었다.106

알자스와 포메른을 둘러싼 협상에서 각국 지배자들은 제국의 영토와 수천 명의 신민들이 얽혀 있는 문제를 다루고 있다기보다 마치 자신의 사유재산을 처분하는 것처럼 행동했다. 실은 포메른 주민들도 직접 뮌스터에 대표단을 보냈다. 그들은 애처롭고도 끈질겼다. 하지만 모든 사안이 타결되었을 때 그들은 스웨덴에 통합되고 싶지 않다면서 무기력하게 울부짖을 수밖에 없었다.107

알자스 주민들의 형편은 그래도 좀 더 나았다. 사실 이곳에는 묘한 모순이 있었다. 황제는 양도된 영토를 제국으로부터 완전히 분리하고 싶었으나 프랑스 왕은 그것을 한사코 반대했다.108 언뜻 보면 페르디난트가 냉정한 태도를 보이고, 프랑스가 관대한 제스처를 취한 듯하지만 실은 그럴 만한 사연이 있었다. 물론 경계선의 변화를 제외하면 아무것도 아니었지만, 프랑스가 알자스를 제국의 명패 아래 보유한다면 프랑스 왕은 제국의회에 대표를 보내 독일 사태에 계속 간섭할 수 있게 되는 것이었다. 결국 그 복잡한 문제는 타협이 이루어졌으나, 어느 작가는 그것을 '영원한 분쟁의 불씨'라고 불렀다.109 어쨌든 황제는 알자스에 관한 자신의 권리를 프랑스 왕에게 양도했다. 그 권리의 한도가 정해지지 않았으므로 그곳에 속한 도시들은 제국의 도시라는 자격을 계속 보유했다. 하지만 프랑스는 황제가 바젤에서 필립스부르크까지 라인 강 우안을 전면적으로 무장해제하겠다는 약속을 하는 바람에 그 대가로 제국의회에 참석할 권리를 요구하지 않겠다는 약속을 할 수밖에 없었다. 양측은 조약의 조항들이 서로 자체의 해결책을 고수할 수 있도록 구성되었다며 불만을 품었다.110

이 협상이 벌어지는 동안 스트라스부르와 알자스의 10개 자유시 대표들은 뮌스터에서 프랑스 대사의 숙소와 제국 대사의 숙소를 부지런히 오가며 집요하게 자신들의 처지를 호소했다. 그러나 아무런 소용도 없었다. 두 나라의 대사들은 오로지 프랑스 왕, 황제, 유럽의 상황만을 고려해 그들의 운명을 결정했다.

6

이리하여 1646년 겨울에 동맹 세력들은 각자의 영토적 요구에 만족했다. 하지만 아직 제국의 문제, 개별 군주들의 다툼, 전쟁의 원인인 입헌주의자의 권리와 종교적 권리의 문제가 남아 있었다.

팔츠 선제후에 관해서는 끊임없이 다툼이 이어지다가 마침내 결정을 보았다. 교황에게 지지를 호소한 막시밀리안[111]은 팔츠 선제후 직위를 교대로 담당하도록 하자는 주장을 맹렬히 비난했다.[112] 보헤미아의 프리드리히의 아들인 카를 루트비히 또한 새로 선제후 직위를 만들어 자신에게 주겠다는 제안에 거세게 반대했다. 그렇게 되면 그는 하이델베르크와 라인팔츠로 돌아가야 할 뿐 아니라 선제후들 가운데 최하위 서열이 되는 셈이었다. 하지만 막시밀리안과 프랑스에게는 그 방식이 최선이었다. 그들은 처음에 카를 루트비히를 강력히 옹호했던 스웨덴을 설득해 쉽게 목적을 달성했다.[113] 유일하게 힘센 동맹자였던 스웨덴에게 버림받고, 외삼촌이 영국에서 몰락함으로써 입지가 약해진 팔츠 선제후는 마침내 굴복했다. 그는 그 기분을 메달로 주조했는데, 사자 문양이 그려진 팔츠 갑옷을 입은 그는 상처받고 지친 모습이지만 그의 발에는 '굴복이되 굴복하지 않겠다(Cedendo non cedo)'라는 문구가 새겨져 있었다.[114]

헤센-카셀 여방백은 자신을 프랑스와 스웨덴 양측에게 모두 귀중한 자산으로 만들었다는 점에서, 채무만 남은 팔츠 선제후보다 처지가 더 나았다. 아말리에 엘리자베트는 애초에 자신이 요구한 것보다 더 많은 영토를 획득했으며, 50만 탈러가 넘는 자금까지 받아 군대의 비용으로 활용했다.[115]

스위스는 훨씬 더 운이 좋았다. 그전까지 스위스는 전쟁에서 빠져나가려 애썼으나 이제는 강화 회의에 끼려고 몸이 달았다. 300여 년에 걸쳐 독자적인 연방을 발전시켜오는 동안 스위스는 원래의 칸통들인 우리, 슈비츠, 운터발덴 이외에 루체른, 취리히, 바젤, 그리종, 졸로투른, 장크트, 갈, 아펜첼, 프리부르크 등을 손에 넣었다. 하지만 그동안 스위스 연방의 존재 자체는 승인을 얻지 못했는데, 이제 그것마저 요구해 얻어냈다.

스웨덴군에 대한 지불 문제는 아주 심각했다. 그 문제를 해결하기 위해 회의에 파견된 알렉산데르 에르스키네(Alexander Erskine)는 병사들이 급료를 받지 못하면 철수하지 않을 것이라고 진심을 담아 호소했다. 그가 요구한 금액은 600만 탈러였으나, 제국 측은 처음에 300만 탈러를 제안했다가 결국 500만 탈러로 타협을 보았다.116

제국의 사법, 제국자문회의 의원의 권리, 1608년 도나우뵈르트에 반대한 판결의 번복 등은 공동의 결의로 다음 제국의회까지 보류되었다. 그에 따라 클레베-윌리히 승계 문제는 자연히 미결로 넘어가게 되었다. 모든 세력의 이해관계가 걸린 사안은 단연 종교 문제였다. 처음에는 진전을 보지 못했다. 뮌스터의 가톨릭 대표단은 오스나브뤼크의 신교 대표단과 함께 의논하기를 완강히 거부했다. 중재자인 교황 대사도 이교도와 한방에 있을 수는 없다고 말했다.117 이 초기의 장애물이 극복된 뒤에도 양측은 비타협적인 자세를 견지했다. 가톨릭 측은 교회가 1627년에 소유했던 모든 토지를 요구했고, 신교 측은 1618년의 상황으로 돌아가자고 요구했다. 요한 게오르크는 1624년의 상황으로 돌아가자는 선에서 타협안을 제시하며 설득했다.118

한편, 토지반환령은 영구히 보류되었고, 군주가 자신의 종교를 바꿀 권리와 백성들이 자신의 뜻대로 종교를 선택할 권리가 승인되었다.

가톨릭과 신교의 동등성과 관련된 조항은 도시들을 완전히 분열시켰다. 아우크스부르크와 레겐스부르크가 대표적이었다.

　화해의 뜻으로 페르디난트 3세는 회의 초기에 칼뱅파를 제국 내의 셋째 종교로 승인했다.119 하지만 만사가 우호적으로 타결되는 듯싶었을 때 그는 돌연 자기 아버지와 똑같은 열정을 드러냈다. 신교 측은 충격을 받았고, 가톨릭 측은 격분했고, 아직 불안정한 합의는 위험에 처했다. 그는 합스부르크 영토 내에서 신교도에 대한 관용을 단호히 거부하고, 교황에게 지지를 호소했다.120 또한 그는 1624년을 종교 화해의 해로 삼자는 제안도 거부하고, 자신의 외교로 프라하 강화에서 만들어냈던 1627년의 기준도 강력히 부정했다.

　그때까지 외교적으로 능숙하게 처신했던 트라우트만스도르프도 예상치 않은 반응을 보였다. 그는 자신의 주군을 지지하면서, 제안된 종교 화해를 보면 설령 황제가 스톡홀름의 포로로 잡혀 있다 해도 그 방안에 서명하라고 권하지 않을 것이라고 말했다. 1647년 7월 16일에 그는 살비우스와 함께 그 주제에 관해 연설하고는 그래도 만족을 얻지 못하자 그날 밤 빈으로 떠났다. 하지만 전하는 바에 따르면, 떠날 때 보기 드물게 흡족한 기색이었다고 한다. 그에게는 그럴 만한 이유가 있었다.

7

　협상의 분위기는 시시각각으로 변했다. 페르디난트는 1645년 겨울 트라우트만스도르프를 보냈을 때는 절망적인 기분이었으나, 18개월 뒤 그가 돌아올 때는 한껏 희망을 품고 있었다.

그 18개월 동안 제국의 입지는 내내 약화되었다. 그러나 1647년 여름 돌연히 운명이 반전되어 또다시 회의의 유예가 가능해 보였고, 합스부르크 왕조가 승리를 꿈꿀 수 있을 듯싶었다.

1646년 초 스웨덴 정부는 신병을 이유로 자리에서 물러나겠다는 토르스텐손의 청원을 받아들였다.121 그는 몇 주일째 병석에 누워 있었다. 두 손이 통풍으로 오그라들어 명령장에 서명조차 하지 못하는 상태였다.122 스웨덴은 카를 구스타프 브랑겔을 그의 후임으로 임명했다. 브랑겔은 거만하고 사납고 인기가 없었으나,123 장군으로서는 유능했다. 너무 유능한 탓에 프랑스에게는 오히려 해가 될 정도였다. 1646년 여름 그는 바이에른을 상대로 승리를 거두었다. 연합군의 새 월계관을 축하해주기보다 스웨덴의 공세를 더 우려한 마자랭은 튀렌을 말리기 위해 혹은 적어도 바이에른을 살려주기 위해 애써야 했다.124 그러나 튀렌의 의지와 상관없이 스웨덴과 프랑스 연합군은 섬세한 외교를 벌일 시간을 주지 않았다. 브랑겔은 바이에른을 확실하게 침공하고 싶었고, 병사들은 손쉬운 약탈을 원했다.

바이에른을 구조하기 위해 달려간 요한 폰 베르트는 아우크스부르크에서부터 흐름을 뒤집었으나, 1646년 가을 브랑겔의 침공을 막지 못했다. 농민 반란에 겁을 집어먹은 막시밀리안은 무방비 상태의 백성들에게 무기를 주는 대신 침략자들의 식량 공급을 차단하기 위해 방앗간과 곳간을 파괴했다. 그것은 결국 자신의 백성들에게 굶주림을 강요한 조치였다.125 다음 해 봄에 그는 휴전을 간청했다. 3월에 그는 조약에 서명했으나, 4월에야 비로소 브랑겔은 적대 행위를 멈추었다.126

그러나 마자랭에게는 오스트리아 왕가에서 해치워야 하는 히드라

(그리스 신화에 나오는 괴물 뱀: 옮긴이)가 있었다. 그 괴물은 비록 점점 약해지고 있었지만 여전히 머리 하나를 잘라낼 때마다 다른 머리가 솟아났다. 바이에른의 이탈은 다른 것의 소생으로 균형을 맞추었다. 트라우트만스도르프가 뮌스터에 온 것은 그의 에스파냐 정책을 황제가 포기했다는 의미로 해석되었다. 황제의 이탈리아 아내인 마리아 안나가 죽은 뒤 몇 달 동안 페르디난트가 에스파냐와 결별하리라는 희망이 고조되었다. 좋은 기회다 싶었던 마자랭은 오스트리아-에스파냐 동맹을 끊기 위해 페르디난트에게 가스통의 말괄량이 딸을 신붓감으로 제의했다. 당시에는 황제가 너무 깊은 슬픔에 잠겨 있어 재혼을 고려할 여유가 없다는 이유로 결혼 제의가 거절되었다. 하지만 아내를 잃은 슬픔이 진짜였는지는 몰라도 페르디난트는 이내 자신의 가문에서 새 아내를 찾았다. 그는 프랑스 동맹을 거부하고, 결혼 동맹으로 왕조를 강화할 수 있는 방식을 추구했던 것이다. 그가 선택한 새 신붓감은 그의 사촌인 티롤의 마리아 레오폴디나(Maria Leopoldina, 1632~1649)였다.

　이 약혼보다 유럽을 더 뒤흔든 것은 같은 시기 에스파냐 왕의 결혼 조약이었다. 아내와 외아들을 불과 몇 주일 간격으로 잃은 펠리페 4세는 민망해 보일 정도로 서둘러 젊은 신부를 맞아들이려고 했다. 그는 그다지 호감이 가는 남편감은 아니었다. 나이도 마흔 살이 넘었고, 무뚝뚝하고, 머리도 둔한 데다 지배자로서도 쓸모없는 위인이었다. 그는 단 하나 남은 혈육인 어린 공주에게만 정성을 바쳤다. 공주는 마드리드의 거창한 예식과 베르사유의 엄숙함에도 아랑곳없이 평생토록 어리석고 충동적인 사춘기 소녀처럼 살았다.127 에스파냐 제국은 죽었으나 에스파냐 왕은 오스트리아 공주를 아내로 원했다. 자신의 조카딸이자 페르디난트의 딸인 마리아 안나(Maria Anna, 1634~1696)에게 청혼한 것이었다. 페르디난트는 그 결혼을 수락했다.128

오스트리아 친척들을 더욱 굳건히 자기편으로 결속시키기 위해 펠리페 4세는 페냐란다의 제안에 굴복해 자신의 서자를 네덜란드 총독으로 앉히려는 구상을 취소하고, 황제의 동생인 레오폴드 대공을 임명했다.129 마자랭이 바이에른 동맹을 분쇄한 바로 그 순간에 에스파냐는 오스트리아를 재차 장악했다. 또한 같은 순간에 에스파냐는 추기경의 발밑에서 네덜란드의 지원을 빼냈다.

1646년 겨울과 초봄에 프랑스 측은 에스파냐 측에 당시 프랑스 군대가 점령하고 있던 카탈루냐와 네덜란드를 교환하자고 제안했다.130 에스파냐는 그 계획에 동의했다. 진심으로 동의한 것인지, 네덜란드와 프랑스를 적대하게 만들기 위해서 그랬는지는 확실치 않다. 어쨌든 그 거래를 알게 된 네덜란드는 그렇잖아도 수상쩍은 동맹자가 그런 공작을 꾸민다는 데 격노해, 프랑스의 이익을 완전히 도외시하고 에스파냐가 받아들을 수 있는 강화 조건을 마련했다.131

사태가 이렇게 돌아가는데도 프랑스는 경각심을 느끼지 못하고 계속해서 에스파냐의 외교에 뒤통수를 맞았다. 펠리페의 아들이 죽은 뒤 프랑스는 에스파냐의 단독 상속녀가 된 공주를 프랑스의 소년 왕과 결혼시키려는 계획을 추진했다. 프랑스는 예전처럼 계획이 네덜란드에 알려지지 않도록 주의했다. 하지만 그 유치한 사기극은 응분의 대가를 받았다. 그 계획을 그다지 진지하게 여기지 않은 에스파냐가 갑자기 사실을 전부 공개하는 바람에 프랑스 혼자 욕을 먹어야 했던 것이다.132 이번에는 부정도, 항의도, 특별 대표단도 소용이 없었다.133 스웨덴조차

화를 내면서 나중에는134 동맹자에게 등을 돌렸다. 네덜란드는 에스파냐와 휴전을 체결하고,135 믿을 수 없는 동맹자들은 알아서 하도록 내버려두었다.

　네덜란드를 양도하려던 계획이 물거품으로 돌아가자 프랑스는 저지대 지방에서 열심히 전쟁을 속행하는 수밖에 없었다. 그럴 만한 사유도 있었다. 레오폴트 빌헬름 대공이 1647년 새해 초에 신분을 위장하고 브라반트 국경을 건너 잠행했다가 돌아온 뒤 예전의 추기경 왕자를 연상시키는 열정으로 프랑스 원정을 준비하고 있었던 것이다.136 바이에른은 중립성을 유지할 수밖에 없게 되었으므로 마자랭은 이제 튀렌이 독일에서 저지대 지방을 상대로 전력을 기울일 때라고 판단했다.137

　바이에른의 중립과 튀렌의 플랑드르 공격을 위한 계획은 한 가지 심각한 약점을 갖고 있었다. 바이에른 측에서 막시밀리안의 군대를 지휘하는 요한 폰 베르트는 강요된 중립을 받아들일 의사가 없었고, 프랑스 측의 옛 베른하르트군은 튀렌에게 복종할 의사가 없었다. 1647년 여름에 일어난 반란은 합스부르크의 이해관계와 맞아떨어졌고, 프랑스의 구상을 좌초시켰다. 6월 말 베른하르트군은 라인에서 프랑스 지휘관들에게 반기를 들었으며, 7월 초에 베르트는 바에이른 선제후를 거부하고 황제에게 충성을 다짐했다. 1647년 7월 16일 밤 뮌스터를 떠날 때 트라우트만스도르프의 입가에 미소가 번진 것은 당연했다.

　막시밀리안은 이미 오래전부터 베르트와 사이가 좋지 않았다. 베르트는 출신이 비천하고 무례하고 글도 읽을 줄 몰랐다. 선제후는 그가 훌륭한 기병대 지휘관이라는 점은 인정했으나 술주정뱅이 촌놈이라고 공공연히 비난했으며, 야전군 사령관이 되고 싶다는 그의 소망을 들어

주지 않았다. 그런 탓에 페르드난트는 몇 가지 그럴듯한 암시만으로도 그 부도덕하고 불만에 찬 출세주의자를 쉽게 매수할 수 있었다. 6월 말 막시밀리안은 낌새를 알아채고 장군을 불러들였다. 하지만 확실한 증거가 없었다. 베르트는 근거 없는 비난이라고 잡아떼면서 결백을 맹세했다. 그러고는 거사 준비를 갖춘 병사들에게 달려갔다. 1647년 첫 주에 그는 군대를 이끌고 황제 편으로 넘어가버렸다.

한편, 스트라스부르에서는 베른하르트군의 불만이 극에 달했다. 튀렌은 오래전부터 예상하고 있던 차였다. 3년 전에도 브라이자흐에서 대규모 폭동이 일어났으나 그때는 에를라흐의 용기와 인기 덕분에 가까스로 진압할 수 있었다.138 그 후 에를라흐는 물러났고, 그와 사이가 안 좋았던 튀렌은 후임자인 라인홀트 폰 로젠(Reinhold von Rosen, 1605~1667)과는 사이가 더 나빠졌다. 병사들은 프랑스가 자신들을 서서히 군대의 본대와 합치려 한다고 믿었는데, 충분히 일리가 있는 추측이었다. 그들은 프랑스 장교들이 자신들의 형편을 감안해주지 않고 전횡을 일삼는다고 주장하며, 복무 조건으로 튀렌이 자신들을 플랑드르로 보내지 않을 것을 내걸었다. 한 번 불붙은 폭동은 걷잡을 수 없이 확산되었다. 로젠은 병사들에게 영향을 미칠 수 있으리라는 잘못된 판단으로 반군을 지도했으며, 튀렌 역시 판단 착오로 그를 체포했다. 베른하르트군은 자체적으로 지도자를 선출하고, 4천여 명의 병력이 곳곳에서 약탈을 자행하며 스웨덴 측에 합류했다.139

그 여파로 튀렌은 힘을 크게 잃어 플랑드르로 진격할 수 없었다. 그렇잖아도 바이에른의 중립성이 무너진 탓에 그는 독일로 가야 했다. 하지만 이번에도 폭동이 그의 행보를 가로막았다. 스웨덴의 브랑겔은 잠시 망설이다가140 태연하게 베른하르트군 측에 가담했다. 튀렌은 처음에 반란 세력이 득시글거리는 군대와 함께 행동할 수 없다는 입장이었다.141 그러나 스웨덴군의 도움 없이 행동하는 것도 위험했으므로 그로서는 이러지도 저러지도 못하는 상황이었다.

베른하르트군의 폭동은 가담자들의 입장에서 볼 때 성공적이었다. 하지만 막시밀리안 군대의 베르트의 폭동은 황제에게만 이득을 가져다주었다. 사실 베르트는 군대를 이끌 만한 인물이 못 되었다. 추종자들이 대부분 막시밀리안에게 넘어가자 그는 혼자서 모든 책임을 지고 오스트리아 국경을 넘었다.142 그래도 막시밀리안은 이미 그의 평화 정책에 겁을 집어먹었다. 1647년 9월 27일 뮌스터의 프랑스 대사들은 그가 전 병력을 거느리고 페르디난트에게로 갔다는 것을 알고 격분했다.143 그들이 더 크게 격분할 만한 일은 얼마 뒤에 일어났다. 헤센 장군이었다가 제국과 바이에른 군대의 장군이 된 멜란데르가 '독일' 세력을 규합해 외국이 주도하는 강화 협상을 깨기 위해 브란덴부르크의 프리드리히 빌헬름과 결탁했던 것이다.144

1648년 1월 30일 에스파냐와 네덜란드 연방은 뮌스터 강화를 매듭지었다.145 에스파냐령 네덜란드에게 그것은 곧 행복의 끝이었다. 결국 에스파냐는 에스파냐를 위해 싸운 충성스런 지역을 희생시켜 더 나은 강화 조건을 얻어낸 것이었다. 스헬데 강은 막혔고, 안트웨르펜은 쇠퇴해 암스테르담에게 번영을 내주었다. 프랑스도 강화에 큰 관심을 갖고 있었으나 플랑드르를 사랑하기 때문에 강화를 원하는 것은 아니었다. 프랑스 대사들은 몇 차례 소극적으로 항의한 뒤,146 페냐란다가 뮌스터를 떠났으니 더 이상 비중 있는 인물과 협상할 수 없게 되었다는 구실을 내세워 에스파냐와의 협상을 중지하기로 결정했다. 오스트리아-에스파냐 협약이 깨졌다면 네덜란드 동맹도 필요가 없다는 게 그들의 계산이었다. 황제는 뮌스터와 오스나브뤼크에 모인 독일 군주들과 외국 동맹자들이 확정한 조건에 반대할 수 없을 터였다. 황제가 서명하면 에스파냐는 독일에서 가진 모든 것을 포기해야 하며, 더 이상 독일을 지원할 수 없게 될 터였다.

프랑스 외교의 성공은 군대에 의해 추인되었다. 바이에른의 이탈로 튀렌은 자신의 플랑드르 구상을 버리고 브랑겔과 행동을 함께할 수밖에 없게 되었다. 베른하르트군에 대한 두 사람의 견해 차이는 해소된 게 아니라 유예되었다. 그들은 이윽고 남독일에 관해 의견 일치를 보았다.147 표면상으로는 매우 낙관적인 전망이었다. 브랑겔에게는 종전이 곧 권력의 종말이므로, 여왕의 사촌이 총사령관으로 임명되었어도 묵묵히 따를 수밖에 없었다. 그가 독일로 들이닥친다는 소식에 자극을 받은 멜란데르는 더욱 전쟁에 박차를 가했다. 어차피 전쟁을 끝내야 한다면 남에게 맡기기보다는 자신의 손으로 끝내야 한다는 심정이었다.148 그러면서도 그는 튀렌이 전쟁을 연장하기 위해 전투를 회피하려 한다는 사실을 널리 알렸다.149 실제로 적은 약점을 갖고 있던 터라 전쟁을 더 이상 연장하는 것은 정당화될 수 없었다. 그 전해에 제국의 야전군 사령관이 된 멜란데르는 도나우 전선에 진을 쳤다. 하지만 바이에른과 제국의 연합군은 스웨덴과 프랑스 연합군보다 병력 수가 적었다. 바이에른 사령관인 그론스펠트(Jost Maximilian von Gronsfeld, 1598~1662)는 자신이 멜란데르보다 서열에서 앞선다고 주장하면서 공동 작전을 곤란하게 만들었다.150 이렇게 난국에 빠져 있을 때, 아우크스부르크에서 멀지 않은 추스마르스하우젠이라는 촌락 부근의 구릉지대에서 적이 기습을 가했다. 병력의 규모는 4 대 1로 부족한 데다 종군자들만 잔뜩 끌어안고 있는 상황에서 멜란데르는 일단 이탈리아 장군 몬테쿠쿨리(Ernesto Montecuccoli, 1582~1633)에게 후위의 방어를 맡기고, 대포와 짐을 가져가려 했다. 몬테쿠쿨리는 불굴의 용기로 능선에서 능선으로 퇴각했다. 기병대로 적을 막아주고, 보병대가 퇴각하는 방식이었다. 멜란데르는 그를 도우러 왔다가 치명상을 입었다. 절망적인 혼란 속에서 이탈리아 장군은 장애물보다 군대를 구하기로 마음먹고, 병사들을 제외한 모든 것을 버리고 란츠베르크로 물러났다.

최후의 암담한 순간에 피콜로미니가 오스트리아를 구원하러 왔다. 하지만 추스마르스하우젠 전투 이후 사기를 잃고 뿔뿔이 흩어진 병사들을 다시 규합하기란 그의 엄청난 에너지와 끈기로도 불가능한 일이었다. 게다가 막시밀리안이 전투가 끝나자마자 그론스펠트를 반역 혐의로 체포해 사태를 더욱 어렵게 만들었다.151

튀렌과 브랑겔은 바이에른을 유린하면서 주군의 변덕스러운 정책에 대한 분풀이로 주민들에게 무자비한 보복을 가했다. 브랑겔은 막시밀리안에게 보낸 편지에서 조국을 구하는 길은 오로지 휴전뿐이라고 쏘아붙였다.

쾨니히스마르크 백작이 지휘하는 또 다른 스웨덴군은 보헤미아를 침략해 프라하의 항복을 요구했다. 1648년 7월 26일 그들은 클라인자이테를 점령했다. 이제 패배는 기정사실인 듯했지만, 가톨릭과 합스부르크로 복귀한 프라하는 전에 없이 종교와 왕을 위해 열심히 싸웠다. 1620년과 1635년에 점령되었을 때는 거의 총도 한 방 쏘지 않았으나, 1648

년에는 최후의 한 사람까지 완강히 싸웠다. 학생들, 수사들, 시민들은 카를교를 방어하면서 병사들과 어깨를 걷고 끈질기게 저항했다. 얼마나 더 견딜지는 아무도 알지 못했다. 구원의 희망은 거의 없었지만, 그들은 석 달 이상 버티며 결국 항복이 아니라 평화로 저항을 끝냈다.

프라하 시민들이 곤경에 처해 있는 동안 페르디난트는 종교적 신념과 아버지의 유산, 왕조의 의무에 사로잡혀 강화 조약에 서명을 거부했다. 외관상으로는 종교적 타협이 장애물이었으나 여기에는 정치적 이유도 있었다. 그의 에스파냐 친척들이 네덜란드와 강화를 맺고 간신히 프랑스를 동등한 자격으로 대하게 되었다는 희망에 부풀어 있는데, 어떻게 그들에게 실망을 주겠는가?[152] 그가 그토록 사랑하는 형제는 그가 자신을 버리지 않으리라는 확신을 갖고 저지대 지방에서 절망적인 투쟁을 전개하고 있지 않은가?

레오폴트 대공은 총독직을 맡을 때부터 투철한 규율을 갖춘 적극적인 지배자로 나섰다. 그는 프랑스 국경을 뚫고 들어가 아르망티에르, 코민, 랑스, 랑드르시를 탈환했다. 치세 초기의 대공은 묘하게도 후기의 그와 달랐다. 다비드 테니르스(David Teniers, 1610~1690)의 기록화에 등장하는 후기의 그는 브뤼셀의 고상한 아틀리에에서 좋아하는 걸작을 바라보며 별다른 감흥 없이 지팡이를 흔드는 홀쭉한 사나이의 모습이었다. 취임 첫해에 그는 추기경 왕자와 동급으로 보였다. 그러나 1648년 랑스에서는 무관심 때문인지, 무능력 때문인지, 불운 때문인지, 아니면 이 세 가지 전부 때문인지 그는 앙갱 공작의 함정에 걸렸고, 군대가 전멸했다.[153]

그것이 페르디난트 황제의 최후였다. 바이에른은 추스마르스하우젠에서 패배하고, 프라하는 포위되고, 레오폴트는 랑스에서 꺾였다. 황제는 어쩔 수 없이 종교적 화해를 받아들이고 강화 조약에 서명했다. 뮌스터의 대표들은 3분이면 서명할 강화 조약을 황제처럼 3년이나 끌지는 않았다. 페르디난트의 최종 결의서가 뮌스터에 전달되었을 때는 암호를 분실해 문서를 해독하지 못하는 해프닝이 있었다. 이 문제가 해결되자 이번에는 조약을 체결하는 순서를 놓고 장황한 토론이 벌어졌다. 결국 10월 24일 토요일이 되어서야 겨우 서명이 이루어졌다. 당일에도 대표들은 9시부터 1시까지 뮌스터에서 기다렸다가 2시에 다시 오라는 통보를 받았다. 그 시간이 되어서야 지도자급 대사들이 모습을 드러냈고, 강화 조약이 체결되었다. 그 직후 성벽 위에 정렬된 70문의 대포들이 세 차례 연속해서 축포를 발사했다.

    30년 전쟁의 포성은 그것으로 끝나지 않았다. 몇 주일에 걸쳐 그 무익한 시간 동안 프라하에서는 여전히 전투가 벌어졌다. 그러고도 9일 동안 더 싸운 뒤에 강화가 이루어졌다는 소식이 프라하에 전해졌다.154 그곳에서도 곧 축포를 하늘로 쏘아올리고, 테데움 성가를 부르고, 교회 종을 울려 전쟁이 끝났음을 알렸다.

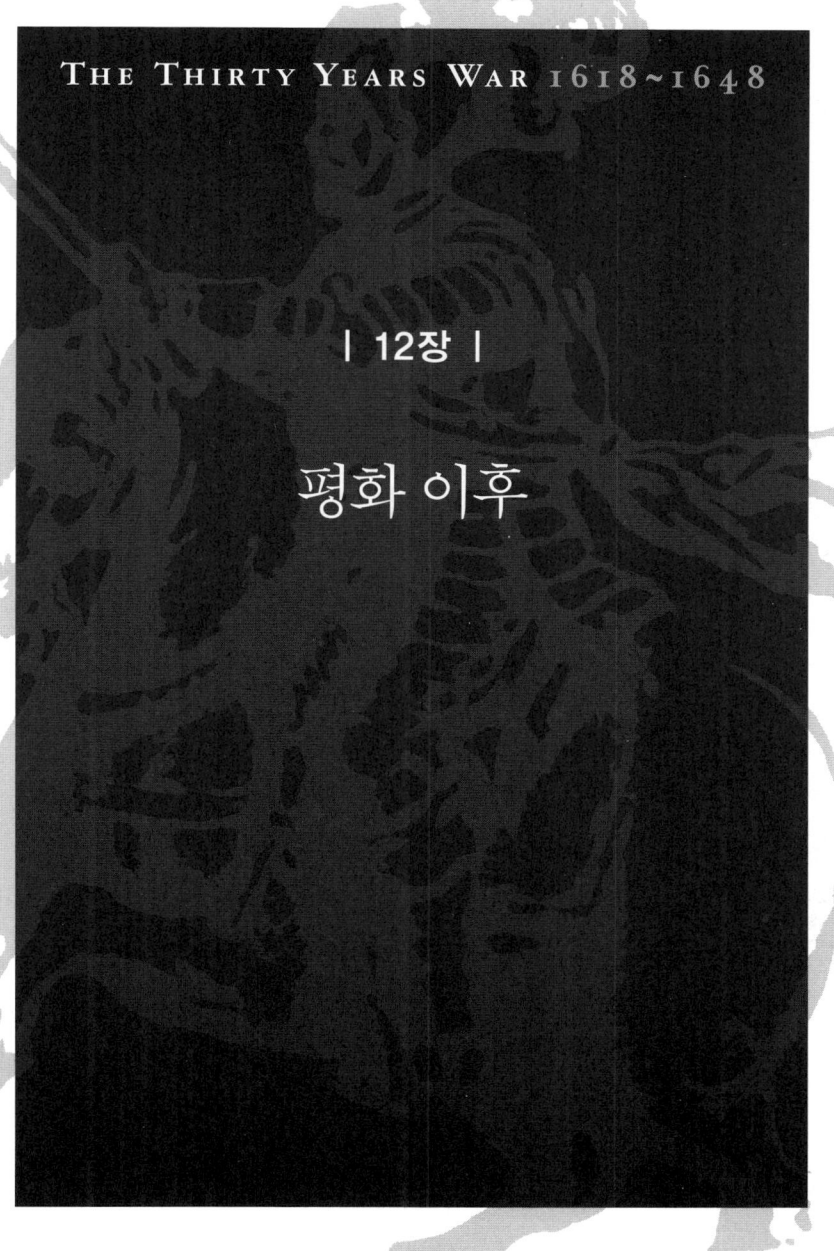

| 12장 |

평화 이후

THE THIRTY YEARS WAR 1618~1648

모두가 나름대로 과장하면서도 마치 자신이 직접 들은 것처럼 이야기하는 데 만족할 수밖에 없을 것이다.

— 세르비앙, 1649년 1월

1

30년 만에 독일 땅에 평화가 깃들었다. 프라하에서는 교회 종소리가 마지막 대포소리를 지우고, 환희의 횃불이 마인 강변의 언덕 위에서 밤하늘을 수놓았다.1 그러나 스웨덴군이 8년 동안 진주했던 모라비아의 올로모츠에서는 병사들이 영문도 모른 채 암담한 처지에 놓였다. 여성 종군자들은 도시 주변의 황량한 들판으로 모여들었다. "나는 전쟁 속에서 태어났어. 집도 조국도 친구도 없어. 전쟁이 내 전 재산인데, 이제 어떻게 살아야 하나?"2 이렇게 한탄한 사람도 있었다. 올로모츠를 떠나는 짐마차들과 부랑자들의 행렬은 길을 따라 5킬로미터나 뻗어 있었다. 살아남은 시민들은 오래전에 무너진 교회에 모여 감사 기도를 드렸다.

> 주께서 꾸짖으시니 물은 도망하며, 주의 우렛소리로 말미암아 빨리 가며, 주께서 그들을 위하여 정하여 주신 곳으로 흘러갔고, 산은 오르고 골짜기는 내려갔나이다.
> 주께서 물의 경계를 정하여 넘치지 못하게 하시며, 다시 돌아와 땅을 덮지 못하게 하셨나이다.3

그러나 평화가 온 뒤에도 2년 동안 병사들이 다시 돌아와 땅을 덮지 않을까 하는 우려가 있었다. 독일에 평화를 가져오기 위해 뮌스터와 오스나브뤼크에서 결정된 조항들은 13년 전 프라하에서 결정된 조항들보다 나을 게 없었다.

에르스키네는 협상 중에 스웨덴군의 이익을 스웨덴 국가와 별도로 고려해야 한다는 점을 분명히 밝혔다. 뮌스터에서 막판에 협상이 지연된 이유는 동맹국들이 공동으로 군대를 1년 더 주둔할 수 있도록 해달라고 요구했기 때문이다.4 지연은 중대한 결정의 유예에 불과했다. 에스파냐와 여전히 전쟁 중인 데다 자국 군대를 완전히 통제하고 있는 프랑스 정부는 아무 문제도 없었다. 하지만 스웨덴 정부의 사정은 달랐다. 10만 명에 달하는 병사들을 해산해야 하는 데다, 대부분 군인으로서의 길 이외에는 미래에 대한 희망이 없는 독일인 병사들이었다. 합스부르크 왕조의 영토와 보헤미아, 오스트리아에서 망명한 소수의 신교도 병사들은 목숨을 바쳐 보호해준 정부가 강화를 체결하느라 자신들의 처지를 돌보지 않는 것에 분노했다. 또한 베른하르트군 출신의 병사들은 튀렌의 군대보다 나은 조건을 찾아 스웨덴군에 가담했는데, 결국 군대를 해산해야 한다는 것을 알고 절망했다.

    제국 측의 사정도 약간 더 나을 뿐이었다. 피콜로미니는 남녀 합쳐 약 20만 명에 달하는 사람들의 유일한 생존 수단을 박탈해야 하는 처지에 놓였다. 그렇게 많은 인구를 민간인으로 귀속시키는 것은 설령 군인과 그 가족이 괜찮은 인력이라 해도 복잡한 문제를 낳을 수밖에 없었다.

    절박한 위험은 두 가지였다. 첫째, 여전히 군대가 건재한 상황에서 강화에 조인한 한두 나라가 불만을 품게 되고, 또 그것을 표출할 적절한 수단이 생긴다면 전쟁이 재개될 수 있었다. 둘째, 병사들이 법을 장악해 장군에게 반기를 들고 예전처럼 전리품으로 살아가려 한다면 군대가 아니라 강도 집단으로 변하게 될 터였다. 빈에서는 스웨덴 군대와 바이에른 군대가 연합해 강화에 반대하고 나설지 모른다는 우려가 있었다.5 스웨덴 여왕의 사촌인 카를 구스타프 브랑겔이 총사령관으로 임명된 것은 정치적 확신을 주지 못했다. 젊고 야심 차고 호전적인 그는 군대를 해산하는 것보다 더 명예로운 임무를 받지 못한다면 큰 불만을 품을 터였다.

한편, 베스트팔렌에서 몇 가지 문제의 타결에 실패한 것 때문에 협상 전체가 위험한 비판을 받게 되었다. 가톨릭 측도, 신교 측도 자신들의 몫을 타협적으로 결정한 결과에 만족하지 못했다. 게다가 그러한 타결 결과를 실행하기 위한 조치도 없었다. 억지로 실행하려 하면 전쟁이 재개될 게 뻔했다.

교황 대사는 타결 내용 전체가 교회의 이익에 반한다고 주장함으로써 또 다른 불씨를 피워올렸다. 에스파냐 정부는 황제가 비열하게 자신들을 버렸다고 분통을 터뜨렸다. 약탈자인 로렌의 샤를은 조약에서 완전히 배제된 탓에 독일 땅 하머슈타인에서 요새를 철거하지 않았다. 에스파냐는 프랑켄탈에서 나가지 않겠다고 선언했다. 만토바 공작은 프랑스 정부가 자신의 영토 일부를 자신의 의견도 묻지 않고 마음대로 양도했다고 항의했다.

강화 조약이 체결된 지 5년 반이 지난 1654년 5월이 되어서야 마지막 적대적인 주둔군이 독일에서 철수했다.6 그 시기의 첫 2년 동안에는 전쟁이 속개될 가능성이 매우 높았다. 그러나 후반 3년 동안에는 국지적 위험만 있었을 뿐 전반적으로 안정된 분위기가 자리를 잡았다.

1648년 11월 중순 프라하에서 평화가 선포되었다. 12월 말까지 스웨덴군과 제국군의 사령관들이 여러 차례 회의를 열자, 사람들은 곧바로 군대가 해산되리라고 기대했다. 그러나 그해 말에 장군들은 겨우 한 걸음 정도 앞으로 나아갔다. 군대를 해산하기 전까지 병사들에게 지급할 중간 급료의 정확한 액수를 계산해 황제의 백성들에게 부과하기로 결정한 것이었다.7 해산 문제는 아직 논의도 하지 않았다. 그밖의 모든 조치는 뉘른베르크에서 새로 회의를 소집해 군대 해산의 조건과 방식을 논의할 때까지 연기되었다.

그런데 중간 정산의 액수가 알려지자 독일 전역에 실망의 목소리가 가득했다. 스트라스부르에서는 그 소식이 평화의 환희를 꺾었다.8 흥분한 브랑겔은 군대를 리에주 주교구에 보내 칼의 힘으로 돈을 염출하려 했다.9 그러나 종전을 바라는 염원이 워낙 강렬했던 덕분에 대다수 사람들은 아낌없이 돈을 내 엄청난 금액을 조성했다. 여기에 스위스와 독일 은행가들의 도움으로 정산에 필요한 자금이 마련되었다.10

이제 책임은 장군들에게로 돌아갔다. 브랑겔과 피콜로미니는 예상치 않게 성공적으로 임무를 완수했다. 1649년 9월 브랑겔은 주요 쟁점들을 훌륭하게 타결한 것을 자축하면서 뉘른베르크의 강화 축하연에 참석한 동료들에게 즐거움을 안겨주었다. 여기서 브랑겔은 더 이상 무기를 사용하지 않겠다는 의사의 표명으로 권총을 천정에다 발사했다.11 그는 자신의 임무를 달게 받아들였고, 훗날 군대를 지휘하면서 발휘하게 될 재능과 용기, 판단력을 선보였다. 그는 남아도는 장교들을 해임하고, 부족한 병력을 채워 일단 군대의 명목상 전력을 현실적 전력으로 끌어올리는 데 주력했다. 반란의 낌새가 보이는 부대는 해산하고, 병사들을 다른 부대에 분산 배치했다. 그런 식으로 반란의 분위기를 희석시킬 수 있었고, 실제로 폭동이 일어나면 가차 없이 진압할 수 있었다.

양측의 지배자들은 상황을 타개하기 위해 계속 병력을 충원하려 했으나, 이 계획은 바이에른, 헤센, 팔츠에서 그저 그런 성과를 거두는 데 그쳤다.12 불만을 품은 군인은 대체로 자활을 선택했다. 해고된 대위와 중대원들은 프랑스, 에스파냐, 사보이, 베네치아, 영국, 트란실바니아 등지로 가서 고용을 부탁했다. 그들은 심지어 러시아까지도 갔다. 하지만 시장에 나온 군인의 수가 너무 많은 탓에 신참자는 환영받지 못했다. 산과 숲으로 들어가 강도가 된 병사들도 있었다. 일부 지역에서는 산적을 막기 위해 소규모 군대 병력이 필요했으나 이것도 장기적인 고용은 못 되었다.13 전쟁이 끝나고도 오랫동안 상인들이 이동할 때는 큰 무리를 짓고, 방비를 튼튼히 해야 했다.

몇 차례 위험한 상황도 있었다. 스웨덴 군대에서는 위베를링겐, 노이마르크트, 랑게나르흐, 마이나우, 에게르 등지에서 폭동이 일어났다. 슈바인푸르트에서 발생한 심각한 위기는 브랑겔이 직접 진압해야 했다. 어떤 부대는 사령관에게 보내온 돈을 가로채 병사들의 급료로 전용하기도 했다. 1650년 7월 안할트에서는 그때까지 가장 위험한 반란을 성공시킨 군대 무리가 책략에 걸려 포위 사살되었다.14 바이에른 군대의 반란도 무자비하게 진압되었다. 바이에른 선제후는 중포를 가져와 반란자들을 소탕했다. 주동자 열다섯 명은 자신들의 권리를 주장했다는 이유로 교수형을 당했다.15

1650년 여름 제국군 병사들이 에스파냐 군대로 편입되고 있다는 사실이 알려지자 스웨덴과 프랑스는 강력히 항의했다. 며칠 동안 뉘른베르크는 전쟁이 임박한 분위기였다. 군대 해산이 중지되고, 스웨덴이 병력 재충원을 시작했다는 소식도 전해졌다. 그러나 그 위기는 물러갔다. 1650년 7월 14일 피콜로미니의 주최로 협상자들은 마지막으로 성대한 연회를 가졌다. 피콜로미니는 도시 바깥에 거대한 천막을 치고, 그곳을 거울, 촛대, 꽃과 온갖 표장으로 화려하게 장식했다. 천막 주변에는 마분지로 성채를 만들어 폭죽을 한가득 채웠다. 처음에는 으레 그렇듯이 불미스런 일이 벌어졌다. 브랑겔과 제국의 한 장군이 누가 상석을 차지하느냐를 놓고 다툰 것이었다. 이 다툼이 대충 마무리된 뒤 저녁 5시부터 식사가 시작되었다. 손님들은 엄청난 양의 음식을 먹어치웠고, 귀가 멀 듯 요란한 축포가 울려퍼지는 가운데 평화와 건강을 외치며 연거푸 술잔을 기울였다. 연회가 끝난 뒤 피콜로미니가 마분지 성채의 뇌관에 불을 붙이자 불꽃이 소용돌이치며 하늘로 솟아올랐다. 사람들은 올리브 가지를 발톱에 낀 사자상의 입에서 흘러나오는 포도주를 끊임없이 마셔댔다.16

주요 협상자들이 떠난 뒤에도 회의는 1년 동안 더 지속되어 수많은 사소한 쟁점들을 타결했다. 그러고도 몇 가지 문제는 미해결로 남았다. 에스파냐 군대는 프랑켄탈에서 철수하지 않고 버티다가, 1653년 황제가 그곳을 브장송에 양도한 이후에야 물러났다. 로렌의 샤를도 1654년 초에야 하머슈타인에서 철수했다. 그해 5월 베흐타에서 철수한 스웨덴 군이 아마 마지막으로 독일 땅을 떠난 외국 군대였을 것이다. 어쨌든 1649년 뉘른베르크 회의 이후 꾸준히 군대 철수가 이루어져, 1650년 가을 무렵 독일 대부분의 지역에서 확실히 평화가 왔다는 것을 실감할 수 있었다. 앞서 말한 올로모츠 주민들의 처량하기 짝이 없던 감사 예배에서 가장 눈에 띈 점은 아이들이 맡은 역할이었다. 흰색 옷을 입고 녹색 관을 쓴 아이들은 돌슈테트에서 노래를 부르며 행진했다.17 아이들은 팔츠 국경에서 오랜 망명 생활을 한 카를 루트비히 선제후를 환영했다.18 이제 희망찬 미래가 찾아왔다. 일부 지역에서는 아마 유일한 희망이었을 것이다.

2

독일이 수십 년 동안 전란에 휩싸인 것은 이번이 처음은 아니었다. 그러나 전쟁을 둘러싼 전설로 볼 때, 이 전쟁은 유럽 역사 전체에서는 그렇지 않겠지만 적어도 독일 역사에서는 특이하다. 19세기 중반까지 이 전쟁에 맞먹을 만큼 엄청난 인명과 재산 손실을 초래한 전쟁은 없었다. 인구는 3/4이 감소했고, 가축과 재산 피해는 더 심했으며, 농업이 전쟁 전의 번영기 수준으로 회복되기까지는 일부 지역의 경우 200여 년이 걸렸다. 무수한 상업 중심지들이 파괴되었다. 이후 정치 기구에 영향을 미친 온갖 악이 30년 전쟁에서 모두 비롯되었다. 독일의 우스꽝스러운 제국 헌법도 그렇고, 독일이 해외 식민지 개척에 뒤늦게 나서게 된 것도 그렇다.

그전까지 100년간을 면밀히 연구해보면 그동안 간과되었던 두 가지 측면이 드러난다. 하나는 1618년의 독일은 이미 파멸의 도상에 있었다는 것이고, 다른 하나는 당대의 수치를 신뢰할 수 없다는 것이다. 재정적 책무를 회피하려는 군주들, 피해를 복구하려는 국가들, 세금 면제를 요구하는 시민들, 이 모든 것들이 독일의 상황을 암울한 빛깔로 물들였다. 스웨덴 정부가 작성한 피해 목록을 보면, 파괴된 촌락의 수가 어떤 지역의 경우 전쟁 전에 원래 있었던 촌락의 수보다도 많았다.[19] 양측의 기자와 팸플릿 저자들은 내내 과장을 일삼았다.

하지만 이 과장도 의미가 있다. 공식 문서는 일말의 진실이라도 담고 있게 마련이다. 비록 당대의 저자들이 단조로운 비탄으로 일관했다 하더라도, 그것은 사실을 말해준다는 측면에서가 아니라 최소한 현실에 어느 정도 뿌리박은 분위기를 전해준다는 측면에서 중요하다. 독일이 실제로 인구의 3/4을 잃었든, 아니면 그보다 더 적은 수치이든 간에, 독일 역사상 전무후무한 재앙이었다는 인식과 공포가 당시에 보편적으로 널리 퍼져 있었다는 것만은 분명한 사실이다.

많지 않은 신빙성 있는 사실들을 수집할 때 혹은 많은 양의 과장된 전설과 진술을 걸러낼 때, 보편성과 특수성을 면밀하게 대조해보면 상황을 명확히 알 수 있다. 개인으로서의 농민은 전쟁 중에 끔찍한 고통을 겪고, 엄중한 과세와 약탈, 폭력, 추방에 속수무책으로 당했다. 하지만 집단으로서의 농민은 전쟁을 거치면서 그들이 부양하는 사회의 다른 부문에 비해 강자로 떠올랐다. 지주는 자신의 노력으로 땅을 되찾아 번영을 이루었는데, 수가 비교적 적었으므로 더 강력한 발언권을 갖게 되었다.[20] 평범한 가정 경제에서도 똑같은 모순이 발생했다. 1622년경부터 이후 50년간 물가는 꾸준히 하락한 데 비해,[21] 임금은 전반적으로 상승했다. 그 결과 30년 전쟁 기간에 생활비는 하락하고, 생활수준은 상승했다. 그 덕분에 간헐적이고 국지적인 기근, 약탈, 박해, 이주로 초래된 고통이 상당히 완화되었다. 단순하고 비인격적인 그래프로 보면, 아우크스부르크에서 밀의 가격은 크게 낮아졌으나 이따금 돌발적인 상승 곡선이 있을 때는 굶주림과 죽음을 면할 수 없었다.[22]

당대의 수치로 본 현황은 비록 과장되기는 했지만, 적어도 1648년 독일 재건에 힘썼던 사람들이 직면한 전반적인 사정을 알려준다. 옳든 그르든 그것이 말해주는 인간적 가치는 경제학자에게는 의미가 없어도 역사가에게는 중요하다. 스웨덴 군대 하나만 해도 성 2천 곳, 촌락 1만 8천 곳, 도시 1,500곳을 파괴했다.[23] 바이에른에서는 8만 가구와 900곳의 촌락이 사라졌고, 보헤미아는 촌락의 5/6와 인구의 3/4을 잃었다. 뷔르템베르크는 인구가 1/6로 줄었고, 나사우는 1/5로, 헨네베르크는 1/3로, 폐허가 된 팔츠에서는 무려 1/50로 줄었다.24 또 콜마르의 인구는 절반이 되었고, 볼펜뷔텔의 인구는 1/8로, 마그데부르크는 1/10로, 하게나우는 1/5로, 올로모츠는 1/15로 줄었다.25 게다가 민덴, 하멜른, 괴팅겐, 마그데부르크는 도시 자체가 잿더미로 변했다.26

    이상은 전하는 이야기다. 더 확실한 증거를 찾을 수 있는 곳에서는, 수치가 그 전하는 이야기를 입증하지는 못해도 어느 정도 정당화해 준다. 뮌헨의 인구는 1620년에 2만 2천 명이었으나, 1650년에는 1만 7천 명으로 줄었다. 아우크스부르크는 1620년에 4만 8천 명이던 인구가 1650년에는 2만 1천 명이 되었다.27 켐니츠는 1천 명에 달했던 인구가 겨우 200명으로 격감했고, 피르나는 876명에서 단 54명만 남았다.28 11차례나 점령을 당했던 마르부르크는 인구가 절반이나 줄어든 데다 채무가 종전의 일곱 배로 치솟았다. 시민들은 200년 뒤까지도 전쟁 중에 모집된 대부금의 이자를 내고 있었다.29 베를린-쾰른의 인구는 1/4이 줄었고, 노이브란덴부르크의 인구는 거의 절반이 줄었다. 알트마르크, 잘츠베델, 탕게르문데, 가르델레겐은 인구의 1/3을 잃었고, 제하우젠과 슈텐달은 절반 이상, 베르벤과 오스터부르크는 2/3의 인구를 잃었다.30 1621년에 오스트프리슬란트의 항구에서 출발해 영국 해협을 지나는 선박은 연간 200척에 달했으나, 전쟁 막바지에는 연간 10척에 불과했다.31

    "내 눈으로 직접 보지 않았다면 그토록 처참하게 파괴된 땅이 있을 수 있다는 것을 믿지 않았을 것이다."32 모르테뉴 장군은 나사우에서 이렇게 단언했다. 지배자들이 재건을 위해 불철주야로 노력했다는 데서도 그와 같은 파괴의 증거를 찾을 수 있다.

농토와 가축의 손실은 헤아리기도 어려웠다. 전쟁 직전과 직후의 현황에 관한 신빙성 있는 수치는 거의 전하지 않는다. 전쟁과 무관하게 늘 가축과 농토가 부족했던 지역이 있었다면 빈곤의 원인을 전쟁의 탓으로만 돌리는 것은 잘못이다. 아무리 불만스럽더라도 군대는 철두철미 토지에 의존해야만 존재할 수 있었으며, 네발짐승—반드시 말이 아니라도 괜찮다—이 있어야만 기병대를 꾸릴 수 있고, 보급품을 실은 마차도 굴릴 수 있었다. 군대는 때로 기지에서 멀리까지 약탈에 나서기도 했지만, 도로에서 멀리 떨어져 있거나 외딴 계곡 끝자락에 자리 잡은 촌락들은 피해를 면할 수 있었다.

라이프치히는 1625년에 파산했으나, 시의 재정 상황은 그전부터 좋지 않았다.33 피해를 거의 입지 않은 도시도 있었고, 심지어 전쟁으로 이득을 본 도시도 있었다. 에르푸르트는 라이프니츠가 군대에게 점령당한 1623~33년에 라이프니츠 대신 정기 시장을 열었다.34 뷔르츠부르크의 인구는 꾸준히 증가했고,35 브레멘은 영국의 리넨 시장을 독점했다.36 함부르크는 경쟁 도시들을 누르고 설탕과 향료 무역을 키워 30년 전쟁을 통해 유럽에서 가장 아름다운 도시의 반열에 올랐으며, 발트 해에서 스웨덴, 네덜란드와 경쟁을 벌였다.37 올덴부르크는 사리에 밝고 술수에 능한 지배자를 둔 덕분에, 변화무쌍한 동맹들 사이에서 복잡한 곡예를 부리며 늘 승자의 편에 가담했을 뿐 아니라 군대의 점령도 모면했다. 프랑크푸르트암마인은 뇌르틀링겐 전투 이후 몰락했다가 난관을 딛고 일어나 부유하고 번영하는 도시로 거듭났다. 드레스덴은 전염병으로 잃은 인구를 망명자들로 보충한 덕분에 전쟁 전과 후에 인구 변화가

없었다.38

　무엇보다도 명심해야 할 것은 당시 군대의 파괴력이 현재보다 훨씬 작았다는 점이다. 물론 민간인을 보호하는 기구와 구호 제도가 미비하고, 현대적 의미의 규율이 완전히 부재했던 탓에 전쟁의 직접적인 피해는 엄청났다. 그러나 오늘날처럼 전쟁이 전면적인 혼란과 파괴를 초래하지는 않았다. 파괴된 건물들은 목조주택이었으므로 손쉽게 재건되었다. 돌과 벽돌로 된 건물은 17세기 병사의 힘으로는 파괴할 수 없었다. 그래서 복구는 여러 지역에서 신속히 이루어졌다. 너무 빠르게 복구된 탓에 과연 전쟁의 공포가 있었는지도 의심스러울 지경이었다.

　실제 자금의 손실은 지역 당국들이 불만을 표출하는 것만큼 크지 않았다. 군세로 투입된 부의 대부분은 임자만 바뀌었을 뿐 군대 보급품의 구입에 사용됨으로써 사람들의 주머니로 되돌아갔다. 알뜰한 장군들은 외국 은행과 외국 토지로 돈을 거의 보내지 않았다.39 그나마 외국으로 유출된 돈도 에스파냐, 스웨덴, 네덜란드, 특히 프랑스에서 온 군대를 통해 독일로 돌아왔다.

　그럼에도 불구하고 전쟁 중 자금 부족은 지역에 따라 큰 타격을 주었다. 작센 정부는 1630년부터 1650년까지 250만 탈러의 돈을 주조하는 데 그쳤으나, 전세기 마지막 20년 동안에는 그 액수의 두 배가 넘었다.40 세금이 지속적으로 감소한 것은 화폐가 평가절하되고 납세자의 경제력이 감소했음을 증명한다. 특히 라이프치히의 맥주 생산량이 1/4 이하로 줄어든 것은 가슴 아픈 일이다.41

　재정 위기로 이따금 농민들이 이익을 보는 경우도 있었다. 병사들은 늘 물자를 거래했으므로 촌락의 소년들은 맥주잔을 은으로 된 성배로 바꿔42 이익을 남겼다. 스웨덴 점령기의 아우크스부르크에서 농민들은 병사들이 약탈한 소를 헐값에 사들였다. 세상 물정에 어두운 병사들은 자신들이 훔친 소의 가격을 제대로 알지 못했던 것이다. 파렴치한 자들에게는 행정력이 무너진 것도 좋은 축재의 기회가 되었다. 겁 많은 이웃들이 토지를 버리고 달아나자 일부 대담한 농부들은 이웃의 땅에서 나온 수확물, 특히 나무를 자기 것처럼 팔아 돈을 벌었다.43 전쟁 말기에 이르면 한 세대 전체가 민간 행정의 취약함에서 비롯된 특별한 자유를 최대한 활용해 축재를 일삼았다.

많은 지역에서 믿기 어려울 만큼 인구가 크게 감소한 데는 일시적 이주도 원인이다. 전쟁 전후 독일의 상황을 면밀하게 고찰해보면, 사회가 파괴되었다기보다는 사지가 뒤틀린 것처럼 탈구되었다는 사실이 드러난다. 하지만 그 탈구 현상은 사지가 제자리를 찾은 뒤에도 오랫동안 흔적을 남겼다.

실제로 인구의 손실이 어느 정도였는지 정확히 알 수는 없다. 알트마르크의 인구 사정을 상세하게 조사한 결과 시내에서 2/3가 감소하고, 시 외곽에서 1/2이 감소했다는 것이 밝혀졌다.44 희생자의 남녀 비율은 엇비슷했다. 전쟁의 피해를 계산할 때 대개 민간인의 사망률은 군인의 사망률보다 많지는 않더라도 비슷한 정도는 된다는 점에 유념할 필요가 있다. 사상자가 주로 남자인 전쟁에서는 특별히 까다로운 사회 문제가 발생하지 않는다.

인구가 1,600만 명에서 400만 명으로 감소했다는 옛 전설은 상상일 따름이다. 두 수치가 모두 옳지 않다. 알자스를 포함하고 네덜란드와 보헤미아를 제외한 독일 제국의 인구는 1618년에 2,100만 명이었고,

1648년에는 1,350만 명을 밑돌았을 것으로 추산된다.[45] 인명 손실이 더 적었다는 통계도 있다.[46] 하지만 수십 년에 걸쳐 다양한 선전으로 수치가 크게 혼동된 탓에 정확히 확정하기란 대단히 어렵다.

3

사회 질서의 붕괴, 행정과 종교의 지속적인 변화는 당면한 전쟁의 피해보다 근본적으로 더 심각한 사회 해체를 유발했다.

중앙행정이 느슨해진 결과, 일부 지역에서 농민의 지위가 약간 상승했지만 그다지 현저한 변화는 아니었으며, 그 변화를 유발한 상황보다 오래가지 못했다. 특히 작센에서는 평화가 도래하자마자 귀족들이 정부의 농민 지원에 불만 섞인 야유를 퍼부었다. 옛날에는 농노가 토지를 떠날 수 없었으나 전란의 혼돈 속에서 많은 농민들이 도시로 이주해 장사를 배웠다. 그 결과 생활수준이 향상되고, 노동자의 자식들이 자라서 가내공업으로 가계 소득을 증대시켰다. 전쟁이 내내 지속되었다면 지주 귀족들은 이런 현상을 당혹스런 심정으로 무기력하게 바라볼 수밖에 없었겠지만, 평화가 오자 모든 게 달라졌다. 작센의 지주 귀족들은 그들에게서 돈을 빌린 선제후를 압박해 농민들이 고향을 떠나지 못하게 하고, 자기 집에서 가내공업도 하지 못하게 하는 법을 반포하도록 했다.[47] 이리하여 전쟁이 낳은 한 가지 발전이 사실상 소멸해버렸다.

토지가 없는 농민층의 발전과 쇠퇴를 가장 뚜렷하게 보여주는 곳은 작센이지만, 거의 모든 지역에서 비슷한 과정이 전개되었다. 그 후안무치한 계급입법은 경제적 피해보다 사회적 피해가 더 컸다. 지주들은 자신의 토지로 부를 얻으려 애썼다. 편협한 마음을 갖기는 했어도 기본적으로 나쁜 주인은 아니었다. 전쟁 직후에는 모든 곳에서 토지 이용과 관련된 과학적·지적 발전이 이루어졌다. 그러나 억압의 나쁜 결과는 도덕적으로나 사회적으로나 부인할 수 없었다. 봉건적 의무가 이미 오래 전에 사라진 곳에서 봉건적 장벽이 다시 세워지고, 새로운 계급의식의 씨앗이 뿌리를 내리고 자랐다.

도시와 농촌, 상인과 농민과 귀족 사이에도 그와 똑같은 차별이 있었다. 이런 현상은 지배계급이 경제적 곤궁에도 불구하고 사회적 지위를 유지하려 노력했기 때문에 더욱 강화되었다. 또한 전쟁의 참화는 토지 없는 귀족 계층을 탄생시켰다. 이들은 친척이나 자신의 기지에 의지해 기생충처럼 살아가면서 이후 몇 세대에 걸쳐 사회에 해를 끼쳤다. 그런 계급적 평준화를 가리켜 혹독한 전쟁 상태가 오래 지속된 결과라는 주장도 있다. 그러나 전쟁에서 생겨난 사회적 위계는 예전에 못지않게 엄격했다. 드문 일이지만 성공한 장군이 돈을 주고 신분을 사거나 귀족과 결혼해 그 대열에 들어가는 경우도 있었다. 요한 폰 베르트는 군대에서 물러날 때 막대한 재산을 모아 쿠에프슈타인(Kuefstein) 가문의 처녀를 아내로 맞았다. 농민 태생의 멜란데르는 백작이 되었고, 죽을 때 25만 탈러를 유산으로 남겼다. 하지만 이것은 특이한 사례에 속한다. 일반 사병도 때로 많은 전리품을 챙길 수 있었으나 신분 상승을 꾀하기는 대단히 어려웠다. 저명한 외국인 장군들은 대부분 경제적으로는 영락했어도 신분은 귀족이었다. 피콜로미니는 시에나의 명문가 출신이었고, 이솔라니는 자기 조상이 키프로스의 귀족이라고 주장했으며, 스웨덴 장교들은 거의 다 지주계급이었다.48 발렌슈타인의 살해범들도 신사 계층으로 자처했다. 사회적 신분은 군사적 필요성과 무관한 측면이 있었다. 양측 장교들 가운데는 교육을 받지 못한 무뢰배도 꽤 있었지만, 대다수는 문장(紋章)을 가진 버젓한 가문 출신이었다. 별로 쓸모는 없었어도 당대 사람들은 그런 신분의 구분을 매우 중시했다. 외국인 용병들 중에 데버루, 루스벤, 몬테쿠쿨리 등 귀족의 느낌을 풍기는 성이 많다는 사실이 그 점을 보여준다. 독일 장교들 중에는 1618년에 못지않게 1648년에도 유서 깊은 가문의 자손들이 많았다. 뮐러와 슈미트는 물론이고 팔켄베르크과 쿠에프슈타인도 있었다.

전쟁은 계급들을 섞지는 못했어도 인종들을 섞는 데는 다소 영향을 미쳤다. 에스파냐인, 스웨덴인, 이탈리아인, 크로아티아인, 플랑드르인, 프랑스인 병사들의 유입은 인종적 구성을 다양화시켰다. 하지만 중상류층 인구는 별다른 영향을 받지 않았다. 사람들의 신체적 특성에 근본적인 변화가 일어난 것은 물론 아니다. 독일인은 고트족, 반달족, 프랑크족의 침략을 여러 차례 받았어도, 또 훈족, 슬라브족, 바이킹족의 혈통이 섞였어도 수천 명의 혼혈아가 탄생한 정도일 뿐 식별할 만한 변화를 겪지는 않았다. 스웨덴의 점령이 체코인에게 인종적 영향을 주었다는 것은 일반의 믿음일 뿐이다. 예컨대 독일에서 성행한 수많은 '스웨덴풍 노래'도 거의 대부분 옛 노래가 전와된 결과다.[49]

상업을 담당한 중간층은 전쟁으로 오랜 기간 쇠퇴를 겪어 힘이 크게 위축되었다. 미래의 부르주아지는 독립적 상인층이 아니라 종속적 관리층이었으며, 자유롭고 실험적인 계급이 아니라 기생적이고 보수적인 계급에서 생겨났다.[50] 정부에 종속되고, 자신들의 이익을 지배자의 이익과 동일시한 시민들은 귀족과 농민 간의 완충 역할을 거의 하지 못하게 되었다.

소도시의 비중과 문화는 살아남았으나 이제는 군주의 호의에 의존해야 하는 처지였다. 군주는 되살아나는 도시생활에까지 보호 권역을 확대하고, 성벽 도시를 전략적 거점으로 이용해 자신의 영토를 방어했다. 자연스럽고 생기 넘치던 도시 공동체의 예술이 시들고, 그 대신 절제되고 점잖은 지방정부의 문화가 발달했다. 그것은 사람들의 실생활이나 독일인의 자연스러운 표현과 거리가 먼 모방적이고 수준 높은 문화였지만, 좋게 보면 소도시 차원에서는 도달하기 어려운 국제적이고 세련되고 상징적인 문화이기도 했다. 민족의 테두리가 사라짐으로써 독일 예술은 당시 프랑스 문화가 주도하던 유럽의 주류 예술과 합쳐졌다.

민족주의자는 대개 변화를 거부하게 마련이다. 순수성에 대한 근거 없는 집착은 외국의 것과 혼합된 것의 장점을 보지 못하게 만든다. 예술이 무의미한 지리적 경계에 의해 묶이는 게 과연 옳을까? 우리는 티에폴로(Giovanni Battista Tiepolo, 1696~1770, 초기에는 베네치아를 비롯해 주로 이탈리아에서 활동한 화가로, 명성이 알려지면서 1750년에 독일 뷔르츠부르크의 초청을 받았다. 그밖에 에스파냐 등지에서도 활동했다: 옮긴이)가 뷔르츠부르크에 남긴 화려한 천장화, 드레스덴의 츠빙거 궁전이 보여주는 파리풍의 우아함을 개탄해야 할까? 18세기 음악이 독일 바깥에 기원을 두고 있다고 해서 듣지 말아야 하는 걸까?

독일의 민족의식은 전쟁 후에도 전과 마찬가지로 여전히 공격적이었다. 독일인은 처음부터 프랑스 문화를 혐오했다. 단지 프랑스의 침략과 제국의 패배 때문만이 아니었다. 그와 달리 오스트리아인은 전쟁에서 패배했어도 프랑스 문화를 잘 수용했고, 최대한 활용했다. 북부와 서부에서는 달갑지 않게 받아들였지만 어쨌든 수용한 것은 사실이었다. 군주들은 대안을 만들어내지 못했고, 중간층 작가들의 무력한 항의가 고작이었다. 예를 들어 필란데르 폰 지테발트(Philander von Sittewald, 1601~1669, 17세기 독일의 루터파 풍자작가인 모셰로슈의 필명이자 작중 인물: 옮긴이)는 우리가 얼마 전에 우리의 '빅토리아풍'을 그렇게 여겼듯이, 싫어하는 것을 모조리 '케케묵은 프랑크풍'이라고 경멸하며 최신 유행만을 좇는 젊은 세대를 개탄했다.51

독일 문화의 침체를 전쟁의 탓으로만 돌릴 수는 없었다. 사실 프랑스풍은 이탈리아, 영국, 네덜란드, 심지어 스웨덴과 덴마크까지 유럽 세계 전체를 풍미했기 때문이다.

4

전쟁의 정치적 결과는 사회·경제적 결과보다 더 뚜렷했다. 무엇보다 제국의 국경이 달라졌다. 스위스와 네덜란드의 독립은 기존 상황을 추인한 데 불과했다. 그러나 알자스와 서(西)포메른은 명목상으로는 여전히 제국의 영토였으나 실은 외국 열강의 수중에 있었다. 특히 알자스의 양도는 영구화되었다. 독일로서는 4대 강 어귀를 모두 외국에게 내준 셈이었다. 라인 삼각주는 에스파냐와 네덜란드가 차지했고, 엘베 강, 오데르 강, 비스와 강은 덴마크, 스웨덴, 폴란드가 각각 관할했다. 엘베 강과 비스와 강의 상황은 1618년으로 되돌아간 것이지만, 네덜란드가 라인 강의 출구를 사실상 소유하고52 오데르 강을 스웨덴이 장악한 것은 독일의 상업과 자존심을 크게 위축시켰다.

범위를 제국으로 한정하면 전쟁이 초래한 정치적 변화를 정확히 분석하기 어렵다. 분쟁을 낳은 요소들은 새로 생겨난 구조 속에 용해되었고, 일부는 그 과정에서 사라졌다. 교회와 국가 간의 균형은 이미 1618년에 이동하는 중이었으며, 피를 흘리지 않고도 충분히 진행될 수 있었다. 칼뱅파는 공식 승인되지는 않았으나 전쟁 전보다 교도 수가 더 늘었다. 독일의 절대주의에 반대하는 투쟁은 처음부터 특권층의 저항을 받았다. 1618년 무렵 군주들의 분리주의적 전제정치는 황제와 귀족에게 확실히 승리했다고 볼 수는 없으나 그럴 가능성은 매우 높았다.

전쟁이 끝나자 혼란에 빠진 사람들이 의지할 수 있는 유일한 권력은 군주밖에 남지 않았다. 국가의 존립을 위해서는 행정력이 반드시 필요했다. 자치보다는 전제정치가 현실적으로 더 효과적이었고, 선거제보다는 관료제가 더 적절했다.

제국은 지리적으로도 축소되었다. 페르디난트 3세는 아버지가 만들어놓은 '오스트리아' 안에 몸을 웅크렸다. 그는 뮌스터에서 오스트리아와 인근 지역의 왕-황제로서 참여했고, 이후에도 그런 처지에서 벗어나지 못했다. 강화가 체결된 결과 군주들이 각자 외국과 동맹을 맺을 수 있는 권리를 획득함으로써 제국은 사실상 하나의 국가와 같은 위상으로 전락했다. 제국의 잔해에서 오스트리아, 바이에른, 작센, 그리고 나중에 프로이센이 되는 브란덴부르크가 성장해 나왔다.

오스트리아가 약화되자 프랑스가 독일에서 강력한 영향력을 갖게 되었다. 브란덴부르크의 프리드리히 빌헬름과 그의 후손들은 바이에른이나 작센, 혹은 부활한 오스트리아가 강성해지기를 원치 않았다. 프리드리히 빌헬름은 전쟁에서 배출된 인물이 아니었다. 젊은 시절의 환경이 그의 어떤 자질을 강화시킨 것은 사실이지만, 그는 독자적으로 자신의 능력을 개발했다. 전쟁은 그에게 기회를 주었고, 그는 그 기회를 자신의 것으로 만들었다.

하지만 북독일에서 전쟁은 합스부르크에 대한 의심을 부추겼다. 그 의심은 훗날 증오로 구체화되어 합스부르크를 모든 재앙의 희생양으로 만들었다. 합스부르크는 제국을 오스트리아에 제물로 바쳤으며, 신성한 독일 영토를 내주고 평화를 샀다. 합스부르크의 정책은 스웨덴에게 오데르 강의 통제권을 주었고, 알자스를 프랑스의 탐욕스러운 손아귀에 쥐어주었다. 합스부르크가 억지로 독일을 통일하기 위해 용감하게 싸웠다거나, 스웨덴이 독일 군주들의 분립을 이용해 발트 해에 발을 딛게 되었다고 주장하는 것은 부질없는 짓이다. 바이에른의 막시밀리안이 황제를 핍박해 알자스를 내주게 했다는 결정적인 증거를 찾으려는 노력도 마찬가지로 소용없는 일이다. 심리적으로 보면, 30년 전쟁 이후 증오와 비난은 합스부르크에 대한 북부의 자연스러운 반응이 되었고, 점차 남부까지도 지배했다. 전쟁은 다른 모든 결과를 차치하더라도 독일과 오스트리아를 서로 소원하게 만들었다.

전쟁이 아니었다면 독일이 유럽 최강의 식민 강국으로 발돋움했으리라는 주장도 이따금 제기되었다. 하지만 그 가정은 근거가 불확실하다. 1618년의 제국은 식민 강국으로 발전할 징후를 조금도 보이지 않았다. 네덜란드, 에스파냐, 영국과의 식민지 경쟁에 전혀 참여하지 않았기 때문이다. 독일의 강점은 상업, 특히 거래와 교환이었는데, 그것이 식민지 개척에 필요한 능력과 일치하지는 않았다. 1618년의 독일이 겪은 가장 큰 고통 중 하나는 도시 기업의 쇠퇴였다. 1618년의 제국을 다시 한 번 선도적인 상업 국가로 개조하려면 전폭적인 쇄신과 더불어 강력한 지도력이 필요했는데, 당시의 상황으로서는 불가능했다.

에스파냐, 포르투갈, 영국, 네덜란드의 대외 활동은 강력한 중앙정부가 신중한 정책을 통해 식민 사업에 자금을 제공하고, 방대한 민간 자원이 민간 기업을 지원했기에 가능했다. 또한 종교 독재가 없는 새로운 땅을 찾으려는 필사적인 노력도 한몫 거들었다. 그에 비해 제국에는 중앙권력이 없었고, 민간의 부가 쇠퇴하는 중이었다. 게다가 '군주의 종교는 곧 나라의 종교'라는 원칙으로 신앙의 자유가 어느 정도 확보되었으므로 사람들이 굳이 신앙 때문에 대서양을 건널 필요가 없었다. 여기에 강화 조약이 체결됨으로써 바다로 진출할 수 있는 통로가 거의 막혀버리자 독일의 꿈과 열망은 해외 팽창이 아닌 다른 목표로 향하게 되었던 것이다.

5

독일의 비극은 기본적으로 독일의 문제였다. 리슐리외, 올리바레스, 두 명의 페르디난트, 스웨덴 왕의 개입이 적극적이었던 것은 사실이지만, 그렇다 해도 **그들이** 기회를 만들었다기보다는 **그들에게** 기회가 생겼다고 봐야 한다. 독일에서 정치적 동맹을 분리시키고, 지배자들의 사적 이익을 이용해 서로 다투게 만드는 것은 언제나 쉬운 일이었다. 브란덴부르크와 작센은 1631년 외국의 이익이 상충하는 틈에 라이프치히 선언으로 독일 통합의 희망이 미약하게나마 보였을 때, 서로 분리되어 따로따로 복속되었다. 작센과 바이에른도 1635년 화해를 향한 결집된 움직임이 보였을 때, 별개로 프라하 강화에 참여해 계략으로 황제와 동맹을 맺었다. 그러므로 헤센-카셀 방백 같은 지배자나 작센-바이마르의 베른하르트 같은 야심가의 영리한 이기주의가 환호를 받으며 독일 애국주의의 증거로 왜곡되는 것은 놀라운 일이 아니다. 여러 가지 의도들이 복잡하게 얽히고설킨 가운데서 명확한 정책 구상을 가진 지배자를 찾아낸 것은 커다란 위안이었기 때문이다.

전란의 책임은 너무 포괄적이어서 뭐라고 단정하기가 대단히 어렵다. 어떤 의미에서 모든 독일 국가의 모든 사람이 지독한 무감각증에 걸려 전쟁을 확산시키는 데 기여했다고 볼 수도 있다. 하지만 권력이 클수록 책임도 크다고 보면, 전쟁을 멈출 수 있는 힘을 갖고 있으면서도 그렇게 하지 않은 사람들에게 가장 무거운 책임을 지워야 한다.

1618년의 두 주역인 프리드리히 5세와 페르디난트 2세는 적어도 서로 자신이 더 높은 종교 권력의 명령을 수행할 적임자라고 정당화할 수 있었다. 그들의 행동은 그것을 기준으로 판단해야 한다. 하지만 요한 게오르크와 막시밀리안은 그렇지 않았다. 그들에게는 다른 기준이 적용되어야 한다. 이들은 분쟁으로부터 이익을 끌어내려는 의지를 분명히 갖고 있었다. 그렇다면 그들은 전쟁을 중단할 의지도 가졌어야 했다. 처음부터 균형 감각을 가졌다면 끝까지 그 균형 감각을 유지했어야 했다.

그들은 전쟁의 처음과 끝을 모두 보고 낭만적으로 삶을 마무리한 몇 안 되는 사람들이었다. 요한 게오르크는 천수를 누리고 나서 1654년 자신의 궁정에서 자식들과 손자들이 임종한 가운데 죽었고, 막시밀리안은 그보다 3년 앞서 잉골슈타트의 초라한 방에서 예수회 신부들이 임종한 가운데 세상을 떠났다.

만약 이 두 사람이 자신의 편협한 야망을 가라앉힐 수 있었다면, 강력한 중심 세력을 형성해 페르디난트의 야망을 제어하고 프리드리히의 전쟁을 막을 수 있었을 뿐 아니라, 에스파냐의 개입과 프랑스의 개입도 방지할 수 있었을 것이다. 실제로 그들은 그렇게 시도한 적도 있었다. 1620년 그들은 페르디난트가 에스파냐에 도움을 요청하는 것을 방지하기 위해 둘이 함께 그와 동맹을 맺었다. 하지만 막시밀리안은 자신의 지위마저 버리고 비열하게 프리드리히의 영토와 직위를 빼앗았다. 요한 게오르크 혼자만으로는 힘이 부족했다. 그가 라우지츠를 요구한 것은 잘못이었으나 그래도 라우지츠는 페르디난트가 내줄 수 있었다. 팔츠는 달랐다. 막시밀리안이 팔츠를 요구한 것은 위험할 뿐 아니라 법적으로도 큰 하자가 있었다. 이후 그는 자신의 직위를 되찾지 못했다. 사실 선제후 직위는 항상 독일인으로서의 의무와 상충했다. 그는 중심 세력의 결성에 열성적이지 않았다. 중심 세력이 있다면 그가 황제의 재가를 얻어 뻔뻔스럽게 동료 군주의 땅을 탈취한 행위를 승인하지 않을 게 뻔했기 때문이다. 그래서 그는 스웨덴이 쳐들어왔을 때 프랑스가 자신을 보호해주지 못하자 자신의 의사에 반해 에스파냐 진영으로 넘어갔다. 그리고 나중에는 베스트팔렌 강화에서 프랑스의 시종처럼 처신하면서 알자스를 제국에게서 떼어내 마자랭에게 넘겨주었다. 알자스의 양도는 막시밀리안이 팔츠 선제후 직위를 유지하지 못한 데 대해 독일이 지불한 대가였다.

막시밀리안은 사실 속내는 입헌주의자였다. 영리한 사람이었고, 독일의 내정에 외국이 간섭하는 것을 혐오했다. 그러나 자신이 저지른 비행 때문에 그는 독일인으로서 에스파냐로, 에스파냐에서 다시 프랑스 측으로 넘어갔다. 만약 그가 그 중대한 순간에 바이에른이 아니라 독일을 생각했다면 전쟁을 끝낼 수도 있었을 것이다. 1620년에 그는 모든 카드를 쥐고 있었으나 전부 다 팽개쳐버렸다. 그가 통치한 단일 국가의 기준으로 판단하면, 그는 위인이라고 볼 수 있다. 그는 자기 국가의 영토를 확장했고, 한동안 독일 세속 군주의 지도자로 활동했기 때문이다. 그러나 더 넓게 그가 속한 민족 전체, 나아가 그가 그토록 부동의 충성심을 자랑했던 제국의 기준으로 판단하면, 그는 바보이거나 반역자, 혹은 둘 다라고 볼 수 있다.

작센의 요한 게오르크는 막시밀리안보다 더 오래 투쟁했으나, 침략군이 쳐들어오는 것을 막을 기회는 더 적었다. 1624년과 1631년에 그는 독일 중심 세력의 잠재적 지도자로 떠올랐지만 처음에는 막시밀리안, 나중에는 스웨덴 왕의 완강한 견제에 좌초했다. 그래도 스웨덴의 구스타프가 죽은 뒤 프라하 강화가 체결되기까지의 기간에 그는 다시 수면 위로 솟구쳐 스웨덴, 프랑스, 에스파냐 개입의 거센 역류를 차단하려 애썼다. 하지만 아무런 지원도 받지 못한 그는 결국 프라하 강화가 변질되자 경로에서 밀려났고, 제국과 연합해 전쟁에 임했다. 프랑스와 스웨덴의 분쟁과 합스부르크의 구상이 초래한 프라하 강화의 변질은 애국자 아르님을 강제로 물러나게 만들었다. 요한 게오르크는 자신의 지위에서 물러나지 못하고 내내 물결에 떠밀려다니는 비참한 처지에서 벗어나지 못했다.

빛나는 경력은 아니었지만 그는 적어도 정직한 의도를 잃지 않았다. 그러므로 후대인들도 요한 게오르크가 자신의 기대에 미치지 못했다는 아쉬움을 표명할 수는 있어도 그를 배신자라고 비난할 수는 없을 것이다.

6

독일에서 전쟁은 엄청난 재앙이었다. 유럽에서도 양상은 달랐으나 엄청난 재앙인 것은 마찬가지였다. 독일의 분쟁을 매듭지은 베스트팔렌 강화는 전쟁의 열정이 식은 덕분에 어느 정도 성공을 거두었지만, 유럽의 문제를 해결하는 데는 완전히 무력했다. 최종 결론은 아니지만 큰 지지를 얻었던 알자스의 양도는 곧장 또 다른 전쟁을 낳았다. 스웨덴 왕실이 포메른의 절반을 차지한 것도 그럴 뻔했으나, 스웨덴 왕실이 눈에 띄게 약화된 탓에 위기를 모면했다. 라인 지역에 대한 부르봉 왕조의 영향력이 위협적으로 성장한 것과 국경의 전략적 요충지를 장악한 마자랭의 신중한 정책은 화해의 효과를 무력화시켰다. 베스트팔렌 강화는 여느 강화 조약처럼 다음 전쟁을 위해 유럽 지도를 다시 작성한 데 불과했다.

흔히 베스트팔렌 강화는 유럽 역사의 획기적인 사건이라고 간주된다. 그 조약을 기준으로 종교 전쟁의 시대와 국가 전쟁의 시대를 구분하고, 이념 전쟁과 단순한 침략 전쟁을 구분하는 것이 일반적인 상식이다. 그러나 자의적인 구분이 흔히 그렇듯이 그 구분은 인위적이다. 침략, 왕조적 야망, 종교적 광신은 모두 전쟁의 현실을 둘러싼 희미한 배경 속에 모습을 드러내고 있었다. 또한 종교 전쟁의 끝부분은 의식하지 못하는 사이에 미래의 유사 국가 전쟁으로 바뀌고 있었다.

폴란드의 레슈노에서 보헤미아 신교 망명자인 코메니우스(Johann Amos Comenius, 1592~1670)는 이렇게 썼다. "저들은 우리를 저버리고 오스나브뤼크 조약을 맺었습니다. …… 그리스도의 고통으로 기원하건대 그리스도를 위해 박해받는 우리를 버리지 마시옵소서." 바티칸에서 인노켄티우스 10세는 그 강화가 "무효이고, 온당치 않고, 불법이고, 부당하고, 터무니없고, 사악하고, 헛되고, 영원히 의미와 효력이 없다"라고 엄숙하게 선언했다. 30년간의 전란이 끝난 뒤에도 가톨릭과 신교의 극단적 세력들은 여전히 불만이었다. 페르디난트와 크리스티나는 각자 양측의 성직자들이 공공연히 강화를 비난하는 행위를 막느라 애써야 했다.53 바티칸의 권위로 반포된 교황의 교서는 현실 정치에서 망명한 보헤미아인의 호소만큼이나 효력이 없었다.

그토록 사소한 목적을 위해 그토록 많은 인명을 희생시킨 뒤 사람들은 마음의 신념을 칼의 판단에 맡긴다는 게 얼마나 무익한 짓인지 충분히 이해했다. 그래서 사람들은 종교를 싸움의 목적으로 삼지 않고 다른 목적을 찾았다.

누가 강요해서 전쟁이 벌어진 것은 아니었다. 각 세력들이 서로 사이가 나빴던 것은 사실이지만 그것이 전쟁으로 치닫기까지는 오랜 시간이 걸렸고, 전쟁의 불씨를 열심히 부채질하는 과정이 필요했다. 그러므로 불화가 결국 전쟁으로 비화된 데 대해서는 누구도 할 말이 없다. 전쟁은 아무런 문제도 해결하지 못했다. 직접적이든 간접적이든 전쟁의 결과는 부정적이고 처참했다. 도덕이 무너지고, 경제가 붕괴하고, 사회가 타락하고, 대의가 흔들리고, 결과가 훼손된 그 전쟁은 유럽 역사의 무의미한 분쟁을 드러내는 대표적인 사례였다. 유럽의 압도적인 다수, 독일의 압도적인 다수는 전쟁을 바라지 않았다. 하지만 힘도 목소리도 없는 다수의 사람들에 대해서는 설득할 필요조차 없었다. 모든 결정은 그들을 고려하지 않고 내려졌다. 그러나 결국에는 모두가 하나둘씩 전쟁으로 끌려들어갔고, 모두가 진심으로 궁극적인 평화를 갈망했다. 스웨덴 왕 한 사람을 제외하면 거의 모두가 정복욕이나 신앙의 열정이 아니라 두려움 때문에 전쟁에 참여했다. 그들은 평화를 원했고, 30년간 평화에 이르기 위해 싸웠다. 전쟁은 또 다른 전쟁을 부를 뿐이라는 사실을 당시 그들은 깨닫지 못했고, 그 뒤로도 알지 못했다.

THE THIRTY YEARS WAR 1618~1648

- 본문의 주
- 참고문헌
- 합스부르크 왕조의 혼맥도
- 대표적인 신교 왕조들의 가계도
- 찾아보기

| 본문의 주 |

1장 독일과 유럽: 1618년

1　독일.
2　*La Nunziatura di Francia del Cardinale Guido Bentivoglio. Lettere a Scipione Borghese...* L. de Steffani 엮음. Florence, 1863~79, II, 409쪽.
3　*Nunziatura di Bentivoglio*, II, 394, 520쪽; N. Barozzi와 G. Berchet, *Relazioni dagli Ambasciatori Veneti, Francia*, Venice, 1856~78, II, 101쪽.
4　N. Barozzi와 G. Berchet, *Relazioni dagli Ambasciatori Veneti, Francia*, Venice, 1856~78, II, 99쪽.
5　*Nunziatura di Bentivoglio*, II, 435, 498쪽.
6　*Taylor his Travels: from the City of London in England to the Citty of Prague in Bohemia...with many relations worthy of note*, London, 1620.
7　J. V. Andreae, *Vita*. Berlin, 1849, IV, 120쪽.
8　Hermann Wäschke, *Eindrücke vom Kurfürstentag zu Regensburg, 1630*; *Deutsche Geschichtsblätter*, XVI, iii과 iv, 67쪽.
9　Streckfuss, *500 Jahre Berliner Geschichte*, Berlin, 1900, 206~207쪽.
10　Riezler, *Geschichte Bayerns*, Gotha, 1903, VI, 129쪽.
11　Janssen, VI, 500쪽.
12　Paulssen, *Geschichte des gelehrten Unterrichts*, Dritte Auflage, R. Lehmann 엮음, Leipzig, 1919, I, 471쪽.
13　Ranke, *Sämmtliche Werke*, Leipzig, 1872~85, XXXVIII; *Die römischen Päpste*, II, 261쪽.
14　Weller, *Annalen der poetischen National-Literatur der Deutschen*, Freiburg-i.-B., 1862~64, 267쪽; Khevenhüller, *Annales Ferdinandei*. Leipzig, 1721, XII, 1281쪽.

15 에스파냐의 펠리페 4세와 황제 페르디난트 3세, 바이에른의 선제후 막시밀리안과 황제 페르디난트 2세의 정략결혼이 그런 예다.

16 Sawyer, *Memorials and Affairs of State in the reigns of Elizabeth and King James I, collected from the original papers of Sir Ralph Winwood*, London, 1725, II, 95쪽; Canovas del Castillo, *Bosquejo Historico*, Madrid, 1911, 221쪽.

17 *Spannische Sturmglock und Teutsches Warngloecklein*, 1616, 2쪽.

18 R. Ehrenberg, *Das Zeitalter der Fugger. Geldkapital und Kreditverkehr im 16 Jahrhundert*, Jena, 1896, II, 199~200, 259쪽; Altamira y Crevea, *Historia de España*, Barcelona, 1900, III, 447쪽 부근. E. J. Hamilton, *American Treasure and the Price Revolution in Spain*, Cambridge, Mass., 1934, 74쪽 부근.

19 *Relazioni dagli Ambasciatori*, Spagna, I, 566쪽.

20 *Opere del Cardinal Bentivoglio*, Venezia, 1644, 63~64쪽.

21 같은 책, 57쪽.

22 Geyl, *Geschiedenis van de Nederlandsche Stam*, II, 9쪽; H. G. R. Reade, *Sidelights on the Thirty Years War*, I, 133쪽.

23 *Obras del Ilustrissimo excellentissimo y venerable siervo de Dios Don Juan de Palafox y Mendoza*, Madrid, 1762, X; *Dialogo politico del estado de Alemania*, 63쪽.

24 Rommel, *Geschichte von Hessen*. Marburg, Cassel, 1820~43, II, 14쪽; Domke, *Die Viril-Stimmen im Reichsfürstenrat von 1495~1654. Untersuchungen zur deutschen Staats- und Rechtsgeschichte*, No. XI, Breslau, 1882, 111쪽 부근; J. S. Pütter, *Historical Development of the Political Constitution of the German Empire*, London, 1790, I, 14쪽.

25 Elsas, *Umriss einer Geschichte der Preise und Löhne in Deutschland*, Leiden, 1936, 78쪽.

26 Domke, 23쪽; Pütter, 14~15쪽.

27 Janssen, IV, 360쪽.

28 같은 책, 204쪽.

29 같은 책, 201쪽.

30 같은 책, V, 533쪽.

31 같은 책, V, 61~62쪽.

32 같은 책, V, 426쪽.

33 같은 책, V, 538쪽.

34 Streckfuss, 200쪽 부근.
35 같은 책, 195쪽; Janssen, IV, 44, 116쪽; V, 105쪽; Adalbert Horawitz, *Die Jesuiten in Steiermark. Historische Zeitschrift*, XXVII, 134쪽.
36 Palafox, *Diario del Viaje a Alemania*, 91쪽; *Dialogo politico*, 67쪽.
37 Handschin, *Die Küche des 16. Jahrhunderts nach Johann Fischart. Journal of English and German Philosophy*, V, 65쪽.
38 *Philip Hainhofers Reisetagebuch im Jahr 1617. Baltische Studien*, II, 173쪽.
39 Janssen, VIII, 173~174쪽.
40 Tholuck, *Die Vorgeschichte des Rationalismus*, Halle, 1853, 1861, II, i, 212~213쪽.
41 Gothien, *Die Oberrheinischen Lande vor und nach dem dreissigjährigen Kriege. Zeitschrift für die Geschichte des Oberrheins*, Neue Folge, I, 40쪽.
42 Riezler, *Geschichte*, VI, 64쪽 부근; *Hainhofers Reisetagebuch*, 29쪽.
43 Karl Schultze-Jahde, *Der dreissigjährige Kriege und deutsche Dichtung. Historische Zeitschrift*, CXLIII, 266~267쪽.
44 Friedensburg, *Münzkunde und Geldgeschichte der Einzelstaaten*, Munich와 Berlin, 1926, 118쪽; W. A. Shaw, *Monetary Movements of 1600~21 in Holland and Germany. Transactions of the Royal Historical Society*, 2집, IX, 199~200쪽; Mayr, 11쪽.
45 Ehrenberg, *Das Zeitalter der Fugger*, I, 184~186, 210, 225, 234쪽.
46 Bruchmüller, *Die Folgen der Reformation und des dreissigjährigen Krieges*. Crossen, 1897, 17쪽.
47 같은 책, 20쪽.
48 Janssen, VIII, 135~150쪽.
49 *Relazioni Veneziane. Venetiaansche berichten over de Vereenigde Nederlanden van 1600~1795, verzameld en uitgegeven door Dr P. J. Blok*. Rijks geschiedkundige publicatien, No. 7, 63쪽.
50 *Taylor his Travels.*
51 Konstantin Höfler, *Böhmische Studien. Archiv für Oesterreichische Geschichte*, XII, Vienna, 1854, 388쪽.
52 Gindeley, *Geschichte des dreissigjährigen Krieges*, Prague, 1869, I, 186쪽.
53 Sawyer, *Memorials*, III, 404쪽.
54 Spanheim, *Mémoires sur la vie et la mort de Loyse Juliane, Électrice Palatine*, Leyden, 1645,

315쪽.

55 Friedrich Schmidt, *Geschichte der Erziehung der pfälzischen Wittelsbacher. Monumenta Germaniae Paedagogica*, Berlin, 1899, XIX, xlv 부근, 61쪽 부근.
56 Wäschke, XVI, V., 124쪽.
57 Lundorp, Frankfort, 1688, III, 603쪽; 또한 J. K. Krebs, *Christian von Anhalt und die Kurpfälzische Politik am Beginn des dreissigjährigen Krieges*, Leipzig, 1872, 1~60쪽.
58 선제후는 자신의 편지에 뒤르페(d'Urfé)의 소설 《아스트레(*Astrée*)》에 나오는 상사병에 걸린 목동 '셀라돈'이라는 이름으로 서명했다.
59 Lonchay와 Cuvelier, I, 492쪽.
60 Khevenhüller, *Jahrbücher*, Leipzig, 1778, I, 4쪽.
61 Hurter, *Geschichte Kaiser Ferdinands II. und seiner Eltern*, Schaffhausen, 1850~61, III, 436, 589쪽; IV, 593쪽.
62 같은 책, III, 410쪽.
63 *Relationen Venetianischer Botschafter*, Fiedler 엮음, *Fontes Rerum Austriacarum*, II, XXVI, Vienna, 1866, 102쪽.
64 Carafa, *Relatione dello stato dell'imperio. Archiv für oesterreichische Geschichte*, XXIII, Vienna, 1859, 265쪽.
65 Fiedler, 114쪽.
66 Carafa, 296쪽.
67 Barthold, *Geschichte der Fruchtbringenden Gesellschaft*, Berlin, 1848, 54쪽.
68 *Hainhofers Reisetagebuch*, 239~240쪽.
69 Kern, *Deutsche Hofordnungen*, II, 67쪽.
70 *Hainhofers Reisetagebuch*, 188쪽.
71 같은 책, 211쪽 부근.
72 Tholuck, II, i, 213쪽.
73 Voigt, *Des Grafen von Dohna Hofleben. Historisches Taschenbuch*, Dritte Folge, IV, 135, 137쪽.
74 Barthold, *Geschichte der Fruchtbringenden Gesellschaft*, 55쪽.
75 H. Knapp, *Matthias Höe von Hoenegg*, Halle, 1902, 77쪽.
76 Hurter, *Ferdinand II*, VIII, 77쪽.

77 Ludwig Schwabe, *Kursächsische Kirchenpolitik im dreissigjährigen Kriege*. *Neues Archiv für Sächsische Geschichte*, XI, 300쪽.
78 Knapp, 12쪽.
79 Schwabe, 302~304쪽.
80 Riezler, *Geschichte*, VI, 61쪽 부근; *Geschichte der Hexenprozesse in Bayern*, Stuttgart, 1896, 194~195쪽.
81 Palafox, *Dialogo Politico*, 65쪽.
82 Carafa, 336쪽 부근.
83 막시밀리안의 고모는 페르디난트 2세의 어머니였고, 그의 누이동생은 페르디난트 2세의 첫 아내였다.
84 Carafa, 338쪽.
85 Riezler, *Geschichte*, V, 116쪽.
86 *La Nunziatura di Bentivoglio*, III, 406쪽. 이 계획에서 프랑스 정부의 지원을 얻기 위한 시도가 있었다. Tarpié, *Politique étrangère de la France au début de la Guerre de Trente Ans*, 252쪽을 보라.

2장 보헤미아의 왕위: 1617~19년

1 Gindely, *Geschichte*, I, 156쪽.
2 *Taylor his Travels*.
3 Gindely, *Geschichte*, I, 137쪽 부근.
4 같은 책, 138쪽 부근.
5 Hurter, *Ferdinand II*, VI, 694쪽.
6 J. Svoboda, *Die Kirchenschliessung zu Klostergrab und Braunau und die Anfänge des dreissigjährigen Krieges*. *Zeitschrift für Katholische Theologie*, X, Innsbruck, 1886, 404쪽; Gindely, *Geschichte*, I, 133~134쪽.
7 Gindely, *Geschichte*, I, 117~119쪽.
8 같은 책, 140~141쪽.
9 같은 책, 90~92쪽.

10 같은 책, 58~59쪽.

11 같은 책, 167쪽 부근.

12 Hurter, *Ferdinand II*, VII, 243쪽.

13 Gindely, *Geschichte*, I, 242~245쪽.

14 *Zeitschrift für Katholische Theologie*, X, 385쪽에 수록된 Svoboda의 글에 이 문제들에 관한 상세한 검토가 있다.

15 Gindely, *Geschichte*, I, 275쪽.

16 P. Skály ze Zhoře *Historie Česká*, K. Tieftrunk 엮음, Prague, 1865; *Monumenta Historiae Bohemiae*, II, 132~133쪽; *Pamĕti Nejvyššího Kancléře Královstvi českeho Viléma Hrabĕte Slavaty*, Jirecek 엮음, Prague, 1866; *Monumenta Historiae Bohemiae*, I, 81쪽. 나중에 슬라바타는 자신이 몇 차례나 되살아났다고 이야기를 윤색했으며, 12년 뒤 안할트의 젊은 크리스티안에게도 그 윤색한 이야기를 말해주었다. 현재 에스파냐에 전해지고 Palafox, *Dialogo Politico*, 59쪽에 나오는 이야기는 출처가 의심스러운 내용이 추가된 것이다. 그에 따르면 비서는 별로 다치지 않아서 금세 몸을 일으켜 경망되게 주인들의 몸 위에 떨어진 것을 사과했다고 한다.

17 *Annales*, IX, 32쪽.

18 Lünig, *Teutsches Reichsarchiv*, Leipzig, 1710, VI, ii, 133쪽 부근.

19 *Epitome Historica Rerum Bohemicarum, authore Bohuslao Balbino e Societate Jesu*, Prague, 1677, 626~629쪽.

20 Stanka, *Boehmische Confederationsakten*, 74쪽 부근.

21 Lünig, VI, ii, 141쪽 부근.

22 같은 책, 144쪽 부근.

23 Bentivoglio, *Opere*, 650쪽.

24 *Letters and Documents*, I, 12쪽; Lonchay와 Cuvelier, I, 524쪽 부근.

25 *La Nunziatura di Bentivoglio*, II, 500, 518쪽.

26 같은 책, 528쪽.

27 Krebs, *Christian von Anhalt*, 94쪽 부근; Lundorp, III, 606쪽.

28 Krebs, *Christian von Anhalt*, 596, 603쪽.

29 Gindely, *Geschichte*, I, 387쪽.

30 Lundorp, I, 502쪽 부근.

31 같은 책, 508쪽 부근.

32 Klopp, *Tilly im dreissigjährigen Kriege*, Stuttgart, 1861, I, 215~216쪽.
33 *Letters and Documents*, I. 9쪽; Lundorp, I, 503쪽 부근.
34 Weigel, *Franken, Kurpfalz und der Böhmische Aufstand*, I, 192쪽 부근과 145쪽 부근.
35 같은 책, 144~145쪽.
36 Gindely, *Geschichte*, I, 445쪽.
37 Lundorp, III, 608쪽.
38 Stieve, *Ernst von Mansfeld. Sitzungsberichte der philosophisch-philologisch—unde historischen Classe der königlich bayerischen Akademie der Wissenschaften*, 1890, 521쪽.
39 Delbrück, 171쪽 부근.
40 Klopp, III, i, 228쪽.
41 네덜란드 연방.
42 *The Diary of Thomas Crosfield*, F. S. Boas가 Royal Society of Literature를 위해 엮음, London, 1935, 67쪽.
43 Lundorp, III, 619, 632쪽.
44 같은 책, 632쪽 부근.
45 Voigt, 127~128쪽.
46 Lundorp, I, 559~572쪽 여러 곳.
47 같은 책, 496~497, 503~508, 575~576쪽.
48 같은 책, 643쪽.
49 Gindely, *Geschichte*, I, 476쪽.
50 Svoboda, 414쪽.
51 Gindely, *Geschichte*, I, 472쪽; *Letters and Documents*, I, 198쪽.
52 Lünig, VI, ii, 947쪽 부근.
53 *Letters and Documents*, I, 88쪽; Lundorp, I, 610쪽 부근.
54 *La Nunziatura di Bentivoglio*, III, 379쪽.
55 같은 곳; Lonchay와 Cuvelier, I, 537쪽 부근.
56 *Letters and Documents*, I, 107쪽.
57 Gindely, *Geschichte*, II, 74쪽 부근.
58 Lammert, *Geschichte der Seuchen, Hunger und Kriegsnot*, Wiesbaden, 1890, 49쪽.
59 Hurter, *Ferdinand II*, VII, 553쪽.

60 *Annales*, XII, 2386~2387쪽.

61 일설에 따르면 그때 한 대표가 그를 '난델(Nandel)'—페르디난트를 줄인 이름—이라고 부르며 그의 저고리 단추를 움켜쥐었다고 하지만, 이 이야기는 출처가 의심스럽다. Schmertosch, *Vertriebene und bedrängte Protestanten in Leipzig. Neues Archiv für Sächsische Geschichte*, XVI, 271쪽.

62 Gindely, *Geschichte*, II, 76~80쪽; Klopp, I, 353~354쪽.

63 *Theatrum Europaeum*, Frankfort, 1635, I, i, 153쪽.

64 Lundorp, I, 657쪽 부근.

65 Gindely, *Geschichte*, II, 148~149쪽.

66 *Relazioni dagli Ambasciatori, Francia*, II, 134쪽; *La Nunziatura di Bentivoglio*, 405~406쪽.

67 Lünig, VII, iv, 286~287쪽.

68 *Annales*, IX, 414쪽.

69 Stanka, 74쪽 부근을 보라.

70 Aretin, *Beiträge zur Geschichte und Literatur, VII. Sammlung noch ungedruckter Briefe des Churfürsten Friedrich V. von der Pfalz*, Munich, 1806, 148쪽.

71 Lünig, VI, i, 167쪽 부근; Lundorp, I, 675쪽 부근.

72 Aretin, *Beiträge*, VII, 148쪽.

73 Gindely, *Geschichte*, 227~228쪽.

74 *Letters and Documents*, I, 199쪽.

75 d'Elvert, *Beiträge zur Geschichte des dreissigjährigen Krieges in Mähren*, Brünn, 1867, I, 45쪽; Lundorp, I, 657쪽 부근.

76 *Letters and Documents*, II, 31쪽.

77 Moser, *Patriotisches Archiv*, Frankfort, 1781, VII, 45쪽.

78 Hurter, *Ferdinand II*, VIII, 50쪽.

79 Gindely, *Geschichte*, II, 230쪽.

80 Moser, *Patriotisches Archiv*, VII, 109쪽.

81 Haeberlin, *Neueste Teutsche Reichsgeschichte*, Halle, 1774~1804, XXIV, 376~377쪽.

82 *Letters and Documents*, II, 2쪽.

83 같은 책, 1쪽.

84 같은 책, I, 110쪽.

85 Gindely, *Geschichte*, I, 447쪽.
86 *Ambassade extraordinaire de Messieurs les Duc d'Angoulême, Comte de Béthune...en l'année MDCXX*, H. de Béthune 엮음, Paris, 1667, 95쪽.
87 앞의 책, 67~68쪽 참조.
88 Lünig, V, i, 691쪽 부근.
89 John Harrison, *A Short Relation of the Departure of the Most High and Mighty Prince Frederick*, Dort, 1619.

3장 에스파냐의 경보, 독일의 경종: 1619~21년

1 Lundorp, III, 616쪽; Höfler, 391쪽; Béthune, 97쪽 부근.
2 Höfler, 393쪽.
3 Lünig, VI, ii, 150쪽 부근.
4 Höfler, 391쪽.
5 Bruchmann, *Archivalia inedita zur Geschichte des Winterkönigs*, Breslau, 1909, 10쪽.
6 Höfler, 394쪽; Lundorp, I, 850쪽.
7 Lammert, 50쪽.
8 *Annales*, IX, 414쪽; Gindely, *Geschichte*, II, 286쪽.
9 Lünig, VI, ii, 150쪽 부근.
10 Lundorp, I, 717, 722쪽.
11 같은 책, I, 724쪽 부근, 929쪽; d'Elvert, I, 62쪽 부근.
12 앞의 책, 727쪽.
13 Béthune, 143쪽.
14 J. G. Droysen, *Geschichte der Preussischen Politik*, Berlin, 1885~86; Theil, III, 23~24쪽.
15 Schwabe, 306, 315쪽; Knapp, 15쪽.
16 Gindely, *Geschichte*, II, 301쪽 부근.
17 Lundorp, III, 678쪽.
18 같은 책, II, 12쪽 부근; Lünig, VI, i, 321쪽 부근.
19 Gardiner, *History of England*, London, 1883, III, 24쪽.

20 *Letters and Documents*, II, 23쪽.
21 *Calendar of State Papers. Domestic Series 1619~23*, London, 1858, 132쪽 등.
22 *Letters and Documents*, II, 189쪽; Lundorp, I, 860쪽.
23 G. Groen van Prinsterer, *Archives de la Maison d'Orange-Nassau. Leyden*, The Hague, Utecht, 1835 이후, II, ii, 572쪽.
24 Lundorp, II, 19쪽.
25 H. v. Zwiedineck-Südenhorst, *Die Politik der Republik Venedigs*, Stuttgart, 1882~85, I, 101~103쪽.
26 *Letters and Documents*, II, 31쪽.
27 Gindely, *Geschichte*, II, 283쪽 부근; III, 158쪽.
28 Lundorp, I, 545~546쪽.
29 Höfler, 400쪽.
30 Gindely, *Die Berichte über die Schlacht auf dem Weissenberge bei Prag. Archiv für Oesterreichische Geschicht*, LVI, Vienna, 1878, 23~24쪽.
31 Richelieu, *Mémoires*, Société de l'histoire de France 엮음, Paris, 1907, II, 400~401쪽.
32 Bentivoglio, 앞의 책, 668쪽.
33 Ponchartrain, *Mémoires*, Petitot, II, xvii, Paris, 1822, 297쪽; *Nunziatura di Bentivoglio*, I, 110~111쪽, III, 504쪽; 같은 책, IV, 9, 153쪽.
34 Richelieu, *Mémoires*, III, 112쪽 부근; Lünig, V, i, 285쪽; Béthune 144쪽 부근, 163쪽 부근.
35 Tapié, *Politique étrangère de la France au commencement de la Guerre de Trente Ans*, 510쪽 부근, 624쪽 부근 참조.
36 *Nunziatura di Bentivoglio*, IV, 295, 308쪽.
37 Béthune, 225~231쪽.
38 Gindely, *Geschichte*, II, 406쪽.
39 Lonchay와 Cuvelier, I, 546쪽 부근, 558쪽 부근 참조.
40 E. A. Beller, *Caricatures of the Winter King of Bohemia*, 1928, 여러 곳.
41 Lonchay와 Cuvelier, I, 510, 564쪽.
42 같은 책, I, 547쪽; Höfler, 399쪽; *Fortescue Papers*, 91쪽.
43 페르디난트의 합의 서약은 Lünig, III, 57쪽 부근에 있다.
44 Lonchay와 Cuvelier, I, 550쪽.

45 Lundorp, II, 171쪽.
46 Fiedler, 117쪽.
47 Béthune, 227쪽.
48 Droysen, *Preussische Politik*, Theil III, 30쪽 부근.
49 Hurter, Ferdinand II, VIII, 673쪽.
50 Gindely, *Geschichte*, II, 442쪽.
51 Lundorp, I, 986쪽; d' Elvert, I, 113쪽.
52 Aretin, *Beyträge*, VII, 155, 158쪽.
53 같은 책, II, vi, 74~5쪽; VII, 153쪽.
54 Lundorp, I, 859~860, 987쪽.
55 Moser, *Patriotisches Archiv*, VII, 65쪽.
56 Lünig, VI, ii, 172, 175쪽; *Calendar of State Papers. Domestic Series*, 1619~23, 131쪽.
57 *Annales*, IX, 1002쪽.
58 B. Dudik, *Chronik der Stadt Olmütz über die Jahre 1619, 1620. Schriften der historisch-statistischen Section der mährisch-schlesischen Gesellschaft zur Beförderung des Ackerbaues*, I, 44쪽.
59 *The Appollogie of Ernestus, Earle of Mansfielde*, 1622, 34~35쪽.
60 Loyse Juliane, *Mémoires*, 164쪽.
61 Lundorp, I, 925~926쪽; Riezler, *Kiegstageb cher aus dem ligistischen Hauptquartier, 1620 Abhandlungen der Königlichen Akademie der Wissenschaften, Historische Classe*, xxiii, Munich, 1906.
62 *Taylor his Travels*.
63 Gindely, *Geschichte*, II, 308쪽.
64 Hurter, *Ferdinand II*, VIII, 126쪽; Lundorp, I, 926, 861쪽.
65 Hurter, 같은 곳; Höfler, 400쪽; H. Palm, *Acta Publica. Verhandlungen und Correspondenzen der schlesischen Fürsten und Stände*, Jahrgang 162, Breslau, 1872, 132쪽 부근.
66 Hurter, 같은 곳.
67 Lundorp, I, 923쪽 부근; Kriegstageb cher, 205쪽.
68 Lundorp, II, 221쪽.
69 *Berichte ber dem Weissenberge*, 130쪽.
70 Morel-Fatio, *L'Espagne au XVI et au XVII siècle*, Heilbronn, 1878, 348쪽.

71 *Kriegstagebücher*, 117쪽; Klopp, I, 545쪽.
72 *Kriegstagebücher*, 114, 147쪽.
73 Morel-Fatio, 340쪽; Lonchay와 Cuvelier, I, 553쪽.
74 Lonchay와 Cuvelier, 552쪽.
75 Prinsterer, II, ii, 571, 572쪽.
76 A. Wilson, *The Histoy of Great Britain.* London, 1658, 136쪽.
77 Lundorp, II, 127쪽.
78 M. A. E. Green, 158쪽.
79 Wilson, 139쪽.
80 Morel-Fatio, 360쪽 부근.
81 Aretin, *Beyträge*, VII, 162쪽.
82 *Theatrum Europaeum*, I, 373쪽.
83 Reuss, *Ernst von Mansfeld im böhmischen Kriege.* Brunswick, 1865, 86쪽 부근 참조.
84 같은 책, 89쪽.
85 Aretin, *Beyträge*, III, i, 88, 99, 100쪽.
86 *Kriegstagebücher*, 128~129, 176쪽.
87 Aretin, *Beyträge*, III, 112쪽; *Berichte über dem Weissenbege*, 142쪽.
88 *Annales*, XII, 2405쪽.
89 *Kriegstagebücher*, 171쪽.
90 가장 좋은 설명은 *Berichte über dem Weissenberge*와 *Kriegstagebücher*에 있다. Krebs, *Die Schlacht am Weissenberge bei Prag*, Breslau, 1879는 사건을 세심하게 재구성해 보여준다.
91 *Annales*, IX, 1116쪽; Krebs, *Schlacht*, 126쪽; Scott, *Rupert Prince Palatine*, London, 1899, 5쪽.
92 *Berichte über dem Weissenberge*, 138쪽.
93 같은 책, 136쪽.
94 같은 책, 136, 158쪽.
95 Höfler, 404쪽.
96 Béthune, 347쪽.
97 Palm, 1620, 227쪽 부근.
98 *Berichte über dem Weissenberge*, 56쪽.
99 Aretin, *Beyträge*, VII, 173쪽; d'Elvert, III, 89쪽; Palm, 1620, 265쪽 부근; Lundorp, II, 381쪽.

100 *Berichte über dem Weissenbege*, 42쪽.

101 Lundorp, II, 481쪽.

102 Opel과 Cohn, *Der dreissigjährige Krieg*, Halle, 1862, 122쪽; Beller, *Caricatures*, 여러 곳.

103 *Kriegstagebücher*, 105쪽.

104 Aretin, *Beyträge*, III, i, 56쪽.

105 *Kriegstagebücher*, 72쪽.

106 Krebs, *Schlacht*, 130쪽.

107 *Kriegstagebücher*, 138쪽 부근.

108 Haeberlin, XXV, 67쪽.

109 *Archaeologia*, XXIX, 161쪽.

110 Aretin, *Beyträge*, VII, 174~175쪽.

111 Lundorp, 243쪽.

112 같은 책, II, 444쪽.

113 Camon, *Condé et Turenne*, Paris, 1933, 3쪽.

114 *Kriegstagebücher*, 156~157쪽.

115 *Mansfeld's Appollogie*, 23쪽.

116 Gindely, *Geschichte*, IV, 32쪽.

117 Hurter, *Ferdinand II*, VIII, 211~212쪽.

118 Lundorp, II, 307쪽 부근; Lünig, VI, i, 88쪽 부근.

119 Lundorp, II, 377쪽.

120 Lonchay와 Cuvelier, I, 584쪽.

121 Lundorp, II, 382쪽.

122 같은 책, 400쪽.

123 같은 책, 391쪽 부근.

124 *Calendar of State Papers. Domestic Series*, 1619~23, 198쪽.

125 Béthune, 346쪽.

126 Gindely, *Geschichte*, IV, 23쪽.

4장 페르디난트 황제와 막시밀리안 선제후: 1621~25년

1 Lundorp, II, 381쪽.
2 Gindely, *Geschichte*, III, 377쪽; IV, 49쪽.
3 d'Elvert, II, 1쪽 부근.
4 같은 책, 7쪽.
5 같은 책, 31쪽 부근.
6 같은 책, 41, 45, 55, 58~59쪽.
7 같은 책, 47~48쪽; Lundorp, II, 555쪽.
8 d'Elvert, II, 54, 56쪽.
9 Fiedler, 109쪽.
10 d'Elvert, II, 67쪽 부근; Hurter, *Ferdinand II*, VIII, 596쪽.
11 d'Elvert, II, 76쪽.
12 *Annales*, IX, 1310쪽; Lundorp, II, 428쪽.
13 Reifferscheid, *Quellen zur Geschichte des Geistigen Lebens*, Heilbronn, 1899, 114쪽.
14 Hennequin de Villermont, *L'Infante Isabelle*, Paris, 1912, I, 162쪽 부근; Rodriguez-Villa, *Ambrosio Spinola*, Madrid, 1904, I, 731쪽.
15 *Relazioni dagli Ambasciatori, Spagna*, I, 600쪽 부근.
16 Richelieu, *Mémoires*, III, 203쪽.
17 *Relazioni dagli Ambasciatori, Spagna*, I, 65쪽.
18 Lundorp, II, 376쪽; Lünig, VI, i, 339쪽 부근.
19 Gindely, *Geschichte*, IV, 182쪽 부근.
20 Hurter, *Ferdinand II*, IX, 77쪽.
21 Lammert, 55쪽 부근.
22 Walther, *Strassburger Chronik*, 14~15쪽.
23 *Annales*, XI, 1701쪽; *Acta Mansfeldica*, 118쪽 부근; Reuss, *Alsace au dixseptième siècle*, Paris, 1898, 61쪽.
24 M. A. E. Green, 250쪽 주.
25 Opel, *Elisabeth Stuart, Königin von Böhmen, Kurfürstin von der Pfalz. Historische Zeitschrift*, XXIII, 320쪽.
26 추한 노파.

27 Wertheim, *Der tolle Halberstädter*, I, 223~224쪽.
28 같은 책, 230쪽.
29 같은 책, 217쪽 부근; Klopp, II, 151쪽.
30 Opel, 306쪽; Wertheim, I, 200쪽 부근.
31 Blok, *Relazioni Veneziane*, 223쪽.
32 Wertheim, I, 232쪽.
33 Rodriguez-Villa, *Correspondencia de la Infanta Isabella Clara Eugenia con el Duque de Lerma*, Madrid, 1906, 241쪽.
34 Aitzema, *Saken van Staet en Oorlogh*, The Hague, 1657, I, 116쪽.
35 *Annales*, IX, 1705쪽.
36 Weskamp, *Das Heer der Liga*, Munich, 1891, 50, 86쪽.
37 Klopp, II, 151쪽.
38 du Cornet, *Histoire générale des guerres de Savoie, de Bohème, du Palatinat et des Pays-Bas*, Bruxelles, 1868, 30쪽.
39 Carafa, 371쪽; dur Cornet, 32쪽; *Westenrieders Beyträge*, Munich, 1792, IV, 110~111쪽.
40 Dieffenbach, *Das Grossherzogtum Hessen*, Darmstadt, 1877, 159쪽.
41 Wertheim, II, 412쪽 부근.
42 Ludwig Schädel, *Der Gründer der Ludoviciana in der Haft des Winterkönigs. Mitteilungen des oberhessischen Geschichtsvereins*, Neue Folge, XIV, 54쪽.
43 Wertheim, II, 512쪽 부근; du Cornet, 51쪽.
44 Aretin, *Beyträge*, VII, 185쪽.
45 Klopp, II, 194~195쪽.
46 Schädel, 54~55쪽.
47 Wertheim, II, 516쪽 부근.
48 Hurter, *Ferdinand II*, IX, 121쪽.
49 Klopp, II, 194~195쪽; Wertheim, I, 227쪽.
50 Reuss, *Alsace*, 61, 65쪽; Klopp, II, 200쪽 부근.
51 Gardiner, *History of England*, IV, 323, 339쪽.
52 Lundorp, II, 636쪽.
53 Aretin, *Beyträge*, VII, 188쪽; Ritter, *Untersuchungen über die pfälzische Politik. Historische*

Zeitschrift, LXXIV, 410쪽 부근.

54 du Cornet, 69~70쪽; J. A. Worp, *Briefwisseling van Constantin Huygens*, The Hague, 1911, I, 125쪽; *Theatrum Europaeum*, I, 66~68쪽.
55 Lundorp, II, 630, 743~753쪽; *Die Schicksale Heidelbergs im dreissigjährigen Kriege. Archiv für die Geschichte der Stadt Heidelberg*, II, Heidelberg, 1869, 29쪽 부근.
56 Ritter, *Untersuchungen über die pfälzische Politik. Historische Zeitschrift*, LXXIV, 407~441쪽 참조.
57 R. Coke, *State of England*, 109쪽.
58 이 회의에 관해서는 Goetz, *Briefe und Akten*, Leipzig, 1907, II, i, 10~22쪽과 26~46쪽에서 상세히 설명하고 있다.
59 Lundorp, II, 630쪽.
60 *Annales*, IX, 1653, 1799쪽; Lundorp, II, 605, 631, 649~652쪽.
61 Droysen, *Preussische Politik*, II, 638쪽.
62 *Annales*, X, 86, 117~118쪽; Goetz, *Briefe und Akten*, II, i, 4, 22~23쪽.
63 Goetz, *Briefe und Akten*, II, i, 568쪽; *Schicksale Heidelbergs*, 188쪽; Carafa, *Germania Sacra Restaurata*, Cologne, 1637, I, 340쪽 부근.
64 Gindely, *Geschichte*, IV, 383쪽.
65 Goetz, *Briefe und Akten*, II, i, 20쪽.
66 Lundorp, II, 501쪽.
67 같은 책, 657쪽 부근.
68 Lünig, III, ii, 64쪽 부근; v, i, 693쪽 부근; Lundorp, II, 673, 676쪽.
69 Goetz, *Briefe und Akten*, II, i, 44~45쪽.
70 *Annales*, X, 71쪽; Goetz, *Briefe und Akten*, II, i, 76, 101쪽.
71 Lundorp, II, 733쪽; Gindely, *Geschichte*, IV, 515쪽.
72 Lundorp, II, 733쪽 부근; Gindely, *Geschicht*, IV, 501쪽 부근.
73 Goetz, *Briefe und Akten*, II, i, 48~64쪽.
74 Goetz, 여러 곳.
75 같은 책, 137~144쪽.
76 이것이 가장 정확한 이름으로 보이는데, 그 가문의 발원지인 아르덴의 라무아르마니(La Moire Mannie)에서 변형된 것으로 추측된다. *Correspondenz Kaisers Ferdinand II*. Herausgegeben

von Dr B. Dudik, *Archiv für Oesterreichische Geschicht*, LIV, 228쪽.
77   클레슬 추기경. 앞의 책, 82쪽 참조.
78   Gindely, *Geschichte*, IV, 523쪽.
79   1638년까지도 막시밀리안은 프리드리히 5세의 아들이 전쟁 포로로 오버팔츠를 지나갈 경우 문제가 일어날까 봐 걱정했다.
80   Högl, *Die Bekehrung der Oberpfalz*, Regensburg, 1903, 52~53쪽.
81   같은 책, 85쪽 부근.
82   Högl, 52쪽.
83   d'Elvert, III, 114쪽.
84   같은 책, II, 151쪽 부근.
85   같은 책, III, 119쪽; II, 33쪽; R. Wuttke, *Zur Kipper und Wipperzeit in Kursachsen. Neues Archiv für Sächsische Geschichte*, XVI, 155쪽; Walther, 15쪽.
86   Gindely, *Geschichte*, IV, 326~329쪽.
87   같은 책, 338쪽; d'Elvert, III, 117, 128쪽.
88   Gindely, *Geschichte der Gegenreformation in Böhmen. Nach dem Tode des Verfassers herausgegeben von T. Tupetz*, Leipzig, 1894, 8장 여러 곳.
89   d'Elvert, II, 257, 258, 261쪽.
90   Siegl, *Wallenstein auf der 'hohen Schule', zu Altdorf. Mitteilungen des Vereins für Geschichte der Deutschen in Böhmen*, XLIX, 127~152쪽.
91   Ernstberger, *Wallenstein als Volkswirt im Herzogtum Friedland*, Reichenberg, 1929, 96~99, 46쪽; Hunziker, *Wallenstein als Landesher, insbesondere als Herzog von Mecklenburg*, Zurich, 1875.
92   Ernstberger, 88쪽.
93   반 데이크는 발렌슈타인을 만난 적이 없었다. 바이에른 주립 박물관에 소장된 잘 알려진 그의 초상화는 사실 상상으로 그린 작품으로, 유명한 군인들의 연작 가운데 하나다.
94   Priorato, *Historia della Vita di Alberto Valstein, Duca di Fritland*, Lyons, 1643, 64쪽.
95   Helbig, *Der Kaiser Ferdinand und der Herzog zu Freidland, während des Winters 1633~34*, Dresden, 1852, 62~71쪽.
96   Ranke, *Sämmtliche Werke, XXIII. Geschichte Wallensteins*, 12쪽.
97   Stieve, *Wallenstein bis zur Übernahme des ersten Generalats. Historische Vierteljahrschrift*,

1899, 228쪽.

98 그녀의 편지는 Foerster, *Wallenstein als Feldherr und Landesfürst*, Potsdam, 1834, 320쪽 부근에 실려 있다.

99 Lünig, XXIII, 1454~1457쪽.

100 d'Elvert, II, 98쪽; Carafa, 151쪽.

101 Goetz, *Briefe und Akten*, II, i, 67쪽 부근.

102 Lundorp, II, 631, 633쪽.

103 Gindely, *Geschichte der Gegenreformation*, 246쪽.

104 같은 책, 245쪽.

105 같은 책, 255쪽; Hurter, *Ferdinand II*, X, 163쪽.

106 Gindely, 221쪽 부근.

107 Hurter, *Ferdinand II*, X, 162쪽.

108 Ernstberger, 88쪽; Ranke, *Geschichte Wallensteins*, 17쪽.

109 Carafa, 251~252쪽.

110 Gindely, *Geschichte der Gegenreformation*, 195쪽 부근.

111 Carafa, *Germania Sacra Restaurata*, 283쪽 부근 참조.

112 Kröss, *Zur Geschichte der Katholischen Generalreformation in Böhmen unter Ferdinand III. Zeitschrift für Katholische Theologie*, 1916, 772쪽.

113 Gindely, *Geschichte der Gegenreformation*, 475쪽 부근; Carafa, *Germania Sacra Restaurata*, I, 162쪽.

114 B. Dudik, *Bericht über die Diöcese Olmütz durch den Kardinal Franz von Dietrichstein. Archiv für Oesterreichische Geschichte*, XLII, 223쪽; Wolny, *Die Wiedertäufer in Mähren. Archiv für Oesterreichische Geschichte*, V, 124~125쪽; d'Elvert, I, 147, 229, 282쪽.

115 Lundorp, III, 770쪽 부근; Carafa, *Germania Sacra Restaurata*, I, 225, 288쪽.

116 Bidermann, *Geschichte des Oesterreichischen Gesammtstaatsidee*, Innsbruck, 1867, I, 27~36쪽.

117 Goetz, *Briefe und Akten*, II, i, 508쪽; *Schicksale Heidelbergs*, 182~184쪽.

118 Goetz, *Briefe und Akten*, II, i, 124~125쪽.

119 Lundorp, II, 728~729쪽.

120 Rusdorf, *Mémoires et négociations secretès*, Leipzig, 1789, I, 여러 곳; Goetz, II, i, 여러 곳.

121 Lundorp, II, 758~759쪽.

122 Lünig, V, iv, 108쪽.

123 Lundorp, II, 768쪽 부근; Gindely, *Beiträge zur Geschichte des dreissigjährigen Krieges. Archiv für Oesterreichische Geschichte*, LXXXIX, 22쪽.

124 Aitzema, I, 231쪽; Hurter, *Ferdinand II*, IX, 295쪽; Lundorp, II, 769쪽.

125 Opel, *Elisabeth Stuart*, 323쪽.

126 Rusdorf, I, 117쪽.

127 Aitzema, I, 131쪽.

128 Gindely, *Beiträge*, 28~29쪽.

129 Reifferscheid, 153쪽.

130 *Calendar of State Papers. Domestic Series*, 1623~25, 223쪽; Gindely, *Beiträge*, 120쪽.

131 Rusdorf, I, 287쪽.

132 W. Mommsen, *Richelieu als Staatsmann. Historische Zeitschrift*, CXXVII, 230쪽 부근.

133 G. Hanotaux와 le Duc de la Force, *Histoire de Richelieu. Revue des Deux Mondes*, 1934년 7월, 97쪽.

134 Richelieu, *Mémoires*, IV, 46~47쪽.

135 Rydberg och Hallendorf, *Sverges Traktater*, Stockholm, 1877, v, i, 317쪽 부근; 321쪽 부근.

136 *Calendar of State Papers. Domestic Series*, 1623~25, 195쪽.

137 교황의 정책을 꼼꼼히 옹호하는 문헌으로는 Auguste Leman, *Urbain VIII et la rivalité de la France et de la Maison d'Autriche de 1631 à 1635*, Lille, 1920이 있다. 저자는 우르바누스 8세가 당대 사람들이 생각하는 것보다 더 엄격하게 중립을 지켰다고 말한다. 나는 이 주장을 전적으로 신뢰하지 않지만, 우르바누스가 대단히 어려운 상황에서 성심을 다해 교회의 이익을 추구한 것은 분명하다.

138 Goetz, *Briefe und Akten*, II, i, 549쪽.

139 같은 책, 557~567쪽; Gindely, *Beiträge*, 57쪽.

140 Goetz, *Briefe und Akten*, II, i, 115쪽.

141 같은 책, 283쪽.

142 Goetz, *Pater Hyacinth. Historische Zeitschrift*, CIX, 117쪽.

143 Goetz, *Briefe und Akten*, II, i, 67, 104, 108쪽.

144 Rusdorf, I, 156쪽 부근.

145 Goetz, *Briefe und Akten*, II, i, 452~510쪽.

146 같은 책, 516쪽 부근, 528쪽 부근; Fagniez, *Fancan et Richelieu*. *Revue Historique*, CVII, 61쪽 부근; Wiens, *Fancan und die französische Politik*, 1624~27, Heidelberg, 1908, 18, 27쪽.

147 Goetz, *Briefe und Akten*, II, ii, 19, 23~24, 28, 39, 40쪽.

148 같은 책, 620, 635, 642, 651쪽.

5장 발트 해를 향해: 1625~28년

1 Gindely, *Waldstein während seines ersten Generalats im Lichte der gleichzeitigen Quellen*, Prague-Vienna, 1886, I, 46쪽 부근; Zwiedineck-Sudenhorst, II, 223쪽.

2 Hurter, *Zur Geschichte Wallenstein*, Schaffhausen, 1855, 27쪽.

3 Goetz, *Briefe und Akten*, II, ii, 39~40쪽.

4 Stieve, *Wallenstein bis zur Übernahme des ersten Generalats*, 229~230쪽.

5 d'Elvert, III, 135쪽; Goetz, *Briefe und Akten*, II, ii, 148쪽.

6 Gindely, *Waldstein*, 54쪽.

7 Aitzema, 269쪽.

8 Blok, *Relazioni Veneziane*, 182쪽.

9 Moser, *Patriotisches Archiv*, XI, 175~206쪽 참조.

10 Rusdorf, I, 485쪽.

11 Aitzema, I, 405쪽.

12 같은 책, 408, 416쪽.

13 Messow, *Die Hansestädte und die Habsburger Ostseepolitik*, 11쪽.

14 Gindely, *Die maritimen Pläne der Habsburger*, Vienna, 1891, 2~3쪽.

15 Hallwich, *Fünf Bücher zur Geschichte Wallensteins*, Leipzig, 1910, III, 12쪽.

16 Huter, *Zur Geschichte Wallensteins*, 20~21쪽.

17 Rusdorf, I, 439쪽 부근; Moser, *Patriotisches Archiv*, V, 107쪽.

18 Rusdorf, I, 464, 496, 545~549쪽; II, 29쪽.

19 같은 책, I, 554쪽 부근; Moser, *Patriotisches Archiv*, V, 159쪽 여러 곳.

20 Moser, *Patriotisches Archiv*, VI, 21쪽.

21 Bentivoglio, *Opere*, 90쪽.

22 같은 곳.
23 Lundorp, III, 807쪽.
24 같은 책, 812, 813쪽.
25 같은 책, 824쪽 부근.
26 Goetz, *Briefe und Akten*, II, ii, 324쪽.
27 같은 책, 355, 377쪽.
28 Gindely, *Waldstein*, I, 63쪽.
29 Goetz, *Briefe und Akten*, II, ii, 377~378쪽.
30 Lammert, 67쪽 부근; *Theatrum Europaeum*, I, 999쪽; d'Elvert, II, 193쪽, III, 138쪽 부근; Goetz, *Briefe und Akten*, II, ii, 308쪽.
31 Goetz, *Briefe und Akten*, II, ii, 408쪽.
32 같은 책, 438쪽.
33 같은 책, 441쪽.
34 같은 책, 407쪽.
35 Hurter, *Ferdinand II*, VIII, 658~660쪽.
36 Ranke, *Geschichte Wallensteins*, 29쪽.
37 Ritter, *Das Kontributionssystem Wallensteins. Historische Zeitschrift*, XC, 211~220, 239~246쪽.
38 V. Loewe, *Die Organisation und Verwaltung der wallensteinischen Heere*, Leipzig, 1895.
39 Aitzema, I, 482쪽; Lundorp, III, 802쪽.
40 Rusdorf, II, 58, 189쪽.
41 Weskamp, *Das Heer der Liga*, 357쪽.
42 C. F. Bricka와 J. A. Fridericia, *Kong Christian den Fjerdes egenhaendige Breve*, Copenhagen, 1878~91, I, 461~462쪽.
43 Tadra, *Briefe Albrechts von Waldstein an Karl von Harrach, 1625~27. Fontes Rerum Austriacarum*, II, xli, 356쪽; Hallwich, *Gestalten aus Wallensteins Lager*, Leipzig, 1885, II, 118쪽 부근, 144쪽 부근.
44 Hallwich, *Fünf Bücher*, I, 375쪽.
45 같은 책, III, 42쪽.
46 'Tintenfresser', 말 그대로의 뜻은 '잉크 먹보'.

47 Hallwich, *Gestalten aus Wallensteins Lager*, 144, 163, 164쪽.

48 Aretin, *Bayerns auswärtige Verhältnisse*, Passau, 1839, Urkunden, 224~240쪽.

49 Lundorp, III, 876쪽 부근; Bricka와 Fridericia, II, 31~32쪽; H. Voges, *Die Schlacht bei Lutter am Barenberge*, Leipzig, 1922.

50 Lundorp, III, 977쪽 부근, 991~992쪽.

51 Poyntz, 50쪽.

52 Haeberlin, XXV, 471쪽; Poyntz, 50쪽.

53 Lundorp, III, 767쪽 부근.

54 Gindely, *Die Gegenreformation und der Aufstand in Oberoesterreich im Jahre 1626. Sitzungsberichte der philosophisch-historischen Klasse der Kaiserlichen Akademie der Wissenschaften*, cxviii, Vienna, 1889, 7쪽 부근.

55 Stieve, *Der oberösterreichische Bauernaufstand*, Munich, 1891, I, 90쪽에 나오는 다음의 노래를 보라.

"바이에른의 멍에와 독재,

억압은 갈수록 커지니,

신이시여, 우리를 자유롭게 하소서!"

56 Gindely, *Die Gegenreformation und der Aufstand*, 21쪽.

57 Hartmann, *Historische Volkslieder*, Munich, 1907, I, 177쪽.

58 Lundorp, III, 927쪽; Czerny, *Bilder aus der Zeit der Bauernunruhen in Oberösterreich*, Linz, 1876, 61쪽 부근.

59 Lundorp, III, 925~927쪽; Hurter, *Ferdinand II*, X, 92쪽.

60 Stieve, *Bauernaufstand*, I, 228쪽.

61 Stieve, 298~303쪽; Lundorp, III, 952쪽.

62 Czerny, *Ein Tourist in Oesterreich*, Linz, 1874, 17쪽.

63 Jacob Franc, 1626~27, 81쪽.

64 Walther, 20쪽.

65 Duhr, *Geschichte der Jesuiten in den Ländern deutscher Zunge*, Freiburg, 1907, II, ii, 130쪽.

66 Gebauer, *Kurbrandenburg in der Krisis des Jahres 1627*, Halle, 1896, 9쪽; Lammert, 80쪽 부근.

67 *Tägliche Aufzeichnungen des Pfarrherrn Garcaeus*, Brandenburg, 1894, 75쪽.

68 Poyntz, 48쪽.

69 Krebs, *Zacharias Allerts Tagebuch aus dem Jahre 1627. Jahresbercht der schlesischen Gesellschaft für Vaterländische Kultur*, LXIV, 24쪽 부근.

70 *Allerts Tagebuch*, 22~26쪽.

71 Opel, *Das Kurfürstentum Brandenburg in den ersten Monaten des Jahres 1627. Historische Zeitschrift*, LI, 194쪽.

72 Gebauer, *Kurbrandenburg in der Krisis*, 9쪽.

73 Opel, *Das Kurfürstentum Brandenburg*, 194쪽.

74 같은 책, 199~202쪽.

75 같은 책, 202쪽.

76 같은 책, 203, 205쪽.

77 Klopp, 앞의 책, II, 707쪽.

78 Gindely, *Beiträge*, 155쪽 부근.

79 Lundorp, III, 1021~1022쪽.

80 Gindely, *Beiträge*, 223~224쪽.

81 Hallwich, *Fünf Bücher*, 140~141쪽.

82 같은 책, III, 327쪽.

83 Moritz Ritter, *Zur Geschichte Wallensteins. Deutsche Zietschrift für Geschichtswissenschaft*, IV, 24~38쪽.

84 Ritter, 31쪽; Stieve, *Wallenstein bis zur Übernahme des Generalats*, 228쪽.

85 Hallwich, *Fünf Bücher*, I, 677쪽; Ritter, *Zur Geschichte Wallensteins*, 15~40쪽.

86 G. Droysen, *Gustaf Adolf*, Leipzig, 1869, I, 286~287쪽; J. G. Droysen, *Geschichte der Preussischen Politik*, III, i, 13쪽.

87 Droysen, *Preussische Politik*, III, i, 52~53쪽.

88 Gindely, *Die maritimen Pläne der Habsburger*, 4쪽 부근.

89 *Annales*, X, 1227쪽; Lundorp, III, 941~980쪽.

90 Opel, *Das Kurfürstentum Brandenburg*, 204쪽.

91 같은 책, 215~217쪽.

92 Lundorp, III, 985~986쪽.

93 Opel, *Das Kurfürstentum Brandenburg*, 205쪽 부근.

94 Rusdorf, I, 604, 611쪽; Moser, *Patriotisches Archiv*, VI, 106쪽.
95 Moser, *Patriotisches Archiv*, VI, 109쪽; M. A. E. Green, *Elizabeth Queen of Bohemia*, S. C. Lomas의 개정판, London, 1909, 258쪽.
96 Moser, *Neues Patriotisches Archiv*, I, 77쪽.
97 Lundorp, III, 952~960쪽; Rusdorf, II, 여러 곳.
98 Gebauer, *Kurbrandenburg in der Krisis*, 2쪽; Bricka와 Fridericia, II, 94~95쪽; Lundorp, III, 461쪽.
99 Lundorp, III, 977~979쪽.
100 같은 책, 976~978쪽.
101 Denis, *La Bohème depuis la Montagne Blanche*, Paris, 1903, 107~119쪽; d'Elvert, II, 204쪽 부근, 266쪽 부근.
102 d'Elvert, II, 206쪽 부근.
103 Gindely, *Geschichte der Gegenreformation*, 514쪽.
104 Pistorius, *Historische Beschreibungen*, 1627~28, 47쪽.
105 Bretholz, *Geschichte Böhmens und Mährens*, Reichenberg, 1921, III, 16~17쪽.
106 Gindely, *Die maritimen Pläne der Habsburger*, 17쪽.
107 Chlumecky, *Wallensteins Briefe an Collato*, Brünn, 1856, 55쪽.
108 Gindely, *Die maritimen Pläne der Habsburger*, 11~12쪽.
109 같은 책, 11쪽.
110 같은 책, 17쪽.
111 Lundorp, III, 1012쪽.
112 Gindely, *Waldstein*, I, 368쪽.
113 Lundorp, III, 1009쪽.
114 같은 책, III, 996쪽.
115 같은 책, III, 998쪽 부근.
116 Lünig, v, i, 695~700쪽.
117 대(大)페르디난트는 바로 이런 우연을 두려워했다고 한다. Rusdorf, II, 367쪽을 보라.
118 Lundorp, III, 1012~1017쪽.

6장 교착: 1628~30년

1. Gaedeke, *Zur Politik Wallensteins und Kursachsens in den Jahren 1630-34. Neues Archiv für Sächsische Geschichte*, X, 35쪽.
2. Carafa, 264쪽.
3. 펠리페 4세의 어머니는 페르디난트 2세의 누이동생인 슈타이어마르크의 대공녀 마르가레테였다.
4. Dudik, *Correspondenz Kaiser Ferdinands II*, 273쪽.
5. 앞의 책, 4장, 188~189쪽 참조.
6. Richelieu, *Mémoires*, VIII, 114쪽 부근 참조.
7. Hanotaux와 de la Force, *Revue des Deux Mondes*, 1935년 3월, 62쪽.
8. Brants, *Albert et Isabelle*, Louvain, 1910, 180쪽.
9. H. G. R. Reade, *Sidelights on the Thirty Years War*, I, 75쪽.
10. Quazza, *Guerra di Mantova*, I, 130쪽; Lünig, 앞의 책, X, ii, 694~696쪽; Richelieu, *Mémoires*, VIII, 184쪽.
11. *Annales*, XI, 1504쪽; Fiedler, 190쪽.
12. Abreu y Bertodano, *Collection de los Tratados*, Madrid, 1740, IV, 89쪽 부근.
13. Lundorp, III, 1006~1007, 1083쪽.
14. Gindely, *Die maritimen Pläne*, 28~29쪽.
15. *Sverges Traktater*, V, i, 242~245쪽.
16. Monro, I, 67쪽에는 이 이야기의 변형이 나온다.
17. Chlumecky, 75쪽; Foerster, *Wallenstein*, I, 342쪽 부근.
18. Droysen, *Gustaf Adolf*, I, 346~347쪽.
19. Chlumecky, 78쪽.
20. Kiewning, *Nuntiatur des Pallottos*, Rome, 1895, I, 81쪽.
21. Riezler, *Geschichte Bayerns*, VI, 170쪽.
22. Dudik, *Correspondenz*, 316쪽.
23. *Annales*, IX, 93쪽; Lundorp, III, 1009, 1042쪽.
24. Lundorp, III, 1023쪽.
25. Aretin, *Wallenstein*, Regensburg, 1846, I, 20쪽; Gindely, *Wallenstein während seines ersten Generalats*, I, 87쪽.

26 Lundorp, III, 1018~1019쪽; Hallwich, *Fünf Bücher*, III, 355~356쪽.
27 Kiewning, I, 82쪽.
28 Lundorp, III, 998~1000쪽; Ritter, *Der Ursprung des Restitutionsediktes. Historiche Zeitschrift*, LXXVI, 94~95쪽.
29 Carafa, 384쪽.
30 Lundorp, III, 1054~1057쪽.
31 Ritter, *Ursprung des Restitutionsediktes*, 85쪽.
32 Lundorp, IV, 1021~1022쪽.
33 Wittich, *Magdeburg als Katholisches Marienburg. Historische Zeitschrift*, LXV, 416쪽.
34 Fiedler, 194쪽.
35 Chlumecky, 94쪽.
36 Lundorp, III, 1045~1047쪽.
37 같은 책, IV, 1~2쪽; Lünig, 71~80쪽.
38 Lundorp, IV, 3~8쪽.
39 Riezler, *Geschichte*, V, 357쪽 참조.
40 Hurter, *Ferdinand II*, X, 265쪽.
41 Ranke, *Die römishce Päpste*, 363쪽.
42 Hurter, *Ferdinand II*, IV, 97쪽.
43 Lundorp, IV, 25~27, 35~36쪽.
44 *Hauschronik der Familie Holl*, Munich, 1910, 87쪽.
45 Lundorp, IV, 31쪽 부근.
46 Kiewning, I, 130, 141, 242쪽.
47 같은 책, 141쪽.
48 같은 책, 158~159쪽.
49 Ranke, *Die römischen Päpste*, 358쪽.
50 *Relazioni dagli Ambasciatori, Roma*, I, 319, 339, 360쪽.
51 Lonchay와 Cuvelier, II, 471, 482쪽.
52 *Annales*, XI, 831~832, 400~401쪽; Rodriguez Villa, *Spinola*, 461쪽 부근 참조; Hennequin de Villermond, II, 259쪽; Lonchay와 Cuvelier, II, 471쪽.
53 Chlumecky, 105, 114쪽 부근 참조.

54 Priorato, *Valstein*, 27~28쪽.
55 Ranke, *Wallenstein*, 166쪽 부근 참조.
56 Gindely, *Die maritimen Pläne*, 15쪽.
57 같은 책, 30쪽.
58 크리스티안은 1628년 12월 7일, 페르디난트는 19일에 강화 협상의 신임장을 발부했다. Hallwich, *Fünf Bücher*, III, 423, 426쪽.
59 *Riksrådet G. G. Oxenstiernas Berättelse om Mötel mellan Gustaf Adolf och Kristian IV. Historiske Handlingar*, VIII, iv, 4~16쪽; *Oxenstjerna Brefvexling*, II, i, 463~464쪽; II, iii, 173~174쪽; Fridericia, II, 179쪽.
60 Chlumecky, 131~133쪽.
61 Fridericia, II, 195~196, 237쪽 부근.
62 Chlumecky, 132쪽.
63 Lundorp, IV, 1092~1093쪽.
64 같은 책, 19쪽.
65 *Sverges Traktater*, V, i, 347~356쪽; Richelieu, *Mémoires*, Petitot 엮음, II, XXV, 133쪽 부근.
66 *Handlingar rörande till Konung Gustaf Adolfs historia. Handlingar rörande Skandinaviens Historia*, II, 79쪽 부근; Richelieu, *Mémoires*, II, XXV, 150쪽 부근.
67 Gindely, *Die maritimen Pläne*, 53~54쪽 참조.
68 Abreu y Bertodano, IV, 105쪽 부근, 113쪽 부근.
69 같은 책, 127쪽 부근.
70 Rodriguez Villa, *Correspondencia de la Infanta*, XXXI쪽; *Spinola*, 590쪽 부근.
71 Rodriguez Villa, *Spinola*, 590쪽 부근.
72 Hallwich, *Briefe und Akten zur Geschichte Wallensteins*, Vienna, 1912, I, 33쪽; Kiewning, I, 147~148쪽; II, 26, 377, 462쪽.
73 *Svenska Riksradets Protokoll*, II, 2쪽.
74 Archenholtz, *Historische Merkwürdigkeiten*, Leipzig, 1751, II, 29쪽.
75 Richelieu, *Mémoires*, Petitot 엮음, II, XXV, 119쪽.
76 Hurter, *Ferdinand II*, X, 231쪽.
77 페르디난트는 물론 폴란드의 지그문트 3세를 스웨덴의 적법한 왕으로 간주했다.
78 Foerster, *Wallenstein*, I, 387쪽.

79 Chlumecky, 218쪽.
80 Hallwich, *Briefe und Akten*, I, 12~19쪽.
81 Roe, *Negotiations*, 43쪽.
82 Lundorp, III, 1084~1088쪽.
83 같은 책, IV, 45쪽.
84 Andreae, III, 109쪽.
85 Hogl, *Die Gegenreformation in Waldsassen*, Regensburg, 1905, 78쪽.
86 Lammert, 97, 109쪽.
87 같은 책, 119쪽.
88 Gebauer, *Kurbrandenburg in der Krisis des Jahres 1627*, 127~129쪽.
89 Roe, *Negotiations*, 36~38쪽.
90 Ziegler, *Deutsche Soldatenlieder*, Leipzig, 1884, 18쪽.
91 Cosmus von Simmern, *Bericht über die von ihm erlebten Geschichtsereignisse. Baltische Studien*, XI, 28, 47~48쪽.
92 같은 책, 34쪽.
93 J. Krebs, *Die Drangsale der Stadt Schweidnitz. Zeitschrift des Vereins für Geschichte und Altertum Schlesiens*, XIV, 36쪽.
94 Hurter, *Zur Geschichte Wallensteins*, 47쪽.
95 Simmern, 37쪽.
96 Lundorp, III, 996쪽.
97 Einert, *Ein Thüringer Landpfarrer*, Arnstadt, 1893, 2~3쪽.
98 Gndely, *Waldstein während seines ersten Generalats*, I, 348쪽 부근.
99 *Die Bauernchronik des Hartich Sierk*, Flensburg, 1925, 173~175쪽.
100 Grimmelshausen, *Simplicissimus*, I, IV, XIV. 소설가는 자신의 책에서 설명한 사건들 중 일부를 경험했지만, 자기 멋대로 이야기를 엮은 부분도 있다. 어느 비평가는 소설에 나오는 한 장면과 같은 주제를 묘사한 칼로(Callot)의 작품이 서로 비슷하다는 의혹을 제기했다. 두 작품에서 모두 온갖 만행이 같은 순간에 벌어진다. 하지만 그런 일들이 실제로 있어났다 하더라도 전부 같은 장소에서 같은 날짜에 일어난 것은 아니다.
101 Lundorp, IV, 40쪽.
102 Gebauer, *Die Restitutionsedikt in Kurbrandenburg*, 72~88쪽.

103 Richelieu, *Mémoires*, Petitot 엮음, II, XXV, 115쪽; *Relazioni dagli Ambasciatori, Roma*, I, 296, 337쪽.

104 Hurter, *Zur Geschichte Wallensteins*, 247~248쪽.

105 아마 불운한 보헤미아의 프리드리히가 유일했을 것이다. 시적 정의를 말해주는 사례라고 할까?

106 H. Günter, *Die Habsburger Liga*, Berlin, 1908, 213~223쪽.

107 Lundorp, III, 1103쪽; IV, 111~116쪽.

108 Gindely, *Die maritimen Pläne der Habsburger*, 21쪽.

109 Lundorp, IV, 53~54쪽.

110 같은 책, 59쪽 부근.

111 같은 책, 61쪽 부근.

112 Hermann Wäschke, *Tagebuch Christians II von Anhalt. Deutshce Geschichtsblätter*, XVI, V, 122쪽.

113 Richelieu, *Mémoires*, Petitot 엮음, II, XXVI, 285쪽.

114 Hermann Wäschke, *Tagebuch Christians II von Anhalt. Deutshce Geschichtsblätter*, XVI, V, 132쪽.

115 Lundorp, IV, 73쪽.

116 같은 책, 65~72쪽.

117 Hermann Wäschke, *Tagebuch Christians II von Anhalt. Deutsche Geschichtsblätter*, XVI, V, 129쪽 부근.

118 Lundorp, IV, 72~73쪽.

119 Dudik, *Correspondenz*, 273쪽.

120 Hallwich, *Briefe und Akten*, 54~55, 75쪽 부근.

121 *Annales*, XI, 1133쪽; Pekař, *Wallenstein*.

122 *Relazioni dagli Ambasciatori, Francia*, II, 272쪽.

123 Richelieu, *Mémoires*, Petitot 엮음, II, XXVI, 377쪽.

124 같은 책, VI, 360쪽.

125 Wäschke, XVI, V, 104, 110, 116쪽.

126 같은 책, 131쪽.

127 Lundorp, IV, 116~125쪽.

128 같은 책, 103~114쪽.

129 Heyne, *Der Kurfürstentag zu Regensburg von 1630*, Berlin, 1866, 190~191쪽.

7장 스웨덴 왕: 1630~32년

1. Avenel, *Lettres de Richelieu*, Paris, 1853, III, 878쪽.
2. Moser, *Patriotisches Archiv*, VI, 133쪽 부근.
3. G. Droysen, *Gustaf Adolf*, II, 151쪽; *Gustaf Adolfs Landungsgebet. Mitteilungen des Instituts für Oesterreichische Geschichtsforschung*, XXII, 269~287쪽.
4. Chemnitz, *De Bello Suecico*, Stettin, 1648, I, 55쪽.
5. Haeberlin, XXVI, 28~29쪽.
6. Roe, *Negotiations*, 56쪽.
7. *Oxenstiernas skrifter och brefvexling*, Stockholm, 1888, I, i, 247~248쪽.
8. Droysen, *Gustaf Adolf*, II, 71쪽 참조.
9. *Brefvexling*, I, i, 351~459쪽; 구스타프 아돌프에 관한 최근에 나온 가장 좋은 책들은 다음과 같다. Ahnlund, *Gustaf Adolf den Store*, Stockholm, 1932; G. Wittrock, *Gustav Adolf*, 1932; Johannes Paul, *Gustav Adolph*, Leipzig, 전 3권, 1927~32; M. J. Roberts, *Gustavus Adolphus: A History of Sweden, 1611~32*, London, 1953. 또한 그가 독일에서 구사한 전략을 다룬 흥미로운 글로 Tingsten, *Historisk Tidskrift*, 1928이 있다.
10. Droysen, *Gustaf Adolf*, I, 59~60, 77쪽. 참조.
11. G. Westin, *Negotiations about Church Unity*, Uppsala, 1932, 208쪽.
12. *Annales*, XI, 1326쪽.
13. Roe, *Negotiations*, 74쪽.
14. Moser, *Patriotisches Archiv*, V, 8쪽.
15. Arckenholtz, *Historische Merkwürdigkeiten*, Leipzig, Amsterdam, 1751, 1752, II, 46쪽.
16. Lorentzen, *Die Schwedische Armee im dreissigjährigen Kriege und ihre Abdankung*, Leipzig, 1894, 9쪽.
17. Ditfurth, *Die historisch-politischen Volkslieder des dreissigjährigen Krieges*, Heidelberg, 1882, 177쪽 부근.
18. *Annales*, XI, 1757쪽; *Brefvexling*, I, vi, 584쪽 부근; II, i, 619쪽; I, V, 10, 16, 46, 316쪽;

Gebauer, *Ein Schwedischer Militärprozess, Historische Zeitschrift*, XCVIII, 547쪽 부근.

19 Sonden, *Axel Oxenstierna och hans Broder*, Stockholm, 1903, 18쪽; Wittrock, 251쪽.

20 Droysen, *Gustaf Adolf*, II, 76쪽.

21 Roe, *Negotiations*, 57쪽.

22 Boethius, *Gustaf II. Adolfs instruktion för Salvius den 30 juni 1630. Historisk Tidskrift*, 1913, 120쪽.

23 Lundorp, IV, 73~77쪽; Lünig, VI, i, 359~365쪽.

24 Lundorp, IV, 80쪽.

25 Roe, *Negotiations*, 60~61쪽.

26 *Zacharias Bandhauers Deutsches Tagebuch der Zerstörung Magdeburgs*, P. P. Klimesch 엮음, *Archiv für Oesterreichische Geschichte*, XVI, Vienna, 1856, 279쪽.

27 *Brefvexling*, II, ix, 846쪽.

28 *Sverges Traktater*, V, i, 438~442쪽.

29 L. Weibull, *Gustave-Adolphe et Richelieu. Revue Historique*, CLXXIV, 219~225쪽.

30 Roe, *Negotiations*, 39쪽.

31 같은 책, 69쪽.

32 같은 책, 39~40쪽.

33 Gaedeke, *Zur Politik Wallensteins und Kursachsens. Neues Archiv für Sächsische Geschichte*, X, 36~37쪽.

34 Gebauer, *Kurbrandenburg und der Restitutionsedikt von 1629*, Halle, 1899, 72~89, 132~137쪽.

35 Lundorp, IV, 133~134쪽.

36 같은 책, 142~143쪽.

37 Hurter, *Friedensbestrebungen Kaiser Ferdinands II*, Vienna, 1860, 9~10쪽 참조.

38 Lundorp, IV, 143~144쪽.

39 *Arkiv till upplysning om Svenska Krigens*, I, 413쪽; Monro II, 34쪽.

40 Lundorp, IV, 148~158쪽.

41 Ernstberger, *Wallenstein als Volkswirt*, 34~35쪽; Ernstberger, *Wallensteins Heeressabotage und die Breitenfelder Schlacht. Historische Zeitschrift*, CLXII, 46~49, 51~53쪽; Peka , I, 75쪽 부근; II, 32~36쪽.

42 Hallwich, *Briefe und Akten*, I, 204~205, 210~212, 214~215, 232, 251, 255, 288~290쪽.

43 *Brefvexling*, II, viii, 34, 37쪽; Hallwich, *Briefe und Akten*, I, 308쪽.
44 Wittich, *Dierich von Falkenberg*, Magdeburg, 1892, 73~74쪽.
45 R. Usinger, *Die Zerstörung Magdeburgs. Historische Zeitschrift*, XIII, 388쪽; *Brefvexling*, II, viii, 39쪽.
46 Wittich, *Falkenberg*, 159쪽; Droysen, *Gustaf Adolf*, I, 313~314쪽.
47 Dirfurth, *Volkslieder*, 143쪽 부근; *Bandhauers Tagebuch*, 267쪽.
48 Droysen, *Gustaf Adolf*, II, 295쪽.
49 같은 책, 296쪽.
50 *Brefvexling*, II, viii, 45쪽; II, i, 695쪽.
51 Droysen, *Gustaf Adolf*, II, 289쪽.
52 *Sverges Traktater*, v, i, 449~454쪽.
53 W. Lahne, *Magdeburgs Zerstörung in der zeitgenössichen Publizistik*, Magdeburg, 1931, 33쪽; Usinger, 391~393쪽.
54 Klopp, III, ii, 167~168쪽; Foerster, *Wallenstein*, II, 94쪽.
55 F. Spanheim, *Le Soldat Suédois*, Geneva, 1633, 39쪽.
56 *Bandhauers Tagebuch*, 276쪽 부근.
57 Wittich, *Magdeburg, Gustav Adolf und Tilly*, Berlin, 1874, I, 15쪽.
58 Stieve, *Abhandlungen*, Leipzig, 1900, 181~194쪽 참조. Wittich, *Dietrich von Falkenberg*와 *Magdeburg, Gustav Adolf und Tilly*도 참조하라.
59 *Bandhauers Tagebuch*, 278쪽.
60 같은 책, 282쪽.
61 같은 책, 287쪽; Wittich, *Magdeburg als Katholisches Marienburg. Historische Zeitschrift*, LXV, 433쪽.
62 같은 책, *Magdeburg als Marienburg*, 444쪽.
63 *Bandhauers Tagebuch*, 280~281쪽.
64 Usinger, 399쪽.
65 Lundorp, IV, 214~215쪽.
66 *Sverges Traktater*, v, i, 457~463쪽.
67 Droysen, *Gustaf Adolf*, II, 303, 351~353쪽; Reinhold Koser, *Gustav Adolfs letzter Besuch in Berlin. Festschrift zum 50 jährigen Jubiläum des Vereins für die Geschichte Berlins*, Berlin,

1917, 3~10쪽; Monro, II, 43쪽.
68 Lünig, VIII, 78~79쪽.
69 Gardiner, *History of England*, VII, 188쪽.
70 Lundorp, IV, 175~178쪽.
71 Hallwich, *Briefe und Akten*, I, 389~390쪽.
72 Pekař, 75쪽.
73 Sverges *Traktater*, v, i, 476쪽 부근.
74 Lundorp, 199~204쪽.
75 Hallwich, *Briefe und Akten*, 473쪽.
76 Wittich, *Zur Würdigung Hans Georges von Arnim*. Neues Archiv für Sächsische Geschichte, XXII, 31쪽.
77 *Sverges Traktater*, v, i, 513~516쪽.
78 Foerster, *Wallenstein*, II, 120쪽 참조.
79 같은 책, 109쪽.
80 Droysen, *Gustaf Adolf*, II, 401쪽.
81 Foerster, *Wallenstein*, II, 104쪽.
82 Delbrück, 232쪽 부근; Droysen, *Gustaf Adolf*, II, 404쪽.
83 Foerster, *Wallenstein*, II, 108쪽.
84 이 전투에 관한 당대의 다양한 설명은 다음 문헌들에서 볼 수 있다. *Archiv für Sächsische Geschichte*, VII, 342쪽 부근; *Arkiv till upplysning Svenska Krigens*, 492~495쪽; *Brefvexling*, II, i, 739~742쪽; Foerster, *Wallenstein*, 119쪽 부근; Monro, *His Expedition*, II, 63~67쪽. 또한 Sydnam Poyntz, *Relation*에도 약간의 설명이 있다. *Sveriges Krig 1611~32*, IV, 477~523쪽도 참조하라.
85 G. Müller, *Dresden im dreissigjährigen Kriege*. Neues Archiv für Sächsische Geschichte, XXXVI, 255쪽.
86 1937년에 쓰였다.
87 Gaedeke, *Wallensteins Verhandlungen mit den Schweden*, Frankfort, 1885, 108~109쪽; Irmer, *Die Verhandlungen Schwedens und seine Verbündeten mit Wallenstein*, Leipzig, 1888, I, 87쪽.
88 Poyntz, 58쪽.

89 Foerster, *Wallenstein*, II, 168쪽 부근; Gaedeke, *Die Eroberung Nordböhmens. Neues Archiv für Sächsische Geschichte*, IX, 243쪽 부근.

90 Droysen, *Gustaf Adolf*, II, 437쪽; Monro, II, 81쪽.

91 Gebauer, *Die Restitutionsedikt in Brandenburg*, 201쪽.

92 Poyntz, 56, 62쪽.

93 *Sverges Traktater*, v, i, 1631~1632쪽 부근.

94 Droysen, 앞의 책, II, 464~467쪽; *Arkiv till upplysning Svenska Krigens*, I, 546~548쪽.

95 Ditfurth, 180, 241쪽.

96 *The Swedish Intelligencer*, 2부, 68쪽.

97 *Annales*, XII, 2399쪽.

98 Spanheim, 122~123쪽.

99 Chemnitz, I, 297쪽.

100 Hallwich, *Briefe und Akten*, I, 306쪽.

101 같은 책, 648~649쪽.

102 Foerster, *Wallenstein*, II, 186~192쪽.

103 Hallwich, *Briefe und Akten*, I, 657쪽 부근.

104 Paul, III, 84~86쪽.

105 *Sverges Traktater*, v, i, 601~603쪽.

106 Hallwich, *Briefe und Akten*, I, 501쪽.

107 *Brefvexling*, II, viii, 69쪽.

108 Geyl, 127쪽.

109 Abreu y Bertodano, IV, 342쪽 부근.

110 이 말은 물론 에스파냐와 프랑스 왕의 호칭인 '가톨릭 폐하'와 '가장 그리스도교적인 군주'를 가리킨다.

111 Abreu y Bertodano, IV, 330쪽 부근.

112 Fagniez, *Le Père Joseph et Richelieu*, Paris, 1894, II, 494~500쪽.

113 Avenel, IV, 251~254쪽.

114 같은 책, 257~259쪽.

115 Lundorp, IV, 275~278쪽.

116 *Brefvexling*, II, i, 760쪽.

117 Hallwich, *Briefe und Akten*, I, 527쪽 부근.
118 Irmer, *Die Verhandlungen Schwedens*, I, 107~108쪽.
119 G. Droysen, *Die Verhandlungen über den Universalfrieden im Winter 1631~32. Archiv für Sächsische Geschichte*, Neue Folge, VI, 223~226쪽.
120 R. Schulze, *Die Projekt der Vermählung Friedrich Wilhelms von Brandenburg mit Christina von Schweden*, Halle, 1898, 2~3쪽 부근.
121 Westin, *Negotiations about Church Unity*, 135~136쪽; Gebauer, *Die Restitutionsedikt in Kurbrandenburg*, 235~236쪽.
122 Kretzschmar, *Gustav Adolfs Pläne und Ziele in Deutschland und die Herzöge von Braunschweig und Lüneburg*, Hanover, 1904, 176쪽 주1.
123 *Arkiv till upplysning Svenska Krigens*, I, 521쪽.
124 F. Bothe, *Gustav Adolfs und seines Kanzlers wirtschaftspolitische Absichten*, Frankfurt, 1910, 179쪽; Irmer, *Die Verhandlungen Schwedens*, I, 111쪽.
125 Spanheim, 226쪽.
126 Aitzema, I, 1260~1261쪽.
127 Moser, *Patriotisches Archiv*, VI, 176~184쪽.
128 Hurter, *Friedensbestrebungen Ferdinands II*, 14쪽 부근; Irmer, *Die Verhandlungen Schwedens*, 8~68쪽 여러 곳; Droysen, *Die Verhandlungen über den Universalfrieden*, 144~145쪽.
129 Irmer, *Die Verhandlungen Schwedens*, I, 109쪽; Spanheim, 211쪽.
130 Moser, *Patriotisches Archiv*, IV, 466~473쪽.
131 Monro, II, 111쪽.
132 Hallwich, *Briefe und Akten*, II, 277쪽.
133 Lammert, 120, 124쪽.
134 Droysen, *Gustaf Adolf*, II, 553쪽.
135 Foerster, *Wallenstein*, II, 196쪽 부근, 202쪽 부근.
136 Droysen, *Gustaf Adolf*, II, 537쪽.
137 Chemnitz, I, 310쪽; *Brefvexling*, II, viii, 55쪽; Poyntz, 65쪽; *Swedish Intelligencer*, II, 142쪽.
138 Gindely, *Historische Zeitschrift*, XCVII 및 *Waldsteins Vertrag mit dem Kaiser, Abhandlungen der Classe für Philosophie, Geschichte und Philologie der Königlich böhmischen Gesellschaft der Wissenschaften*, VII, iii; Ritter, *Der Untergang Wallensteins. Historische Zeitschrift*, XCVII;

Gliubich, *Gli ultimi successi di Alberto di Waldstein narrati dagli Ambasciatori Veneti. Archiv für Oesterreichische Geschichte*, Vienna, 1863, XXVIII, 361~362쪽; W. Michael, *Wallensteins Vertrag mit dem Kaiser im Jahre 1632. Historische Zeitschrift*, LXXXVIII.

139 Ernstberger, *Wallenstein als Volkswirt*, 20~22, 38~39, 47쪽.
140 Gaedeke, *Wallenstein und Arnim*, 11~13쪽.
141 *Chronik des Jakob Wagner*, Augsburg, 1902, 10~12쪽.
142 Klopp, III, ii, 646쪽의 주.
143 Dudik, *Waldsteins Correspondenz. Archiv für Oesterreichische Geschichte*, Vienna, 1866, XXXVI, 222쪽.
144 Spanheim, 272쪽.
145 *Swedish Intelligencer*, II, 161쪽; Spanheim, 211쪽.
146 Hallwich, *Briefe und Akten*, II, 404쪽 부근; Archenholtz, *Mémoires concernant Christine, Reine de Suède*, II, App, 21~24쪽.
147 *Brefvexling*, II, viii, 56쪽.
148 *Brefvexling*, 같은 곳; Foester, *Wallenstein*, II, 225쪽 부근.
149 *Brefvexling*, 같은 곳; Droysen, *Gustaf Adolf*, II, 557쪽.
150 W. Michael, 387쪽.
151 Hildebrand, *Wallenstein und die Schweden*, Frankfort, 1885, 10쪽.
152 *Letter from George Fleetwood giving an account of the battle of Lützen. Camden Miscellany*, I. London, 1847, 5쪽.
153 *Brefvexling*, II, i, 766, 798쪽 부근.
154 Irmer, *Die Verhandlungen Schwedens*, I, 211쪽.
155 *Annales*, XII, 24쪽.
156 Hallwich, *Briefe und Akten*, II, 644~645쪽.
157 Hurter, *Wallensteins vier letzte Lebensjahre*, Vienna, 1862, 155~156쪽; Hallwich, *Briefe und Akten*, III, 95쪽.
158 *Swedish Intelligencer*, III, 38쪽 부근.
159 *Chronik Jakob Wagners*, 20~21쪽; *Swedish Intelligencer*, III, 24쪽.
160 Westin, 208쪽.
161 *Brefvexling*, I, i, 540~543쪽 부근.

162 같은 책, I, vii, 574쪽.
163 같은 책, II, viii, 73쪽; Schulze, 5쪽 부근.
164 Sonden, *Lars Tungels Efterlämnade Papper. Historiska Handlunger*, Nyföljd, XXII, 45쪽.
165 *Brefvexling*, II, viii, 57쪽.
166 Spanheim, 411쪽.
167 Aretin, *Bayerns auswärtige Verhältnisse*, Passau, 1839, I; *Urkunden*, 345쪽.
168 Irmer, *Die Verhandlungen Schwedens*, I, 249~250쪽; *Konung Gustaf II Adolfs Skrifter*, C. G. Styffe 엮음, Stockholm, 1861, 553쪽.
169 Sonden, *Lars Tungel*, 611쪽.
170 Hallwich, *Briefe und Akten*, III, 231쪽 부근.
171 Spanheim, 427~428쪽.
172 *Brefvexling*, II, i, 855~869쪽.
173 Fleetwood, *Camden Miscellany*, I, 5~6쪽; *Fyra relationer om slaget vid Lützen. Historisk Tidskrift*, 1932, 302쪽.
174 Fleetwood, 6쪽.
175 Foerster, *Wallenstein*, II, 273쪽.
176 Hallwich, *Briefe und Akten*, III, 500쪽.
177 Fleetwood, 6쪽.
178 같은 책, 7쪽.
179 Foerster, *Wallenstein*, II, 308쪽.
180 Fleetwood, 6쪽; Fiedler, *Diodatis Bericht über die Schlacht bei Lützen. Forschungen zur deutschen Geschichte*, IV, Göttingen, 1865, 561쪽.
181 Poyntz, 126쪽.
182 같은 곳.
183 Hallwich, *Briefe und Akten*, III, 503쪽.
184 뤼첸에 관해서는 몇 가지 설명이 있다. 내가 주로 참고한 문헌들은 다음과 같다. Fleetwood, *Camden Miscellany*, I; *Diodatis Bericht über Lützen*; Hallwich, *Briefe und Akten*, III, 499~503쪽에 실린 Holk의 설명; *Fyra relationer om slaget vid Lützen. Historisk Tidskrift*, 1932, 299~309쪽; *Swedish Intelligencer*, III, 127쪽 부근; Monro, II, 162~165쪽.
185 Sonden, *Lars Tungel*, 72쪽; Ditfurth, 261쪽.

186 Archenholtz, II, 46쪽.

187 *Annales*, XII, 199쪽.

188 Walther, 28쪽.

189 Fleetwood, 10쪽.

190 Lammert, 114쪽; *Theatrum Europaeum*, II, 645, 658쪽.

191 *Brefvexling*, II, vi, 89쪽.

192 Hanauer, 175쪽.

193 Lammert, 114쪽.

194 같은 책, 113쪽 부근; Duhr, II, i, 406쪽.

195 Lammert, 120쪽; *Chronik des Jakob Wagner*, 28쪽.

196 C. G. von Murr, *Beyträge zur Geschichte des dreissigjährigen Krieges*, Nürnberg, 1790, 62쪽.

197 Westin, 208~209쪽.

198 Riezler, *Geschichte*, V, 420쪽 부근.

199 *Annales*, XII, 144쪽.

200 Furtenbach, *Jammerchronik*, 67쪽 부근.

201 Hanauer, *La Guerre de Trente Ans à Hagenau*, Colmar, 1909, 172쪽.

202 Droysen, *Die Verhandlungen über den Universalfrieden*, 179쪽.

203 Irmer, *Die Verhandlungen Schwedens*, I, 176, 177쪽.

204 Aretin, *Beyträge*, VII, 270쪽.

205 Moser, *Neues Patriotisches Archiv*, II, 113~132쪽.

8장 뤼첸에서 뇌르틀링겐까지, 그리고 그 이후: 1632~35년

1 Leman, *Urbain VIII*, 여러 곳 참조.

2 같은 책, 134쪽 부근, 563~564쪽.

3 Abreu y Bertodano, IV, 262쪽 부근.

4 Avenel, IV, 416, 419, 431~434쪽; VIII, 248, 252쪽; Feuquières, *Lettres et négociations*, Amsterdam, 1753, I, 5~6쪽.

5 *Brefvexling*, II, i, 870쪽.

6   Feuquières, II, i, 10~26쪽.
7   N. A. Kullberg, *Svenska Riksrådets Protokoll. Händlingar rörande Sveriges Historia*, 1878, III, 12쪽.
8   *Brefvexling*, I, vii, 637쪽.
9   Struck, *Johann Georg und Oxenstierna*, Stralsund, 1899, 19~20쪽.
10 Hallwich, *Wallensteins Ende*, Leipzig, 1879, I, 47, 102쪽; Irmer, *Die Verhandlungen Schwedens*, II, 11~12쪽.
11 A. Küsel, *Der Heilbronner Konvent*, Halle, 1878, 18쪽.
12 Helbig, *Wallenstein und Arnim*, Dresden, 1850, 15쪽; Hallwich, *Wallensteins Ende*, II, 254쪽.
13 *Brefväxling mellan Oxenstierna och Svenska Riksrådet. Händlingar rörande Skandinaviens Historia*, xxv, 196쪽.
14 *Sverges Traktater*, v, ii, 18쪽 부근; Lundorp, VI, 317쪽 부근.
15 Feuquières, 여러 곳.
16 같은 책, I, 75~76, 94, 112, 113, 135~136쪽.
17 같은 책, 140, 147쪽.
18 같은 책, 85~88, 217쪽.
19 Feuquières, 113, 221쪽; *Sverges Traktater*, v, ii, 12~18쪽.
20 Feuquières, I, 64~65, 141쪽.
21 *Brefväxling mellan Oxenstierna och Svenska Riksrådet. Händlingar rörande Skandinaviens Historia*, xxv, 207쪽; Hallwich, *Wallensteins Ende*, I, 355쪽.
22 Helbig, *Wallenstein und Arnim*, 18쪽; G. Droysen, *Holks Einfall in Sachsen. Neues Archiv für Sächische Geschichte*, I, 53쪽 부근.
23 Geyl, 132~133쪽.
24 같은 책, 96쪽.
25 Waddington, *Les Provinces Unies en 1630*, Paris, 1893, 6쪽 부근.
26 Waddington, *La République des Provinces Unies*, Lyons, 1891, 400~405쪽 참조; Lundorp, IV, 287~289쪽. 자세한 설명은 Hennequin de Villermont, *L'Infante Isabelle*, II, 388쪽 부근에 있다.
27 Gachard, *Actes des États Généraux en 1632*, Brussels, 1853, 22~60쪽.

28 같은 책, 76~80, 165~168쪽.
29 Lonchay와 Cuvelier, 앞의 책, II, 659, 664쪽.
30 Prinsterer, 앞의 책, II, iii, 37, 39~40쪽.
31 Gachard, 147쪽 부근, 162쪽 부근.
32 *Relazioni dagli Ambasciatori, Spagna*, I, 658쪽.
33 같은 곳.
34 Lonchay와 Cuvelier, II, 659쪽.
35 Gindely, *Waldsteins Vertrag*, 33쪽; Hallwich, *Wallensteins Ende*, I, 412쪽; Pekař, 77~104쪽.
36 Pekař, *Wallenstein*, I, 51쪽 부근 참조.
37 Hallwich, *Wallensteins Ende*, II, 22쪽.
38 Foerster, *Wallenstein*, III에도 비슷한 사례가 나온다.
39 Velt Valentin, *Wallenstein after Three Centuries. Slavonic Review*, 1935, 160쪽.
40 *Bandhauers Tagebuch*, 268쪽.
41 Khevenhüller, *Conterfet Kupfferstich*, Leipzig, 1722, II, 261쪽.
42 Foerster, *Wallenstein als Feldherr und Landesfürst*, 436쪽.
43 Hallwich, *Wallensteins Ende*, I, 41~42쪽.
44 Srbik, *Wallensteins Ende*, Vienna, 1920, 31쪽 부근; Gliubich, 368쪽; Foerster, *Wallenstein*, II, 316쪽; Irmer, *Die Verhandlungen Schwedens*, II, 24쪽.
45 Poyntz, 136쪽; Priorato, *Historia delle Guerre*, 1643, 98쪽; Gindely, *Wallenstein während seines ersten Generalats*, I, 74쪽.
46 독일식 이름은 테르츠카(Terzka)이고, Schiller의 *Wallenstein*에서는 터즈키(Terzky)로 표기되었다.
47 Opel과 Cohn, 342쪽

  Gewissen hin, Gewissen her,
  Ich acht viel mehr die zeitlich Ehr,
  Dien nicht um Glauben, dien um Gelt,
  Gott geb, wie es geh in jener Welt.

48 Ritter, *Deutsche Geschichte*, III, 558쪽.
49 *Brefvexling*, II, viii, 97, 99, 117쪽.
50 Hallwich, *Wallensteins Ende*, I, 117쪽.

51 *Brefvexling*, II, viii, 119쪽.
52 같은 책, 97, 110, 124, 126쪽 부근.
53 Hallwich, *Wallensteins Ende*, I, 98, 149, 224, 230, 239, 260, 273, 300, 312, 327, 379쪽.
54 같은 책, 426쪽.
55 Irmer, *Die Verhandlungen Schwedens*, II, 136~141쪽; Aubéry, *Mémoires pour l'historie du Cardinal Duc de Richelieu*, Paris, 1860, II, 399~401쪽; Feuquières, I, 152쪽 부근.
56 *Brefvexling*, II, viii, 100쪽.
57 Hallwich, *Briefe und Akten*, IV, 124~126쪽.
58 Lonchay와 Cuvelier, III, 2쪽.
59 Srbik, 39쪽.
60 Gaedeke, *Wallensteins Verhandlungen*, 173쪽 참조.
61 Hallwich, *Wallensteins Ende*, I, 546~547쪽.
62 Gaedeke, *Holks Einfall*, 153쪽; Sondén, *Lars Tungel*, 176쪽.
63 Hallwich, *Wallensteins Ende*, I, 553~554쪽.
64 Gaedeke, *Holks Einfall*, I, 179쪽.
65 Feuquières, II, 274쪽; Sondén, *Lars Tungel*, 166, 459~460, 462~464쪽; Gaedeke, *Wallensteins Verhandlungen*, II, 305, 339, 341쪽.
66 Irmer, *Die Verhandlungen Schwedens*, II, 188~189쪽; Hallwich, *Wallensteins Ende*, I, 548쪽 부근.
67 같은 책, 594쪽.
68 같은 책, 583쪽.
69 Gaedeke, *Wallenstins Verhandlungen*, 139쪽.
70 Sondén, *Lars Tungel*, I, 190쪽.
71 Hallwich, *Wallensteins Ende*, II, 44~66쪽 여러 곳.
72 Aretin, *Beyträge*, II, iii, 63쪽 부근.
73 *Brefvexling*, II, vii, 141쪽.
74 Aretin, *Beyträge*, II, iii, 70쪽 부근.
75 Hallwich, *Wallensteins Ende*, I, 540쪽.
76 같은 책, II, 153, 157쪽.
77 Aretin, *Beyträge*, I, 58쪽.

78 Irmer, *Die Verhandlungen Schwedens*, III, 68~74쪽.
79 Gaedeke, *Wallensteins Verhandlungen*, 214~215쪽.
80 Sondén, *Lars Tungel*, 106~107쪽.
81 Feuquières, I, 155~160, 258, 290~291쪽; II, 1~9, 68쪽.
82 Irmer, *Die Verhandlungen Schwedens*, III, 95쪽.
83 Foerster, *Wallenstein*, III, 114~128쪽.
84 Srbik, 381쪽; Gliubich, 418쪽.
85 Hallwich, *Wallensteins Ende*, II, 136~137쪽.
86 Irmer, *Die Verhandlungen Schwedens*, III, 168쪽; Pekař, 600쪽.
87 Foerster, *Wallenstein*, III, 177쪽.
88 Srbik, 84~86쪽.
89 같은 책, 82쪽 참조.
90 같은 곳.
91 Gaedeke, *Wallensteins Verhandlungen*, 259~260쪽.
92 Irmer, *Die Verhandlungen Schwedens*, III, 287쪽.
93 Gaedeke, *Wallensteins Verhandlungen*, 281~282쪽.
94 Hallwich, *Wallensteins Ende*, II, 229~235쪽.
95 Irmer, *Die Verhandlungen Schwedens*, III, 289쪽; Hallwich, *Breife und Akten*, IV, 616쪽.
96 Foerster, *Wallenstein*, III, 230, 254쪽.
97 Irmer, *Die Verhandlungen Schwedens*, III, 210, 211, 276쪽.
98 Mailath, *Geschichte des oesterreichischen Kaiserstaates*, Hamburg, 1842, III, 368~371쪽.
99 같은 책, 373~375쪽.
100 같은 책, 370쪽.
101 Srbik, 385, 390쪽.
102 같은 책, 185쪽.
103 같은 책, 386쪽; Irmer, *Die Verhandlungen Schwedens*, III, 291~293쪽.
104 Irmer, *Die Verhandlungen Schwedens*, III, 284, 301, 306쪽.
105 같은 책, 383쪽.
106 Hallwich, *Wallensteins Ende*, II, 485쪽.
107 Mailath, III, 373~375쪽에는 타폐의 친족관계가 나온다.

108 Hallwich, *Wallensteins Ende* 참조.
109 Gliubich, 418쪽.
110 Mailath, III, 369, 374쪽.
111 Poyntz, 99쪽.
112 Feuquières, II, 214, 225~227쪽.
113 Fiedler, 122쪽.
114 Carafa, 268~269쪽; Fiedler, 189~190, 277~278쪽.
115 Fiedler, 279쪽.
116 A. Langel, *Le Duel de Marie de Médicis et de Richelieu. Revue des Deux Mondes*, 1877년 11월, 362쪽.
117 Avenel, IV, 480쪽.
118 Lonchay와 Cuvelier, II, 718쪽.
119 Aitzema, 앞의 책, II, 94~95쪽.
120 *Mémoires de la Grande Mademoiselle*, Petitot 엮음, II, xl, 373쪽.
121 Feuquières, 96~98, 103, 195, 243, 285쪽.
122 Struck, 20쪽 주3.
123 Roese, *Herzog Bernhard der Grosse*, Weimar, 1828~29, I, 174~175쪽.
124 *Melchior Jauch und sein Stammbuch*, *Archiv für Sächsische Geschichte*, IV, 208쪽.
125 같은 책, 177, 180쪽 참조.
126 Aubery, *Mémoires de Richelieu*, 395쪽.
127 Hanotaux와 le Duc de la Force: *Revue des Deux Mondes*, 1935년 3월, 380쪽.
128 J. V. Andreae, *Gustavi Adolphi Suecorum Regis Memoria*, Berlin, 1844, 13쪽.
129 *Brefvexling*, II, viii, 126쪽 부근; Pufendorf, VIII, 40쪽.
130 K. Jacob, *Von Lützen nach Nördlingen*, Strassburg, 1904, 65~66, 166~167쪽.
131 *Sverges Traktater*, v, ii, 92~100쪽.
132 같은 책, 71~74, 105~109쪽.
133 Feuquières, II, 96쪽.
134 *Brefvexling*, II, viii, 97, 110, 124, 248쪽 부근; VI, 51~52쪽.
135 Prinsterer, II, iii, 55쪽.
136 Lundorp, IV, 425~427쪽.

137 *Brefväxling mellan Oxenstierna och Svenska Regeringen. Handlungen rörande Skandinaviens Historia*, XXIX, 251~252쪽.

138 Lundorp, IV, 384~389쪽.

139 같은 책, 416~418쪽; Feuquières, II, 35쪽.

140 *Brefvexling*, II, vii, 201쪽.

141 같은 책, II, viii, 275쪽.

142 같은 책, II, vi, 122쪽 부근 여러 곳.

143 같은 책, I, i, 205쪽.

144 *Brefvexling*, II, viii, 162쪽; Brohm, *Johann von Aldringen*, Halle, 1882, 109쪽.

145 *Brefvexling*, II, viii, 164쪽.

146 Feuquières, II, 387쪽.

147 *Sverges Traktater*, v, ii, 200~205쪽.

148 *Brefvexling*, I, i, 205쪽.

149 같은 책, II, vii, 233쪽.

150 같은 책, 231쪽.

151 같은 책, viii, 235~239쪽.

152 D. de Aedo y Gallart, *Viaje del Infante Cardenal Don Fernando de Austria*, Antwerp, 1635, 114쪽.

153 Chemnitz, II, Stockholm, 1653, 529쪽.

154 Aedo y Gallart, 127쪽; Canovas del Castillo, *Estudios del Reinado de Felipe*, Madrid, 1888, IV, 436쪽.

155 Aedo y Gallart, 128쪽.

156 같은 책, 130쪽.

157 Gualdo Priorato, *Historia di Ferdinando III Imperatore*, Vienna, 1672, 492쪽; Chemnitz, II, 534쪽.

158 Poyntz, 111쪽.

159 *Bandhauers Tagebuch*, 313쪽. 이 전투의 설명은 다른 전거를 제시한 부분을 제외하면 다음 문헌들에서 얻었다. *Brefvexling*, II, viii에 나오는 Horn의 이야기, Aedo y Gallart, 130쪽 부근에 나오는 에스파냐 이야기, Canovas del Castillo, *Estudios del Reinado de Felipe IV*, 427~442쪽에 나오는 당대의 문헌. 또한 후대의 문헌으로는 Leo, *Schlacht bei Nördlingen*, Halle, 1900 그

리고 Delbrueck, 243~248쪽에 나오는 간결하지만 훌륭한 설명이 있다.

160 그러나 옥센셰르나는 총 병력 손실이 전사자와 포로를 합쳐 1만 2천 명이라고 추산했다. 그의 수치는 아마 한쪽에 치우친 결과였을 테고, 제국 측의 기록 역시 반대편으로 치우쳤을 것이다. *Brefvexling*, I, i, 208쪽.

161 Aedo y Gallart, 146~147쪽.

162 같은 책, 151쪽.

163 Priorato, *Historia*, III, 1672, 495쪽; *Annales*, XII, 1230쪽.

164 *Brefvexling*, II, vii, 235쪽.

165 같은 책, I, i, 209~209쪽; Feuquières, II, 422, 426, 427~429쪽.

166 Archenholtz, II, 46쪽.

167 Feuquières, II, 426쪽.

168 Canovas, *Bosquejo Historico*, 253쪽.

169 Aedo y Gallart, 146쪽.

170 Lonchay와 Cuvelier, III, 21쪽.

171 *Brefvexling*, II, vii, 241쪽.

172 같은 책, I, i, 209~211쪽.

173 같은 책, II, iii, 347쪽 부근.

174 *Brefvexling*, II, vi, 122~150쪽에 나오는 Baner의 1634년 편지를 보라.

175 *Brefvexling*, I, i, 216쪽.

176 같은 책, 224쪽.

177 *Sverges Traktater*, v, ii, 241~254쪽; Lünig, v, i, 297~301쪽.

178 *Brefväxling mellan Oxenstierna och Svenska Regeringen. Händlingar rörande Skandinaviens Historia*, XXXII, 198, 201, 206; XXXIII, 3쪽.

179 Aedo y Gallart, 194쪽.

180 *Brefvexling*, I, i, 224쪽; Avenel, IV, 603, 618~619쪽.

181 Ranke, *Sämmtliche Werke*, XXXVIII; *Die römischen Päpste*, 376쪽.

182 Riezler, *Geschichte*, VI, 164쪽.

183 같은 책, V, 536쪽.

184 *Brefvexling*, II, viii, 101쪽.

185 *Annales*, XII, 1299쪽.

186 Hallwich, *Wallensteins Ende*, I, 633쪽.

187 Avenel, V, 380~381쪽.

188 그는 뇌르틀링겐에서 잡혀 반역자로 참수되었다. 그는 자신의 임무를 정식으로 포기하는 절차를 거치지 않고, 바로 적의 진영으로 탈영한 죄를 저질렀다.

189 H. Hallwich, *Aldringens letzter Ritt. Mitteilungen des Vereins für die Geschichte der Deutschen in Böhmen*, XLV, 27쪽.

190 Grimmelshausen, *Simplicissimus*.

191 Gaedeke, *Wallensteins Verhandlungen*, 163쪽.

192 *Brefvexling*, II, vi, 529쪽.

193 *Brefväxling mellan Oxenstierna och Svenska Regeringen. Händlingar rörande Skandinaviens Historia*, XXX, 84~85쪽.

194 Hurter, *Friedensbestrebungen Ferdinands II*, 71쪽.

195 Dässler, *Diplomatischer Zusammenstoss zwischen England und Sachsen. Neues Archiv für Sächsische Geschichte*, LVI, 113쪽 부근.

196 Opel, *Eine politische Denkschrift. Neues Archiv für Sächsische Geschichte*, VIII, 189쪽; Hitzigrath, *Die Publicistik des Prager Friedens*, Halle, 1880.

197 Irmer, *Hans Georg von Arnim*, Leipzig, 1874, 307, 316쪽 부근.

198 Lünig, VI, i, 391~393쪽.

199 Roese, II, 437~439쪽.

200 같은 책, 444, 447쪽.

201 같은 책, 457~461, 463~466쪽.

202 *Händlingar rörande Skandinaviens Historia*, XXXIII, 27쪽 부근.

203 Feuquières, 429~430, 458쪽.

204 Avenel, IV, 612, 630쪽.

205 Aitzema, II, 117쪽 부근, 198~201쪽; *Mémoires de Frédéric Henri*, 174쪽; Waddington, *La République des Provinces Unies*, 421, 432~433쪽; Avenel, IV, 424쪽 참조.

206 *Brefväxling mellan Oxenstierna och Svenska Regeringen. Händlingar rörande Skandinaviens Historia*, XXXIV, 12쪽.

207 Avenel, IV, 735쪽.

208 *Sverges Traktater*, v, ii, 241~254쪽; *Brefvexling*, I, i, 558~559쪽 참조.

209 Avenel, V, 82~83쪽.

9장 라인 쟁탈전: 1635~39년

1 Feuquières, III, 41쪽.
2 Gualdo Priorato, *Historia delle Guerre*, 1부, 240쪽.
3 Lonchay와 Cuvelier, III, 18~19쪽.
4 Lorentzen, 53쪽.
5 *Händlingar rörande Skandinaviens Historia*, XXXVI, 368쪽 부근.
6 같은 책, 375쪽.
7 *Brefvexling*, II, vi, 225쪽.
8 Lorentzen, 63쪽.
9 *Brefvexling*, II, vi, 254쪽.
10 Lorentzen, 63쪽.
11 *Chronik des Jakob Wagner*, 55~69쪽; *Annales*, XII, 1765쪽.
12 Wille, *Hanau im Dreissigjährigen Krieg*, Hanau, 1888, 690쪽.
13 Lundorp, IV, 687~688쪽.
14 Poyntz, 120쪽.
15 같은 곳.
16 *Chronik des Jakob Wagner*, 32쪽.
17 Avenel, V, 30쪽.
18 같은 책, IV, 757쪽.
19 Prinsterer, II, iii, 78~79쪽.
20 *Relazione dagli Ambasciatori*, *Spagna*, II, 108쪽.
21 Avenel, V, 103~108쪽.
22 같은 책, 209~210쪽.
23 같은 책, IV, 606쪽.
24 같은 책, 603, 606, 690쪽.
25 Le Comte de Caix de Saint-Aymour, *L'enlèvement d'une princesse de Hohenzollern au XVII*

siécle, Revue des Deux Mondes, 1915년 7월, 146쪽.

26 Avenel, V, 47쪽.
27 Feuquières, III, 211~213쪽.
28 같은 책, 260~277쪽.
29 Lünig, VIII, 430~432쪽.
30 *Brefvexling*, II, ii, 169쪽.
31 Avenel, V, 485쪽; Fagniez, *Le Père Joseph à Ratisbonne. Revue Historique*, XXVIII, 306~307쪽.
32 Roese, II, 483, 509, 515~517쪽; Avenel, VI, 114쪽; VIII, 306~307쪽.
33 Schulze, 31~40쪽.
34 같은 책, 44쪽 부근.
35 *Brefvexling*, II, ii, 215~216, 222, 230, 231~232쪽; Avenel, V, 514~674쪽 여러 곳; Puysegur, *Mémoires sur les règnes de Louis XIII et XIV*, Paris, 1881, 197쪽 부근; Vincart, *Relacion de la Campaña de Flandes en 1636*, Madrid, 1873.
36 Avenel, V, 762~763쪽; Dumont, VI, 146~147쪽.
37 Lundorp, IV, 576~580쪽.
38 Lundorp, 606쪽.
39 *Briefe Ferdinands II und III an S. von Breuner. Archiv für Oesterreichische Geschichte*, Vienna, 1852; Notizenblatt, II, ii, 152~155쪽.
40 *Annales*, XII, 2415쪽.
41 같은 책, 2398쪽.
42 Dudik, *Correspondenz Kaiser Ferdinands II*, 278쪽.
43 *Annales*, XII, 2362쪽.
44 Hurter, *Ferdinand II*, X, 118쪽.
45 Morgenbesser, *Geschichte von Schlesien*, Breslau, 1908, 235, 239쪽; Nebelsieck, *Geschichte des Kreises Liebenwerda*, Halle, 1912, 36쪽; Riezler, *Geschichte*, V, 421쪽; Sierk, 182, 186쪽; Einert, 43쪽.
46 *Annales*, XII, 1955~1957쪽; Czerny, *Tourist*, 53~54쪽; Lammert, 133쪽.
47 Riezler, *Geschichte*, V, 538쪽; d' Elvert, I, 451쪽.
48 Bothe, *Geschichte der Stadt Frankfurt*, Frankfort, 1929, 450쪽; Lammert, 185쪽; Walther, 31~32쪽; Reuss, *Alsace*, 113쪽; Duhr, II, i, 131쪽; Wille, 167쪽.

49 Kayser, *Heidelberg*, 412쪽; Pufendorf, VIII, 44쪽; Reuss, *Alsace*, 129쪽; *Annales*, XII, 2357, 2359쪽; Lammert, 228쪽.
50 Crowne, 3~4, 8~12, 46, 60~61쪽.
51 Lammert, 168쪽.
52 *Brefvexling*, II, vi, 298쪽.
53 A. Mell, *Der Windische Bauernaufstand. Mitteilungen des Historischen Vereins für Steiermark*, XLIV, 212~257쪽.
54 *Annales*, XII, 1955~1958쪽; Czerny, *Tourist*, 53~54쪽.
55 Chemnitz, III, 39~40쪽; *Brefvexling*, II, vi, 856~863쪽. 이 전투에 관한 훌륭한 개괄은 Tingsten, *Baner och Torstensson*에 나와 있다.
56 Schulze, *Die Vermählung Friedrich Wilhelms von Brandenburg*, 14쪽.
57 크리스티나의 자서전은 Archenholtz, II, 43, 63, 66쪽에서 볼 수 있다.
58 Munch, *Geschichte des Hauses und Landes Fuerstenberg*, Leipzig, 1832, 부록, 3권, 여러 곳; Leupold, *Journal der Armee des Herzogs Bernhard von Sachsen-Weimar. Basler Zeitschrift*, XI, 303~308, 347~348, 354~361쪽; Noailles, *Épisodes de la Guerre de Trente Ans*, Paris, 1908, II, 269~280쪽.
59 Avenel, IV, 140쪽.
60 Pufendorf, *De rebus Suecicis*, Utrecht, 1686, VIII, 59쪽.
61 Fagniez, II, 355쪽; *Sverges Traktater*, V, ii, 424~429쪽.
62 *Alemannia*, XLII, 55~58쪽; Roese, II, 521쪽.
63 Fagniez, II, 409쪽.
64 Fiedler, 225쪽.
65 Roese, II, 528쪽 부근.
66 같은 책, 528, 536쪽.
67 Roese, II, 539쪽 이하; Avenel, VI, 408~410쪽.
68 *Alemannia*, 1915, 190쪽. "Mors praecox et immatura, statuente sic aliud Jehova, festinantem et in media victoriarum via currentem pedem, sistere jussit et conatibus ejus ulterioribus finem imposuit."
69 Avenel, VI, 462쪽.
70 같은 책, 304쪽.

71 *Brefvexling*, II, ii, 655쪽.
72 Droysen, *Bernhard von Weimar*, Leipzig, 1885, II, 572쪽.
73 Roese, II, 554~556쪽.
74 *Brefvexling*, II, ii, 649, 660쪽; Avenel, VI, 601쪽.
75 Gonzenbach, *General von Erlach*, Bern, 1880~81, I, 203쪽 부근 참조.
76 Gonzenbach, I, 236쪽 부근 참조.

10장 에스파냐의 몰락: 1639~43년

1 Lonchay와 Cuvelier, III, 298쪽.
2 Canovas del Castillo, *Bosquejo Historico*, 225쪽 부근, *Decadencia de España*, Madrid, 1910, 232~233쪽; E. J. Hamilton, 84, 86쪽.
3 Canovas del Castillo, *Estudios del Reinado de Felipe IV*, I, 414~415쪽.
4 *Relazioni dagli Ambasciatori*, *Spagna*, II, 11, 107쪽; Canovas del Castillo, *Decadencia de España*, 234쪽 부근.
5 Abreu y Bertodano, V, 570쪽.
6 Avenel, 특별판, 653쪽.
7 *Sverges Traktater*, V, ii, 486~500쪽.
8 Vassal-Reig, *Richelieu et la Catalogne*, 220~230쪽.
9 Abreu y Bertodano, V, 313쪽.
10 Lonchay와 Cuvelier, III, 392쪽.
11 같은 책, 392쪽 부근.
12 같은 책, 451~453쪽.
13 *Relazioni dagli Ambasciatori*, *Spagna*, II, 114쪽.
14 Lundorp, IV, 905~911쪽.
15 G. H. Bougeant, *Histoire des guerres et des négociations qui précédèrent le Traité de Westphalie*, Paris, 1767, 31쪽 부근, 94~104, 116쪽.
16 Dudik, *Die Schweden in Böhmen und Mähren*, Vienna, 1879, 13쪽 부근.
17 Koch, *Geschichte Ferdinands III*, Vienna, 1865, I, 179~180쪽.

18 Poyntz, 127쪽.
19 같은 책, 128쪽.
20 Brockhaus, *Der Kurfürstentag zu Nürnberg*, Leipzig, 1883, 99, 126~127쪽.
21 Lundorp, 앞의 책, IV, 863~866쪽.
22 같은 책, 935쪽.
23 같은 책, 954쪽.
24 같은 책, 1099~1112쪽.
25 같은 책, 1116~1118쪽.
26 Lundorp, V, 35~36쪽.
27 Fiedler, 273쪽.
28 Scott, *Rupert, Prince Palatine*, 45쪽.
29 *Dispacci Ridolfi. Regensburg*, 1871, 279쪽.
30 Koch, I, 256쪽; *Dispacci Ridolfi*, 279쪽.
31 *Urkunden und Aktenstücke zur Geschichte Friedrich Wilhelms*, Berlin, 1864, I, 728~732쪽.
32 같은 책, 744쪽.
33 그가 1846년 오라녜 공에게 자신의 방법을 개괄한 것을 보라. Groen van Prinsterer, II, iv, 172쪽.
34 Pufendorf, *De Rebus Gestis Friderici Wilhelmi*, Leipzig, 1733, XIX, 102쪽.
35 *Urkunden und Aktenstücke*, XV, 259, 322~323쪽; X, 61쪽.
36 Philippson, *Der Grosse Kurfürst Friedrich Wilhelm von Brandenburg*, Berlin, 1897, I, 29쪽.
37 같은 책, 28쪽; Streckfüss, 223쪽.
38 Meinardus, *Protokolle und Relationen des Geheimenrates*, Leipzig, 1889, I, 45쪽.
39 *Urkunden und Aktenstücke*, XXIII, 1~8쪽; I, 382~383쪽; XV, 388~389, 398~434쪽.
40 같은 책, XV, 713~724, 522쪽 부근; XXIII, i, 9쪽.
41 *Sverges Traktater*, V, ii, 475~483쪽.
42 *Urkunden und Aktenstücke*, XXIII, i, 11쪽.
43 같은 책, XXIII, 535, 550쪽.
44 같은 책, I, 775쪽.
45 같은 책, 775~776쪽.
46 Lundorp, V, 734~735쪽.

47 *Urkunden und Aktenstücke*, I, 488쪽. 원문은 Lünig, III, ii, 129~133쪽에 있다.
48 Le Clerc, *Négotiations Secrètes*, The Hague, 1725, I, 128쪽 부근.
49 Bougeant, II, 209~212쪽; Lundorp, V, 761, 768~769쪽.
50 Le Clerc, I, 113~152쪽.
51 Lundorp, V, 762~768쪽.
52 같은 책, V, 1067쪽; Bougeant, II, 304~305쪽.
53 *Urkunden und Aktenstücke*, XXIII, i, 17쪽 부근.
54 *Brefvexling*, II, vi, 349쪽.
55 같은 책, 529쪽.
56 같은 책, 840쪽.
57 같은 책, II, 538쪽.
58 같은 책, 530쪽.
59 같은 책, 400쪽 부근.
60 Aitzema, II, 830쪽.
61 *Brefvexling*, VI, 634쪽.
62 같은 책, 625쪽.
63 Bougeant, 앞의 책, 66~67쪽.
64 Lundorp, 앞의 책, IV, 237~239쪽 부근.
65 Noailles, *Épisodes de la Guerre de Trente Ans*, III, 147쪽.
66 M. Schilling, *Zur Geschichte der Stadt Zwickau, 1639~40. Neues Archiv für Sächsische Geschichte*, IX, 291, 298~299쪽.
67 Bougeant, II, 132~133쪽.
68 *Brefvexling*, II, vi, 802쪽.
69 *Calendar of State Papers. Domestic*, 1640~41, 469쪽.
70 Noailles, III, 180~182쪽.
71 *Urkunden und Aktenstücke*, I, 537~541쪽.
72 *Brefvexling*, II, viii, 348쪽.
73 같은 책, 570~572쪽.
74 같은 책, 352쪽; Pufendorf, XIII, 37, 52쪽.
75 Chemnitz, IV, 92~104쪽; Pufendorf, XIII, 52~55쪽.

76 Lorentzen, 76쪽; Meiern, *Acta Pacis Executionis*, Hanover, 1736, I, 19쪽.
77 *Brefvexling*, II, viii, 369, 376쪽.
78 *Chronik des Minoriten Guardians in Olmütz. Archiv für Oesterreichische Geschichte*, LXII, 481쪽.
79 같은 책, 472, 482쪽; LXV, 322, 348쪽.
80 같은 책, 334쪽.
81 같은 책, 328~331, 337~338쪽.
82 Chemnitz, IV, ii, 139, 142쪽; *Brefvexling*, II, viii, 376~378쪽. Tingsten, *Johan Baner och Lennart Torstensson*, 213~220쪽은 이 전투를 비판적으로 설명한다. 여기에는 훌륭한 계획도 있다.
83 Chemnitz, IV, ii, 153쪽.
84 Heilmann, *Die Feldzüge der Bayern*, Leipzig, 1851, 4~6쪽.
85 Lundorp, V, 821~822쪽.
86 Meiern, *Acta Pacis Westphalicae*, Hanover, 1734, I, 11~12쪽.
87 Lonchay와 Cuvelier, III, 456쪽.
88 같은 책, 459쪽.
89 *Relazioni dagli Ambasciatori, Spagna*, II, I12, 113쪽.
90 Lonchay와 Cuvelier, III, 488쪽.
91 Hanotoux와 le Duc de la Force, *Revue des Deux Mondes*, 1935년 4월, 612쪽.
92 같은 책, 73쪽 부근.
93 Noailles, I, 567~571쪽.
94 같은 곳; Hanauer, 190~191, 193, 263쪽 부근 참조.
95 Avenel, V, 277쪽.
96 같은 책, VII, 866~867쪽.
97 *Un recit inédit de la mort du Cardinal de Richelieu. Revue Historique*, LV, 304~308쪽; Avenel, VI, 507~508, 696, 704쪽.
98 M. L. Cimber, *Archives curieuses de l'histoire de France*, Paris, 1834, II, V, 427~439쪽.
99 같은 책, 436쪽.
100 H. de Besse, *Relation des Campagnes de Rocroy et de Fribourg*, Paris, 1673, 283쪽.
101 H. de Besse, 284~286쪽.
102 이 전투의 설명은 H. de Besse, *Relation des Campagnes de Rocroy et de Fribourg*, 287~305쪽

에 있다. Canovas del Castillo, *Estudios del Reinado de Felipe IV*, II, 449~483쪽; Rodriguez Villa, *El Duque de Albuquerque en la Batalla de Rocroy*; M. le Duc d'Aumale, *La Première campagne de Condé. Revue des Deux Mondes*, 1883년 4월, 733쪽 부근.

11장 평화를 향해: 1643~48년

1   *Urkunden und Aktenstücke*, I, 832~833쪽.
2   Meiern, *Acta Pacis*, I, 11~12쪽.
3   Lundorp, V, 905쪽 부근.
4   같은 책, 912~913쪽.
5   Meiern, *Acta Pacis*, I, 223~228쪽.
6   Stöckert, *Die Reichsstände und der Friedenskongress*, Kiel, 1869, 23쪽.
7   Lundorp, V, 831~833쪽.
8   Koch, I, 469쪽 부근.
9   Fiedler, 283쪽.
10 Dengel, *Kardinal Rossettis Wanderung. Forschungen und Mitteilungen zur Geschichte Tyrols und Vorarlbergs*, I, 267쪽.
11 Elster, *Piccolomini Studien*, 101쪽 부근.
12 Chéruel, 475~479쪽; Heilmann, 91쪽; Chemnitz, IV, iii, 185~186쪽.
13 Heilmann, 97쪽 부근, 122~125쪽.
14 같은 책, 138~155쪽; Bess, *Relation de Rocroy et de Fribourg*, 356~357, 365쪽 부근.
15 *Hugo Grotii Bref till Svenska Konungahuset. Historiska Handlingar. Ny földj*, XIII, ii, 6쪽.
16 Chéruel, I, 40~41쪽.
17 Mazarin, *Lettres à la Reine*, Ravenel 엮음, Paris, 1886, 31, 338쪽.
18 Prinsterer, II, iv, 272쪽.
19 Huygens, *Mémoires*, 90쪽.
20 Prinsterer, IV, 159쪽.
21 Geest, *Amalia van Solms en de Nederlansche politiek*, Baarn, 1909, 21쪽.
22 Dohna, *Mémoires*, Königsberg, 1898, 31쪽.

23 Aitzema, II, 417쪽.
24 Waddington, *La République des Provinces Unies*, 383~385쪽.
25 Le Clerc, 193쪽.
26 Chéruel, 656, 690쪽.
27 *Relazioni Veneziane, Roma*, II, 69~70, 88~89쪽; Coville, *Mazarin Innocent X*, 30쪽.
28 Brosch, *Geschichte des Kirchenstaates*, Gotha, 1880, I, 410쪽.
29 Bougeant, III, 107~108쪽.
30 Coville, *Mazarin et Innocent X*에는 이 어려움에 관한 상세한 설명이 있다.
31 Ogier, *Journal du Congrès de Münster*, Paris, 1893, 51쪽.
32 Prestage, *Diplomatic Relations of Portugal to France, England and Holland*, Watford, 1925, 17쪽.
33 Fiedler, 301~302쪽; Meiern, *Acta Pacis*, 195~197쪽.
34 Meiern, *Acta Pacis*, I, 88~116, 175쪽; Bougeant, III, 119~126쪽.
35 Gärtner, *Westphälische Friedenscanzlei*, Leipzig, 1731, II, 337~339쪽.
36 Chemnitz, III, iv, 167~168쪽.
37 Chanut, *Mémoires*, Paris, 1675, I, 28쪽.
38 *Urkunden und Aktenstücke*, XXIII, i, 67쪽.
39 *Brefvexling*, II, viii, 408쪽.
40 *Chronik des Minoriten Guardians*, 466, 469쪽.
41 Einert, 35쪽.
42 *Brefvexling*, 630쪽.
43 Le Clerc, II, 22, 25쪽.
44 Meiern, *Acta Pacis*, I, 363~368, 393쪽.
45 Bougeant, II, 411쪽.
46 Meiern, *Acta Pacis*, I, 382쪽; Le Clerc, II, 123쪽.
47 Gärtner, V, 5쪽.
48 Bougeant, III, 256쪽.
49 Meiern, *Acta Pacis*, I, 424, 495~496쪽.
50 Fiedler, 315쪽.
51 Bougeant, II, 416쪽.

52 Prestage, *Diplomatic Relations*, 18쪽.
53 Bougeant, III, 247쪽.
54 Le Clerc, II, 4쪽.
55 Ogier, 88쪽.
56 Chéruel, II, 306~307쪽; Le Clerc, III, 136~137쪽.
57 같은 책, I, 102쪽.
58 Fiedler, 300쪽; *Correspondencia diplomatica de los plenipotenciarios Españoles en el congreso de Munster, 1643~48*, Madrid, 1884, II, 344쪽.
59 Bougeant, IV, 61~62쪽.
60 Fiedler, 310~311쪽.
61 Bougeant, III, 67쪽.
62 Fiedler, 394쪽; Chanut, I, 26, 28, 83쪽.
63 Fiedler, 334쪽; Wicquefort, *L'Ambassadeur*, The Hague, 1681, 208쪽.
64 같은 책, 296~297쪽; Truchis de Varennes, *Un diplomate Franc-Comtois*, Dôle, 1932도 참조하라.
65 F. de Dohna, *Mémoires*, 35쪽.
66 Le Clerc, III, 96쪽.
67 Meiern, *Acta Pacis*, I, 9쪽.
68 Bougeant, III, 25~26쪽.
69 Meiern, *Acta Pacis*, II, 75쪽.
70 Chéruel, II, 122~123쪽.
71 같은 책, 754쪽; Fiedler, 327쪽.
72 H. Egloffstein, *Bayerns Friedenspolitik*, Leipzig, 1878, 43쪽과 여러 곳 참조.
73 Paul Gantzer, *Torstenssons Einfall und Feldzug in Böhmen, 1645. Mitteilungen des Vereins für die Geschichte der Deutschen in Böhmen*, XLIII, 3쪽.
74 Tingsten, *Johan Baner och Lennart Torstensson*, 267~279쪽. 여기 있는 훌륭한 계획도 보라.
75 Chemnitz, II, V, 40~43쪽; *Brefvexling*, II, viii, 446~448쪽.
76 같은 책, 44쪽.
77 같은 책, II, V, 45쪽.
78 같은 책, 50쪽.

79 같은 책, 101쪽.
80 *Brefvexling*, II, viii, 637쪽.
81 d'Elvert, *Die Schweden vor Brünn*, 51~75쪽.
82 Meiern, *Acta Pacis*, I, 389쪽 부근.
83 Heilmann, 200~202, 203~208쪽.
84 Chemnitz, II, V, 118~121쪽.
85 Heilmann, 270쪽; Chemnitz, II, V, 186~189쪽.
86 Riezler, *Schlacht bei Allerheim. Sitzungsberichte der Königlichen Bayerischen. Akademie der Wissenschaften*, 1901; Heilmann, 270~290쪽.
87 Lundorp, V, 1031쪽; K. G. Helbig, *Die sächsischschwedischen Verhandlungen zu Kötschenbroda und Eilenburg 1645 und 1646. Archiv für Sächsische Geschichte*, V, 269~279쪽.
88 Ogier, 140쪽.
89 Fiedler, 314~315쪽; Ogier, 앞의 책, 125~129쪽.
90 Le Clerc, 앞의 책, 376~377쪽.
91 *Correspondencia Diplomatica*, I, 211쪽; Fiedler, 318쪽.
92 Le Clerc, I, 468쪽.
93 같은 책, II, b. 242쪽.
94 같은 책, III, 18쪽.
95 *Urkunden und Aktenstücke*, XXIII, i, 86쪽; K. Jacob, *Die Erwerbung des Elsass durch Frenkreich*, Strassburg, 1897, 316~318쪽.
96 Cortreius, *Corpus Juris publici*.
97 Chéruel, II, 104, 147~149쪽.
98 Cortreius, IV, 167~168, 174쪽.
99 Meiern, *Acta Pacis*, III, 5~7쪽.
100 같은 책, 3, 22~23쪽; Gärtner, IX, 126~127쪽.
101 Le Clerc, III, 171쪽.
102 Meiern, *Acta Pacis*, III, 24~26쪽; *Correspondencia Diplomatica*, I, 302, 305, 318, 319쪽.
103 같은 책, 29쪽.
104 *Urkunden und Aktenstücke*, XXIII, i, 81~89쪽; IV, 443, 463쪽 참조.
105 같은 책, IV, 220쪽 부근; Meiern, *Acta Pacis*, III, 752쪽 부근; *Urkunden und Aktenstücke*,

XXIII, i, 101쪽.

106 같은 책, IV, 245쪽.

107 *Baltische Studien*, IV, V, 여러 곳; Meiern, *Acta Pacis*, II, 231~232쪽; Bks. XXIV, XXVI; G. Breucker, *Die Abtretung Vorpommerns an Schweden*, Halle, 1879로 참조하라.

108 Le Clerc, III, 102, 161쪽.

109 Vast, *Les Grands Traités du règne de Louis XIV*, Paris, 1886, 7쪽.

110 B. Auerbach, *La France et la Sainte Empire Germanique*, Paris, 1912, 7~36쪽.

111 *Quellen und Forschungen aus Italienischen Archiven*, IV, 245쪽.

112 Meiern, *Acta Pacis*, III, 587~589쪽.

113 Le Clerc, III, 249, 255쪽.

114 *Die Schicksale Heidelbergs*, 236쪽.

115 *Sverges Traktater*, VI, i, 209~214쪽.

116 Meiern, *Acta Pacis*, V, 849~850, 854, 877~883쪽.

117 Meiern, *Acta Pacis*, II, Bk. XV.

118 같은 책, V, 718~723쪽.

119 같은 책, II, 8~11쪽.

120 W. Friedensburg, *Regesten zur deutschen Geschichte aus der Zeit des Pontifikats Innocenz X. Quellen und Forschungen aus Italienischen Archiven*, IV, 251, 254쪽.

121 Chemnitz, II, iii, 29, 79쪽; IV, 166쪽.

122 같은 책, II, vi, 200쪽.

123 Chéruel, III, 2쪽; *Detlev von Ahlefeldts Memoiren*, L. Bobé 엮음, Copenhagen, 1896, 54~55쪽.

124 Le Clerc, III, 189~190, 345, 348쪽.

125 Czerny, 91, 95쪽.

126 Lundorp, VI, 186~191쪽; *Brefvexling*, II, viii, 728쪽.

127 *Relazioni dagli Ambasciatori*, *Spagna*, II, 128, 131, 141쪽.

128 Abreu y Bertodano, VII, 97쪽 부근.

129 Lonchay와 Cuvelier, III, 615쪽; *Correspondencia Diplomatica*, I, 65~66쪽.

130 Le Clerc, III, 14, 21쪽; *Correspondencia Diplomatica*, I, 281, 285~286쪽.

131 같은 책, III, 49, 83쪽.

132 같은 책, 373쪽.

133 같은 책, 387쪽; IV, 86쪽 부근.

134 Chanut, I, 25쪽.

135 Abreu y Bertodano, VII, 111쪽.

136 Lonchay와 Cuvelier, III, 625~626, 629쪽.

137 Chéruel, 앞의 책, II, 419, 431쪽.

138 Chemnitz, IV, iv, 34쪽; Chéruel, I, 710쪽; Gonzenbach, II, 45쪽.

139 Heinrich Almann, *Turenne und Reinhold von Rosen. Historische Zeitschrift*, XXXVI, 368~409쪽; Walther, *Strassburger Chronik*, 40쪽; Gonzenbach, II, 66~71쪽.

140 *Brefvexling*, II, viii, 736~737쪽.

141 Chéruel, III, 63~65쪽.

142 Riezler, *Die Meuterei Johanns von Werth*, *Historische Zeitschrift*, LXXXII, 40쪽 부근; Pufendorf, XIX, 34쪽.

143 Ogier, 192쪽.

144 W. Hofmann, *Peter Melander Reichsgraf zu Holzappel*, Munich, 1882 참조.

145 Aitzema, III, 259쪽 부근.

146 Chéruel, II, 359~364쪽 참조.

147 같은 책, II, 536~545, 568~571쪽; III, 63~65, 103쪽.

148 Chéruel, 119쪽.

149 같은 책, 142쪽.

150 Steckzén, *Arriärgardesstriden vid Zusmarshausen. Historisk Tidskrift*, 1921, 136쪽.

151 Dudik, *Die Schweden in Böhmen*, Vienna, 1879, 397쪽.

152 Chéruel, III, 191쪽.

153 같은 책, 181, 198~199쪽; Canovas, Estudios, 488~498쪽.

154 정전은 11월 2일에 이루어졌고 강화 소식은 11월 9일에 알려졌다. Dudik, *Die Schweden in Böhmen*, 342쪽; Pufendorf, XX, 65쪽.

12장 평화 이후

1 Bothe, *Geschichte Frankfurts*, 451쪽.
2 *Chronik des Minoriten Guardians*, 600쪽.
3 같은 책, 610쪽.
4 Chéruel, III, 227쪽.
5 Koch, II, 520쪽.
6 B. Erdmannsdörffer, *Deutsche Geschichte*, Berlin, 1892, 5~6쪽; Lorentzen, 179~181, 189쪽.
7 같은 책, 155쪽.
8 Walther, 41쪽.
9 Meiern, *Acta Executionis*, II, 686쪽 부근.
10 Lorentzen, 179~181, 189쪽.
11 Meiern, *Acta Executionis*, II.
12 Riezler, *Geschichte*, V, 660쪽; Lorentzen, 207쪽.
13 Lorentzen, 204쪽.
14 같은 책, 188~189쪽.
15 Riezler, *Geschichte*, V, 658쪽.
16 Meiern, *Acta Executionis*, II, 444~446쪽.
17 Freytag, *Bilder aus der deutschen Vergangenheit*, Leipzig, 1859, II, 202쪽.
18 L. Häusser, *Geschichte der rheinischen Pfalz*, Heidelberg, 1856, I, 583쪽.
19 Dudik, *Die Schweden in Böhmen*, 377쪽.
20 Wuttke, *Gesindeordnung und Gesindezwangsdienst*, Leipzig, 1893, 62, 69~70쪽.
21 Elsas, 22~25쪽.
22 같은 책, 34~35, 41~42, 48~49, 54쪽.
23 Dudik, *Die Schweden in Böhmen*, 37쪽.
24 Meiern, *Acta Pacis*, V, 774쪽; Inama-Sternegg, *Die volkswirtschaftlichen Folgen des dreissigjährigen Krieges. Historisches Taschenbuch*, Vierte Folge, V, 16쪽; Spielmann, *Geschichte von Nassau*, Wiesbaden, 1910, I, 86쪽; Brückner, *Beitrag zur Statistik und Geschichte des dreissigjährigen Krieges. Zeitschrift für Deutsche Kulturgeschichte*, 1857, 212~213쪽; Häusser, *Geschichte der Rheinischen Pflaz*, II, 583쪽.
25 Reuss, *Alsace au XVIIᵉ siècle*, 110~112쪽; Heinemann, *Geschichte von Braunschweig*, Gotha,

1892, III, 100쪽 부근; Haendke, *Deutsche Kulturgeschichte im Zeitalter des dreissigjährigen Krieges*, Leipzig, 1906, 186쪽; Hanauer, 397쪽; d'Elvert, IV, XXIX, cclxxvi쪽.

26 Heinemann, 100쪽 부근.
27 Elsas, 79쪽.
28 Wuttke, *Gesindeordnung*, 65쪽.
29 Kuerschner, *Geschichte Marburgs*, 135~136, 149, 150, 151, 166쪽.
30 Kaphahn, *Die wirtschaftlichen Folgen des dreissigjährigen Krieges*, Gotha, 1911, 37, 45쪽.
31 Hagedorn, *Ostfrieslands Handel und Schiffahrt*, Berlin, 1912, 504쪽.
32 Inama-Sternegg, 11쪽.
33 Kroker, *Handelsgeschichte der Stadt Leipzig*, Leipzig, 1925.
34 Kroker, 128쪽.
35 Elsas, 79쪽.
36 B. Hagedorn, *Ostfrieslands Handel und Schiffahrt*, 510쪽.
37 Aubéry du Maurier, *Mémoires de Hambourg*, 28쪽 부근.
38 Müller, *Dresden im dreissigjährigen Kriege*. *Neues Archiv für Sächsische Geschichte*, XXXVI, 248쪽.
39 Kaphahn, 56~57쪽.
40 Wuttke, *Gesindeordnung*, 66쪽.
41 같은 책, 63, 64쪽; Kroker, 129, 130쪽.
42 Einert, 52쪽.
43 Ehrenberg, *Aus dem dreissigjährigen Kriege(Altona unter Schauenburgischer Herrschaft, v. Altona, 1892)*, 38쪽.
44 Kaphahn, 98쪽.
45 Elsas, 78쪽; E. Keyser, *Bevölkerungsgeschichte Deutschlands*, Leipzig, 1938.
46 Hoeniger, *Der dreissigjährige Krieg und die deutsche Kultur. Preussische Jahrbücher*, CXXXVIII, 421, 425~426쪽. 30년 전쟁의 결과에 관한 종전의 과장된 견해를 바로잡은 문헌은 Robert Ergang의 *The Myth of the All Destructive Fury of the Thirty Years War*, Pocono Pines, Pennsylvania, 1956이다. 이 간결하면서도 상세한 분석은 독일의 경제적 쇠퇴가 어떻게 시작되었는지 명확히 보여준다. 내가 첫 장에서 말한 것처럼 독일의 경제적 쇠퇴는 전쟁이 발발하기 오래전부터 시작되었다. 쇠퇴의 원인은 상당 부분 전쟁의 원인이며, 다른 서유럽 국가들에 비해

독일의 상업과 공업이 늦게 출범한 이유이기도 하다. Ergang의 말에 따르면 독일은 "폭넓은 국민경제를 확립할 강력한 중앙정부가 없었다."

47 Wuttke, 68, 72, 77쪽.

48 Delbrück, 20쪽.

49 Hebbe, *Svenskarna i Böhmen*, Stockholm, 1932, 135~150쪽.

50 Gebauer, *Deutsche Kulturgeschichte*, 111쪽.

51 Sittewald, *Visiones de Don Quevedo*, 2부, 여러 곳 참조; K. Bidermann, *Der dreissigjährige Krieg und seine Wirkungen auf die gesellschafilichen und die sittlichen Zustände Deutschlands. Zeitschrift für Deutsche Kulturgeschichte*, 1856, 165쪽.

52 뮌스터 강화로 스헬데 강의 교통이 불가능해짐에 따라 이제부터 라인 강의 모든 무역은 네덜란드 항구를 이용해야 했다.

53 Chanut, 367쪽.

| 참고문헌 |

이 책에서 참고한 문헌들은 주석에 소개되어 있다. 나는 저자, 제목, 출판된 곳 등의 사항을 전통적인 표기 방법에 따라 처음 인용한 부분에 상세히 기록했다. 이후 해당 문헌을 다시 인용했을 경우에는 약어로 표기했다.

30년 전쟁에 관한 상세한 참고문헌은 Dahlmann-Waitz, *Quellenkunde der Deutschen Geschichte*의 최신판에서 찾을 수 있다. 영어 문헌은 많지 않고 최근의 것은 거의 없다. *Cambridge Modern History*, IV권(Cambridge, 1906)의 설명은 당시 구할 수 있었던 문헌과 기록에 의거한다. 30년 전쟁 시대를 다룬 신판 *Cambridge Modern History*는 지금 이 글을 쓸 무렵(1960년) 준비 중에 있다.

1938년 내 책이 출간된 이래 이 주제에 관한 영어 문헌은 상당히 드물었다. Francis Watson, *Wallenstein, Soldier under Saturn*(1938)은 힘차고 솔직한 문헌이며, Aldous Huxley, *Grey Eminence*는 리슐리외와 조제프 신부의 정책에 관련된 종교적 측면을 섬세하게 조명해준다. 최근에 나온 가장 중요한 저작은 Michael Roberts, *Gustavus Adolphus: A History of Sweden*,

*1611~1632*이다. 2권(1958년)은 30년 전쟁에서 구스타프의 역할을 다루고 있다.

Carl Burckhardt, *Richelieu: Der Aufstieg zur Macht*(Munich, 1935)는 1940년 이후 영어로 읽을 수 있게 되었다. 내가 쓴 약전 *Richelieu*도 Teach Yourself History Series(London, 1949)로 나와 있다.

Past and Present 1954년 11월호에 실린 J. V. Polišensky의 30년 전쟁에 관한 글은 체코군의 활약과 경제적 배경을 밝혀준다.

N. G. Ahnlund, *Gustav Adolf den Store*(Stockholm, 1932)도 독일어 번역으로 읽을 수 있으며, 1940년에는 더 귀중한 문헌인 *Axel Oxenstierna intill Gustav Adolf's Död*가 출판되었다.

프랑스에서는 G. Pagès, *La Guerre de Trente Ans*(Paris, 1939)가 내 책이 출판되고 몇 달 뒤에 나왔다. Henri Hauser는 *Prépondérance Espagnole, 1559~1660*(Paris, 1933)을 펴낸 이후 매우 중요한 경제적 배경에 관한 연구를 발표했다. 리슐리외의 생애에 관한 연구는 Gabriel Hanotaux가 1893년에 시작해 Duc de la Force의 도움으로 1947년에 완성되었다. 그 소산인 열여섯 권의 책(Paris, 1893~1947)은 학술상의 기념비적인 저작이다.

Auguste Leman의 프랑스-에스파냐 외교에 관한 상세한 연구는 조금 늦게 나온 탓에 내가 이 책을 쓸 때 충분히 이용하지 못했다. *Richelieu et Olivares, leurs négociations secrètes de 1636 à 1642*(Lille, 1938)는 풍부한 자료를 바탕으로 복잡다단한 17세기 외교를 꼼꼼하고도 상세하게 설명하고 있다.

합스부르크 왕조의 혼맥도

```
30년 전쟁과 관련된 인물
```

- 펠리페 (결혼) 후아나
  - 막시밀리안 1세 황제의 아들 / 아라곤의 페르난도의 딸

- 카를 5세
  - 황제이자 에스파냐 왕

- 페르디난트 1세
  - 황제

- 마리아 (결혼) 막시밀리안 2세
  - 황제

- 안나 (결혼) 알브레히트 5세
  - 바이에른 공작

- 빌헬름 5세
  - 바이에른 공작

- 슈타이어마르크의 카를 2세 (결혼) 마리아 안나

- 루돌프 2세 황제
- 마티아스 황제

- 펠리페 2세 안나 (결혼)
  - 에스파냐 왕 (네 번째 아내)

- 이사벨 (결혼) 알브레히트
  - 네덜란드 여총독 (세 번째 아내의 소생)

- 펠리페 3세 (결혼) 마르가레테
  - 에스파냐 왕 (네 번째 아내의 소생)

- 페르난도 추기경

- 페르디난트 2세 (결혼2) 마리아 안나
  - 황제 (첫 번째 아내)

- 레오폴트 빌헬름
  - 네덜란드 총독

- 마리아 안나 (결혼) 막시밀리안
  - 바이에른 선제후

- 티롤의 레오폴트 5세
- 마리아 레오폴디네 (결혼2)
  - (두 번째 아내)
- 마리아 안나 (결혼1)
  - (첫 번째 아내)

- 페르디난트 3세 황제

- 안 프랑스 왕비

- 프랑스의 엘리자베트 (결혼1) 펠리페 4세 (결혼2) 마리아 안나
  - (첫 번째 아내) 에스파냐 왕 (두 번째 아내)

- 페르디난트
- 마리아 테레사
- 발타사르 카를로스

대표적인 신교 왕조들의 가계도

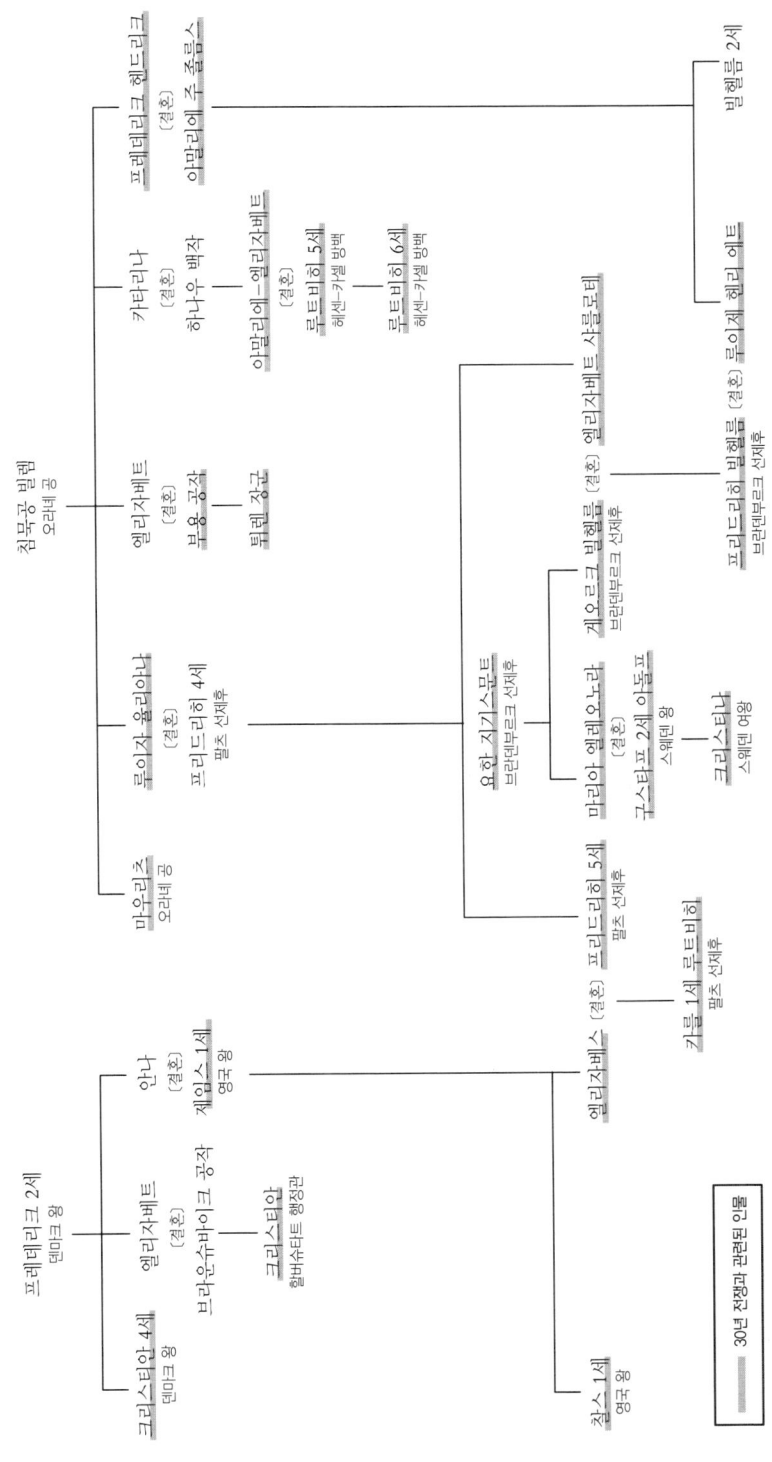

| 찾아보기 |

ㄱ

가르델레겐 277, 625
가브리엘 베틀렌 → 베틀렌 가보르
가스코뉴 501
가스통, 오를레앙 공작 384, 452, 453, 605
가시옹, 장 드, 백작, 프랑스 장군 558, 560, 562, 563
가톨릭동맹 15, 93, 129, 135, 145, 150, 152, 160, 212~214, 248, 249, 282, 296, 303, 309, 311, 320, 364, 378, 386, 394, 399, 468, 489, 507, 555, 568
갈라스, 마티아스, 백작, 제국군 야전군 사령관 440~443, 447, 448, 458, 462, 495, 502, 503, 519, 535, 536, 579, 592
갈릴레이 갈릴레오 37, 474
게르메르스하임 197
게브리앙, 장 밥티스트 부데 드, 백작, 프랑스 장군 521, 522, 548, 549, 569
게오르크 빌헬름, 브란덴부르크 선제후 143, 154, 248, 277, 281~283, 352, 355, 364, 368, 417, 513, 539, 540
게오르크 폰 포디브라트, 보헤미아 왕 100, 224, 227
게오르크 프리드리히, 바덴-두를라흐 변경백 196, 197, 199, 231, 587

고든, 존, 대령 445, 447
골트베르크 276, 494
괴첸, 요한 폰, 백작, 제국 장군 478, 517, 519, 591
괴팅겐 625
괴핑겐 468, 470
굘레르스도르프 392
교황 → 우르바누스 8세, 인노켄티우스 10세 참조
교회유보권 68, 588
구스타프 아돌프(구스타프 2세 아돌프), 스웨덴 왕 49, 146, 194, 260, 261, 282, 316, 338, 352, 364, 365, 404, 480, 550
그라이프스발트 356
그라츠 83, 140, 142, 507, 592
그레벤 236
그로티우스, 휴고 340
그론스펠트, 요스트 막시밀리안 폰 610, 611
그리멜스하우젠, 한스 야콥 크리스토펠 폰 324
그리종 53, 141, 147, 250, 496, 531, 602
그문덴 275, 370
글라츠 277
기친 220, 226

ㄴ

나무르 496
나사우 276, 625
나사우 백작 586
나폴리 44
낭시 384
네덜란드 → 에스파냐령 네덜란드, 네덜란드 연방 참조
네덜란드 연방 29, 45, 81, 147, 175, 180, 246, 337, 425~427, 491, 505, 531, 567, 572, 576, 585, 609
네카어 강 65, 197, 199, 200
네포무키 227
노르마 푸투라룸 악티오눔 412
노르망디 501
노르웨이 49
노르트하우젠 57
노이마르크트 621
노이부르크 328
노이부르크 공작 75, 210
노이브란덴부르크 283, 358, 625
노이슈타트 510
뇌르틀링겐 305, 377, 378, 404, 459~463, 465, 468, 469, 475, 482, 484, 491, 512, 531, 564
뇌르틀링겐 전투 466, 469, 470, 480, 492, 498, 508, 509, 546, 553, 626
뉘른베르크 54, 57, 144, 159, 217, 353, 381, 391, 397, 398, 400~404, 410, 471, 510, 537, 620, 622
니더외스터라이히 126
니더작센 지구 234~236, 244, 262, 263, 382

ㄷ

다보스 141
단치히 54, 322
달마치야 271
데버루, 월터 446, 447
데사우 57, 268
데사우 다리의 전투 268, 279
데카르트, 르네 474
뎀민 356
도나우 강 65, 74, 140, 274, 296, 327, 391, 392, 395, 457, 459, 505, 538, 548, 592~594
도나우뵈르트 74, 77, 81, 93, 310, 391, 404, 459, 461, 465, 587, 594, 602
도르트문트 305
돈 후안, 카를 5세의 서자 491
돌슈테트 622
되미츠 494
됭케르크 298
두더슈타트 269
두를라흐 57, 196, 231, 409, 587
뒤발 436, 477, 478
뒤벤 369, 372
드레스덴 31, 65, 70, 71, 376, 397, 402, 421, 424, 434, 439, 626, 632
디센 410
디스트 496
디종 501
디즈레일리, 벤저민 571, 572
디트리히슈타인, 추기경 228
디트마르셴 317, 324

ㄹ

라로셸 265, 275, 298
라모르마이니, 빌헬름, 신부 215, 304, 312, 506
라벤스베르크 76
라벤스부르크 436
라우지츠 44, 99, 124, 125, 129, 130, 142, 156, 162, 185, 231, 638
라우펜부르크 514, 516, 521
라이타의 브뤼크 280
라이프치히 54, 55, 65, 352, 367, 369, 372, 375, 377, 402~405, 435, 513, 553, 626, 627, 636
라이프치히 회의 353, 359
라인란트 147, 153, 276, 279, 509, 523, 550
라인팔츠 57, 65, 77, 149, 191, 192, 232, 249, 520, 601
라인펠덴 514~516
라임바우어, 마르틴 511
라카펠 502
라코치 1세, 지외르지 401
란다우 202
란츠베르크 507, 611
란츠후트 458, 523
랑게나르흐 621
랑그르 503
랑드르시 612
랑스 612
랑케, 레오폴트 폰 473
램지, 제임스 477, 495
러시아 28, 36, 50, 54, 233, 621
런던 7, 20, 54, 78, 145, 158, 239, 240, 259, 505
레겐스부르크 205, 209, 212, 216, 321, 325, 330, 332, 333, 338, 395, 396, 404, 437, 438, 449, 458, 459, 461, 468, 480, 504, 505, 509, 538, 541, 542, 549, 592, 603
레겐스부르크 선제후단 회의 321, 327, 328, 334, 337, 352, 480, 504, 505, 533, 567
레겐스부르크 제국대표자회의 210~212
레겐스부르크 제국의회 537
레겐스부르크 조약 331
레슈노 640
레슬리, 알렉산더, 스웨덴 장군 511, 512
레슬리, 월터, 소령 445
레오폴트(레오폴트 5세), 티롤의 대공, 페르디난트 2세의 동생 127, 229, 250, 301, 450, 451, 535, 536, 548, 552, 553, 556
레오폴트 빌헬름, 대공, 네덜란트 총독, 페르디난트 2세의 막내아들 232, 234, 555, 579, 607, 612, 613
레트니츠 강 398
레흐 강 391, 392, 397, 468
로, 토머스 322, 336, 345, 349, 407
로레토 84
로렌 29, 51, 93, 203, 267, 384, 477, 495, 509, 597
로렌의 마르그리트, 오를레앙 공녀 452, 453
로렌의 샤를, 샤를 4세, 공작 384, 452, 502, 517, 589, 619, 622
로르흐 409
로마 37, 40, 41, 54, 73, 84, 99, 172, 208, 245, 304, 312, 382, 418, 542, 567
로마인의 왕 289, 295, 320, 333, 442, 504, 506
로스토크 37
로앙, 앙리 2세, 공작 496, 497, 499, 503
로욜라, 이그나티우스 39

로우니 482
로젠, 라인홀트 폰, 베른하르트 군대의 장군 608
로크루아 전투 567, 569, 572
로키찬 162
로텐부르크 117~119, 134, 305, 471
로트바일 569
롤리, 월터 27
롱그빌, 앙리 2세 도를레앙, 공작 582~584, 595
루돌프 2세, 황제 101, 105, 108
루르몬트 425
루스벤 477, 631
루아 502
루이 13세, 프랑스 왕 27, 28, 45, 115, 148, 151, 240, 241, 243, 245, 281, 442, 472, 485, 524, 531, 558, 559, 571
루이자 홀란디나, 팔츠 공녀 195
루이제 헨리에트, 오라녜 공녀, 브란덴부르크 선제후비 599
루체른 43, 602
루터 전투 295, 315
루터, 마르틴 37~39
루터교와 루터파 38, 40, 41, 49, 67~70, 75, 88, 90, 94, 100~104, 107, 143, 145, 154, 155, 206, 207, 220, 227, 283, 305, 306, 337, 341, 344, 353, 359, 388, 432, 435, 442, 633
루트비히, 경건공, 뷔르템베르크 공작 66, 72
루프레히트, 팔츠 왕자, 프리드리히 5세의 아들 142, 474
뤼겐 섬 300
뤼네, 샤를 달베르, 공작 148, 240, 243
뤼데스하임 510

뤼미니 560
뤼베크 54, 259, 269, 299, 318, 346, 353, 490
뤼베크 강화 318, 320, 321
뤼셀스하임 200, 390
뤼첸 전투 412, 413, 419, 421, 430, 431, 454
뤼초프, 백작 544
리슐리외, 추기경 15, 184, 240~246, 248~251, 259, 265, 266, 275, 281, 283, 297, 298, 304, 312, 318, 319, 321, 325, 331~333, 337, 338, 340, 347~349, 365, 377, 384~387, 391, 395, 413, 418~420, 423, 425, 453, 455, 457, 459, 469, 471~473, 482~486, 489, 495~499, 501~503, 505, 513, 516~520, 522, 524, 525, 528, 530~532, 534, 542, 546, 547, 556~559, 571, 572, 585, 636
리스본 530
리에주 303, 314, 620
리옹 501
리히텐슈타인, 카를 폰 185~187, 218, 219, 225, 256
린다우 63
린츠 161, 162, 273~275, 506, 511, 592
림뷔르흐 496

ㅁ

마그달레나 시빌레, 작센 선제후비 90
마그데부르크 263, 264, 266, 276, 279, 304, 306~308, 310, 346, 347, 354, 356, 358, 359, 360~364, 366, 367, 370, 380, 382, 400, 409, 410, 460, 471, 480, 485, 581, 599, 625
마르부르크 625

마르크 29, 75, 76, 541
마르티니츠, 야로슬라프 108, 109, 111~113
마리 드 메디시스, 프랑스 태후 28, 151, 241, 384
마리아 안나(바이에른의 마리아 안나), 페르디난트 2세의 첫 아내 450
마리아 안나, 대공녀, 바이에른 선제후비 489, 504, 555
마리아 안나, 대공녀, 에스파냐 왕비 605, 606
마리아 안나, 에스파냐 공주, 황후, 페르디난트 3세의 첫 아내 299, 419, 428, 452
마리아 엘레오노라, 스웨덴 왕비 382
마리아첼 285
마스트리히트 496
마우리츠, 오라녜 공 48, 49, 134, 147, 148, 152, 173, 180, 204, 257, 258, 341
마이나우 621
마인 강 201, 617
마인츠 29, 79, 95, 162, 206, 381, 383, 404, 409, 471, 484, 499, 510, 555, 582
마인츠 선제후 → 안젤름 카지미르, 요한 슈바이크하르트 참조
마인츠 협정 179
마자랭, 쥘, 추기경 384, 559, 570~572, 576, 578, 583, 593, 604~607, 638, 640
마티아스, 황제 62, 95, 102, 103, 105, 106, 108~110, 114, 115, 118, 125
막시밀리안, 공작, 훗날 바이에른 선제후 5, 91~94, 124, 128, 129, 135, 145, 150, 156, 160~167, 169, 172, 176~178, 183, 185, 190, 191, 193, 205~216, 232, 234, 235, 247~250, 255, 256, 272~274, 280~282, 288~290, 293, 295, 296, 301~304, 306, 308, 309, 319~321, 325, 328, 331, 333, 334, 337, 340, 348, 364~366, 384, 386, 391, 392, 395, 396, 398~401, 410, 424, 428, 433, 435, 438, 439, 449, 450, 478, 489, 490, 502~504, 537, 539, 555, 568~570, 588~591, 594, 597, 598, 601, 604, 607~609, 611, 635, 637~639
만스펠트, 에른스트 폰 116, 117, 119, 122~124, 128, 146, 158, 162, 163, 169, 170, 172, 174~176, 181, 190~193, 197~204, 216, 234~236, 238~240, 255, 256, 258, 265~269, 271, 276, 282, 284, 455, 478, 500, 520, 546
만스펠트, 페터 폰 120
만토바 29, 298, 299, 311~313, 321, 331, 333, 619
만하임 162, 180, 205, 381, 383
메르시 569, 570, 591, 593, 594
메르제부르크 367, 372, 404
메스 204, 413, 587, 597
메클렌부르크 66, 263, 270, 279, 286~288, 294~296, 301, 302, 353, 357, 360, 366, 382, 388, 400, 442, 490, 520, 546
메클렌부르크의 두 공작 270, 279, 284, 288, 346, 353, 356, 381
메테르니히, 로타르 폰, 트리어 선제후 95
멕시코 44
멜란데르, 페터, 헤센 장군, 훗날 제국 장군 609~611, 630
멜로, 프란시스코 데, 에스파냐 장군 556, 560, 561~563
멤밍겐 330, 331
모건, 찰스 265
모라비아 44, 99, 124~126, 129, 168, 170, 185, 186, 217, 222, 228, 229, 233, 247,

276~278, 442, 508, 552, 578, 617
모르테뉴, 대령, 스웨덴 장군 550, 625
모리츠, 헤센-카셀 방백 232, 267
모젤 강 65
몬손 조약 266
몬테쿠쿨리, 에르네스토, 백작, 제국 장군 611, 631
몬페라토 298, 299
몽디디에 502
몽펠리에 37
뫼즈 강 560
무아앵비크 597
물데 강 65, 288
물랭 524
뮌스터 198, 236, 303, 554, 566~569, 571, 574~578, 582, 583, 585, 586, 588, 589, 594~596, 598~600, 602, 605, 607, 609, 610, 613, 617, 618, 634
뮌스터 강화 576, 609
뮌스터 회의 → 11장 참조
뮌헨 66, 169, 172, 304, 320, 395, 396, 404, 433, 510, 625
뮐하우젠 145, 155, 174, 177, 288, 295
미츨라프, 요아킴 폰, 신교 장군 284
미텔발데 277
민덴 308, 599, 625
밀라노 29, 44, 54, 76, 77, 152, 298, 442, 496, 531
밍골스하임 198

ㅂ

바네르, 요한, 스웨덴 장군 454, 458, 469, 471, 479, 483, 485, 492~494, 507, 510~512, 517, 519, 538, 545~551, 581
바덴 64, 66, 69, 197~199, 305, 326, 353, 548, 549
바덴-두를라흐 → 게오르크 프리드리히 변경백 참조
바덴-바덴 57, 587
바르드 597
바르셀로나 531, 577
바우첸 99, 157, 162
바이로이트 508
바이로이트 변경백 381
바이블링겐 470
바이센펠스 408
바이스키르헨 276
바이에른 42, 70, 87, 91, 93~95, 124, 128, 129, 135, 145, 150, 156, 160, 164, 169, 172, 177, 199, 201, 206, 209~215, 222, 232, 234, 247, 248, 250, 255, 272, 274, 276, 280, 288~290, 301, 302, 304, 307, 319, 322, 331, 340, 365, 384, 391, 395~397, 401, 409, 410, 433, 437, 438, 442, 449, 455, 458, 473, 477, 478, 489, 502, 504, 507, 517, 519, 523, 530, 536, 539, 548, 555, 568, 570, 588, 589, 591, 593, 594, 598, 604~612, 618, 620, 621, 624, 634~636, 639
바젤 37, 514, 600, 602
바츨라프 1세, 성인 99, 160, 224, 227
바츨라프 4세 227, 312
바하라흐 412, 413
발레트, 루이 드 노가레 드 라, 추기경 499
발렌슈타인 219~223, 226, 255, 256, 258, 259, 263~269, 276~290, 293~297, 300~304, 307~310, 314~321, 323, 325,

328, 330~333, 337, 352, 354~357, 360, 366, 369, 379, 380, 383, 387, 391~394, 396~401, 403, 405, 406, 409, 411, 417, 421, 424, 428~449, 475, 477, 478, 500, 501, 519~521, 536, 546, 548, 550, 630
발렌슈타인, 막스 폰 447
발렌슈타인, 알브레히트 폰 → 발렌슈타인 참조
발츠후트 521
발텔리나 27~29, 52, 53, 77, 147, 180, 239, 250, 255, 256, 258, 259, 265, 266, 275, 298, 383, 496, 497, 503, 505, 531
발트 해 5, 50, 53, 180, 253, 255, 259, 269, 281, 287, 300, 316, 346, 351, 356, 388, 513, 577, 581, 626, 635
발트슈타인, 알브레히트 폰 → 발렌슈타인 참조
밤베르크 409
뱅센 524
버킹엄 공작, 조지 빌리어스 240, 275
버틀러, 월터, 대령 444~447
베네딕트보이에른 410
베네치아 28, 29, 51, 52, 54, 78, 134, 139, 141, 146, 175, 234, 245, 248~250, 258, 271, 318, 332, 476, 569, 582, 585, 621, 632
베르겐오프좀 204, 256
베르덴 262, 308, 587
베르됭 204, 297, 587
베르발데 조약 347, 349, 424
베르벤 625
베르크 29, 75, 77, 599
베르트, 요한 폰, 바이에른 장군 470, 478, 502, 503, 507, 508, 515, 516, 519, 569,

570, 591, 593, 604, 607~609, 630
베르트하임 509
베른하르트, 작센-바이마르 공작 381, 391, 402, 405~407, 421, 433, 435, 437, 438, 441~443, 445, 446, 454, 455, 458~469, 472, 478, 482~484, 495, 497~501, 503, 505, 508, 514~518, 520, 521~524, 545 ~547, 594, 637
베를리힝겐, 괴츠 폰 57
베를린 66, 70~72, 283, 352, 364, 541, 544, 625
베스트팔렌 197, 481, 580, 588, 598, 619
베스트팔렌 강화 → 11장 참조
베저 강 234, 236, 263, 266, 378, 401, 505, 519, 548
베젤 313, 314
베츨라르 57
베크, 장 드, 대령 444
베틀렌 가보르 130, 131, 134, 140, 141, 146, 163, 165, 166, 170, 217, 229, 234, 240, 245, 247, 266, 268, 269, 271, 401, 592
베호타 622
벤로 425
벤펠트 472, 484, 598
벨라스케스 575
벨스 274
벨저 73
벨포르 502
벨프 66
보기슬라프, 포메른 공작 542
보덴베르더 236
보르자, 가스파르 데 보르자 이 벨라스코, 추기경 418
보름스 65, 484, 490, 509

보이겐 515
보주 산맥 495
보헤미아 집정관 171
볼가스트 301, 316
볼펜뷔텔 195, 206, 235, 267, 270, 284, 305, 309, 327, 550, 625
볼프제크 274, 275
뵈르니츠 강 468
부데요비체 113, 116, 128
부아디수아프 4세, 폴란드 왕 490
부용 공작, 앙리, 드 라 투르 도베르뉴 80, 81, 135, 139, 141, 148, 149, 203
부쿼이 백작, 제국 장군 164, 166, 167, 175
뷔르츠부르크 주교 206, 380
뷔르템베르크 71, 72, 263, 276, 287, 305, 309, 326, 333, 369, 400, 409, 468, 470, 477, 478, 489, 509, 569, 570
브라반트 48, 76, 77, 313, 314, 531, 607
브라우나우 109, 110
브라운슈바이크 58, 195, 197, 198, 203, 232, 234, 235, 256, 265~267, 269, 271, 353, 537, 548
브라운슈바이크-뤼네부르크 공작, 게오르크 381, 490, 503, 505, 532, 534, 545
브라운슈바이크-볼펜뷔텔 공작, 프리드리히 울리히 195, 235, 284
브라이자흐 192, 434, 435~437, 484, 514, 516~521, 523~525, 529, 531, 598, 608
브라이텐펠트 371, 372, 376, 377, 379, 404, 405, 469, 553
브라이텐펠트 1차 전투 376~378, 384, 409, 469, 512
브라이텐펠트 2차 전투 553
브라질 44

브라티슬라바 140, 476
브란다이스 286, 519
브란덴부르크 → 게오르크 빌헬름, 요한 지기스문트, 프리드리히 빌헬름 참조
브레겐츠 64
브레다 257~259, 298, 314, 514
브레멘 259, 308, 587, 626
브레제, 위르뱅 드 마이유, 후작 386, 387
브로추아프 99, 157, 169, 228
브룀세브로 강화 580
브룅, 앙투안 585, 586
브뤼셀 48, 54, 79, 114, 124, 126, 151, 153, 161, 178, 180, 191, 192, 269, 384, 385, 419, 425~427, 452, 470, 472, 555, 612
브르노 99, 157, 592
브장송 622
블로토 519, 524
비더홀트, 콘라트 478, 554
비스마어 587
비스와 강 66, 398, 633
비어, 호러스 161, 180, 190, 192, 205
비크 강화 384
비텐바이어 517
비텔스바흐 65, 66, 91, 412, 451
비트겐슈타인 백작 598
비트슈토크 512
빅토리아 여왕 571
빌라호라 전투 172, 173, 192
빌헬름 5세, 바이에른 공작 36, 66, 118, 132, 154, 171, 185, 190, 210, 287, 400
빌헬름(빌헬름 5세), 헤센-카셀 방백 346, 454, 456, 503, 505, 532, 533, 545
빌헬름, 작센-바이마르 공작 233, 381, 522
빔펜 199

ㅅ

사라예보 271
사르데냐 44, 484
사벨리, 백작, 제국 장군 515, 516
사보이 29, 51, 175, 244, 245, 248, 249, 318, 530, 621
사보이 공작 28, 52, 53, 81, 116, 117, 119, 122, 123, 128, 134, 146, 234, 250, 589
산플리에트 314
살비우스, 요한 아들레르 346, 387, 517, 584, 586, 603
상리스 502
생 마르 후작, 앙리 코와피에 드 뤼제 557, 558
생앙드레 478
샤르나세, 에르퀼 드 387, 419
샤를(샤를 1세), 만토바-느베르 공작 298, 299, 331
샤를 4세 → 로렌의 샤를
샤를마뉴 55, 168, 289
샤플리츠키 477
샹플리트 503
세르비앙, 아벨, 사블레 후작 574, 583, 584, 597, 598, 616
센테르, 앙리 드 라 페르, 백작, 프랑스 장군 561~563
솜 502
수아 160, 185, 242, 243, 248, 315, 360, 362, 410, 442, 518, 612
슈바르첸베르크, 아담 폰, 백작 352, 539, 541
슈바르츠발트 43, 433, 514~516, 569, 594
슈바벤 286, 302, 308, 353, 402, 409, 489, 570
슈바이트니츠 323, 552

슈바인푸르트 381, 391, 471, 621
슈체친 346, 356, 409, 599
슈타데 271
슈타이나우 436
슈타이어마르크 44, 70, 83~85, 87, 88, 94, 103, 126, 140, 172, 220, 229, 263, 450, 475~477, 511
슈타트론 236, 238, 240, 250, 454
슈타트론 전투 238, 245
슈탈한스 478
슈텐달 276, 277, 625
슈토르마른 317
슈투트가르트 66, 71, 200, 470
슈트랄준트 259, 300~302, 316, 356, 534
슈파이어 65, 232, 490
슈판다우 364, 409
슈프레 강의 쾰른 544
슐레지엔 44, 50, 73, 99, 124, 129, 130, 141, 156, 158, 169, 170, 186, 217, 228, 233, 266, 268, 269, 271, 276, 277, 282, 354, 397, 398, 436, 437, 469, 471, 476, 477, 547, 587
슐레트슈타트 472
슐로이징겐 247
슐리크, 요아힘 안드레아, 백작 104, 105, 107 ~109, 111, 116, 131, 186, 187
스당 80, 203, 205
스웨덴 → 구스타프 아돌프, 크리스티나 여왕 참조
스위스 연방 29, 53, 589
스톡홀름 319, 420, 493, 513, 541, 547, 578, 580, 603
스트라스부르 77, 192, 203, 217, 276, 353, 471, 472, 484, 508, 600, 608, 620

스피놀라, 암브로조 26, 76, 77, 84, 151~154, 161, 162, 174, 178, 179, 191, 204, 256~258, 299, 318, 360
스헬데 강 609
스헹크 496
슬라바타, 빌헬름, 백작 19, 108, 109, 111, 112
시칠리아 44, 484
신교연합 15, 77, 81, 93, 94, 117, 118, 123, 133~135, 142, 144, 147, 149~151, 153, 154, 162, 170, 178, 179, 212, 233, 419, 507
실레리, 피에르 부륄라르, 후작 243, 329

ㅇ

아도르프 435
아르님, 한스 게오르크 폰 작센, 야전군 사령관 283, 354, 355, 357, 359, 360, 366, 368, 374, 380, 387, 397, 401, 402, 411, 417, 421, 424, 425, 433~435, 441, 442, 445, 446, 458, 459, 469, 478, 479, 482, 519, 569, 639
아르망 장 뒤 플레시 → 리슐리외 참조
아르망티에르 612
아르미니우스(헤르만) 72
아른슈타트 402
아말리에 엘리자베트, 헤센-카셀 여방백 532~534, 601
아말리에 주 졸름스, 오라녜 공주 258, 573
아멜룽스보른 264
아버스베르크, 제국의 외교관 544
아보 후작 → 클로드 드 메스메 참조
아샤펜부르크 380, 471

아스티 250
아우크스부르크 13, 54, 71, 249, 309, 310, 391, 394, 458, 471, 603, 604, 610, 625, 628
아우크스부르크 종교화의 67, 68, 85, 232, 303, 306
아우크스부르크의 만리히 73
아이토나 후작, 프란시스코 데 몬카다 491
아이히슈테트 508, 509
아일렌부르크 374
아일프키르헨 510
아헨 263
안 도트리슈 → 오스트리아의 안 참조
안나부르크 324, 352
안드레아스, 요한 발렌틴 104
안스바흐 139, 217
안스바흐 변경백 381
안젤름 카지미르, 마인츠 선제후 60, 61, 64, 205, 206, 209, 211, 247~249, 290, 296, 321, 381, 554, 555
안트웨르펜 338, 609
안할트 36, 57, 58, 80~82, 107, 115, 117~119, 123, 124, 129, 131, 134, 139, 144, 146~148, 153, 158, 159, 163~168, 170, 233, 306, 353, 490, 510, 621
안할트-베른부르크 → 크리스티안 1세, 크리스티안 2세 참조
알레 강화 318
알바 공 188
알부케르케 공작, 쿠에바, 프란시스코 페르난데스 데 라 561, 562
알브레히트 대공, 에스파냐령 네덜란드의 지배자 47, 83, 126, 151, 188
알자스 29, 77, 83, 106, 152, 192, 197, 203,

286, 409, 433, 472, 498~500, 509, 519, 520, 522~524, 569, 587, 590, 596~600, 628, 633, 635, 638, 640
알트도르프 220
알트링겐, 요한 폰, 제국 장군 267, 268, 369, 392, 433, 436~439, 442, 443, 447, 478
암베르크 129
암스테르담 257, 609
앙갱 공작, 루이 드 부르봉 556~564, 570, 593, 594, 612
앙리 4세, 프랑스 왕 75, 384
앙주 501
앙주 공작, 필립 559
얀카우 전투 593
양형영성체주의 100, 103, 186, 224, 227
에게르 124, 125, 404, 433, 445~447, 621
에겐베르크, 한스 울리히 폰 85, 86, 153, 215, 219, 278, 280, 332, 434, 480, 596
에르스키네, 알렉산데르 602, 617
에르푸르트 380, 404, 513, 548, 549, 626
에를라흐, 요한 루트비히 폰 522~525, 547, 608
에스파냐 → 펠리페 3세, 펠리페 4세 참조
에스파냐령 네덜란드 29, 48, 151, 204, 298, 385, 425~427, 491, 531, 556, 609
에탈 410
엔지스하임 192
엘레오노라 곤자가, 페르디난트 2세의 황후 285
엘리자베스, 영국 공주, 팔츠 선제후비, 보헤미아 왕비 72, 82, 83, 133, 149, 157, 162, 169, 194, 195, 221, 233, 245, 285, 538
엘리자베트 샤를로테, 팔츠 공녀, 프리드리히 5세의 누이, 브란덴부르크 선제후비 143

엘리자베트 율리아나, 바네르의 부인 548
엘베 강 54, 65, 143, 234, 267, 268, 271, 276, 277, 284, 293, 306, 315, 323, 346, 347, 356, 358, 359, 362, 367, 368, 475, 483, 493, 494, 534, 536, 591, 633
엘빙 322
엠스 강 236
영국 → 제임스 1세, 찰스 1세 참조
영국 해협 190, 250, 298, 313, 531, 625
예나치, 위르크 496
예수회 15, 39, 41, 42, 44, 50, 70, 84, 86, 87, 114, 126, 160, 185, 215, 216, 225~228, 243, 304, 306, 312, 508, 509, 637
오냐테, 백작 153
오데르 강 54, 65, 139, 143, 268, 277, 296, 347, 355~358, 633, 635
오를레앙 공작 → 가스통
오버외스터라이히 126, 141, 172, 213, 272, 273, 400
오버팔츠 65, 130, 190~192, 213, 216, 289, 322, 378
오베르통 560
오베른도르프 433
오스나브뤼크 232, 244, 303, 554, 576, 582, 583, 585, 588, 589, 597, 598, 602, 610, 617, 640
오스나브뤼크 협상 → 11장 참조
오스터부르크 625
오스트리아 → 황제 페르디난트 2세, 페르디난트 3세, 오스트리아 대공 참조
오스트리아의 안(안 도트리슈), 에스파냐 공주, 프랑스 루이 13세의 왕비 571
오스트프리슬란트 238, 239, 533, 625
오펜하임 162

오피츠, 마르틴 71
오피탈, 프랑수아 드, 프랑스 장군 558, 560~563
옥센셰르나 342, 343, 402, 407, 418~425, 453, 455~457, 459, 468, 469, 471, 472, 479, 482, 483~485, 489, 490, 492, 493, 504, 513, 517, 525, 532, 534, 546, 547, 550, 571, 578, 584
옥센셰르나, 악셀 342, 345, 381, 400, 420, 421, 456, 472, 484, 513, 584
옥센셰르나, 요한, 오스나브뤼크의 스웨덴 대표 584
올덴부르크 626
올덴잘 298
올로모츠 157, 158, 552, 581, 617, 622, 625
올리바레스, 가스파르 데 구스만, 백작, 공작 189, 190, 192, 246, 249, 258, 318, 319, 337, 338, 418, 419, 425, 427, 491, 529, 530, 555, 636
요한 3세, 스웨덴 왕 50
요한 게오르크, 작센 선제후 87~91, 93, 107, 124, 128, 131, 143~145, 154~156, 206, 208, 214, 225, 233, 247, 288, 295, 296, 305, 307, 311, 324, 327, 329, 334, 337, 349~355, 357, 359, 365~369, 373, 374, 378~380, 387, 390, 393, 394, 397, 400~403, 413, 417, 421~425, 428, 430, 435, 454, 457, 473, 479~483, 489, 493, 569, 589~591, 594, 602, 637~639
요한 슈바이크하르트, 마인츠 선제후 95, 296
요한 지기스문트, 브란덴부르크 선제후 94
요한 프란츠 데시데라투스 → 나사우 백작
요한나 마르가레타, 바덴 변경백의 딸, 바네르의 두 번째 부인 548

우르바누스 8세, 바르베르니 추기경 245, 312, 385, 418, 576
우아즈 502
우제돔 338
울름 57, 149, 151, 153, 217
울름 조약 150, 151, 180
웁살라 318
위그노 151, 265, 275, 297, 318, 503
위베를링겐 554, 570, 621
위트레흐트 48, 257
유틀란트 284, 286, 578, 579
이사벨, 클라라 에우게니아, 에스파냐 공주, 대공비, 네덜란트 여총독 47, 48, 83, 189, 192, 195, 197, 207, 246, 248, 294, 313, 328, 418, 419, 426, 452
이솔라니, 요한 루트비히 헥토르 폰 470
이슈트반, 헝가리의 성인 312
이자르 396
이탈리아 27, 28, 43, 44, 46, 52, 55, 70~73, 88, 105, 146, 152, 208, 220, 224, 251, 255, 267, 298, 299, 311, 312, 318, 319, 325, 331, 337, 339, 342, 388, 434, 458, 474, 477, 501, 515, 531, 559, 576, 587, 597, 605, 611, 632, 633
인노켄티우스 10세 575, 576, 641
인스브루크 436
일로브, 크리스티안 폰, 제국 장군 440, 443, 445
일루미나티 36
잉골슈타트 84, 391, 394, 396, 404, 637

ㅈ
자간 276, 357

자르 강 65
자블라트 128
작센 선제후 65, 87, 93, 95, 118, 128, 131, 132, 144~146, 154, 162, 170, 185, 186, 205~207, 211, 212, 225, 228, 231, 232, 247, 248, 262, 278, 305, 307, 308, 325, 353, 355, 356, 359, 366, 368, 369, 371, 408, 420, 425, 428, 471, 482, 492, 539, 577
작센-고타 65
작센-라우렌부르크 → 프란츠 알브레히트 공작 참조
작센-바이마르 → 빌헬름 공작, 베른하르트 공작 참조
작센-알텐부르크 65
작센-코부르크 490
잘츠베델 625
잘츠부르크 396
잘츠부르크 주교 206
장미십자회 36
제게베르크 179
제국대법원 60, 61
제국자문회의 61, 74, 587, 602
제노바 29, 47, 51, 76, 77, 250
제임스 1세, 영국 왕 78, 79, 145, 161, 207, 234, 258, 261, 322
제킹겐 514, 515, 521
제하우젠 625
젠하임 518
젤란트 48, 377, 585
조제프 신부 242, 243, 304, 329, 331, 518, 519
조지 빌리어스 → 버킹엄 공작
조테른, 필리프 크리스토프 폰, 트리어 선제후 385
종교재판소, 에스파냐 41
주앙 4세, 포르투갈 왕 530
줄츠바흐 57
지그문트 3세, 폴란드 왕 50, 316
지슈카, 얀 100, 142, 224, 226
지테발트, 필란데르 폰 633

ㅊ

차베른 495, 598
찰스 1세, 영국 왕 21, 22, 234, 243, 431, 524
체칠리아 레나타, 대공녀, 폴란드 왕비 490
추기경 왕자 → 페르난도
추스마르스하우젠 611, 612
취리히 54, 602
츠바이브뤼켄 57, 509
츠비카우 549
칠레 44
침메른 57, 422, 587
침묵공 빌렘 27, 48, 80, 133, 257

ㅋ

카라파, 피에르 루이지, 추기경 216, 225, 227, 229, 418
카르니올라 44, 126, 229, 476
카를 루트비히(카를 1세 루트비히), 팔츠 선제후 524, 532, 601, 622
카를 9세 546
카를 구스타프, 팔츠 백작, 스웨덴 총사령관 550, 604, 618
카를로 에마누엘레 1세, 사보이 공작 52
카살레 298, 318, 331, 332

카스티야 46
카탈루냐 530, 531
카푸치노 수도회 42, 185, 228, 243, 246, 248
칼데론, 마리아 555
칼뱅, 장 15, 38, 40
칼뱅교와 칼뱅파 39~41, 67~70, 75, 77, 80, 90, 94, 100, 101, 103, 107, 118, 130, 143, 154, 186, 196, 207, 225, 227, 246, 283, 308, 341, 352, 353, 388, 474, 490, 587, 603, 634
칼브 507~509
케른텐 44, 229, 476
케플러, 요하네스 36, 232, 474
켐니츠 519, 625
켐니츠, 보기슬라프 폰 542
켐프텐 305, 410, 507
코르도바, 곤살로 페르난데스 데, 에스파냐 장군 191, 192, 197~202, 204
코르바이 236
코르비 502
코르푸스 에반겔리코룸 398, 400, 402, 420
코메니우스, 요한 아모스 640
코모타우 226
코민 612
코부르크 509
코블렌츠 161
코펜하겐 37, 54, 261, 579
콘스탄츠 공의회 100
콘타리니, 알비세, 뮌스터의 중재자 585
콜랄토, 백작, 제국 장군 267, 319
콜로브라트, 백작 226
콜마르 625
콜베르크 323, 579
콩데 공, 앙리 2세 드 부르봉 556

콩피에뉴 250, 502
콩피에뉴 조약 484
쾨니히스마르크, 한스 크리스토프 폰, 백작, 스웨덴 장군 593, 611
쾨니히스베르크 66, 541
쾨첸브로다 594
쾰른 75, 77, 79, 196, 206, 303, 510, 539, 544, 555, 625
쾰른 선제후, 페르디난트 폰 바이에른 64, 94, 95, 129, 206, 328, 385, 530, 555, 594
쿠르츠, 백작 544
쿠바 313
쿠텐베르크 226
퀴스트린 364
크나위트, 얀 반, 네덜란드 외교관 585
크라츠 478
크렘페 302
크로메르지슈 581
크로센 277, 283
크로이센 508
크로이츠나흐 162
크룸로프 113, 114
크리스티나, 사보이 여공작 530
크리스티나, 스웨덴 여왕 420, 421, 579
크리스티안 1세, 안할트 군주 80, 81, 87, 93, 107, 115, 117
크리스티안 4세, 덴마크 왕 50, 233, 244, 260, 262, 266, 268, 269, 271, 279, 281, 284, 301, 316, 421, 490, 545, 577, 578
크리스티안 빌헬름, 마그데부르크 행정관 307, 346, 347, 360
크리스티안, 브라운슈바이크 군주, 할버슈타트 행정관 195~204, 232~238, 256, 265~267, 271

크베들린부르크 353
클레베 75~77, 333
클레베-윌리히 75, 234, 330, 333, 587, 599, 602
클레슬, 멜히오르, 추기경 108, 109, 114, 115
클로드 드 메스메, 아보 후작 574, 583
클로스테르그라브 109, 110
키지, 파비오, 교황 대사 576, 585
키프로스 630
킨스키, 빌헬름, 백작 434, 439, 446
킹, 제임스, 신교 장군 511

ㅌ

타보르 100, 226, 591
타키투스 72
타페 신부 444, 445, 447
탕게르문데 625
테니르스, 다비드 612
테아티노 수도회 40
토르가우 372, 513
토르스텐손, 렌나르트, 스웨덴 장군 511, 512, 550~553, 570, 578, 579, 581, 591, 592, 594, 604
토지반환령 303, 304, 307~310, 315, 326, 330, 332, 333, 353, 355, 380, 400, 480, 602
투르크 44, 50, 129, 130, 205, 229, 271, 294, 315
투른, 하인리히 마티아스, 백작 105, 107~116, 125~128, 163, 170, 173, 397, 428, 436, 437, 477, 478
툴 587, 597
튀렌, 앙리 드 라 투르 도베르뉴, 자작 517,

570, 586, 593, 594, 604, 607~611
튀링겐 269, 323, 369, 513, 581
트라우트만스도르프, 막시밀리안 폰 운트 주, 백작 434, 535, 586, 591, 595~598, 603
트라운 275
트란실바니아 129, 130, 146, 170, 315, 401, 592, 621
트롬프, 마르텐, 네덜란드 해군 제독 529
트르츠카, 아담 에르트만, 백작 432, 434, 439, 440, 442~446
트리어 15, 29, 65, 77, 79, 206, 485, 495
트리어 선제후 64, 94, 95, 138, 139, 142, 206, 328, 385, 387, 442, 485, 593
트리엔트 공의회 41
티라노 250
티롤 → 레오폴트 참조
티롤의 마리아 레오폴디나, 황후, 페르디난트 3세의 둘째 아내 301, 605
티에폴로, 조반니 바티스타 632
틸리, 요한 체르클라에스 160~162, 165~167, 175, 191, 197~202, 204, 205, 208, 212, 213, 216, 235~239, 244, 248~250, 259, 262~266, 269, 270, 275, 277, 284, 301, 302, 321, 323, 328, 333, 347, 357, 358, 360~376, 378, 391, 392, 394~396, 428, 438

ㅍ

파더보른 198, 203, 303, 598
파도바 37
파딩거, 슈테판 273, 274
파리 27, 28, 54, 78, 79, 114, 149, 259, 304, 351, 385, 423, 447, 453, 484, 499, 502,

505, 516, 519, 521, 538, 544, 558, 559, 571, 576, 597
파리 조약 472
파우, 아드리안 585, 586
파울루스 4세 216
파펜하임, 고트프리트 하인리히, 백작, 제국 장군 274, 275, 302, 358, 360, 361, 370, 371, 373, 376, 378, 401, 403~406, 409, 430~432, 440
팔츠-침메른의 루트비히 필리프 422, 587
팔켄베르크, 디트리히 폰 358, 360, 361, 477, 631
페냐란다, 구스만 백작 584, 586, 595, 606, 609
페루 44, 47, 246, 492
페르난도, 에스파냐 왕자, 추기경, 네덜란드 총독, 추기경 왕자 426
페르디난트, 대공, 헝가리와 보헤미아 왕, 로마인의 왕, 훗날 황제 페르디난트 3세 419, 451, 452, 517, 532, 537, 567, 603, 634
페르디난트, 슈타이어마르크 대공, 훗날 황제 페르디난트 2세 15, 52, 254, 449, 451, 475, 504, 505, 637
페리고르 501
페리아 공작, 고메스 수아레스 데 피게로아 436
펠리페 2세, 에스파냐 왕 45, 47, 83, 84, 376, 529
펠리페 3세, 에스파냐 왕 45, 83, 148, 151, 152, 188, 529
펠리페 4세, 에스파냐 왕 189, 207, 246, 311, 427, 452, 485, 491, 492, 529, 555, 605
포메른 → 보기슬라프, 공작 참조

포인츠, 시드넘, 영국 용병 536
폴란드 33, 36, 41, 42, 49, 50, 51, 53, 66, 95, 99, 121, 130, 146, 154, 157, 171, 207, 233, 244, 260, 282, 284, 286, 287, 312, 315~318, 321, 345, 346, 352, 477, 490, 493, 494, 633, 640
폴마르 566, 586
퐁텐, 에스파냐 보병대 장군 561, 563
푀클라브루크 275
푀키에르, 마나세 드 파, 후작 419, 422~424, 434, 439, 453, 457, 459, 460, 469, 482, 483, 488, 497, 498
풀다 509
퓌르트 398, 508
퓌어스텐베르크, 에곤 8세, 백작, 제국 장군 373
퓌어스텐펠트 410
프라이부르크 전투 570
프라이징 57
프라이징 주교 172
프라하 강화 473, 479, 481, 482, 485, 489, 490, 492, 504, 506, 532, 537~540, 542, 543, 568, 588, 603, 637, 639
프라하 대주교 110
프라하 대학 225
프라하의 예로님 100
프란츠 알브레히트, 작센-라우렌부르크 공작 440~443, 446, 478
프랑수아 르클레르 뒤 트랑블레 → 조제프 신부
프랑슈콩테 29, 496, 502
프랑켄 192, 276, 286, 308, 381, 382, 400, 402, 455, 468~470, 489, 498, 500, 520
프랑켄탈 162, 180, 191, 205, 619, 622

찾아보기 | 725

프랑크푸르트안데어오데르 54, 356, 358, 380, 409
프랑크푸르트암마인 54, 70, 74, 353, 380, 381, 420, 469, 476, 490, 554, 567, 626
프랑크푸르트암마인 제국대표자회의 567
프레데리크 헨드리크, 오라녜 공 257, 258, 298, 313, 425, 427, 491, 496, 514, 573
프로방스 484, 501
프로이센 66, 95, 207, 263, 277, 282, 302, 320, 540, 541, 634
프리드리히(프리드리히 5세), 팔츠 선제후, 보헤미아 왕 15, 65~67, 71, 77~79, 81~83, 87, 91, 94, 107, 115~117, 122~124, 128, 129, 131, 132, 139, 143, 161, 177, 190, 208, 209, 233, 296, 346, 390, 393, 412, 422, 431, 482, 490, 505, 519, 524, 525, 532, 537, 538, 545, 549, 580, 587, 588, 597, 601, 638
프리드리히 빌헬름, 브란덴부르크 선제후 539~542, 544, 567, 568, 594, 609, 634
프리틀란트 186, 226, 301, 357, 393
플랑드르 47, 48, 76, 115, 116, 135, 190, 222, 241, 246, 250, 255, 269, 313, 325, 364, 385, 425, 426, 452, 472, 491, 496, 501, 519, 530, 531, 555, 556, 559, 561~563, 572, 607~610, 631
플뢰리스 204
플제니 116, 123, 158, 162, 170, 174, 439, 441~444, 447, 477, 554
피날레 44
피네롤로 331, 332, 587, 597
피르나 519, 625
피옴비노 44
피카르디 502

피콜로미니, 옥타비오, 제국 장군 406, 440~442, 444, 445, 447, 448, 470, 471, 547, 552, 569, 611, 618, 620~622, 630
필라우 282, 316
필립스부르크 457, 459, 477, 495, 598, 600

ㅎ

하게나우 234, 409, 410, 499, 509, 520
하나우 380, 420, 471, 508, 532
하라흐, 이자벨라 폰, 발렌슈타인 부인 223
하라흐, 카를 폰, 백작 153
하머슈타인 619, 622
하멜른 263, 625
하벨 강 322, 512
하벨베르크 283, 366
하비, 윌리엄 474
하이델베르크 65, 83, 116, 123, 133, 136, 161, 180, 194, 204, 205, 208, 247, 381, 471, 495
하이바흐 273
하일브론 176, 178, 200, 305, 423, 470
하일브론 동맹 422, 424, 425, 453, 456, 457, 459, 461, 469~472, 479, 483, 575
하츠펠트, 멜히오르 폰, 백작, 제국 장군 435, 519, 591
한자동맹 50, 74, 259, 287, 316, 582
할레 278, 372, 375, 376, 403, 404, 406, 510
할버슈타트 195, 196, 232, 234~236, 238, 244, 262, 264, 276, 308~310, 400, 471, 485, 549, 550, 599
할보르크 284
함부르크 54, 64, 65, 74, 299, 517, 534, 544, 554, 574, 577, 580, 626

헝가리 41, 44, 50, 65, 123, 124, 127, 129, 130, 134, 140, 141, 163, 166, 170, 229, 233, 234, 245, 276, 312, 327, 428, 459, 468, 476

헝가리 왕 → 페르디난트 3세

헤르베르스토르프, 백작, 오버외스터라이히 총독 273, 274

헤르스탈 314

헤르즈마니체 222

헤르토겐보슈 313

헤센 64, 66, 71, 72, 266, 267, 287, 305, 326, 353, 358, 366, 367, 477, 503, 521, 533, 534, 548, 620

헤센-다름슈타트 → 루트비히 5세, 게오르크 2세 참조

헤센-카셀 → 모리츠, 빌헬름 5세, 방백, 아말리에 엘리자베트 참조

헤센-카셀 여방백 → 아말리에 엘리자베트 참조

헤이그 27, 54, 79, 181, 192, 197, 205, 233, 238, 257, 258, 286, 381, 419, 573, 574, 578

헤인, 피에트 313

헨네베르크 625

헨네프 496, 531

헨리에타 마리아, 영국 왕비 243

호른, 구스타프, 스웨덴 장군 382, 391, 396, 433, 434, 442, 454, 455, 458~468, 482, 546

호엔촐레른 143

호엔트빌 471, 478

호흐 496

홀, 엘리아스 71, 310

홀란트 48, 147, 205, 234, 326, 585

홀슈타인 50, 179, 262, 279, 284, 286, 302, 317, 490, 578

홀슈타인, 공작 56, 262

홀크, 하인리히 폰, 백작, 제국 장군 401, 402, 405~407, 432, 433, 435, 440

홉스, 토머스 474

황제의 칙서 101, 102, 108~110, 186

회에, 마티아스 폰 90

회흐스트 201, 203, 381

회흐스트 전투 202

휠렝게비르게 산 275

후스, 얀 100

후안 호세, 펠리페 4세의 서자 555, 556

흐라드신 111, 112, 159, 171

히폴리투스 아 라피데 → 켐니츠, 보기슬라프 폰 참조

힐데스하임 217, 264, 275, 303, 305, 489

1623년 레겐스부르크의 제국대표자회의 → 4장 참조

1630년 레겐스부르크의 선제후단 회의 → 6장 참조

1640년 레겐스부르크 제국의회 537

30년 전쟁
오늘의 유럽을 낳은 최초의 영토 전쟁 1618~1648

1판 1쇄 발행일 2011년 6월 13일
1판 6쇄 발행일 2024년 10월 21일

지은이 C. V. 웨지우드
옮긴이 남경태

발행인 김학원
발행처 (주)휴머니스트출판그룹
출판등록 제313-2007-000007호(2007년 1월 5일)
주소 (03991) 서울시 마포구 동교로23길 76(연남동)
전화 02-335-4422 **팩스** 02-334-3427
저자·독자 서비스 humanist@humanistbooks.com
홈페이지 www.humanistbooks.com
유튜브 youtube.com/user/humanistma **포스트** post.naver.com/hmcv
페이스북 facebook.com/hmcv2001 **인스타그램** @humanist_insta

편집주간 황서현 **편집** 박정선 엄귀영 **디자인** 민진기디자인
조판 홍영사 **용지** 화인페이퍼 **인쇄** 청아디앤피 **제본** 민성사

ⓒ 휴머니스트, 2011

ISBN 978-89-5862-402-8 03920

- 이 책은 저작권법에 따라 보호받는 저작물이므로 무단 전재와 무단 복제를 금합니다.
- 이 책의 전부 또는 일부를 이용하려면 반드시 저자와 (주)휴머니스트출판그룹의 동의를 받아야 합니다.